U0448253

帕特农之谜

〔美〕琼·布雷顿·康奈利 著
梁永安 译

THE PARTHENON ENIGMA

商务印书馆
The Commercial Press

THE PARTHENON ENIGMA: A NEW UNDERSTANDING OF THE WEST'S
MOST ICONIC BUILDING AND THE PEOPLE WHO MADE IT
COPYRIGHT © 2014 BY JOAN BRETON CONNELLY

本书根据 KNOPF 2014 年版译出

彩图 1　卫城的正射影像镶嵌图，二〇〇九年。© 卫城修复工作队

彩图 2　从东南方看到的雅典卫城。图中可看到东洞穴和南山坡。

彩图 3　原见于蓝胡子神庙三角楣墙（百尺殿？）的石灰蛇雕，现藏雅典的卫城博物馆。© 卫城博物馆

彩图 4　古风时代雅典卫城的假想图。南面（上方）的建筑是百尺殿，北面（下方）的建筑是旧雅典娜神殿。察尔坎尼斯（D. Tsalkanis）绘图。

彩图 5　蓝胡子怪物。原见于蓝胡子神庙三角楣墙（百尺殿？），现藏雅典的卫城博物馆。© 卫城博物馆

彩图 6　宙斯大战堤丰。见于一个卡勒基迪刻水坛，现藏慕尼黑博物馆。

彩图 7 海克力士与妥里同摔跤。原见于蓝胡子神庙三角楣墙（百尺殿？），现藏雅典的卫城博物馆。© 卫城博物馆

彩图 8 刻有莲花图案的斜挑檐，原见于蓝胡子神庙三角楣墙（百尺殿？），现藏雅典的卫城博物馆。© 卫城博物馆

彩图 9　雅典娜的诞生，原见于帕特农神庙的东三角楣墙。

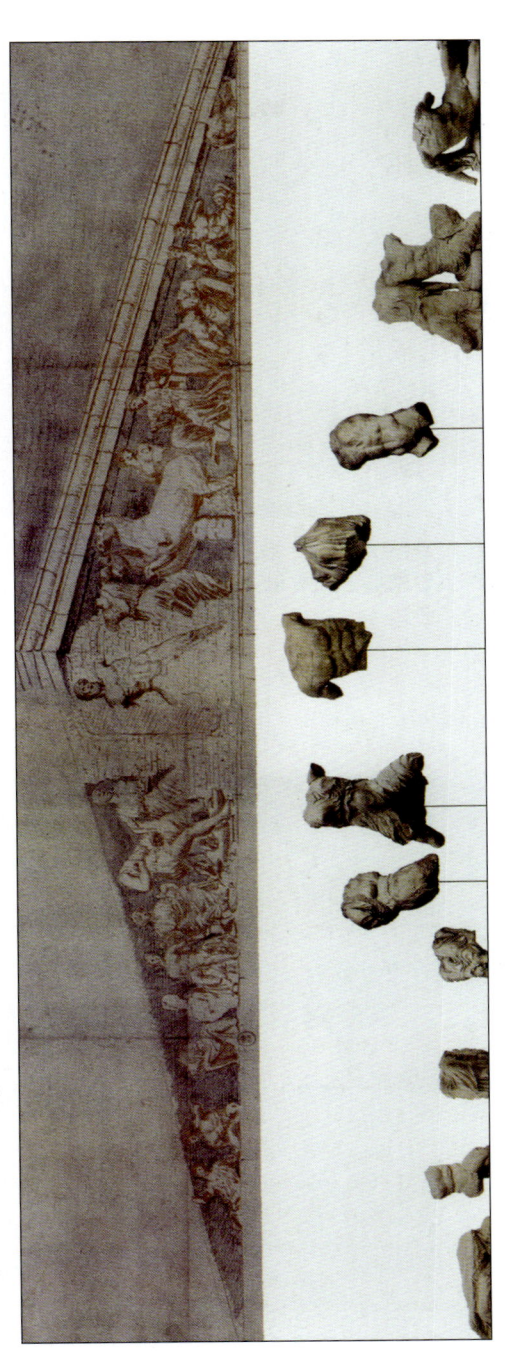

彩图 10　雅典娜与波塞冬的较劲，原见于帕特农神庙的西三角楣墙。

彩图 11　一个提篮少女带领献祭队伍走向雅典娜神庙最左边的祭坛，她后面站着雅典娜和其女祭司。见于一个年代约为公元前五五〇年的黑绘广口杯（私人收藏）。

彩图 12　帕特农神庙莨苕造型的顶端饰。© 卫城博物馆

彩图 13　泛雅典节的游行路线：从凯拉米克斯公墓出发循着泛雅典大道前往卫城。

彩图 14　菲迪亚斯的"帕德诺斯雅典娜"神像的原尺寸复制品。见于田纳西州纳什维尔市百年纪念公园。

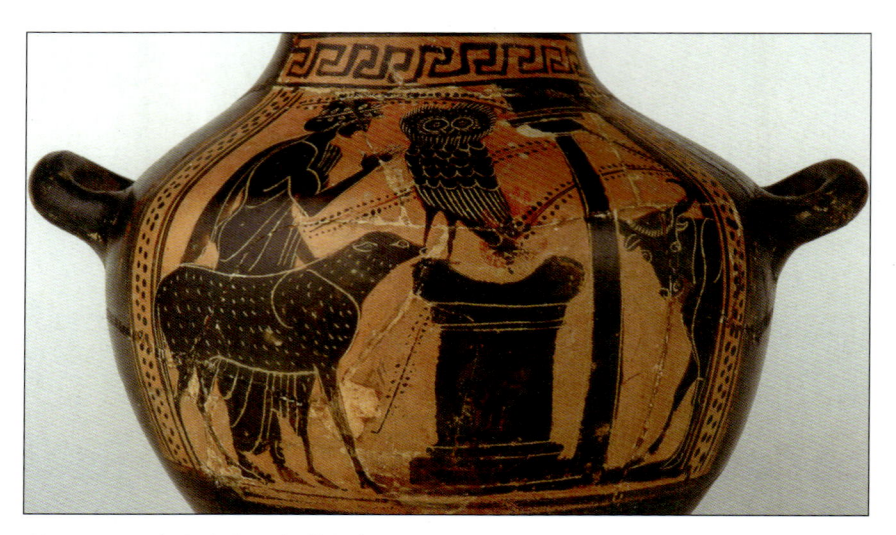

彩图 15 一个男人走近有猫头鹰站在顶端的祭坛,绵羊和公牛站在一旁等着献牲。黑绘提水罐。乌普萨拉大学文物博物馆。

彩图 16 《菲迪亚斯带朋友参观帕特农横饰带》,劳伦斯爵士绘于一八六八年。现藏伯明翰博物馆暨美术馆。© 伯明翰博物馆理事会。

目 录

前言 1
第一章　圣岩：神话与场所的力量 20
第二章　帕特农神庙之前：诸神、怪物、宇宙 71
第三章　伯里克利时代的盛世：帕特农时刻及其消逝 109
第四章　终极牺牲：国父、国母、国女 164
第五章　帕特农横饰带：打开神庙秘密的钥匙 191
第六章　为什么是帕特农：塑造神圣空间的战争、死亡与记忆 264
第七章　泛雅典节：认同归属的表演与少女之死 306
第八章　细细刷洗过的遗产：最真诚的恭维与身份借用的局限 359

结语 399
参考书目 424
中外文对照及索引 446
图片来源 461

前　言

　　人类历史上从未有一座建造物，是那样举世瞩目、备受颂扬、久经检视、权威高耸，却又包含着一个让人琢磨不透的核心。被研究、被赞叹过许多世纪之后，在许多方面，帕特农神庙仍然是个谜。

　　落成于近两千五百年前（公元前四四七至前四三二年），帕特农神庙在过去三十年来受到了从未有过的审视与研究。对神庙进行保护和技术分析是一项巨大的工程，由卫城修复工作队负责，带来了大量新信息，让我们更明白这巨构是如何规划、施工和建筑的。一些惊人的发现（例如在西门廊天花板花边上找到的鲜艳颜料痕迹）透露出神庙当初色泽缤纷。与此同时，从希腊文学、铭文、艺术史和考古学浮现的新证据也扩大了我们对帕特农神庙建筑所属的那个世界的了解。古雅典人的神话、信仰系统、礼仪、社会实践、认知结构乃至情感，如今都受到了一丝不苟的分析。但近年的新发现很多都无法契合于我们过去两百五十年来对帕特农神庙的理解。何以故？

　　从启蒙运动开始，我们对帕特农神庙及其象征体系的了解便是建构自研究者与诠释者的自我形象（self-image）。更何况，帕特农神庙已经成了西方艺术的图腾，乃至西方民主的象征。基于这些标签，我们把我们对何谓"文明"的标准一股脑儿投射到帕特农神庙。在望向这座建筑时，西方文化无可避免会看见自己。事实上，它只看到那些会恭维其自我形象的成分，或那些与民主制度有关的成分。这种相提并论受到帕特农风格一再被公共建筑模仿而强化。此风气开始于新古典主义运动而全盛于"复兴希腊运动"：自十九世纪早期开始，金融机构、政府机构、图书馆、博物馆和大学便喜欢披上一个古典建筑的外观，以此传达一套价值观，暗示自己与雅典民主的全盛时期一脉相承。例子比比皆是，以下只略举三四：费城的美国第二银行（一八一一至一八二四年）、大英博物馆（一八二三至一八五二年）、华尔街的美国关税大楼（一八四二年）、费城吉拉德学院的创校者堂（一八四七年）、华盛顿的财政部大楼（一八三六至一八六九年）、俄亥俄州州议会（一八五七年）、费城艺术博物馆（一九二八年）、美国最高法院大厦（一九三五年）[1]。讽刺的是，这些毫不含糊的世俗场所并不知道它们是在模仿一种宗教性建筑样式。因为只关注政治和美学面向，我们轻易就安于接受帕特农神庙的既有图腾地位，忽略掉它最根本的角色乃是一处圣所。

任何有违传统理解的观点都会遭到否定，情形一如当初用来装饰神庙表面的颜料的残迹被当成不存在。对既有认知的批评被视为对西方民主社会整个信念体系的攻击。帕特农神庙与西方政治意识形态的长期连接让任何新诠释皆受到激烈抵抗。但对当初创造帕特农神庙的人来说，它的意义绝不只是那些会让我们自我感觉良好的部分。要重新发现其深意，我们必须设法透过古人的眼睛看待这栋宏伟建筑。

把帕特农神庙和西方民主政体相提并论始自十八世纪。艺术史家温克尔曼是第一个主张个人自由与全盛古典风格有关的人。一七六四年，在其大有影响力的著作《古代艺术史》里，温克尔曼力主艺术风格的盛衰与政治领域的发展亦步亦趋，断言希腊艺术的巅峰时期正是出现在民主政体领风骚之时[2]。九年后，他的学生里德泽尔把这个模式更向前推进，宣称帕特农神庙"是雅典民主的最高杰作"[3]。

这种感情在希腊独立战争期间（一八二一至一八三〇年）及紧接其后的阶段受到热烈拥抱。随着现代希腊国家诞生，曾帮助形塑它的欧洲列强建构出一些叙事，希望透过这些叙事让它们自己的政治制度可回溯至雅典卫城的中心。一八三四年八月二十八日，新任希腊国王奥托（巴伐利亚国王路德维希之子）正式宣布帕特农神庙为一古代纪念碑。在一场精心策划的典礼中，国王与他的摄政、大臣、国家卫队骑在马上，朝卫城前进，尾随后面的是一支由年长公民、教师和其他贵人组成的游行队伍[4]。一行六十个雅典人，人人手持橄榄枝，而在卫城上，则有一群雅典少女等着欢迎他们：她们身穿白衣，手持桃金娘花束，高举着画有雅典娜女神肖像的横幅[5]。到达要塞之后，奥托国王从新古典主义建

图1 《雅典卫城和战神丘的理想景观》，克伦泽绘于一八四六年。

筑家利奥·冯·克伦泽（Leo von Klenze）手中接过帕特农神庙大门钥匙，在其陪同下进入殿内。待国王在一张覆盖着月桂、橄榄和桃金娘的王座坐定，克伦泽发表了一篇洋溢爱国热情的演说，倡议修复帕特农神庙和夷平卫城上所有奥斯曼土耳其帝国建筑。"蛮族的所有遗物都将被移除。"克伦泽宣布。然后，他恭请国王圣化第一块准备要修复和用来"重生帕特农神庙"的柱石。奥托依其所请，在搬到他面前的鼓形大理石块上敲了三下[6]。一八四六年，克伦泽把他的"理想景观"（一个没有野蛮人痕迹的卫城）描绘出来（图1），画作在六年后由奥托之父路德维希一世购去[7]。

接下来的那个世纪，随着考古学的成长和众人愈来愈意识到古典希腊是西方文明的摇篮，古典文化作品的地位被提升到一个全新高度[8]。一八二六年，一座复制的帕特农神庙在爱丁堡东侧的卡尔顿山动土，计划用作拿破仑战争中苏格兰阵亡将士的纪念馆和最后安息所。这座建筑没有完工，只有立面留存至今，上面的铭文写着："纪念过去的苏格兰英雄和激励未来的苏格兰英雄。"[9]同一时期，在巴伐利亚的里根斯堡，国王路德维希一世筑造了自己的帕特农神庙（一八三〇至一八四二年），其设计者正是主持卫城典礼的克伦泽。命名为"名人堂"（图2），这座巴

图 2　巴伐利亚的"名人堂",一八三〇至一八四二年,克伦泽。

伐利亚帕特农神庙用半身像和铭文匾额表彰了日耳曼一千八百年历史里的一百多位著名人物。到了一八九七年,美国亦将会以自己的帕特农神庙自豪:这一复制品落成于田纳西州纳什维尔,是特地为迎接万国博览会(一八九六至一八九七年)而建。本来的木头结构后来以混凝土重建(一九二〇至一九三一年),至今仍是该市引以为傲的地标(图3)。[10]

到了二十世纪,则有贡布里希宣称希腊艺术的"大觉醒"是民主黎明的产物。他主张全盛古典时期的艺术高峰直接反映艺术家在新政治制度中获得的"新自由"。[11]这种思路在一九九二年美国一个希腊艺术的巡回展览获得回响。名为"希腊奇迹:来自民主黎明的古典雕塑",这个为庆祝民主制度诞生两千五百周年而举行的展览,让华盛顿和纽约市市民得以一睹古希腊艺术的最精品。[12]

这种在古代艺术杰作里看见自己的倾向并不是特定意识形态依附者的专利。例如,罗德斯*便把帕特农神庙视为帝国而非民主制度的象征。"伯里克利透过艺术教会懒惰的雅典人信赖帝国。"他说。[13]马克思同样受(希腊)艺术吸引,但认为帕特农神庙是社会襁褓期而非高峰期的产物:"希腊艺术的魅力……跟它赖以诞生的未成熟社会条件有密不可分的

---

*　译注:英裔南非商人,矿业大亨,在大英帝国殖民南非的历史中扮演举足轻重角色。

图 3 纳什维尔帕特农神庙，位于田纳西州纳什维尔市百年纪念公园，一九二〇至一九三一年。

关系。"[14] 全盛古典艺术（特别是帕特农神庙）的魅力同样让纳粹德国觉得无可抗拒：希特勒早就准备好用它来为他的意识形态、文化和社会方案服务。[15]

我们应该惊讶于弗洛伊德对帕特农神庙的反应竟是内疚吗？他备受一个事实折磨：他自己可以看到帕特农神庙，而他父亲（一位资财有限的羊毛商人）却无此机会，也不会懂得欣赏。他内疚于自己比父亲幸运。[16]

一九九八年，大英博物馆一位资深主管在接受《每日电讯报》主编强森（现任伦敦市长）*访谈时，称"埃尔金斯大理石"**是"对英国作为自由社会和其他民族的解放者的一种形象再现（pictorial representation）"[17]。所以，帕特农神庙既是磁石又是镜子。我们被它吸引，又在其中看见我们自己，并依自己的方式窃占它。在此过程中，它本来的意义难免泰半隐没。

确实，我们对帕特农神庙的理解和它的接受史有密不可分的关系。

---

* 编注：强森二〇一六年七月十三日就任英国保守党政府之外交部长。

** 译注：埃尔金斯伯爵十九世纪从雅典掠夺回英国的帕特农神庙雕刻通称"埃尔金斯大理石"，详下文。

当被审视对象被认为美得无以复加和具有图腾地位，当它已经被各种意义投射了两千五百年，要还原它的本来意义便难上加难。清楚的是，帕特农神庙人人在乎：它的持续光环在不同的文化和不同的世纪一再引起敬畏、奉承和最高礼赞。一个热情喷涌的典型代表是爱尔兰艺术家和旅行家爱德华·道德维尔（Edward Dodwell），他在一八〇一至一八〇六年间住在希腊绘画和写作。谈到帕特农神庙时，他这么说："它是世界所见过最无可匹敌的雕刻胜利与建筑胜利。"[18] 同一种感情也燃烧过埃尔金斯伯爵，而他又是一个敏于行动的人。事实上，就在道德维尔还住在雅典的时候，埃尔金斯夫妇和一支工作团队正忙于肢解神庙，把很多雕刻拆下来运回伦敦。这批雕刻品时至今日仍然流落伦敦。

失去雕刻并未让帕特农神庙的魅力降低。一八三二年，法国诗人暨最后浪漫主义者拉马丁（Alphonse de Lamartine）断言帕特农神庙是"写在地球表面和刻在石头上最完美的一首诗"。[19] 不多久之后，新哥特主义建筑家维奥莱-勒-杜克讴歌阿眠的主教座堂，把它誉为"哥特式建筑中的帕特农神庙"。就连二十世纪现代主义大师勒·柯布西耶第一次看到帕特农神庙时都说它是"神圣标准的宝库，艺术中所有尺度的基础"。[21]

就这样，帕特农神庙被过度推崇的地位便一直深深影响着众人对它的诠释，决定了哪些问题该问，又决定了（这是更有意思的）哪些问题不该问。因为大家对它太过崇敬和不敢问它太多问题，帕特农神庙一直受到图腾化的倾向所扭曲。另一方面，有关雅典人是怎么看待他们最神圣神庙的古代资料寥寥无几，这一点只扩大了原有的真空，让古代之后的诠释者有更大自由发挥的空间。

另一个让帕特农神庙本来意义难以还原的原因是，它在晚期古代（当时的雅典已失去独立地位很久）屡经蹂躏性打击。公元前一九五年前后，一场大火烧毁了神庙的内殿，即其位于东端的大厅。其后，公元第三或四世纪期间（罗马人统治的时期），神庙又发生了一场更严重的祝融之灾。有些学者认为火是日耳曼人的赫鲁利部落在公元二六七年所放，其他学者则归咎于阿拉里克领导的西哥特人，他们曾在公元三九六年洗劫雅典。[22] 不管纵火者是谁，这把火都烧垮了帕特农神庙的屋顶，摧毁了内殿。内殿的柱廊、东大门、神像底座和屋顶都必须完全更新。[23]

至此，帕特农神庙作为一雅典神庙的日子已屈指可数。公元三八九年至三九一年之间，罗马皇帝狄奥多西一世下达了一系列谕旨，取缔传统希腊多神教的神庙、神像、节日与所有仪式习尚（让基督教取得合法地位的皇帝固然是君士坦丁，但将之定为国教和打压竞争者的却是狄奥多西）。及至六世纪之末（甚至可能更早之前），帕特农神庙已被改造成一座奉献给圣母的基督教堂。这个改造需要改变神庙坐落方向，因此，一个主入口被开在西端，又在东端加入了一座后殿。原来的西厅至此变成了教堂前厅，而一座三走道的长方形礼堂取代了原来的内殿。一个洗礼池被添加到建筑的西北角落[24]。及至七世纪晚期，这教堂已成了雅典的主教座堂，称为"雅典的神之母教堂"。其后，在一二○四年，随第四次十字军东征入侵的法兰克人把原来的东正教大教堂改为天主教主教座堂，将其更名为"雅典圣母院"。一个钟楼被加在其西南角落。随着雅典在一四五八年落入奥斯曼帝国土耳其人统治，帕特农神庙经历了另一次改建——这一次是改建为清真寺，被加入了一个米哈拉布（mihrab）*、一个讲经坛和一座高耸的宣礼塔（位于原来钟楼的所在）。

经历两千年大体无损之后，帕特农神庙于一六八七年九月二十八日发生了一场灾难性的爆炸。在其前的一个星期，瑞典公爵柯尼希斯马克带着一万部队兵临离雅典只有十四公里的依洛西斯厄琉西斯。在那里，他们与威尼斯将军莫罗西尼会师，合围雅典。这场围城战只是更大的莫里亚战争的一部分，该战争又称第六次奥斯曼-威尼斯战争，从一六八四年持续战至一六九九年。随着威尼斯人逼近雅典，奥斯曼守军在卫城建筑防御工事。当时，土耳其人已经把卫城西尖端的胜利女神雅典娜神庙拆毁，改建为炮台，又在帕特农神庙内堆放大堆弹药。有超过六天时间，威尼斯人从附近的缪斯庙丘向帕特农神庙进行炮轰，发射了大约七百发炮弹。最后，柯尼希斯马克的人马直接命中目标，帕特农神庙发生猛烈爆炸，导致墙壁、近十二根立柱（分布于南北两侧）和许多装饰性雕

---

* 译注：意译为"祭坛"或"壁龛"，指位于清真寺正殿纵深处正中间的小拱门或小阁，作用是指出麦加方向。

刻四散纷飞。当天共有三百人死于卫城。战争继续如火如荼地又打了二十四小时才以土耳其部队被俘告终。[25]

这场战争永远改变了卫城的形貌，让它成为了另一种象征性的存在："废墟"[26]。到了十八世纪早期，一座小型的正方形清真寺建在一度是由帕特农神庙内殿构成的瓦砾堆中。由砖头和回收再利用的石块兴建，这座圆顶清真寺坐落在帕特农神庙的残败柱廊之内，直到希腊独立战争期间才遭到破坏，后来又在一八四三年被移除。[27]

从某种意义上，我们总会从政治角度看待帕特农神庙，这是学术"发达"的结果：对公元前五世纪的雅典，我们知道得最详细的部分是政治。留存至今的相关文献和铭文（古雅典人自己写的或别人写他们的）数量相对丰富，使我们得以触摸伯里克利所打造的世界——该时代现在被称为希腊的黄金时代，其与民主的繁荣息息相关。但雅典文化的内涵要远不只民主，而雅典人对民主概念的理解也不是我们用现代的透镜所能尽窥。一个理由是，雅典人的 Politeia（政治）观念比我们的宽广。英语里没有完全对等的字眼，事实上，这个词同时指涉最广义的公民生活的方方面面。古代 Politeia 的涵盖范围远超过现代政治的范畴，同时涵盖宗教、礼仪、意识形态和价值的领域。亚里士多德暗示过，"共同福祉"（common good）的优先性在雅典政治中扮演着决定性角色，指出"那些致力于共同福祉的政体乃是根据绝对正义的原则正确架构"。[28]

居于雅典人"政治"观念核心的是对自身文化的根本认知，是它的起源观、它的宇宙观和它的史前史。这批环环相扣的观念界定了共同体的价值观，又衍生出形形色色的典礼祭仪（有超过一千年时间，帕特农神庙都是这些典礼仪式的重心）。迄今，从这个角度了解帕特农神庙的人并不多。但没有这种了解，我们又不可能说出帕特农神庙除了是一项无可比拟的建筑成就或民主的象征标志之外，还是些什么。想要还原认识帕特农神庙的根本和本来意义，我们必须努力以建造它的人的眼光看待它。换言之，我们必须经由古人之眼，试图进行观念上和景观上的考古学探究。

拜近年来在卫城进行的考古和修复努力之赐，也拜新的人类学方法之赐，还原帕特农神庙真实面貌的目标已有所进展。希腊文化部的"卫城修复工作队"对帕特农神庙进行了一丝不苟的解剖，带来许多具体入微的考古学发现，大大增加了我们对用于建筑神庙的材料、工具、工法和工程学的了解。[29]我们现在知道，帕特农神庙在施工过程中曾有过多次计划装饰和改变，其中一个关键变更也许是加上一圈绝无仅见且气势磅礴的横饰带。现已确知，这横饰带本来是要涵盖整个东门廊。另外的变更包括在帕特农神庙东大门的两旁各开了一扇窗，让更多的阳光可以倾泻在雅典娜神像上。在神庙北柱廊，有痕迹显示该处原设有一个带祭坛的小神龛，反映出那地方原属一座更早期帕特农神庙的范围。[30]这开启了我们对前帕特农神庙时代祭仪的新了解，也引出了从远古到伯里克利时代的神庙连续性的问题。

过去十年带来的不只是大量涌现的帕特农神庙作为一座建筑的设计和演化方面的新数据，它还带来了整体的观念转换，让我们更加关注到帕特农神庙的非物质视角。新的问题被提出，而新的研究范式和方法（借自社会科学、宗教史和文化史）被用来回答这些问题。这一切都带来了一条全新的路径：把帕特农神庙置于古代史整体脉络下理解的路径。[31]过去三十年来，对希腊礼仪和宗教的研究蓬勃开展。[32]如今，一个事实已被充分认知：古希腊生活几乎方方面面都离不开宗教。对古人情绪结构和认知结构的研究也进行得如火如荼，而它们揭示出语言、行为和多重感官经验在古代世界对情感与思考的影响。[33]因而我们比从前任何时候都处于更有利的位置，可以钻进古代希腊人的脑袋，去体会他们与卫城共存的过往。

在过去的两百五十年，置于美学、意识形态和民族主义标签下的持续不断的、关于历史感知、体现与误用的研究形塑了对帕特农神庙的诠释架构。[34]现代西方对于遥远古典时代有种依依不舍的怀恋，今人借以强化自己对政治与文化理想的愿景，此种"乡愁"长久以来支配着我们对帕特农神庙这座历史名胜的理解与叙述体系。"另一个卫城"的认识正在浮现，它致力于对卫城及其建筑（包括帕特农神庙）建立一个多时段角度和多感知向度的理解。[35]这两股力量（新证据的发现和新问题的提出）共同起作用，以形成理解帕特农神庙的新范式，即本书将要提倡的范式。

我们发现得愈多，似乎帕特农神庙就显得愈谜样，而其后的文化对它的过简解释也显得愈不充分。虽然古雅典庞杂的仪式与宗教世界已大量浮现于今人之眼，但关于这座位于那么多陌生、隐晦的宗教活动之最核心处的建筑物，有一个问题仍然有待回答："何谓帕特农神庙？"

在所有存留至今的古典时代实体古物中，能最大幅度和最细致入微披露出雅典人意识的即是帕特农神庙的横饰带。这件登峰造极的大理石浮雕作品，又被称为"寓于石材的祷告"，是雅典人留给我们的最大和最复杂的精美叙事图板，也是通向他们心灵的关键途径。雕刻在横饰带上近四百个人物代表着些什么人是重中之重的问题。

自十五世纪以还，帕特农横饰带便被认定是公元前五世纪雅典人的生活写照，而自十七世纪以还，其内容便被诠释为泛雅典节（或全雅典人）*的年度游行活动。[36] 但这种解读有违希腊神庙的标准装饰成规，因为按照常规，横饰带的主题都是取材自神话而不是现实事件。如此一来，那一圈石头雕刻便成了帕特农神庙之谜的谜中谜。

接下来，我将会对帕特农横饰带提出一个截然有别于正统观点的新诠释。[37] 我的诠释是以宗教而非政治作为着眼点。透过从图像证据、文本证据和礼仪证据归纳的模式，我会挑战那个认为应该如何看待帕特农神庙和建造它的那些人的传统看法。

我主张，帕特农横饰带描绘的不是真人实事，即不是历史上曾有过的某一次泛雅典节游行，而是神话中的远古——一个让雅典人成为雅典人的远古。横饰带上两个主要人物（传说中的国王和王后）出于德尔斐神谕的要求，被迫做出一个无比痛苦的决定，以此拯救雅典使其不致沦为废墟。这决定的内容可称为一次终极的献祭。以一个开国国王及其家人的故事为蓝本，帕特农横饰带呈现的神话透露出雅典文化远比后来的学问家和古典学家愿意承认的黑暗和原始。横饰带述说的悲惨故事提供了一个关键视角，让我们可以窥见雅典人的意识，也直接挑战了我们对这一意识的认同。

---

* 译注：大部分中文资料都称这节日为"泛雅典娜节"。但作者明明白白指出 Panathenaic 一词意指"全部雅典人的"（all-Athenian），如此则"泛雅典节"方为合宜。席代岳译的《希腊罗马英豪列传》亦作"泛雅典节"。

因此，帕特农神庙可带领我们远离文艺复兴与启蒙运动时期对古希腊哲学家和雄辩家的刻板理解，尽管我们对此习以为常。事实上，雅典人比我们今天愿意接受的怪异得多。他们的世界是一个神灵无处不在、充满焦虑的世界，由一种自我中心意识主宰，尽好对神明的应尽之责。他们每天花大量时间问卜、还愿和取悦神明，设法与能决定人类命运的神明保持一种平衡、互惠、和谐的关系。这不奇怪，因为雅典人持续受到战争、暴力和死亡的威胁。

对雅典人来说，神灵魅影、神明和神话时代的英雄无时不在，无处不在。生命脆弱而不确定，难见持久的快乐，意外却总是接二连三，唯一可确定的只有步步紧逼的死亡宿命。[38]宗教仪式、节日、体育竞技和戏剧表演的日期和时间都是由悠远的传统规定，并受到天体在夜空的运行轨迹规范。宇宙观、自然景观和传统使雅典人共同遵循着侍奉、纪念与仪式实践的宗教体系。[39]

雅典人的宗教情怀深刻而强烈，因此被视为所有希腊人中最"敬畏鬼神"的人，大相径庭于我们一直以来对雅典的印象——城中住满充满哲思的理性主义者，乃理想之城。[40]雅典人仅仅听到猫头鹰的叫声就会呼唤神佑；雅典人会小心翼翼避免踩到墓石；雅典人不会拜访即将临盆的女人；雅典人会在十字路口跪下给路石倒油以驱散它们的邪力——这些行为足使现代人惊愕。[41]不仅如此，他们还会给木制、泥制、蜡制、铅制小人偶扎针，给敌手下恶咒，或给意中人下爱咒。[42]伯里克利一向以理性主义者自居，但他染上瘟疫后一样在脖子上戴上写了咒语的护身符。[43]有关雅典人是如何下爱情魔咒、施法、施蛊、求神谕、解梦和鸟卜的引人入胜记载让我们可以更加贴近他们的真实生活经验。我们对哲学与宗教的二分法一直使雅典人的真实模样隐而不彰。

尽管有种种迷信，雅典人仍然矢志成为"最漂亮和最高贵者"，而这观念主宰了他们的世界观。他们努力追求卓越，与此同时内心又隐隐不安，唯恐命运会突然翻转。"雅典人最佳"的信念决定了他们和其他人的关系，亦深深影响着他们彼此的关系。

我们致力于凭借一种新范式摆脱过去两百年来的偏见，更深入、更有信地认知古代雅典人对帕特农神庙的体验。我们想知道的不只是"何谓帕特农神庙?"还有一个更大的问题:"何谓雅典人?"后者的答案同样一直被那些抢着继承古代衣钵的后世人模糊和简化。要回答第二个问题,必须先回答第一个问题,因为帕特农神庙是形塑和维系雅典人身份认同的关键。

帕特农神庙首先是一栋宗教建筑,一座神庙中的神庙。它是西方艺术中的杰作,这似乎阻止了人们对它提出一些通常会对其他神庙提出的问题,对于这些神庙建造的地区和建造的时代,我们知道的都比对伯里克利的雅典要少得多。在本书,我会检视帕特农神庙与卫城乃至希腊世界其他地方宗教性建筑的关系。我会聚焦在定义身份的建国神话和族谱神话*,聚焦在那些象征雅典公民共同源头的符号和图案。我会着眼于地方英雄和神祇,着眼于他们的墓冢与神庙的关系,着眼于桥接这两者的仪式。这些宏伟建筑物让公民可以直接勾连他们的祖先,提醒他们,他们的共同体赖以奠基的价值观。在一个没有媒体、没有神圣文本的社会,宏伟建筑对打造群体凝聚力所起的作用再怎么强调都不为过。对雅典人而言,帕特农神庙是一个非常特别的关系网络,在这之中,献祭、礼仪、记忆和民主(不错,是"民主")彼此紧密交织在一起。

我们会先从卫城的自然环境谈起,看看它的宇宙观和神话传说如何有力地形塑了雅典人的意识。我们会考察在地神话如何源出于在地风景,考察帕特农神庙如何密不可分地与雅典的自然环境、记忆结构和信仰系统交织在一起。然后我们会进而考察卫城如何从一个迈锡尼**时代的要塞转化为一处雅典娜圣址,此时焦点会放在帕特农神庙之前的神祠和神庙,放在它们的装饰性浮雕所叙述的宇宙神话。然后我们会谈到波斯人在公元前四八〇年对卫城的蹂躏,以及伯里克利在大约三十年后所推动的全面改建计划。这时,我们会以贴近并聚焦的方式审视帕特农神庙的雕刻,特别是它的横饰带,提供了理解该建筑核心意义的关键。

在其后各章,我们将会检视这种解读对我们理解雅典人的意涵,指

---

* 译注:指这些神话起着族谱作用,可让人明了自己最早的祖先是谁。

** 译注:迈锡尼文明为希腊青铜时代晚期文明,年代约为公元前一六〇〇年至前一一〇〇年。

出它如何可以帮助我们更好理解他们的礼仪、节日和竞技。居于这一切之核心的是他们在泛雅典节上为纪念已故男女英雄而举行的祭典，而那也是一个他们庆祝自己身份认同的庆典。——可以说，那是一个他们最强烈、最自觉和最迷醉地意识到自己是个雅典人的时刻。最后，我们会考察雅典人最早期的自觉模仿者，间接透过雅典人同时代人的眼睛来观看他们。我说的是希腊化时代*的别迦摩**诸王：虽然就像文艺复兴和启蒙运动一样，他们对雅典的崇拜也同时带来了对雅典的扭曲，但他们至少没有跟雅典人在时间上相距两千年。在探讨别迦摩的英雄叙事和开国神话（见于"致胜者护城雅典娜"神庙）如何受帕特农神庙影响时，我们会努力贴近古人的经验，特别是贴近那些形塑地方记忆的地理景观，贴近那些支配地方思想感情的海、陆、空叙事。威克姆（Christopher Wickham）说过："地理就像仪式，会对人起潜移默化的作用。"44 这话特别适用于雅典人，因为他们是一个海与陆并重的民族，一个贸易与农业并重的民族，简言之是把波塞冬***和雅典娜集于一身的民族。

让我们从开始处开始，即从那座宏伟、神秘且对雅典人身份有着终极定义性的建筑的诞生背景开始。当年，一如今日，坐落地是评价任何不动产的关键，所以让我们首先来探索卫城及其周遭的环境。

注释：

1. 参 R. K. Sutton, *Americans Interpret the Parthenon: The Progression of Greek Revival Architecture from the East Coast to Oregon, 1800–1860*（Niwot: University Press of Colorado, 1992）。斯特里克兰（William Strickland）在设计费城的美国第二银行时，刻意以帕特农神庙为蓝本，直接照抄见于《雅典的古物》第二册图片的建筑细节（有关该书见本书第四章）。他会把棕叶饰漆在檐部底面而不是用雕刻的，就是因为《雅典的古物》第二册的图六就是如此呈现。费城的艺术博物馆通称"帕克大道的卫城"，而它的坐落地点通称"费城的卫城"。事实上，它忠实追随帕特农神庙的视觉精炼方法，见 L. Haselberger, "Nineteenth- and Twentieth-Century Curvatures in Europe and North America: A Preliminary

---

* 译注：希腊化时代（Hellenistic period），指希腊文明主宰整个地中海东部、埃及和西亚的时期，始自亚历山大大帝逝世（公元前三二三年），结束于罗马征服希腊本土（公元前一四六年）。

** 译注：希腊化时代的小亚细亚王国。

*** 译注：希腊神话中的海神。

List," in *Appearance and Essence: Refinements of Classical Architecture: Curvature*, ed. L. Haselberger (Philadelphia: University Museum, University of Pennsylvania, 1999), 310−11。关于一个很棒的观点，见 P. Tournikiotis, "The Place of the Parthenon in the History and Theory of Modern Architecture," in Tournikiotis, *Parthenon*, 202−29。

2. Winckelmann, *Geschichte der Kunst des Alterthums*, 26, 316。是书一出版便成为经典，直接影响到莱辛、赫德、歌德、贺德林、海涅、尼采和其他人的观点，见 E. Décultot, *Johann Joachim Winckelmann: Enquête sur la genèse de l'histoire de l'art* (Paris: Presses Universitaires de France, 2000); J. Morrison, *Winckelmann and the Notion of Aesthetic Education* (Oxford: Clarendon Press, 1996); R. Herzog, *Von Winckelmann zu Schliemann: Eine Anthologie mit Beiträgen zur Geschichte der Archäologie* (Mainz: Philipp von Zabern, 1994); A. Potts, *Flesh and the Ideal: Winckelmann and the Origins of Art History* (New Haven, Conn.: Yale University Press, 1994)。

3. Johann Hermann von Riedesel, *Remarques d'un voyageur moderne au Levant* (Amsterdam, 1773), 123. (reprint Charleston, S.C.: Nabu Press, 2012).

4. Bastea, *Creation of Modern Athens*, 102.

5. Ibid.; Beard, *Parthenon*, 99−100; Hamilakis, *Nation and Its Ruins*, pp. 58−63; D. W. J. Gill and C. Gill, "HMS *Belvidera* and the Temple of Minerua," Notes and Queries 57(2010): 209.

6. Bastea, *Creation of Modern Athens*, 102-3, 参考 A. Meliarakes, "Ceremony on the Acropolis of Athens," *Hestia* 18, no. 447 (1884)。

7. Leo von Klenze, *Ideale Ansicht der Akropolis und des Areopag in Athen* (1846)。克伦泽的画作在一八五二年由路德维希一世（当时已退位）购得；现藏于慕尼黑新绘画陈列馆（Neue Pinakothek）。

8. Bastea, *Creation of Modern Athens*, 103; Yalouri, *Acropolis*, 34—38, 77—100; J. Tanner, *The Invention of Art History in Ancient Greece* (Cambridge, U.K.: Cambridge University Press, 2006), 31−96; Squire, *Art of the Body*, 1−68; Mallouchou-Toufano, "From Cyriacos to Boissonas," 178−96.

9. 关于苏格兰古代社会，见 *Proceedings of the Society of Antiquaries of Scotland XXII* (Edinburgh: Neill, 1888), 64。关于苏格兰的国家纪念碑，见 M. Lynch, ed., *The Oxford Companion to Scottish History* (Oxford: Oxford University Press, 2001); National Register of Archives (Scotland), *National Monument of Scotland* (Edinburgh: National Register of Archives [Scotland], 1997); W. Mitchell, *The National Monument to Be Completed for the Scottish National Gallery on the Model of the Parthenon at Athens: An Appeal to the Scottish People* (London: Adam and Charles Black, 1907)。

10. 关于"名人堂"，见 H. Stellner and D. Hiley, trans., *Walhalla: Official Guide* (Regensburg: Bernhard Bosse, 2002); H. Hanske and J. Traeger, *Walhalla: Ruhmestempel an der Donau* (Regensburg: Bernhard Bosse, 1998); A. Müller, *Donaustauf und Walhalla* (Ratisbon: G. J. Manz, 1846)。关于纳什维尔的帕特农神庙复制品，见 C. Kreyling, W. Paine, C. W. Warterfield Jr., and S. F. Wiltshire,

Classical Nashville: Athens of the South (Nashville: Vanderbilt University Press, 1996); C. K. Coleman, "From Monument to Museum: The Role of the Parthenon in the Culture of the New South," *Tennessee Historical Quarterly* 49 (1990): 139–51; Tsakirgis and Wiltshire, *Nashville Athena*; B. F. Wilson, *The Parthenon of Pericles and Its Reproduction in America* (Nashville: Parthenon Press, 1937)。

11. E. Gombrich, *The Story of Art* (London: Phaidon Press, 1950), 52. See Spivey, *Understanding Greek Sculpture*, 19–29; Squire, *Art of the Body*, 33–53.

12. D. Buitron-Oliver, *The Greek Miracle* (Washington, D.C.: National Gallery of Art, 1992)。瑞士考古学家 Wildemar Deonna 首次使用"希腊奇迹"一词，见氏著 *L'archéologie: Sa valeur, ses méthodes* (Paris: H. Laurens, 1912), 81。另参见 A. de Ridder and W. Deonna, *Art in Greece* (New York: Knopf, 1927), 350–54; W. Deonna, "Du 'miracle grec' au 'miracle chrétien': Classiques et primitifs dans l'art antique," *L'Antiquite Classique* 6 (1937): 181–230; W. Deonna, *Du miracle grec au miracle chrétien: Classiques et primitivistes dans l'art*, 3 vols. (Basel: Les Éditions Birkhäuser, 1945–1948)。

13. H. Baker, *Cecil Rhodes, by His Architect* (Oxford: Oxford University Press, 1934), 10.

14. K. Marx, *Grundisse*, trans. M. Nicolaus (Harmondsworth: Penguin, 1973), 110–11; Kondaratos, "Parthenon as Cultural Ideal," 45–49.

15. A. Scobie, *Hitler's State Architecture: The Impact of Classical Antiquity*, Monographs on the Fine Arts 45 (University Park: Pennsylvania State University Press, 1990); C. C. Graham, *A Historical and Aesthetic Analysis of Leni Riefenstahl's Olympia* (Ann Arbor, Mich.: University Microfilms, 1985); M. Mazower, *Inside Hitler's Greece: The Experience of Occupation, 1941–44*; S. Marchand, *Down from Olympus: Archaeology and Philhellenism in Germany, 1750–1970*.

16. S. Freud, "A Disturbance of Memory on the Acropolis" (1936). 弗洛伊德在一九三六年，于罗曼·罗兰的七十岁生日宴席上发表的给罗兰的公开信，尤其是第二百四十七行："我父亲忙于经商。他没受过中学教育，雅典不可能对他有多大意义。"

17. B. Johnson, "Curator Afraid of Losing His Marbles," *Daily Telegraph*, July 1,1998, 34.

18. Dodwell, *Classical and Topographical Tour Through Greece*, 1: 321. 关于 E. Dodwell 可参考 J. McK. Camp, et al., *In Search of Greece: Catalogue of an Exhibit of Drawings at the British Museum by Edward Dodwell and Simone Pomardi from the Collection of the Packard Humanities Institute* (Los Altos, Calif.: The Packard Humanities Institute, 2013)。

19. A. de Lamartine, *Voyage en Orient*, 2 vols. (Paris: Nizet, 1855; offset reprint, 1978), 1: 95.

20. E. E. Viollet-le-Duc, *Dictionnaire raisonné de l'architecture française* (Paris: Bance, 1854–1868); S. Kondaratos, "The Parthenon as Cultural Icon," in Μαθήματα ιστορία της αρχιτεκτουικής [Lessons on the history of architecture] (Athens, 1975), 2: 209.

21. Le Corbusier, *Journey to the East*, ed. I. Žaknić (Cambridge, Mass.: MIT Press, 1987) 166, 179, 216–17. 关于柯布西耶所谓帕特农神庙"标志着这种纯粹的心灵创造的极致",见 C. E. Jeanneret, *Vers une architecture* (Paris: G. Crès, 1923), especially 105–11, 166, 179–181。

22. Kaldellis, *Christian Parthenon*, 26–27; Korres, "Parthenon from Antiquity to the 19th Century," 140–43.

23. Korres, "Parthenon from Antiquity to the 19th Century," 143–44. 到这时候,菲迪亚斯的雅典娜神像早已不存。先是,在公元前二九五年,因马其顿的德梅特里奥斯威胁要攻击雅典,雅典僭主拉哈雷斯(Lachares)割下神像部分金袍子,以支付拖欠的士兵薪水。事见 Plutarch, *Moralia* 379c-d; Athenaios, *Deipnosophists* 9.405; Pausanias, *Description of Greece* 1.25.7, 1.29.16; Habicht, *Athens from Alexander to Antony*, 81–87; W. B. Dinsmoor, "The Repair of the Athena Parthenos," *AJA* 38 (1934): 93; Leipen, *Athena Parthenos*, 10。

24. Korres, "Parthenon from Antiquity to the 19th Century," 146–48; Kaldellis, *Christian Parthenon*, 27–29。

25. T. E. Mommsen, "The Venetians in Athens and the Destruction of the Parthenon in 1687," *AJA* 45 (1941): 544–56; C. Hadziaslani, *Morosini, the Venetians, and the Acropolis* (Athens: American School of Classical Studies at Athens, 1987); C. Hadziaslani, "Morosini in Athens," in *Archaeology of the City of Athens*, http://www.eie.gr/archaeologia/En/chapter_more_8.aspx.

26. 把破碎的帕特农神庙重新复原的工作在战争后马上开始,一直持续到今天,事见 Hamilakis, *Nation and Its Ruins*, 243–301。我与汉米勒格斯(Yannis Hamilakis)就这议题有过讨论,深感获益,特此感谢。

27. R. Ousterhout, "Bestride the Very Peak of Heaven: The Parthenon After Antiquity," in Neils, *Parthenon*, 322–24. 奥斯特豪特(Ousterhout)解释了这小清真寺为何必然是建筑在一六九九年之后〔该年法国大使费里奥尔伯爵(Comte de Ferriol)造访过卫城〕。他主张小清真寺也许是一七〇八年整修帕特农神庙计划的一部分。小清真寺第一次被画入图画是在一七五五年,画者是罗伊(J. D. Le Roy)。另参见 Korres, "Parthenon from Antiquity to the 19th Century," 155–56; M. Korres, "The Pronaos," in *Study for the Restoration of the Parthenon* (Athens: Ministry of Culture, Committee for the Preservation of the Acropolis Monuments, 1989), 2a: 55–56。

28. Aristotle, *Politics* 3.1279b.

29. "卫城修复工作队"的历史,请参考 Toganidis, "Parthenon Restoration Project"; Mallouchou-Tufano, "Thirty Years of Anastelosis Works on the Athenian Acropolis"; Mallouchou-Tufano, Η Αναστύλωση των Αρχαίων Μνημείων; Mallouchou-Tufano, "History of Interventions on the Acropolis"; Mallouchou-Tufano, "Restoration Work on the Acropolis"; Korres, *Study for the Restoration of the Parthenon*。

30. Korres, "Der Pronaos und die Fenster des Parthenon"; M. Korres, "Acropole," *Chronique des Fouilles en 1985, BCH* 110 (1986): 673–76; Korres, "Recent Discoveries on the Acropolis"; Korres, "Architecture of the Parthenon"; Korres,

"History of the Acropolis Monuments"; Korres, "Parthenon from Antiquity to the 19th Century"; Korres, Panetsos, and Seki, *Parthenon*, 68–73; Korres, "Die klassische Architektur und der Parthenon"; Koutsadelis, *Dialogues on the Acropolis*; Korres, *From Pentelicon to the Parthenon*; Korres, *Stones of the Parthenon*; Ridgway, "Images of Athena on the Akropolis," 125.

31. 略举其中几例，见 I. Hodder, *Entangled: An Archaeology of the Relationships Between Humans and Things* (Malden, Mass.: Wiley-Blackwell, 2012); J. Assman, *Cultural Memory and Early Civilization: Writing, Remembrance, and Political Imagination* (Cambridge, U.K.: Cambridge University Press, 2011); R. Hannah, *Time in Antiquity* (London: Routledge, 2009); L. Meskell and R. W. Preucel, *A Companion to Social Archaeology* (Malden, Mass.: Wiley-Blackwell, 2006); Brown and Hamilakis, *The Usable Past*; A. Wylie, *Thinking from Things: Essays in the Philosophy of Archaeology* (Berkeley: University of California Press, 2002); Van Dyke and S. Alcock, *Archaeologies of Memory*; A. Gell, *Art and Agency: An Anthropological Theory* (Oxford: Oxford University Press, 1998); A. Schnapp, *The Discovery of the Past*, 2nd ed., (London: British Museum Press, 1996); C. Renfrew and E. B. W. Zubrow, *The Ancient Mind: Elements of Cognitive Archaeology* (Cambridge, U.K.: Cambridge University Press, 1994); Tilley, *Phenomenology of Landscape*; J. Gero and M. Conkey, *Engendering Archaeology: Women and Prehistory* (Oxford: Basil Blackwell, 1991); Connerton, *How Societies Remember*; C. Renfrew, *The Archaeology of Cult: The Sanctuary at Phylakopi* (London: British School of Archaeology at Athens, 1985); P. Vidal Naquet, *The Black Hunter: Forms of Thought and Forms of Society in the Greek World* (Baltimore: Johns Hopkins University Press, 1986); L. Gernet, *The Anthropology of Ancient Greece*, trans. J. Hamilton and B. Nagy (Baltimore: Johns Hopkins University Press, 1981); Vernant, *Myth and Thought*; Vernant, *Myth and Society*; M. M. Austin and P. Vidal-Naquet, *A Social and Economic History of Greece* (Berkeley: University of California Press, 1980)。

32. 希腊宗教作品的书目又庞大又不断膨胀。重点读物包括：A. Chaniotis, "Greek Religion," in *Oxford Bibliographies Online: Classics*, http://www.oxfordbibliographies.com/view/document/obo-9780195389661/obo-9780195389661-0058.xml; R. Parker, *On Greek Religion* (Ithaca, N. Y.: Cornell University Press, 2011); Sourvinou-Inwood, *Athenian Myths and Festivals*; H. Bowden, *Mystery Cults of the Ancient World* (Princeton, N.J.: Princeton University Press, 2010); J. N. Bremmer and A. Erskine, eds., *The Gods of Ancient Greece: Identities and Transformations* (Edinburgh: Edinburgh University Press, 2010); Kearns, *Ancient Greek Religion*; V. M. Warrior, *Greek Religion: A Sourcebook* (Newburyport, Mass.: Focus, 2009); S. I. Johnston, *Ancient Greek Divination* (Malden, Mass.: Wiley-Blackwell, 2008); J. N. Bremmer, *Greek Religion and Culture, the Bible, and the Ancient Near East* (Leiden: Brill, 2008); Ogden, *Companion to Greek Religion;* Connelly, *Portrait of a Priestess*; R. Parker, *Polytheism and Society at Athens* (Oxford: Oxford University Press, 2005); H.

Bowden, *Classical Athens and the Delphic Oracles: Divination and Democracy* (Cambridge, U.K.: Cambridge University Press, 2005); J. D. Mikalson, *Ancient Greek Religion* (Malden, Mass.: Blackwell, 2005); Sourvinou-Inwood, *Tragedy and Athenian Religion*; Buxton, *Oxford Readings in Greek Religion*; C. Sourvinou-Inwood, "What Is Polis Religion?," in Buxton, *Oxford Readings in Greek Religion*, 13-37, 最初刊于 *The Greek City: From Homer to Alexander*, ed. O. Murray and S. R. F. Price (Oxford: Oxford University Press, 1990), 295-322; S. R. F. Price, *Religions of the Ancient Greeks* (Cambridge, U.K.: Cambridge University Press, 1999); Calame, *Choruses of Young Women*; Parker, *Athenian Religion*; Kearns, "Order, Interaction, Authority"; F. T. van Straten, *Hiera Kala: Images of Animal Sacrifice in Archaic and Classical Greece* (Leiden: Brill, 1995); Bremmer, *Greek Religion*; M. Detienne and J. - P. Vernant, *The Cuisine of Sacrifice* (Chicago: University of Chicago Press, 1989); L. B. Zaidman and P. S. Pantel, *Religion in the Ancient Greek City*, trans. P. Cartledge (Cambridge, U.K.: Cambridge University Press, 1992); H. S. Versnel, *Inconsistencies in Greek and Roman Religion* (Leiden: Brill, 1990); P. E. Easterling and J. V. Muir, eds., *Greek Religion and Society* (Cambridge, U.K.: Cambridge University Press, 1985); W. Burkert, *Greek Religion*, trans. J. Raffan (Cambridge, Mass.: Harvard University Press, 1985); P. Veyne, *Did the Greeks Believe in Their Myths?*, trans. P. Wissing (Chicago: University of Chicago Press, 1988); Simon, *Festivals of Attica*; Vernant, *Myth and Thought*; Vernant, *Myth and Society*; D. G. Rice and J. E. Stambaugh, *Sources for the Study of Greek Religion* (Missoula, Mont.: Society of Biblical Literature, 1979)。

33. Chaniotis, *Unveiling Emotions*; Y. Hamilakis, "Archaeologies of the Senses," in *The Oxford Handbook of the Archaeology of Ritual and Religion*, ed. T. Insoll (Oxford: Oxford University Press, 2011), 208-25; Chaniotis, "Rituals Between Norms and Emotions"; Chaniotis, "From Woman to Woman"; Chaniotis, "Dynamic of Emotions and Dynamic of Rituals"; D. Cairns, ed., *Body Language in the Greek and Roman Worlds* (Swansea: Classical Press of Wales, 2005); D. Konstan, *The Emotions of the Ancient Greeks* (Toronto: University of Toronto Press, 2006); Sojc, *Trauer auf attischen Grabreliefs*; K. Herding and B. Stumpfhaus, eds., *Pathos, Affekt, Gefühl: Die Emotionen in den Künsten* (Berlin: De Gruyter, 2004); J. H. Oakley, *Picturing Death in Classical Athens* (Cambridge, U.K.: Cambridge University Press, 2004); D. Konstan and K. Rutter, eds., *Envy, Spite, and Jealousy: The Rivalrous Emotions in Ancient Greece* (Edinburgh: Edinburgh University Press, 2003); W. Harris, *Restraining Rage: The Ideology of Anger Control in Classical Antiquity* (Cambridge, Mass.: Harvard University Press, 2001); S. Tarlow, *Bereavement and Commemoration: An Archaeology of Mortality* (Oxford: Wiley-Blackwell, 1999); H. A. Shapiro, "The Iconography of Mourning in Athenian Art," *AJA* 95 (1991): 629-56; Winkler, *Constraints of Desire*; P. Zanker, *Die trunkene Alte: Das Lachen der Verhöhnten* (Frankfurt: Fischer, 1989); P. Walcot, *Envy and the Greeks: A Study of Human Behaviour* (Warminster: Aris & Phillips, 1978).

34. D. Damaskos and D. Plantzos, eds., *A Singular Antiquity: Archaeology and*

Hellenic Identity in Twentieth-Century Greece (Athens: Benaki Museum, 2008); Hamilakis, "Decolonizing Greek Archaeology"; Hamilakis, *Nation and Its Ruins*; Brown and Hamilakis, *Usable Past*; Hamilakis, "Monumental Visions"; Hamilakis, "Cyberpast/Cyberspace/Cybernation"; Hamilakis, "Sacralising the Past"; Bastea, *Creation of Modern Athens*; Hamilakis and Yalouri, "Antiquities as Symbolic Capital"; Yalouri, *Acropolis*.

35. Hamilakis, "Museums of Oblivion"; Yalouri, "Between the Local and the Global"; Hamilakis, "Monumentalising Place"; Yalouri, *Acropolis*; Y. Hamilakis, "'The Other Parthenon': Antiquity and National Memory at Makronisos," *Journal of Modern Greek Studies* 20 (2002): 307-38.

36. 西里亚库斯（Cyriacos of Ancoan）是第一个把横饰带视为刻画伯里克利时代一场胜利游行的人，时为一四四四年（见 Bodnar, *Cyriacos of Ancona*, letter 3.9, pages 18-19），而斯图尔特和里韦特是首先认为横饰带是再现泛雅典节游行的人，时为一七八七年（见 *Antiquities of Athens*, 2: 12）。

37. Connelly, "Parthenon Frieze and the Sacrifice of the Erechtheids"; Connelly, "Parthenon and *Parthenoi*."

38. M. Lefkowitz, *Greek Gods, Human Lives: What We Can Learn from Myths* (New Haven, Conn.: Yale University Press, 2003), 237-39.

39. Boutsikas, "Greek Temples and Rituals"; Boutsikas and Hannah, "Aitia, Astronomy, and the Timing of the Arrhephoria"; Boutsikas and Hannah, "Ritual and the Cosmos"; Boutsikas, "Astronomical Evidence for the Timing of the Panathenaia"; Salt and Boutsikas, "When to Consult the Oracle at Delphi"; Boutsikas, "Placing Greek Temples."

40. 品达（Pindar）的《残篇》76；《新约·使徒行传》第十七章第二十二节，使徒保罗所引。

41. Theophrastos, "The Superstitious Man"; see D. B. Martin, *Inventing Superstition: From the Hippocratics to the Christians* (Cambridge, Mass.: Harvard University Press, 2004), 23-24.

42. J. N. Bremmer, and J. Veenstra, eds., *The Metamorphosis of Magic from Antiquity to the Middle Ages* (Leuven, Belgium: Peeters, 2003); C. Faraone, *Ancient Greek Love Magic* (Cambridge, Mass.: Harvard University Press, 1999); F. Graf, *Magic in the Ancient World* (Cambridge, Mass.: Harvard University Press, 1997); P. Mirecki and M. Meyer, eds., *Magic and Ritual in the Ancient World* (Leiden: Brill, 2002); D. Ogden, *Magic, Witchcraft, and Ghosts in the Greek and Roman Worlds: A Sourcebook* (Oxford: Oxford University Press, 2002); D. Collins, *Magic in the Ancient Greek World* (Hoboken, N.J.: John Wiley & Sons, 2008).

43. Plutarch, *Life of Perikles* 38.2.

44. C. Wickham, *The Mountains and the City: The Tuscan Apennines in the Early Middle Ages* (Oxford: Oxford University Press, 1988), 6.

第一章　圣岩：神话与场所的力量

"直接步入溪流中最为易行，这样，我们的脚就会沾湿。在此季此时，湿脚行路最令人愉快。"斐德罗这样向苏格拉底建议。他原打算一个人走到伊利索斯河河畔，找处僻静地点回味刚刚从作家吕西亚斯听来的演说。但出雅典城途中，他巧遇苏格拉底，后者表示乐于与他做伴，聊聊那篇谈同性之爱的演讲[1]。

蹚过伊利索斯河之后，这两位朋友在阿达托斯丘山麓找了个地方坐下，其地离今日的泛雅典体育场不远。苏格拉底非常喜欢周遭的自然环境，大大赞美了一番。在写成于公元前三七〇年左右的对话录《斐德罗篇》中，柏拉图借苏格拉底之口极其鲜明地描述了古典雅典地貌的视、听、味、触之娱：

> 这真是个休憩的好地方。你瞧那棵悬铃木多高大，还有那棵贞树，它长得好高，正好遮阴，花开正盛，四处弥漫着它的芬芳。悬铃木下，流淌着的可爱、凉嗖的清泉水——将一只脚踩进去，一试便知。从留在这里的人像（女孩像）和还愿供品判断，此地是奉献给阿刻罗俄斯*和一些水仙女**的。感受清新的空气，宜人的风景，蝉声齐鸣，正与夏日相和！最棒不过的当然是这片草坡，它缓缓向上，躺下时，头正好可以枕在草地上。
>
> ——柏拉图，《斐德罗篇》230b–c[2]

---

*　译注：阿刻罗俄斯为阿刻罗俄斯河的河神。但必须注意，在古希腊人的观念里，河神只是河流的化身，不是在阿刻罗俄斯河之外别有一位河神。下文提到的一些风神亦是同样情形。

**　译注：水仙女是希腊神话中位阶较低的神祇，主要是与山林水泽有关。她们数量众多且分为海仙女、泉仙女、河仙女、山谷仙女、原野仙女等不同范畴。

在这段描写苏格拉底享受纯粹感官之乐的文字里,柏拉图栩栩如生唤起的不只是乃师的真淳心性,还是雅典城牧歌般的自然环境。

当他们走进河边的树荫,斐德罗的思绪转向神话世界:"告诉我,苏格拉底,传说中的珀瑞阿斯(北风之神)*掠走奥莱蒂娅一事,是否就发生在这段伊利索斯河附近?""不是。"苏格拉底回答道,"那个地方要往下游再走两三百码,位于河对岸的阿格拉地区**。我没记错的话,那里甚至有个珀瑞阿斯的祭坛。"望向信徒挂在树上的洋娃娃般的小雕像,苏格拉底猜测此地必然是河神阿刻罗俄斯和一些水仙女的圣地。不多久,他感受到四周充满神秘力量:"这地方似有神灵临在,别怪我说话像是被水仙女附体。我几乎是在唱酒神赞歌了。*** "[3]

我们理应原谅苏格拉底情不自禁为酒神唱赞歌,因为《斐德罗篇》的这些段落透露出神话、景观、记忆和圣地在雅典人的意识里有多么密不可分,以及它们置于情感之中的集体力量[4]。在地神祇冥冥中降临,苏格拉底在与之的仪式关联氛围中所经历的一阵"水仙女附体"般的迷狂,让我们感知到一种场所的力量[5]。他和斐德罗都是受过教育的菁英,但神的临在对两人来说乃属真真切切。苏格拉底既讨厌用理性方法分析珀瑞阿斯和奥莱蒂娅(传说中国王厄瑞克透斯和王后普拉克熹提娅的女儿)的神话,又乐于接受一般人对这些神话发生地点的认定[6]。一代又一代的雅典人(不管贫或富,不管是否受过教育)莫不如此,莫不对同一类的圣迹圣址心生感应,产生强烈的思古幽情。

我们对帕特农神庙的检视会从它所处的更为广阔的自然环境谈起,景观形塑了希腊人的场所和时间意识,形塑了他们对真实(reality)本身的感受(图4)。自然与神明的力量,人类的戏剧性情景与历史的力量,莫不是来自雅典所在的那个更大的地理区域,即阿提卡****。要能充分纪念他们最为偏爱的一种能力,即决心,莫过于盖一座神庙——帕特农神庙:

---

* 译注:希腊神话中的风神,代表北风(或东北风)。他的妻子曾经赠给纯女性部族亚马逊人的首领彭忒西勒亚一对名驹(这位首领最终在特洛伊城下为阿喀琉斯所杀)。

** 译注:相当于后文提到的阿格赖地区。

*** 译注:指他对同性之爱的意见像酒神赞歌一样激情澎湃。

**** 译注:雅典城所在的半岛,也是城邦雅典的总范围。

图 4　从西面看到破晓时分的卫城。©Robert A. McCabe, 1954–1955.

雅典人所建造的最大型、做工最精细、装饰最繁丽和气势最撼人的一座神庙。它也是一座纪念碑，充溢着繁多的装饰图像，来讲述这座城市在其神话时代那生机盎然的故事。对希腊人而言，神话（一种没有理性基础的"说法"或"故事"）与历史（对过往的经验性研究）[7]常常不可区分：两者都铭刻在史诗和族谱性叙事里，而这些叙事的背景又是一片被认定为混沌初开以来便存在的景观。这一景观下的场所记忆中的地点对一代又一代的居民别具意义，他们也将年深日久的叙事代代相传下去。

希腊人根据某些"分界性灾难"（boundary catastrophe）了解他们的遥远过去，用它们把时间打断并划分为不同的时代和纪元[8]。天界大战、滔天洪水和史诗记载的战争都是标志时代嬗递的主要灾难事件。在本书头两章，我们会逐一考察这三股改天变地的力量（它们全都显示出古代近东的影响，有些影响是直接性的，但更多是透过叙利亚—巴勒斯坦人和腓尼基人间接传入）[9]。在这三大扰乱性力量中，最能够形塑景观和文化意识的莫过于洪水的涨退。大洪水的反复发生变成了一个断代的权威方法，而"前洪水期"与"洪水期"的区分对希腊人的重要性并不亚于苏美尔人或希伯来人。

大洪水的故事、天界大战的故事和对抗"他者"（亚马逊人、马人、特洛伊人和色雷斯人等）的故事对了解雅典人的教育和敬虔至关重要。由于这些故事上演的舞台（古代景观）是历史时期的雅典人仍然看得见的，这让他们与神话时代保持着一种强烈、几乎非我们所能想象的联系。对他们来说，远古并不遥远，已内化于万事万物中。帕特农神庙的意义（其设计、装饰的意义不亚于选址）必须从此联系中探求，否则便难以理解。要做到这一点，我们又必须从古代雅典城的自然生态与地形谈起。

阿提卡是一个三角形半岛，从希腊大陆的东南角伸入爱琴海，面积大约两千四百平方公里（图5）。其最西北的基塞龙山脉长约一〇四公里，是阿提卡与毗邻地的波奥提亚地区的界山。帕尼斯山和阿哥雷欧斯山分别位于雅典以北和以西；彭代利孔山和伊米托斯山位于其东北和以东；塞拉托沃尼山和潘尼翁山坐落于东南近拉夫里翁之处。介于这些山脉之间是四片流域和三座平原：伊米托斯山以东的梅索吉亚平原、雅典西北的佩迪翁平原（Pedion 字面意义即为平原 Plain），以及雅典与厄琉息斯之间的特里阿斯翁平原。卫城（字面意思是城市的高峰或高点）是雅典城内一系列较矮山丘的其中之一（图6）[10]。战神丘紧邻卫城西侧，广场丘位于卫城西北，与古代的市集*毗邻。位于更西面的是普尼克斯丘和水仙女丘，而卫城西南有缪斯神庙丘。阿达托斯丘坐落在卫城东南，不在城墙内，在其东北更远处是吕卡维多斯山和斯特雷菲丘。更北方耸立着土耳科沃尼亚丘（土耳科沃尼亚这名称得自奥斯曼时代），古称尖顶丘和狼山。阿提卡半岛的南面朝向萨龙湾，沿岸是一连串的良港和小湾（图5）。据估计，公元前四三〇年的阿提卡人口介于三十万至四十万之间，其中一半大概是住在雅典城和紧邻地区。

现代雅典的人口稠密与过度开发让人难于想象古代阿提卡的生态系统多么丰富多样。早在柏拉图的时代，人已意识到乡村地区的景观发生了重大改变，已与先前的几千年迥然不同。柏拉图在《克里底亚篇》中

---

* 译注："古代的市集"指阿戈拉广场。

图 5　阿提卡地图。

告诉我们，阿提卡的山丘一度布满可耕地，平原覆盖着肥沃深厚的泥土，到处都是茂密的森林[11]。不过，即便在柏拉图时，乡村地区仍然满目是橄榄树、悬铃木、栎树、柏树、地中海松、云杉、月桂、柳树、白杨、榆树、柠檬树、胡桃木、乳香树，以及常绿的桃金娘和夹竹桃。果树让雅典人可以大啖无花果、梨子、苹果、李子、樱桃、石榴等。葡萄树和葡萄园生产的葡萄可供直接食用，或是晒干成葡萄干和酿酒。毫无疑问，就像今日一样，缠绕着葡萄藤的凉亭棚架可以供人在户外遮阴。大型的茴香连同金雀花、野蔷薇、长春藤、鼠李、毒芹、莨菪和芹菜蔓生于野外[12]。菜园提供了大蒜、洋葱、野莴苣、蚕豆、小扁豆、鹰嘴豆和其他豆类。各色各样的香草，包括百里香、鼠尾草、牛至和薄荷等，让当地料理生气勃勃。

阿提卡乡村地区土壤肥沃，农业欣欣向荣，盛产橄榄、谷物和葡萄。大麦和小麦是当地人的主食（小麦占的比例略小），根据一个轮作系统栽种，每年都有一半土地休耕[13]。最重要的是，雅典人非常看重农田、原野、种植园和小树林带给他们大家庭的自给自足[14]。事实上，农业的兴盛带给雅典人的自主和独立感，而雅典的公民权也正是以土地拥有为基础。毫无疑问，在伯罗奔尼撒战争*期间，雅典得靠着进口外国食物（特别是谷物）以补充当地生产的不足[15]。不过，雅典仍然以身为一个"自足的城邦"自豪，而亚里士多德也赞扬"自足"是该城邦一项耀眼的美德。[16]

很多方面，私有农田带来的稳定和安全都为前所未有的民主制度创造出有利条件——最终又为民主的肆无忌惮创造出条件。雅典人口在公元前八世纪大肆膨胀，土地也愈来愈集中到超级富有的贵族之家手中，让雅典的平等和稳定备受威胁，直至政治家（兼诗人）梭伦在公元前五九四年左右获得授权进行改革，情形方始转危为安[17]。他帮助农民的方法包括禁止把欠债人卖为奴、限制每个家族能拥有的田亩数量，以及大大放宽公民资格。然而，一个人的公民参与程度仍然与他持有的土地数量直接相关。在梭伦引入的社会阶级新架构中，唯有"五百斗者"（即

---

* 译注：雅典与斯巴达两个宿敌的终极大战，断续持续近二十七年，以雅典战败告终。

图 6　雅典地图。

拥有可年产五百斗谷物土地者）才有资格出任财政总监和名年执政官*这两个最高公职。次一阶层是拥有可年产三百斗谷物土地的人，他们因为养得起一匹马有资格加入骑兵而被称为"骑士"阶级。第三个阶级"双牛者"，由拥有可年产两百斗谷物土地的人构成（"双牛者"这名称意谓他们负担得起养一双牛负轭犁田）。最低一个阶层是"普通劳工"，他们没有半片土地，只有资格参加公民大会和担任"审判团"成员。拥有土地和种植谷物，因此居于雅典公民参与的最核心事务。事实上，对雅典公民的身份来说，财产的重要性几乎不亚于血统，而两者都是一项世袭特权。公元前四世纪的"军训生誓言"（十八岁青年誓死捍卫城邦的誓言）道出了务农和宗教都是一种祖传遗物：

> 我誓言尊荣我父的宗教。
> 我被召为诸神的见证……
> 我祖国边界的见证，
> 其大麦、小麦、葡萄藤的见证，
> 还有橄榄树与无花果树的见证。[18]

阿提卡也是繁花似锦之地。其街道、花园和露天空间里开满风信子、番红花、银莲花、水仙、仙客来、金穗花、鸢尾花、玫瑰、百合、铁筷子、飞燕草和其他许许多多品种的鲜花[19]。一圈绿色地带繁荣于雅典城的边缘，盛放于城墙内外（图6）。小树林和花被栽种于天然水源附近。很多这一类地点都渐渐被视为圣地，各有专属的神祠和神祇。出城西北走上二十分钟，在离凯菲索斯河不远处有一个叫阿卡迪莫斯的地方长着十二棵奉献给雅典娜的大树。"阿卡迪莫斯"原是一位阿卡迪亚人英雄的名字，他曾向卡斯托尔和波吕杜克斯透露忒修斯把他们妹妹海伦藏在那里。柏拉图在公元前三八七年把他的学派创立于这个绿叶扶疏的环境，称之为"学院"[20]。"学院"的小树林据说是雅典娜女神栽于卫城的神圣橄榄树的分株。据说任何胆敢砍下"学院"橄榄树的人都会受到诅

---

* 译注：古代雅典不以数字纪年，而以"名年执政官"的名字纪年（"名年"二字指此）。

咒，犯者会被判死刑或放逐。从这些树取得的橄榄油是泛雅典节运动会优胜者的奖品之一。在公元前四七〇年代，当雅典正从波斯战争复原和享受着新兴的民主制度之际，政治家兼将军基蒙给"学院"筑了一圈围墙，又引凯菲索斯河河水灌溉，作为其慷慨资助的公共工程计划的一部分（目的是巩固政治上的支持，笼络人心）。为了让"学院"的小树林有更多水灌溉（他在其中种了更多的橄榄树和悬铃木），他甚至修筑了一条长二公里的输水渠，把水从阿戈拉广场*的西北角引过来。位于雅典城外和凯菲索斯河河谷中，"学院"的花园、步道和树木为柏拉图和弟子提供了完美的沉思与讨论场所。当普鲁塔克**于公元后第二个世纪在著述中提到此地时，"学院"已是雅典最绿树成荫的所在[21]。

同样吸引哲学家亲近的林荫之地还有雅典东北的吕刻昂（图6）。我们有理由相信，这地名源自附近一座"吕刻昂阿波罗"（意为"狼神阿波罗"）的圣所。[22] 整个希腊世界的阿波罗神庙都找得到奉献给他的小树林，所以，吕刻昂的小树林最初大概也是跟阿波罗崇拜有关[23]。早在公元前六世纪，此处便建有一栋供体育活动的运动馆。我们从柏拉图得知，吕刻昂是苏格拉底喜爱流连的地方——对话录《欧绪德谟篇》的场景就设在此处，而在《吕西斯篇》，苏格拉底要从"学院"到吕刻昂的中途被人叫住，最后跟他们去了一间新建的角力学校。到了公元前三三五年，亚里士多德将会于吕刻昂建立自己的哲学学派（当时他刚当完年轻的亚历山大大帝的宫廷御师，从马其顿返国）。差不多同一时期，出身雅典最古老、最显赫氏族厄特奥布忒斯氏族的政治家且富于远见的利库尔戈斯登上权力巅峰，出任财政总监。他拨款在吕刻昂种了更多树木[24]。亚里士多德习惯在吕刻昂的树荫和列柱廊边散步边讨论，他的学派遂被人称为"逍遥学派"。待亚氏在公元前三二二年从雅典遭放逐之后，他的继承人泰奥弗拉斯托斯在其他事务之余，继续在吕刻昂绿树成荫的环境从事植物学的研究和组织工作。[25]

在卫城下方一个面朝伊利索斯河的所在，有两百棵橄榄树生长于珂

---

* 译注：希腊文"阿戈拉"一词本义即"广场""市集"，中译加上"广场"二字方便理解。
** 译注：罗马时代的希腊著作家，最著名作品为《罗马希腊英豪列传》。

德洛斯、涅琉斯暨巴西勒神祠的范围内[26]；珂德洛斯是列王的最后一位，涅琉斯是他儿子。珂德洛斯属于"黑暗时代"（约公元前一一〇〇至前七五〇年），其时雅典仍由国王[27]统治。在卫城东南找到的一段罗马时代铭文被认为是珂德洛斯的墓志铭[28]。它告诉我们，国王的尸体（他为阻遏多立克人军队的挺进而英勇牺牲）先是被涂抹香膏，再被葬于卫城山脚[29]。先前，德尔斐神谕预言，多立克人想要入侵成功，必须避免杀死雅典国王。得知这预言后，珂德洛斯打扮成农民，漫步在城墙外假装打柴。走到伊利索斯河附近的敌营之后，这位国王故意惹两个守卫不快，双方发生争执。在接下来的打斗中，珂德洛斯杀死一个士兵，最后自己也被另一个士兵杀死。得知发生什么事情之后，雅典人要求侵略者归还国王尸体。多立克人看见珂德洛斯被杀，自揣必败，决计退兵。

及至公元前五世纪，雅典离珂德洛斯和王政（"由一人统治"）的日子已相当遥远。事实上，迈锡尼希腊时代（约公元前一六〇〇至前一一〇〇年）的王国并未能在青铜时代文明的崩溃中存活下来，而其后崛起的各地诸王看来权势都远不如他们的迈锡尼前辈。公元前七八世纪期间，这些国王的统治必须得到贵族家族的同意和支持，而这一点大有可能是透过通婚而达成。王权虽然衰落得很慢，但最终还是被贵族政体（"由最优秀的一群人统治"）和寡头政体（"由少数几个人统治"）取而代之[30]。在雅典，几个显赫的世家大族靠着土地的丰产而变得极其富有。被称为"门阀"（Eupatrids，意指"出身名门者"）的这些氏族彼此激烈竞争，种下连绵几代的敌对关系。在公元前八世纪，他们垄断了"军事执政官"和"名年执政官"（首席执政官）两大公职。公元前七一二年，他们又取得了出任宗教执政官（又称"王执政官"）的资格。至此，"门阀"的势力已遍及政府的所有部门（包括法庭）。但雅典人看来天生就对权力的垄断感到反感。起初，三大执政官都是一任十年，但到了公元前六八四／六八三年，任期削减至只有一年，让任何人都无法垄断权力。在梭伦的改革下（他在公元前五九四年出任名年执政官），执政官的数目一度增至十位，但后来随着军事执政官被归入"十将军团"，执政官的人数复减为九。公民对政府的扩大参与始自梭伦，又随着克里斯提尼在公元前六世纪之末推行的"民主革命"（公元前五〇八／五〇七年）而达至顶峰。

当安梯丰在公元前四一八／四一七年出任名年执政官之时，雅典人已享受了九十年的民主，而它那九位一年一任的执政官现在都是从一份短名单中抽签决定。一道安梯丰执政时发布的诏令列出了出租珂德洛斯圣域的条件。[31] 这神祠的确切地点引起过一番争论。一些学者认为它位于城墙到卫城东南之间某处，另一些则主张它位于城外的伊利索斯河河岸[32]。不管怎样，诏令铭文规定承租者得为圣域建造一圈围墙，还得栽种不少于两百棵橄榄树幼树（喜欢多种者悉随尊便）。作为回报，他有权控制"从狄奥尼索斯神祠至受渡者（指厄琉息斯秘仪*中的受渡者）前往大海途中所经过的城门之间的沟渠和所有雨水"。这里的"大海"指法里龙湾。承租者还可控制"从酒馆至伊斯特摩浴场之间"的所有水流。

该铭文强调了在古代雅典，水资源极其珍贵，而雅典人会利用露天空间收集这种珍贵资源。承租者很划算：只要筑一圈围墙和栽种小树林，他就可以拥有集中在珂德洛斯神祠的净水。在这个过程中，他也透过美化圣域而尊荣了诸神和雅典人最高贵和最无私的其中一位祖先。事实上，在珂德洛斯死后（根据传说是死于公元前一〇六八年前后），雅典人认定没有人再有资格使用国王头衔。他的儿子墨冬（字面意义为"统治者"）因此成了雅典的第一位执政，正式头衔是"统帅"[33]。

古雅典的市集称为阿戈拉广场，位于卫城西北一片低矮平坦的地面（图6）。这空间充满鲜花与绿草。据说，在"学院"栽种小树林的那位将军基蒙也在阿戈拉广场种了许多悬铃木，以此重新美化在波斯兵燹中受到大肆破坏的市容[34]。于公元前四八〇年入侵的波斯人摧毁了正在施工中的帕特农神庙前身（通称旧帕特农神庙）。但波斯人的怒火并没有止熄于卫城之巅，大火蔓延到下方的城市，导致阿戈拉广场需要花一段非常长的时间方能恢复旧观。一座月桂树和橄榄树小树林被种植在阿戈拉广场东北角，将"十二神祭坛"环绕其中。出土的树坑显示，这些树木的直径约为一米[35]。小树林由引至南面高地两栋喷泉屋的运河加以

---

* 译注：见36页译注***。

灌溉。

　　普鲁塔克讲述了一则与阿戈拉广场最中央一棵悬铃木有关的故事，该树就位于大演说家狄摩斯提尼的铜像旁边[36]。话说有个士兵因为犯错而被长官召去申斥，途中，他在铜像前停下脚步，把身上仅有的黄金放在狄摩斯提尼交叉的双掌中。悬铃木的叶子被风吹落，遮盖住铜像手中的黄金。待该士兵挨骂回来，发现他的黄金完好无缺。这事情被认为是狄摩斯提尼为人诚实不欺的证明*。

　　雅典的树木、花园、树林和湿地栖息着大量野生动物。我们可以想象野鸽、寒鸦、雨燕、夜莺、燕子、杜鹃、乌鸦、雕、鹰和其他猛禽在头顶上飞来飞去的情景。[37]最令该城引以为傲的一种鸟类当然是小猫头鹰**，因为它既是雅典的象征又是其守护女神的象征。阿里斯托芬***的《鸟》一剧（首演于公元前四一四年）堪称雅典的鸟类手册，提及的羽族洋洋大观：戴胜、夜莺、喜鹊、斑鸠、燕子、鸢、鸽子、隼、环颈鸠、杜鹃、红脚隼、红头鸟、紫头鸟****、红隼、潜鸟、环颈鸫、鱼鹰、黄褐森鸫、鹌鹑、野雁、鹈鹕、琵鹭、欧亚鸲*****、孔雀、松鸡、大雕鸮、水鸭、天鹅、小鹭、苍鹭、海燕、园林莺、秃鹫、海雕、山雀、红雀、燕雀、海鸥、白冠鸡、小鸡和鹪鹩。纵使这份名单中只有一小部分真的是栖居于阿提卡，城邦雅典的鸟类群聚仍算得上非常丰富多样[38]。

　　我们绝不可低估莺啼鸟啭对古代雅典人的意义。在没有汽车、警笛、火车、飞机和工厂的噪音时代，伴随众人度过每一天每一刻的正是鸟的鸣唱、啼啭和聒噪声。如今耳机大行其道，大自然的音效很容易会被忽略。但乡村地区的各种声音（从早上的鸟叫虫鸣到薄暮的蛙声再到晚间猫头鹰的咕咕叫）在古希腊人耳中却直如报时钟声。这就不奇怪阿里斯托芬会让羽族和爬行动物在他的剧作《鸟》和《蛙》里扮演角色。任何

---

*　译注：狄摩斯提尼曾被指控侵吞一笔交由其看管的款项。
**　编注：纵纹腹小鸮（Athene noctua）。
***　译注：阿里斯托芬（约公元前四四八—前三八〇），古希腊喜剧作家，雅典公民。他被看作是古希腊喜剧，尤其是旧喜剧最重要的代表。相传写有四十四部喜剧，有"喜剧之父"之称。
****　编注：红头的鸟可能是 Redpoll 朱顶雀。紫头鸟尚无法考证对应为何。
*****　编注：俗称知更鸟。

曾在地中海地区海鸥群底下消磨过长日，或在湿地伴过浓密蛙鸣而眠的人，都会知道这些虫鸟齐鸣声像极了一大群人的交谈。想要了解古代的氛围，我们必须把我们的心灵之耳调至可以欣赏大自然的美妙乐音和噪音。

虽然人工种植的小树林和花园可以美化都市环境，但能够把若干地道乡野风味带入城市的却是城市范围内一些放任不管的野地。从卫城东南出发，出城门再走到伊利索斯河河岸，便会去到一片沼泽和林木区，称为"阿格赖"（字面意义为"荒野"或"猎场"）（图6）[39]。布满湿地和未砍伐过的植物，这地区是水禽、猎鸟和其他小动物的天堂。"阿格赖"离城市只有几十分钟脚程，想要捕捕鱼、打打猎的市民都可以轻易到达。这里还处处是神祠和神圣地标，用于纪念凡人和神明往昔的相遇。一些神明的外号反映着这片地貌的特色："林奈（沼泽）的狄奥尼索斯"、"女猎者阿耳忒弥斯"、"阿格赖（荒野）之母"[40]。卫城的山坡同样富于各种天然的小型生态区（至今如此）：山洞、喷泉、巨石、危岩和灌木丛。它们是那些有关雅典远古最引人敬畏的故事发生的背景。

雅典会有那么多记忆存取地点与水有关并不奇怪。据说，公元前六世纪哲学家泰利斯说过："万物源于水。"[41] 雅典的情形正是如此，在那里，那些赐予生命的古代泉源（泉、湖、塘、河、溪、沼泽、山洞和滴水隙缝）把一代又一代公民引向同一批地点，提供他们躲避地中海的炎热和解渴的去处。随着时间推移，一些井和喷泉屋被盖在天然水泉上方，用于接住涌出的可饮用水。它们变成了主要社交场所，也是少数容许希腊年轻妇女抛头露面的公共场所。她们可大大方方到这些地点为家人打水。久而久之，这些地点很自然成了仙女和少女故事的舞台背景。泉仙女在雅典人的身世认知上占有核心地位，一再被说成曾透过嫁入王室而成为雅典人的最早祖先。由此，雅典人一方面可以与他们的自然环境发生联系，另一方面可以维持他们隐而未宣的土地所有权主张[42]。

神话诞生于在地景观，是用来解释事情为什么是现在的样子。一代又一代雅典人都相信他们有一批共同祖先，而这批祖先又受到住在他们熟悉景观的在地神明的护庇。这个共同起源是雅典人身份认同和团结的关键。它让雅典人表现出公共精神的同时又对其他希腊人（遑论更低一等的人种）显露出沙文主义。这一类信念（不管是符合事实还是幻想出来）支配着集体想象力，形塑出一种有关往昔、当前和未来的世界观。站在自己曾曾曾祖母站过的同一个山洞洞口，向远祖奉献过的同一个祭坛奉献水果、谷物、肉类和蜂蜜，认定自己与国人同胞分享着可溯至远古的血缘——凡此种种都会对一个人的身份归属有决定性的影响[43]。又由于人类理解自身定位的最佳的方法是透过叙事，所以，雅典人对自己讲述的故事，以及这些故事的舞台背景，乃是了解雅典人怎样看待自己的关键，也是了解他们最雄心勃勃的一项集体努力的关键。

现代雅典的都市景观无可避免会遮盖住丰富的古代泉水与水路网络，它们如今深深掩埋在交通拥挤的通衢大街下面。但一些街道的名称和走向仍然保存着古代河流的记忆。位于卫城以西约三公里的基菲苏大街下面流淌着凯菲索斯河，而卫城东南方的卡利洛厄街则起自卡利洛厄泉附近，然后沿着伊利索斯河昔日的河道伸展，让伊利索斯河变成了地下水道。凯菲索斯河的支流艾瑞丹诺斯河今日也是以地下水道的形式流过卫城西北方再流经阿戈拉广场北侧。一九九〇年代，当宪法广场地铁站开挖站体时，艾瑞丹诺斯河一段宽河床（约五十米）在奥托诺斯街与阿玛里亚大道交界的下方被重新发现[44]。从这里，艾瑞丹诺斯河继续流向米特罗普洛斯广场，然后现踪于广场里一些古老悬铃木和露天咖啡座之间。

在卫城以东，早被改为地下集水库的伊利索斯河沿着它的原来路径从地下流过梅索吉翁大道、米哈拉科普洛斯大道和皇家康士坦丁大道。在这里，它会经过古代的卡利洛厄泉这里，继而沿着卡利洛伊斯大道下方穿过卡利地亚的郊区，然后被直接引入法里龙湾。不过，在古代，伊利索斯河会先绕到卫城南面，然后折而向西与艾瑞丹诺斯河汇合，再注入凯菲索斯河后始流入法里龙湾。

雅典的三条河流分别源出城市以北的三座山脉：凯菲索斯河源自帕尼斯山，伊利索斯河源自伊米托斯山，艾瑞丹诺斯河源自吕卡维多斯山（图5、图6）。这些水道曾经是城市的主要方向坐标，支撑着生气勃勃的生态系统，提供了人类活动一个焦点，并充当运输人员与货物的通衢。

虽然柏拉图的《斐德罗篇》把伊利索斯河的草岸描写得如诗如画，但实际情形有可能大相径庭。一段公元前五世纪晚期的铭文禁止民众在伊利索斯河染皮革或丢垃圾，又进一步规定不可把动物毛皮留在海克力士神庙上方的河段任其腐烂[45]。类似地，艾瑞丹诺斯河是那么脏，以致据说没有雅典少女可以"从那里打到纯净液体"，而且"就连牛只都会掉头而去"，不喝它的水[46]。

凯菲索斯河是三条河流中最长的一条。它发源自帕尼斯山（一座有野猪和熊出没的大山）山麓以南约二十七公里处[47]，然后向南穿过特里阿斯翁平原再流过雅典以西，最终注入法里龙湾。如今，它被收束在雅典—拉米亚高速公路旁边的人工水道里，而它最南的十五公里路段位于一条四线道高架道路（称为基菲苏大道）下方，是一个被人乱丢垃圾和倾倒有毒废弃物的所在。净化河水的努力正在进行中[48]。但就目前，凯菲索斯河和它从前的高贵模样并无多少相似之处。在古代，它是那么清澈，乃至于有自己的专属神祠。

该神祠紧邻伊利索斯河和凯菲索斯河的交汇处，地处比雷埃夫斯和法里龙之间的半路上。公元前四〇〇年前后，一个叫基菲索多德斯的男人在这里奉献了一块大理石浮雕石碑[49]。他的名字（意指"凯菲索斯河所赐予"）很可能反映他是父母向河神求子之后喜获的麟儿。希腊人有向河流求子的习俗，而我们也在那些与河为邻的社群中间看到一种"以河命名"的倾向[50]。

湿润的环境对受胎和成长攸关重要，于是，众河神和他们的女后裔（即水仙女）被视为与人类的孕育和育婴密切相关[51]。在上述那块石碑中，基菲索多德斯（左起第二人）以捐赠者身份站在一个身份不明的女性（阿耳忒弥斯？）和拟人化的凯菲索斯河之间，其右边是三位水仙女（图7）。事实上，基菲索多德斯向之奉献的那间神祠是仅仅十年前才由一位叫色诺格拉蒂娅的妇女所建造。看来她曾发誓要把幼子献给河神，但由于当时斯巴达人正入侵阿提卡，让她无法出城。为解决这个难题，她便在"长城"*内一个凯菲索斯河流经之处盖了一间新神祠。色诺格拉蒂娅

---

* 译注：从雅典城一直通至十二公里外港口比雷埃夫斯的防护墙，用以确保雅典城在被围困时可透过比雷埃夫斯输入食物。

图 7　基菲索多德斯奉献的浮雕石碑，左起第三人（有角者）代表凯菲索斯河，他右边是三个水仙女。

也向凯菲索斯河和"其他分享祭坛的神明"奉献了一块大理石浮雕石碑（图 8），以作为请他们教养其子色尼阿德斯的礼物[52]。这石碑显示色诺格拉蒂娅站在幼子后面（图 8），而色尼阿德斯则向一个男人（想必就是凯菲索斯河）伸出一只手。在画面最右边，我们看见了人首牛身的阿刻罗俄斯——他的年高德劭让他最够资格代表希腊所有河流[53]*。所以，他会出现在石碑上，是为表示该神祠（就像苏格拉底与斐德罗去过的那地点那样）是个近河圣地，而与他作为阿卡纳尼亚古老大河的身份无甚相关。

凯菲索斯河的赐子大能还显示在保萨尼亚斯**于二世纪行经其河岸时看见的大理石群像[54]。这些雕刻刻画一个叫谟奈西梅姬的女人正在割下幼子一束头发，以用作还愿供品。我们从很多文献资料得知，把小孩一束头发奉献给河神是要"象征一切皆源自水"[55]。在这里，我们看见雅典人与让生命成为可能的河流的亲密关系。

在基菲索多德斯奉献的石碑里，凯菲索斯河以短角男人的形象出现。

---

*　译注：荷马史诗把阿刻罗俄斯说成是第一批神明之一。
**　译注：生活在第二世纪罗马时代的希腊地理学家、旅行家，著有《希腊志》十卷。

圣岩：神话与场所的力量　35

图 8　色诺格拉蒂娅奉献的大理石浮雕石碑正面。左边幼子向着凯菲索斯河，牛身的阿刻罗俄斯位于最右边。

欧里庇得斯*在《伊翁》一剧中把凯菲索斯河称为"牛脸者"[56]。就连河水的奔流声都被他比作低沉深远的牛鸣声。在色诺格拉蒂娅的还愿浮雕里，阿刻罗俄斯河也是被刻画成牛角人脸。阿刻罗俄斯河是希腊第二大河，位于希腊西部的阿卡纳尼亚和埃托利亚之间——在陶瓶绘画里，他一贯被画成人脸牛身，蓄着大胡子（用以表示其年高德劭）[57]。

希腊另有三条叫凯菲索斯河的河流：一条发源自德尔斐附近的帕纳塞斯山，一条发源于基塞龙山再流过厄琉息斯附近的尼西安平原，第三条位于阿尔戈斯。埃瑞安**告诉我们，阿尔戈斯人在画他们的凯菲索斯河时，都是"画成牛的样子"[58]。

雅典的凯菲索斯河就像其他凯菲索斯河一样，常被刻画为牛的样子，而且早在公元前七世纪起便在从雅典到厄琉息斯的大游行中扮演抢眼角色——游行是要把"受渡者"引入厄琉息斯秘仪***。有长达一千年时间的

---

*　译注：古希腊三大悲剧作家之一。
**　译注：第二、三世纪罗马时代的希腊修辞学家和著作家。
***　译注：环绕德美特和科蕊两位女神举行的神秘仪式（因为仪式内容和意义不对外人公开，故称"秘仪"），一年一度在离雅典不远的厄琉息斯的德美特暨科蕊神庙举行。这些仪式使参与者仿佛身临其境地进入神话场景，领略生命、灵魂、死亡和再生的全过程，并实现与冥神沟通的愿望。

每年九月，信众都会沿着雅典西面一条十四公里长的"圣道"前往德美特和科蕊母女的神庙。雅典的年轻人和无赖无不翘首期盼这一天的来临。因为在游行当天，他们被容许站在凯菲索斯河的桥上向默默游行的长辈骂脏话，而被骂者不得回嘴。享受这时刻的人有男有女，还有些男扮女装，他们戴着面具，向过桥的游行行列口吐污言[59]。这种恶搞获得神圣仪式的认可，它颠倒角色，授权身份地位较低的人嘲笑身份地位较高者，目的也许是为了让朝圣者抱着相适的谦卑心态朝觐德美特和科蕊[60]。不管怎样，"污言秽语"和"桥梁"自此形成了关联。希腊文中甚至把"取笑谩骂"称为"桥骂"，而在普鲁塔克的用法里，"桥语"与今日的"三字经"有关[61]。

一如世上的大江小河，凯菲索斯河被视为俄克阿诺斯和忒提丝的儿子。俄克阿诺斯为环绕大地一圈的淡水河*，其妻子忒提丝是一位大海水神，名字意谓"哺育"[62]。据一些记载，凯菲索斯河有一名叫戴奥吉妮娅女儿，后者又是河仙女普拉克熹提娅的妈妈。在另一些记载中，普拉克熹提娅是凯菲索斯河之女而非外孙女[63]。不管怎样，普拉克熹提娅后来嫁给了雅典国王厄瑞克透斯**。这个结合表现出希腊神话一个常见模式：水仙女嫁入王室，从而在地方系谱中扮演重要角色。少女奥莱蒂娅（即斐德罗提到的那个被北风神掳走的雅典公主）是普拉克熹提娅的女儿，也因此是凯菲索斯河的外孙女或曾外孙女。所以，雅典的王族是直接源自它最大一条河流和他的水仙女女儿。作为一名河仙女，普拉克熹提娅哺育了她的家人，提供了精子发育所必需的湿润，从而保证了王室血裔的丰饶和繁荣茁壮。

据阿波罗多洛斯***记述，普拉克熹提娅有一个水仙女姊妹宙克丝帕嫁给了雅典国王潘狄翁。宙克丝帕生下普洛克涅和菲罗墨拉，又生了孪生子布忒斯和厄瑞克透斯[64]。这个厄瑞克透斯正是娶普拉克熹提娅（即他

---

* 译注：这条大河被称为"大洋河"。事实上，英语的"大洋"（ocean）一词就是源自Okeanos。

** 译注：普拉克熹提娅和厄瑞克透斯是本书的关键人物。

*** 译注：公元前二世纪希腊神话作家，著有《书库》(*Bibliotheca*)，类似神话大全。不过，众多学者考证，它可能是托名之伪作。

的阿姨）那个人。许癸努斯*则把宙克丝帕说成是艾瑞丹诺斯河的女儿[65]。要从不同的记述中整理出融贯的系谱是办不到的，因为它们往往是出于特定目的而进行的叙述，出现的时间也横跨几百年，会出现混淆和矛盾在所难免[66]。神话创造是不停歇的动态过程，没有明确的谁对谁错可言。尽管如此，一种近似天择的力量看来还是会把神话中最关键的成分保留下来。

艾瑞丹诺斯河（意指"晨河"或"暮河"）是雅典的最短河流，发源自吕卡维多斯山之后向西南奔流，然后切过阿戈拉广场北侧[67]。到了公元前六世纪晚期，众人用一条石头运河（考古学家称之为"大排水沟"）把广场废水和溢流雨水引流至艾瑞丹诺斯河[68]。当将军泰米斯托克利斯为雅典修筑新城墙之时（旧城墙毁于公元前四八〇年的波斯兵燹），艾瑞丹诺斯河被收束到一条石头运河，河水被引导至"狄庇隆门"（意为"双扇大门"）**之外的凯拉米克斯墓园。

自很早的一个时期（至少不晚于公元前十二世纪晚期），雅典人就把去世者埋葬于艾瑞丹诺斯河两岸。一百个后迈锡尼时代的墓穴曾出土于河的北岸，还有一些出土于南岸。在公元前十世纪期间，南岸的墓葬变得愈来愈多。到了"古风时代"，即大约是公元前七世纪至前六世纪之交，一个主要公墓在这里牢牢生根。它慢慢被人称为凯拉米克斯墓园，而这是因为附近有一个为城市烧制陶器的窑场，有很多制陶工在窑场工作（图6）[69]。说不定，雅典人是把艾瑞丹诺斯河看成一条冥河，认为它就像斯提克斯河那样，可以把死者渡至阴曹地府[70]。

雅典第三大河伊利索斯河发源自城市东北方的伊米托斯山，绕卫城一圈后再往南流。晚至一九五〇年代，这河流还可以从泛雅典体育场***的山麓看得见。在神话中，伊利索斯河被说成是海神波塞冬和大地女神德美特的儿子。作为海与陆之子，伊利索斯河在雅典的生态系统扮演着重

---

*　译注：公元一世纪罗马帝国初期著作家。
**　译注：雅典的西北城门。
***　译注：泛雅典体育场为马蹄形，亦是世界唯一全部用大理石兴建的大型体育场。它在古希腊时期主要用来举办纪念雅典娜女神的泛雅典节运动会，直至一八九六年为举行第一届现代奥林匹克运动会而重建。

要角色，也是众多神祠之所在。《斐德罗篇》提到的阿刻罗俄斯与水仙女神祠位于河东岸的阿达托斯丘山麓（图6）。往下游走大约五百米，在河西岸有一口水泉，称为卡利洛厄泉。今天，它只是小教堂"阿吉亚福丁尼"旁边的涓涓细流，但在早期，这一带到处都是沼泽地，因而被称为"蛙岛"[71]。据修昔底德*所述，卡利洛厄泉是早期雅典城的主要水源[72]。后来，泉上方盖了一栋正式的喷泉屋，这地方也被改称为"九头泉"——以喷泉屋设有九个喷孔以方便取水之故。最终，它又成了雅典新娘偏爱的婚前沐浴更衣之处[73]。就在泉正对面的伊利索斯河河岸上，坐落着牧神潘**的一所小神龛。他的神像至今还看得见，刻在一片残存墙壁的岩面上[74]。

卡利洛厄是俄克阿诺斯和忒提丝的女儿，而据赫西俄德***的说法，忒提丝共生有四十一个仙女女儿，一如阿波罗和众河神是专责保护男童和少年，她们专门保护小女孩与少女[75]。一个记载说，卡利洛厄嫁给了美杜莎****的儿子克律萨俄耳，生出一个可怕的三头巨人。这个叫戈吕翁的怪物后为海克力士所杀。诗人斯特西克鲁斯在公元前六世纪写了《戈吕翁之歌》描写巨人与英雄双方的大战。在这场冲突中，波塞冬站在怪物孙子一方，而雅典娜则保护她的宠儿海克力士[76]。这是一个我们将会一见再见的模式：雅典娜与波塞冬透过代理人作战。根据一些更后来的说法，卡利洛厄嫁的是波塞冬，儿子是弥倪阿斯，而弥倪阿斯后来在波奥提亚创建了城邦奥尔霍迈诺斯[77]。波塞冬与泉仙女们并不总是相处融洽，每当她们惹他生气，他就抽走水源，让泉仙女们的水泉枯竭。

在伊利索斯河东南岸，就在卡利洛厄泉的正对面，是一个叫阿格赖的地区（图6）。我们会在这里找到女神阿耳忒弥斯的神祠一点都不奇怪，因为沼泽和偏远山林正是其最爱[78]。在这个圣域里，她的祭名为"女猎者"。她在马拉松也是被如此称呼——她曾在公元前四九〇年的马拉松战

---

* 译注：公元前五世纪雅典人，古希腊著名史家，著有《伯罗奔尼撒战争史》。
** 译注：半人半羊的山林之神。
*** 译注：古希腊诗人，可能是生活在公元前八世纪，时代比荷马更早。
**** 译注：希腊神话中的蛇发女妖三姊妹之一。她们头上和脖子布满鳞甲，头发是成群毒蛇，长着獠牙，还有一双铁手和金翅膀，任何看到她们的人会立即变成石头。

圣岩：神话与场所的力量　39

役帮助雅典人打败波斯。马拉松湾的湿地及其西面的沼泽平原（马拉松战役的战场）正是阿耳忒弥斯女神最乐在其中的自然环境。同样地，在伊利索斯河的多沼泽河岸，也有一个属于女猎者阿耳忒弥斯的家。

在伊利索斯河南岸，大约是卡利洛厄泉的对面，有一座八成是建于公元前四三五至前四三〇年之间的爱奥尼亚风格小神庙（图6）[79]。它是女猎者阿耳忒弥斯的神庙，也是最绝无仅见的献祭仪式的上演之处。话说在马拉松战役的前夕，雅典人曾立誓每杀死一个波斯人就会向阿耳忒弥斯女神献一只山羊。这种战前向神明发誓许愿是一种行之有年的传统[80]。结果，雅典人战果辉煌，共杀死了六千四百名波斯人（本身则只折损一百九十二人），但这也让他们找不到足够的山羊兑现承诺。最后实行了一个折中方案：自此每年献祭六百头山羊。献祭仪式在每年的马拉松战役周年纪念日举行，即每年"波德罗米昂月"（公历九月）的第六天。这祭典至少被奉行至第一世纪[81]。很少有仪式能这么场面壮观：每年都看见六百头山羊被驱赶至伊利索斯河河边宰杀，想必让印象深刻烙印在雅典人的意识里。

随着我们回顾过古代的雅典城，我们意识到它的环境优美，位置优越：因为位于内陆而易于防守，但又离一系列良港不远（全位于城市以南约六公里），让它可以连接更广阔的世界。早期定居者在建立要塞时有很多山丘可供选择，他们没选最高一座而是选了水源最丰富者。高一百五十米的卫城是众多候选山丘中条件最好的一座。它三面是陡峭山壁，只有西坡有一条路径可以通抵，这让它易守难攻。位于其北面的吕卡维多斯山虽是雅典的最高峰（高两百七十七米），却缺乏水源、险要性和容易铲平的峰顶。凡此皆让卫城对雅典城的早期打造者深具吸引力（图9）。

希腊许多城邦都是以一个建于高处的要塞为中心，但论醒目和特出，却很少有哪个要塞及得上雅典卫城。它陡地拔起于四周一片低地之中，站在城市任何地点皆可看见。这座光秃秃的石灰岩"碉堡"（面积仅七点四英亩）自公元前第四个千年（the fourth millennium B. C.*）迄今一直都是雅典的中心焦点（图9、彩图1）[82]。

---

* 译注：指公元前四千年至前三千年的一千年期间。又称千纪。

图9 从西南看到的卫城,更远处是吕卡维多斯山。©Robert A. McCabe, 1954-1955.

卫城西北的山坡富含水源,不管是和平时期或被围困时期都适合人居。先后有二十二口新石器时代晚期(约公元前三五〇〇至前三〇〇〇年)的浅井在此出土,理应是住在附近的居民所凿[83]。出于不明原因,这些水井在后来的一千年间被弃置(也许是气候变迁导致的干旱和人口锐减之故)。直到青铜时代中期(约公元前二〇五〇至前一六〇〇年),才有人重新在卫城的这一面山坡(还有南面山坡)开凿新井。同一时期,一些房屋被盖在南面山坡(可能山顶亦盖有房屋)。一些小孩的坟墓在卫城顶部被发现,其南面出土了更多的墓穴与坟茔[84]。

卫城的丰富水脉是拜其地质构造所赐。它的最表面是一层多孔石灰岩,其下是一层碳酸钙泥灰土,更下面的是所谓的"雅典片岩"[85]。雨水渗入石灰岩缝隙会往下流,积聚在泥灰土上方。由于卫城的岩层是东南向西北倾斜,所以,积聚在泥灰土顶部的雨水会向西流,形成一系列的天然水泉。

公元前一四〇〇至前一三〇〇年之间,一座迈锡尼宫殿盖在了卫城顶端（图 10）[86]。到了公元前一二五〇年，整个要塞业已受到厚重防护墙的保护，一些墙段残存至今。它们高可达十米，最厚处厚五米，直接以未打磨过的石头垒起，被戏称是以独眼巨人工法建成：因为构成城墙的石头极其巨大，看来只有独眼巨人搬得动（图 11）。

在下方的山脚处，似乎曾另有一圈防护墙环绕整个围城的西端，以进一步保护要塞入口和水资源。据信，这堵防护墙北起迈锡尼水泉以西，南迄"南水泉"以东（后来的阿斯克勒庇俄斯神庙的所在地）（图 10）[87]。古代文献又把这堵防护墙称为"佩拉吉康"和"佩拉斯吉康"，前者意指"鹳之地"，后者得名自我们知之甚少的前希腊时代居民佩拉斯吉人[88]。不管卫城顶部和山脚的石墙是谁在青铜时代晚期所筑，它们的巨大厚重都透露出当时人得面对严峻威胁。由于石墙没有遭火烧或破坏的痕迹，它们看来充分发挥功能，直到近八百年后才被波斯人突破。

迈锡尼人出色地利用了卫城北坡的一道天然裂缝，经由它可抵含水丰富的地下岩层[89]。该垂直裂缝深约三十五米，是卫城一块巨大基岩断裂后所导致。公元前一二〇〇年前后，一道八节的梯道盖在了裂缝的狭

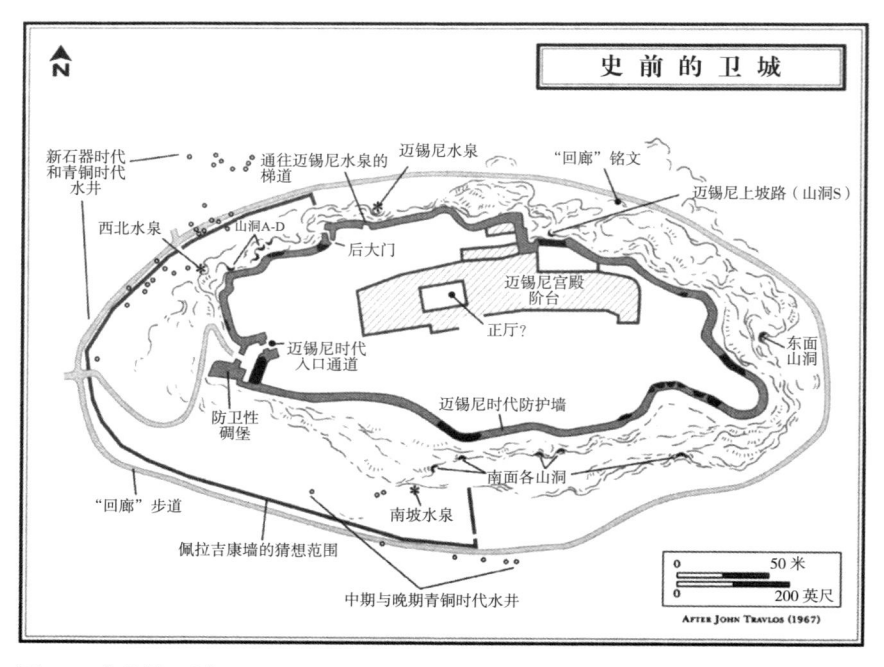

图 10 史前的卫城。

42　帕特农之谜

图 11 从西面看到的帕特农神庙,前景是迈锡尼时代的防护墙。

窄通道里面。嵌入岩壁的木头梯级让人可以一路往下走,在最下面几节阶梯的木头梯级另垫着嵌入岩壁的石头梯级。最底部是一口深入泥灰土八米的圆形竖井,形成一个蓄水池。考古学家称这建筑为"迈锡尼水泉"(图 10)。虽然只使用了大约二十五年便坍塌,这水源无疑让早期的雅典人在遭受敌人包围时不必担心缺水[90]。

七百年之后,在大约公元前四七〇至前四六〇年之间,一栋巨大喷泉屋盖在了"迈锡尼水泉"以西约九十米另一口水泉上(图 10 中的"西北水泉")[91]。很有可能,这座喷泉屋是由政治家基蒙斥资兴建的,同一时期他还赞助修筑卫城南坡防护墙的计划。基蒙喷泉屋盖在一个洞穴的岩檐内,可让人打到深处的流水。建造者小心翼翼保护它的原始风貌,没去破坏那质朴的粗犷风格。从新石器时代便开始被人使用[92],"西北水泉"很有可能与水仙女安培多丝有关。她的名字意指"牢牢固定住"或"在地里"。确实,"西北水泉"的水源位于极深处,引水口与汲水处相距六米。阿戈拉广场附近出土的一篇铭文(公元前五世纪前半叶)提到"水仙女神祠的边界"[93],铭文中的"水仙女"应该就是指安培多丝。

圣岩:神话与场所的力量

久而久之，这水泉被称为"隐水处"，原因是它地点偏僻，隐于岩石峭壁之中[94]。它是雅典人的重要水源，这特别是由于好些先前存在的水井业已塞满瓦砾，在公元前六世纪晚期和前五世纪早期已无法使用。随着"隐水处"喷泉在公元前四六〇年代的开发，卫城北坡开始对游人开放，不像古风时代那样，凡是珍贵的水源都设有围墙和守卫[95]。这标志着北坡功能的重要转换：不再只是一个水源丰富的所在，还是一片神祠、崇拜和游览之地。从此，卫城神圣空间的范围向下扩大至涵盖它的山坡，也向更多人开放。这个发展与席卷雅典的新民主精神相呼应，而整个过程将会在几十年后随着帕特农神庙的建成而臻于顶峰。

今日一如古代，有一条步道在大约半坡的高度环绕卫城一圈。它让游人可以绕行"圣岩"*，参观许多被视为圣地的山洞和危岩。公元前四世纪中叶，有人在步道北段的岩床上刻上铭文，我们由此得知步道的名称与长度："回廊：长五个赛跑场又十八尺。"[96] 换算下来，这条称为"回廊"的步道长约八百九十三米。铭文至今还看得见，就位在阿芙罗黛蒂和厄洛斯母子圣所的东边（图10）。自二〇〇四年起，"回廊"步道重新对大众开放，让人可以漫步于原初景观中，一面从雅典的中心眺望整座城市，非常赏心悦目。溜达"回廊"和到它的山洞、危岩和水泉寻幽探胜是最能让人体验古代环境的方法。

卫城岩石累累的山坡分布着十来个山洞，其中至少一半被视为圣地。这些山洞，如阿波罗山洞、牧神潘山洞、水仙女山洞，还有设在山洞附近近悬岩的阿耳忒弥斯神祠、阿格劳萝丝神祠和阿斯克勒庇俄斯神祠，全都是特别的历史记忆存取地点[97]。在整个阿提卡，已确定的圣山洞共二十八个。雅典是唯一容许在城市范围内设立山洞神祠的城邦，这让人更容易亲近本是以偏远山林为家的神明[98]。由此，我们也能够一窥雅典人的强烈宗教情怀，以及他们有多迫切想要与史前时代的洞穴居民有所关联，与他们以岩棚为家的新石器时代祖先发生联系。让我们从卫城西北山肩开始，一一造访这些离海平面约一百二十五米的山洞。在这里，在

---

* 译注：即卫城。

"隐水处"喷泉上方高处一片又宽又平的岩床上，洞开着四个山洞，分别被命名为山洞 A、山洞 B、山洞 C 和山洞 D（图 12、图 10）。山洞 A 位于最西首，其用途不明，内有一张从岩石凿出的低矮长凳。山洞 B 奉祀阿波罗，山洞 D 奉祀牧神潘。有人把山洞 C 判定为宙斯的神祠，但不是所有学者都同意。

被称为山洞 B 的浅岩棚（西起第二个山洞）是一极著名希腊神话的场景（图 13）。很早就被学者判定为"长岩下阿波罗"或"岩顶下阿波罗"的神祠，这山洞是阿波罗强迫国王喀克洛普斯女儿克瑞乌莎交欢之处。两人的结合诞生出伊翁（Ion）。为免丑事外扬，克瑞乌莎秘密产子后把小婴儿带回山洞遗弃[99]。阿波罗出手干预，命赫耳墨斯*把儿子带到德尔斐，交由阿波罗女祭司抚养，并让其稍长后充当父亲神庙的庙僮[100]。

我们从欧里庇得斯的《伊翁》一剧得知，克瑞乌莎后来嫁给了克苏托斯。因为始终无子，两夫妻前往德尔斐求神问卜。经过一连串误会和冲突，伊翁和克瑞乌莎终于母子相认。伊翁长大后娶爱雅利亚国王塞利努斯

图 12　从西北面看见的卫城北坡及其四个山洞。

---

*　译注：希腊诸神之一，职司之一是充当神界与人界的信使。

圣岩：神话与场所的力量　45

女儿（也因此是波塞冬孙女）赫莉刻，后又在伯罗奔尼撒东北海岸的阿哈伊亚建立一个以妻子为名的城邦。在这地方，"波塞冬—赫莉刻"一直被奉祀到罗马时代[101]。伊翁夫妻的几个孩子，还有他们的所有后代子孙，都被称为爱奥尼亚人（Ionians），就这样，我们的英雄建立了所谓的爱奥尼亚族群。透过这个神话，雅典人得以声称他们和他们的东希腊邻居爱奥尼亚人有着血缘关系，在战争中争取爱奥尼亚人奥援时也可抬出这层关系。重要的是，伊翁曾在雅典人的支持下率领一次远征，进攻毕生宿敌厄琉息斯。他在这场战争中丧生，就死在德美特暨科蕊神庙外头。

"长岩下阿波罗"山洞自十九世纪晚期就迭经考古学家的挖掘和研究[102]。有超过一百个小龛刻凿在山洞岩壁和把它与山洞 C 分隔的岩墙[103]。事实上，有证据显示，早至公元前十三世纪便有人类在山洞里活动。克瑞乌莎和阿波罗的神话也许是新石器时代生活在这些岩棚与深洞的居民的某种写照。在这里，那些后来会变成雅典人的最早期居民繁衍生息，最终像伊翁的子孙那样壮大为一个大族。细心保护这些与金碧辉煌神庙毗邻的原始时代岩棚可以让某些遥远的过去近在咫尺。这些记忆存取地点恒常提醒雅典人他们的乡野出身。

图 13　从北面看到的"长岩下阿波罗"山洞（山洞 B）。

山洞 C 也是一个浅岩棚，紧邻在阿波罗长岩东边。有些学者认为它是"闪电神宙斯"的神祠。此说法证据薄弱，靠的只是斯特拉波*的一则记述："皮泰斯泰"（德尔斐献祭队的主事者）都是从卫城的"闪电神宙斯"神祠眺望遥远的帕尼斯山，待看见出发信号从哈马射向天空后才遣献祭队上路[104]。

再往东走是一个被判定为奉献给牧神潘和水仙女们的山洞。它事实上是三个相连的洞穴，分别被编号为 D1、D2 和 D3。它们的岩面阶布满供摆放还愿供品的凹槽和凹龛。这里出土过许多刻画着牧神潘和水仙女的大理石还愿浮雕[105]。牧神潘祭祀是为感谢牧神潘在马拉松战争出力而引入雅典，出现时间相对较晚（公元前四九〇年前后）。不过，它在阿提卡传播迅速，以致除了在马拉松和厄琉息斯丘以外，还可以在帕尼斯山、阿哥雷欧斯山、彭代利孔山和伊米托斯山找到牧神潘的神龛[106]。

北坡的牧神潘和水仙女山洞让雅典人不用大费周章前往偏远的山林朝圣，对牧神潘崇拜有促进之功。雅典家庭定期会到远方的牧神潘神祠上香，但卫城的山洞让人可以经常性地向神明表达敬意。我们得知，柏拉图出生不久，父母就带他到伊米托斯山，向牧神潘、水仙女们和"牧人阿波罗"献祭。柏拉图的父亲一度走开去准备一份祭品，将小婴儿留下一会儿，回来时发现蜜蜂群聚在小柏拉图的嘴唇之上，而满嘴唇蜂蜜：一个表示前途光明的吉兆[107]。毫无疑问，其他雅典父母一样会把小孩带到离家更近的牧神潘山洞向神祇表达忠诚。

欧里庇得斯在《伊翁》一剧提到过这山洞，指出附近有一个雅典少女们跳舞的处所。我们听到牧神潘的笛声应和着她们的曼妙舞步：

> 啊，离牧神潘坐处和布满洞窟的长岩不远的山崖上，阿格劳萝丝三个女儿正在帕拉斯神庙（即雅典娜神庙）前的绿色草地跳舞。牧神潘啊，当你在你那阳光照不到的山洞里吹奏排笛时，她们应和着变换的笛音，翩翩起舞，高唱赞美歌……
>
> 欧里庇得斯，《伊翁》第 492—502 页[108]

---

* 译注：公元前一世纪古希腊历史学家、地理学家。

圣岩：神话与场所的力量

这可能表示，泛雅典节的"守夜"活动就是在牧神潘山洞和阿波罗山洞附近举行。这个话题我们会在第七章再次讨论。

　　循着"回廊"步道更往东走，过北坡一半之后，我们会去到在山洞S入口附近一个宽阔阶台。山洞S是一道天然的岩石裂隙，里头有一口通向含水地层的竖井和一条通向山顶的迈锡尼时代上坡路（图10）。有超过二十个小凹龛刻凿在邻接悬崖的壁面，它们一度放置过大理石还愿供品。两段刻在岩石上的公元前五世纪中叶铭文让学者判定此地为阿芙罗黛蒂和厄洛斯母子神祠。一段铭文明确提到阿芙罗黛蒂的名字和一个厄洛斯的节日[109]。附近一个坑里堆满石头阳具、陶器和赤陶土小人像，进一步佐证了山洞与阿芙罗黛蒂有关。保萨尼亚斯提过，在阿瑞福拉节，两位阿瑞福拉童女会把"秘物"带到"花园中阿芙罗黛蒂"的神祠，有人据此认为，山洞S就是该神祠的所在地[110]。但这只是猜测，完全无法证实。

　　在阿芙罗黛蒂神祠下方（从"回廊"步道往下走二十米之处），是一个人工铲平的阶台，被称为"觞圣所"，它难得地留下了公元前三世纪早期的宗教仪式痕迹[111]。在这里，有大约两百二十一个迷你饮杯（全是"觞"的造型）整齐排成一排排，出土位置和信徒几千年前小心翼翼摆放它们的位置一模一样。

　　从阿芙罗黛蒂暨厄洛斯神祠抬头眺望，可看见其上方不远处有一些从旧帕特农神庙（毁于公元前四八〇年的波斯兵燹）回收再利用的鼓形柱石*：它们构成新防护墙的一部分，并起着纪念和展示作用（图24）。类似地，从旧雅典娜神庙废墟找到的柱间壁和楣梁也被砌入了同一道防护墙的较西段落。这些建筑构件全见证着雅典历史上最惨烈的事件：波斯洗劫。它们的展示是为了让雅典人对这段惨痛历史永远记忆犹新。诚如我们在下面将会看见，永留创伤的伤疤无疑是雅典公共艺术与集体心理的一个特征。

　　卫城以东壁最为陡峭（书前彩图2），山壁上洞开着一个宽十四米、深二十二米的深山洞。一九三六年，布罗尼尔对山洞进行第一次挖掘，

---

* 译注：希腊人的石头立柱通常由十块左右的鼓形柱石构成。

但没有多少发现[112]。若干年后，当工人要在山洞前方修筑一条现代"回廊"时，在下坡处（一个海拔低得多的地方）找到了一块还连着底座的铭文石碑。铭文释文在一九八三年由唐陶斯发表，内容有关祭祀水仙女阿格劳萝丝的事宜，她是传说中国王喀克洛普斯的三个女儿之一[113]。铭文记录了雅典在公元前二四七/二四六年（或公元前二四六/二四五年）对阿格劳萝丝女祭司提摩克娣的表彰，又特别交代这诏令须高悬在"阿格劳萝丝圣所"上方[114]。该圣所的坐落地点与希罗多德所描写波斯人对卫城展开突袭处吻合：

> 卫城正前方，在其大门与上坡山路的后方，是一个没有人看守之处，因为谁都没料到有人可以从这里往上爬。但一些（波斯）人从这里（附近是喀克洛普斯的女儿阿格劳萝丝的圣域）爬了上去，无视它是一片峭壁。
>
> 希罗多德，《历史》8.52–53 [115]

这处圣所也是十八岁的军训生*肃穆宣誓效忠于雅典之处。在领到武器之后，他们会来此处向阿格劳萝丝、战神阿瑞斯和其他神祇发誓（"军训生誓言"），承诺以新士兵的身份捍卫城邦[116]。因为就位在波斯人突破卫城处的旁边，阿格劳萝丝圣所成了年轻人宣誓效忠的最理想场所。希罗多德接着写道，在波斯人登上卫城之后，有些雅典人因为不愿遭受敌人凌虐，遂从东面的悬崖跳崖自杀：

> 当雅典人看到他们（波斯人）已登上卫城，有些人便从防护墙跳下悬崖，自杀身亡。其他人则逃入了内殿。
>
> 希罗多德，《历史》8.53 [117]

一份较后期的资料文献指出，阿格劳萝丝当初为解救被攸摩浦斯围困的雅典，曾遵照德尔斐神谕的指示从同一处悬崖跳崖牺牲。这个故事

---

* 译注：雅典男子年满十八岁后得接受为期两年的军事训练，以为未来的公民责任做好准备。

圣岩：神话与场所的力量　49

（见于一篇评论狄摩斯提尼演说的文章）讲，自此以后，雅典人在悬崖下方建立一座阿格劳萝丝神祠，而"军训生"也是在这里发誓[118]。文章作者显然是把阿格劳萝丝和另一位雅典公主（国王厄瑞克透斯的女儿）搞混了，因为后者才是那个为解攸摩浦斯之围而自愿牺牲的人。在后面几章，我们将会看到有关不同雅典少女公主的神话在历史时期怎样一次次被混淆和重构。但不管怎样，一个有关公主女英雄三人组*的记忆留存了下来，她们其中的一个为城邦献出生命，从此成了年轻雅典士兵的精神鼓舞。在这里，在卫城的东悬崖，景观、地貌、神话、历史和记忆被有力地结合为一，使此地无形中蕴含着无限的激情与张力。

循着回廊步道走到卫城的南坡，我们会找到类似的山洞与岩架，它们早在公元前第四个千年便已是新石器时代人类的家[119]。最东一侧的山洞很深（图10），出土过一些重要的新石器时代物品。离山洞不远处的下方坐落着"解放者狄奥尼索斯剧场"的遗址[120]。建于公元前六世纪中叶之后的某个时候，该剧场是利用山坡上的天然凹地筑成，供观赏戏剧表演之用，建成于公元前五三〇年左右的狄奥尼索斯神庙与之相连。直至公元前五世纪末，连半圆形贵宾席在内，这个木构的剧场可容纳五六千名观众[121]。公元前三三〇年，政治家暨演说家利库尔戈斯用大理石把剧场完全翻新，把座位数大大扩充至约一万七千个（同时动工的还有一座新的狄奥尼索斯神庙）。紧邻剧场左边的伯里克利音乐厅，据说是伯里克利本人在公元前四四〇年下令兴建（图109）[122]。

在公元前三二〇／三一九年，一个叫特拉希洛斯的戏剧赞助人在狄奥尼索斯剧场旁边的卫城山坡上立了一座纪念碑以表彰自己的贡献，位置就在新石器时代山洞的正前方[123]。多年后，特拉希洛斯的儿子又在山洞口两旁各竖立一根高高的科林斯式立柱，用以踵事增华。这山洞作为神圣之所的持久力量表现在它直到前不久还被用作"山洞圣母"的神龛。彩绘的圣母像和供品摆满它维持原始风味的内部空间。据说，在基督教得势后，山洞的原主人（可能是阿耳忒弥斯）便被圣母马利亚取而代之。持续有香客来这个山洞朝圣，最常见的是带生病子女来求得医治

---

* 译注：这里的"三人组"是指自愿牺牲的公主和她两位姐姐，详见下文。

的母亲¹²⁴。

卫城南坡的中途有更多的山洞，还有一个紧紧连接于另一重要水泉的宽阔岩石阶台（该水泉在图 10 中标示为"南坡水泉"）。我们很容易理解这地方何以从很早期时便吸引人居住（洞中出土过中期青铜时代遗物），以及何以一栋古风时代的喷泉屋会盖在此处。同一地点日后又盖起了一座奉祀医神阿斯克勒庇俄斯和其女许癸厄亚*的重要神庙¹²⁵。建于公元前四二〇／四一九年（即雅典大瘟疫之后），阿斯克勒庇俄斯神庙是朝圣者求医治的去处，他们会在庙中祷告、用泉水净化自己，并在邻接的敞廊消磨晚上的时光**。事实上，我们怀疑山洞圣母的一部分治疗力正是来自人民对阿斯克勒庇俄斯和许癸厄亚医治大能的遥远记忆，他们很长一段时间被供奉在这同一南面斜坡之处。

阿斯克勒庇俄斯神庙西边出土过一座中期青铜时代（公元前一九〇〇至前一六〇〇年）的古冢和一些晚期青铜时代（公元前一六〇〇至前一〇五〇年）的水井，而在更南边则挖到一些新石器时代遗物。从一些青铜模型的废料推断，这里曾有过一所古代的冶炼所¹²⁶。再往西南走去会抵达一处引人入胜的圣所，而一块公元前五世纪的石碑题字（horos hieronumphes）让我们得知这里是"新娘圣所界址"。大量出土的双耳长颈高水瓶（用于新娘婚礼前沐浴）意味着这里曾是妇女出嫁前专用的洗浴之地¹²⁷。

无视于时代的更替，卫城南坡始终生气勃勃。后人踵事增华：别迦摩国王欧迈尼斯二世在公元前二世纪盖了一座巨大游廊（图 109），喜爱希腊文化的罗马人阿提库斯在二世纪盖了一座音乐厅（今日还在使用）。但除了礼拜堂和教堂以外，卫城南坡后来没有增加新的圣所神祠。除先前提过的"山洞圣母"神龛外，这里还有圣乔治·亚历山德里诺斯礼拜堂、圣帕拉斯克维礼拜堂（位于狄奥尼索斯剧场）和圣泉圣母礼拜堂（位于阿斯克勒庇俄斯神庙）。在卫城北坡则有圣亚他那修山洞礼拜堂、"救主变容"教堂和最近才修复的圣尼古拉教堂。

---

*　译注：她的名字含义为"健康"。
**　译注：在神庙过夜乃为了祈求医神入梦治疗。

圣岩：神话与场所的力量　51

位于雅典人凝聚力和公民忠诚最核心的是拥有一个共同过去的意识，还有一种对于拥有一个"地生"源头的自豪感。所谓的"地生"，字面意思就是指从大地涌现出来*。"地生"的概念有一点点不同于"原生"，后者是指一片土地的第一批或最古老居民，他们从一开始就是住在该地，不是来自别处[128]**。但即便在古典时代，很多作者（包括柏拉图在内）都把这两个单词混用不加区别[129]。在他的《美涅克塞努篇》里，雅典人被称赞是从土所生***，而雅典则被讴歌为"生育人类之地"[130]。

　　根据某些记载，阿提卡的第一任统治者（一个"地生"者）是俄古革斯，而这个名字本身也许反映着他与大洋神俄克阿诺斯有着血缘关系[131]。据说，他是波奥提亚（得名自其父亲波奥提亚斯）第一任大君和底比斯（得名自其妻底比）第一任国王[132]。根据另一些记载，俄古革斯是雅典第一任国王和阿提卡英雄厄琉息斯之父。在其统治期间，阿提卡受到第一次滔天洪水侵袭（被称为俄古革斯大洪水）。下一任国王（一个"原生"者）是阿克塔尤斯，他有时又被说成是阿提卡第一任国王。事实上，有论者主张，"阿克塔尤斯"和"阿提卡"这两个名称也许关系匪浅，也和 Ath- 这个原非希腊文的拼写形式有关（"雅典娜"和"雅典"都是以 Ath- 开头）[133]。阿克塔尤斯的水仙女女儿阿格劳萝丝嫁给了第二位"地生"的国王喀克洛普斯[134]。在视觉艺术中，"地生"的国王一律长着蛇尾巴（以此暗示他们和土地的关系密切），而喀克洛普斯亦不例外（图43）[135]。根据大部分传说，喀克洛普斯与阿格劳萝丝生有三个女儿，分别是赫尔塞、阿格劳萝丝第二（被奉祀在卫城东坡那位）和潘朵洛索斯，还生有一子名叫厄律西克同。另一些传说则说他们的儿子名叫克洛诺斯，后来继承了王位。让人好奇的是，克洛诺斯又被形容为佩拉斯吉人****[136]。克洛诺斯的统治结束后来了另一波大洪水，其时的阿提卡国王是丢卡利翁。最后

---

*　译注：古代雅典人认为他们的最早祖先是由"大地"生出来，不是由"人"生出来，而这样的"出身"更高贵。

**　译注：作者在文中指出，"地生"的原文 gegenes 是由"大地"（Ge 或作 Gaia）和"生出"（genes）二词构成，"原生"的原文 autohthonos 是由"自我"（autos）和"土地"（chthon）二词构成。不在内文中译出这部分是避免句子太臃肿，无法卒读。

***　译注：柏拉图的原意是"原生"（土生土长）。

****　译注：古希腊人对公元前十二世纪前住在希腊的前希腊民族的称呼。

一位阿提卡国王是"地生"的厄瑞克透斯,又称厄里克托尼俄斯。荷马是第一个提到厄瑞克透斯的"地生"出身的人,且特别强调他是从阿提卡经过开垦的泥土里蹦出来:"被盛产谷物的田地生出之后,心高志大的厄瑞克透斯一度由雅典娜养育。"[137] 这种显赫出身与他的显赫人生相当匹配。

厄瑞克透斯的诞生神话在各方面都独一无二。根据阿波罗多洛斯所述,厄瑞克透斯的成孕可追溯至黑淮斯托斯*对少女雅典娜的情不自禁。[138] 虽然求欢被拒,他仍追着女神跑,最后因为太过兴奋,把精液射在了女神大腿。雅典娜觉得恶心,用一团羊毛把精液擦掉,再把羊毛丢在地上。黑淮斯托斯的精液让地母受孕。从这个匪夷所思的结合,英雄厄瑞克透斯便诞生了。所有雅典人都是这位国王的后裔,而他们虽然不是直接从土所生,仍认定自己是地母的后裔[139]。没有其他诞生故事更能巩固雅典人的土地所有权主张。

雅典人的最早族谱神话里充满土地神祇和水中神祇。但那位日后将会成为城邦保护者的女神却是源于水。根据大多数传说,雅典娜是在利比亚的妥里通尼斯湖或妥里同河岸边被抚养长大。埃斯库罗斯**在作品中把妥里同河称作雅典娜的"母溪"[140]。有关她的诞生神话又多又彼此冲突。根据一些说法,她是海神妥里同(波塞冬的儿子)的女儿或养女。但大部分说法都认为她是宙斯之女。赫西俄德告诉我们,宙斯是在妥里同河河岸生下雅典娜。阿波罗多洛斯补充说宙斯生下雅典娜后把她交给妥里同照顾,与妥里同的女儿帕拉斯一起长大。保萨尼亚斯反驳这个说法,称雅典娜是波塞冬和水仙女妥里通尼斯的女儿[141]。因此,雅典娜的外号"妥里托革尼亚"(可能意指"妥里同所生")既可能与她养父妥里同有关,也可能与她的水仙女妈妈有关。不过,这外号也可以是指她是出生在某个月的"第三天",甚至是指"第三胎"(这种解释会让它和反复出现在神话里的雅典公主三人组发生关联)。另外,据希罗多德所述,雅典娜和姊妹帕拉斯在妥里通尼斯湖边发生冲突,杀死了对方,把其名字据为己有,因此成了帕拉斯雅典娜[142]。另一些说法则说"帕拉斯"是

---

*　译注:希腊神话中的火神和锻冶之神,宙斯的儿子。
**　译注:古希腊三大悲剧作家之一。

个父名。不管怎样,妥里通尼斯湖、妥里同河和"妥里托革尼亚"会持续出现在各种有关雅典娜的诞生故事中,也许都是意味着她传入雅典许久之前原是位利比亚女神。

最广为人知的雅典娜诞生故事指她是从父亲宙斯头上蹦出来,一出生便是个完全成长的女战神。话说,宙斯听过一个预言,指他将会被自己第二个小孩推翻,所以,当水仙女墨蒂丝(俄克阿诺斯和忒提丝的女儿)怀孕后,为了不让她生产,他把她整个吞下肚里[143]。一段时间之后,宙斯感到剧烈头痛,需要工匠之神黑淮斯托斯解救。黑淮斯托斯挥动巨斧,劈向宙斯抽搐的头颅,而披坚执锐的雅典娜随即从头颅裂缝处蹦了出来。虽然是由父亲而非母亲所生,雅典娜仍继承了母系一边的特征,遗传了墨蒂丝(这名字意指"狡狯")的慧黠,因此又被尊为智慧女神。雅典娜的这个诞生故事对雅典人的心灵是那么重要,以致被铭刻在帕特农神庙东三角楣墙的中央画面——雅典娜既然是所有雅典人的"母亲",以这种方式欢庆她的诞生时刻自是再适切不过[144]。

虽然雅典娜起源于水,众人却愈来愈把她等同于土,等同于住在土里的蛇和从土里长出的橄榄树。特别是,她成了阿提卡土地的热切捍卫者。她精于军事策略,又是个随时准备好以全部大能捍卫阿提卡的女战神[145]。正是雅典娜的智慧、狡狯和她与土地愈来愈紧密的联系让她最终赢得了阿提卡的爱戴。

希罗多德(他在帕特农神庙建造的时代从事著述)曾告诉我们雅典娜赢得雅典守护权的经过,而同一则开国神话又在四百年后被阿波罗多洛斯以更详细的方式重述[146]。话说,宙斯宣布,哪个神祇可以首先提供雅典人一份礼物,就可以成为雅典的守护神。听罢,波塞冬马上把他的三叉戟狠狠插入卫城,释放出一口海水水泉,以此作为礼物[147]。雅典娜这边则为雅典种了一棵橄榄树,换言之,是承诺将橄榄油和木材这两种珍贵商品送给雅典(前提是雅典人得愿意细心和耐心栽种)。这等于是要雅典人在未被驯化的大海和橄榄树(即发展农业甚至发展文明本身)之间做出选择。赛后,国王喀克洛普斯作证说,是雅典娜先把橄榄树种下。十二个被宙斯任命为裁判的神祇据此判决雅典娜获胜。波塞冬勃然大怒,释放出一道瀑流,用大水把整个阿提卡淹没。

波塞冬对特里阿斯翁平原（雅典和厄琉息斯之间的大平原）的淹没并不只是另一次洪灾。我们必须把它跟苏美尔、阿卡德和希伯来的大洪水神话等量齐观[148]。就像三场大洪水标志着一条终极的"前／后"界线，标志着神人关系的转变，标志着"今日"的一个原点，特里阿斯翁平原的大洪水也标志着青铜时代的结束和雅典人意识的黎明。尤有甚者，波塞冬有能力召唤滔天洪水和裂地地震这一点意味着他代表的是一个大混乱的年代。反观雅典娜却代表一种"会思考的神明"的来临：她文明，有条理，睿智，有教养，有生产性和讲礼貌。这一切都是雅典人发自本能想要获得的。

不过，这一切并不表示世界必然会往更好的方向转。就像古代的近东那样，大洪水带来了一批防卫心理强烈的菁英阶级，他们紧紧把持着神圣知识不放，让这种知识不再像从前那样，人人都可以接近[149]。同样地，在荷马同时代人赫西俄德的著作《工作与时日》里，我们找到的是一个基本上愈变愈差的世界[150]。赫西俄德把克罗诺斯统治的时期形容为一个安详和谐的"黄金时代"，把宙斯统治的代形容为"白银时代"。接着是青铜时代、第二青铜时代（或称"英雄时代"），然后是赫西俄德自己所属的"铁器时代"，其特征是悲哀劳苦[151]。所以，不管我们有多称颂伯里克利时代的雅典，誉之为一个黄金时代，但在他们自己眼中，最好的日子已经远去。

波塞冬放出的大洪水绝不是阿提卡灭顶的头一遭。对于雅典曾被淹没过多少遍，各种文献资料的说法并不一致。前面业已指出，希腊的第一次洪灾发生在俄古革斯统治期间，而一般都认为其起因是波奥提亚的科帕派斯盆地泛滥导致。柏拉图把这次洪灾的时间定在公元前九五〇〇年前后，但其他人的说法要晚许多，大有可能是发生在公元前第四个千年期间[152]。写作于第三世纪的阿弗里卡纳斯指出："自俄古革斯之后，出于洪水造成的巨大破坏，现今被称为阿提卡的地方长达一百八十九年没有国王，情形至喀克洛普斯的时代始有改变。"[153] 希腊人自己相信，正是这场"俄古革斯大洪水"让赫西俄德所说的"白银时代"戛然而止。

在《克里底亚篇》，柏拉图鲜明地描述了这第一场大洪水如何激烈改变了雅典（特别是卫城）的地形地貌。卫城的顶部一度非常巨大，与雅典的其他众多山丘连成一片很高的台地：

> 当时的卫城与现在截然不同。它如今的模样是下了场一整夜的暴雨所致，暴雨冲走卫城所有土壤，让它变得光秃秃。然后又来了大洪水（那是丢卡利翁时代大洪水之前的第三波洪水），同时发生的还有地震。这之前，卫城的范围非常广大，从艾瑞丹诺斯河一直延伸至伊利索斯河，包含了普尼克斯丘，另一边则与吕卡维多斯山相连。当时整个卫城都覆盖着土壤，而且几乎一片平坦。
>
> 柏拉图，《克里底亚篇》111e—112b [154]

"俄古革斯大洪水"共有三波，然后才是丢卡利翁国王时代的大洪水[155]。丢卡利翁是泰坦神普罗马妮娅和普罗米修斯的儿子，他在位期间发生的大洪水标志着初期青铜时代的终结[156]。因为预知这灾难的发生，普罗米修斯指示儿子打造一口箱子。大洪水来到时，丢卡利翁带着妻子皮拉躲进箱子，在大水中漂浮了九天九夜。大水退去后，夫妻俩繁衍出一个新的人类种族[157]。这神话明显带有美索不达米亚和其他早期神话的影子，它们都是讲述一个"大洪水英雄"如何活过洪灾，继而成为一支新人类的始祖。就像《埃利都创世记》里的朱苏德拉、《阿特拉哈西斯史诗》里的阿特拉哈西斯、《吉尔伽美什史诗》里的乌特纳匹什提姆和《旧约·创世记》里的诺亚那样，丢卡利翁夫妻是大洪水的唯一生还者[158]。他们后来生了三个女儿[159]，又生了一个儿子希伦，后者便是希腊人的始祖。

古希腊人莫不迷信，而雅典人又是所有古希腊人中最迷信的一群——这一点从我们刚才对他们的记忆存取地点的短暂一游便可见一斑。公元前五世纪上半叶，诗人品达形容雅典是个被"鬼神附体"的地方。使徒保罗在五百年后注意到同一种特质："众位雅典人哪，我看你们凡事很敬畏鬼神。"[160] 所以，在《斐德罗篇》里，当苏格拉底和他的学生坐定在伊利索斯河河岸准备好进行午后交谈时，心思很自然会直接想到神祇。他们只是表现出地道雅典人应有的样子。讨论结束后，斐德罗建议："走之前我们是不是应该先向此处的神灵祷告？"苏格拉底表示同意，对一众山林之神说了如下的话：

> 亲爱的牧神潘，还有此地的所有其他神灵，请赐予我内在美。请让我所有身外物都能和内在物和谐一致。请让我把智慧视为富有。至于黄金，请让我只拥有一个知节制者可以承受和携带的数量。斐德罗，你还要求什么吗？我没有其他奢求了。
>
> 柏拉图，《斐德罗篇》279b-c [161]

雅典的自然环境处处洋溢着神明身影。场所的力量是那么浓烈，以致只要瞥见某件小小事物或听到一言半语，便足以启人以鬼神之思。还愿供品（大多是挂在大树树枝上的赤陶土小雕像）触动了这对朋友的敬畏之情，让他们想要祷告。苏格拉底和斐德罗想必从小便听过与这地点有关的神话故事，它们在霎时间涌出，淹没了当前时刻。"传说中珀瑞阿斯抓走奥莱蒂娅一事是不是就发生在这段伊利索斯河附近？"斐德罗问。神话叙事和尘世事务不断把雅典人的注意力引向过去，而神话与场所铺天盖地的暗示力量将会被铭刻在终极的记忆存取地点与圣地，即铭刻在卫城及其至高神庙的石头中。

河流与水泉、沼泽与林地、山洞与山峰：它们镶嵌着丰富和相互连锁的记忆存取地点，透露出阿提卡自然景物对古代雅典人思想感情的巨大影响。因为相信鬼神无所不在，相信有一连续世系贯穿时间的巨大跨距度，相信城邦的基础是由一些英雄业绩打造，它们全见证着世界是怎样变成今日的样子。不过，对诸神和他们的后嗣而言，大地本身仍然不是个够大的舞台。要全景理解雅典人眼中的世界，我们必须把目光转向天空，看看那个让他们的过去得以展开的巨大穹苍。

注释：

1. Plato, *Phaidros* 229a. 译本：Nehamas and Woodruff, *Phaedrus*, 4.
2. 译本：Nehamas and Woodruff, *Phaedrus*, 6.
3. Plato, *Phaidros* 238d, 译本：Nehamas and Woodruff, *Phaedrus*, 18，关于珀瑞阿斯和奥莱蒂娅的早期讨论，见 229b-c, 4。
4. 有关古希腊地景和记忆的著作愈来愈多，重点读物包括：L. Thommen, *Environmental*

History of Ancient Greece and Rome (Cambridge, U.K.: Cambridge University Press, 2012); I. Mylonopoulos, "Natur als Heiligtum—Natur im Heiligtum," *Archiv für Religionsgeschichte* 10 (2008): 51–83; A. Cohen, "Mythic Landscapes of Greece," in *Greek Mythology*, ed. R. D. Woodland (Cambridge, U.K.: Cambridge University Press, 2007), 305–30; J. L. Davis, "Memory Groups and the State: Erasing the Past and Inscribing the Present in the Landscapes of the Mediterranean and the Near East," in *Negotiating the Past in the Past*, ed. N. Yoffee (Tucson: University of Arizona Press, 2007), 227–56; H. A. Forbes, *Meaning and Identity in a Greek Landscape: An Archaeological Ethnography* (Cambridge, U.K.: Cambridge University Press, 2007); J. Larson, "A Land Full of Gods: Nature Deities in Greek Religion," in Ogden, *Companion to Greek Religion*, 56–70; S. G. Cole, *Landscapes, Gender, and Ritual Space: The Ancient Greek Experience* (Berkeley: University of California Press, 2004); Van Dyke and Alcock, *Archaeologies of Memory*; S. Alcock, "Archaeologies of Memory"; N. Loraux, *The Divided City: On Memory and Forgetting in Ancient Athens* (New York: Zone Books, 2002); R. Bradley, *An Archaeology of Natural Places* (London: Routledge, 2000); W. Ashmore and A. Bernard Knapp, eds., *Archaeologies of Landscape: Contemporary Perspectives* (Oxford: Blackwell, 1999); H. A. Forbes, "The Uses of the Uncultivated Landscape in Modern Greece: A Pointer to the Value of the Wilderness in Antiquity?," in Shipley and Salmon, *Human Landscapes in Classical Antiquity*, 68–97; J. D. Hughes, *Pan's Travail: Environmental Problems of the Ancient Greeks and Romans* (Baltimore: Johns Hopkins University Press, 1994); Tilley, *Phenomenology of Landscape*; Isager and Skydsgaard, *Ancient Greek Agriculture*; R. Osborne, *Classical Landscape with Figures: The Ancient Greek City and Its Countryside* (London: George Philip, 1987); A. Motte, *Prairies et jardins de la Grèce antique, de la religion à la philosophie* (Brussels: Palais des Académies, 1971)。

5. 参 W. R. Connor, "Seized by the Nymphs: Nympholepsy and Symbolic Expression in Classical Greece," *ClAnt* 7 (1988): 155–89; Larson, *Greek Nymphs*, 10–20。关于"水仙女附体"和占卜的讨论，见 C. Ondine-Pache, *A Moment's Ornament: The Poetics of Nympholepsy in Ancient Greece* (New York: Oxford University Press, 2011), 37–44。

6. 欲了解柏拉图对传统希腊宗教所持的正面观点，请参考 M. McPherran, *The Religion of Socrates* (State College: Penn State University Press, 1999), 291–302。

7. 这两个定义见于 I. Morris and B. Powell, *The Greeks: History, Culture, and Society*, 2nd ed. (Upper Saddle River, N.J.: Pearson, 2009), 119–21, 179。希腊史家以不同方式区分神话与历史。希罗多德在《历史》2.21–23 谈论尼罗河的泛滥时，把他的努力对比于"神话式理解"。他认为把泛滥解释为大洋神俄克阿诺斯造成是最神话化（*mythikon*）和最不值一提（*anepistemonikon*）的看待事情方式。修昔底德则认为他的史因为缺少神话，会被认为不容易读，见《伯罗奔尼撒战争史》1.22。我感谢帕帕斯（Nickolas Pappas）就这个问题与我有过有帮助的讨论。

8. Scodel, "Achaean Wall," 36.

9. López-Ruiz, *When the Gods Were Born*, esp. 1–47.
10. 参其他资料：Vlizos, *E Athena kata te Romaike Epokhe*; Smith, *Athens*; Goette, *Athens, Attica, and the Megarid*; Camp, *Archaeology of Athens*; Travlos, *Pictorial Dictionary*; Harrison, *Primitive Athens as Described by Thucydides*.
11. Plato, *Kritias* 111a-e.
12. Thompson, *Garden Lore*.
13. Isager and Skydsgaard, *Ancient Greek Agriculture*, 19–43; L. Foxhall, *Olive Cultivation in Ancient Greece: Seeking the Ancient Economy* (Oxford: Oxford University Press, 2007); L. Foxhall, "Farming and Fighting in Ancient Greece," in Rich and Shipley, *War and Society in the Greek World*, 134–45.
14. K. Mitchell, "Land Allocation and Self-Sufficiency in the Ancient Athenian Village," *Agricultural History* 74 (2000): 1–18; R. Sallares, *The Ecology of the Ancient Greek World* (London: Duckworth, 1991)，尤其 pp. 208–12（梭伦的改革）。
15. D. Braund, "Black Sea Grain for Athens? From Herodotus to Demosthenes," in *The Black Sea in Antiquity: Regional and Interregional Economic Exchanges*, eds. V. Gabrielsen and J. Lund (Aarhus: Aarhus University Press, 2007), 39–68.
16. Aristotle, *Politics* 1326a40–b24.
17. 这些改革包括统一度量衡和钱币、禁止出口（橄榄油除外）和设立一个"四百人议事会"（由四个爱奥尼亚部落各派一百名代表组成）。
18. Lykourgos, *Against Leokrates* 77; 译本：Burtt, *Minor Attic Orators*, 69–71; Stobaeus 4.1.48; and Pollux 8.105。这誓言被铭刻于一块公元前四世纪的碑板，该碑板在一九三二年出土于阿卡奈（Acharnai）的阿瑞斯与"女战神雅典娜"（Athena Areia）的圣所：L. Robert, *Études épigraphiques et philologiques* (Paris: Champion, 1938), 296–307; M. N. Tod, *Greek Historical Inscriptions* (Oxford: Clarendon Press, 1948), 2:303, no. 204。该誓言也被波路克斯（Pollux）和斯托贝乌斯（Stobaeus）所引用，见 Pollux 8.105ff. and Stobaeus 4.1.8。虽然现存的证据只能追溯至公元前四世纪，但西沃特（Siewert）在"Ephebic Oath"一文引用了公元前五世纪索福克勒斯与修昔底德对"军训生誓言"的暗示文字，主张它的起源可一路回溯至古风时代。
19. Thompson, *Garden Lore*.
20. 关于"学院"，见 Travlos, *Pictorial Dictionary*, 42–51, figs. 213, 417; Camp, *Archaeology of Athens*, 64。
21. 修昔底德，《伯罗奔尼撒战争史》2.34; Plutarch, *Life of Kimon* 13.7; Scholion on Sophokles, *Oidipous at Kolonos* 698, 701.
22. 参 Travlos, *Pictorial Dictionary*, 345–47。史穆特（Guy Smoot）主张，"吕刻昂"这个词是以 leuk（"光"或"光照"）为词根，所以和阿波罗的太阳神的角色有关。保萨尼亚斯则说"吕刻昂"得名自潘狄翁之子吕科斯（Lykos），而阿波罗在吕刻昂是第一次被称为"吕刻昂阿波罗"（见 *Description of Greece* 1.19.3）。由于"潘狄翁"这名字意指"全面光照"，他儿子的名字也许也有这层含义。
23. D. Birge, "Sacred Groves in the Ancient World" (Ph.D. diss., University of California, Berkeley, 1982); R. Barnett, "Sacred Groves: Sacrifice and the Order of

Nature in Ancient Greek Landscapes," *Landscape Journal* 26 (2007): 252-69.
24. Plutarch, *Lives of the Ten Orators* 8.41-42; Thompson, *Garden Lore*, 6.
25. J. P. Lynch, *Aristotle's School: A Study of a Greek Educational Institution* (Berkeley: University of California Press, 1972), 68-105；想进一步了解泰奥弗拉斯托斯其人，可读 Diogenes Laertius, *De causis plantarum* 5.46。想进一步了解吕刻昂的花园，可读 E. Vanderpool, "The Museum and Gardens of the Peripatetics," *ArchEph* (1953/1954B): 126-28。就像"学院"的遭遇那样，吕刻昂的树木在公元前八六年被洗劫雅典的罗马将军苏拉（Sulla）砍伐一空：因为亟需木头制造攻城机器，苏拉砍伐掉雅典和周遭乡村地区许多树林。事见 Plutarch, *Life of Sulla* 12.3。一九九六年，工人在里吉利斯街（Rigillis Street）和索菲亚王后大道（Vassilissis Sofias Avenue）交界处兴建古兰德里当代艺术博物馆（Goulandris Museum of Contemporary Art）时，无意间发现了古代吕刻昂的遗址。后续的挖掘出土了从公元前六世纪至拜占庭时代早期的文物。其中之一是一口公元前四世纪的水井，井身铺着有弧度的陶瓦片，并凿有一些手孔、脚孔，供人爬进爬出。公元一世纪，遗址还出土了一间很大的角力学校（长五十米，宽四十八至五十米），其中间有一中庭，四周有游廊围绕。大部分学者都把它的年代定为公元一世纪。遗址东北角和西北角各有一浴场，前者保存着热炕、锅炉、冷水浴池和高温浴池，后者保存着温水浴池、高温浴池和洗脚池。见 E. Lygouri-Tolia, "Οδός Ρηγίλλης η παλαίατρα του γυμνασίον του Δυκείον," *ArchDelt* 51 (1996): 46-48; E. Lygouri-Tolia, "Excavating an Ancient Palaestra in Athens," in *Excavating Classical Culture in Greece: Recent Archaeological Discoveries in Greece*, ed. M. Stamatopoulou and M. Geroulanou (Oxford: Beazley Archive and Archaeopress, 2002)。我要感谢"希腊考古工作队"的萨卡博士（Dr. Niki Sakka）和"古建筑修复部门"的潘太利雅迪斯（Emorphylli Panteliadis）带我参观这遗址。
26. 想进一步认识珂德洛斯其人，可读 Kearns, *Heroes of Attica*, 56-57, 178; *LIMC* 6, s.v. "Codrus"; Kron, *Die zehn attischen Phylenheroen*, 138, 195-96, 215, 221-27, 246; N. Robertson, "Melanthus, Codrus, Neleus, Caucon: Ritual Myth as Ancient History," *GRBS* 29 (1988): 225-26。珂德洛斯与雅典的"名祖英雄"和马拉松英雄一起出现在德尔斐的马拉松纪念碑（菲迪亚斯制作，年代约为公元前四五〇年），见 Pausanias, *Description of Greece* 10.10.1。巴西勒身份不明，但可能与"巴西勒亚"（Basileia，意指"王后"）一词有关，见 H. A. Shapiro, "The Attic Deity Basile," *ZPE* 63 (1986): 134-36。
27. 珂德洛斯的生卒日根据传统说法是公元前一〇八九年至公元前一〇六八年。
28. *IG* II2 4258。珂德洛斯的墓碑经考证属于奥古斯都皇帝时代。
29. 这故事现存的最早记载见于利库尔戈斯的《谴责莱奥克拉特斯》（84-87）。利库尔戈斯说珂德洛斯是在城门外不远处被杀，保萨尼亚斯补充说珂德洛斯是死于伊利索斯河附近（见 *Description of Greece* 1.19.5）。
30. G. Anderson, "Before Tyrannoi Were Tyrants: Rethinking a Chapter of Early Greek History," *ClAnt* 24 (2005): 173-222.
31. *IG* I3 84，关于珂德洛斯、涅琉斯暨巴西勒神祠的神谕，见 Athens, Epigraphical Museum 10616 (418/417 B.C.). J. R. Wheeler, "An Attic Decree, the Sanctuary

of Kodros," *AJA* 3 (1887): 38–49; C. L. Lawton, *Attic Document Reliefs: Art and Politics in Ancient Athens* (Oxford: Clarendon Press, 1995), 83–84, plate 2, no. 4。

32. 崔弗勒斯（Travlos）认为这圣所在城内，位于今日由马克里扬尼斯街（Makrigianni Street）、辛格罗大道（Syngrou Avenue）和夏齐赫里斯托斯街（Chatzichristos Street）包围的地区（见 *Pictorial Dictionary*, 332–33）。胡克（G. T. W. Hooker）则认为它是位于城外的伊利索斯河附近，见 "The Topography of the *Frogs*," *JHS* 80 (1960): 112–17。后一说符合利库尔戈斯和保萨尼亚斯所说的，珂德洛斯是在雅典城外被杀（见注释29）。

33. 史穆特指出，在《伊利亚特》里，墨冬是洛克瑞斯人（Lokrian）埃阿斯（Ajax）的同父异母私生子兄弟，在特洛伊战争中曾代替国王菲罗克忒忒斯（Philoktetes）指挥军队，见 Smoot, "Poetics of Ethnicity in the Homeric *Iliad*"。史穆特主张，洛克瑞斯人墨冬和雅典人墨冬是以同一个原型为蓝本。根据亚里士多德的说法（见 *Athenian Constitution* 3.3），墨冬也是国王，不是雅典第一位执政官。

34. Plutarch, *Life of Kimon* 13.8.

35. Thompson and Wycherley, *Agora of Athens*, 135.

36. Plutarch, *Life of Demosthenes* 31.

37. R. Lamberton and S. Rotroff, *Birds of the Athenian Agora*, Agora Picture Book 22 (Princeton, N.J.: American School of Classical Studies at Athens, 1985).

38. H. K. L. Mühle, *Beitraege zur Ornithologie Griechenlands* (Leipzig: E. Fleischer, 1844); N. Dunbar, *Aristophanes*, "*Birds*" (Oxford: Clarendon Press, 1995).

39. R. Simms, "Agra and Agrai," *GRBS* 43 (2002/2003): 219–29.

40. Travlos, *Pictorial Dictionary*, 112–20; E. Greco, *Topografi a di Atene: Sviluppo urbano e monumenti dalle origini al III secolo* d. C., vol. 2, *Colline sudoccidentali, Valle dell'Ilisso* (Paestum, Italy: Pandemos, 2010).

41. Aristotle, *On the Heavens* 294a28。水源对记忆和地点的冲击，见 Ö. Harmanşah, ed., *Of Rocks and Water: Towards an Archaeology of Place* (Providence, R.I.; Joukowsky Institute Publications / Oxbow Books, 2014)。

42. Larson, *Greek Nymphs*, 10.

43. Connerton, *How Societies Remember*; J. Fentress and C. Wickham, *Social Memory* (Oxford: Blackwell, 1992), 26; N. Lovell, *Locality and Belonging* (New York: Routledge, 1998), 1–2; N. Loraux, *The Divided City: On Memory and Forgetting in Ancient Athens*, trans. C. Pache and J. Fort (New York: Zone Books, 2002).

44. Zachariadou, "Syntagma Station," 154.

45. *IG* I3 257; *Encyclopedia of Ancient History* (2013), s.v. "Ilissos"; I. Arnaoutoglo, *Ancient Greek Laws: A Sourcebook* (London: Routledge, 1998) 77.

46. Kallimachos, *Collection of Rivers*, quoted by Strabo, *Geography* 9.1.19.

47. Pausanias, *Description of Greece* 1.32.1; *Encyclopedia of Ancient History* (2013), s.v. "Kephissos."

48. 在二〇〇七年，报纸《每日新闻》（*Kathimerini*）和100.3 FM电台发起一个改善凯菲索斯河的运动。建筑师暨城市规划师索托斯（Vassilis Zotos）和英国校友会组织了一支建筑师团队，制订一个可永续的河水净化计划。见 D.

Koutsoyiannis, "On the Covering of Kephisos River," *Daemon of Ecology*, October 6, 2002。

49. Athens National Archaeological Museum 1783, ca. 410 B.C.; *IG* I3 986 (*CEG* II 743), *LIMC* 6, s.v. "Kephisos," no. 1. 这浮雕是一九〇三年在厄喀里达（Echelidai）的凯菲索斯圣所发现（厄喀里达位于比雷埃夫斯和法里龙之间的半路上）。见 O. Walter, "Die Reliefs aus dem Heiligtum der Echeliden in Neu-Phaleron," *ArchEph* (1937): 97–119; G. Güntner, *Göttervereine und Götterversammlungen auf attischen Weihreliefs* (Würzburg: K. Triltsch, 1994), 21–23, 78–80。See also Parker, *Polytheism and Society*, 430–32; Sourvinou-Inwood, *Athenian Myths and Festivals*, 92.

50. 在《伊利亚特》里，赫克托耳按斯卡曼德河（Skamander River）给儿子取名斯卡曼德里俄斯（Skamandrios）。有关以河命名风俗，可参考 R. Parker, "Theophoric Names and the History of Greek Religion," in *Greek Personal Names*, eds. S. Hornblower and E. Matthews (Oxford: Oxford University Press, 2000), 59–60; P. Thonemann, "Neilomandros: A Contribution to the History of Greek Personal Names," *Chiron* 36 (2006): 11–43; P. Thonemann, *The Maeander Valley: A Historical Geography from Antiquity to Byzantium* (Cambridge, U.K.: Cambridge University Press, 2011), 26–31。

51. Parker, *Polytheism and Society*, 430–31.

52. Athens National Archaeological Museum 2756; *IG* I3 987 (CEG II 744); *IG* II2 4547–8; *LIMC* 6, s.v. "Kephisos," no. 2. See E. Voutyras, "Φροντίσματα: Το ανάγλυφο της Ξενοκράτειας και το ιερό του Κηφισού στο Νέο Φάληρο," in Έπαινος, *Luigi Beschi*, ed. A. Delivorrias, G. Despinis, and A. Zarkadas (Athens: Benaki Museum, 2011), 49–58，关于色诺格拉蒂娅在雅典与斯巴达人交战期间于城墙内建立她自己的神祠；相关讨论见 I. Mylonopoulos, "Buildings, Images, and Rituals in the Greek World," in C. Marconi (ed.), *The Oxford Handbook of Greek and Roman Art and Architecture*，有更进一步讨论。另参见 A. L. Purvis, *Singular Dedications: Founders and Innovators of Private Cults in Classical Greece* (New York: Routledge, 2003), 15–32; Guarducci, "L'offerta di Xenokrateia nel santuario di Cefiso al Falero"; E. Mitropoulou, *Corpus I: Attic Votive Reliefs of the 6th and 5th Centuries B.C.* (Athens: Pyli, 1977), no. 65; A. Linfert, "Die Deutung des Xenokrateiareliefs," *AM* 82 (1967): 149–57。

53. 参 D'Alessio, "Textual Fluctuations and Cosmic Streams"。

54. Pausanias, *Description of Greece* 1.37.3.

55. Parker, *Polytheism and Society*, 431; Pindar, *Pythian Ode* 4.145 (cf. 荷马,《伊利亚特》23.142); Aeschylus, *The Mourners* 6; "Simonides" 32b in *FGE*; Pausanias, *Description of Greece* 1.37.3.

56. 欧里庇得斯,《伊翁》1261。

57. *LIMC* 1, s.v. "Acheloös," nos. 1–5.

58. 四条凯菲索斯河中以帕纳塞斯山一条流域最大，它源出一个以泉仙女丽拉娅（Lilaia）命名的水泉。丽拉娅是凯菲索斯河的女儿之一。见 Aelian, *Historical Miscellany* 2.33。

59. Aristophanes, *Wasps* 1362; Strabo, *Geography* 9.1.24; H. Foley, ed., *Homeric Hymn to Demeter: Translation, Commentary, and Interpretative Essays* (Princeton, N.J.: Princeton University Press, 1994), 67; J. S. Rusten, "*Wasps* 1360–69: Philocleon's τωθασμός," *HSCP* 81 (1977): 157–61; Mylonas, *Eleusinian Mysteries*, 256, no. 150; J. Henderson, *The Maculate Muse: Obscene Language in Attic Comedy* (New Haven, Conn.: Yale University Press, 1975), 16.
60. 参 Graf, "Pompai in Greece," 60, 63; S. des Bouvrie, "Continuity and Change Without Individual Agency: The Attic Ritual Theatre and the 'Socially Unquestionable' in the Tragic Genre," in Chaniotis, *Ritual Dynamics in the Ancient Mediterranean*, 139–78。
61. Strabo, *Geography* 9.1.24 (γεφυρισμοί) 6.12 (γεφυρίζοντες), 13.1 (γεφυρίζων); Plutarch, *Life of Sulla* 2.2 (γεφυριστῶν); Hesychios, s.v. γεφυρίς and γεφυρισταί; *Suda*, s.v. Γεφυρίζων. D. Clay, "Unspeakable Words in Greek Tragedy," *AJP* 103 (1982): 298。关于可以解厄辟邪的解释，见 Mylonas, *Eleusinian Mysteries*, 256–57; Connelly, "Towards an Archaeology of Performance," 320。
62. 有证据显示，在古典时代希腊的某些地方，阿刻罗俄斯被认为与宇宙大河俄克阿诺斯为同一人。见 D'Alessio, "Textual Fluctuations and Cosmic Streams," and Smoot, "Poetics of Ethnicity in the Homeric *Iliad*"。
63. 有关普拉克熹提娅为凯菲索斯河女儿一节，见欧里庇得斯，《厄瑞克透斯》F 370.63 Kannicht; Lykourgos, *Against Leokrates* 99。有关普拉克熹提娅妈妈为戴奥吉妮娅（凯菲索斯河其中一个女儿）一节，见 Apollodoros, *Library* 3.15.1。
64. Apollodoros, *Library* 3.14.8.
65. Hyginus, *Fabulae* 14.9.
66. Blok, "Gentrifying Genealogy," 258; D. Henige, *The Chronology of Oral Traditions: Quest for a Chimera* (Oxford: Clarendon Press, 1974), 37.
67. A. J. Ammerman, "The Eridanos Valley and the Athenian Agora," *AJA* 100 (1996): 699–715; *Eridanos: The River of Ancient Athens* (Athens: Archaeological Receipts Fund, 2004); Zachariadou, "Syntagma Station," 149–61; E. Baziotopoulou-Valavani and I. Tsirigoti-Drakotou, "Kerameikos," in Parlama and Stampolidis, *City Beneath the City*, 264–75. 最近在蒙纳斯提拉奇广场地铁站进行的挖掘找到了罗马时代的水道砖拱，这水道是要把广场废水引入艾瑞丹诺斯河。如今它是一间露天博物馆的一部分——在博物馆里可以听见艾瑞丹诺斯河在地下深处流动的声音。见 I. Gratsia, "Eridanos, the River of Ancient Athens," Hellenic Ministry of Culture, 2004, http://www.hydriaproject.net/en/cases/Athens/eridanos_river/credits.html。
68. Thompson and Wycherley, *Agora of Athens*, 194–96; Lang, *Waterworks in the Athenian Agora*. 到了二世纪，艾瑞丹诺斯河已经作为人口密集城市废水的排水渠。
69. Travlos, *Pictorial Dictionary*, 299; W. Dörpfeld, "Der Eridanos," *AM* 13 (1888): 211–20; U. Knigge, ΟΚ εραμεικός της Αθήνας: Ιστορία-Μνημεία-Ανασκαφές (Athens: Krini, 1990); Lang, *Waterworks in the Athenian Agora*.
70. 斯提克斯河和阿克戎河（Acheron）都是位于希腊北部，所以在人的意识里，地狱界是位于北方。凯拉米克斯墓园会是位于雅典西北和艾瑞丹诺斯河河畔，大概就是唤起这个更大格局。这一点是史穆特提醒我，特此致谢。

71. Travlos, *Pictorial Dictionary*, 204; R. E. Wycherley, *Literary and Epigraphical Testimonia* (Princeton, N.J.: American School of Classical Studies at Athens, 1957), 137−42.
72. 修昔底德，《伯罗奔尼撒战争史》2.15.5。
73. Travlos, *Pictorial Dictionary*, 205.
74. 同前注书目，289, 296, fig. 387。
75. Hesiod, *Theogony* 351, 981, 346.
76. 同前注书目，287−94, 979−83; Apollodoros, *Library* 2.5; Stesichoros, *Geryoneis* frag. S11, S87; M. Davies, *Poetarum melicorum Graecorum fragmenta* (Oxford: Oxford University Press, 1991); M. M. Davies, "Stesichoros' *Geryoneis* and Its Folk-Tale Origins," *CQ*, n.s., 38 (1988): 277−90。
77. Servius, *On the Aeneid* 4.250; Tzetzes, *On Lykophron's Alexandra* 875.
78. Plato, *Phaidros* 229c; Kleidemos, *Atthis* 1; Pausanias, *Description of Greece* 1.19.6.
79. 小神庙是考古学家斯基阿斯（A. Skias）在一八九七年发现，同年稍后由德普费尔德判定身份。见 Travlos, *Pictorial Dictionary*, 112−20; M. Miles, "The Date of the Temple on the Ilissos River," *Hesperia* 49 (1980): 309−25; C. A. Picon, "The Ilissos Temple Reconsidered," *AJA* 32 (1978): 375−424; J.- D. Le Roy, *The Ruins of the Most Beautiful Monuments of Greece*, trans. D. Britt (1770; Los Angeles: Getty Research Institute, 2004); Stuart and Revett, *Antiquities of Athens*, vol. 1: chap. 2。
80. R. C. T. Parker, "Sacrifice and Battle," in *War and Violence in Ancient Greece*, ed. H. van Wees (London: Duckworth, 2000), 299, 308−9; M. Jameson, "Sacrifice Before Battle," in Hanson, *Hoplites*, 209−10.
81. 有把献祭山羊数说成五百（希罗多德，《历史》6.117; Xenophon, *Anabasis* 3.2.11−12; Aristotle, *Athenian Constitution* 58.1; and Plutarch, *Moralia* 862），有说成一千（Aristophanes, *Knights* 660），有说成三百（Aelian, *Historical Miscellany* 2.25）。见 *IG* II2 1006.8−9。另参考 Parker, *Polytheism and Society*, 400; Parker, *Athenian Religion*, 153−54。普鲁塔克则指出（见 *Moralia* 862）："前往阿格赖的肃穆游行时至今日犹在举行，雅典人此举是要感谢赫卡忒帮助他们打胜仗。"
82. J. Papadopoulos, "Always Present, Ever Changing, Never Lost from Human View: The Athenian Acropolis in the 21st Century," *AJA* 17 (2013): 135−40; G. Marginesu, *Gli epistati dell'Acropoli: Edilizia sacra nella città di Pericle, 447/6-433/2 A. C.* (Paestum, Italy: Pandemos, 2010); R. Krumeich and C. Witschel, eds., *Die Akropolis von Athen im Hellenismus und in der römischen Kaiserzeit* (Wiesbaden: Reichert, 2010); E. Creco, *Topografia di Atene: Sviluppo urbano e monumenti dalle origini al III secolo d.C.*, vol. I, *Acropoli, Areopago, Tra Acropoli e Pnice* (Paestum, Italy: Pandemos, 2010).
83. 有关新石器时代的卫城，请参考 Pantelidou, Ἀι Προϊστορικάι Ἀθήναι, 242−43; Hurwit, *Athenian Acropolis*, 67−70; Immerwahr, *Neolithic and Bronze Ages*, 16−

17, 48, no. 219; S. A. Immerwahr, "The Earliest Athenian Grave," in *Studies in Athenian Architecture and Topography Presented to Homer A. Thompson*, Hesperia Supplement 20 (Princeton, N.J.: American School of Classical Studies at Athens, 1982), 54-62。赫尔维特（Hurwit）判定，卫城地区出土的最早期古文物是新石器时代一个胖女人的大理石小人像（长十四厘米，年代介于公元前五〇〇〇年至公元前四〇〇〇年之间）和一些在卫城南坡"欧迈尼斯二世游廊"后方一个瓦砾坑找到的新石器中期陶锅碎片。见氏著 *Athenian Acropolis*, 67-68。

84. 有关青铜时代的卫城，请参考 Hurwit, *Athenian Acropolis*, 70-84; Pantelidou, Ἀι Προϊστορικάι Ἀθῆναι, 247-48。至少有五个中期青铜时代（ca. 2050/2000-1550 B. C.）的小孩坟墓和一栋晚期青铜时代一期的房屋在卫城被发现。

85. M. Higgins and R. Higgins, *A Geological Companion to Greece and the Aegean* (Ithaca, N.Y.: Cornell University Press, 1996), 27-29; Parsons, "Klepsydra," 205; R. Lepsius, *Geologie von Attika* (Berlin: D. Reimer, 1893), 6, 53, plate 1, profile 1; W. Judeich, *Topographie von Athen* (Munich: C. H. Beck, 1931), 43ff., figs. 6-7; Mountjoy, *Mycenaean Athens*, fig. 14; Hurwit, *Athenian Acropolis*, 6-8。

86. 这宫殿一般认定属于晚期青铜时代三B期，但也有可能早至晚期青铜时代三A期，见 Mountjoy, *Mycenaean Athens*, 22-24, 41-43; Iakovidis, *Late Helladic Citadels on Mainland Greece*, 75, 77-79; Travlos, *Pictorial Dictionary*, 57; Camp, *Athenian Agora*, 101-2; Iakovidis, *Mycenaean Acropolis*, 113-14。

87. 参 Travlos, *Pictorial Dictionary*, 52-55, 91, figs. 67, 71; Camp, "Water and the Pelargikon"; Mountjoy, *Mycenaean Athens*, 40-41; Iakovidis, *Mycenaean Acropolis*, 197-221。

88. 修昔底德，《伯罗奔尼撒战争史》2.17.1; Aristophanes, *Birds* 832；以及一个厄琉息斯公元前五世纪时期的铭文（*CIA* 4IV. 2, 27.6; BCH4 [1903]: 225, pl. 15）言及"佩拉吉康城墙"，见 Harrison, *Primitive Athens as Described by Thucydides*, 25-36; Harrison, *Mythology and Monuments of Ancient Athens*, 2:537。希罗多德，《历史》6.137.1 (quoting Hekataios); the Parian Chronicle, line 60; and Pausanias, *Description of Greece* 1.28.3，都谈到"佩拉吉康墙"（帕里安编年史说雅典人将庇西特拉图的儿子们赶出"佩拉吉康防护墙"去）。关于"佩拉斯吉康"，见 R. L. Fowler, "Pelasgians," in *Poetry, Theory, Praxis*, ed. E. Csapo and M. Miller (Oxford: Oxbow, 2003), 2-18; Kretschmer, "Pelasger und Etrusker"; J. L. Myers, "A History of the Pelasgian Theory," *JHS* 27 (1907): 170-225; W. Miller, "A History of the Archaeology of Athens," *AJA* (1893): 485-504; and G. Smoot, "Poetics of Ethnicity in the Homeric *Iliad*"。史穆特根据希罗多德的记载和语言学证据，主张操非希腊语（或操双语）的佩拉斯吉人也许直至公元前八世纪（乃至更后来）还残存于雅典。

89. 首先探索的是卡瓦迪亚斯（Kavvadias），然后是布罗尼尔（O. Broneer），见氏著"A Mycenaean Fountain House on the Athenian Acropolis," *Hesperia* 8 (1939): 317-433; Travlos, *Pictorial Dictionary*, 72-75; Mountjoy, *Mycenaean Athens*, 43-44; Iakovidis, *Mycenaean Acropolis*, 140-44, 239-43；关于一个概论，见 Hurwit, *Athenian Acropolis*, 78-79。

90. Travlos, *Pictorial Dictionary*, 72-78.
91. 同前注书目, 323-31; Kavvadias and Giannikapani, *North, East, and West Slopes*, 13-18; Parsons, "Klepsydra," 203; Larson, *Greek Nymphs*, 129。
92. E. Smithson, "The Prehistoric Klepsydra: Some Notes," in *Studies in Athenian Architecture and Topography Presented to Homer A. Thompson*, 143-54.
93. *IG* I3 1063; 475-450 B.C. (SEG 10.357); Parsons, "Klepsydra," 205; Larson, *Greek Nymphs*, 126; B. D. Meritt, "Greek Inscriptions," *Hesperia* 10 (1941): 38, no. 3.
94. 十七世纪的古文物研究者斯图尔特和里韦特是首先把这水泉认定为"隐水处"喷泉的人。他们引用公元五世纪文法学家赫西基奥斯（Hesychios）的话作为证据，后者指出过"隐水处"是献给水仙女安培多丝。见 Stuart and Revett, *Antiquities of Athens*, vol. 1, pp. 15-16; Hesychios, app., Test. VI A; cf. VI B and IV。
95. Camp, "Water and the Pelargikon"，描述该地区先前存在的井如何在公元前六世纪晚期和公元前五世纪初期被填满并停止使用。另参见 Glowacki, "North Slope," 75。
96. *IG* II2 2639.
97. Kavvadias and Giannikapani, *North, East, and West Slopes*; Glowacki, "North Slope"; Pierce, "Sacred Caves," 54; Goette, *Athens, Attica, and the Megarid*, 54-55.
98. Pierce, "Sacred Caves," 44; Wickens, "Archaeology and History of Cave Use."
99. 欧里庇得斯，《伊翁》10-45, 492-95。
100. 同前注书目，52-55。
101. Pausanias, *Description of Greece* 7.24.5; Strabo, *Geography* 8.7.2.
102. 卡瓦迪斯（George Kavvadias）在一八九六至一八九七年对"长岩下阿波罗"山洞进行了首次开挖。见 G. Kavvadias, "Topographika Athinon kata tas peri tin Akroplin anaskaphas," *ArchEph* 2 (1897): 1-32; Travlos, *Pictorial Dictionary*, 91-95; Glowacki, "North Slope," 79-90; Wickens, "Archaeology and History of Cave Use," 2:366-67; C. Tsakos, "Sanctuaries and Cults on the Hill of the Acropolis," in Koutsadelis, *Dialogues on the Acropolis*, 166-81。
103. 一度固定在这些凹龛里的四十块石匾已经被找到，年代判定为公元一世纪中叶至三世纪之间，是雅典行政长官们及他们的秘书（grammateis）献给"长岩下阿波罗"。见 P. E. Nulton, *The Sanctuary of Apollo Hypoakraios and Imperial Athens* (Providence, R.I.: Center for Old World Archaeology and Art, Brown University, 2003）。
104. Strabo, *Geography* 9.2.11. 喀拉莫伯洛斯（A. D. Keramopoulos）提出此说，见氏著 "Ὑπό τα Προπύλαια τῆς Ἀκροπόλεως," *ArchDelt* 12 (1929): 98-101，但威彻利（R. E. Wycherley）等人提出反驳，见氏著 "Two Athenian Shrines," *AJA* 63 (1959): 68-72; R. E. Wycherley, "The Pythion at Athens: Thucydides II, 15, 4; Philostratos, Lives of the Sophists II, 1,7," *AJA* 67 (1963): 75-79; J. Tobin, "Some New Thoughts on Herodes Atticus's Tomb, His Stadium of 143/4, and Philostratus VS 2.550," *AJA* 97 (1993): 87-88; Glowacki, "North Slope"。

105. Travlos, *Pictorial Dictionary*, 417–21; Borgeaud, *Cult of Pan*; C. M. Edwards, "Greek Votive Reliefs to Pan and the Nymphs" (Ph. D. diss., New York University, 1985).
106. Wickens, "Archaeology and History of Cave Use"; Pierce, "Sacred Caves"; Borgeaud, *Cult of Pan*.
107. 婴儿柏拉图被带到牧神潘山洞一节，见 Olympiadoros, *Life of Plato* 1, and the author of the *Anonymous Prolegomena*。蜜蜂群聚在婴儿柏拉图嘴唇上一节，见 Cicero, *Concerning Divination* 1.36, and Aelian, *Historical Miscellany* 12.45。柏拉图原名亚里斯多克勒斯（Aristokles），他小时候当然也是被人这么喊。
108. 这段文字是比尔（Anton Bierl）为我翻译，特此感谢。
109. *IG* I3 1382 (*SEG* 10.27/324). 这铭文的年代为公元前四世纪中叶，其中提到厄洛斯节是举行于穆尼基昂月（Mounichion）的第四天。神祠在十九世纪经过卡瓦迪斯挖掘，后又被布罗尼尔（Oscar Broneer）两次挖掘（分别是一九三一至一九三四年和一九三七至一九三九年）。出土物品包括一个埃克塞基亚斯（Exekias）绘制的巨爵和许多有帝米斯托克利名字的陶片，年代经考证为公元前四七二／四七一年。见 Broneer, "Eros and Aphrodite on the North Slope," 31–55; Travlos, *Pictorial Dictionary*, 228–32; Glowacki, "North Slope," 46–64; R. Rosenzweig, *Worshipping Aphrodite*, 35–40。
110. Pausanias, *Description of Greece* 1.27.3，布罗尼尔如此判定，见氏著 "Eros and Aphrodite on the North Slope," 43。但其他人认为阿芙罗黛蒂的圣所位于伊利索斯河河畔的花园，见 Rosenzweig, *Worshipping Aphrodite*。
111. See K. Glowacki and S. Rotroff, "The 'Skyphos Sanctuary' from the North Slope of the Acropolis," Archaeological Institute of America 106th Annual Meeting Abstract, Boston 2005, *AJA* (2005): session 3G (abstract), http://aia.archaeological.org/webinfo.php?page=10248&searchtype=abstract&ytable=2005&sessionid=3G &paperid=146; Glowacki, "North Slope," 65–78.
112. O. Broneer and M. Z. Pease, "The Cave on the East Slope of the Acropolis," *Hesperia* 5 (1936): 247, 250. 布罗尼尔说洞穴大部分是空的（250）；皮斯（M. Z. Pease）能够将在洞穴里面发现的一些碎片和卫城顶部残破的部分拼起来。
113. Dontas, "True Aglaurion". 对阿格劳萝丝圣所的古老起源之描述，包括希罗多德，《历史》8.53.2; Pausanias, *Description of Greece* 1.18.2; Polyainos, *Strategies* 1.21.2。见 Hurwit, *Athenian Acropolis*, 101, 136, 204, fig. 8; G. C. R. Schmalz, "The Athenian Prytaneion Discovered?," *Hesperia* 75 (2006): 33–81; N. Oikonomidesu, The Athenian Cults of the Three Aglauroi and Their Sanctuaries Below the Acropolis at Athens," *AncWorld* 21 (1990): 11–17。
114. A. Chaniotis, H. W. Pleket, R. S. Stroud, and J. H. M. Strubbe, "Athens: Decree in Honor of Timokrite, Priestess of Aglauros, 247/6 or 246/5 B.C.," *SEG*, 46 137 (1996).
115. 译本：Godley, *Herodotus Histories*, 49，略作改动。
116. Siewert, "Ephebic Oath."
117. 译本：Godley, *Herodotus Histories*, 49，略作改动。
118. Scholion on Demosthenes, *On False Embassy* 303, 328; *FGrH* 105.

119. Kavvadias and Giannikapani, *South Slope*, 1–2; Hurwit, *Athenian Acropolis*, 67–68; Goette, *Athens, Attica, and the Megarid*, 47–54.
120. T. Papathanasopoulos, *The Sanctuary and Theater of Dionysos: Monuments on the South Slope of the Acropolis* (Athens: Kardamitsa, 1995); L. Polacco, *Il teatro di Dioniso Eleutereo ad Atene* (Rome: L'Erma di Bretschneider, 1990); Kavvadias and Giannikapani, *South Slope*, 20–24.
121. Meineck, "Embodied Space," 3.
122. T. Papathanasopoulos, "Το Ωδείο του Περικλή" (Ph.D. diss., University of Rethymnon, 1999); Kavvadias and Giannikapani, *South Slope*, 24; Hurwit, *Athenian Acropolis*, 216–17.
123. Kavvadias and Giannikapani, *South Slope*, 23; R. E. Townsend, "A Recently Discovered Capital from the Thrasyllos Monument," *AJA* 89 (1985): 676–80; G. Welter, "Das choregische Denkmal des Thrasyllos," *AA* (1938): 33–68.
124. J. Freely, *Strolling Through Athens, Fourteen Unforgettable Walks* (London: Tauris Parke, 2004), 41–42. 以下网页有"山洞圣母"神龛的照片（看得见圣像和供品）: K. Glowacki, http://www.stoa.org/athens/sites/southslope/index5.html, photo: P17088.JPG。
125. Kavvadias and Giannikapani, *South Slope*, 30–32; S. Aleshire, *The Athenian Asklepieion: The People, Their Dedications, and the Inventories* (Amsterdam: J. C. Gieben, 1989); J. Jensen, *Drømmenes rige: Votivreliefferne fra Asklepieion p å sydskrænten af Athens Akropolis* (Aarhus: Aarhus Universitet, 2000); Hurwit, *Athenian Acropolis*, 219–21.
126. Immerwahr, *Neolithic and Bronze Ages*, 3, 51–54; G. Zimmer, *Griechische Bronzegusswerkstätten: Zur Technologieentwicklung eines antiken Kunsthandwerkes* (Mainz: Philipp von Zabern, 1990), 62ff.; O. Pelon, *Tholoi, tumuli et cercles funéraires* (Paris: École Française d'Athènes, 1976), 79–80; N. Platon, "Εργασίες διαμορφώσεως καί τακτοποιήσεως τού αρχαιολογικου χώρου Ακροπόλεως," *ArchDelt* 19 (1966): 32.
127. *IG* I3 1064 (*SEG* 17.10); Kavvadias and Giannikapani, *South Slope*, 29–30.
128. Rosivach, "Autochthony"; Blok, "Gentrifying Genealogy." 见希罗多德,《历史》7.161。
129. Rosivach, "Autochthony."
130. Plato, *Menexenus* 237b–c and 237d; see Pappas, "Autochthony in Plato's *Menexenus*," 66–80.
131. 史穆特（Guy Smoot）指出，g 和 k 交替，表明非希腊语起源；说明吕哥弗隆和埃斯库罗斯都将俄古革斯视为埃及人。Blok, "Gentrifying Genealogies," 258, 关于俄古革斯的起源，见 Hellanikos of Lesbos, *FGrH* 323a F 10; Philochoros, *FGrH* 328 F 92; Apollodoros, *Library* 3.14。
132. Pausanias, *Description of Greece* 9.5.1.
133. Kretschmer, "Pelasger und Etrusker," 证明 Attica/Aktaios 中的 "kt," "tt," "tth," 交替形式，就像其他词中的 "Ath-" 形式一样，都是非希腊语起源。
134. Hellanikos, F 10, *FHG* 62 and 156.

135. *LIMC* 4, s.v. "Erechtheus"; *LIMC* 6, s.v. "Kekrops."
136. Blok, "Gentrifying Genealogies," 258.
137. 荷马,《伊利亚特》2.546-48。
138. Apollodoros, *Library* 3.14.6.
139. N. Loraux, *Born of the Earth: Myth and Politics in Athens* (Ithaca, N.Y.: Cornell University Press, 2000); Parker, "Myths of Early Athens"; M. Miller, "The Athenian Autochthonous Heroes from the Classical to the Hellenistic Period" (Ph. D. diss., Harvard University, 1983).
140. Aeschylus, *Eumenides* 243.
141. Hesiod, *Theogony* 929a; Apollodoros, *Library* 3.144; Pausanias, *Description of Greece* 1.14.6.
142. 希罗多德,《历史》1.180。
143. Apollodoros, *Library* 1.20. See Deacy, *Athena*, 1-32; K. Sydinou, "The Relationship Between Zeus and Athena in the *Iliad*," 15 (1986): 155-64.
144. 关于东横饰带, 见 Pausanias, *Description of Greece* 1.24.5; Palagia, *Pediments*, 18-39; Brommer, *Die Skulpturen der Parthenon-Giebel*; E. Berger, *Die Geburt der Athena im Ostgiebel des Parthenon* (Basel: Archäologischer Verlag, 1974), 18; Palagia, "First Among Equals"。
145. Deacy, *Athena*, 41-43; S. Deacy, "Athena and Ares: War, Violence, and Warlike Deities," in *War and Violence in Ancient Greece*, ed. H. van Wees (London: Duckworth, 2000), 185-98; A. Villing, "Athena as Ergane and Promachos: The Iconography of Athena in Archaic East Greece," in Fisher and van Wees, *Archaic Greece*, 147-68.
146. 希罗多德,《历史》8.55; Isokrates, *Panathenaikos* 193; 说明见 Aelius Aristides, *Panathenaic Oration* 40-44 (Lenz and Behr) = Dindorf 3, 58-59 = Jebb, 106; Apollodoros, *Library* 3.14.1. See Parker, "Myths of Early Athens," 198n49.
147. 这个所谓"海水泉"的水想必是甘甜和可饮用的,这样才合理。见 R. Waterfield, *Athens: A History from Ancient Ideal to Modern City* (New York: Basic Books, 2004), 36。
148. 大洪水神话也见于印欧人中间(如古印度),而他们可能是古希腊大洪水神话的另一个源头。见 G. Nagy, "The Epic Hero," in *A Companion to Ancient Epic*, ed. J. M. Foley (Washington, D.C.: Center for Hellenic Studies, 2006), §60-62; also §44, §58, §59, §63-64。
149. Atac, *Mythology of Kingship*, 151.
150. Hesiod, *Works and Days* 109-201.
151. 赫西俄德把古往今来的时代划分为五个的做法大不寻常,因为大部分的传说(包括印度的传说)都只有四个时代之分。赫西俄德加入了一个青铜时代(英雄时代),而这个时代要胜过上一时代,这一点也有别于我们在东方看到的模式。见 J. G. Griffiths, "Archaeology and Hesiod's Five Ages," *Journal of the History of Ideas* 17 (1956): 109-19; Nagy, *Pindar's Homer*。
152. 希腊传说有别于古代近东之处是它提到的大洪水不止一次而是许多次。泰瑞莎·卡特(Theresa Howard Carter)检视过地质学、地形学与地层学证据之后，判定一场大洪水曾在公元前三五〇〇年发生于苏美尔和整个波斯湾。见 T. H. Carter, "The Tangible Evidence for the Earliest Dilmun," *JCS* 33 (1981): 210-23。我深深感谢卡特博士就这议题与我有过的许多有帮助讨论。

153. Julius Africanus, *Chronography*, quoted in Eusebios, *Praeparatio evangelica* 10.10.

154. 译本：Waterfield, *Timaeus and Critias*, 109-10。柏拉图在 *Timaeus* 25d 中也提及这次洪水："出现了令人惊骇的地震和洪水，一整个可怕的白天和黑夜期间，你的城市的全部战斗力一度沉没在大地之下。"译本：Waterfield, *Timaeus and Critias*, 13-14。

155. 根据柏拉图（*Kritias* 112a），塞埃斯（Sais）埃及祭司告诉梭伦，阿特兰提斯的毁灭乃是早些时候的三次洪水。

156. 根据辛瑟拉斯（Syncellus）所列的国王名单，见 Herodotos's *Euterpe*, Ovid's *Metamorphoses*, Apollodoros, *Library* 1.47, and Proklos, *On Hesiod's "Works and Days"* 157-58。正如韦斯特（M. L. West）指出，丢卡利翁大洪水是一个晚出的传说，并不见于赫西俄德的记载，直到公元前五世纪上半叶才出现在文献（Epicharmos, *P. Oxy.* 2427 frag. 1; Pindar, *Olympian Ode* 9.49）。见 West, *Hesiodic Catalogue of Women*, 55; West, *East Face of Helicon*, 489。这么说，丢卡利翁大洪水有可能是雅典人杜撰，是要把他们的传说祖先整合到大洪水神话里去吗？

157. West, *Hesiodic Catalogue of Women*, 50-52; West, *East Face of Helicon*, 65-67, 166-67, 174-76, 377-81, and 490-93; López-Ruiz, *When the Gods Were Born*, 59; C. Penglase, *Greek Myths and Mesopotamia: Parallels and Influence in the Homeric Hymn* (New York: Routledge, 1994), 191.

158. 参 West, *Indo-European Poetry and Myth*; West, *East Face of Helicon*, 166-67, 490-93，他提及《埃利都创世记》里的朱苏德拉（第三千纪）、《阿特拉哈西斯史诗》里的阿特拉哈西斯（table 3，大约公元前一六四七至公元前一六二六年）、《吉尔伽美什史诗》里的乌特纳匹什提姆（约公元前一一〇〇年），以及《旧约·创世记》里的诺亚（公元前六世纪至公元前五世纪）。另参见 W. G. Lambert and A. R. Millard, *Atrahasis: The Babylonian Story of the Flood* (Winona Lake, Ind.: Eisenbrauns, 1999); Q. Laessoe, "The Atrahasis Epic: A Babylonian History of Mankind," *Biblioteca Orientalis* 13 (1956): 90-102; J. H. Tigay, *The Evolution of the "Gilgamesh Epic"* (Philadelphia: University of Pennsylvania Press, 1982)。同一主题也出现在《古兰经》第七一章，其中提到有一艘方舟载浮载沉了七天七夜。

159. 有关丢卡利翁的三个女儿，见 West, *Hesiodic Catalogue of Women*, 51-53, 173, table 1。

160. 品达的《残篇》76；《新约·使徒行传》第十七章第二十二节，使徒保罗所引。

161. 译本：Nehamas and Woodruff, *Phaedrus*, 86.

第二章　帕特农神庙之前：
诸神、怪物、宇宙

在任何一个晴朗的夜晚，你都会看见它高挂在北边天空远处。"大龙"是拱极星座，从不会在大部分北半球地区居民的眼前东升西落。在公元前三九四二至前一七九三年期间，"大龙"星座的右枢星曾是地球的北极星。地球的岁差将会把它逐渐带回来，让它在公元二一〇〇〇年前后再度成为北极星[1]。

希腊人相信是雅典娜把"大龙"投掷到夜空。在诸神与巨人族进行的那场太古战争中，女神用她的惊世神力把怪物举起，抛向星空：

> 还有些人说是巨人族先把"大龙"掷向雅典娜。不过，雅典娜却一把抓住扭曲的"大龙"，将其抛向夜空，固定在天幕的极点。所以，时至今日，它仍然看似身体扭成一团，就像刚刚才被扔到那里。
>
> 伪许癸努斯，《天文的诗歌》2.3[2]

今天，从卫城北边的山崖仍然可以看见"大龙"永远在夜间的地平线上幽幽闪亮。

事实上，蛇、海怪和蛇尾人身人物的形象在古希腊的神庙举目皆是（彩图3）。这些陆生和海中蛇类的图像虽然大都未经研究，却对我们理解古典时期之前的卫城攸关重要。从公元前六世纪第二季开始，古风时代神庙的石灰石三角楣墙上就常见海怪雕像：有盘蜷着身体作势要攻击的蟒蛇，有乞求饶命的三体蛇尾怪物，有大战海克力士的鱼尾妥里同，有（也是正在大战海克力士）九头蛇妖许德拉。这让我们不禁怀疑，是不是太古时代的大洪水把过剩的无足爬虫类怪物冲进了雅典人的想象力。大洪水虽早已退却，但众人说不定仍担心它带来的各种各样吓人怪物留下未走，有待屠灭。

不管怎样，到了帕特农神庙在公元前五世纪中叶动工兴建之时（或说重建之时），蛇肖像仍是一种风尚，所以神庙的西三角楣墙照样充满蛇类意象。在这三角楣墙的左边，一条蛇出现在喀克洛普斯（第一位阿提卡国王）下方（第三章图38），而在三角楣墙中央，一个蛇尾的妥里同托扶着波塞冬的马车，而且又有一只海怪充当波塞冬妻子安菲特里特的踏脚石（彩图10）。雅典娜的马车下面同样有个妥里同托扶着，而在女神身旁，一度有一条蛇盘蜷在她的橄榄树上面。另外，在神庙的东厅里，一条巨大的金蛇盘缠在雅典娜神像的盾牌背面（彩图14）。这尊由菲迪亚斯制作的黄金象牙神像早已不存，但看过神像的保萨尼亚斯告诉我们，金蛇代表的是厄里克托尼俄斯[*]，即所有雅典人的始祖[3]。

我们从希罗多德得知，自公元前五世纪第二十年开始，便有一条活蛇被养在卫城以保卫圣岩。其功能无疑也是要提醒众人，最早的雅典诸王是源自"地生"[4]。雅典娜的女祭司每个月都会用蜂蜜饼喂饲这蛇。当波斯人在公元前四八〇年向雅典推进之时，女祭司宣称，圣蛇没去吃蜂蜜饼。她认为这表示圣蛇已离弃了卫城，又劝雅典人照做。就这样，雅典人撤出他们的城市，而抵达的波斯人进行大肆破坏，摧毁了正在兴建中的帕特农神庙前身、旧雅典娜神庙和卫城上几乎其他一切。普鲁塔克认为，圣蛇的举动是一种直接来自上天的启示，表示雅典娜自己已先跑掉[5]。

在公元前五世纪第四季，当厄瑞克透斯神庙在旧雅典娜神庙废墟附近落成之后，圣蛇改为养在该处（图17、第三章图34）。这蛇看来可以在神庙的整个地下室自由活动。我们听说有一个叫"提喀斯"的祭坛，其地点据信位于北门廊，就在波塞冬的三叉戟插入卫城圣岩之处上方。学者对"提喀斯"一词的意义多所争论，但一个诠释认为它意指"吃饼的蛇"[6]。另外，神庙北门廊地板有一个半圆形的洞，其作用也许就是

---

[*] 译注：厄瑞克透斯的别名。

（透过一条斜槽）供丢蜂蜜饼到地下室喂蛇[7]。

"大龙"的星格化让雅典娜在"巨人战争"*（奥林匹亚诸神和混沌势力争夺宇宙霸权的大战）的功勋永世流传。作为一个持续看得见的星座，"大龙"可以永远提醒雅典人，他们熟悉的世界是由哪些战争塑造。另一些怪物同样永远被固定于天穹。例如，九头水蛇许德拉死在海克力士手里之后也是变成了星座。她原是天后赫拉畜养来对付海克力士，其死让赫拉大为伤心，便把她置于天穹，变成同名星座**。赫拉又曾把一只她派去螯海克力士的蟹给星格化，由是有了巨蟹座。但天幕并不只是一票坏蛋的展览厅，男英雄和女英雄也在那里找到他们永远的家。国王厄瑞克透斯死后变成了御夫座，而他的三个女儿则因为雅典娜的出手干涉而成了许阿得斯座***[8]。星群因此成了终极的记忆存取地点，永远提醒人远古发生过哪些巨灾和英雄事迹。

我们也是应该从这个背景理解雅典娜消灭巨人"亚仕大"（"星"）一事。一份文献指出，在厄里克托尼俄斯统治期间，有一个"专为纪念巨人亚仕大之死而举行的节日"[9]。据说是僭主庇西特拉图在公元前六世纪把这个地方性节日改为盛大的泛雅典节，而亚里士多德告诉我们，在这节日举行的竞技活动是为纪念那个"被雅典娜杀死的巨人亚仕大"[10]。

在我们这个电子屏幕时代，夜空已不再能引起众人的全神观望。但在古代，天体却是最壮观的景观，而且是唯一可被分散在广大地点的个人同时看见的东西。星座不只被赋予了英雄和怪物的名字，更是他们被转化后的存在。星体的移动轨迹对农业和航行都至关重要，也攸关希腊神庙的节日行事历[11]。当然，同一说法适用于整个古代世界（包括前王朝时代的埃及和公元前第四个千年的苏美尔）。

近年来，考古天文学对希腊人的宇宙学是如何影响他们的宗教仪式重新发生兴趣[12]。透过新软件的开发，我们现已可了解星群、它们的出

---

*　译注：在希腊的历史脉络中，战争的名称似乎习惯只提敌方不提己方，例如，希腊对波斯的战争被称为"波斯战争"，奥林匹亚诸神对泰坦诸神的战争被称为"泰坦战争"，奥林匹亚诸神对巨人族的战争被称为"巨人战争"。

**　译注：这星座在中文世界被称为"长蛇座"。

***　译注：中文学名为"毕宿星团"。

没周期和希腊节日行事历的关系[13]。这些计算机程序让我们可以得知，在任何一个指定的古代夜晚，站在哪个地点可以看见哪个天体。我们甚至可以嵌入在地的地平线，看出特定的地形地貌会如何依高度的不同而改变夜空的能见度[14]。特别重要的是"偕日升"（一颗星或一个星座在日出前一刻在地平线东面升起之谓）和"日没升"（一个天体在日落后几分钟东升之谓）[15]。这些事件是一个巨大扩音器，可提醒观察者是时候开始犁田，或出海，或上路前往参加某神庙的节日，或从事其他有严格时间规定的活动。

在本章，我们会尝试把灯关掉，看看古代夜空的样子。大地的形貌只是整个故事的一部分：因为我们若是不能体会雅典人对宇宙战争（诸神对巨人和怪物的大战）的集体记忆，便无由全幅了解那种创造帕特农神庙的心态。这些最初古老的故事为雅典人的意识设定了大蓝图，是他们理解自身定位与起源的关键。因此，他们观看天体运动不只为了拿捏节日典礼的时间，还为了要发展圣址（没有比这更重要的事）而寻求指引。

从公元前六世纪开始出现于卫城的神庙雕刻可以为我们打开一个世界，其中的宗教叙事与宇宙叙事紧密交织。它们也让雅典人对我们在第一章探讨过的那些族谱叙事的胃口得到更大满足。他们所亟于讲述的那些故事可以溯源至古代近东的神话叙事和史诗叙事。在古风时代的雅典（一如在比它早两千年的苏美尔），系谱神话让当代现实获得了正当性。透过虚构出一个非常遥远的古代，人得以解释和理解现在。[16]

赫西俄德在成书于约公元前七〇〇年的《神谱》里指出，在未有天地万物以前，宇宙一片混沌，完全不存在物质[17]。然后，从这片混沌中冒出了盖娅（大地）、塔耳塔洛斯（大地深处一个暴风肆虐的深渊）和厄洛斯（爱），接着是厄瑞珀斯（大地和阴间之间一个黑暗所在）和倪克斯（夜）。透过单雌生殖，盖娅生出了乌拉诺斯（天空）、乌瑞亚（山脉）和蓬托斯（海）。每晚，乌拉诺斯都会完全覆盖盖娅，与之交合，由此生出一批孔武有力和样貌吓人的子女。其中包括六个男神和六个女神，称为泰坦诸神，另外还有三个可怕的被称为"赛克洛普斯"的独眼巨人和三个被称为"赫卡同刻瑞斯"的百臂巨人。

乌拉诺斯不信任子女,把他们锁在大地的最幽深处(塔耳塔洛斯)。据说,该地方"位于冥府下方,两者的距离相当于天空之于大地"[18]。这引起盖娅极大疼痛。她想要释放子女,偷偷计划阉割丈夫。她给了最小的儿子克罗诺斯一把燧石镰刀,怂恿他割掉父亲生殖器。克罗诺斯以一击完成任务。但由此造成的可怕伤口却让乌拉诺斯的子女数目倍增:滴落在大地上的鲜血孕育出巨人族、复仇女神和梣树仙女墨利娅。乌拉诺斯的睾丸则落入塞浦路斯外海——另一说法是落入基西拉岛。睾丸遇海水泡腾起沫,泡沫处诞生出最为可爱、欲力旺盛的一位女神:阿弗洛狄忒*。

克罗诺斯从地底深处释放出所有兄姐,成了泰坦神之王,又与姐姐蕾娅生出许多子女。不过,因为生怕子女会学他推翻父亲的模样把他推翻(乌拉诺斯这样预言过),他每逢子女一出生便将其吞入腹中。只有最小的儿子宙斯因为蕾娅耍诈而逃过一劫:她把包在毯子里的婴儿用石头掉包,让丈夫吞下。宙斯立即被"送"到克里特岛伊达山一个洞穴,交由一只山羊养育(也有说是由一个水仙女或盖娅自己养育)。及长,宙斯爱上了大洋仙女墨蒂丝,而墨蒂丝想出一个计策对付克罗诺斯:她给克罗诺斯喝下混有芥末的葡萄酒,使他反胃,一下子把宙斯的兄姐全吐了出来。

一与最小的弟弟团聚,奥林匹亚诸神便对父亲及其同辈发起一场长达十年的激烈大战[19]。随着这场"泰坦战争"愈打愈凶,宙斯成了奥林匹亚诸神的领袖,而阿特拉斯成了另一方的主帅。一度,泰坦诸神以唯有泰坦诸神做得到的方式围攻奥林匹亚山:把一座又一座山叠在一起,然后从最高处向奥林匹亚诸神投掷巨石。

"泰坦战争"提供了一个可供理解形塑宇宙的改天变地事件的叙事结构。最早的冲突是发生于地神与天神之间,而他们的子女(泰坦诸神)后来则与自己的子女(奥林匹亚诸神)发生战争。下一轮宇宙冲突则是发生于奥林匹亚诸神与他们同辈的巨人族之间,即所谓的"巨人战争"。

---

* 译注:司爱与美的女神,相当于罗马女神维纳斯。

这些天界与地界的战争标示着新一代为驯服大自然和宇宙的野蛮力量而反抗上一代。就像第一章提过的大洪水那样，这些"分界性灾难"也是划分时代和纪元的准则[20]。

"泰坦战争"沿袭的是一个见于古代近东和古代欧洲族谱神话的经典模式，即年轻一代的神祇推翻年长一代的神祇。赫西俄德把泰坦神称为"旧神"，而同一个称谓也可以在《梨俱吠陀》（成书于公元前一七〇〇至前一一〇〇年间某时点的梵文圣典）里找到[21]。在其中，原先主宰天庭的萨提耶被暴风神因陀罗打败。西台人的阿努纳基，相当于巴比伦众神中的阴间神，也是一个"旧神"[22]。被年轻一代神祇推翻后，阿努纳基的下场与赫西俄德笔下的泰坦神一样：被囚禁在冥界深处。公元前第二个千年的巴比伦神话有着类似故事：年轻的马尔杜克把阿努纳基打败和关在大地深处。每次上战场，马尔杜克都是驾着暴风马车，以箭、闪电和风为武器[23]。在"泰坦战争"中，奥林匹亚诸神获得独眼巨人的帮助，因为后者对于克罗诺斯把他们关在地底深处怀恨在心。他们用在地底深处冶炼所锻造的闪电、雷鸣和雷击武装宙斯。这些武器把宙斯转化为正式的天神，一个全能而年轻的明日之星[24]。正如韦斯特指出："雷声是你听见的，闪电是你看见的，雷击是揍你的。"[25] 所以，太初战争的喧嚣声、轰隆声和鼓噪声是清楚可闻的，是一场让人眼花缭乱的多媒体声光大秀，极尽视听觉冲击之能事。

这些宇宙大战的可怕画面装饰着卫城最早期的石头神庙，让人对诸神不可思议的力量又敬畏又惊恐，即产生所谓的"神秘惊恐"[26]。事实上，引发这种敬恐交加心情正是所有公元前六世纪希腊神庙雕刻的基本目的。克基拉岛的阿耳忒弥斯神庙就是一个好例子：它的三角楣墙上刻画着阴鸷的美杜莎、狠戾的豹和在最角落倒下的巨人[27]。这些神圣空间的用意就是要让人震撼、焦虑、晕头转向、情绪混乱。正因为这样，古风时代的神庙才会举目皆是蛇发女妖、狮身人面兽、猛兽、怪物和巨人。

雅典卫城也是一样，只是尤有过之。公元前五七五年左右，雅典人开始建造石头神庙，而且是阿提卡当时最大的一座。其时，雅典许多邻近城邦都是由大权在握的僭主统治，他们各自把本城邦的地方神祠扩建为宏伟神庙。这种风气刺激了雅典人的天生争胜心理[28]。先前，在公元前七世纪中叶，科林斯僭主库普塞鲁斯为阿波罗建造了第一座大型石头神庙，不多久之后，伊斯米亚也出现了一座类似的波塞冬神庙[29]。到了公元前六世纪之交，有更多的大陆神庙表现出后来古典希腊的正字标记：有一圈外柱廊*[30]。由于雅典人不打算在取悦神明一事上被比下去，所以，不久之后，雅典也拥有了自己的大型石头神庙。

由于深深害怕权力由一个人把持，雅典人在整个公元前七世纪和前六世纪之初一直抗拒独裁统治。权力始终掌握在为数不多且相互激烈竞争的大家族手里，他们是靠着拥有大量田产致富。所以，美化卫城的动议有赖这些"门阀"和他们的寡头统治集团来发起。但当时雅典的情况有点不妙。事实上，富人与穷人的紧张关系业已把城邦带至崩溃边缘。就在这时（如第一章提到的），梭伦被任命为执政官和调解人，时为公元前五九四年。他完全改造政治参与，赋予公民大众较大的权力。透过免除穷人债务、禁止把欠债人卖为奴，以及让民众在公民大会和法庭有更大发声机会，梭伦把雅典的繁荣带到全新高度。有意思的是，梭伦改革同时将法律条规编集成典，其中还涉及体育比赛中得胜者的奖品，第一次把体育事务纳入国家层面。体育、贵族和人民的和谐被认为攸关国家均衡发展[31]。

梭伦改革带来的新稳定不只让雅典人可以将卫城重塑为圣地，还让他们有志于改造在地节庆。在公元前七世纪期间，早有一连串的雅典运动员在奥林匹亚运动会大出风头，分别在公元前六九六年、前六九二年、前六四四年、前六四〇年和前六三六年赢得奖项[32]。至此，雅典人觉得他们有资格举办一个泛希腊性质的运动会，让希腊世界各地的人前来竞技。这个转变也许就是大雅典节的由来：公元前五六六年，本为在地节日的雅典节被扩大举行，成为第一届国际性的大泛雅典节。一系列铭文显示，在这个时期，政府要着手兴建一条赛道，"历来第一次"要为"炬目者"（即雅典娜）举行一个"竞技会"[33]。较后期的文献资料显示，这个重组发生于希波克列德执政期间，即公元前五六六／五六五年[34]。希波克列德是个有运动天分的贵族，出身马术世家（菲拉伊德氏

---

* 译注：指神庙除外还有一圈门廊围绕，如帕特农神庙便是如此。

族的米太亚德家族），但他在重组泛雅典节一事扮演什么角色却并不清楚。不过，促成其事的人看来更多是庇西特拉图，他是个野心分子，属于一个与米太亚德家族敌对的家族，本家在阿提卡东部的布劳伦。一个晚期数据源把大泛雅典节的创建归功于庇西特拉图，从他在不久之后采取的大胆行动看来，这位年轻贵族是想抓住这个机会来推进自己问鼎僭主之路[35]。

梭伦的改革虽然大大改善雅典一般民众的处境，但"门阀"之间的激烈对立并未止息。他们分为三大派系，一是富有和反动的"平原派"，它以盛产谷物的平原区为地盘，由利库尔戈斯领导，致力于废除新法。第二派是实力较弱的"海岸派"，以迈加克利斯为首，非常欢迎梭伦的改革。人数最少和最不富有的是庇西特拉图领导的"山地派"，他们原以为可以在改革中获得更多土地，却愿望落空。但亚里士多德告诉我们，在这三个政治派系领袖之中，对民主持最开放态度的人是庇西特拉图[36]。最终，庇西特拉图（他与梭伦是远亲）将会同时赢得贵族与人民的支持[37]，成为公元前六世纪雅典最闪耀的人物。

卫城的新石头神庙也许是梭伦改革的产物，但从采挖石灰石、运送到山顶、组织石匠团队和建筑团队到施工竣工，需要耗时几十年。首先是要在卫城西坡筑造一条巨大斜坡道（八十米长和十多米宽）以拖运石料与工具。不过，这神庙还是如期在公元前五六六年的泛雅典节揭幕前完工，当时斜坡道理应还留着，供游行队伍和一百头牛可以循着它去到雅典娜的祭坛。这座新神庙没有让人失望。

它从一个地基（约四十六米乘二十一米）向上拔起，面积巨大到足以与克基拉岛的阿耳忒弥斯神庙匹敌。神庙的柱廊采多立克式，两个立面各有六根立柱，两个侧面各有十三根（彩图2，神庙在南边或顶部）[38]。建材是石灰石，以伊米托斯山大理石的柱间壁和檐槽加以装饰。屋顶铺有大理石屋瓦，竖有顶端饰*，包括狮身人面兽、棕榈叶饰和年轻女子（图14）[39]。

最惊人的是三角楣墙上那些虎虎生风的石灰石雕像，它们本来都是

---

* 译注：神庙檐角上的装饰物，或位于三角楣墙顶点上。

图 14 蓝胡子神庙立面还原图。果赫斯所绘。

涂有颜料（红色、蓝色、绿色和黑色）的，色彩缤纷。大量出土于十九世纪晚期的碎块让我们可以还原出三角楣墙的构图。在一面三角楣墙正中央，一只公狮和母狮一起扑杀一头公牛，另一面三角楣墙正中央则只有一只母狮在噬食一头公牛。两面三角楣墙都有天界和地界战争画面，而它们的角落处皆出现蛇尾怪物和盘蜷着的巨蟒（图14、图15、彩图7）[40]。

学者对这座古风时代建筑的称呼有好几种："百尺殿"、H神庙、H建筑、准帕特农神庙和蓝胡子神庙[41]。最后一个称谓得名于一个绝无仅见的图像组合（一般认定它原是位于其中一面三角楣墙的角落）[42]。这怪

图 15 蓝胡子神庙三角楣墙。现藏雅典的卫城博物馆。

诞又雄伟的怪物有三颗人头、三个身体，展着翅，下身是蜷曲的蛇尾巴（图 15 和彩图 5）。三张脸都面带微笑、蓄着八字胡、眼睛睁得大大，尖尖的山羊胡，涂成蓝中带黑：蓝胡子神庙由是得名。学者对这怪物的真正身份一直争论不休[43]。

由于出现在神庙雕刻史的早期，这种奇怪的生物几乎未见有先例。与它最近似的肖像不见于宏伟建筑，而是见于一个卡勒基迪刻水坛上，其年代约晚于蓝胡子神庙三十年（彩图 16）[44]。水坛上的怪物与上述者非常相似，一样是长着人头（这次只有一个）、巨大鸟翅和蜷曲的蛇形腿。这怪物也是眼睛圆睁和蓄着尖胡子，而且必然就是堤福俄斯／堤丰，即太古时代最面目可憎的怪物。根据一些传说，堤丰是盖娅和塔耳塔洛斯最后一个儿子，被称为"所有怪物之父"。但在《献给德尔斐阿波罗的荷马体颂诗》里，堤丰却被说成只是赫拉之子（这有点像雅典娜是由单亲所生）[45]。让人称奇的是，黑淮斯托斯据说也是赫拉单独所生，所以，堤丰和锻冶之神也许都是体现着天后赫拉对宙斯的怨气。让堤丰出现在"百尺殿"的三角楣墙，用意也许是为了提醒雅典人，黑淮斯托斯某个意义下也是他们的始祖*[46]。不管是不是如此，堤丰都是美索不达米亚、巴比伦、西台、吠陀和欧洲传说中那些被神明／英雄消灭的蛇怪的翻版[47]。追随蛇怪必然会被杀死的模式，堤丰将会遇上暴风神宙斯，被其以极暴力的方式杀死。

---

* 译注：上文提过，是黑淮斯托斯的精液让地母受孕，生出厄瑞克透斯。

卡勒基迪刻水坛上的堤丰显得和蔼可亲，但他其实是在竭尽所能求宙斯饶他不死。这个宙斯（他的名字就注明在他前面）挥舞着带火焰的闪电，姿态优雅，戴着头饰，衣服漂亮，反观堤丰则是头狂野、多毛发、笨拙的巨兽。两人分别代表年轻一代而文明的奥林匹亚诸神和老一代的野性怪物，分别代表天界与地界。

蓝胡子三角楣墙同样有个宙斯在跟三体怪物对峙。这个宙斯像只有左臂残留下来，但明显的是，他的左臂是伸向三体怪物，而且大有可能是准备施放雷电把怪物消灭。

阿波罗多洛斯告诉我们，堤丰是一头绝无仅见的猛兽：身高像山一样高，头顶摩擦到天上星星。当他展开双臂，指尖可触及东方和西方的最远处[48]。赫西俄德说堤丰"肩上长着一百个口吐黑舌的可怕蛇头"[49]。事实上，蓝胡子怪物的胸膛和肩膀都刺有一些小孔，孔里留有铅的痕迹，所以说不定原有十二条石灰石小蛇连在上面[50]。比赫西俄德晚生近十个世纪的阿波罗多洛斯同样指出，怪物的大腿下面缠满发出巨大嘶嘶声的毒蛇："堤丰是那么地巨大，每次当他投掷着火的巨石时，他都会向天大吼和发出嘶嘶声，嘴巴吐出一道巨大火焰。"[51]

我们不应低估古风时代希腊神庙怪物形象的"音响效果"。我们不容易有此体会是因为习惯了"杜比立体声"界定的真实。但古人远比我们容易接收暗示，只有明白了这一点，只有把声音与形象结合起来，我们方能了解这些雕像所起的效果。望向卡勒基迪刻水坛那个蓄意张大嘴巴的堤丰或望向蓝胡子怪物的求饶手势时，我们应该设法用想象力唤起赫西俄德形容过的各种声音："他所有的吓人脑袋发出各种不可名状的声音。这些声音有些仿佛是神明所能理解，但它们有时又像是公牛怒不可遏的吼叫，有时又像是猛狮咆哮，有时又像是一群狗的狂吠，有时又像是嘶嘶声，或像是山谷里回荡的嘘嘘声。"[52]这些嘘嘘声或吠吼声让雕像活过来，让人具体感受到它们蓄意引发的恐惧效果。

愤怒的宙斯并未被怪物的喧嚣武器吓到，反而愤怒地火力全开，施放出自己的火、水和风（同样是喧声震天），还以颜色。赫西俄德这样描述："由于宙斯发出的雷和电，由于怪物喷出的火焰，由于刮起的龙卷风和闪起的火电光，紫黑色的大海笼罩在熊熊大火中。整个大地、海洋和天空都在沸腾。惊涛骇浪随着永生神明的冲刺直扑海滩,海岸震颤不已。"[53] 三角楣墙上的蓝胡子——堤丰几只手各交出一股海浪、一团火焰和一只鸟(象征水、火、风),示意宙斯只要饶他一命,他就会投降。但是宙斯立场坚定,堤丰难逃一死。天与地的全幅度喧嚣因此有力地结合在蓝胡子三角楣墙怪物的单一形象里。

在同一面三角楣墙左方,宙斯之子海克力士正在制服水蛇妥里同(图15、彩图7)[54]。这可以视为刻意要表现一首驯服宇宙不羁力量的父子二重唱:宙斯消灭堤丰,宙斯之子海克力士则杀死波塞冬之子妥里同。当然,妥里同在雅典人的族谱叙事里也占有一特殊角色,因为我们记得,雅典娜在利比亚的妥里同河或妥里同湖岸边诞生后,妥里同曾充当其养父。事实上,蓝胡子三角楣墙的背景雕刻也会让人联想到利比亚北部湿地(妥里同的老窝和他与海克力士大战之处)。约四十块斜挑檐底面的碎块显示两种鲜艳彩绘的莲花(彩图8),从另外二十块碎块则可看到一些水禽,包括了鹤和海鹰[55]。

类似地,宙斯与堤丰的冲突亦是发生在海边,有说是叙利亚海滨,有说是奇里契亚海滨。根据一个传说,宙斯是假装要请堤丰吃一席鱼宴而把他骗出巢穴。另一个传说则说堤丰把宙斯的武器和筋肉藏在他位于大海附近的山洞里[56]。因此,见于三角楣墙斜挑檐底面的莲花和水禽图像可以让人同时联想起堤丰和妥里同的老窝。所以,这个建筑架构是用作一扇"窗",让人可以看见神明／英雄和怪物大战的背景[57]。

到底带有蓝胡子三角楣墙那座建筑的确切位置何在,还有它在古代被称作什么,至今仍然是个谜。这是因为,该神庙原先坐落的地点看似就是今日帕特农神庙的所在。不管怎样,我们就是无法得知,在帕特农神庙建造之前,它那个二十五"层"* 的巨大地基上面有过什么建筑。

不过,对于蓝胡子神庙的方位,还有另一个理论,说神庙是位于帕特农神庙以北,拆毁后地基被保留下来,供另一座建于公元前六世纪之

---

* 译注:应该是指构成帕特农神庙地基的石块共二十五层。作者在下文提到"旧帕特农神庙"的地基共二十一"层"和深十一米,由此推断,每一"层"约高零点五米。

末的神庙使用。这座所谓的旧雅典娜神庙将会被波斯人摧毁,再由厄瑞克透斯神庙取代。不过,在这之前,它是伫立在所谓的"德普费尔德地基"之上(图17)。德普费尔德曾经在十九世纪挖掘卫城,他相信,蓝胡子神庙原是建在地基的最里面,直到旧雅典娜神庙在同一地基最外面落成后才被取代[58]。

在蓝胡子神庙被拆后抢救回来的一块大理石柱间壁刻有一段重要文字,被称为"百尺殿铭文",其年代被判定为公元前四八五/四八四年。铭文提到卫城坐落着的两座不同建筑,一是"旧庙"(Neos, Archaios Neos 的简称,指"旧雅典娜神庙"),一是"百尺殿"[59]。据此,有论者论证,蓝胡子神庙就是铭文中的"百尺殿",认定它(有别于德普费尔德之说)位于今日帕特农神庙的所在位置[60]。事实上,帕特农神庙的东厅在公元前五世纪仍然被称为"百尺殿"(至罗马时代还是如此称呼),而这也许反映着建在同一地点的新神庙会沿用旧神庙的名字。而且诚如赫伯迪很久以前便指出过,现有所有古风时代雕刻的碎片都是出土于帕特农神庙以南,介于神庙与南防护墙之间的地区[61]。蓝胡子神庙以东方为师,而这一点不只表现在它的叙事刻意以族谱神话和神魔大战为主题,还表现在它的建筑风格。不管是斜挑檐底面莲花、喇叭形的檐槽喷孔还是三角楣墙顶点的屋顶外翻为锣形装饰物,全都流露出古代近东那"宏大视觉传统"的影响[62]。

"百尺殿铭文"还提到古风时代卫城的其他建筑(它们的石头地基都没留存下来)。这些建筑被称为"屋子",意味着它们的规模要小于"百尺殿"和旧雅典娜神庙。找到的石灰石雕刻碎块足以还原为五面小三角楣墙,而它们有可能就是"屋子"的三角楣墙(其中之一见图16)[63],这些"屋子"作为宝库,收藏互相竞争的阿提卡"门阀"供奉给雅典娜的礼物(同时代的奥林匹亚和德尔斐都设有"宝库"以收藏互别苗头的城邦的供品)。小三角楣墙上雕刻的年代介于公元前五六〇至前五五〇年之间,最早者可早至公元前五世纪早期[64]。

其中一面三角楣墙描绘海克力士与水蛇许德拉的战斗场景(图16)。前面提过,许德拉是巨大的九头蛇怪,每颗头被砍之后都会长回来[65]。海克力士与侄子伊俄拉俄斯联手对付这怪物[66]。海克力士每用大棒打掉

帕特农神庙之前:诸神、怪物、宇宙　83

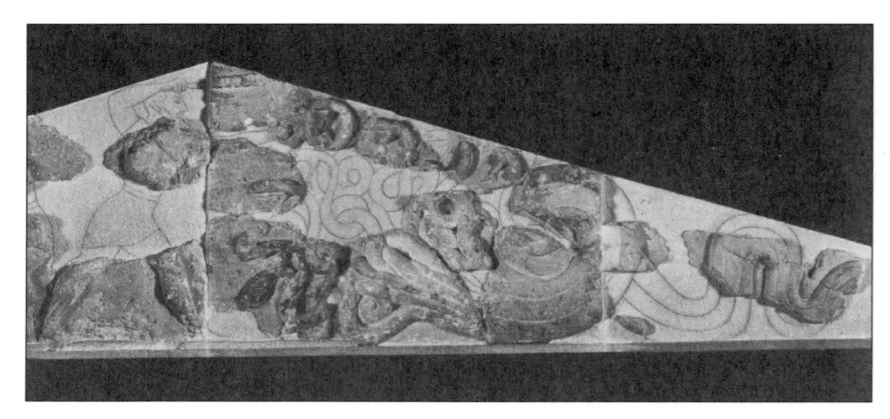

图 16　刻画海克力士与许德拉战斗的石灰石三角楣墙。现藏雅典的卫城博物馆。

许德拉一颗头，伊俄拉俄斯便马上用火把烧灼伤口，使其焦化，无法长出新头。就这样，让人作呕的怪物终于被消灭。值得注意的是，许德拉乃是堤丰女儿，所以，这是我们第二次看到接连两代人对付怪物：先是宙斯在泰坦诸神的时代杀死堤丰（"蓝胡子三角楣墙"），然后是其子海克力士在接下来时代杀死堤丰之女许德拉（见于劣质石灰石制作的小三角楣墙）。到了公元前六世纪之末，我们将会看到更下一代的宇宙冲突（奥林匹亚诸神与巨人族的战争）出现在新建于卫城台地西边的旧雅典娜神庙。但这需要经历过庇西特拉图的辉煌独裁之后方会发生。

我们不确知庇西特拉图促成大泛雅典节之功为他带来多少加分，但他明显视之为一个可推进其独揽大权野心的机会。他后来三度建立独裁，第一次是在公元前五六一／五六〇年。当时，他声称生命受到威胁，而一等人民答应保护他，他便派其卫队夺取卫城。不多久之后他被逐出雅典，然后在公元前五五〇年代中叶重返，建立了短期独裁。最后，在公元前五四六年，他成功建立了一个持续三十六年的独裁政权。在第二次和第三次政变那十年流放期间，庇西特拉图的表现堪称是后来被雅典人奉为理想美德之集大成者，这些美德包括：精心筹谋的行事方式、透过卖力苦干积聚财富的企业精神、如铁的决心、附庸风雅和散放出强烈的个人魅力。他远赴希腊东北部偏远的色雷斯，靠着开采潘盖翁山的金银累积出可观财富，期间结交各地有权有势的僭主，又组织一支雇佣兵为重返雅典做准备。夺权成功后，他推行了一系列进步的经济政策，包括重视国际贸易、铸造雅典第一批钱币和鼓励生产，让雅典取代科林斯成为细致彩绘陶器的第一大出口国[67]。萨摩斯岛僭主波利克拉特斯在世纪中叶建筑的巨大石头神庙（五十五米乘一百零八米），还有以弗所、迪迪姆和米利都金碧辉煌的东希腊圣所*，无疑都让庇西特拉图印象深刻。我们不知道他有没有扩充过"百尺殿"或旧雅典娜神庙，不过，他会留意其他地方有力统治者的作为，起而效仿。例如，以波利克拉特斯为榜样，他建了一条输水渠，把水从吕卡维多斯山引至阿戈拉广场，大大改善了雅典的供水状况。卡利洛厄泉上方的"九头"喷泉屋看来也是由他下令建造。正如坎普所指出，阿戈拉广场（雅典生活和雅典政府的重心）的设计主要是庇西特拉图和他两个儿子之功。他们又盖了新的排水系统、喷泉和圣所（包括卫城南坡的解放者狄奥尼索斯神庙）[68]。

庇西特拉图非常善于利用"个人崇拜"来增加他在雅典人心目中的分量。希罗多德告诉我们，在第一次从放逐返回雅典之后，庇西特拉图安排一场精心戏码：由一个打扮成雅典娜样子的女子驾驶马车，把他载往卫城[69]。御车女名叫菲伊，身高近一百八十厘米，长得极其漂亮，身穿女神的铠甲。此举分明是要告诉围观的群众，雅典娜本人欢迎庇西特拉图归来。这位僭主不放过任何机会向民众炫耀他对女神的忠诚和女神对他的格外眷爱[70]。

这种招摇的展示让人联想起大约七十五年前发生在卫城的另一次夺权企图，即库伦在公元前六三二／六三一年发动的那一次。库伦的崛起始自他在奥林匹亚运动会获胜，然后，在德尔斐神谕的鼓励和墨伽僭主（他的丈人）的支持下，库伦在每年一度的宙斯节发起政变，企图夺取卫城。他和党羽遭遇激烈抵抗，被困在圣岩上，托庇于（根据希罗多德的说法）雅典娜的神像或（根据修昔底德的说法）雅典娜的祭坛[71]。库伦后来逃脱，但他的同党仍然被围困于卫城，缺水又缺粮，眼见死路一条。当时正值阿尔克马埃翁家族的首领米太亚德任首席执政官，他和其他也是出自同一家族的执政官答应让叛党安全下山，离开卫城，但继而反悔，把他们杀死于他们托庇处，即诅咒女神塞谟奈的祭坛旁边。在圣所杀人是一种大不

---

* 译注：东希腊指小亚细亚西海岸的众多希腊城邦。

敬，自此以后，整个阿尔克马埃翁家族长期受到诅咒[72]。

庞西特拉图和库伦的故事反映出卫城的重要性和瞩目性。夺得圣岩被所有有志于成为僭主的人视为征服整个阿提卡的象征（波斯人在公元前四八〇年也是一样的想法）。即便已经从一座青铜时代的要塞转型为一个铁器时代的圣域，卫城仍然保有碉堡地位，是"山大王"*游戏竞逐者的终极奖品。

庞西特拉图固然是个僭主，但根据各种记载，其施政都是谨遵梭伦制定的法律，对城市和乡村地区的平民大众照顾有加。他对小农放贷，鼓励栽种橄榄以供出口，又对农产品课百分之五的税。他把阿提卡各地纷繁的祭仪统一，但又不忘照顾古老世家大族这方面的利益。事实上，祭司职位的世袭制度有可能就是由他建立，以此让最古老的家族可以永远负责（和垄断）各种祭仪[73]。厄特奥布忒斯氏族（"平原派"首领利库尔戈斯所属的氏族）分得卫城两种最德隆望尊祭仪（"护城雅典娜"和"波塞冬—厄瑞克透斯"祭仪）的主持之责。自此而下，公民生活、宗教生活和文化生活在雅典紧密交织在一起，而"何谓雅典人"的问题也变得愈来愈清楚。

庞西特拉图殁于公元前五二八／五二七年，大位由两个儿子共同继承，但希帕科斯在公元前五一四年遭刺杀，希庇亚斯也在公元前五一〇年遭放逐。两兄弟的统治早期相当平顺，这是因为他们继承父亲的愿景，致力于用建筑和纪念碑美化城市，又大大扩充雅典的文化与宗教机构[74]。在庞西特拉图家族的奖励下，音乐、诗歌与艺术欣欣向荣。他们最招摇的计划是在伊利索斯河河畔盖一巨大的奥林匹亚宙斯神庙（图6），取代他们父亲更早前在同一地点所盖的神祠。计划中，奥林匹亚宙斯神庙的地基长四十一米，宽一百零八米，明显是要跟萨摩斯岛的赫拉神庙和以弗所的阿耳忒弥斯神庙互别苗头。不过，这计划后来被搁置，要过了好几世纪之后才由罗马皇帝哈德良于公元一三一／一三二年完成。[75]

庞西特拉图家族的命运会逆转，源于希帕科斯鲁莽追求一个叫哈莫获奥斯的少年，后者早另有爱人阿里斯托吉顿。希帕科斯因求爱不遂而口出恶言，导致自己在公元前五一四年的泛雅典节死于非命[76]。自此以

---

* 编注：小孩子玩的游戏，由一人占领高处为王，其他人用推拉等方式把王赶走取而代之。

后，希庇亚斯变得偏执暴躁，统治方式亦趋于严厉和压迫。这期间，庇西特拉图独裁期间被放逐的阿尔克马埃翁家族图谋再起。拿着一个显示吉兆的德尔斐神谕，他们游说斯巴达人帮助推翻希庇亚斯。斯巴达国王克莱奥梅尼答应所请，发兵围困卫城，把希庇亚斯及其支持者围困起来。在好些家族成员被缚为人质以后，希庇亚斯于公元前五一〇年答应永远离开雅典。这位被逐之君去了小亚细亚的萨第斯投靠当地的波斯总督，又在二十年后陪同一支波斯军队回到阿提卡，打算教导他们如何在马拉松打败雅典人。

成功驱逐僭主后，雅典人转而设法赶走盘踞在要塞的斯巴达联军。大批老百姓自动自发集合在卫城山脚下（这足以证明他们面对危机时的集体行动力有多强），成功迫使斯巴达人和雅典贵族的联军投降。之后，他们把克里斯提尼召回：他是阿尔克马埃翁家族一员，曾有功于协助推翻希庇亚斯，但稍后被氏族内一个竞争对手放逐[77]。公元前五〇八／五〇七年，克里斯提尼以人民捍卫者之姿回到雅典，接着迅速推行全面改革，为真正和直接的民主（一种权力握在人民手里的民主）奠定基础，而这基础也正是我们今日民主制度的根本。[78] 克里斯提尼重组了立法系统与法院系统，把"部落"重划为十个，打破贵族对权力的垄断和为一支国民军建立架构。十个新"部落"每个都包含来自三大地理区（即海岸区、内陆区和城市区）的人。自此，每个部落都混杂着背景、专业技能和亲属网络各异的成员[79]。但部落的团队合作（包括在立法系统和泛雅典节的运动比赛）很快就会把这些人密接在一起，让他们宛如祸福相依的亲兄弟。克里斯提尼又把公民权开放给所有定居的成年男性和他们的子孙，新设一个"五百人议会"（每个"部落"各有五十名抽签选出的代表）。另外，他还制定陶片放逐法，提供了一个放逐不受欢迎政治人物的机制。简言之，克里斯提尼开启了一场平等主义革命，把他所谓的"均法"，指"法律面前人人平等"，带给了雅典人民。

及至公元前六世纪之末，雅典人不只已准备好接受一个新的政府体系，还准备好在卫城盖一座新的神庙。就像六十五年前的蓝胡子神庙曾在梭伦革新之后映过宇宙大战，新民主政体的神庙也将会铺排出气势十足的族谱叙事：奥林匹亚诸神与巨人族之间的战争。这个主题是泛雅典节的

帕特农神庙之前：诸神、怪物、宇宙　　87

重点,被织入用于敬献女神的圣衣之中,也曾出现在公元前六世纪下半叶的许多阿提卡陶瓶绘画(特别是在卫城本身发现的那些)[80]。在神话的领域,"巨人战争"也许可以视为继宙斯摧毁堤丰之后的下一场世代冲突。

击败老一辈的泰坦诸神后,奥林匹亚诸神转而把矛头指向巨人族。巨人族是乌拉诺斯的睾丸滴血渗入大地后所产生的怪物,个子巨大无朋,头顶触云,人数比奥林匹亚诸神多一倍(二十四比十二)。为扭转人数劣势,诸神把力大无穷的海克力士找来助阵[81]。海克力士与雅典娜并肩作战,两人都是英勇战士,构成一个优秀团队。雅典娜的表现是那么杰出,乃至为自己赢得"巨人摧毁者"的称号[82]。本章稍早提过,她杀死过一个叫"大龙"的巨人和一个叫"亚仕大"的巨人。事实上,在"巨人战争"中,她还消灭过第三个巨人,其名字为恩克拉多斯(字面意思是"发起进攻")。根据一些说法,雅典娜眼见恩克拉多斯想要逃跑,便举起西西里岛向他扔过去,把他压扁在埃堤那山山下[83]。诸神和巨人的巨无霸体形与力气让他们习惯在战斗中拿巨砾、山脉乃至整座岛屿当作武器。

"巨人战争"在旧雅典娜神庙的巨大三角楣墙占有抢眼位置。在公元前六世纪至前五世纪之交建于卫城北面[84],神庙的地基(即所谓的"德普费尔德地基")至今还看得见(图17、图21、彩图4)。其三角楣墙

图17 从南面看到的旧雅典娜神庙地基和厄瑞克透斯神庙。

上布满以昂贵大理石（自帕罗斯岛输入）雕成的巨大人物。其中一面三角楣墙（就像蓝胡子神庙那样）刻画几只狮子扑杀公牛。另一面三角楣墙上演着"巨人战争"，重心是雅典娜朝一个倒下的巨人步步进逼（图18）。女神紧追着敌人，不只把她的蛇穗胸铠用作盾牌，还用作武器。只见她手持一个嘶嘶作声的蛇头，要用她咬死那个倒地巨人[85]。

这幅大胆构图所在的建筑是一多立克式神庙。神庙长约二十一米，宽约四十三米，两个立面各横列着六根立柱，两个侧面各十二根（图21，彩图4）[86]。神庙以采自比雷埃夫斯的劣质石灰石建造，装饰以大理石屋瓦、檐沟、顶端饰和柱间壁[87]。这神庙大概也有大理石横饰带，但残存下来者寥寥无几：其中一块碎块清楚显示赫耳墨斯，另一块显示一个马车御者（图20）[88]。正如我们将会在第五章看见，马车是由雅典的开国者厄瑞克透斯国王（或称厄里克托尼俄斯国王）引入战场，自此之后便代表着非常特殊的意义。

旧雅典娜神庙的格局非常不同于一般，因为其位于东面的主厅与后方（西端）的三间厅室（图21、图97）完全隔开。它的东内殿*有两排立柱把室内空间分隔为三条"走道"。内殿供奉着雅典娜的橄榄木神像，称为"古像"。"古像"被认为是雅典开国早期从天而降，是最珍贵的圣物。这神像属"非偶像"性质，即没有被雕刻成人形，只是一根橄榄树树干[89]。就像所有希腊神庙的坐殿神像那样，"古像"不只是女神的象征，还被认为是女神本人的本质部分。所以，它被穿上华丽织物，戴上金冕、

图18　雅典娜诛杀巨人，见于旧雅典娜神庙三角楣墙。现藏雅典的卫城博物馆。

---

*　译注：即前面提到的主厅。内殿是神庙的核心部分。

帕特农神庙之前：诸神、怪物、宇宙　89

图 19 "巨人战争"三角楣墙上的雅典娜。现藏雅典的卫城博物馆。

图 20 马车御者浮雕，疑为旧雅典娜神庙横饰带一部分。现藏雅典的卫城博物馆。

金耳环、金项链和金手镯。它甚至有自己的黄金奠盅[90]。每年一次，神像会被带至法里龙的海里沐浴，然后再回銮至卫城的"家"。

有一面隔间墙把旧雅典娜神庙的后部隔离于东厅。后部有一个前厅（透过西门廊的单一入口进入），然后是两个小厅。这种奇怪的格局也许是把三种不同的祭拜整合为一造成，也预示着在二十五年后"取而代之"的厄瑞克透斯神庙的特别隔间（图17、图25、图34、图97）。后者的东面空间是用来奉祀雅典娜和波塞冬，西面空间是用来奉祀厄瑞克透斯和布忒斯兄弟。这显示出，厄瑞克透斯神庙就像它的前身一样，是一个联合崇拜之地，同时供奉神祇和英雄[91]。

一八八五年，有两个粗糙的石灰石柱基被发现嵌在旧雅典娜神庙的地基，据推断也许原属于旧雅典娜神庙的前身（一座公元前七世纪上半叶的神庙）[92]。两个柱基应该用来插放木柱，而木柱承托的结构体是泥砖所砌。荷马史诗有"（厄瑞克透斯）进入了雅典娜的丰美神庙"之语[93]，其中的"神庙"也许就是指这座公元前七世纪神庙，甚至是指比它再早一世纪的更早前身（其存在纯属假设）。它也大有可能是库伦在公元前

帕特农神庙之前：诸神、怪物、宇宙　　91

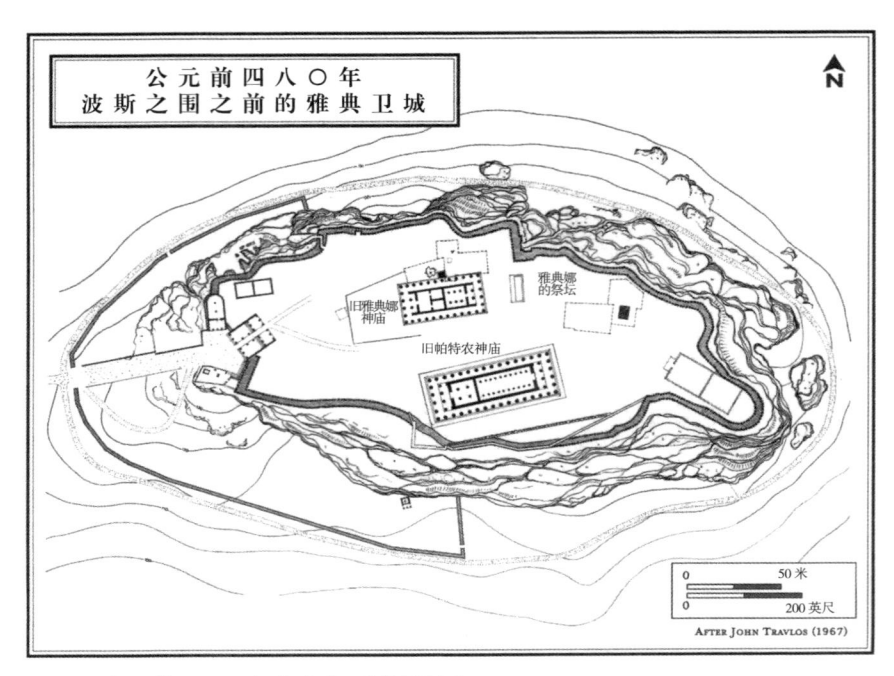

图 21 公元前四八〇年的雅典卫城平面图。

图 22 公元前八世纪的青铜蛇发妖女，疑是一尊顶端饰，出土于卫城。现藏雅典的卫城博物馆。

六三〇年代政变失败后的避难所。有趣的是，这座神庙就像那座取代它的建筑那样，也是被称为"旧庙"。所有这些雅典娜圣域的前身（包括假设性的公元前八世纪神庙、前七世纪神庙、旧雅典娜神庙和厄瑞克透斯神庙）都是坐落在青铜时代迈锡尼宫殿的旧址，而这种选址看来是要强调它们与英雄时代的联系，在其他遗址，例如在迈锡尼和梯林斯，铁器时代的神庙都是建在当地宫殿正厅遗迹的上方或附近[94]。一块镂刻青铜浮雕微微透露出旧雅典娜神庙前身的装饰模样（图22）[95]，浮雕中的蛇发女妖吐着舌，露出尖门牙，样子吓人。古代人的耳朵想必能从其中听出凌厉尖叫声，其阻吓邪力的作用不言自喻。

除筑造旧雅典娜神庙以外，雅典民主早期也许还目睹卫城另一座新建筑的启建。该建筑就位于旧雅典娜神庙南面，大略与之平行。在蓝胡子神庙也许曾经伫立的所在，一个由近一万块石灰石构成的巨大地基被筑造了出来，以准备兴建一座新神庙。德普费尔德、果赫斯和其他学者有时称之为"帕特农神庙曾祖父"，有时称之为"帕特农神庙I"[*96]。但一种不同观点认为，地基的年代要更晚，筑造于公元前四九〇年的马拉松战役之后，是要供帕特农神庙的直接前身（被称为"旧帕特农神庙"）所用[97]。地基的石灰石石块采自十公里外的比雷埃夫斯，南边深二十一"层"，代表着一项巨大的努力和预示着一座巨大的新建筑。

假如地基是在公元前六世纪之末或前五世纪之初便砌好，那它也许是反映着刚民主化的雅典人想要盖一座新神庙以取代染有庇西特拉图子嗣专制色彩的蓝胡子神庙。随着一个新政体破晓，旧政体留下的不快记忆必须铲除。毕竟，僭主希庇亚斯现已投靠波斯人，有关他的记忆便用不着继续用石头加以保存。在他被推翻之后，也没有人再想完成他在伊利索斯河附近开了头的奥林匹亚宙斯神庙。所以，我们有理由猜测，蓝胡子神庙被认为是一座有需要拆除的纪念碑。但不管怎样，即便雅典人有过汰换"百尺殿"的计划，计划也并未实现。

---

* 译注：首先把这建筑称为"帕特农神庙曾祖父"或"帕特农神庙I"的人是德普费尔德，他认为前后有过三座帕特农神庙，最早一座是提到的这座，最后一座是今日仍见到的那座。今日学界普遍认为先后只有过两座帕特农神庙。

帕特农神庙之前：诸神、怪物、宇宙　　93

这是因为，在东方，波斯国王大流士不断把他的帝国向西扩张，最终兼并了希腊人在小亚细亚长久控制的地域（今日土耳其西海岸）。到了公元前四九九年，爱奥尼亚诸城邦*不堪波斯的高压统治，揭竿起义。雅典派出船只和部队支持，但为此付出重大代价。因为波斯人一举平定爱奥尼亚起义之后，出于报复心理，把矛头转向雅典。大战势不可免。随着波斯威胁的逐渐逼近，民粹派领袖泰米斯托克利斯在公元前四九三年当选执政官，而他知道，雅典的金钱有比盖一座新神庙更紧急的用途。他把阿提卡的资源集中在创建一支舰队——事后证明，这是雅典赖以存活的必要一步。

公元前四九〇年八月，数以万计的波斯部队登陆马拉松湾，为他们带路的是变节者希庇亚斯。普鲁塔克告诉我们，在接着的大战中，神话时代大英雄忒修斯出现在雅典阵营，全副武装冲到全军最前头，领导雅典人（就像昔日一样）打了一场大胜仗[98]。在这场历史上关键性数一数二的战役里，共有六千四百波斯人被杀，而雅典只折损一百九十二人[99]。雅典将士和他们盟友普拉提亚人的骁勇马上就让他们一跃而为史诗英雄般的人物。战死者被就地安葬在一座丘坟（这是一项殊荣），而这丘坟本身相当一座胜利纪念碑[100]。

马拉松大捷不久，旧帕特农神庙开始动工[101]。雅典人有需要为他们的惊人胜利感谢和彰显雅典娜。计划中，新神庙的两个短边各有六根立柱，两个长边各十六根立柱（图21和图23），而且会是历来第一座完全用大理石兴建的雅典神庙。大理石将全是采自彭代利孔山——雅典不断膨胀的优越感不容许它采用输入的建材[102]。

但波斯人怒火未熄。一支庞大的波斯海陆军在公元前四八〇年进抵阿提卡，要一雪马拉松的前耻。大军由大流士的继承人薛西斯率领，首先在温泉关赢得一场关键战役，打败了由莱奥尼达斯指挥的三百个斯巴达勇士，接着向雅典推进。因为听说圣蛇从卫城失踪，大部分雅典人为之气馁，撤出城市逃至附近的萨拉米斯岛避难。每个人都知道波斯人暴

---

* 译注：爱奥尼亚是古希腊时代对今天土耳其安纳托利亚西南海岸地区的称呼，希腊人从很早期便在这一带建立许多城邦。它们在公元前七世纪被吕底亚（小亚细亚中西部王国）征服，在波斯帝国灭吕底亚后又成为波斯的附庸国。

图23 遭公元前四八〇年波斯兵燹前的旧帕特农神庙和旧雅典娜神庙的还原图。

戾,但没有人料得到卫城最神圣的建筑会近乎全毁。波斯大军包围了圣岩,一部分军队部署在战神丘,以便向卫城木造的防御工事发射火焰箭。另有一队士兵去到陡峭和没有防守的卫城东坡(彩图2),从阿格劳萝丝神祠附近往上爬到了山顶,一到山顶便打开西大门。波斯军队一拥而入,屠杀了所有自愿留守的雅典人,劫掠各神庙后又放一把大火,要把整个卫城夷为平地。这种暴力程度超出希腊人所能理解:他们自己打仗时一律尊重敌人的圣地,不会予以破坏。毕竟,破坏圣地是会招神怒的。但波斯人拜的是别的神,完全弃奥林匹亚诸神于不顾。

旧雅典娜神庙遭到重创,在其南面施工中的旧帕特农神庙亦在劫难逃。据建筑师、工程师、考古学家果赫斯估计(他监督卫城的修复事宜近三十年),当波斯人在卫城大肆破坏时,旧帕特农神庙只盖到两或三块柱石高度,柱石也尚未雕凹槽。但神庙四周却搭建了一圈木头鹰架,为大火提供了充分燃料(图23)[103]。果赫斯在神庙许多石块(包括地基上最上几层的石块)都找到被高温烧出的裂痕。这些石块将会在三十多年后被回收,重新用于伯里克利的帕特农神庙[104]。

雅典人没有灰心丧志,他们卧薪尝胆,养精蓄锐,大约一年后便把波斯人逐出。拜希腊联军统帅泰米斯托克利斯的远见和充分准备之赐,雅典人发展出一种秘密武器:一支由两百艘战船构成的强大舰队(每艘船配有两百个从雅典最穷阶级选出的桨夫,每个桨夫都训练精良且薪水优渥)。公元前四八〇年九月,这支舰队在泰米斯托克利斯亲自领导下,于萨拉米斯岛外海取得惊人胜利。翌年,雅典人又在普拉提亚战役大败失去海军支持的波斯陆军[105]。修昔底德告诉我们,一俟"野蛮人离开这片土地",雅典人便带着妻子儿女和家当返回雅典,开始"重建他们的城市和城墙"[106]。所有可堪再用的石块全被赶快集中起来,用于修筑泰米斯托克利斯下令建造的城市防护墙。这些石块包含从卫城建筑坍塌的那些。残破的古风时代人像(包括著名的"少女像")也被集中起来,埋在圣所地上所挖的坑洞里,好让这些供品可以安躺在它们原属的圣域。

旧帕特农神庙的柱石,还有旧雅典娜神庙残存的三槽板、柱间壁、楣梁和檐口全被抢救回来,用于兴建卫城的北防护墙(无疑也是泰米斯托克利斯亲自督工)(图24)[107]。这些旧物料并非被胡乱堆砌在一起,而是按照它们原有的秩序排列(柱石重新叠成"立柱",柱间壁和三槽板互相间隔)。这显示出,回收再利用这些建材的目的不只是为了省钱,还为了唤起对被毁神庙的记忆。所以,这些建筑遗物形成了一种纪念性展示,用以见证波斯人的野蛮和城邦最神圣殿宇曾被摧毁的往事。它们也见证着一整代的雅典英雄在民主最早几十年所经历过的恐怖。就这样,雅典人把他们的记忆愿望和创造愿望糅合为一,把他们往回看和向前走的需要共冶一炉。

旧雅典娜神庙没有在波斯兵燹中全毁。尽管屋顶和内部空间已经倒

图24 被回收再利用于雅典卫城北防护墙的鼓形柱石。

塌，它的两个立面和西厅（称为"后殿"）的一部分仍然屹立（图25）[108]。这解释了厄瑞克透斯神庙何以要尊重旧雅典娜神庙的地基和采取那么奇特的设计。它位于"少女柱廊"以东的一段长墙壁完全留白，非常有违希腊神庙的传统法式。不过，如果说旧雅典娜神庙在厄瑞克透斯神庙建成之后仍然占据着部分的"德普费尔德地基"，那么南墙大概就没有装饰的必要，因为它大部分都被仍然屹立着的西厅遮住（图25和图97）。厄瑞克透斯神庙的女像柱门廊*向南凸出，所在地说不定是旧雅典娜神庙一个全毁的部分。这一点难于证实却说得通，而且合乎把早期残存墙壁保留下来尊为圣物的一贯传统（图11迈锡尼时代防护墙）。显然，卫城一直都是一个记忆存取地点，刻意为更早的时代提供具体可触证据，以见证曾经有过的生死搏斗和胜利。在照相或电影尚未发明的时代，把过去历史的证据保存下来的做法非常必要，否则未来有可能会忘记祖先有过的辉煌业绩，甚至完全不相信发生过。

就像宙斯曾大战堤丰（见于蓝胡子神庙三角楣墙上），或奥林匹亚诸神曾大战巨人族（见于旧雅典娜神庙三角楣墙），公元前五世纪早期的希腊人也得面对新一代令人恐怖的敌人。波斯巨兽曾经昂起它丑恶的头张牙舞爪，但它跟它之前的大龙、堤丰、妥里同、许德拉和恩克拉多斯一样，最终被屠，葬身于萨拉米斯岛的外海和普拉提亚的麦田里。

图25　还原后的旧雅典娜神庙西厅，右边是厄瑞克透斯神庙。

---

* 译注：即前面提及的"少女柱廊"，其立柱雕刻成少女形象，故名。

注释：

1. I. Ridpath and W. Tirion, *Stars and Planets Guide* (Princeton, N.J.: Princeton University Press, 2007), 142-43; R. H. Allen, *Star Names: Their Lore and Meaning* (New York: Dover, 1963), 202; F. Boll and H. Gundel, "Sternbilder," in *Ausführliches Lexikon der griechischen und römischen Mythologie*, ed. W. H. Roscher (Leipzig: B. G. Teubner, 1884), 6: 821-24.
2. 译本：M. Grant, *Myths of Hyginus* (Lawrence: University of Kansas Press, 1960).
3. Pausanias, *Description of Greece*, 1.24.7.
4. 希罗多德,《历史》8.41.2-3; Philostratos, *Imagines* 2.17.6。
5. Plutarch, *Life of Themistokles* 10.1.
6. 希罗多德,《历史》8.41。See H. B. Hawes, "The Riddle of the Erechtheum," unpublished manuscript in the Smith College Archive (Amherst, Mass., 1935); H. B. Hawes, "The Ancient Temple of the Goddess on the Acropolis," *AJA* 40 (1936): 120-21；以及一个完整的讨论，载于 Lesk, "Erechtheion and Its Reception," 40n5, 161-62, no. 487, 162n490, 329。N. Robertson, "Athena's Shrines and Festivals," in Neils, *Worshipping Athena*, 32-33，将提喀斯译作"燎祭的观察者"。
7. Lesk, "Erechtheion and Its Reception," 161-62.
8. 在欧里庇得斯的《厄瑞克透斯》里，厄瑞克透斯的三个女儿被星格化为许阿得斯星座/许阿铿托斯姊妹星座（F 370.71-74 Kannicht）。对厄瑞克透斯被星格化为御夫座和三位公主被星格化为许阿得斯星座/许阿铿托斯姊妹星座一事，一个详细讨论见 Boutsikas and Hannah, "Aitia, Astronomy, and the Timing of the Arrephoria," especially 1-7。
9. 见 Aelius Aristides, *Panathenaic Oration* 362 (Lenz and Behr) = Dindorf, 3,323 = Jebb 189, 4。
10. Aristotle, frag. 637 Rose; 说明见 Aelius Aristides, *Panathenaic Oration* 189。
11. Ruggles, *Handbook of Archaeoastronomy and Ethnoastronomy*; Ruggles, *Archaeoastronomy and Ethnoastronomy*; J. Davidson, "Time and Greek Religion," in Ogden, *Companion to Greek Religion*, 204-18; R. Hannah, *Greek and Roman Calendars: Constructions of Time in the Classical World* (London: Duckworth, 2005); Pasztor, *Archaeoastronomy*.
12. Boutsikas, "Greek Temples and Rituals"; Boutsikas and Hannah, "Aitia, Astronomy, and the Timing of the Arrh phoria"; Boutsikas and Hannah, "Ritual and the Cosmos"; Boutsikas, "Astronomical Evidence for the Timing of the Panathenaia"; E. Boutsikas and C. Ruggles, "Temples, Stars, and Ritual Landscapes: The Potential for Archaeoastronomy in Ancient Greece," *AJA* 115 (2011): 55-68; E. Boutsikas, "Placing Greek Temples: An Archaeoastronomical Study of the Orientation of Ancient Greek Religious Structures," *Archaeoastronomy: The Journal of Astronomy in Culture* 21 (2009): 4-16; E. Boutsikas, "The Cult of Artemis Orthia in Greece: A Case of Astronomical Observations?" in *Lights and Shadows in Cultural Astronomy*, ed. M. P. Zedda and J. A. Belmonte (Isili: Associazione Archeofila Sarda, 2008); E. Boutsikas, "Orientation of Greek Temples: A Statistical Analysis," in Pasztor,

Archaeoastronomy, 19–23; Salt and Boutsikas, "When to Consult the Oracle at Delphi"; L. Vrettos, Λεξικό τελετών, εορτών και αγώνων των αρχαίων Ελλήνων (Athens: Ekdoseis Konidari, 1999).

13. 例如 Starry Night Pro 和 Stellarium。
14. 鲍齐卡斯（Boutsikas）指出天文观测是决定泛希腊宗教节日日期的普遍机制。哪一天是节日开始的恰当时间，在德尔斐、阿提卡和其他地方的地平线观测结果可以相当不同。见氏著"Greek Temples and Rituals"。
15. 参 Boutsikas, "Astronomical Evidence for the Timing of the Panathenaia"。
16. P. Michalowski, "Maybe Epic: Sumerian Heroic Poetry," in *Epic and History*, ed. D. Konstan and K. Raaflaub (Chichester: Wiley-Blackwell, 2010), 21.
17. Hesiod, *Theogony* 108–16, 123–32.
18. 荷马，《伊利亚特》8.13，译本：A. T. Murray (Cambridge, Mass.: Harvard University Press, 1924)。
19. "巨人战争"的资料来源包括以下这些：Hesiod's *Theogony*，韦斯特（M. L. West）将年代订在公元前八世纪晚期／前七世纪初期；一份遗失的据说是科林斯半传奇吟游诗人尤梅娄斯（Eumelos）的作品，*Titanomachia*。见 M. L. West, "'Eumelos': A Corinthian Epic Cycle?," *JHS* 122 (2002): 109–33; M. L. West, *Hellenica* (Oxford: Oxford University Press, 2011), 355。另参见 Dörig and Gigon, *Götter und Titanen*。
20. "分界性灾难"一语是思科德尔（Scodel）首先使用，见氏著"Achaean Wall," 36, 48, 50。其中她提到特洛伊战争是一场灾难，被用于作为英雄与后来脆弱的世代、神话时代和信史时代的界线。在此我扩大此一用语的解释，包含大洪水与宇宙冲突。
21. Hesiod, *Theogony* 424, 486，正如韦斯特的讨论，见氏著 *Indo-European Poetry and Myth*, 162–64。关于近东对希腊古风时代影响的一个概述，见于 W. Burkert, *The Orientalizing Revolution: Near Eastern Influence on Greek Culture in the Early Archaic Age* (Cambridge, Mass.: Harvard University Press, 1992), 94–95。
22. West, *Indo-European Poetry and Myth*, 162–63.
23. 同前注书目, 162–65; Ataç, *Mythology of Kingship*, 172。
24. West, *Indo-European Poetry and Myth*, 166.
25. 同前注书目, 248。
26. 玛卡妮（Clemente Marconi）用"神秘惊恐"一语形容古风时代希腊人置身神庙会有的经验。见 Marconi, "Kosmos," 222; 该语是奥托（R. Otto）首先提出〔见 *The Idea of the Holy* (London: Oxford University Press, 1928), 12–25〕，后又被赫胥黎（A. Huxley）所使用〔见 *The Doors of Perception* (London: Chatto & Windus, 1954), 43〕。
27. G. Rodenwaldt, *Korkyra: Die Bildwerke des Artemistempels von Korkyra II* (Berlin: Mann, 1939), 15–105; J. L. Benson, "The Central Group of the Corfu Pediment," in *Gestalt und Geschichte: Festschrift Karl Schefold zu seinem Sechzigsten Geburstag am 26. Januar 1965*, ed. M. Rohde-Liegle and K. Schefold (Bern: Francke, 1967), 48–60.

28. 库普塞鲁斯是公元前六五七年在科林斯夺权，而塞阿戈奈斯和克里斯提尼在公元前六二〇年前后分别成为墨伽拉和西库昂的僭主。在西库昂，考古学家自一座公元前六世纪的神庙下方找到一座公元前七世纪神庙的残余。虽然僭主的夺权是"不合宪"，但人民大众认为他们的统治比贵族统治或寡头统治可取。见 P. H. Young, "Building Projects Under the Greek Tyrants" (Ph. D. diss., University of Pennsylvania, 1980)。

29. 有关科林斯的阿波罗神庙，可参考 R. Rhodes, "Early Corinthian Architecture and the Origins of the Doric Order," *AJA* 91 (1987): 477–80。有关伊斯米亚的波塞冬神庙，可参考 O. Broneer, *Isthmia: Excavations by the University of Chicago, Under the Auspices of the American School of Classical Studies at Athens* (Princeton, N.J.: American School of Classical Studies at Athens, 1971); Broneer, *Isthmia: Topography and Architecture*; E. Gebhard, "The Archaic Temple at Isthmia: Techniques of Construction," in *Archaische griechische Tempel und Altägypten*, ed. M. Bietak (Vienna: österreichische Akademie der Wissenschaften, 2001)。想了解更大的脉络，可参考 A. Mazarakis-Ainian, *From Rulers' Dwellings to Temples: Architecture, Religion, and Society in Early Iron Age Greece (1100–700 B.C.)* (Jonsered: Paul Åström, 1997), 125–35。

30. 公元前六三〇年，第一座希腊大陆的神庙兴建于埃托利亚地区（Aetolia）的塞尔蒙（Thermon），其周长一百米，四边有木头立柱围绕（这两方面都是仿效萨摩斯岛的赫拉神庙二期，后者的年代约介于公元前六七五至公元前六二五年之间）。有关塞尔蒙的阿波罗神庙，可参考 J. A. Bundgaard, "À propos de la date de la péristasis du Mégaron B à Thermos," *BCH* 70 (1946): 51–57。关于赫拉在萨摩斯岛的神庙，见 O. Reuther, *Der Heratempel von Samos: Der Bau seit der Zeit des Polykrates* (Berlin: Mann, 1957); N. Hellner, "Recent Studies on the Polycratian Temple of Hera on Samos," *Architectura: Zeitschrift für Geschichte der Baukunst* 25 (1995): 121–27。奥林匹亚的赫拉暨宙斯神庙（年代约为公元前六〇〇年）有一木头立柱构成之柱廊，克基拉的阿耳忒弥斯神庙（年代约为公元前五八〇年）有一石灰石立柱构成之柱廊。

31. Kyle, *Athletics in Ancient Athens*, 30。关于梭伦，见 J. Blok and A. P. M. H. Lardinois, *Solon of Athens: New Historical and Philological Approaches* (Leiden: Brill, 2006)。

32. Kyle, *Athletics in Ancient Athens*, 20, 104.

33. *IG* I3 507, ca. 565 B.C. See A. Raubitschek, *Dedications from the Athenian Akropolis: A Catalogue of the Inscriptions of the Sixth and Fifth Centuries B.C.* (Cambridge, Mass.: Archaeological Institute of America, 1949), 305–53 (no. 326) and 353–58 (nos. 327 and 328); Kyle, *Athletics in Ancient Athens*, 26–27.

34. 认为希波克列德是在公元前五六六／五六五年执政者，包括 Marcellinus, *Life of Thucydides* 3: "Hippokleides in whose archonship the Panathenaia were instituted"，和 Eusebios, *Chronica on Olympic* 53.3-4: "Agon gymnicus, quem Panathenaeon vocant, actus"。关于公元前五六六年的年份为大泛雅节的就职典礼，见 Kyle, *Athletics in Ancient Athens*, 25–31; V. Ehrenberg, *From Solon to Socrates* (London: Methuen, 1968), 82–83。

35. Aelius Aristides's *Panathenaic Oration* 13.189.4–5=Dindorf 3.323 的注解，将该节日的介绍归于庇西特拉图。
36. Aristotle, *Athenian Constitution* 13. 想多了解这些家族和它们在塑造雅典民主赖以诞生的环境的角色，可参考 Camp, "Before Democracy," 7–12。
37. Aristotle, *Athenian Constitution* 16.9.
38. 书前彩图 4 的假想图并不是一种科学还原，只是用来帮助读者理解卫城早期神庙的大概坐落。更科学的处理请见 Korres, "Die Athena-Tempel auf der Akropolis"; Korres, "Athenian Classical Architecture," 7; Korres, "History of the Acropolis Monuments," 38; Korres, "Recent Discoveries on the Acropolis," 178。
39. 蛇发女妖人像的头部和腰带在卫城博物馆的编号是"#701"。有论者主张这像是一屋顶装饰，但果赫斯已经证明不可能如此。
40. 三角楣墙角落两条蛇在卫城博物馆的编号是"#37"和"#40"。
41. 关于概论，见 Bancroft, "Problems Concerning the Archaic Acropolis," 26–45; Ridgway, *Archaic Style*, 284–85; Hurwit, *Athenian Acropolis*, 107–12; Knell, *Mythos und Polis*, 1–6；见 Dinsmoor, "The Hekatompedon on the Athenian Acropolis,"，以及关于这些问题的较新研究，N. L. Klein, "The Origin of the Doric Order on the Mainland of Greece: Form and Function of the Geison in the Archaic Period" (Ph.D. diss., Bryn Mawr College, 1991), 7–16。
42. Dinsmoor, "Hekatompedon on the Athenian Acropolis," 145–47 把这一组分配给神庙的东山坡，虽然这是不可知的。很早就提出关于神庙三角楣墙构造的还原图，见 T. Wiegand, *Die archaische Poros-Architektur der Akropolis zu Athen* (Cassel: Fisher, 1904) and R. Heberdey, *Altattische Porosskulptur, ein Beitrag zur Geschichte der archaischen griechischen Kunst* (Vienna: Hölder, 1919). See also W. H. Schuchhardt, "Die Sima des alten Athena-Tempels der Akropolis," *AM* (1935–1936): 60–61; Korres, "History of the Acropolis Monuments," 38。
43. 首先断定"蓝胡子怪物"为堤丰的是哈里逊（Harrison），见氏著 *Primitive Athens as Described by Thucydides*, 27。博德曼（Boardman）主张这怪物代表雅典的身体政治（body politic），以手上拿着的水、玉米秆和鸟分别象征平原区居民、海岸居民和山区居民，见氏著 "Herakles, Peisistratos, and Sons," 71–72。也有论者把蓝胡子怪物看成三体的革律翁（Geryon）；或是俄克阿诺斯、蓬托斯（Pontos）和埃忒耳（Aither）的合体；或是"篱笆宙斯"（Zeus Herkeios）；或是涅柔斯（Nereus）；或是普洛透斯（Proteus）。甚至有论者视之为厄瑞克透斯。一个对各种不同诠释的综览，见 F. Brommer, "Der Dreileibige," *Marburger Winckelmann-Programm* (1947): 1–4; Ridgway, *Archaic Style*, 283–88; Hurwit, *Athenian Acropolis*, 106–14。
44. Munich, Staatliche Antikensammlungen Inv. 596, 插画家比尔德（M. Beard）所提供，见氏著 *The Invention of Jane Harrison* (Cambridge, Mass.: Harvard University Press, 2000), 103–5，驳斥哈里逊认为陶瓶绘画中的怪物与"蓝胡子怪物"为同一人的观点，但这观点一直禁得起时间考验。见 U. Höckmann, "Zeus besiegt Typhon," *AA* (1991): 11–23。把陶瓶绘画与神庙石头雕刻相提并论的做法确有方法论的难题，但对那些没多少图像流传至今和图像尚未"编码化"的时代，我们必须尽可能把仅存的材料比而观之。

45. *Hymn to Pythian Apollo* 305-10.
46. 同前注书目，305-15。我感谢帕帕斯（Nickolas Pappas）为我指出这一点。
47. 诚如韦斯特显示，宙斯杀死堤丰一如巴力（Baal）在乌甘瑞特《巴力神话系列》中大战亚姆（Yam）和穆提（Mot），一如库马尔比（Kumarbi）在西台《乌里库米之歌》(*Song of Ullikummi*) 大战乌里库米，也一如马尔杜克（Marduk）在巴比伦神话里大战迪亚马特（Tiamat）。见 West, *Indo-European Poetry and Myth*, 253, 255-57。有关希腊罗马世界中的龙蛇神话与崇拜，见 Ogden, *Drakon*。
48. Apollodoros, *Library* 1.6.3。关于堤丰的一个完整讨论，见 Ogden, *Drakon*, 69-80。
49. Hesiod, *Theogony* 820.
50. 里奇韦指出，蓝胡子中间一个上身的钻孔（是用来附着毒蛇的吗？）和肩上的伤疤都显示出他受了伤，见 Ridgway, *Archaic Style*, 286。在奥林匹亚出土的盾牌镶边显示，堤丰头上和肩膀上都长着许多蛇，见 *LIMC* 8, s.v. "Typhon," nos. 16-19。
51. Apollodoros, *Library* 1.6.3.
52. 译本：West, *Hesiod: Theogony*, 27.
53. 译本：同前注书目，28。
54. Acropolis no. 36. Ridgway, *Archaic Style*, 286; Boardman, "Herakles, Peisistratos, and Sons," 71-72.
55. Geison, Acropolis no. 4572；关于檐槽绘图，见 Acropolis no. 3934；关于水鸟绘图像，见 Heberdey, *Altattische Porosskulptur*。
56. Oppian, *Halieutica* 3.7-8 and 3.208-9; Nonnus, *Dionysiaca* 1.137-2.712.
57. 这些论点多受克莱恩（Nancy Klein）的启发，特此感谢。
58. Dörpfeld, "Parthenon I, II und III"。在地基找到的爪状凿痕并不见于蓝胡子神庙的雕刻，这让人认为两者并无关联，见 Plommer, "Archaic Acropolis"; Beyer, "Die Reliefgiebel des alten Athena-Tempels der Akropolis"; Preisshofen, *Untersuchungen zur Darstellung des Greisenalters*。总结载于 Hurwit, *Athenian Acropolis*, 111-12; Bancroft, *Problems Concerning the Archaic Acropolis*, 50。
59. 关于百尺殿铭文的完整分析和文本的恢复，见 P. A. Butz, *The Art of the Hekatompedon Inscription and the Birth of the Stoikhedon Style* (Leiden: Brill, 2010)。斯特劳德（R. S. Stroud）提供额外的评论和参考书目，见氏著 "Adolph Wilhelm and the Date of the Hekatompedon Decrees," in *Attikai epigraphai: Praktika symposiou eis mnemen A. Wilhelm (1864-1950)*, ed. A. P. Matthaiou (Athens: Hellenike Epigraphike, 2004), 85-97。斯图尔特（A. Stewart）在研究雅典卫城地层时检查了"百尺殿"铭文的范围更大的文本，见氏著 "The Persian and Carthaginian Invasions of 480 B.C.E., Part 1"。See also G. Németh, *Hekatompedon: Studies in Greek Epigraphy*, vol. 1 (Debrecen: Kossuth Lajos University, Department of Ancient History, 1997).
60. Korres, "Die Athena-Tempel auf der Akropolis"; Korres, "History of the Acropolis Monuments," 38; Dinsmoor, "Hekatompedon on the Athenian Acropolis"; W. B. Dinsmoor Jr., *The Propylaia to the Athenian Akropolis* (Princeton, N.J.: American

School of Classical Studies at Athens, 1980), 1:28–30; Ridgway, *Archaic Style*, 283; Childs, "Date of the Old Temple of Athena on the Athenian Acropolis," 1, 5n14.

61. Harpokration, s.v. Ἑκατόμπεδον, 说莫奈西克勒斯和卡利克瑞特（Kallikrates）都将该寺庙称为"百尺殿"，一如 Plutarch, *Life of Perikles* 13.4; *Life of Cato* 5.3. See Roux, "Pourquoi le Parthénon?," 304–5; Harris, *Treasures of the Parthenon and Erechtheion*, 2–5; C. J. Herrington, *Athena Parthenos and Athena Polias* (Manchester: Manchester University Press, 1955), 13; Hurwit, *Athenian Acropolis*, 161–63. For find spots of poros sculpture, see Heberdey, Altattische Porosskulptur. I thank Professor Manolis Korres for discussing this point with me. See A. Stewart, "The Persian and Carthaginian Invasions of 480 B.C.E.," 395–402.

62. Ridgway, *Archaic Style*, 287. 里奇韦亦注意到，萨摩斯岛曾出土过鸟翼蛇身怪物雕刻的碎块，这怪物与百尺殿的蓝胡子怪物／堤丰大概有渊源。见 Freyer-Schauenburg, *Bildwerke der archaischen Zeit und des strengen Stils*, Samos 11 (Bonn: Rudolf Habelt, 1974), nos. 111–12, 191n84，里奇韦也主张说，出土的猫浮雕是大门装饰，而这是模仿东方的守门卫士人像传统。但果赫斯认为，这些猫浮雕原来也许是放在神殿角落的楣梁表面，其排列方式类似于古风时代的迪迪姆神庙者。这是得自笔者和果赫斯的私下交流。

63. Hurwit, *Athenian Acropolis*, 115–16.

64. 见克莱恩（N. L. Klein）即将出版的文章 "Topography of the Athenian Acropolis Before Pericles: The Evidence of the Small Limestone Buildings"。文中，克莱恩修改传统的年代见解，把"建筑 A"定在公元前五六〇至公元前五五〇年前后，把"建筑 B"和"建筑 C"定在公元前六世纪下半叶，把"建筑 D"和"建筑 E"定在公元前五世纪早期。另可参考 Ridgway, *Archaic Style*, 287–91; Bancroft, "Problems Concerning the Archaic Acropolis," 46–76; N. Bookidis, "A Study of the Use and Geographical Distribution of Architectural Sculpture in the Archaic Period (Greece, East Greece, and Magna Graecia)" (Ph.D. diss., Bryn Mawr College, 1967), 22–33。

65. Acropolis no. 1, Acropolis Museum, Athens. 关于许德拉，见 Ogden, *Drakon*, 26–28。关于小三角楣墙，见 N. L. Klein, "A Reconstruction of the Small Poros Buildings on the Athenian Acropolis," *AJA* 95 (1991): 335 (abstract); Ridgway, *Archaic Style*, 287–88; W. H. Schuchhardt, "Archaische Bauten auf der Akropolis von Athen," *AA* 78 (1963): 812, figs. 13–44。另有一面小三角楣墙（卫城博物馆编号#2）也是刻画海克力士大战妥里同的画面。这面三角楣墙被漆成深红色，故被昵称为"红色妥里同三角楣墙"，见 Ridgway, *Archaic Style*, 291。关于妥里同，见 Ogden, *Drakon*, 119, 131, 134–35。

66. 在欧里庇得斯的《海克力士子女》，伊俄拉俄斯的身份是海克力士的密友而非侄儿。据亚里士多德所述，同性恋恋人会在底比斯的伊俄拉俄斯坟墓前发誓忠贞于对方，而伊俄拉俄斯会监督誓言的落实和惩罚不忠者。J. Davidson, *The Greeks and Greek Love: A Radical Reappraisal of Homosexuality in Ancient Greece* (London: Weidenfeld & Nicolson, 2007), 354–56; Plutarch, *Life of Pelopidas* 18.5。

67. J. P. A. van der Vin 主张,"纹章币"(*Wappenmünzen*)的年代可溯至庇西特拉图统治的时代,见氏著 "Coins in Athens During the Time of Peisistratos," in *Peisistratos and the Tyranny: A Reappraisal of the Evidence*, ed. H. Sancisi-Weerdenburg (Amsterdam: J. C. Gieben, 2000), 147–53。另可参考 J. H. Kroll, "From Wappenmünzen to Gorgoneia to Owls," *American Numismatic Society Museum Notes* 26 (1981): 10–15 和他在一九九三年出版的专著 *The Greek Coins*。后者指出:"雅典钱币是始自没有刻字的纹章币,它只有一面,图形变动不居。" See also, Kroll and Waggoner, "Dating the Earliest Coins of Athens, Corinth, and Aegina," 331–33; Lavelle, *Fame, Money, and Power*, 188.

68. 据说阿戈拉广场内的"十二神祭坛"也是庇西特拉图所建,这祭坛被认为是雅典的地理中心,是量度所有距离的基准点。见希罗多德,《历史》2.7; 修昔底德,《伯罗奔尼撒战争史》6.54; *IG* II2 2640。关于相关讨论,见 Camp, *Athenian Agora*, 41–42; Camp, "Before Democracy," 10–11; Camp, *Archaeology of Athens*, 32–35; Boersma, *Athenian Building Policy*, 15–16, 20–21; L. M. Gadberry, "The Sanctuary of the Twelve Gods in the Athenian Agora: A Revised View," *Hesperia* 61 (1992): 447–89。

69. 希罗多德,《历史》1.60.2–5; W. R. Connor, "Tribes, Festivals, and Processions," *JHS* 107 (1987): 40–50.

70. Boardman, "Herakles, Peisistratos, and Sons," 62; J. Boardman, "Herakles, Peisistratos, and the Unconvinced," *JHS* 109 (1989): 158–59; G. Ferrari, "Heracles, Pisistratus, and the Panathenaea," *Métis* 9–10 (1994–1995): 219–26.

71. 希罗多德,《历史》5.71; 修昔底德,《伯罗奔尼撒战争史》1.126. See D. Harris-Cline, "Archaic Athens and the Topography of the Kylon Affair," *BSA* 94 (1999): 309–20; D. Nakassis, "Athens, Kylon, and the Dipolieia," in *GRBS* 51 (2011): 527–36.

72. 普鲁塔克为这个故事添加了一个有趣枝叶。他说,库伦和他的人马在下卫城前先用一条黄色绳子把自己与雅典娜神像系在一起,好让自己与女神的保护力继续相连。但绳子在他们刚经过"诅咒女神"的祭坛时断掉,所以执政官们当即把他们杀光。见 Plutarch, *Life of Solon* 12。

73. Shapiro, *Art and Cult Under the Tyrants*, 14–15.

74. 修昔底德(《伯罗奔尼撒战争史》6.54)说:"他们大大改善了他们的城市外观。" 见 Lavelle, *Fame, Money, and Power*。

75. 果赫斯最近主张,奥林匹亚宙斯神庙也许是在演说家利库尔戈斯的时候重新动工,见 M. Korres and C. Bouras, eds., *Athens: From the Classical Period to the Present Day* (New Castle, Del.: Oak Knoll Press, 2003), 153。公元前一七四年,塞琉古帝国国王安条克四世(Antiochos IV)委托罗马建筑师柯苏蒂乌斯(Cossutius)完成这座采科林斯柱式的双柱廊巨大神庙,但计划在后来被废弃。苏拉在公元前八六年洗劫雅典时,掠夺了奥林匹亚宙斯神庙一些立柱。续建神庙的工作至哈德良皇帝统治的时期才重启,一尊宙斯的黄金象牙神像被放入了殿内。见 Pausanias, *Description of Greece* 1.18.6; R. Tölle-Kastenbein, *Das Olympieion in Athen* (Cologne: Böhlau, 1994); Camp, *Archaeology of Athens*, 173–76, 199–201; R. E. Wycherley, *Stones of Athens* (Princeton, N.J.: Princeton

University Press, 1978)。

76. 修昔底德,《伯罗奔尼撒战争史》2.20.2; Aristotle, *Politics* 1311a; Pausanias, *Description of Greece* 1.23.1-2。希帕科斯先是邀请哈莫荻奥斯妹妹充当泛雅典节提篮女,后又收回这邀请。哈莫荻奥斯和爱人当即决定要行刺庇西特拉图家兄弟,但只成功杀死希帕科斯(编注:此处原文中作者写成功杀死哈莫荻奥斯,疑为误植)。

77. Ober, *Democracy and Knowledge*, 138-39.

78. 同前注书目, 12。欧伯把"民主"定义为"(人民)有能力进行改变之谓"。

79. 关于一个有帮助的摘要,见 J. Ober, *Athenian Legacies: Essays on the Politics of Going on Together* (Princeton, N.J.: Princeton University Press, 2005), 36-42。

80. 见 Aristophanes, *Knights* 566a (II), repeated by *Suda*, s.v. πέπλος。关于阿提卡陶瓶上巨人战争的绘画,见 Shapiro, *Art and Cult Under the Tyrants*, 28, 38-40, 42; Shear, "Polis and Panathenaia," 35-38; T. H. Carpenter, *Art and Myth in Ancient Greece* (London: Thames and Hudson, 1991), 74; Vian, *La guerre des géants*, 246; M. B. Moore, "Lydos and the Gigantomachy," *AJA* 83 (1979): 79-99。

81. Pausanias, *Description of Greece* 8.47.1.

82. *Suda*, s.v. Γιγαντιαί.

83. Apollodoros, *Library* 1.35; 欧里庇得斯,《伊翁》209-11; Euripides, *Herakles* 908; Euripides, *Cyklops* 5-8; Kallimachos, *Fragmenta* 382 (from Choerobus, ca. third century B.C.).

84. 学者长久以来都把这神庙的年代定为公元前五二〇年前后,即庇西特拉图统治的时期。但现在有证据显示,神庙断然是建于公元前五〇八年之后,属于克里斯提尼领导雅典的早岁。见 Childs, "Date of the Old Temple of Athena on the Athenian Acropolis"; Korres, "History of the Acropolis Monuments," 38-39; K. Stähler, "Zur Rekonstruktion und Datierung des Gigantomachiegiebels von der Akropolis," in *Antike und Universalgeschichte: Festschrift Hans Erich Stier* (Münster, 1972), 88-91; Stewart, "Persian and Carthaginian Invasions of 480 B.C.E.," 377-412 and 581-615; Kissas, *Archaische Architektur der Athener Akropolis*。反驳的意见,见 Croissant, "Observations sur la date et le style du fronton de la gigantomachie"; Ridgway, *Archaic Style*, 291-95; Santi, *I frontoni arcaici dell'Acropoli di Atene*, 斯图尔特的评论,见氏著 *AJA* 116 (2012), www.ajaonline.org/sites/default/files/1162_Stewart.pdf。

85. Acropolis nos. 631 A-C(巨人和雅典娜)和 Acropolis nos. 6454 and 15244(马匹)。摩尔(M. Moore)还原了这面三角楣墙,见氏著 "The Central Group in the Gigantomachy of the Old Athena Temple on the Acropolis," *AJA* 99 (1995): 633-69。根据这个还原,三角楣墙中央是一辆马车,载着宙斯(大概还有海克力士)前赴战场,而雅典娜和其他神祇在三角楣墙两边大战巨人族。Santi, *I frontoni arcaici dell'Acropoli di Atene*, and Croissant, "Observations sur la date et le style du fronton de la gigantomachie" 等文章都拒绝接受这个还原,见 Stewart, *AJA* 116 (2010), www.ajaonline.org/sites/default/files/1162_Stewart.pdf。关于三角楣墙构造的还原图,见 Beyer, "Die Reliefgiebel des alten Athena-Tempels der Akropolis"; H. Schrader, *Die archaischen Marmorbildwerke der*

Akropolis (Frankfurt: V. Klostermann, 1939), 345–86。关于"巨人战争"中的雅典娜的希腊文图说，见 LIMC 2, s.v. "Athena," nos. 381–404。

86. 参 Dörpfeld, "Parthenon I, II und III"; Childs, "Date of the Old Temple of Athena on the Athenian Acropolis," 1; G. Gruben, "Die Tempel der Akropolis," *Boreas* 1 (1978): 28–31。

87. 狮头喷水口，见 Acropolis nos. 69 and 70；胜利女神的三角楣墙顶饰，见 Acropolis 120.694。关于三角楣墙顶饰的讨论，见雷吉威（Ridgway, *Archaic Style*, 151–52）；和 M. Brouskari, *The Acropolis Museum* (Athens: Commercial Bank of Greece, 1974), 58。

88. 马车御者，Acropolis no. 1342；赫耳墨斯，Acropolis no. 1343。见 Ridgway, *Prayers in Stone*, 199; Ridgway, *Archaic Style*, 395–97。

89. Pausanias, *Description of Greece* 1.26.6; Athenagoras, *Embassy for the Christians* 17.

90. Mansfield, "Robe of Athena," 138–39, 185–88.

91. Pausanias, *Description of Greece* 1.26.5; Hurwit, *Athenian Acropolis*, 122–23.

92. 它们起初被判定属于迈锡尼宫殿的正厅，见 S. Iakovidis, *He Mykenaïke akropolis ton Athenon* (Athens: Panepistemion Philosophike Schole, 1962), 63–65。但后来尼兰德尔（C. Nylander）把年代推迟至公元前七世纪，见氏著"Die sog. mykenischen Siulenbasen auf der Akropolis in Athens," *OpAth* 4 (1962): 31–77。另参见 Korres, "Athenian Classical Architecture"，文中指出两个柱基的其中一个在十九世纪晚期便已经被移离开原来位置。另参见 Glowacki, "Acropolis of Athens Before 566 B.C.," 82。

93. 荷马，《伊利亚特》2.546–51。

94. Mycenae: N. L. Klein, "Excavation of the Greek Temples at Mycenae by the British School at Athens," *BSA* 92 (1997): 247–322; N. L. Klein, "A New Study of the Archaic and Hellenistic Temples at Mycenae," *AJA* 97 (1993): 336–37 (abstract); B. E. French, *Mycenae: Agamemnon's Capital* (Gloucestershire: Tempus, 2002), 135–38. Tiryns: E.-L. Schwandner, "Archaische Spolien aus Tiryns 1982/83," *AA* 103 (1987): 268–84; Antonaccio, *Archaeology of Ancestors*, 147–97. Athens: Glowacki, "Acropolis of Athens Before 566 B.C.," 80.

95. National Archaeological Museum 13050, 现藏于 Acropolis Museum。参 Hurwit, *Athenian Acropolis*, 97–98; E. Touloupa, "Une Gorgone en bronze de l'Acropole," *BCH* 93 (1969): 862–64; Ridgway, *Archaic Style*, 305。有块在附近出土的上色柱间壁碎块也许也是属于这神庙，见 Glowacki, "Acropolis of Athens Before 566 B.C.," 80。

96. Korres, "Athenian Classical Architecture," 9; Korres, "Die Athena-Tempel auf der Akropolis,"; Dörpfeld, "Parthenon I, II und III"; Dinsmoor, "Older Parthenon, Additional Notes."

97. Dinsmoor, "Date of the Older Parthenon"; Miles, "Lapis Primus and the Older Parthenon," 663；关于概论，见 Hurwit, *Athenian Acropolis*, 105–35; Kissas, *Archaische Architektur der Athener Akropolis*, 99–110。

98. Plutarch, *Life of Theseus* 35.

99. 希罗多德，《历史》6.117; Pausanias, *Description of Greece* 1.32.3。普拉提亚联军只损失了十一人，见 S. Marinatos, "From the Silent Earth," *Archaiologika Analekta ex Athenon* 3 (1970): 61–68。

100. Pausanias, *Description of Greece* 1.32.3; E. Vanderpool, "A Monument to the Battle of Marathon," *Hesperia* 35 (1966): 93–105; P. Valavanis, "Σκέψεις ως προς τις ταφικές πρακτικές για τους νεκρούς της μάχης του Μαραθώνος," in Μαραθών η μάχη και ο αρχαιος Δήμος (*Marathon: The Battle and the Ancient Deme*), ed. K. Buraselis and K. Meidani (Athens: Institut du livre-A. Kardamitsa, 2010), 73–98; N. G. L. Hammond, "The Campaign and the Battle of Marathon," *JHS* 88 (1968): 14–17。

101. Korres, "Architecture of the Parthenon," 56; Korres, "History of the Acropolis Monuments," 41; Dinsmoor, "Date of the Older Parthenon"; W. Kolbe, "Die Neugestaltung der Akropolis nach den Perserkriegen," *JdI* (1936): 1–64. Hurwit, *Athenian Acropolis*, 133.

102. Korres, *Stones of the Parthenon*; Korres, *From Pentelicon to the Parthenon*。这台基的尺寸是三十一·四米乘七十六米。

103. 图 23 的假想图并不是科学的还原。果赫斯指出，在波斯人洗劫卫城的当时，旧帕特农神庙只有内墙最底层的石块就位，见 Korres, "History of the Acropolis Monuments," 42。

104. 同前注以及 Korres, *From Pentelicon to the Parthenon*, 107–8。

105. 泰米斯托克利斯在公元前四八三年力主，应该把拉夫里翁银矿的收入用于建设一支舰队。有关雅典舰队的建造和泰米斯托克利斯在萨拉米斯岛的大捷，见 Hale, *Lords of the Sea*, and B. S. Strauss, *The Battle of Salamis: The Naval Encounter That Saved Greece—and Western Civilization* (New York: Simon & Schuster, 2004)。

106. 修昔底德，《伯罗奔尼撒战争史》1.93.1–3。

107. 关于在雅典卫城北部设防墙上展示的这些石块之完整的学术性历史讨论，见 M. Korres, "On the North Acropolis Wall," and "Topographic Issues of the Acropolis: The Pre-Parthenon, Parthenon I, Parthenon II," in *Archaeology of the City of Athens*, http://www.eie.gr/archaeologia/En/chapter_more_3.aspx。果赫斯说明，一八〇七年李克（W. M. Leake）最先研究这展示，并判定它们在赫昔契乌斯（Hesychios）心中的想法，写下这段话: (s.v. ἑκατόμπδος) "... νεώς ἐν τῇ Ἀκροπόλει τῇ Παρθένα κατασκευασθείς ὑπὸ Ἀθηναίων, μείζων του ἐμπρησθέντος ὑπὸ τῶν Περσῶν ποσί πεντήκοντα." 此后，几个学者将鼓形柱和三槽板——柱间壁等柱顶楣构（正好设置于重新定位的柱石南边的墙上）都归属于来自旧帕特农神庙。这一点被德普费尔德（W. Dörpfeld）所修正，他认为这三槽板——柱间壁和楣梁石块并非来自旧帕特农神庙，而是旧雅典娜神庙，见氏著 "Der alte Athena-Tempel auf der Akropolis zu Athen," *AM* 10 (1885): 275–77。

108. 法拉利（Ferrari）认为德普费尔德主张旧雅典娜神庙（虽然失去了柱廊）屹立至古代末期之说正确，见氏著 "Ancient Temple on the Acropolis at Athens," 14–16, 25–28。另见 W. Dörpfeld, "Der alte Athenatempel auf der Akropolis II,"

AM 12 (1887): 25–61; W. Dörpfeld, "Der alte Athenatempel auf der Akropolis III," *AM* 12 (1887): 190–211; W. Dörpfeld, "Der alte Athenatempel auf der Akropolis IV," *AM* 15 (1890): 420–39; W. Dörpfeld, "Der alte Athenatempel auf der Akropolis V," *AM* 22 (1897): 159–78; W. Dorpfeld, "Das Hekatompedonin Athens," *JdI* 34 (1919): 39. Contra Ferrari, see Kissas, *Archaische Architektur der Athener Akropolis* and J. Pakkanen, "The Erechtheion Construction Work Inventory (*IG* I3 474) and the Dörpfeld Temple," *AJA* 110 (2006): 275–81。果赫斯同意旧雅典娜神庙继续屹立之说，见 Korres, "History of the Acropolis Monuments," 42, 46–47。旧雅典娜神庙后殿遭兵燹后经过整修充当宝库一节，见 Paton et al., *Erechtheum*, 473–74 和 Hurwit, *Athenian Acropolis*, 142–44, 159。林德斯（T. Linders）主张，后殿在公元前四〇六／四〇五年毁于火，之后不再用作宝库。这功能由厄瑞克透斯神庙取而代之。见氏著"The Location of the Opisthodomos: Evidence from the Temple of Athena Parthenos Inventories," *AJA* 111 (2007): 777–82。

第三章　伯里克利时代的盛世：
帕特农时刻及其消逝

　　当卫城在公元前四八〇年蹿起滚滚浓烟时，伯里克利大约十五岁。我们不知道他是不是像大部分雅典人那样逃到了萨拉米斯岛，与家人一起目睹这一幕。据说，雅典舰队几个月后在该岛外海击败波斯人之后，伯里克利在其后岁月中的朋友索福克勒斯（时年十六）被选出来带领一支胜利之舞。本来就以俊美长相和表演天分著称，索福克勒斯在祝捷大会上担当歌队首席。对日后将会名登世界伟大悲剧作家之列的他来说，这是一次兆头极好的亮相仪式*。

　　我们难免好奇，波斯之围带来的创伤在那批后来缔造所谓雅典黄金时代的少年人心中烙下了什么影响。这些最得天独厚的年轻人不是一个关系紧密的同龄群组，却有着共同经历，小小年纪便经验过难以想象的震撼。会不会，正是雅典民主的一度濒危激化了他们的不凡天赋，让他们（分别以思想家、艺术家、建筑家、剧作家、将军或政治家的身份）成就出一些至今仍被视为顶级的功业？

　　伯里克利当然从一开始就前程看好。就连他的名字（由 peri 和 kleos 两部分合成）亦应许着他将会被"光荣笼罩"。这少年跟随理论家达蒙学习音乐，后又随阿那克萨哥拉学习哲学（两人日后成为好友）[1]。成年后，伯里克利虽热衷追求权力，但仍然喜欢讨论哲学（尤其喜欢与普罗塔格拉斯和芝诺讨论），又与几何学家希波达莫斯亲善（日后希氏将会受其委托，规划港口城镇比雷埃夫斯）。他另一个最要好的朋友是大雕刻家菲迪亚斯，两人将会一起规划帕特农神庙和它的雕刻方案——但这要再过四

---

*　译注："亮相仪式"原指富豪之家为够年龄进入社交界的女儿举办的酒会或聚会。

分之一世纪等到雅典帝国如日中天之时方会发生。

伯里克利第一个公共举动是在公元前四七二年春天资助埃斯库罗斯的《波斯人》一剧上演，当时他才二十出头。《波》剧是歌颂雅典人在萨拉米斯岛的大捷，而对一个有志成为政治领袖的人来说，向同辈人呈献一出充满希望的戏剧是个非常高明的举动：其时雅典仍未摆脱波斯人洗劫的创伤，非常需要鼓舞。站在同龄群组的最中央，贵族伯里克利将会以人民捍卫者之姿崛起，而天性孤高冷傲有如奥林匹亚宙斯的他亦将发现自己拥有煽动大众的演说长才[2]。到了那时候，雅典的民主已不再如雅典人当初所想象那样，而拥有一种（姑勿论好坏）更为纯粹的品质。

我们对伯里克利的所知多是来自后人记述，特别是来自修昔底德和普鲁塔克（他的两大粉丝），可信度难免打折扣[3]。但有些事实会自己说话，见证出伯里克利能力过人。例如，从公元前四五〇到前四二九年，除一次例外，他每年都入选为"十将军团"的一员。将军职位绝不只是军职，因为司其职者有权在公民大会对大众发言。在当时的雅典，大部分公职人员都是透过抽签产生，而将军是少数要经由选举才能当上的职位，所以，将军近乎政治领袖。伯里克利能够拥有一个民选官职长达近二十年，从未受到成功挑战或放逐（他父亲和他许多朋友敌人都遭受过放逐），足证他有过人之处。

伯里克利在公元前五世纪雅典的影响力类似于庇西特拉图之于公元前六世纪的雅典。但如果说民众已经准备好受他支配，他的贵族同仁可没那么好打发。伯里克利属于阿尔克马埃翁家族（与庇西特拉图家族是死对头），而他舅舅不是别人，正是雅典民主的规划师克里斯提尼。因为父亲克山提波斯的关系，伯里克利属于阿卡门提斯部落和乔拉格斯"自治区"[*]。公元前四六一年，快三十五岁的伯里克利因为提案放逐基蒙而成为政治镁光灯的焦点。两个家族的恩怨可回溯至上一代：克山提波斯曾成功发动对基蒙父亲米太亚德的放逐并对其课以五十"他连得"（talent）巨额罚款[4]。因为付出不罚款，曾在马拉松统率大军取胜的米太亚德死于

---

[*] 译注："自治区"（demes）是雅典最基本的行政区单位。

狱中，把债务和仇恨双双留给了儿子。

基蒙后来也成了英雄，先是在萨拉米斯岛海战表现杰出，后又在色雷斯、斯基罗斯岛和潘菲利亚（今土耳其南部）的欧里梅敦河大败波斯人。在整个公元前四七〇年代至前四六〇年代，他都是雅典的主要政治领袖之一，大大有功于雅典海军的缔建（是海军让雅典可以成为帝国）。基蒙靠掳获的战利品发了大财，以此还清父亲的债务后又将个人财富恣意洒在公共建设上。据说他是第一个用优雅公共空间装饰雅典的人[5]。他在阿戈拉广场种了许多悬铃木，把"学院"变成绿树成荫的所在，又筑造了一条长约三公里的输水渠，把市集的溢流引走。军事征服带来的财富让基蒙可以资助卫城南防护墙的重建，修筑把雅典连接于比雷埃夫斯的"长城"，建造"隐水处"喷泉屋和"彩绘游廊（stoa）"（斯多葛学派"stoicism"得名于此）[*]。不过，当基蒙在公元前四六二年支持斯巴达人镇压奴隶起义又失败之后，他让自己陷于不利位置。伯里克利抓住这个千载难逢机会，指控基蒙与雅典宿敌暗通款曲，发起放逐动议。就这样，利用一件公元前五世纪民主的工具（相当于今日的不信任投票），伯里克利推进了自己的政治野心，成功迫使他的主要对手离开雅典长达十年。

但他还有另一个对手：他的导师厄菲阿尔特。厄菲阿尔特是一位大改革家和人民群众的捍卫者，曾在驱逐基蒙的同一年发动改革，废除了战神丘议事会的几乎所有功能（该议事会由一些前执政官和其他前高官组成，类似元老院）。自此以后，除谋杀案以外的所有刑事和民事案件都是改交法院审理（所有雅典公民都有资格参加"审判团"）。这个对贵族权力的剥夺决定性地标志着雅典的所谓激进民主的起始。并不是每个人都对此感到高兴。翌年，厄菲阿尔特遭刺杀，伯里克利通往权力之路自此大开。

公元前四五七年，伯里克利因为在坦纳格拉战役表现英勇而备受肯定。普鲁塔克告诉我们，在所有雅典将士中，他是"最不顾自身安危的一个"[6]。所以，还不到四十岁，这个爱国者和深思的行动人便成功巩固了自己作为雅典领袖的地位。接下来三十年，他将会领导一个激进民主

---

[*] 译注：哲学家芝诺在彩绘游廊讲学，其学派遂被称为斯多葛派。

政体、一个强大帝国、一场与斯巴达的浴血战和一项奢侈铺张的卫城建设计划。在讨论最后一点前，让我们先看看当时的政治脉络（当时一如任何时候，这脉络都与雅典人的自我理解有密不可分的关系）。

即便是最犬儒心态者一样必须承认雅典激进民主的核心价值值得追求，它们包括：个人自由，自治，法律面前人人平等，任何公民（财富多寡不论）都有权在雅典领土拥有土地与房屋，以及强调个人应为共同体的福祉尽力。所有雅典公民（一律是男性）都有权参与公民大会的讨论和投票（有些情况下公民大会的法定人数规定为六千），以及有资格出任民众法庭的陪审法官。最小的案子由两百名年过三十的陪审法官审理，但陪审法官的总数是六千人。因为民众法庭才有放逐权，因此握有实权的是民众法庭而非公民大会。再来还有"五百人议会"，它由十个克里斯提尼"部落"抽签选出的五十名代表构成。总计下来，每年有一千一百名雅典人可以出任公职，绝大多数都是抽签选出，只有大约一百个职位（包括"十将军团"）需要透过选举。公元前四八七年之后，执政官不再民选，改为同样是抽签决定[7]，而到了公元前四五七年，就连只有最起码资财的"双牛阶级"都有资格出任执政官。公职愈来愈多地释出，让每个公民都有工作，而疏忽这种职责的人会得到"自私者"的骂名。就这样，权力以前所未有的广度分配到整个城邦，也让它变得前所未有地派系林立，以致过不了多久，便亟须用一座宏伟建筑提醒他们，什么才是重中之重。

雅典是人类历史上第一次出现民主的地方，这是因为这里人人相信他们有着共同祖先（起源自如谜团般的青铜时代），全都是厄瑞克透斯乃至雅典娜本人的后嗣。雅典人理解的"政治"远远超出我们对政治的观念，它设定了一个神话性的"深时"（deep time）*和宇宙真实，让公民除了透过宗教意识与虔诚以外无法定位自己是谁。一切都是以城邦的福祉为依归，而透过为彼此增加这种福祉，透过这种共同理解，民众统治被相信可以信赖。但激进民主无可避免是一种臃肿的统治愿景，也无可避免花费昂贵，必须仰赖帝国的收入来支撑。不管这种愿景可为事物的

---

* 译注："深时"原是地质学概念，指动辄以百万年为单位的地质学时间。

神圣秩序增加多少礼赞，它带给个人公民的丰厚收入都容易让他们分心，削弱掉让民主成为可能的团结性和无私。

把陪审法官改为有薪制的人正是伯里克利。自此，坐在审判团听审的公民就像士兵和桨夫一样，可以因自己的服务而获得报酬。祭司职位原先一向是贵族的世袭特权，如今也透过抽签向更多公民开放。圣职以往固然会带来业外收入，如今则更是有现金薪水和实物加给（献祭动物的毛皮和肉）。久而久之，全体公民耗去大量的公帑，此方法看来不是限缩公民的利益而是限缩公民权的资格，以免有太多外人分享雅典的财富。雅典贵族男子长久以来都偏好娶富有的外邦新娘，像伯里克利本人的外公便是娶西库昂富家女为妻。财力较弱的公民后来起而效仿，完全不用担心无法把公民权传给儿子。但在公元前四五一／四五〇年，伯里克利修改法令，规定只有父母双方都是生于公民家庭的男性方可获得公民权[8]。这条立法虽然排他，却让女性在婚姻上比从前任何时候更有市场，有助于大大提升她们的地位。一向以来，除财产拥有权以外，雅典女性并无多少权利或福利，也没资格从军或从政。她们需要男性监护人在法庭为她们代言和代为处理所有金钱与法律上的事务。不过，透过家人，女性一样可以享受城邦的财富，而那些当上女祭司的人则除了地位尊贵外，还有薪水和祭肉可领[9]。

伯里克利事业成功的关键，除了挥金如土、满足民众对薪水愈来愈高的期望以外，无疑还靠着他无可匹敌的演说天分。柏拉图在《斐德罗篇》里称他为"所有演说者中最完美的一位"[10]（不过这位哲学家在别处又说伯里克利只是根据事先拟好的稿子照本宣科）[11]。欧波利斯在他上演于公元前四一二年的喜剧里对伯里克利的天分有让人屏息的描述：

> 说话人甲：那个人是最掷地有声的演说者。
> 　　　　　每逢他出现，都能像个伟大短跑者那样
> 　　　　　从十尺后面追上对手。

> 说话人乙：你说他跑得快……但除速度以外，
> 　　　　　说服力就像坐在他的嘴唇上，

> 让人好如痴如醉。他是唯一能一贯
> 把他的激励留在听众脑海里的政治家。

> 欧波利斯,《自治区》,PCG V 102 [12]

如果伯里克利想要国人同胞们分享他的金碧辉煌新卫城愿景,那他的激励就得继续保持威力。从后来的发展判断,他成功了。

及至公元前五世纪中叶,卫城已经维持半废墟状态长达三十年。旧帕特农神庙的地基仍旧破损,它的大理石块仍旧因为波斯大火而留有裂痕。旧雅典娜神庙的屋顶业已坍塌,不过尽管室内空间全毁,它的两个立面还有西厅的一大部分仍然挺立(图25)[13]。清理卫城的工作早在泰米斯托克利斯指挥下于公元前四七〇年代展开,当时可堪使用的石块被抢救回来修筑城市的新防护墙。但圣岩的许多地方仍然一片断垣残壁,幽幽诉说着波斯人的暴戾。想让人毋忘波斯人的逆天悖理,没有较此更有力的方法。

事实上,希腊人在普拉提亚战役前夕(公元前四七九年)所发的著名誓言中就包括以下几句:"我将不会重建任何一座被蛮族摧毁的圣所,而会让它们留在原地,让未来世代永志不忘蛮族有过的大不敬。"[14] 虽然这誓言的真实性受到质疑,但从文献和碑铭都引用过它的事实,反映出它不是捏造的[15]。考古证据也指向同一方向:在公元前四八〇至前四四七年之间,卫城没出现任何大型建筑。不过,又诚如果赫斯所强调,该誓言除了考虑到卫城废墟的象征意义外,八成也考虑到雅典需要休养生息[16]。重建卫城有赖稳健的财政,而建立稳健的财政需要时间。

事实上,雅典人与波斯人的战斗并未在普拉提亚大捷之后终结,因为希腊联军企图把敌人完全赶出爱琴海诸岛、色雷斯、小亚细亚、安纳托利亚和塞浦路斯。一个希腊城邦的联盟在公元前四七八年缔结,主要成员最初只包括爱琴海诸岛的城邦,但后来逐渐扩大,最后的结盟者多达一百五十至一百七十个城邦。成员之一的提洛岛因为位于爱琴海最中央,便成了联盟的总部,历史学家也因此称之为"提洛同盟"(但在古代，这个组织仅仅被称为"希腊人及其盟邦")。各成员国有义务为同盟提供战争所需的船只、木材、谷物与部队。最后，在公元前四四九年，雅典使节卡利亚斯与波斯达成和平协议，协议内容保证了小亚细亚希腊城邦的自由，又禁止波斯在爱琴海任何地方建立总督辖地，甚至禁止波斯船只进入爱琴海[17]。这和约对"提洛同盟"来说固然是个分水岭，但对雅典人来说更加如此，因为自此以后，他们将会朝帝国的方向迈进。

伯里克利毫不迟疑地展开一个他已推迟良久的目标：重建卫城（图26）。和平既已到手，存放于同盟金库的共同基金便不再需要用来支应战争。基于此，伯里克利把五千"他连得"转入"雅典娜的账户"，用以作为实现其愿景的空白支票。根据这个重建计划，一座巨大双扇门——称为"山门"（Propylaia）将会取代卫城原来的西入口，而紧邻其旁的胜利女神雅典娜神庙亦会完全改头换面，以大理石重新包装和加建一圈带有雕刻的矮围墙。与此同时，台地南边的旧帕特农神庙工地和台地北边的旧雅典娜神庙废墟会分别更新为帕特农神庙和厄瑞克透斯神庙。这四座建筑都会动用雪白的彭代利孔大理石，并以让人目眩的大量雕刻加以装饰。总经费将是天文数字。

图26 古典时代至希腊化时代雅典卫城的还原图，果赫斯所绘。

普鲁塔克告诉我们，伯里克利的铺张计划在公民大会引起激烈反对，批评者指控此举是在挥霍城邦的基金[18]。最激烈的反对者之一是基蒙的政治继承人修昔底德（不是史学家修昔底德斯，而是另一同名者）。但伯里克利以高明技巧挡开一切指控，又表示只要容许他在新神庙上铭刻上"伯里克利所建"字样，他就愿自掏腰包，补贴工程款[19]。最后，公民大会同意了他的计划，批准每年拨巨款让计划可以步步推进。计划确实是步步推进，终至创造出历来最巨大、技法最为惊人、装饰最为繁丽和气势最为撼人的神庙（图27）。

伯里克利会得逞，最主要是因为无比敬鬼神的雅典人想要用最铺张的方式荣耀雅典娜，感谢她帮助打败波斯人。由于酬神的基本原则是"愈铺张愈好"，所以帕特农神庙极尽辉煌。一整代雅典人不曾见识过卫城曾有的盛况，所以，全面更新卫城的计划会通过，大概也是因为"波斯战争世代少年"想要留给子女一个不是废墟的卫城，一个不是只凝结着战败苦涩回忆的卫城。是时候为城邦打造一种新叙事，其内容是讲述雅典的胜利和优越，是对它从灰烬中重新崛起奇迹的一个视觉礼赞。雅典拥有达成这目标的一切要素：一位强人领袖、人民的集体意志、一大批天分高的艺术家与工匠、优质大理石的来源，以及高雅品位、乐观精

图27 从西北面看见的帕特农神庙，一九八七年。

神、人力和钱——极多的钱。

帕特农神庙也将成为"提洛同盟"金库的新家,因为伯里克利在公元前四五四/四五三年把同盟的共同基金从提洛岛搬到雅典。前一年,希腊舰队在埃及外海被波斯人大败,伯里克利以此为借口,说把金库迁至雅典会更安全。就这样,"提洛同盟"一瞬间被变成了后人所称的"雅典联盟"。从公元前四六〇年代起,愈来愈多同盟国捐献金钱而非船只,而这些钱现在落入雅典人独自管理。到公元前四五四年,当伯里克利把同盟的金库转移至雅典时,共同基金的净值高达八千"他连得"[20]。同盟国继续有义务每年向共同基金捐献六百"他连得"(大略相当于十七吨的银,约合今日三亿六千万美元)[21]。这笔钱有六十分之一敬献给雅典娜,放在一个由雅典政府控制的特别账户。我们知道,在公元前四三一年,有大约六千"他连得"(一百七十吨银币)存放于卫城,一大部分是放在帕特农神庙。雅典娜的黄金象牙神像事实上扮演着金库的功能(彩图14)。它的袍子镀有四十或四十四"他连得"的实心黄金,重两千三百至两千五百磅。在有需要的时候,雅典政府被容许以借贷方式切下部分黄金,但理论上必须归还[22]。就这样,一笔惊人财富落入了雅典的控制。靠着它,雅典建造出一支傲视同侪的舰队,用来保卫"雅典联盟"。更重要的是,靠着这笔财富,雅典可促进自身利益、扩大国际贸易和把卫城美化至超出一切想象的程度。公民也人人分到大大一杯羹。在这个过程中,雅典发展成为一个帝国,把其他同盟国矮化成了附庸国[23]。

帕特农神庙象征着雅典的无上霸权,让这城邦无时或已的竞胜心态获得大大满足。不过,它也是个不折不扣的保险柜,是存放盟邦进贡财宝之地*。账目铭文见证着一笔不断增加的财富[24]。由金、银、青铜和象牙所造的供品挤满帕特农神庙的室内空间,包括了武器、容器、油灯、盾牌、家具、箱子、篮子、珠宝、乐器、神像和其他送给女神的礼物[25]。这些东西满盈东内殿(铭文称之为"百尺殿")以至西厅(铭文称之为"帕特农")**。建筑于雅典人的思考方式开始被公民宗教(civil religion)、

---

* 译注:希腊神庙的内殿只有祭司等少数人有权进入,主要宗教活动都在户外祭坛进行。

** 译注:帕特农神庙一共只有两个室内空间,一是位于东边的厅间("内殿"),一是位于西边的厅间。

自尊自大和帝国野心攫住的时刻，帕特农神庙不管有多奢侈豪华，仍然被雅典人抱着真诚和敬畏心情视为城邦最高理想和美德的体现。

伯里克利的卫城大计还有另一层目的：让成千上万的劳工长期充分就业。更新卫城的整个计划需要采挖十万吨以上的大理石，七万块大石块需要切割好和运至圣岩，拖到山顶，再由石匠打磨和安放在预定位置[26]。必须修筑道路以通往彭代利孔山新矿场的道路，以及通向其西南约十六公里的雅典。果赫斯还原了采石、切割石块（重可达十三四吨）和把它们运至雅典城中心的过程[27]。索具操作夫和联畜赶车夫会把新采的石头吊上由牛或马拖的轮车或橇，然后花六小时从一条石板路把石头运至雅典。一条新的斜坡道（宽二十米）被建在卫城西坡，以供把物料拖送至山顶。在山顶，有多至两百名工匠处理大理石，多至五十名雕刻师雕琢图案，其他建筑工人和辅助人手更是不计其数[28]。

就这样，所有公民都可以从城邦的财富分到一杯羹。普鲁塔克点算了伯里克利的大计需要用到哪些人：木工、铸工、铜匠、石匠、染匠、金匠、象牙匠、画师、刺绣工、浮雕雕工，以及筹办和运输物料的人员，包括水手、舵手、造车人、养牛人和赶骡人。再来还需要编绳的、织布的、制革的、筑路的、采石的，外加一大群起支持作用的非技术工人。普鲁塔克写道："这些公共工程的各种需要让盈余的财富可以大量分润给各年龄阶层和背景的人。"[29] 雅典公民不只在建造帕特农神庙的十六年间（公元前四四七至前四三二年）受雇，还在建造"山门"（公元前四三七至前四三二年）、厄瑞克透斯神庙（公元前四二一至前四〇五年）、胜利女神雅典娜神庙（公元前四二七至前四〇九年）期间受雇。事实上，拜伯里克利的愿景之赐，雅典的充分就业一直延续至他身故很久之后，即延续至公元前五世纪的最后十年。

账目铭文记录了各种工人的薪资和各种建材的价钱，合计下来，建筑帕特农神庙的总开支是四百六十九"银他连得"（约合今日二亿八千一百万美元）[30]。这笔钱部分由来自拉夫里翁的银矿收入，但大部分是来自雅典自己的保险箱，即各盟邦的贡金。每年一度会选出一个由六名雅典人和一名书吏组成的财政委员会，负责极其烦琐的付款事宜。

账目铭文还告诉我们：帕特农神庙启建于公元前四四七／四四六年；

雅典娜黄金象牙神像及时在公元前四三八年的大泛雅典节之前完成；神庙全部完工于公元前四三三／四三二年（最后的工作是把大于真人的雕像安放到三角楣墙）。就像它之前和之后的许多建筑计划那样，帕特农神庙看来没能按照原定进度完工。不过，屋顶既已就定位，雕像要在五年后安放在三角楣墙上便一点都不难。这些雕像的超优质量证明多花费的时间完全值得（图33）[31]。不管怎样，神庙主体可以只花九年时间便全部完成，不可谓不惊人。雅典的海军技术对这种建筑速度无疑贡献匪浅[32]：张帆和起卸货物所需的船缆、绞盘和滑轮知识轻易就可以转用于拖运和吊起大理石柱石和檐口石块[33]。

从一开始便决定，帕特农神庙要完全用彭代利孔山（雅典自己的山）优质而细颗粒的雪白大理石打造。所以，它从头到脚（从屋顶石板到三阶台座到每一件雕刻装饰）都是同一种石材，是一座完全用雅典物料建成的雅典宏伟建筑。数以万吨计的彭代利孔大理石被运上卫城，再重新创造为一座名副其实的"大理石山"。帕特农神庙将会像彭代利孔山本身一样坚固、耐久和炫目。

古代文献资料称伊克蒂诺斯是神庙的设计者／建筑师，称卡利特瑞特是总包商之类的角色[34]。在神庙竣工后四世纪从事著述的维特鲁威提到卡皮翁其人，说他与伊克蒂诺斯合写了帕特农神庙的工程学手册，暗示他的重要性匪浅。不过，他的名字没出现在其他任何记载中[35]。莫奈西克勒斯是"山门"的建筑师（"山门"与神庙同一年动工）。不过，在构思和执行帕特农神庙建筑计划那支天才团队中，最核心的一位却是菲迪亚斯，他是工程的总监工[36]。

菲迪亚斯看来是画家出身（他哥哥帕奥涅斯也是画家），但未几即专注于雕塑，赢得过一些最丰厚的合约。他的才华早在基蒙执政期间便受到肯定，获选在德尔斐制作纪念雅典马拉松大捷的青铜像组。以波斯战利品的十分之一作为经费，这像组的中心人物是战争英雄米太亚德（基蒙的父亲），两旁站着雅典娜和阿波罗，四周环绕着更多的人物，包括厄瑞克透斯、喀克洛普斯、忒修斯、忒修斯儿子阿卡玛斯和其他名字被用来命名克里斯提尼创造那十个新"部落"的英雄[37]。所以，菲迪亚斯很早便有为厄瑞克透斯造像的经验，而这经验日后将会在他制作帕特农神庙横饰带时有用。基蒙执政期间,菲迪亚斯还为阿哈伊亚城的培林尼造过一尊黄金象牙的雅典娜神像,为其日后制作的"帕德诺斯雅典娜"*黄金象牙像提供了经验。菲迪亚斯的最显眼作品无疑是卫城的雅典娜青铜像。像高约四十米,制作于公元前四七〇年代,资金由掳获自萨拉米斯的波斯战利品挹注。这青铜像(图88)站在卫城之上,目光穿越"山门"直视萨拉米斯岛,据说连远在苏尼翁**的人都可看见雅典娜头盔的羽冠和长矛的矛尖[38]。不过,菲迪亚斯最著名的作品却是被誉为古代世界七大奇观之一的宙斯黄金象牙巨像(供奉于奥林匹亚的宙斯神庙)***。

当帕德诺斯雅典娜神像在公元前四三八年揭幕后,菲迪亚斯受到侵占造像黄金的指控。这是一波倒伯里克利浪潮的一部分,缘起于极端民主制度内部的权力斗争。不多久,伯里克利深爱的米利都情妇阿斯帕齐娅亦被指控渎神[39]。据阿特纳奥斯****引用苏格拉底弟子安提西尼的话所述,在法庭上为阿斯帕齐娅辩护时,伯里克利用尽了力气,涕泗滂沱。不久之后,当局通过一条法令,禁止教导有关"诸天的知识":分明是剑指伯里克利的老师阿那克萨哥拉。伯里克利本人先前也被指控贿赂和侵占,政敌是看见他并未因此被扳倒,才会拿他的亲密圈子开刀。普鲁塔克告诉我们,菲迪亚斯最后要求把女神像的黄金取下秤重,证实毫厘不差,才得以洗雪罪名。但指控者没有因此罢休,另外指控他偷偷把自己和伯里克利的肖像刻在雅典娜盾牌上,画成"亚马逊人战争"的两个雅典士兵[40]。被判罪名成立和逐出雅典,这位伯里克利时代最伟大的雕塑家和帕特农神庙建造工程的总监工至死都背负着污名。

在规划雅典娜的新神庙时,菲迪亚斯及其团队回顾了旧帕特农神庙(启建于公元前四八八年左右,刚开了头便毁于波斯人之手)[41]。它的巨

---

* 译注:"帕德诺斯"这个词与"帕特农"为近亲,意指处子、少女、贞女。
** 译注:苏尼翁位于阿提卡半岛的最南尖端,距雅典六十九公里。
*** 译注:这个神像的制作日期晚于"帕德诺斯雅典娜"。
**** 译注:活跃于一至二世纪的罗马帝国时代作家,生活于埃及的瑙克拉提斯(Naucratis),生平不详,用希腊文写作,留下《欢宴的智者》(*Deipnosophistae*)一书,该书以对话体写成,为后世保留了大量珍贵的风俗和文学资料。

大地基（南边深十一米）将会被用于承载新的神庙。由于地基最顶几层石头受损于火，新神庙的阶状基座（图30）将会用新采的大理石完全包覆。出于节省经费考虑，有些为旧帕特农神庙而切割但仍躺在彭代利孔山采矿场或卫城山顶的石块被重新使用[42]。一些学者估计，利用旧材料让帕特农神庙省下四分之一的总经费。为了让回收再利用成为可能，新神庙基座"顶阶"的高度、通向内殿台阶的高度和柱廊列柱的直径都依循旧神庙规格[43]。

不过，两者的格局仍有许多不同。新神庙的足迹向北延伸（图28），让它比它的前身较宽又较短，面积变成是三十点八〇米乘六十九点五一米。为配合多出来的宽度，立面增加了两根立柱，形成了一个八柱柱列，不再是前后端各六根和两侧各十七根[44]。这个新比例让内殿变得更宽敞，目的无疑是为容纳菲迪亚斯雕刻的雅典娜巨像[45]。因此，帕特农神庙的柱列一共是四十六根立柱构成，前方与后方立柱之间的空间以金属格栅和栅门围起，以保护殿内财宝。立面柱列的后方另有一排六根的立柱，而这种安排与公元前六世纪东希腊的一些爱奥尼亚圣所相似，曾见于萨摩斯、以弗所和迪迪姆的双柱廊巨大神庙[46]。这个创新有违多立克式神庙法式，因为后者只有单一圈柱廊围绕内殿。事实上，帕特农神庙整体来说虽是多立克风格，却加入了不少爱奥尼亚元

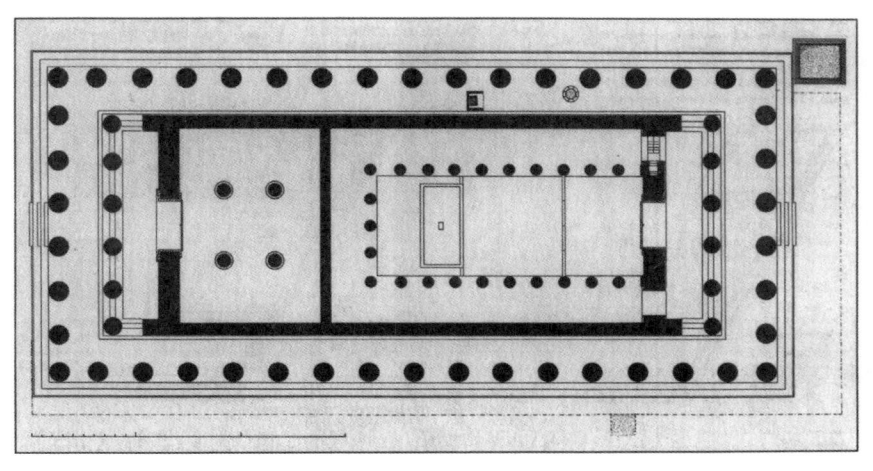

图28 帕特农神庙平面蓝图（小型神龛和祭坛位于北柱廊），虚线部分为旧帕特农神庙的范围。果赫斯绘图。

素。除上述的双重柱列外，爱奥尼亚元素还表现在：多立克横饰带*顶部的珠链状花边、围绕内殿外墙最上方一圈连续叙事的爱奥尼亚横饰带，以及西厅里四个爱奥尼亚柱基（可能是用来插放早期的科林斯式立柱）（图90）[47]。

把基座向北拓宽五米还带来另一个后果：让帕特农神庙与先前另一座神庙的范围重叠。出于对这个旧圣地的尊敬，一个"小神龛"盖在了帕特农神庙北柱廊里面，用以标示出其位置（图28、图29）。果赫斯找到证据证明，"小神龛"是位于（从东端算起）第七和第八根立柱之间，而且另有一个圆形祭坛位于第五和第六根立柱之间[48]。圆形祭坛的存在反映出，旧神庙的献祭仪式继续在其新化身里进行。有意思的是，"小神龛"的轴线是对齐于旧帕特农神庙的轴线，不是对齐于新帕特农神庙微微偏斜了的轴线。我们会在第六章回头谈这个小神龛。就目前，我们只需知道，造庙者刻意保存这个特别神圣地点的连续性。

图29　北柱廊、小型神龛和祭坛的还原图。果赫斯所绘。

---

* 译注：指由三槽板和柱间壁相间构成的叙事，由于三槽板没有图画，只有三条凸槽，故多立克横饰带（有别于爱奥尼亚横饰带）是一种"不连续"叙事。

新神庙的另一个参考对象是奥林匹亚的宙斯神庙。竣工于公元前四五六年，宙斯神庙是同时代希腊神庙中最大一座[49]。雅典的建筑师很自然会望向它，想要胜过它。帕特农神庙外立柱的高度和宙斯神庙一模一样（十点四三米），不过，因为帕特农神庙要更宽（宙斯神庙的立面只有六根立柱），加上使用大理石而不是石灰石，让它的壮丽程度远远超越前者。

新帕特农神庙的平面格局与它的前身基本一样：一个大厅位于东端（前方），西端是一个完全与之分隔开来的较小厅堂（图28）。公元前四三四/四三三年的账目铭文把东面的内殿称为"百尺殿"，而前面提过，那座带有蓝胡子三角楣墙的公元前六世纪神庙也是被如此称呼（它有可能就是坐落在帕特农神庙同一地点）[50]。内殿大门两边各开一扇窗，让额外的阳光可以洒落在雅典娜的黄金象牙神像。神像前方的地面微微下凹，说不定原是个浅水池，作用是让空气湿润（太干燥的话神像的象牙部分容易裂开）。它还可以把从东窗照进的阳光反射到神像，使之更容光焕发。东内殿以一个优雅的方法支撑屋顶：运用两层柱廊。这既符合多立克式比例的规范（它不容许使用细长的立柱），同时又可在神像的两边和背后形成一种透明的、屏幕似的氛围（彩图14）。此举除了让神像显得更大，也大大增加内殿的神秘感[51]。

与东厅相比，神庙的西厅要小得多，面积只有十三点三七米乘十九点一七米，南北向的宽度要大于东西向。公元前五世纪的账目铭文称之为"帕特农"，字面意思是"少女们的处所"，其真义我们会留待适当时间披露[52]。它的屋顶由四根修长立柱支撑。从柱基的轮廓观之，这些立柱不是多立克式而是典型的阿提卡爱奥尼亚柱式。改用这种柱式实属必需，因为西厅的天花板要高于柱廊的柱列，如果使用较粗短的多立克式立柱，立柱便会大得让人受不了。运用两层柱廊当然也是一个办法，但西厅不像内殿那样有此必要。所以，另一个创新的方法便被想了出来：引入修长的爱奥尼亚式立柱。佩特森甚至进一步主张，这些立柱的柱头乃是科林斯柱式的前身。有关这一点，我们会留待后面讨论[53]。

帕特农神庙建筑师和工程师的最大自我超越大概是在精炼视觉效果时

精益求精，将其提升至高级艺术的境界。雅典造庙者早知道巨大神庙会让人产生视错觉，并谋求补救之道。例如，如果任由顶阶、底阶或楣梁保持一直线，它们看起来就会像是微微下凹。一个修补错觉的方法是使所有水平平面向中心点微微弓起[54]。所以，帕特农神庙的四边都看得见弯起的表面和线条。例如，基座两侧石阶的中心部分便比两端弓起六点七五厘米（图30）。同样地，楣梁的水平线也是在中央处弓起。执行这种微调的技术老练程度让人叹为观止。细细

图30 微微弓起的帕特农神庙北基座（译者按：图中的基座称为"阶状基座"，最上一阶称为"顶阶"，下面两阶称为"底阶"）。

观察的话还会发现这种手法被别具巧思地结合于颠倒的不对称和曲率的微微递减，全都是花费极大力气达成，不着痕迹又极尽赏心悦目之能事。

早早便有人指出过，帕特农神庙几乎不存在直线。首先，它坐落的地基便是两边翘起：东端翘起三厘米，西端翘起五厘米[55]。这样，在从"山门"进入卫城的人眼中，神庙的西立面会更显恢弘（图27）。另外，帕特农神庙的边墙都是微微向内倾斜，同样情形也见于列柱廊的四十六根立柱。事实上，如果让两侧的立柱向天空延伸，它们将会在基座上方的二点五公里之处交会[56]。当我们望向檐部和它的多立克横饰带，会看见柱间壁微微外斜而三槽板微微内斜。就这样，透过弓起、翘起、内斜、外倾等各种手法，帕特农神庙从头到脚都散发着一种和谐与平衡感。

神庙的柱廊缩影着"柱梁结构系统"对古典建筑的影响。不过，为了追求视觉效果，建筑师一样对"柱梁结构系统"做出了不着痕迹的微调。每根立柱都是从下往上收窄，基部要宽于顶部。与此同时，立柱的

中间部位会微微鼓起。这种手法称为"卷杀"（或称收分曲线），是要摹状凸起的肌肉，让立柱看似是承重中的二头肌。另外，位于神庙四角的立柱要比其他立柱略粗，以给神庙两侧制造出一种格外坚固的感觉。类似地，立面左右最后两根立柱的距离短于其他立柱的距离。这种技巧称为角落收缩，可以让倒数第二根立柱直接承在三槽板下面。但如此一来，角落的三槽板便不是对准角落的立柱而是对准檐部的角落。神庙建造者会采取这种退而求其次的做法，被认为是因为无法忍受把半块柱间壁放在最角落*。

这些处心积虑的差异和变化复受到一个以"四比九"比例为基础的复杂系统所指导，神庙也因之被整合为一个统一整体[57]。该比例系统被遵守至让人吃惊的程度：它规定了立柱和檐部高度与顶阶宽度之间的比例，规定了立柱最小直径与立柱之间轴向距离的比例，规定了"顶阶"宽度与"顶阶"长度的比例。最后得出的结果便是一个轻快、雄浑的整体，让帕特农神庙就像是活的有机体，会在它承托的彭代利孔大理石下面呼吸和伸展肌肉。美国新艺术派建筑家弗拉格把这些比例所创造的效果比作听觉上的和谐："听者也许会完全不知道所使用的方法，却会被结果迷住。类似地，和谐尺寸的观察者也可能会忽略它们的存在却照样被俘虏。"[58]

要是没有极高明技术能力和极大耐心，这种视觉完美性不可能达成。包括给立柱刻凹槽、雕琢浮雕和磨光滑石头表面在内，帕特农神庙每块石块的加工都是现场完成。利用砂纸板，工匠可毫厘不差地把石头表面打磨至二十分之一毫米粗细，让石块彼此可近乎无缝地贴合在一起。光阴的力量让这种完美的整体性更趋完美。果赫斯最让人称奇的发现之一便是，在大石块向彼此施压了二十多个世纪之后，大理石颗粒已从一个板块融合到下一个板块，形成一整块结实的石头。果赫斯称这种现象为

---

* 译注：作者这里谈到的问题有点复杂。首先要知道两件事：希腊的建筑师一律是在立面横饰带的两端放入三槽板（而非柱间壁），又喜欢让三槽板与其下方的立柱（有立柱的话）对准。但角落三槽板如果是对准下方的立柱，则倒数第二根立柱势必无法对准上方的三槽板。"角落收缩"可解决后一问题，但这样一来，便变成角落三槽板无法完全对准下方的立柱。如果把角落三槽板代以半块柱间壁，上述问题便可全部解决。但有些论者认为，这是希腊建筑师（出于某种非建筑学理由）无法忍受的做法。

"蛇化"，因为在大理石晶状结构里，个别颗粒已经变形为波浪状线条[59]。他有机会观察到这点，是因为一九八一年一场地震把神庙阶状基座的石块震开了一点点，让他窥见基台的核心处。他看到的景象煞是惊人：所有石块全都无缝地融合在一起。这让帕特农神庙是重建的彭代利孔山之说更具说服力。

不过，在帕特农神庙引入的各种创新中，最让人印象深刻的还是它的雕刻装饰极其丰富，让人目不暇接。之前从未有过这样的尝试：两面巨型而装饰繁缛的三角楣墙，每面放满几十个人物；一圈多立克式横饰带（共九十二块柱间壁）环绕神庙整个外部一周（这是创举）；下面是环绕内殿外墙高处一圈的连续叙事横饰带，长度为让人瞠目结舌的一百六十米。这种装饰上的铺张华丽与证明雅典至高无上的目标完全一致。更重要的是，就像古风时代卫城的大型神庙那样，帕特农神庙的雕刻是深深沉浸在族谱叙事里，目光比从之前任何时候都要望向更古的神话远古。在一个没有圣书或媒体的时代，这个在卫城竖起的超大"广告牌"恒常提醒雅典人他们是谁，来自何处。正是向历史层面的挖掘让雅典的视觉艺术对雅典人的心灵有如此大的影响力。若不能理解这些雕刻所述说的故事，我们就顶多只能欣赏它们的形式完美，而无从一窥神庙的终极意义。

帕特农神庙东三角楣墙讲述了雅典人世系史的最开端：雅典娜的诞生，时为赫西俄德笔下的黄金时代。与此相辅相成，西三角楣墙讲述了雅典本身的诞生，即雅典娜和波塞冬为争夺雅典守护权所做的较量。这事件的年代被设定在第一青铜时代喀克洛普斯国王在位之时。就在雅典娜诞生画面的下方，我们看见了诸神与巨人的大战。东立面既是神庙的主立面或说"正面"，其三角楣墙和柱间壁会出现大量神祇乃是理所当然。西侧和南侧柱间壁上演时代要略晚（即第二青铜时代）的故事，分别讲述雅典最伟大的英雄忒修斯大战亚马逊人和大战马人。最后，在北柱间壁，晚期青铜时代最后果重大的"分界性事件"即特洛伊战争被娓娓道来。这史诗对雅典人来说是神话时代与真正历史时代的终极界标。

保萨尼亚斯在帕特农神庙落成的六百年后曾到此一游。他赞叹两面三角楣墙上的雕刻和内殿的雅典娜巨像，却没提柱间壁，它们是神庙最先完成的雕刻性装饰。之前从不曾有过希腊神庙是整座殿宇外头围绕一圈柱间壁*（大略正方形的图板，每两块柱间壁之间会有一块三槽板）。要做到这一点，意味着帕特农神庙（历来最大一座多立克式神庙）东、西两面共需十四块图板，南、北两面共需三十二块图板。以帕特农神庙这么挑剔的建筑来说，有一件事大概会让人意外：其柱间壁在风格和雕刻功力上表现出极大参差，反映的大概是负责其事的艺术家与学徒人数众多。老一辈雕刻师（受公元前四七〇至前四五〇年代的所谓"严肃风格"洗礼）也许会把奥林匹亚宙斯神庙的雕刻奉为楷模，但年轻一辈的雕刻师却倾向于向前看，从事各种形式和构图的实验，创造出后来所谓的全盛古典风格。所以，在帕特农神庙的柱间壁中，某些人物的雄浑与另一些人物的笨拙形成显著反差。这现象在南柱间壁（刻画拉庇泰人与马人的战争）特别显著：它们的手法和功力极不整齐（图32）。

果赫斯对神庙东北角落的还原显示出造庙者把雕刻与建筑架构整合得多么天衣无缝。在这幅还原图中（图31），我们看见一个有翼的胜利女神降落在檐角上，以此标志帕特农神庙是一座胜利纪念碑（这个角色我们稍后会再谈）。四个分别"盘旋"在四个檐角的胜利女神能带来何种效果不难想象：让一座牢牢碇在地里的建筑变得有动感（与此同时，三角楣墙的尖端擎着一个毛叶造型的花卉顶端饰。彩图12）。紧接胜利女神下方是一个狮头喷水口（用于排出檐槽雨水），每逢雨天，它想必把更大动感和活力感带给神庙[60]。三角楣墙的狭窄角落处突出着四个精力充沛的马头，它们鼻孔张开，嘴巴张开，正在与马嚼子拉扯。它们拉着的是塞勒涅（即月神）的马车。再下面是一块柱间壁，刻画赫利俄斯（即太阳神）驾着他的四马马车从海底深处冒出，朝相反方向而去。在右下方，两尾小鱼纵跳于波浪之间，左边是一只划过水面的小鸭子。鲜艳彩色颜料和青铜附件当初想必让这个人物众多的小宇宙更加生气勃勃。凭常理推断，赫利俄斯的四牡本来应该是插着金属翅膀，并由青铜马具套到马车。赫利俄斯本人也应该是戴着青铜日冕，并有一个象征太阳的圆碟子悬在他上方[61]。

---

* 译注：之前柱间壁只会出现在两个立面。编注：又译排档间饰。此类建筑部位可见图46。

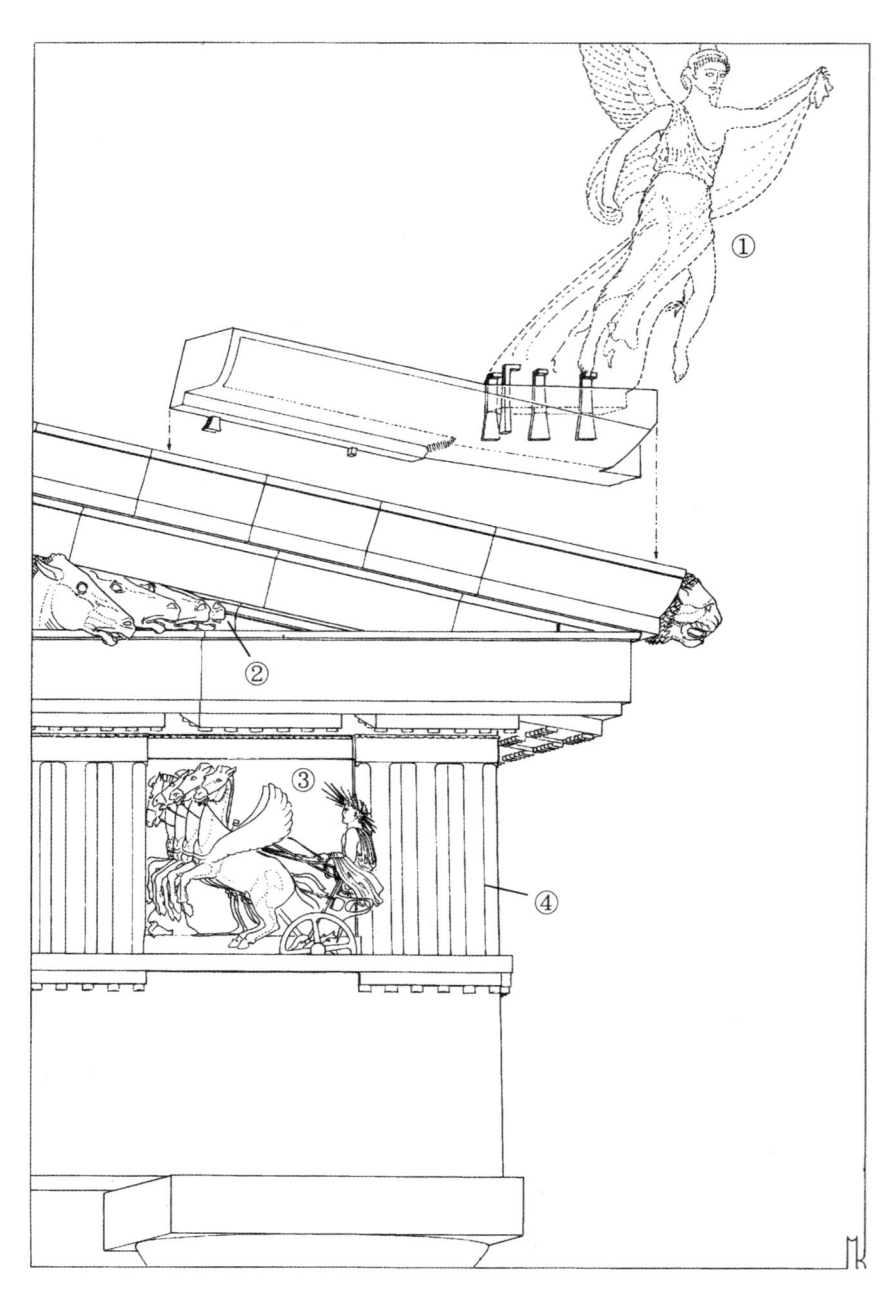

图 31　帕特农神庙东北檐口的还原图，显示出①胜利女神顶端饰、②三角楣墙中塞勒涅的拉车马，以及③赫利俄斯柱间壁。果赫斯绘图。（编注：三槽板见④）

太阳神的出现标志着一天的破晓和"巨人战争"开打在即。诸神和巨人相搏的情景可见于同一个立面的其他十三块图板，但这些东柱间壁的保存情况极差，只有所剩无几的轮廓依稀可辨。不过，我们还是可以认出赫耳墨斯、狄奥尼索斯、战神阿瑞斯、雅典娜、厄洛斯、宙斯、波塞冬和其他奥林匹亚诸神祇——他们与致命巨人对决的故事早已在公元前六世纪之末被旧雅典娜神庙讴歌过（图18）。

南面柱间壁呈现神话时代较后期的冲突，讲述雅典英雄忒修斯帮助朋友珀里托厄斯（拉庇泰人的王）剪除马人一事。半人半马的马人是拉庇泰人邻居，他们在珀里托厄斯的婚礼上喝得烂醉，开始闹事，攻击新娘新郎和其他想要维护新娘名誉的拉庇泰男人。这"分界性事件"是希腊神庙雕刻的热门主题，二十年前曾在奥林匹亚宙斯神庙的西三角楣墙上演。就像是发生在更早期的"巨人战争"和"泰坦战争"那样，"马人战争"具有隐喻作用，象征着文明战胜野蛮，秩序战胜混乱[62]。在帕特农神庙的柱间壁里，与野蛮的马人作战的希腊人挥着剑和匕首，前者则用水罐、烤肉叉子、赤手空拳和马蹄还击。鲜艳的颜料和形形色色的青铜附件（头盔、王冠和武器）让整个画面更加血肉饱满。

我们能知道南柱间壁的内容，主要是努万达侯爵奥列尔的功劳，他是一六七〇至一六七九年间法国驻奥斯曼宫廷大使。一六七四年第一次造访卫城期间，奥列尔吩咐手下画师把这些柱间壁和帕特农神庙其他雕刻绘画下来。才十一年后，威尼斯人的大炮便把神庙炸得四分五裂，摧毁了大部分侯爵看到过的东西。图画是画师站在地面高度用蜡笔一丝不苟画成，一般都认为是出于佛兰德斯艺术家卡雷手笔。事实上，该画师的身份已不可考，很多学者宁愿称他为"努万达画师"或"努万达无名氏"[63]。

如果把这批十七世纪图画与残存南柱间壁（除西南角落一块外全去了大英博物馆）的照片整合起来，它们手法和主题的参差便变得更明显（图32）[64]。最东边几块（编号29—32）在人物关系的处理上手法拙劣。画面中的希腊战士姿势僵硬，缺乏和谐与优雅：例如，他们其中一个单脚跳起来，一个面朝观众，一个向马人胸口打出不痛不痒的一拳，还有一个则疑似在拉扯马人耳朵。那些马人同样让人不敢恭维：一个笨手笨脚的马人抓走一个同样笨手笨脚的拉庇泰女人，一个扯头发，一个

伯里克利时代的盛世：帕特农时刻及其消逝　129

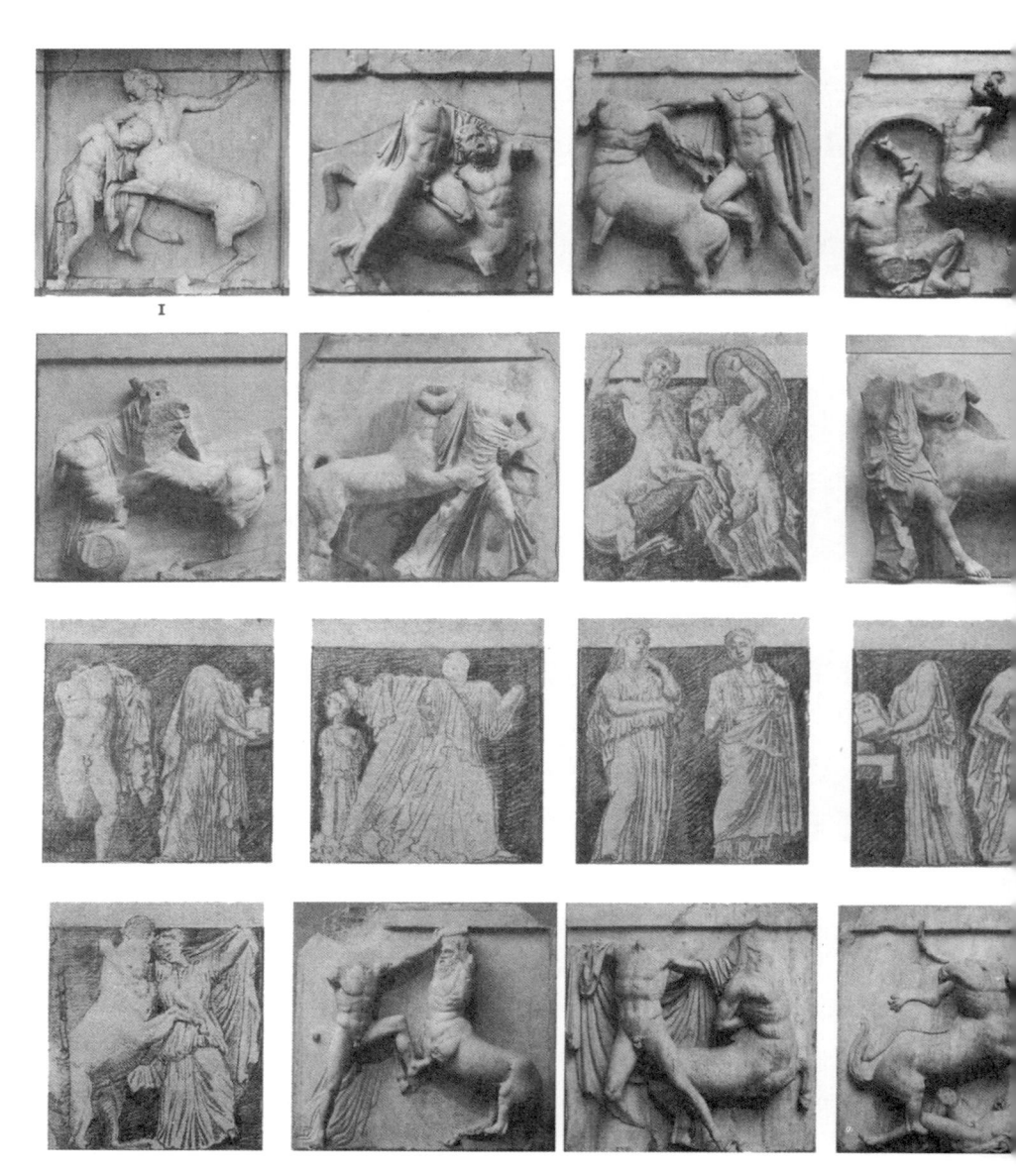

图 32 拉庇泰人与马人之战,见于帕特农神庙南柱间壁。

伯里克利时代的盛世：帕特农时刻及其消逝　131

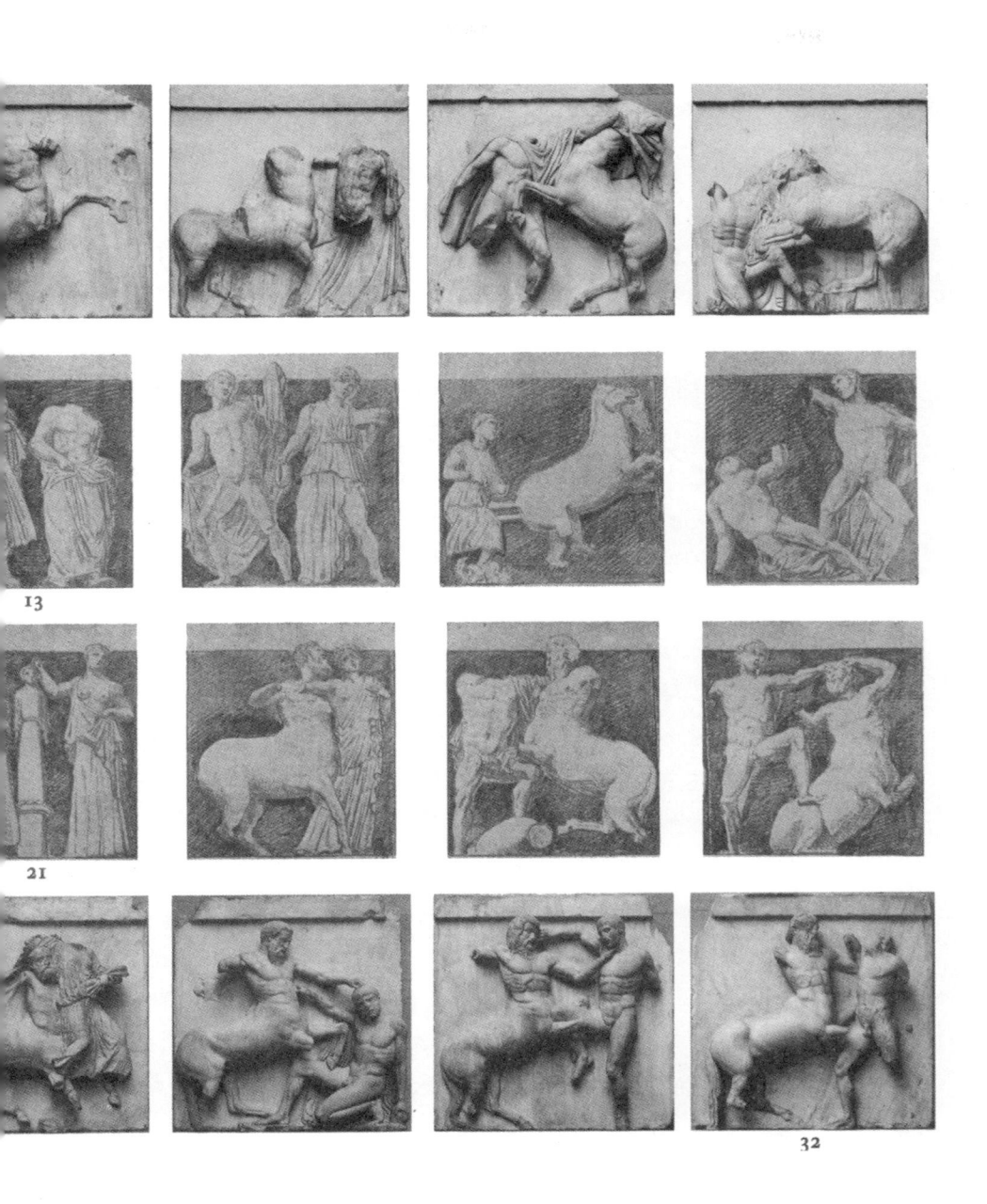

马人掐一个拉庇泰男人的脖子。但如果我们把目光转往邻接的两块柱间壁（编号28），会看见截然不同的老练和技法高度，其中的人物姿态优雅，且彼此构成一个和谐的画面。就连画面中的马人看起来也是风度高贵。这种风格和执行力的落差让一些学者相信，"老派"柱间壁原是为一栋更早期的神庙雕刻，后被回收再利用于帕特农神庙。如卡本特便力主，那些"落后于时代"的柱间壁是为基蒙的帕特农神庙制作，该神庙是在公元前四六〇年代筹建，但计划从未实现（某些南柱间壁与奥林匹亚宙斯神庙雕刻装饰相似的现象由此可以得到解释）[65]。卡本特和其他人又指出，有超过一半以上的南柱间壁都有一边或两边经过裁切，变得比原来窄五厘米。事实上，有四块柱间壁的边边甚至被剪裁过甚，让两个马人的尾巴、一个拉庇泰人的衣服和其他浮雕细部被切掉。凡此皆显示有些南柱间壁曾被削足适履，以便符合多立克横饰带的规定尺寸。

还有一个让人困惑的问题。中间部分的九块柱间壁（编号13—21）完全不见马人踪影（我们全靠"努万达图画"才得知其内容）（图32）。它们或刻画两个女人托庇于一尊神像，或刻画（疑似）驾着马车的赫利俄斯，或刻画两个女人伴着什么家具（织布机或床之类），或刻画正在跳舞的人物，总之都是一些与"马人战争"兜不在一块的画面。对此，学者有不同猜测，有些主张它们是描写马人醉酒闹事前的事情，有些主张它们属于与"马人战争"完全无关的主题，比方代达罗斯的神话[66]。

这一切意味着帕特农神庙的设计和装潢在建筑过程中经过好些更动。果赫斯现已证实，柱廊里的爱奥尼亚横饰带原定是把前门廊涵盖进来。他重提德普费尔德的观点：这条横饰带原是要采取多立克风格（即由三槽板与柱间壁相间构成）[67]。从见于内横饰带*下方的露珠图案镶边（它们前此一贯是置于三槽板下方）显示，制作多立克横饰带的准备工作已经启动，但出于不明理由，横饰带改采爱奥尼亚风格。这种观点一直受到挑战，但清楚的是，神庙的设计在建筑过程中有过好些更动，而这大概是民主制度的人多口杂致之[68]。帕特农神庙断然不是某个天才一人的愿景，而是历经公民大会的讨论和辩论（原因起码是每笔开支都要公民大会批准）。但不管内横饰带本来是否计划采多立克风格，它本身都值得我们密切注意（它

---

* 译注：指位于柱廊内的横饰带，以区别于柱廊外部的横饰带。

是那么有名，乃至大家现在提到它时都径称之为"帕特农横饰带"*）。因为正如我们会在下面几章看到的，这横饰带虽极有资格号称希腊艺术的最高杰作，其意义却始终朦胧隐晦。事实上，它讲述的是所有帕特农叙事中最让人瞠目结舌的故事，并寄寓着神庙的终极意义。

西柱间壁毁损严重，内容仅依稀可辨，记载着忒修斯的另一项功勋：率领希腊人打败亚马逊人。这冲突肇因于忒修斯诱拐亚马逊女王安提娥珀，把她从安纳托利亚中北部带至雅典，与之成婚。她的女战士族人大感愤怒，从黑海东南角落兴师问罪，远征雅典。根据某些记载，亚马逊人（就像真实历史中的波斯人那样）先在战神丘扎营，然后对卫城展开包围。西柱间壁显示骑马的亚马逊人愤怒地攻击（和杀死）希腊人[69]。不过，怪里怪气的"他者"这一次照样是被文明的雅典人打败——其为隐喻雅典人战胜波斯人之伟绩昭然若揭。

北柱间壁呈现另一场对东方异族的大胜，该战争也是青铜时代之末最重要的"分界性事件"：特洛伊战争。再一次，就像在东立面最右角落所见的那样，我们看见赫利俄斯驾着他的马车，在最东一块柱间壁出现（那里是帕特农神庙会被第一道日光照到之处）。北柱间壁破损严重，但我们还是可以辨识出在特洛伊城陷落当晚依次发生的事件：月亮骑着她的马落入海中；一些站在船尾的男人；斯巴达国王麦尼劳斯拔出剑，向他不忠的妻子海伦走去，而她则托庇于雅典娜的神像；阿弗洛狄忒（一个小爱神站她肩上）劝说麦尼劳斯饶过妻子；安喀塞斯、埃涅阿斯和阿斯卡尼斯逃出特洛伊。雅典娜、宙斯和其他奥林匹亚神祇亦有亮相。

要不是保萨尼亚斯指出过东三角楣墙是描写雅典娜的诞生，我们准无法从残存的部分猜测到这个。这三角楣墙大部分已被撬掉，最早的拆毁是发生在公元五世纪神庙被改造为基督教堂之时。当时，为增建一个半圆形后殿，东立面中间部位的三角楣墙和横饰带必须移走（图122）。"努万达画师"的图画显示，在十七世纪，东三角楣墙只剩下位于两个角落的群像（彩图9）。它们日后将会被埃尔金斯带走，然而留下了一个女像（疑是赫拉）和一个男性身躯（疑是黑淮斯托斯），两者在卫城的乱石堆中被发现。

---

* 译注：这种说法等于是把外横饰带忽略不计。

东三角楣墙以两组马车像组为框架，一是太阳（赫利俄斯）在南面角落驾着四马马车从海底冒出，一是下沉月亮（塞勒涅）在北面角落策着她的几匹马驰入海中。这两组拟人画面有力地架构雅典娜的诞生，设定在赫西俄德笔下的黄金时代。赫利俄斯的上半身和他四马的马头从波涛汹涌的海面冒出，滔滔海浪见于底座顶部。这画面让人具体感受到《献给雅典娜的第一首荷马体颂诗》对女神诞生情景的描述："炬眼者［雅典娜］的力量让雄伟的奥林匹斯山剧烈震动。大地发出恐怖回响，大海翻腾，波浪滔天。突然，天地一片静止，许珀里翁的杰出儿子［赫利俄斯］亦停住其疾足骏马，直至看见少女帕拉斯·雅典娜把她的铠甲从她不朽的双肩脱下。英明的宙斯龙颜大悦。"[70]

天体在帕特农神庙雕刻里占有的显著地位让人印象深刻。我们前面看到过赫利俄斯出现在东立面的"巨人战争"柱间壁，也看到赫利俄斯和塞勒涅出现在北柱间壁以标志特洛伊陷落当天。现在，在巨大的东三角楣墙上，日月之神再次成双出现。事实上，我们还会在内殿雅典娜神像的底座再看见他们一次（彩图14）[71]。太阳与月亮的多次出现强化了一种业已见于古风时代的宇宙意识：天界与地界在城邦最伟大的神话叙事里是统一的。

东三角楣墙的正中央理应是雅典娜诞生的高潮时刻，但这个部分已永远失去（彩图9）。对于它的构图，我们或许能从《献给雅典娜的第一首荷马体颂诗》获得线索："我要为帕拉斯·雅典娜歌唱，她目光如炬、足智多谋、意志坚决，是纯洁的处女之神、城邦的守护者、英勇的'妥里托革尼亚'*，是英明的宙斯亲生，一出生便身披金光闪闪战袍。看着她手持长矛从尊贵的头颅迸出，跳落到骑羊者宙斯的面前，众神无不惊叹。"[72]雅典娜诞生的画面虽常见于公元前六世纪和前五世纪的陶瓶绘画，却从未出现在帕特农神庙之前的神庙雕刻。参照陶瓶绘画，我们也许可以把东三角的构图想象如下：画面正中央是坐在宝座上的宙斯和全副戎装且完全长大的雅典娜。宙斯左边是手执斧头的黑淮斯托斯（是他挥斧劈向宙斯的抽搐头颅让女神可以诞生）。在场的其他神祇大概包括波塞冬、赫耳墨斯和赫拉，少不了的当然还有厄勒提娅姊妹两人或其中之一，因为这对女神一贯会在"临盆"的场合帮忙。多年以来对东三角楣墙的

---

* 译注：雅典娜的外号之一，见第二章。

中央构图有很多猜测，但我们就是不可能有肯定结论[73]。

除位于最角落的太阳马车和月亮马车（彩图9）之外，东三角楣墙只剩南边四个人物和北边三个人物。位于赫利俄斯右边那个斜倚男人的身份可从他坐在哪种猫科动物的毛皮加以判断：如果是豹皮，他便是狄奥尼索斯；如果是狮子皮，他便是海克力士。两人在希腊艺术中都常以饮宴者的卧坐姿势出现，而两人也常常是举着一只酒杯（东三角楣墙上的人物正是如此）。他的视线不是望向中央场景而是望向卫城南坡的狄奥尼索斯剧场，大部分诠释者以此认定他是剧场之神。所以，他虽然出席雅典娜的诞生，却心不在焉，只顾眺望自己的被祭祀处。

狄奥尼索斯还背对着女神德美特和科蕊母女，她们坐着的箱子显然是代表"基士大"，即厄琉息斯秘仪中用来放"圣物"的箱子。坐左边的科蕊（人物E）一只手扭着她妈妈（人物F）的肩膀。在她们右边，一位女神（人物G）双手高举，匆匆向着中央场景走去。她有可能是赫卡忒，即夜之女神，高举的双手原是持着火把。这个解释可让三角楣墙南角落的三个女人构成一个相关群组：阴间神的群组。

在三角楣墙北边，我们也找到一个类似的三女性群组：其中一人（人物M）姿态撩人，靠卧在一个同伴（人物L）身上，被后者从背后抱住（图33、彩图9）。这两个人物用同一块大理石刻出，同坐（卧）在一张矮睡椅上。难怪那个肉感女子一直都被认定为最催情的一位女神：阿弗洛狄忒。薄如蝉翼的衣料显露出她丰满的胴体，涟漪般勾勒出她隆起的双乳和腹部。女神的羊毛长袍滑落，裸露出柔嫩的右肩，透明衣料让她双乳乳晕显露无遗。

学者长久以来都对阿弗洛狄忒身旁两个同伴是谁争论不休。大部分人认为，坐她后面被她靠住的女人（人物L）是她妈妈狄娥涅，但其他人则认为那是阿耳忒弥斯或说服女神佩托，又或者是正义女神提蜜丝、四季女神（荷赖）之一或赫丝珀里德丝姊妹之一。在那一对女人正后面坐在岩石上的女人（人物L）被认为是女灶神赫斯提娅或勒托，又或者是阿耳忒弥斯、四季女神（荷赖）之一或赫丝珀里德丝姊妹之一。这种意见纷纭现象容易使我们无从判定她们到底是谁[74]。不管怎样，在所有可能的候选者中，几乎没有一个是高阶的奥林匹亚神明。

图33 东三角楣墙一景：一个姿态撩人的女人（人物 M）斜躺在一张矮睡椅上，受到两个女人（人物 L 和人物 K）照顾。

必须承认，西边三个女性所形成的构图很怪。在这之前，阿弗洛狄忒从未被刻画成靠在另一个女人的怀抱里——不只没有先例，也没有后例。那张矮睡椅在许多方面都会让人联想到见于塞浦路斯石雕和阿提卡墓穴浮雕的产床[75]。从后面照顾阿弗洛狄忒的人似乎是采取一种标准的接生妇姿势。所以，我们未尝不可以把她和另一个女人诠释为接生女神厄勒提娅姊妹。她们有一个外号"推迟（临盆）者"，以及另一个外号"加快（临盆）者"，一贯会出现在雅典娜诞生的画面。所以，我们也许可以大胆假定（当然是无凭无据），那个"阿弗洛狄忒"其实是宙斯配偶和雅典娜妈妈墨蒂丝。雅典娜虽然不是由她亲自生下，但在族谱叙事中仍有必要记她一笔，以说明智慧女神的慧黠是遗传自谁[76]。

在帕特农神庙的西立面，共有二十五个比真人还大的人物充满它的三角楣墙。他们也是朝圣者进入圣域后第一眼会看见的物事（彩图10）。这个第一印象以宏大规模展示出雅典人的共同根源（他们的优越也是基于这个根源）。西三楣角墙重演了远古时期雅典娜与波塞冬为争夺雅典守护权的对抗，这一情形被认为曾为青铜时代的雅典王室家族所见证。西三角楣墙在一六八七年被威尼斯人炮火严重破坏，翌年又受到另一次破坏：威尼斯人统帅莫罗西尼企图把雅典娜和波塞冬的塑像拆下来，但却失败，摔碎了一地。一个多世纪之后，埃尔金斯伯爵捡起并带走这些碎块的其中一些，运回英国。然而，其他小碎块则继续躺卧在卫城，时至今日，雅典娜和波塞冬巨像的碎块仍然被拆散，分处伦敦的大英博物馆和雅典的卫城博物馆。

我们很难想象任何纪念雅典娜技胜波塞冬的构图会比西三角楣墙中央的一幅更扣人心弦，它刻画的是两神相斗的白热化时刻[77]。拜"努万达画师"和摹画当时情形的陶瓶绘画之赐，我们对这 V 形的动态画面知之甚详*[78]。雅典娜的马车由胜利女神驾驶（这预示着雅典娜会得胜），而为波塞冬驱车的是一个女性人物，想必就是其妻海仙女安菲特里特[79]。雅典娜右手举起，作势要把长矛刺入卫城岩石，好让她的橄榄树从刺穿处长出来。虽然西三角楣墙的碎块里找不到橄榄树浮雕，公元前四世纪的陶瓶绘画却显示有一棵橄榄树在雅典娜与波塞冬之间发芽生长[80]。接着海神也把他的三叉戟刺入基岩。至于三角楣墙有没有海水泉涌出或是波塞冬大怒之下发动地震和洪水的情节，则不得而知。但显然，这幅雷霆万钧的中央构图必然会引起任何进入卫城者的注目。

雅典娜与波塞冬对抗的遗物不仅仅见于文献记载，在卫城中也有遗存[81]。阿波罗多洛斯告诉我们，雅典娜在潘朵洛索斯神祠种下她的橄榄树，而这神祠就在厄瑞克透斯神庙的旁边（图34）[82]。他又记载，波斯

图34 从西面看到的厄瑞克透斯神庙。照片中的"雅典娜橄榄树"由雅典美国古典研究学院在一九五二年种植。©Robert A. McCabe, 1954–1955.

---

* 译注：这里所谓的"V形"画面，是因为雅典娜手持的长矛和波塞冬手持的三叉戟构成一个 V 字形。

人洗劫卫城翌日，雅典娜橄榄树吐了一根四尺长的新枝，预示着雅典将会获得重生。千百年来，入侵的敌人一再想砍掉这棵树，但总有一根小枝可以拯救回来，重新栽种。原树的芽被带到"学院"，种在从此献给雅典娜的小树林里。后来，从它们取得的橄榄油又成为泛雅典节运动会优胜者的奖品。

保萨尼亚斯听说，每逢南风吹起，波塞冬的礼物就会在厄瑞克透斯神庙地下的蓄水池里呼啸作响。这位旅行家亲眼看过波塞冬用三叉戟在卫城岩石上刺出的三个孔（斯特拉波也说自己看过）[83]。今天，在厄瑞克透斯神庙的北门廊，从一个故意在地板上切开的开口，可以看见下方岩床上有三个凹入处[84]。开口正上方的天花板处，有一扇打穿镶板形成的"天窗"（图35）。这是故意要让波塞冬三叉戟的飞行轨迹保持完整，为了证明（一如保萨尼亚斯所说）"波塞冬对这片土地的所有权主张站得住脚"[85]。

图35　厄瑞克透斯神庙北门廊天花板上的天窗，雅典卫城。

把目光转回到西三角楣墙，我们看见神使赫耳墨斯和艾瑞丝分别站在雅典娜和波塞冬后面，向他们报告裁判的判决。艾瑞丝是彩虹女神，三角楣墙上的她理应双脚微微离地飘浮着，薄如蝉翼的衣服被风吹拂着，让她妩媚胴体的丰满曲线显露无遗。她是转瞬即逝彩虹的本质，是见证着雅典起源的天文现象。

就像古风时代的卫城那样，西三角楣墙上也是水族繁多。"努万达图画"显示，有一具男性躯干（大概是妥里同的）从三角楣墙地板冒出，托扶着雅典娜马车最前面一匹马。波塞冬马车下面同样有个妥里同在托扶，他的鳍和蛇尾从水底深处盘蜷而起。我们还看到一只面目可憎的"凯托斯"（长着猪鼻吻和大尖牙的海兽）划过水面，托扶着正在驾马车的安菲特里特左脚。连同潜伏在喀克洛普斯脚下的蛇（图38）和绕缠在雅典娜橄榄树那一条（八成有这条蛇存在），这些生物全表现出一种海与陆的反差——一种体现在雅典娜和波塞冬两人身上的对比。

西三角楣墙角落的几个人物长久以来都被诠释为雅典的三大河流，即凯菲索斯河、伊利索斯河和艾瑞丹诺斯河[86]。这诠释可从奥林匹亚的宙斯神庙获佐证，因为保萨尼亚斯告诉我们，其东三角楣墙的两个角落分别雕刻着当地两条大河，即阿尔菲欧斯河和克拉代奥斯河[87]。帕特农神庙河神的作用是标示出两神较量的地理坐标。我们从"努万达图画"得知，年高德劭的凯菲索斯河被放在最北边（图36、图37），右手边斜躺着它的年轻支流艾瑞丹诺斯河。在三角楣墙的最南边，伊利索斯河跪在一个想必就是卡利洛厄泉的女像旁边（彩图10）。

但出现在西三角楣墙上的河神们并不只有空间定位功能，还是三角楣墙要传递的整体系谱信息的有机部分。我们记得，凯菲索斯河是泉仙女普拉克熹提娅的父亲，而普拉克熹提娅后来嫁给国王厄瑞克透斯／厄里克托尼俄斯，成了雅典王后。所以，凯菲索斯河的出现可进一步佐证雅典人对阿提卡土地的所有权主张，即显示出"原生"的雅典人不只是"地生"的喀克洛普斯和厄瑞克透斯的后裔，还可透过母系追宗溯祖至雅典最伟大的河流。

对于西三角楣墙其他人物的身份，学者之间没有多少一致意见[88]。斯佩思认为，左边（北边）人物是雅典王室的后裔，右边（南边）人物

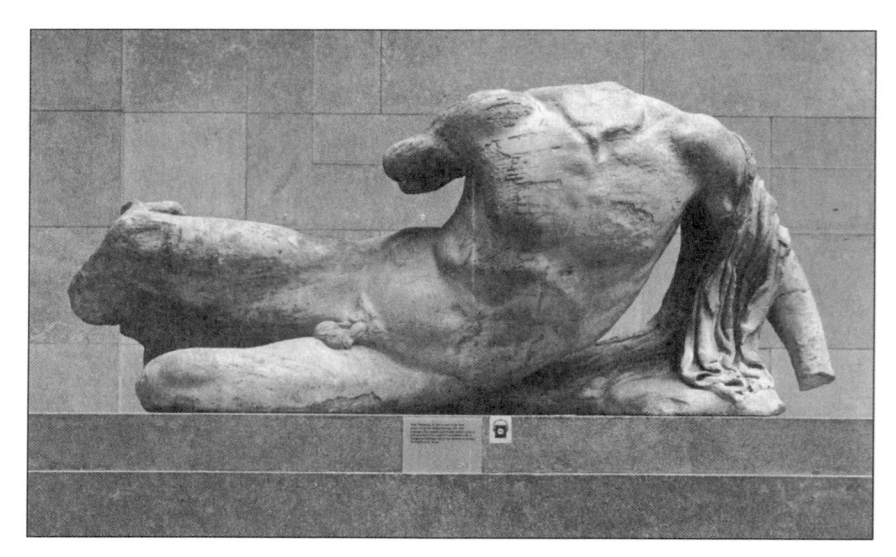

图 36　凯菲索斯河，原见于帕特农神庙西三角楣墙。

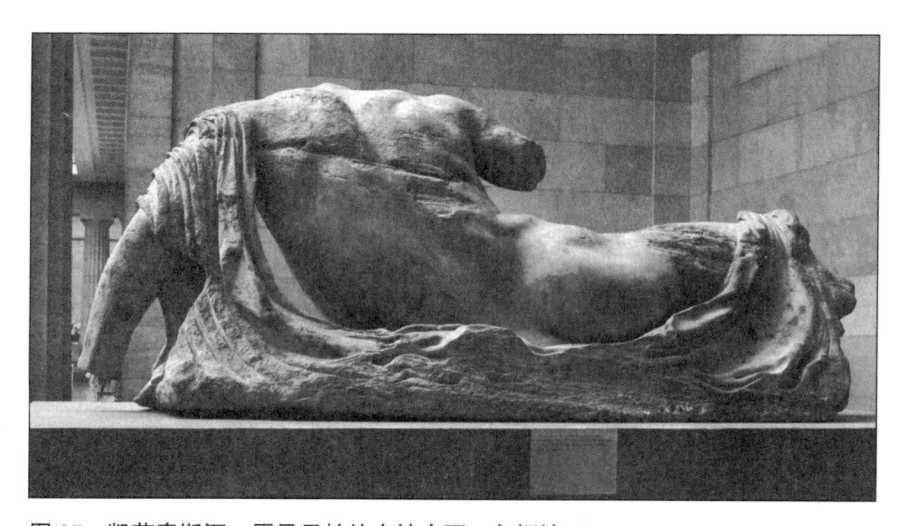

图 37　凯菲索斯河，原见于帕特农神庙西三角楣墙。

是厄琉息斯王室[89]。易言之，站在雅典娜背后空间的都是她的后人，而站在波塞冬背后空间的都是他的后人。真是如此的话，这种安排便和始自古风时代神庙雕刻的更大族谱叙事完全一致。要知道，雅典娜的胜利并不是整场竞争的终点。波塞冬的儿子攸摩浦斯为竟父志，在色雷斯集结了一支的军队，杀向雅典。在跟着发生的战争中，厄瑞克透斯杀了攸摩浦斯的儿子希马拉多斯，接着为波塞冬所杀。换言之，太古时代的冲突被持续至下一代。所以，这个建国神话反映的也许是雅典和厄琉息斯古老的紧张关系。这冲突后来透过祭仪获得解决，所以，西三角楣墙既呈现雅典的"护城雅典娜"祭仪的起源，又呈现厄琉息斯的德美特暨科蕊祭仪的起源。攸摩浦斯在"厄琉息斯秘仪"的建立上扮演着枢纽角色：他是德美特和科蕊的最早祭司之一。在整个信史时期，厄琉息斯祭司都是从攸摩浦斯氏族选出。

前文说过，喀克洛普斯（雅典王室的元祖）是雅典娜和波塞冬对抗时期的国王。在西三角楣墙的北面，我们看见他跪着，左膝盖下面盘蜷着一条蛇（"地生"身份的标志）（图38）。用一只手搂住他肩膀的人八成是潘朵洛索斯。她两个姐姐赫尔塞和阿格劳萝丝坐在父亲右边——我们能得知这点全仰仗"努万达图画"。同一幅蜡笔画（彩图10）还显示两姐妹大腿上躺着一个小男孩，毫无疑问就是厄瑞克透斯／厄里克托尼俄斯，因为从地里生出之后，他就是由三位公主照顾。

西三角楣墙另一端对厄琉息斯王室有一个类似安排[90]。该处，我们看见国王刻勒俄斯妻子墨塔涅拉和她的三个女儿——名字据说是戴奥吉妮娅、帕蜜罗珀和塞莎拉[91]。这里同样也是有一个小男孩躺在几位少女的大腿上，而他毫无疑问就是小时候的特里普托勒摩斯。就像厄瑞克透斯出生后是由喀克洛普斯家女儿照顾那样，特里普托勒摩斯出生后也是由刻勒俄斯家女儿负责照顾。所以，我们看到一个完全的对称：每边各有三位公主（分别是雅典公主和厄琉息斯公主），也各有一个待哺的小孩。另外，就像喀克洛普斯家女儿会为雅典娜主持祭仪，刻勒俄斯家女儿也在"厄琉息斯秘仪"为德美特和科蕊司祭职[92]。历史时代的宗教实践因此透过宪章神话中的祖先获得解释，他们被说成是在雅典和厄琉息斯流传了近千年的祭仪的创立者。

伯里克利时代的盛世：帕特农时刻及其消逝　　141

图 38　喀克洛普斯和潘朵洛索斯，原见于帕特农神庙西三角楣墙。

愈来愈明显的是，离开了宗教，我们将无法充分理解帕特农神庙或雅典人本身。要理解民主的诞生一样是如此。事实上，要不是雅典人坚决认定他们因为有着一个共同根源和一种共同宗教而密不可分，崭新的民主政体乃是不可想象。界定雅典人意识的宇宙观和他们为自己创造的那种独一无二的政体是彼此环扣的，而这种环扣既被帕特农神庙（雅典人自我意识的缩影）所揭示，复受到其加强。就此而言，帕特农神庙确实是在讴歌民主——但不是讴歌自启蒙运动以来人们所理解的民主，甚至大概不是讴歌伯里克利时代雅典人自己所理解的民主。当我们今日在为圣岩最高殿宇异乎寻常的工程学、建筑学和美学胜利惊叹时，很难想象当初会有人反对其兴建。但普鲁塔克告诉我们，在伯里克利的所有施政中，最受政敌中伤和非议者莫过于筑造帕特农神庙。在公民大会上，他们大声咆哮，指责把提洛的共同基金转移到卫城之举让雅典人的美名荡然无存："看着我们把他们为防御希腊不得已捐献的基金用来粉饰城市，希腊人莫不觉得这叫嚣张跋扈，叫赤裸裸的专制独裁。"[93]确实，伯里克利口口声声转移共同基金是为安全考虑，实际上却是把钱用于他的铺张大计。他和他的支持者被指控"活像个爱慕虚荣的女人，把城市打扮得花枝招展之余又在她的衣橱里加入贵价的石头、昂贵的雕像和天价的神庙"[94]。只炫耀肌肉，还用紫袍掩盖这肌肉。

但帕特农神庙并不缺景仰者。其中一位是普鲁塔克，他对那么快打造完成的巨构可以那么美轮美奂以及耐久感到不可思议：

> 这一点让伯里克利的几件杰作尤其让人印象深刻，因为它们虽然完成得极快，但又极耐久。就美来说，它们在自己的时代便立刻成为经典，但就元气来说，它们又是万古常新，就像刚刚落成。它们俨如永远盛放的鲜花，从不受时间的侵蚀，仿佛已被注入常绿精神和永不衰老的灵魂。
>
> 普鲁塔克，《伯里克利传》13 [95]

但最大的赞颂还是来自修昔底德，他以不寻常的先见之明望向未来。他预言，卫城的大理石山峰将屹立万代，让后人以为雅典人比实际强大。在未来，高耸和精雕细琢的帕特农神庙将会让敌人斯巴达的任何成就黯然失色：

> 假若斯巴达有一天变得荒凉，除神庙和建筑地基以外无一物留存，我相信随着物换星移，后人将会以为他们名过其实。然而，斯巴达实际上拥有伯罗奔尼撒五分之二的土地，领导一支同盟，更有许多海外盟友。尽管如此，他们的城市民居分散，缺乏宏伟神庙和公共建筑，布局犹似希腊的老式村落，这会让后人误以为他们国力不过尔尔。反观同样事情若是发生在雅典，后人看见他们的城市，将以为他们的国力是实际的两倍强。
>
> ——修昔底德，《伯罗奔尼撒战争史》1.10.2 [96]

雅典帝国不就这样，在公元前五世纪的途程中，一种新的雅典人身份认同出现了。这种身份认同是仔细建构，用来荣耀雅典和吓唬敌人。鞭长过长的帝国规模继续让雅典人的自尊自大心理得意洋洋[97]。然而，必须承认的是，雅典反复在各种场合（葬礼演说、法庭演讲、戏剧表演和帕特农神庙雕刻，等等）向自己投射的形象，适与其他城邦的自我形象形成鲜明对比。我们老是听到雅典人谈他们的卓越（多么有弹性、坚毅、积极，深思熟虑却行动果断，善于创新，品味高超，乐于与世界打交道），而很多非雅典人也接受这一套。最强有力反映出这一点的，大概是科林斯使节团在公元前四三二年第一次斯巴达会议上的发言（至少修昔底德是这么记载）。

伯罗奔尼撒战争前夕，斯巴达召集"伯罗奔尼撒同盟"的成员国（特别是对雅典满怀怨气的那些）举行会议。当时，科林斯人对于雅典和克基拉在公元前四三二年的结盟深感忧虑（克基拉原是科林斯创立的殖民地，但双方后来反目成仇）。雅典本就海军强大，加上克基拉，再加上在公元前四三三／四三二年与雅典结盟的勒基翁（位于意大利南部）和伦蒂尼（位于西西里），雅典将很快便可扼控所有贸易航道，包括把谷物从西方运至伯罗奔尼撒半岛的航道。这对所有伯罗奔尼撒城邦都是重大威胁，对四面环陆的斯巴达更是不利。科林斯人认为斯巴达太志得意满，太不把雅典的扩张放在眼里，最终会吃大亏。科林斯使节指出情势愈来愈危急，又毫不讳言雅典人的天性比斯巴达人占优势：

> 你们从未想过你们将不得不与之交战的雅典人是怎么样一种人，他们和你们之间有多么截然不同。雅典人热中革新，敏于构想和立即付诸实行，你们却保守，只管小心翼翼维持现状，毫无创新，即便情势紧急照样不采取行动。雅典人的胆量超过他们的实力，敢于冒奇险，即便处于逆境仍不灰心丧志。他们果断，你们迟疑。他们总是在海外，你们总是在家里。因为他们希望离开家乡而扩大所得，你们却害怕任何新的事业会损害你们的既有所得。他们胜利时会乘胜追击，战败时绝不退缩。他们的身体是奉献给国家，就像这身体是国家所有；他们的真我（true self）存于心灵——在为国家服务时，这心灵完全属于他们自己。
>
> ——修昔底德，《伯罗奔尼撒战争史》1.3.70-71 [98]

这番陈词会引起斯巴达人何种情绪反应，我们只能靠想象[99]。正如斯坦福大学古典和政治学教授欧伯指出，斯巴达文化长久以来都致力于向它的士兵公民灌输一批不可动摇的行为准则。在斯巴达的军事寡头制度下，离开常规的行为是不可想象的。正如我们所看到过的，雅典也存在类似行为守则的东西，它们浓缩在科林斯使节所说的那番话："他们的身体是奉献给国家，就像这身体是国家所有；他们的真我存于心灵——在为国家服务时，这心灵完全属于他们自己。"雅典能够独一无二，靠的正是个人主义与城邦的这种微妙平衡，正是公民对城邦不是出于被迫的竭尽忠诚，因为这种平衡必然会创造出其他政治制度无法支撑的潜力和灵活性。修昔底德本人当然是雅典人，也是伯里克利的头号仰慕者，但不管科林斯人那番话是不是真有科林斯人说过，其中都有一定真理成分。

把这种信念表达得最有力的莫过于那篇最著名的希腊演讲，即伯里克利在公元前四三一年秋天伯罗奔尼撒战争第一回合结束后发表的诔赞（就在科林斯使节在斯巴达大会发言的一年后，战争如人人所恐惧那般爆发了）。这时，伯里克利站在公墓（图6），对着阵亡将士家属和全体公民致辞。据修昔底德记载，伯里克利先是表彰了雅典人的先人们：

> 我会先从我们的祖先说起，因为在这个哀悼死者的场合追忆祖先是应该的，也是合适的。他们自始至终居于斯土，而凭着他们的英勇，斯土得以代代相传，让我们得以继承一个自由的城邦。
> ——修昔底德，《伯罗奔尼撒战争史》2.36.1 [100]

伯里克利接着赞扬雅典是全希腊最优异的城邦，把它的显赫归功于其全球中心的地位。泛希腊主义长久以来都是贵族生活的特征，但雅典（和伯里克利）却敲醒所有公民（不管贫与富），让他们注意到雅典的独有优点。自由贸易和一个活跃的国际伙伴网络让所有雅典人受益：

> 出于我们城邦的伟大，整个世界的果实都涌向我们；所以，我们除了可以尽情享用自家的产品，还可以尽情享用其他国家的产品。
> ——修昔底德，《伯罗奔尼撒战争史》2.38.2 [101]

伯里克利借这个机会响应那些批评他的建筑大计奢侈浪费的人（无疑一定是一面说话一面向着卫城方向比手势）。对，他说，确实是帝国带来的财富让雅典可以把一群高天分的艺术家、建筑家和工匠聚集在一起和支付昂贵物料。但这努力让所有公民（不管菁英阶级还是普罗大众）一律受益。伯里克利一点都不认为渴望自己被漂亮事物围绕的心理有什么要不得，反而（发自一种民粹政治家的本能）指出**不思避免的寒酸**才是可耻：

> 因为我们既爱美又品味单纯，既喜欢培养心灵又没有失去男子气概。承认寒酸没什么好丢脸的，真正丢脸的是不想办法避免寒酸。
> ——修昔底德，《伯罗奔尼撒战争史》2.40[102]

在演讲结尾处，伯里克利高度赞扬雅典人的优越性，指出在所有希腊人中，唯独他们创造出一个其他人渴望模仿的社会：

> 我们从不抄袭邻人，反而是他们的典范。
> ……
> 我敢说，雅典是全希腊的学校，而每个雅典人看来都有能力在最不同的行动中轻松而优雅地表现出自己的个性。
> ——修昔底德，《伯罗奔尼撒战争史》2.37.1 和 2.41.1[103]

当然，正如论者一再指出，伯里克利这番话只适用于公民（一律是男性），而他们光凭出生就能享受到民主的种种好处。所有公民一律平等，但其他人（妇女、侨居者和奴隶）在法律面前却不能与他们平等。另外，那些生活在雅典帝国主义牛轭下的人想必也会对伯里克利描绘的美丽图画提出异议。但即便雅典人的自我理解有自我膨胀和有点自欺之嫌，雅典的优点却是绝无仅见。确实，没有其他城邦或民族的公民可以如此自夸"有能力在最不同的行动中轻松而优雅地表现出自己的个性"。但就像任何能想象的美好事物那样，雅典的优点将会因为滥用而找到自毁之路。

伯里克利在两年内便会死去，晚于他的妹妹和两个婚生子克山提波斯和帕拉洛斯——四个人都是死于瘟疫。在公元前四三〇至前四二六年之间，雅典遭受三波瘟疫侵袭。头一波瘟疫爆发于伯罗奔尼撒战争第二年，对悉数躲到防御墙后面的密集人口造成重创[*]。每三个雅典人便有一人丧命。这逼得心高气傲的伯里克利不得不恳求公民大会容许公民权法（他在二十年前以极大热情推动）破例，声泪俱下哀求人民让他与外邦情妇阿斯帕齐娅所生的私生子成为雅典公民和他的合法继承人（有些批评者说这是"对他的傲慢自大的惩罚"）。人民同意了。但小伯里克利日后将会见识到民主的恐怖一面（这是他父亲从未见识过的）：公元前四〇六年，他与另五位将军一起被处死，罪名是阿吉纽撒战役结束后返航途中未能救起遇船难落海的将士[**]。

雅典的民主将会继续存活一百年，但让帕特农神庙得以诞生的那个时刻却转瞬消逝。想了解这种转变，让我们看看演说家利库尔戈斯对国人同胞莱奥克拉特斯的谴责，这出戏码上演于古典时代晚期的雅典法庭。

利库尔戈斯是公元前四世纪第三季最受瞩目和最正直的雅典人之一。师从过柏拉图的他在公元前三三八年登上财政总管宝座，掌控了雅典国库并在接下来十二年发挥其巨大影响力。透过提高比雷埃夫斯的货物过港税、增加拉夫里翁银矿的租金和没入定罪罪犯的财产，利库尔戈斯迅速让国家达到收支平衡。他又运用影响力说服最富有的公民向国家自愿大笔捐献——这种报效被称为"公益捐助"。

他也没有忽略伯里克利的遗产，发起大规模计划翻新年久失修的公元前五世纪宏伟建筑。在利库尔戈斯治下，雅典在金融、商业、立法和建筑各方面都欣欣向荣。传统的祭典获得强化，又有一些新的神祇被引入[104]。利库尔戈斯在阿戈拉广场的中心修建了一座新的"慈父阿波罗"神庙，把伊利索斯河河畔的泛雅典体育场和卫城南坡的狄奥尼索斯剧场

---

[*] 译注：伯罗奔尼撒战争初期，伯里克利恃着雅典有"长城"保护，食物供应无虞，采取坚守不出策略，以为斯巴达人会自动退兵。
[**] 译注：阿吉纽撒战役是伯罗奔尼撒战争其中一场战斗，该役雅典获胜，但舰队返航途中遭遇风暴，部分战舰沉没。

整个用大理石重新包装,并把后者的观众席增至一万七千¹⁰⁵。城市厄琉息斯神庙和普尼克斯丘的公民大会会场也被重新整修。利库尔戈斯还扩建了雅典郊区的吕刻昂神庙,在比雷埃夫斯盖了一个新的兵器库,翻修了厄琉息斯的德美特暨科蕊神庙和奥罗波斯的安菲阿剌俄斯神庙¹⁰⁶。

身为雅典最古老显赫的厄特奥布忒斯氏族一员,利库尔戈斯有权声称他的祖上是布忒斯(厄瑞克透斯的孪生兄弟)*。事实上,他本人八成就是"波塞冬—厄瑞克透斯"的一名祭司,因为我们确知他儿子哈布伦后来领有这个世袭性职位,再后来又把它让给弟弟吕哥弗隆¹⁰⁷。我们又知道利库尔戈斯和两个儿子的木像(出自大雕刻家普拉克西特列斯儿子提马克斯和基菲索多德斯之手)被放置于厄瑞克透斯神庙内,这足以证明他们与这种祭祀的关系密切¹⁰⁸。在公元前三二四年,也就是利库尔戈斯过世后翌年,他被奉为雅典民主的象征,并在前三〇七/三〇六年获得最高的身后荣耀:肖像被竖立在阿戈拉广场,而他的后代有权终生在市政厅免费用餐¹⁰⁹。

利库尔戈斯最念兹在兹的是教育雅典年轻人,让伯里克利的愿景(让雅典作为"全希腊的学校")重新恢复活力¹¹⁰。这位政治家再次强调十八岁青年接受军训的重要性。按所属的"自治区"注册和领到兵器后,这些"军训生"会到卫城东坡的阿格劳萝丝神庙发誓效忠城邦¹¹¹。他们在宗教节日和竞技活动被委以重任,包括在泛雅典节担任骑马翼卫游行行列的角色。他们也会被派至阿提卡各地的圣地和边界地区,以认识祖先的业绩、在地神话、地形地貌和纪念碑式建筑。这是对雅典公民传统训练方式的扩大,以培养爱国心为中心目的¹¹²。也许,在利库尔戈斯眼中,其国人同胞的爱国心正在逐渐萎缩。不管怎样,当他于公元前三三〇年在法庭上对莱奥克拉特斯发出谴责时,目的除了是让一个混蛋得到应有惩罚,还是给雅典年轻人上一课,教他们公民应有的言行举止¹¹³。

莱奥克拉特斯八年前曾让自己蒙羞,当时雅典刚在凯罗尼亚败于马其顿的腓力二世**。在这场灾难之后,雅典通过一项法令,禁止任何公民

---

* 译注:"厄特奥布忒斯"(Eteoboutadai)的字面意思是"布忒斯(Boutes)的真正子孙"。
** 译注:最终统一全希腊的人,亚历山大大帝的父亲。

或其家人离开城市。莱奥克拉特斯大咧咧违法，逃到了罗得岛，后又定居于雅典西北四十三公里的墨伽拉。带着钱财、情妇、家当和生意业务随行，莱奥克拉特斯把自己的利益置于城邦之上，弃传统雅典公民最神圣的责任于不顾[114]。

八年后，利库尔戈斯对回到了雅典的莱奥克拉特斯做出告诉。罪名不一而足：叛国、有失保护城邦自由之责、不敬神（他曾发誓保护神庙）、遗弃年迈双亲，还有逃兵。莱奥克拉特斯被认为最要不得的是违背了有一生约束力的"军训生誓言"。利库尔戈斯在演讲里引用了这誓言：

> 轮到我值勤，我不会让我的神圣武器蒙羞，也不会遗弃同袍。我将会捍卫诸神和国人的权利，而只要我能倚仗自己和倚仗所有人帮助，我在死时就不会让我的国家变小，只会让它变更大和更佳。
> ——利库尔戈斯，《谴责莱奥克拉特斯》77 [115]

在法庭上，利库尔戈斯最主要攻击的是莱奥克拉特斯违背这个肃穆誓言，因而让诸神蒙羞和对不起把他养育成人的祖国。

利库尔戈斯给法庭上了一堂掷地有声的公民课："让我们的民主得以维系的力量正是这个誓言……因为这个国家乃是奠基于三件事情：执政官、陪审法官和个别公民。他们每个人都曾对天发誓，也合该如此。"[116]然后利库尔戈斯又引用希腊联军在普拉提亚战役（公元前四七九年）前夕所发的誓言[117]。"你们最好仔细聆听"，他说，接着把整篇誓言复述了一遍：

> 我不会把生命看得比自由宝贵，也不会遗弃我的将领，不管他们是生是死。我会埋葬所有战死的盟友。如果我在战争中征服蛮族，将不会摧毁任何曾为希腊而战的城市，但会杀死勾结蛮族的城市十分之一人口来献神。我将不会重建任何一座被蛮族摧毁的圣所，而是把它们留在原地，让未来世人永志不忘蛮族有过的大不敬。
> ——利库尔戈斯，《谴责莱奥克拉特斯》81 [118]

伯里克利时代的盛世：帕特农时刻及其消逝

在反省是什么原因让雅典那么独一无二时，利库尔戈斯重申了伯里克利对雅典的愿景："你们城邦的最大美德是她为全希腊订定了一个高贵行为的榜样。论年纪，她胜过所有其他城市；论勇气，我们的祖先亦胜过他们后人。"[119] 接着利库尔戈斯搬出珂德洛斯的故事（见第一章），回忆了雅典最后一任国王是如何为拯救国家而不惜自我牺牲。那时候，伯罗奔尼撒人因为谷物歉收而闹饥荒，他们向北行军，寻找肥沃的土地。珂德洛斯从德尔斐神谕得知，只要他被多立克人杀死，雅典人民就可以幸免于难。所以，国王假装成农民，勇敢去到敌人军营附近，向守卫挑起口角，让他们把他杀死。"毋忘珂德洛斯的统治，"利库尔戈斯呼吁，"这就是古代国王的高贵榜样。为了子民的安全，他们宁可牺牲生命而不愿苟活。"[120]

最后，利库尔戈斯转向另一个有示范作用的故事：波塞冬的儿子攸摩浦斯领一支色雷斯军队要来占有阿提卡的往事。我们知道，攸摩浦斯此举是要为在争夺雅典守护权较量中落败的父亲报仇雪耻。在公元前四二〇年代晚期，欧里庇得斯把这故事写成一出戏剧，虽然其内容今日已泰半佚失，却肯定是利库尔戈斯的法庭听众所依然熟悉。根据这个故事，雅典国王厄瑞克透斯在得知大军将要压境之后，向德尔斐神谕寻求指引。神谕怎么回答？至少要提供一个女儿牺牲献祭。国王把这个骇人消息带去找妻子普拉克熹提娅商量，而后者的回答是所有希腊戏剧中最激励人心和最具公民意识的演说。"先生们，"利库尔戈斯提醒审判团，"请细听这些抑扬格写成的诗句，它们是由献祭女孩母亲之口说出，而各位会在其中找到雅典人和一个凯菲索斯河女儿应有的伟大精神与高贵情操。"[121]

利库尔戈斯引用了《厄瑞克透斯》五十五行文字，是任何古代演说家对古希腊戏剧的最长引用。普拉克熹提娅王后让人惊惶的语句里包含着雅典爱国精神的最基本原则：深信雅典比所有其他城邦优秀，为雅典人民的"原生"起源自豪，对祖先和他们的宗教竭诚尽忠，对城邦有着胜过一切的爱、责任感与荣誉感，大胆而富于弹性，有能力迅速行动，以及（这是最最重要的）随时准备好为国捐躯。普拉克熹提娅在回答丈夫的征询时毫不犹豫：

[1]*当施惠是以高贵方式施出，受者会更受用。当应该采取行动而拖延，该行动就会少些高贵。所以，我愿意马上答应让女儿赴死。我已经把很多事情考虑进来。首先，我找不到比这一个［指雅典］更好的城邦。我们原生于斯土，不是来自别处。其他城邦的建立如同掷骰子：[10]它们的人口是外地输入，混杂着来自不同地方的各色人等。从一城邦搬到另一城邦的人直如钉歪在木头里的钉子：他们名义上是公民，但行为上不会像公民。

其次，我们生育子女的根本目的是保护神明的祭坛和祖国大地。这城邦只有一个名字，却住着许多人。当我明明可以献出一个孩子以拯救所有人，却不这样做，任由所有人被毁灭，难道这是对的吗？我懂得轻重之分。[20]毁掉一个家要比毁掉一座城市较不后果惨重，也少些悲苦。倘若我们家是有许多儿子而非女儿，那么，当战火逼近这城市，难道我会因为害怕儿子战死而不让他们上战场吗？不会。所以，让我把能为国家出力的女儿放在男人中间，不要只知当城邦的米虫。当妈妈们哭着送儿子出征，很多男人就会变软弱。[30]我痛恨那些为孩子选择苟活而非共同福祉的人，或鼓吹怯弱的人。当儿子的如果战死沙场，就可以跟其他许多人同享一个墓穴和同享荣耀。但当我的女儿为城邦而死，就会得到一顶独属于她的冠冕，作为奖赏。她的牺牲同时会救了她妈妈，你（厄瑞克透斯）和两个姐姐……这些不也算是她的奖赏吗？

所以，我将献出女儿（她虽是我所生却不是我的），让她为保护国土而牺牲。[40]若是城邦被毁，难道我的几个孩子还能有命吗？让一个人尽本分救所有人不是更好吗？……至于大部分人最担心的事，只要我一息尚存，绝不会允许任何人丢弃我们上祖立下的神圣大法，也绝不允许攸摩浦斯和他的色雷斯军队拔去圣橄榄树和蛇发女妖的金头像**，把三叉戟插在雅典城的地基和冠之以花环，从而让帕拉斯崇拜（即雅典娜崇拜）蒙尘。

---

* 译注：引文中的阿拉伯数字是行码。
** 译注：雅典娜的胸铠上装饰着蛇发女妖头像。

伯里克利时代的盛世：帕特农时刻及其消逝 151

[50]国民啊,请用我辛苦诞下的后嗣拯救你们,取得胜利!我不会为一个人的命而拒绝拯救城邦。祖国啊祖国,我但愿所有住在你里面的人都爱你如我之深!那样的话,我们将可毫无烦恼地住在你里面,而你也永远不会受伤害。

——利库尔戈斯,《谴责莱奥克拉特斯》81= 欧里庇得斯,《厄瑞克透斯》F360 Kannicht [122]

普拉克熹提娅有所不知的是,几个女儿私底下也有过一誓:生则同生,死则同死[123]。利库尔戈斯就像引述"军训生誓言"和"普拉提亚誓言"那样把这个誓言引述了一遍。它们全是用来提醒审判团,公民与城邦之间的神圣关系以肃穆的起誓行为为核心——起誓行为是这关系的根本纽带。在这一点上,利库尔戈斯呼应了乃师伊索克拉底的话语:"首要者是敬重与神明有关的一切,即不只尽责献祭,还无违自己发过的誓言。献祭是物质丰裕的标志,守誓是高贵品格的证据。"[124]

大段引用过《厄瑞克透斯》之后,利库尔戈斯这样总结他的控词:"先生们,你们的父祖是在这些诗句洗礼下长大的。"以此强调欧里庇得斯的文本在雅典年轻人的传统教育中的核心重要性[125]。然后他问一众陪审法官,他们认为王后普拉克熹提娅怎么会那么有违母性本能,爱国家多于几个女儿,乃至于愿意牺牲女儿以拯救城邦?重要的是,普拉克熹提娅行动迅速,换言之,是以更高贵的方式拯救了雅典[126]。如果女人都做得到这个,那男人(如莱奥克拉特斯之流)就"更应该对国家表现出一种不能被胜过的竭尽忠诚"[127]。如果所有公民都像普拉克熹提娅一样爱雅典,那它将会繁荣茁壮和永不受伤。莱奥克拉特斯不爱雅典,所以必须受到惩罚。

利库尔戈斯指出,所有人都应该感谢欧里庇得斯,因为他在让普拉克熹提娅的故事流传下来的同时,也为全体公民提供了一个典范,从而"让爱城邦之爱可以深深印在他们心里"[128]。"典范"这个词是伯里克利在国葬演说时用过("我们从不抄袭邻人,反而是他们的典范"),而利库尔戈斯会用同一个词并不是巧合。他的用心毫无疑问是要让听众联想起伯里克利的伟大演说[129]。但不管他有多雄辩滔滔,审判团仍以一票之差开释了莱奥克拉特斯*。这种结果想必印证了利库尔戈斯一直最害怕的事情：他的国人同胞已不再那么以国家为重。不管他在从政生涯做了多少事去重振那些曾让雅典伟大的价值理想，判决结果都让人痛苦地证明了至少有一半公民不再在乎那些过去被视为神圣不可侵犯的价值观。最重要的是，雅典的福祉对雅典人来说已不再神圣，而马其顿人在凯罗尼亚战役之后的称霸大概只是把由"极端民主"开了头的工作收尾。

然而，利库尔戈斯的演说词《谴责莱奥克拉特斯》并没有完全白写。没有它，我们将会对欧里庇得斯失传戏剧或厄瑞克透斯牺牲女儿的故事（它对本书有着核心重要性）所知甚少。作为雅典人的祖先，厄瑞克透斯是太古时代的高峰，也是雅典人进入历史时代的开始，作用类似一个"失落环节"。但他在帕特农神庙的地位历千百年来一直不为人知。事实上，我们现在可以把厄瑞克透斯一家理解为帕特农神庙雕刻方案的核心元素。这种认知可以提供一把钥匙，让我们解开帕特农神庙最大一个谜团和最抢眼的一批图像，从而改写我们对神庙本身的最基本了解。正是厄瑞克透斯一家的崇高行为让伯里克利在国葬演说中表达的最重要信念变得有血有肉：雅典值得国民为之而死。后来，这个不容讨价还价的原则尽管褪了色，仍然有人觉得应该在最神圣的地方把它向所有时代的人展示。

注释：

1. Plutarch, *Life of Perikles* 4–6.
2. 阿里斯托芬在《阿哈奈》（*Archarnians*）一剧形容伯里克利"站在他的奥林匹亚山的高处"施放出雷电（528–29）。
3. 有关伯里克利的古代资料来源被汇集在 S.V. Tracy, *Pericles: A Sourcebook and Reader* (Berkeley: University of California Press, 2009)；关于一个简短概论，见 V. Azoulay, *Périclès: La démocratie athénienne à l'épreuve du grand homme* (Paris: Armand Colin, 2010), 12–19; Will, *Perikles*, 12–22。有关伯里克利的书目极为庞大，以下是其中一些来源：C. Schubert, *Perikles: Tyrann oder Demokrat?* (Stuttgart: Reclam, 2012); G. A. Lehmann, *Perikles: Staatsmann und Stratege im klassischen Athen: Eine Biographie* (Munich: C. H. Beck, 2008); C. Mossé,

---

* 实际投票结果是五百名陪审法官中一半赞成被告有罪，一半赞成被告无罪。依惯例，被告在同票数的情况下可获无罪开释。

Périclès: L'inventeur de la démocratie (Paris: Payot, 2005); Podlecki, *Perikles and His Circle*; Will, *Perikles*; C. Schubert, *Perikles* (Darmstadt: Wissenschaftliche Buchgesellschaft, 1994); Kagan, *Pericles of Athens*。

4. 这事发生在米太亚德公元前四八八年秘密远征帕罗斯岛（Paros）失败之后。有关伯里克利与基蒙的竞争，见 Podlecki, *Perikles and His Circle*, 5–45; Carpenter, *Architects of the Parthenon*, 69–81。

5. Plutarch, *Life of Kimon* 13.7–8. 参 Martin-McAuliffe and Papadopoulos, "Framing Victory"; Camp, *Archaeology of Athens*, 63–72; C. Delvoye, "Art et politique à Athènes à l'époque de Cimon," in *Le monde grec: Pensée, littérature, histoire, documents: Hommages à Claire Préaux*, ed. J. Bingen, G. Cambier, and G. Nachtergael (Brussels: Université de Bruxelles, 1975), 801–7; Carpenter, *Architects of the Parthenon*, 69–81; Boersma, *Athenian Building Policy*, 42–64。

6. Plutarch, *Life of Perikles* 10.2. 译本：Kagan, *Pericles of Athens*, 83.

7. Aristotle, *Athenian Constitution* 22.5.

8. Plutarch, *Life of Perikles* 37.2–5; Aristotle, *Athenian Constitution* 26.3. 对这条法令的各种诠释，见 J. Blok, "Perikles' Citizenship Law: A New Perspective," *Historia* 58 (2009): 141–70; I. A. Vartsos, "Fifth Century Athens: Citizens and Citizenship," *Parnassos* 50 (2008): 65–74; Podlecki, *Perikles and His Circle*, 159–61; C. Leduc, "Citoyenneté et parenté dans la cité des Athéniens: De Solon à Périclès," *Métis* 9–10 (1994–1995): 51–68; A. French, "Pericles' Citizenship Law," *Ancient History Bulletin* 8 (1994): 71–75; A. Boegehold, "Perikles' Citizenship Law of 451/0 B. C."; K. R. Walters, "Perikles' Citizenship Law," *ClAnt* 2 (1983): 314–36; C. Patterson, *Pericles' Citizenship Law of 450–51 B. C.* (Salem, N.H.: Ayer, 1981); Davies, "Athenian Citizenship"; S. C. Humphreys, "The Nothoi of Kynosarges," *JHS* 94 (1974): 88–95; A. W. Gomme, "Two Problems of Athenian Citizenship Law," *CP* 29 (1934): 123–40。

9. Connelly, *Portrait of a Priestess*, 198–202.

10. Plato, *Phaidros* 269e; 修昔底德，《伯罗奔尼撒战争史》2.35。

11. Plato, *Protagoras* 319e–320a; Plato, *Gorgias* 515d–516d; *Suda*, s.v. Περικλῆς.

12. 译本：Tracy, *Pericles*, 28. See Mario Telò, *Eupolidis Demi*. Biblioteca nazionale, Serie dei classici greci e latini, n. s. 14 (Florence: Felice Le Monnier 2007), frag. 1.

13. Ferrari, "Ancient Temple on the Acropolis at Athens," 24.

14. Lykourgos, *Against Leokrates* 81, 译本：Burtt, *Minor Attic Orators, II*, 73.

15. 有关这批出土于阿卡奈（Acharnai）的铭文碑板（年代为公元前四世纪第三季），见 D. L. Kellogg, "Οὔκ ἐλάττω παραδώσω τὴν πατρίδα: The Ephebic Oath and the Oath of Plataia in Fourth-Century Athens," *Mouseion* 8 (2008): 355–76; P. Siewert, *Der Eid von Plataia* (Munich: Beck, 1972); G. Daux, "Deux stèles d'Acharne," in Χαριστήριον εἰς Ἀναστάσιον Κ. Ορλάνδον (Athens: Archaeological Society, 1965), 1: 78–90; A. Blamire, *Plutarch: Life of Kimon* (London: Institute of Classical Studies, 1989), 151–52; J. V. A. Fine, *The Ancient Greeks: A Critical History* (Cambridge, Mass.: Harvard University Press, 1983), 323–28; R. Meiggs, *The Athenian Empire* (Oxford: Clarendon Press, 1972), 504–7。不过，也可参见

P. M. Krentz, "The Oath of Marathon, Not Plataia?," *Hesperia* 76 (2007): 731–42。

16. M. Korres, "The Golden Age of Pericles and the Parthenon," in Koutsadelis, *Dialogues on the Acropolis*, 55.

17. 学界认为，卡利亚斯与波斯人的谈判最早开始于公元前四六五年，至大约前四四九年才谈成，见 E. Badian, *From Plataea to Potidaea* (Baltimore: Johns Hopkins University Press, 1993), 1–72, esp. 19–20 和 E. Badian, "The Peace of Callias," *JHS* 107 (1987): 13–14。巴迪安（Badian）主张，卡利亚斯在欧里梅敦河战役后便谈定了一份和约，但约定未被遵守，至基蒙死后才重启谈判。另参考 L. J. Samons II, "Kimon, Kallias, and Peace with Persia," *Historia* 47 (1998): 129–40; G. L. Cawkwell, "The Peace Between Athens and Persia," *Phoenix* 51 (1997): 115–30; H. B. Mattingly, *The Athenian Empire Restored: Epigraphic and Historical Studies* (Ann Arbor: University of Michigan Press, 1996), 107–16，本书重印了马丁利（H. B. Mattingly）的修正版本，见氏著 "The Peace of Kallias," *Historia* 14 (1965): 273–81; D. M. Lewis, "The Thirty Years' Peace," in *The Cambridge Ancient History*, 2nd ed., ed. D. M. Lewis, J. Boardman, J. K. Davies, and M. Ostwald (Cambridge, U.K.: Cambridge University Press, 1992), 5: 121–27; R. A. Moysey, "Thucydides, Kimon, and the Peace of Kallias," *Ancient History Bulletin* 5 (1991): 30–35; J. Walsh, "The Authenticity and the Dates of the Peace of Callias and the Congress Decree," *Chiron* 11 (1981): 31–63; A. R. Hands, "In Favour of a Peace of Kallias," *Mnemosyne* 28 (1975): 193–95; S. K. Eddy, "On the Peace of Callias," *CP* 65 (1970): 8–14。

18. Plutarch, *Life of Perikles* 14.1.

19. 同前注。

20. 根据普鲁塔克，是基蒙首先同意盟邦捐献金钱代替捐献船只："在他们知道之前，他们已经从盟邦身份变成附庸国。"见 *Life of Kimon* 11.1–3。修昔底德的说法一样，但没提基蒙，见《伯罗奔尼撒战争史》1.99。另参考 Carpenter, *Architects of the Parthenon*, 75–76。

21. 感谢美国钱币学会的阿尔芬（Peter Van Alfen）为我计算出六百"他连得"的现值。他赖以计算的基础是薪水而不是银的价格。如果用今日的银价格（约一盎司二十美元）为基础，则六百"他连得"只折合大约一千万美元。但今日的银价格处于历史低点。来自公元前四世纪的证据显示，雅典一个技术工人的日薪是一"德拉克马"。保守估计，一"德拉克马"相当今日一百美元。所以，若一"德拉克马"等于一百美元，那六千"德拉克马" / 六百"他连得"便等于六十万美元乘六百，即等于三亿六千万美元。

22. 修昔底德，《伯罗奔尼撒战争史》2.13.5; Diodoros Siculus, *Library* 12.40.3。

23. "帝国"（ἀρχή）一词见于修昔底德，《伯罗奔尼撒战争史》1.67.4, 1.75, 1.76.2, and 1.77.2–3。

24. 盟邦的名单和它们各捐献多少雕刻在一份石头的"进贡清单"（*symmachikos phoros*），其年代介于公元前四五四至公元前四〇九年之间。见 B. D. Meritt, H. T. Wade-Gery, and M. F. McGregor, *The Athenian Tribute Lists*, 4 vols. (Cambridge, Mass.: Harvard University Press, 1939–1953)。在每年的解放者狄奥尼索斯节（戏剧竞赛会把成千上万观众吸引至卫城南坡的剧场），来自盟

邦的使节会把每年的贡品放在剧场的表演区展示。这让雅典在一个高度瞩目的场合非常有面子。见 S. Goldhill, "The Great Dionysia and Civic Ideology," *JHS* 107 (1987): 58–76; reprinted in *Nothing to Do with Dionysos? Athenian Drama in Its Social Context*, ed. J. J. Winkler and F. I. Zeitlin (Princeton, N.J.: Princeton University Press, 1990), 97–129。

25. Harris, *Treasures of the Parthenon and Erechtheion*, 81—200.
26. Korres, *From Pentelicon to the Parthenon*, 100 with fig. 25 (for the Λ 1 quarry); Korres, "Architecture of the Parthenon," 59–65; Burford, "Builders of the Parthenon."
27. Korres, *From Pentelicon to the Parthenon*; Korres, *Stones of the Parthenon*.
28. Korres, "Parthenon," 12; Burford, "Builders of the Parthenon," 32–34.
29. Plutarch, *Life of Perikles* 12; translation of 12.7: Waterfield, *Plutarch: Greek Lives*, 156.
30. 二亿八千多万美元这数字也是阿尔芬为我算出，特此再次感谢。
31. 帕特农神庙的建造账目：*IG* I3 436–51；神像：*IG* I3 453–60；奉献：Philochoros, *FGrH* 328 F 121. See W. B. Dinsmoor, "Attic Building Accounts I: The Parthenon," *AJA* 17 (1913): 53–80。
32. 果赫斯指出，由于建庙计划在波斯入侵之后停摆，石匠没多少工作可做，他们被改雇去造砖、造船和打仗。见氏著 *Stones of the Parthenon*, 58。
33. J. J. Coulton 认为滑轮吊车的最初使用是在公元前六世纪，见氏著 "Lifting in Early Greek Architecture," *JHS* 94 (1974): 1–19, esp.12 and 17。希罗多德的《历史》（7.36）是最早语及绞盘的希腊文献：它提到，波斯人在公元前四八〇年要通过赫勒斯滂时，用绞盘拉紧用以绑住浮桥的缆索。当然，埃及人至少从中王国时期开始便懂得使用绞盘，见 S. Clarke, *Ancient Egyptian Construction and Architecture* (New York: Dover, 1990)；亚述人则是从公元前七世纪起便懂得使用绞盘，见 J. Laessøe, "Reflexions on Modern and Ancient Oriental Water Works," *Journal of Cuneiform Studies* 7 (1953): 15–17。到了公元前一世纪，滑轮设备已被广泛使用于处理货物，见 Vitruvius, *Ten Books of Architecture* 10.2.2。
34. 关于伊克蒂诺斯作为建筑师，见 Plutarch, *Life of Perikles* 13.4; Pausanias, *Description of Greece* 8.41.9; Strabo, *Geography* 9.1.12, 16; and Vitruvius, *Ten Books of Architecture* 7 praef. 12。关于卡利特瑞特，见 Plutarch, *Life of Perikles* 13.4；参看果赫斯关于"伊克蒂诺斯"和"卡利特瑞特"，见 *Künstlerlexikon der Antike*, ed. R. Vollkommer (Munich: Saur, 2001), 1:338–45, 387–93; Barletta, "Architecture and Architects of the Classical Parthenon," 88–95; J. R. McCredie, "The Architects of the Parthenon," in *Studies in Classical Art and Archaeology: A Tribute to Peter Heinrich von Blanckenhagen*, ed. G. Kopcke and M. B. Moore (Locust Valley, N.Y.: J. J. Augustin, 1979), 69–73; Carpenter, *Architects of the Parthenon*, 83–158。
35. Vitruvius, *Ten Books of Architecture* 7 praef. 12。参看果赫斯, Vollkommer, *Künstlerlexikon der Antike*, 1:404–5 关于"卡皮翁"之叙述；Barletta, "Architecture and Architects of the Classical Parthenon," 88–95。

36. Plutarch, *Life of Perikles* 13.9. 使用动词 *epestatei*，表明菲迪亚斯是一位测量工程的总监督。
37. 保萨尼亚斯看到李奥斯（Leos）、安条克（Antiochos）、埃勾斯（Aegeus）、阿卡玛斯、忒修斯和菲莱亚斯（Phileas）的塑像（见 *Description of Greece* 10.10.1–2），稍后又指出安提柯（Antigonos）、德梅特里奥斯（Demetrios）和托勒密（Ptolemy）的塑像是后来加上去。另外三个英雄埃阿斯（Ajax）、俄纽斯（Oeneus）和希波托翁（Hippothoon）则未见他提及。原因大概是，到了那时候，三个塑像已被移走，以腾出位置摆放希腊化时代的英雄。译者按：前面提到的安提柯、德梅特里奥斯和托勒密都是希腊化时代人物。
38. 同前注中书目，1.28.2; Martin-McAuliffe and Papadopoulos, "Framing Victory," 345–46; Hurwit, *Athenian Acropolis*, 152.
39. 阿特纳奥斯（*Deipnosophists* 13.589）形容，伯里克利在法庭上为情妇辩护时，流的泪比他的生命财产受威胁时还多。
40. Plutarch, *Life of Perikles* 31.4.
41. Miles, "Lapis Primus and the Older Parthenon," 663–66; B. H. Hill, "The Older Parthenon," *AJA* 16 (1912): 535–58；卡本特（Carpenter）推崇基蒙年代的帕特农神殿，见 *Architects of the Parthenon*, 44–68。
42. S. A. Pope, "Financing and Design: The Development of the Parthenon Program and the Parthenon Building Accounts," in *Miscellanea Mediterranea*, ed. R. R. Holloway, Archaeologia Transatlantica 18 (Providence: Center for Old World Archaeology and Art, Brown University, 2000), 65–66.
43. Korres, "Athenian Classical Architecture," 9–13.
44. Korres, "Der plan des Parthenon" and "The Architecture of the Parthenon."
45. Korres, "The Architecture of the Parthenon," 84–93; Korres, "Der plan des Parthenon."
46. 前柱式门廊同样被认为是基克拉泽斯岛特色，见 Barletta, "Architecture and Architects of the Classical Parthenon," 78–79。
47. 同前注书目，81–82, 84, 86–88; Korres, "Architecture of the Parthenon," 84–88; Korres, "Parthenon," 22, 46, 52, 54; Korres, "Sculptural Adornment of the Parthenon," 33.
48. Korres, "Die Athena-Tempel auf der Akropolis," 227–29; Korres, "History of the Acropolis Monuments," 45–46; H. Catling, "Archaeology in Greece, 1988–1989." *Archaeological Reports JHS* 35 (1989): 8–9; Ridgway, "Images of Athena," 125.
49. J. M. Hurwit, "The Parthenon and the Temple of Zeus at Olympia," in Barringer and Hurwit, *Periklean Athens*, 135–45; Barringer, "Temple of Zeus at Olympia," 8–20.
50. 对铭文的一个讨论和完全列举，见 Harris, *Treasures of the Parthenon and Erechtheion*, 2–8, 103–200. Hurwit, *Athenian Acropolis*, 161–62. 根据 Harpokration（参见 "Ἑκατόμπεδον" 一词），莫奈西克勒斯和卡利特瑞特把整座神殿称为"百尺殿"。普鲁塔克提到帕特农神殿时称之为"百尺帕特农"，见 *Life of Perikles* 13.4。
51. 一座更早期的双层柱廊见于埃伊纳岛的阿费亚神庙（建于公元前五〇〇年前

后）。在该处，一面多孔帷幕，部分遮住内殿的墙壁，围绕着神像的背面和两边。这让室内空间变得较不好理解、较大，也更有意思，因为不断变换的光影会加添空间的神秘感。感谢安德森（Richard C. Anderson）跟我在这方面进行过的有益讨论。见 Korres, "Architecture of the Parthenon," 65, 93; Korres, "Parthenon," 48; Korres, "Sculptural Adornment of the Parthenon," 176。

52. 关于在库存清单中提及帕特农神殿厅室，见 *IG* I3 343.4 (434/433 B.C.); *IG* I3 344.19 (433/432 B.C.); *IG* I3 346.55 (431/430 B.C.); *IG* I3 350.65 (427/426 B.C.); *IG* I3 351.5 (422/421 B.C.); *IG* I3 352.29 (421/420 B.C.); *IG* I3 353.52 (420/419 B.C.); *IG* I3 354.73-74 (419/418 B.C.); *IG* I3 355.5 (414/413 B.C.); *IG* I3 356.31-32 (413/412 B.C.); *IG* I3 357.57-58 (412/411 B.C.)。见 Harris, *Treasures of the Parthenon and Erechtheion*, 1-8, 81-103, 253 and Hurwit, *Athenian Acropolis*, 161-63。

53. Pedersen, *Parthenon and the Origin of the Corinthian Capital*, 11-31, fig. 16; Korres and Bouras, *Studies for the Restoration of the Parthenon*, 1:20; Korres, "Parthenon" 22。关于科林斯柱式的起源，见 T. Homolle, "L'origine du chapiteau Corinthien," *RA*, 5th ser., 4 (1916): 17-60; Rykwert, *Dancing Column*, 316-49。

54. 有关神殿（特别是"顶阶"部分的）用了哪些视觉效果，见 Vitruvius, *Ten Books of Architecture* 3.4.5。

55. Korres, "Der Plan des Parthenon," 87.

56. Hurwit, *Athenian Acropolis*, 167 with illustration. 立面的立柱会在基台上空近五公里之处交会。另参见 Dinsmoor, *Architecture of Ancient Greece*, 165，他说这些立柱"从地面投射出超过一·五英里"。

57. L. Haselberger, "Bending the Truth: Curvature and Other Refinements of the Parthenon," in Neils, *Parthenon*, 101-57; Barletta, "Architecture and Architects of the Classical Parthenon," 72-74.

58. E. Flagg, *The Parthenon Naos* (New York: Charles Scribner's Sons, 1928), 5-9. 弗拉格主张，希腊艺术用以取得尺度的规则与诗人和音乐家相似："在音乐、诗歌和舞蹈，和谐都有赖尺度，但尺度应该精确和符合某种比例，让眼睛不知不觉觉得悦目。任何简单的几何图形都有这种效果。"弗拉格最知名的设计是科科伦艺廊（一八九七年）和美国海军学院（一九〇一年至一九〇八年）。他的亲戚透过婚姻成为范德比尔特家族的一分子，他因而由美国富豪康内留斯·范德比尔特送去读新美术学院（École des Beaux-Arts）。他的妹妹露薏莎是斯克里布纳二世（Charles Scribner II）的妻子，后者曾委托弗拉格设计纽约市第五大道的两栋斯克里布纳大楼、西四十三街的书本货仓和印刷厂、位于东六十六街九号的自宅和普林斯顿大学出版社大楼。感谢斯克里布纳三世赠我弗拉格的优秀著作《旧帕特农神殿》（*The Parthenon Naos*）。

59. Korres and Bouras, *Studies for the Restoration of the Parthenon*, Chapter 3, "The Formation of the Building: Its Particular Stones," 1:249，这个问题的具体处理，载于 Chapter 4, "Elastic and Plastic Deformations?," 1:279-85。英文摘要也可参见 D. Hardy and P. Ramp, 685-86。另参见 Korres, "Der Plan des Parthenon," 55-59; W. S. Willianms, B. Trautman, S. Findley, and H. Sobel, "Materials Analysis of Marble from the Parthenon," *Materials Characterization* 29 (1992): 185-94。感谢果赫斯教授跟

我讨论这现象和提供许多有用的参考书目。

60. Korres, "Architecture of the Parthenon," 62.
61. Schwab 认为果赫斯对南 14 号柱间壁的重构不尽精确。她把赫利俄斯头上的金冠移走，主张其上方的钻孔也许是用来附着一个铜制太阳，见氏著 "New Evidence," 81–84。
62. J. N. Bremmer, "Greek Demons of the Wilderness: The Case of the Centaurs," in *Wilderness in Mythology and Religion*, ed. L. Feldt (Berlin: De Gruyter, 2012), 25–53.
63. 见 F. Queyrel, *Le Parthénon*, 136–43。丁斯莫尔（W. B. Dinsmoor）写到努万达画师，见氏著 "The Nointel Artist's 'Vente' and Vernon's Windows," box 21, folder 4, subsection IIe, the Parthenon frieze, and box 21, folder 1, "The Panathenaic Frieze of the Parthenon: Its Content and Arrangement," I. General introduction (November 25, 1948), Dinsmoor Papers in the Archives of the American School of Classical Studies at Athens。在第四页，丁斯莫尔说他原本想使用卡雷的名字，但后来却改变主意。在该页丁斯莫尔解释说，格罗斯利〔Grosley, in L. Moréri, *Grand dictionnaire historique*（Paris: J. Vincent, 1732）〕最先将那些图画归属于卡雷。玛格尼（Cornelio Magni）说这些图画是由匿名的佛兰芒画家所画（*Quanto di più curioso*, 1679），*Relazione della città d'Athène* (Parma: Rosati, 1688),65–66。见 T. R. Bowie and D. Thimme, *Carrey Drawings of the Parthenon* (Bloomington: Indiana University Press, 1971), 3–4。见 Palagia, *Pediments*, 40–45, 61; Castriota, *Myth, Ethos, and Actuality*, 145–50; Brommer, *Die Skulpturen der Parthenon-Giebel*, 6。
64. 感谢 Cornelia Hadjiaslani 和 S. Mavrommatis 让我从以下内容复制这些照片：*Promenades at the Parthenon*, pages 100–101, insert page 5 (left), and pages 105, 184, 190 (top), 194–95, and 199。
65. Carpenter, *Architects of the Parthenon*, 62–68.
66. M. Robertson, "The South Metopes: Theseus and Daedalus," in Berger, *Parthenon-Kongreß Basel*, 206–8; A. Mantis, "Parthenon Central South Metopes: New Evidence," in Buitron-Oliver, *Interpretations of Architectural Sculpture*, 67–81.
67. Korres, "Der Plan des Parthenon."
68. Barletta, "Architecture and Architects of the Classical Parthenon," 88–95.
69. N. Arrington 在他即将出版的著作（*Ashes, Images, and Memories: The Presence of the War Dead in Fifth-Century Athens*）对西柱间壁的意义有所讨论，特别着重分析它们为什么会突出战胜的亚马逊女战士和战死的希腊人。
70. *Homeric Hymn to Athena*, 9–16. 译本：West, *Homeric Hymns*, 211.
71. 关于赫利俄斯和塞勒涅一事可见于帕特农神殿，以及雅典娜·帕德诺斯雕像的底座上，也可见于奥林匹亚的宙斯之神像的底座上 (Pausanias, *Description of Greece* 5.11.8), 见 Ehrhardt, "Zu Darstellung und Deutung des Gestirngötterpaares am Parthenon"。另参见 Marcadé, "Hélios au Parthenon"; Hurwit, *Athenian Acropolis*, 177–79; Palagia, *Pediments*, 18; Leipen, *Athena Parthenos*, 23–24. W. Dörpfeld, "Der Tempel von Sounion," *AM* 9: 336。
72. *Homeric Hymn to Athena*, 1–8. 译本：West, *Homeric Hymns*, 211.

73. 参 Hurwit, *Athenian Acropolis*, 177–79; Palagia, *Pediments*, 18–39。在马德里考古博物馆（2691）的罗马大理石 puteal（水井口）装饰有雕塑的浮雕可见类似的肖像，复制版见 Palagia, *Pediments*, 18, fig. 8。关于雅典娜诞生的肖像，见 LIMC 2, s.v. "Athena," nos. 343–373。

74. 对这些不同诠释的一个全面撮要，见 Palagia, *Pediments*, app., 60, 18–39。

75. 关于表现女性在分娩时接生妇从后面协助生产的姿势之雕塑，见诸多塞浦路斯例子中的一个石灰石雕塑（听说是）出于高尔基，见 Golgoi in the Metropolitan Museum of Art 74.51.2698; V. Karageorghis, *Ancient Art from Cyprus: The Cesnola Collection* (New York: Metropolitan Museum of Art, 2000), 262n424。在阿提卡墓穴浮雕中类似的雕刻图像包括: Paris, Louvre Museum MA 7991; Cambridge, Mass., Harvard Art Museums, Sackler Art Museum 1905.8; Athens, Kerameikos Museum P 290; Athens, National Archaeological Museum 749; Athens, Piraeus Museum 21. Similar figures on marble funerary lekythoi include: Paris, Louvre Museum MA 3115; Athens, National Archaeological Museum 1055; Copenhagen, Ny Carlsberg Glyptotek 2564。以上资讯是 Viktoria Räuchle 告诉我，在此致上感谢。我也期盼拜读她即将出版的论母亲角色的博士论文 "Zwischen Norm und Natur: Bildliche und schriftliche Konzepte von Mutterschaft im Athen des 5. und 4. Jahrhunderts v. Chr."。

76. 关于厄勒提娅姊妹见 LIMC 3, s.v. "Eileithyia," nos. 1–49, in Birth of Athena scenes。关于墨蒂丝，见 L. Raphals, *Knowing Words: Wisdom and Cunning in the Classical Traditions of China and Greece* (Ithaca, N. Y.: Cornell University Press, 1993); M. Detienne and J.-P. Vernant, *Cunning Intelligence in Greek Culture and Society*, trans. J. Lloyd (Atlantic Highlands, N.J.: Humanities Press, 1978)。

77. Pausanias, *Description of Greece* 1.24.5; Fuchs, "Zur Rekonstruktion des Poseidon im Parthenon-Westgiebel"; Spaeth, "Athenians and Eleusinians," 333–36, 341–43; Palagia, *Pediments*, 40–59; Palagia, "Fire from Heaven," 244–50; Hurwit, *Athenian Acropolis*, 174–77.

78. E. Simon, "Die Mittelgruppe im Westgiebel des Parthenon," in *Tainia: Festschrift für Roland Hampe*, ed. H. Cahn and E. Simon (Mainz: Philipp von Zabern, 1980), 239–55。佩拉一个陶瓶（Pella Archaeological Museum 80.514）显示相似画面: 宙斯的闪电出现在雅典娜与波塞冬之间，象征他的干预/仲裁。另见在圣彼得堡的一个阿提卡九头海蛇怪（State Hermitage Museum, P 1872.130, from Kerch, ca. 360–350 B.C.），可见到雅典娜和波塞冬分别站在一棵橄榄树两旁; B. Cohen, *The Colors of Clay: Special Techniques in Athenian Vases* (Los Angeles: J. Paul Getty Museum, 2008), 339–41。

79. Pausanias, *Description of Greece* 1.24.5; Hurwit, *Athenian Acropolis*, 174–77; Palagia, *Pediments*, 40–59; Palagia, "Fire from Heaven," 244, 250; Spaeth, "Athenians and Eleusinians," 333–34; Fuchs, "Zur Rekonstruktion des Poseidon im Parthenon-Westgiebel."

80. St. Petersburg, The State Hermitage Museum, P 1872.130, 见前面注释 78。

81. 希罗多德（《历史》8.55）讲述了雅典娜在较量中的获胜，阿波罗多洛斯（*Library* 3.14.1.）后来以更详细的方式重把这故事说了一遍。见 Parker,

"Myths of Early Athers," 198n49; Isokrates, *Panathenaikos* 193; 说明见 Aelius Aristides, *Panathenaic Oration* 140 (Lenz and Behr) = Dindorf, 3, 58–59 = Jebb, 106。

82. Apollodoros, *Library* 3.14.1; Pausanias, *Description of Greece* 1.27.2.
83. Pausanias, *Description of Greece* 1.26.6. 在一世纪从事著述的斯特拉波引述赫格西亚斯（Hegesias）的话："我去过卫城，看过巨大三叉戟留下的痕迹。" 见 *Geography* 9.1.16, 译本：H. L. Jones, *The Geography of Strabo* (Cambridge, Mass.: Harvard University Press, 1924), 261。
84. Lesk, "Erechtheion and Its Reception," 161.
85. Pausanias, *Description of Greece* 1.26.5, 译本：W. H. S. Jones, Pausanias, *Description of Greece* (Cambridge, Mass.: Harvard University Press, 1986), 137.
86. A. Murray, *The Sculptures of the Parthenon* (London: John Murray, 1903), 26–27.
87. Pausanias, *Description of Greece* 5.10.7.
88. Palagia 把各种不同的诠释画成一张非常有帮助的图表，又对相关的学术研究有一详尽综述，见氏著 *Pediments*, app., p. 61 and 40–59。
89. 进一步说明，见 Barbette Spaeth, "Athenians and Eleusinians," 338–60。另参见 L. Weidauer, "Eumolpos und Athen," *AA* 100 (1985): 209–10; L. Weidauer and I. Krauskopf, "Urkönige in Athen und Eleusis: Neues zur 'Kekrops'—Gruppe des Parthenonwestgiebels," *JdI* 107 (1992): 1–16。
90. Spaeth, "Athenians and Eleusinians," 339–41, 351–54.
91. Pausanias, *Description of Greece* 1.38.3.
92. 这些人物的身份判定，见 Spaeth, "Athenians and Eleusinians," 339ff。
93. Plutarch, *Life of Perikles* 12. 译本：R. Waterfield, *Plutarch: Greek Lives* (Oxford: Oxford University Press, 1998), 155.
94. Plutarch, *Life of Perikles* 12.2, 译本：B. Perrin, *Plutarch's Lives* (Cambridge, Mass.: Harvard University Press, 1916), 3: 37.
95. 译本：Waterfield, *Life of Perikles*, 156.
96. 译本：Jowett, *Thucydides*, 6.
97. 有关古典时代雅典人的自尊自大心理，见 M. R. Christ, *The Bad Citizen in Classical Athens* (Cambridge, U.K.: Cambridge University Press, 2006); M. R. Christ, *The Limits of Altruism in Democratic Athens* (Cambridge, U.K.: Cambridge University Press, 2012), with overview, 1–9; R. Balot, *Greed and Injustice in Classical Athens* (Princeton, N.J.: Princeton University Press, 2001); J. Hesk, *Deception and Democracy in Classical Athens* (New York: Cambridge University Press, 2000)。
98. 译本：Jowett, *Thucydides*, 47–48.
99. Sanders, "Beyond the Usual Suspects," 152–53.
100. 译本：Jowett, *Thucydides*, 127.
101. 同前注书目，128。
102. 同前注书目，129。
103. 同前注书目，127, 130。
104. M. Faraguna, G. Oliver, and S. D. Lambert in *Clisthène et Lycurgue d'Athènes*,

ed. V. Azoulay and P. Ismar (Paris: Publications de la Sorbonne, 2012), 67–86, 119–31, and 175–90; Habicht, *Athens from Alexander to Antony*, 22–27; Hurwit, *Athenian Acropolis*, 253–60; F. W. Mitchel, *Lycourgan Athens, 338–322 B. C.* (Cincinnati: University of Cincinnati, 1970); F. W. Mitchel, "Athens in the Age of Alexander," *Greece and Rome* 12 (1965): 189–204.

105. Meineck, "Embodied Space."
106. Hintzen-Bohlen, *Die Kulturpolitik des Euboulos und des Lykurg.*
107. See Humphreys, *Strangeness of Gods*, 77.
108. Pseudo-Plutarch, *Lives of the Ten Orators, Lykourgos* 843e–f.
109. 同前注书目，843c; Pausanias, *Description of Greece* 1.8.2. Hintzen-Bohlen, *Die Kulturpolitik des Euboulos und des Lykurg.*
110. 有关伯里克利的愿景，见修昔底德，《伯罗奔尼撒战争史》2.34–46; Humphreys, *Strangeness of Gods*, 120; N. Loraux, *The Invention of Athens: The Funeral Oration in the Classical City* (Cambridge, Mass.: Harvard University Press, 1986), 144–45; S. Yoshitake, "Aret and the Achievements of the War Dead: The Logic of Praise in the Athenian Funeral Oration," in Pritchard, *War, Democracy, and Culture*, 359–77。
111. Siewert, "Ephebic Oath," 102–11.
112. Humphreys, *Strangeness of Gods*, 103, 104; Steinbock, "A Lesson in Patriotism," 294–99.
113. Lykourgos, *Against Leokrates* 9–10；关于一个引人注目的讨论，见 Steinbock, "A Lesson in Patriotism"; Allen, *Why Plato Wrote*, 93; Ober, *Democracy and Knowledge*, 186。
114. Habicht, *Athens from Alexander to Antony*, 27; Ober, *Democracy and Knowledge*, 186–90.
115. Lykourgos, *Against Leokrates* 77, 译本：Burtt, *Minor Attic Orators, II*, 69, 71.
116. Lykourgos, *Against Leokrates* 79, 译本：Burtt, *Minor Attic Orators, II*, 71, 73. 有关誓言对古希腊人的重要性，见 A. Sommerstein and A. J. Bayliss, eds., *Oath and State in Ancient Greece* (Berlin: De Gruyter, 2013); D. Lateiner, "Oaths: Theory and Practice in the Histories of Herodotus and Thucydides," in *Thucydides and Herodotus*, ed. E. Foster and D. Lateiner (Oxford: Oxford University Press, 2012), 154–84; A. Sommerstein and J. Fletcher, eds., *Horkos: The Oath in Greek Society* (Exeter: Bristol Phoenix Press, 2007); S. G. Cole, "Oath Ritual and the Male Community at Athens," in *Demokratia: A Conversation on Democracies, Ancient and Modern*, ed. J. Ober and C. Hedrick (Princeton, N.J.: Princeton University Press, 1996), 233–65; J. Plescia, *The Oath and Perjury in Ancient Greece* (Tallahassee: University of Florida Press, 1970)。
117. P. Siewert, "Der Eid von Plataiai," *CR*, n. s., 25 (1975): 263–65. 这誓言的真实性受到质疑。见第五章的讨论。
118. Lykourgos, *Against Leokrates* 81, 译本：Butt, *Minor Attic Orators, II*, 73.
119. Lykourgos, *Against Leokrates* 83, 译本：Butt, *Minor Attic Orators, II*, 75.
120. Lykourgos, *Against Leokrates* 84, 86, 译本：Burtt, *Minor Attic Orators, II*, 75, 77.

See Steinbock, "A Lesson in Patriotism," 282–90.

121. Lykourgos, *Against Leokrates* 98–101. Translation of section 100，译本：Burtt, *Minor Attic Orators, II*, 87.
122. 翻译是我自己根据利库尔戈斯在《谴责莱奥克拉特斯》中引述的段落所做的，而欧里庇得斯的《厄瑞克透斯》残篇，除非另有说明，否则在本书中一律使用坎尼希特（R. Kannicht, 2004）的版本。在各处引用的行数前出现的"F"代表"残篇"（fragment）。
123. 厄瑞克透斯的三个女儿的誓言展现出"人人为我，我为人人"原则的精粹——这原则因着大仲马笔下的三剑客而为现代读者所知。《三剑客》系列出版于一八四四年三月至七月。随着小说风行至阿尔卑斯山彼端，"人人为我，我为人人"的口号被用于动员瑞士各州的向心力。这口号的德文版（einer für alle, alle für einen）、法文版（un pour tous, tous pour un）和意大利文版（uno per tutti, tutti per uno）后来成为瑞士建国神话的一部分，被用于强调面对逆境时的团结一致。一九〇二年，这座右铭以拉丁文的形式（unus pro omnibus, omnes pro uno）被铭刻在伯尔尼瑞士联邦宫的圆顶。见 S. Summermatter, " 'Ein Zoll der Sympathie' —die Bewältigung der Überschwemmungen von 1868 mit Hilfe der eidgenössischen Spendensammlung," *Blätter aus der Walliser Geschichte* 37 (2005): 1–46, at 29, fig. 8。
124. Isokrates, *Demonikos* 13. 译本：D. C. Mirhady and Y. L. Too, *Isocrates I* (Austin: University of Texas Press, 2000).
125. Lykourgos, *Against Leokrates* 101，译本：Burtt, *Minor Attic Orators, II*, 91.
126. Lykourgos, *Against Leokrates* 100 and 欧里庇得斯，《厄瑞克透斯》F 360.1 Kannicht。有关行动迅速的重要性，见 A. Chaniotis, "A Few Things Hellenistic Audiences Appreciated in Musical Performances," in *La musa dimenticata. Aspetti dell'esperienza musicale greca in età ellenistica*, ed. M. C. Martinelli (Pisa: Scuola Normale Superiore 2009), 75–97，特别参见 89–92（关于自发性）。
127. Lykourgos, *Against Leokrates* 101，译本：Burtt, *Minor Attic Orators, II*, 90–91.
128. Lykourgos, Against Leokrates 100，译本：Burtt, *Minor Attic Orators, II*, 85, 87.
129. 修昔底德，《伯罗奔尼撒战争史》2.37.2，其中使用的动词是 *mimoumetha*，"我们抄袭"。感谢帕帕斯（Nickolas Pappas）所提供的这个意见，也感谢迪格雷尔（James Diggle）在这个段落给我的帮助。

第四章　终极牺牲：国父、国母、国女

时间是一九〇一年，地点是古兰坟场。法国人焦凯（Pierre Jouguet）及其团队横越埃及的沙漠，来到这个位于法尤姆绿洲西南的希腊化时代墓园，挖掘了整个冬天（一月到三月），成果丰硕。在一个由众多岩壁坟冢构成的大区域里，出土了数以百计的木乃伊[1]。陪葬品并不特别丰富，但有些木乃伊的外壳却在大约六十年后被证明是无价宝。

不同于图坦卡门或其他知名埃及王族的棺材，这些棺材外壳并不是以黄金或镀金的木头制成，而是纸浆模板。碰到想省钱的顾客，希腊化时代埃及的殓葬业者会把丢弃的莎草纸黏裹在尸体的亚麻包布上。待莎草纸风干变硬，便可以在上头涂以灰泥，施以彩绘，甚至镀金，让其看起来像是更高级的材料。这是公元前最后三个世纪埃及寻常百姓的殓葬方式，其时埃及的统治者是托勒密一世及其子孙（托勒密一世是马其顿人，原是亚历山大大帝麾下大将）。

纸上的墨迹不会融消，就因为这样，原被亚历山大港*和其他地方抄写员抄写在莎草纸上的文本得以留存下来。希腊化世界的图书馆要求非常严格，抄写员只要抄错一个字，便会把整张莎草纸丢弃。莎草纸价格不菲，所以被丢弃的纸张会卖给殓葬业者，供制造"棺材"之用。所以，希腊化时代的埃及坟墓和它们的木乃伊外壳成了发现失传或未知古代文书的重要来源。

焦凯把数十具木乃伊带回巴黎和里尔的莎草纸学研究机构以供研究（图39）。从这些木乃伊，他成功分离出一批希腊文和埃及文的古文书。不过，莎草纸极其脆弱，不容易一张张剥离，只要一个不小心，写在上

---

*　译注：亚历山大港拥有古代世界最大的图书馆。

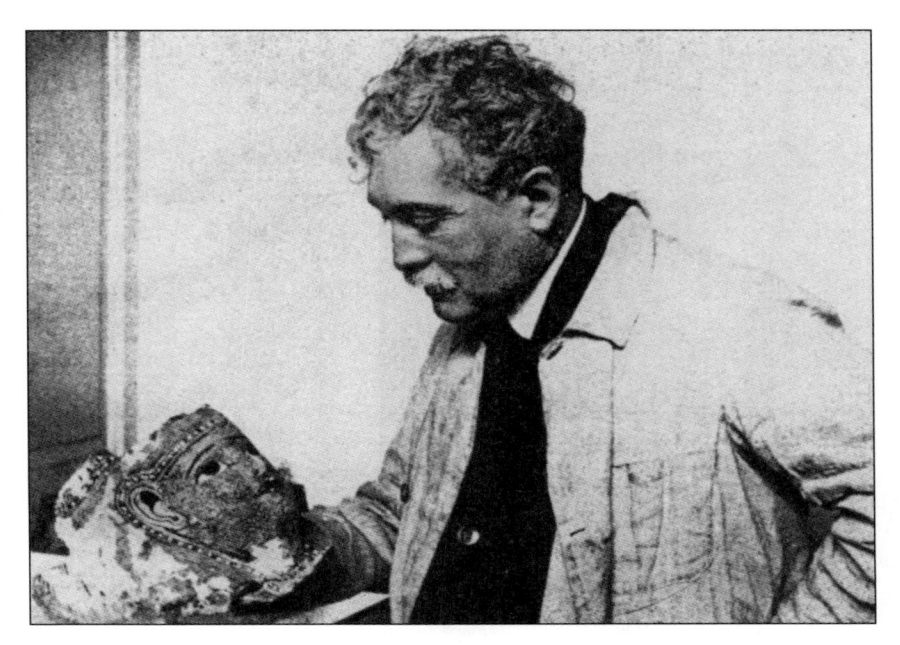

图 39 焦凯审视一片木乃伊外壳碎块。照片原载《开罗评论》13, no. 130（1950）。

面的文字便有可能会毁掉。这情形要到一九六〇年代早期，索邦大学莎草纸学研究所教授巴塔伊和妮科尔·帕里雄发展出一种新技术，情形才有所改善。他们首先把外壳浸泡在有百分之十三盐酸的溶液里，加温至七十华氏度，再让它们接受有百分之十甘油的溶液的蒸汽浴。这样，胶水就会融化，纸张变得容易剥离，让自从公元前三世纪就无人得见的希腊文文本重见天日。这种创新引起过小小的轰动：《生活》杂志（图40）在一九六三年十一月报道其事时，标题作"从木乃伊蒸煮出秘密"[2]。

不过，后来却发生了一件也许会被视为"木乃伊诅咒"的事件：一九六五年，巴塔伊教授在巴黎市中心过马路时被车撞倒，不幸身亡[3]。不过，他在一九六二年九月十九日分离出的莎草纸残篇业已引起瞩目。从编号24和25的木乃伊外壳，他救回了米南德所写的希腊喜剧《西库昂人》（西库昂是伯罗奔尼撒半岛一个离科林斯不远的城市）。写成于公元前四世纪晚期或前三世纪初期，这出喜剧的存在早为世人所知，因为焦凯六十年前便从另一具木乃伊发现此剧的一百五十行文字。换言之，同一卷莎草纸书卷曾分别被三具木乃伊回收再利用！

终极牺牲：国父、国母、国女　165

听到这消息，研究希腊喜剧的学者无不雀跃。其中一位是牛津大学基督堂学院的博士生奥斯汀，他才刚完成论希腊喜剧作家阿里斯托芬的博士论文。一九六六年秋天，他抵达巴黎，在索邦大学莎草纸学研究所受到巴塔伊继承者谢雷接待。谢雷把《西库昂人》残篇的复本提供奥斯汀研究，但声明保留出版权，又另外送他从编号 24 的木乃伊外壳取得的另一些残篇的复本。因为相信后者与米南德的文本相比只算是"纸屑"，谢雷大方把出版权送给年轻的奥斯汀。

图 40　巴塔伊和妮科尔·帕里雄教授从木乃伊外壳分离出《厄瑞克透斯》的残篇。《生活》杂志，一九六三年十一月十五日，页六五。

奥斯汀的心跳停顿了一拍。因为他一眼便认出，眼前的"纸屑"包含着古希腊三大悲剧作家欧里庇得斯佚失已久的剧作《厄瑞克透斯》的内容[4]。

《厄瑞克透斯》的存在早就为世人所知，因为它曾被古代的作家大量引用[5]。已知的最长篇引用见于利库尔戈斯的演说词《谴责莱奥克拉特斯》，共引用了五十五行。该篇演说词写成于公元前三三〇年，时距《厄瑞克透斯》初演（八成是公元前四二二年前后）近一个世纪[6]。在指控叛国者莱奥克拉特斯时，利库尔戈斯把他对比于国王厄瑞克透斯几个为雅典献出生命的女儿，又引用了她们妈妈（王后普拉克熹提娅）答应让女儿牺牲的爱国演说。但一份希腊化时代莎草纸文本如何改变了我们对世界最知名建筑的了解？就目前，我们只需要知道的是，这问题的答案透露出古典研究学界的各领域是多么各自为政。

奥斯汀渊博的希腊知识让他认出眼前的莎草纸文本包含利库尔戈斯在演说时引用过的同一出戏剧。重新发现佚失的古代重要著作是任何古典学家的梦想。但奥斯汀不动声色。感谢过谢雷之后，他直接回国，暗自对自己的好运气欣喜若狂。

奥斯汀以破纪录的时间完成任务，一年后便把希腊文文本辨读出并付梓。这不是件容易的工作。首先，有大段内容早因为莎草纸被剪裁成翅膀状而遗失——"翅膀"代表鹰神何露斯，是木乃伊外壳的常见装饰元素（图41、图42）[7]。奥斯汀的解读首先刊登在一九六七年的《莎草纸学研究》，附有法文翻译，标题作《欧里庇得斯〈厄瑞克透斯〉的新残篇》[8]。翌年，他又把索邦莎草纸的内容与所有其他已知的《厄瑞克透斯》片段

图41　包含《厄瑞克透斯》残篇的"莎草纸2328a"。

图42　包含《厄瑞克透斯》残篇的"莎草纸2328b"至"莎草纸2328d"。

终极牺牲：国父、国母、国女　167

合成一册出版，名为《莎草纸中的欧里庇得斯新残篇》[9]。为符合它所隶属的德国丛书系列（"克莱恩文本"）的体例，奥斯汀的注解是以拉丁文写成，也没附上翻译。

欧里庇得斯佚失戏剧的重现轰动整个古典文献学圈子，却几乎不为考古学家所知。这一类发现通常都要花相当长的时间才会进入古典学研究的主流，大众了解其价值又在更久之后了。该剧的西班牙译本在一九七六年出版，意大利文译本在一九七七年出版[10]。不过，英译本却要等到一九九五年始面世，距残篇的发现已经三十多年[11]。在奥斯汀第一次发表《厄瑞克透斯》残篇和我第一次意识到它们和帕特农横饰带有着重要关系之间，相隔了快二十五年[12]。我们常常以为古典研究圈子是一个独立于其他领域的孤岛，领域内每个研究者都知道别的研究者在做些什么。其实不然。研究希腊雕刻的专家极少会注意莎草纸学的新发现，一如莎草纸学者很少知道希腊神庙雕刻研究的新动向。

焦凯从编号24的木乃伊外壳剥离的残篇被称为"二三二八号索邦莎草纸"，其中大约包含《厄瑞克透斯》一百二十行文字（利库尔戈斯引用过的五十五行不在其内）。在焦凯之前，《厄》剧只有一百二十五行文字为世人所知：包括利库尔戈斯引用部分、斯托贝乌斯引用的三十四行和其他多种资料文献引用的一行两行[13]。奥斯汀发表的文本让《厄》剧的已知行数一下子跳到近两百五十行。以欧里庇得斯其他作品衡量，这数字相当于整出戏的五分之一或六分之一篇幅[14]。

但这些新残篇又是如何改写我们对帕特农神庙的认知？回答这个问题之前，我们需要知道一点厄瑞克透斯这位太古时代雅典国王的故事。他在古典时代雅典人意识里占有的地位远大于过去两千年来我们所了解的。

前面说过，现代读者会知道《厄瑞克透斯》的存在，主要是因为利库尔戈斯曾在演说时对其内容有过大段引用。但这出悲剧的意义，还有剧名人物的意义，在奥斯汀于一九六七年发表新残篇前都未能为人充分体会。事实上，厄瑞克透斯的名字一直都因着卫城上那座以他为名的神庙而广为人知。一般都把厄瑞克透斯神庙的筑造时间定在公元前四二一年，即雅典与斯巴达签订《尼西阿斯和约》而让第一阶段伯罗奔尼撒战争结束之后。它落成于公元前四〇九／四〇八年之后——我们知道这个，是因为有记载神庙哪些工程已经完成以及哪些尚待完成的铭文存在[15]。但因神庙的启建日期主要是靠旁证推断，至今仍有争议。有些学者把它推早到公元前四三五年，有些学者把它推迟至公元前四一二年[16]。位于该神庙西南角落的"少女柱廊"（得名自承托着过梁的六根"女像柱"）非常有名，任何上过西方艺术课的小学生都会知道（图98）。但对于作为该神庙名字来源的那位英雄，我们又知道些什么呢？

牛津大学古典学家韦斯特传神地把厄瑞克透斯比作"阿提卡神话蛛网中央的大蜘蛛"[17]。这位英雄早在《伊利亚特》便出现过，在其中，荷马告诉我们，"建筑得很好的要塞雅典"是"心高志大的厄瑞克透斯"的土地。生于地之后，厄瑞克透斯由宙斯之女雅典娜负责养育，她把他安顿在卫城上"她那座丰美的神庙"里[18]。但《奥德赛》的说法刚好倒过来[19]，说雅典娜走进了"厄瑞克透斯牢固的家"——"牢固的家"有可能就是指青铜时代晚期建造于卫城顶上的迈锡尼王宫（图10）。

希罗多德告诉我们，厄瑞克透斯和雅典娜受到雅典人的联合祭祀[20]。埃皮达鲁斯的人一年一度会向这对神明献祭，作为回报，他们被允许砍下雅典一些橄榄树用以雕刻神像。阿波罗多洛斯同时提到厄瑞克透斯的"地生"身世和"雅典人国王"身份，指出雅典人被称为雅典人就是始自这国王的统治时期。希罗多德透露，厄瑞克透斯神庙存放着雅典娜和波塞冬较劲时变出的橄榄树和海水泉[21]。

厄瑞克透斯和另外一个叫厄里克托尼俄斯的人常常难以区分[22]。他们分享着同一个异乎寻常的诞生神话，即都是直接生于地[23]。他们的妻子同样名叫普拉克熹提娅[24]。两个英雄都被说成是发明马车挽具和把马车引入战争的人。另外，两人都与泛雅典节有关[25]。

从他们分享着同一个诞生神话的事实反映他们事实上是同一个人。正如前面说过，铁匠之神一看到处子女神便对她的美貌倾倒。不理会女神的拒绝，黑淮斯托斯从后追赶，但最后只把精液射在了女神大腿上[26]。雅典娜用一团羊毛擦去恶心的脏污，再把羊毛丢弃在地。没想到地母因此受孕，生出厄瑞克透斯／厄里克托尼俄斯。有学者主张，"厄瑞克透斯"（Erechtheus）这名字就是源自 erion 或 erithechna（指"羊毛"或"毛纺的"）。但也有学者认为这名字是衍自 chthonios（指"归属于土地"）。还有人把二说结合为一，指 Erech-theus 可翻译成"羊毛的-土地的"，但这种可能性不大[27]。

雅典人传说里原只有厄瑞克透斯一个[28]。他是城邦的太古国王，生于大地而由雅典娜养育成人。但到了公元前五世纪某个时间点，厄瑞克透斯却"分裂"成了两个人[29]。到了公元前四世纪，厄里克托尼俄斯看来已经完全接收厄瑞克透斯的诞生和童年故事。至此，厄瑞克透斯总是以成年人的形象出现，总是那个为对抗攸摩浦斯而不惜牺牲女儿的雅典国王[30]。

厄瑞克透斯和厄里克托尼俄斯自此被视为两个不同的人，但也有可能是被视为同一个人的小孩版和成年版。在希腊艺术中，厄里克托尼俄斯总是以小孩或婴儿的形象出现，有时会伴随着蛇卫士[31]。反观厄瑞克透斯则总是以大人形象出现，是个成熟的雅典国王[32]。现藏柏林一个公元前五世纪后半期的红绘酒杯同时有两人画像，各注明名字（图43、图44）[33]。有些论者以此为根据，主张两人是不同的个体[34]。然而，我们必须小心，不要动辄照"字面"解读图像。意象的生成过程就像神话的生

图43　厄里克托尼俄斯的诞生。盖娅从地里冒出，把婴儿厄里克托尼俄斯交给雅典娜，长着蛇尾巴的喀克洛普斯站在一旁观看。最右边两人疑是黑淮斯托斯和赫尔塞（译者按：喀克洛普斯的大女儿）。见于塔尔奎尼亚出土的一个酒杯（公元前四四〇至前四三〇年古物）。

图 44　左边两人为阿格劳萝丝和国王厄瑞克透斯（持节杖者），居中者是潘朵洛索斯，最右边两人疑是埃勾斯和帕拉斯。见于塔尔奎尼亚出土的一个酒杯（公元前四四〇至前四三〇年古物）。

成过程一样，是复杂和非线性的[35]。一个英雄的两面被绘画在同一个陶瓶上是完全有可能的，一如厄瑞克透斯完全有可能被一分为二。神话的动态特征和图像的产生过程比一些现代诠释者以为的有弹性得多。

希腊神话是一种不断改变的存在，会在每一次被重述的过程中"变形"为新的甚至是相反的版本。你无法说某个神话版本是更正确或更佳，一如无所谓"错误"的版本。神话的变动性格让现代听众倍感挫折，这问题我们后面还会再谈。就目前，我们需要知道以下这点便够：厄瑞克透斯和厄里克托尼俄斯是彼此紧密交织在一起的，千百年来衍生出许许多多的变体。但有一点却是毫无争议，那就是，在厄瑞克透斯和厄里克托尼俄斯两者中，只有前者会被称为雅典的开国国王——从他首次在《伊利亚特》出现时便是如此。厄瑞克透斯也是厄瑞克透斯神庙的受祭者，从没有把这神庙称为厄里克托尼俄斯神庙。雅典总是被称为"厄瑞克透斯的土地"，从不是"厄里克托尼俄斯的土地"。类似地，雅典人也总是被称为"厄瑞克透斯子孙"，不是"厄里克托尼俄斯子孙"[36]。

我们从前不懂得重视厄瑞克透斯，不是因为他不重要，而是因为留存下来的物质证据寥寥无几。更碍事的是他的光芒有时会被另一个传说中国王喀克洛普斯的光芒盖过：希罗多德告诉我们，喀克洛普斯是更早一代的统治者³⁷。这两个人物同样表现出让人迷惑的相似性。两人都是"地生",都被说成是雅典祭仪的创立者。在艺术作品中,喀克洛普斯被刻画为长有蛇尾巴(图43),而厄瑞克透斯／厄里克托尼俄斯也经常与蛇一道出现³⁸。最有披露性的一点是,两人都有三个女儿,而其中两个皆是结局悲惨(根据一些说法是从卫城跳崖而死)。苏尔维诺-因伍德有说服力地论证过,喀克洛普斯事实上是从厄瑞克透斯演变而成。她认为前者的"地生"成分受到加强和强调,所以才会被描绘为长有蛇尾巴³⁹。所以,我们最好是赶快习惯雅典建国神话在"长时段"中变化多端的复杂性,习惯它的各种投射、转移和混合。

尽管如此,厄瑞克透斯仍是希腊文学中第一位雅典国王,最早是出现在公元前八世纪至前七世纪之交的荷马史诗。他会在公元前五世纪中叶晋升到一个显赫地位,成为一个从沉睡中醒过来的英雄,看来是与伯里克利的愿景及其更新卫城的努力有密不可分的关系。在波斯战争之后,对受过集体创伤的雅典人来说,没有比回到最起始,回到城邦赖以奠基的国父和立国精神更合宜的做法。厄瑞克透斯完全适合当时的需要,这位英雄的家庭悲剧体现着伯里克利式民主所强烈向往的自我牺牲精神。

与厄瑞克透斯同样意义重大的是雅典娜,因为没有她,黑淮斯托斯的精子就不会接触到大地,而厄瑞克透斯也不会诞生人世。所以,雅典娜虽然始终是个处子女神,却在一个非常强烈的意义下是厄瑞克透斯的"母亲",也因此是所有雅典人的"母亲"。一如攸摩浦斯攻打雅典是为父复仇,厄瑞克透斯也是为捍卫"母亲"的职志而战。

雅典娜与波塞冬的紧张关系并没有随着她赢得雅典的守护权而告终。他们的人间后嗣(厄瑞克透斯和攸摩浦斯)继续彼此为仇,后者从希腊东北部召集了一支色雷斯人的军队,要为父亲洗雪前耻⁴⁰。修昔底德告诉我们,"一如攸摩浦斯和厄琉息斯人曾经对厄瑞克透斯发动战争",在阿提卡各城镇还独立于雅典人国王之外的时代,它们有时会对厄瑞克透斯发动战争⁴¹。

听说有一支围城大军逼近,厄瑞克透斯赶忙向德尔斐神谕寻求指引。神明的回答叫人摧折心肝:国王必须牺牲女儿方能挽救城邦。厄瑞克透斯把这坏消息告诉妻子普拉克熹提娅,请她答应让一个女儿赴死。我们知道，王后的回答充满爱国精神。利库尔戈斯的时代离《厄》剧初演已经一百年，但他明显深信王后的慷慨陈词仍能激动人心，所以才会告诉审判团，他们必可在这番话里"找到匹配雅典人和一个凯菲索斯河女儿的伟大精神与高贵情操"。

得到妻子的勇气壮胆，厄瑞克透斯决定牺牲最小的女儿。整出《厄》剧都没有提这女孩的名字，光称她为"帕德诺斯"（"少女"）。厄瑞克透斯和普拉克熹提娅几个女儿的名字在古代资料文献中相当混乱，几百年间不同作者的说法常互相冲突[42]。较后期资料文献甚至称厄瑞克透斯夫妻有四到六个女儿不等，还有好几个儿子。根据费诺德穆斯的说法，姐妹六人中死掉的是普罗特吉尼娅和潘多拉，活下来的是普洛克丽斯、克瑞乌莎、奥莱蒂娅和克托妮娅——但在这个说法里，两位死去的公主是为拯救雅典免于波奥提亚人而非色雷斯人攻击而牺牲。[43] 阿波罗多洛斯列出的名字是克瑞乌莎、奥莱蒂娅和克托妮娅，又说厄瑞克透斯有三个儿子，分别名为潘朵洛索斯*、喀克洛普斯和墨提翁第二。三姐妹中活下来的是克托妮娅，她后来嫁给了布忒斯**[44]。但许癸努斯却说被牺牲（向波塞冬献祭）的是克托妮娅，而她的两个姐姐随之自杀身亡[45]。可他又透过另一女儿普洛克丽斯之口把阿格劳萝丝说成是厄瑞克透斯的儿子，无视其他文献一律称阿格劳萝丝是喀克洛普斯的**女儿**[46]。在阿提卡神话极其纠葛的蛛网里，那些最有力的模式会一再复制自己，例如（如第一章指出过的），丢卡利翁和喀克洛普斯和厄瑞克透斯都有三个女儿[47]。她们当然是有关联的：丢卡利翁和厄瑞克透斯二人都有一个叫潘多拉的女儿，而喀克洛普斯则有一个叫潘朵洛索斯的女儿。非常有可能，就像厄里克托尼俄斯是厄瑞克透斯的分身那样，潘朵洛索斯只是潘多拉的分身[48]。

一如神谕所保证的，雅典人在厄瑞克透斯把女儿献祭后打了胜仗。不过，出乎王后普拉克熹提娅意料之外的是，厄瑞克透斯竟被波塞冬制造的地震所吞噬。至于另外两个较年长的公主，则信守三姐妹死则同死的誓言，自杀而亡。她们是怎么个自杀法，《厄瑞克透斯》的残篇并未明

---

* 译注：潘朵洛索斯在其他说法里都是厄瑞克透斯夫妻之女。

** 译注：前面提过，布忒斯是厄瑞克透斯的孪生兄弟。

确记载，但有若干蛛丝马迹暗示她们是在卫城跳崖自杀，因为普拉克熹提娅最后所说的一番话看来就是在两个女儿的尸体前面说出[49]。阿波罗多洛斯也是记载，最小的公主被献祭后，她的两个姐姐自杀而死[50]。

不过，包括阿波罗多洛斯在内，后期著作家都把跳崖自杀的一对公主说成是喀克洛普斯的女儿，而他是比厄瑞克透斯早一代的国王[51]。根据这种说法，两姐妹是因为偷看了一个禁止偷看的盒子（里面放着婴儿厄里克托尼俄斯和一条蛇）而发疯，从卫城跳崖致死（另一说法是投海溺毙）[52]。

有时，就连同一个作者的不同著述都会有不同说法。在写于《厄瑞克透斯》几年后而初演于公元前四一四至前四一二年的《伊翁》一剧中，欧里庇得斯毫不含糊提到，共有三个厄瑞克透斯家的女儿被献[53]。当小孩伊翁问妈妈："听闻外公在献祭中杀掉您的几个姐姐，是真的吗，抑或只是传闻？"克瑞乌莎回答说："他忍心杀掉几个女儿是要让她们为斯土牺牲。"（克瑞乌莎应该是三个牺牲性命的公主的妹妹，当年因为还是婴儿而不适合用于献祭。）

不管怎样，重点是两位年长公主有遵守誓言，随妹妹一起死去（不管是死于父亲之手还是自杀）。王后原以为她只是要为所有人牺牲一个孩子，到头来却失去了全部三个女儿和丈夫——一种远大于她当初所能想象的牺牲。

新发现的《厄瑞克透斯》残篇大大有助于厘清帕特农神庙的意义。历来第一次，我们可以读到雅典娜在全剧近尾声对普拉克熹提娅所说的话。当时王后失去全部家人，孤零零站在卫城顶上。女神说的话相当于一份神圣宪章，其中规定要在圣岩上修筑两座巨大神庙，即帕特农神庙和厄瑞克透斯神庙。她先是吩咐普拉克熹提娅把三个女儿葬在同一墓冢，在上面盖一座神庙，再建立祭仪好让她们永被怀念永志不忘。然后，她指示王后把厄瑞克透斯葬于卫城中央，在墓冢上筑造圣域。最后，雅典娜任命普拉克熹提娅作为她的女祭司，负责照管好这些圣地。只有普拉克熹提娅一人有权在同时为两个墓冢圣所共享的祭坛进行燔祭（图89）。值得注意的是，雅典娜使用的是一种称为"圣法"的语言："圣法"是铭刻在石头上的宗教诏令，内容包括下令起造神庙之类的事宜[54]。

至此，泉仙女普拉克熹提娅为什么会叫普拉克熹提娅已昭然若揭。Praxithea 这名字是由两个词根构成，一是 prasso（做事），一是 thea（女神），合起来的意思便是"为女神做事的人"。高贵、无私而坚强，普拉克熹提娅是雅典娜最理想的女祭司。值得注意的是，当《厄瑞克透斯》首度上演时，在卫城掌"护城雅典娜"女祭司之职的正是一位权势和个性都罕见其匹的女人，名叫吕西玛刻。她是达康提德斯之女和雅典财政总监吕西克列斯之妹，掌女祭司之职长达六十四年（从公元前五世纪最后几十年至前四世纪初期）。极有可能，欧里庇得斯在创作普拉克熹提娅有力和爱国品格时，就是以吕西玛刻为蓝本的[55]。这当然只是猜测，但阿里斯托芬著名喜剧《吕西翠妲》（初演于公元前四一一年）却明明白白是以吕西玛刻为女主角之所本[56]。

新发现的《厄瑞克透斯》残篇里包含了雅典娜的关键性落幕话语。她命令宿敌波塞冬不要再骚扰雅典[57]：

[55]海神波塞冬，吾吩咐汝掉转三叉戟，莫再骚扰斯土，摧毁吾心爱之城市……难道汝愤不是已得宣泄，[60]不是已把厄瑞克透斯吞入地底而让吾心碎？

接着，雅典娜直接对普拉克熹提娅说话：

凯菲索斯河之女，斯土之拯救者，今聆无母雅典娜之语如下。[65]先是关于为斯土牺牲之汝女与汝夫者。着汝把女葬于吐出最后气息之处，两姊亦同葬一穴，以嘉其高贵情操，[70]信守对爱妹之誓言。三人灵魂将不赴冥府，吾自将彼等精魂带至天极，并赐彼等一全希腊人共诵名字："许阿铿托斯家女神"*[75]……发许阿铿托斯之光辉，拯救斯土。**百姓毋得遗忘三姊，每年得屠牛为祭，[80]以神圣少女歌舞飨之……敌人……战争……军队……务必如此行：在

---

* 译注：这等于是说把她们星格化为"许阿铿托斯家姐妹星座"，至于为什么会把她们称为"许阿铿托斯家姐妹"，见第六章。
** 译注：这几句话的意义见第六章。

执起作战长矛前之前祭*，毋得触碰酿酒用之葡萄，亦不可往祭火倒入蜜蜂辛勤果实（指蜂蜜）与河水以外之物。务必让三位女儿有一禁止进入之圣域，务使无敌人可在其中秘密献祭，庆祝彼等之胜利与斯土之苦难。

［90］又着汝在城中央为汝夫建一有石头圈绕之圣域。因着杀他之人，他将被称为"神圣波塞冬—厄瑞克透斯"，由百姓以牛只奉祀。

［95］至于汝，普拉克熹提娅，本城之再奠基者，着命汝为吾之女祭司，得在吾之祭坛为全城邦行燔祭。汝已闻斯土必须经历何种苦难。吾今代吾在天之父宙斯宣布：攸摩浦斯得准予死而复生。

欧里庇得斯，《厄瑞克透斯》F370-101 Kannicht [58]

在后面几章，我们将会看到女神这番话如何在雅典人的心灵里回响不已，表达出他们自我理解的最本质，因而构成我们理解卫城神庙和祭仪的基础。前面说过，雅典娜的话读起来就像许多下令起造神庙的"圣法"。欧里庇得斯的戏剧，还有菲迪亚斯的帕特农雕刻，都鲜明传达出雅典人的核心价值，与此同时又告诉了他们现在何以会是现在的样子。就目前，我们只需要知道，欧里庇得斯笔下的雅典娜毫不含糊解释了卫城两大神庙的起源。根据这个解释，厄瑞克透斯神庙和帕特农神庙之所以共享同一个女祭司和同一个祭坛（这是卫城祭仪非常独特的特色），是因为两座神庙彼此相关，一座为了纪念厄瑞克透斯，一座为了纪念他的三个女儿，而普拉克熹提娅又被授命去照顾好二者。

如果我们知道利库尔戈斯是自视为厄瑞克透斯和普拉克熹提娅的一个嫡裔，那他会大段引用《厄瑞克透斯》就更是理所当然。他所属的氏族（厄特奥布忒斯氏族）执掌"波塞冬—厄瑞克透斯"和"护城雅典娜"的祭司职位长达七百年，而他本人也大有可能就是"波塞冬—厄瑞克透斯"的一位祭司。所以，当他站在审判团前面追述传说中的爱国故事时，他乃是本着自己的身世和经验的权威发言[59]。

作为最极致的雅典人，利库尔戈斯在发言最后乞灵于那把全体公民

---

* 译注："前祭"指开战前的祭祀。

联结于同一种身份认同的阿提卡大地、神庙和纪念碑：

> 要是各位放过莱奥克拉特斯，等于是投票赞成背叛城邦、其神庙和其舰队。但要是各位定他死罪，将鼓励其他人保护你们的国家及其繁荣。众位雅典人，这个国家和它的树木正在向你们乞求保护，它的港口、码头和城墙正在向你们乞求保护，还有，不错，它的神庙和圣所也正在向你们乞求保护。
>
> 利库尔戈斯，《谴责莱奥克拉特斯》[60]

不管利库尔戈斯有多么卖力和雄辩，审判团对他仍然回报以分裂投票：两百五十票赞成有罪，两百五十票赞成无罪。就这样，那个曾经冒犯过雅典最根本精神的罪犯得以施施然走出法庭。

不过，厄瑞克透斯一家在雅典人意识里继续占有重要地位，是公民无私性的一个典范，尽管赖之成为可能的民主制度的寿元已屈指可数。在分隔伯里克利和利库尔戈斯之间的一百年间，公民有责任为共同福祉牺牲个体生命的观念仍然居于雅典民主意识形态的核心，只是这种愿意做出终极牺牲的热情一日比一日疲惫。甚至早在雅典军队在公元前三三八年被马其顿兵团击溃以前，为维护雅典优越性所发起的战争已让雅典人付出惨痛代价。凯罗尼亚战役之后，雅典甚至不再能控制原有的粮食来源地，愈来愈需要看外国将军和君王的脸色，天天生活在焦虑不安中。这期间，厄瑞克透斯和三个女儿的故事一再成为阿提卡葬礼演说的主题——这不奇怪，因为欧里庇得斯对雅典传统的"葬礼演说"语言应用得非常娴熟[61]。这神话被柏拉图对话录《美涅克塞努篇》援引过，也被伊索克拉底在《泛希腊盛会献词》和《泛雅典节献词》援引过[62]。公元前三三八年，狄摩斯提尼在为凯罗尼亚战役阵亡将士悼亡时，也大大赞扬了三位公主一番，借此激励厄瑞克透斯氏族的年轻人[63]。更后来，演说家德马德斯虽然因为不忍看见雅典被征服者腓力彻底摧毁而大力主和，仍然对厄瑞克透斯家三姐妹的高贵美德赞扬有加[64]。

厄瑞克透斯女儿的牺牲故事受到雅典人高度推崇，长盛不衰。明白它在雅典人意识里的核心性让我们可以解开帕特农神庙最大一个谜团

（其答案本来明白摆在我们眼前）。不过，在解谜之前，先让我们反省一下这个对雅典人身份认同归属最有定义性的神话有着何种意义和涵蕴。

对于雅典人那么推崇以暴力杀害一个无辜少女的行为，我们应该做何感想？在把少女献祭呈现为一个激励人心的无私榜样时，雅典人是否只是为了漂白一则有厌女情结的残忍故事？在回答这个问题时，有一件事情是我们必须记住：希腊文学中所有少女牺牲的事例都发生在神话时代。没有任何文献提及历史时代曾发生过杀死少女献祭的事情。另外，即便说有若干考古学证据可显示史前时代希腊有过活人献祭活动，这些证据也非常可疑、有争议且微不足道[65]。

希罗多德只提过一个活人献祭事例，但他的事例再一次是出自神话。他告诉我们，国王麦尼劳斯在特洛伊抓回逃妻海伦之后的回航途中，一度因为天不起风，舰队滞留在埃及一个港口。为求得顺风，他杀死两个埃及小男孩献祭[66]。述及这件事情时，希罗多德明显认为活人献祭是可憎之举，因为他称之为"不圣洁的行为"。

普鲁塔克记述，萨拉米斯战役开战前，泰米斯托克利斯在前祭中拿三个被俘的波斯王子（薛西斯的侄儿）祭旗[67]。如果真有其事，那将构成历史时期希腊以活人献祭的罕有事例。但该举动一样可以理解为战时处决俘虏。我们完全说不准普鲁塔克是在叙述一件真人实事还是援引一个旧范式[68]。有一个事实让这记载的历史真实性变得可疑：那三个被处决的王子被说成是献给"牛饮者狄奥尼索斯"，但"牛饮者狄奥尼索斯"却是一个列斯伏斯岛所奉祀的神祇，而列斯伏斯岛又是普鲁塔克的故事来源法尼亚斯的家乡[69]。另外，"三个王子"的数目也跟厄瑞克透斯故事中被在"前祭"中牺牲的阿提卡公主数目相同[70]。这种对称性意味着该故事也许是虚构而非历史事实。

地球上几乎没有一个文化的史前史不多少有一点活人献祭的阴影。虽然没证据可证明公元前五世纪的雅典人会拿少女献祭，但他们断然相信英雄时代发生过这种事。而且正如我们将会看到的，他们也许甚至相信厄瑞克透斯三个女儿的坟墓就位于帕特农神庙西厅的地底下。雅典人自己称这西厅为"帕特农"，意指"少女们的处所"。我将会在第六章论证，此中的"少女们"正是厄瑞克透斯和普拉克熹提娅的三个女儿，不是其他人。

这些有关献祭和死亡的幽暗故事究竟如何作用于希腊人的世界观？它们在建构英雄主义时扮演着何种角色？要回答这个问题，且让我们看看大英雄阿基利斯的情况。被称为"希腊英雄中的佼佼者"，阿基利斯在特洛伊作战时面对一个两难困境：是要选择年纪轻轻便死去却享有被人传颂不衰的荣耀，还是选择回家去，享受一段颇长但不永恒的余生？他在《伊利亚特》中这样思忖："如果留下来战斗，我会无法平安回家，但可以得到永不凋谢的荣耀；如果我回家，我的荣耀会死去，但可以在死神找上门前活很久。"[71] 这个考虑透露出希腊英雄主义的本质。要能成为英雄必须死亡。是死亡让英雄成为英雄。正如纳吉指出的，希腊的英雄主要是一种宗教膜拜的对象：死去的英雄会得到祭祀的尊荣，而他反过来又会带给百姓繁荣富足[72]。

通向英雄地位的最稳当途径是在战争中光荣战死。不畏死的勇气把经久不衰的荣耀带给了阿基里斯、帕特洛克罗斯、赫克托耳和其他从史诗流传下来的伟大名字。英雄奥德修斯是一个异数，因为他同时得到了荣耀和安归。他活过了特洛伊战争，却在归国途中（如《奥德赛》所记载）经历了十年历险。回到绮色佳之后，他获得了额外荣耀：妻子佩涅罗珀没有改嫁，一直忠心等着他回来[73]。

男人通向英雄地位的道路在最早的史诗便有揭示。但女人又如何？没有任何希腊女性可以有阿基利斯的选择：光荣战死或是回到等待着的家人身边。在希腊的社会框架中，这种选项乃是女性所无法想象。不过，希腊神话中确实有女性到达英雄的位阶和得到永远的荣耀。就像男性一样，她们也得透过死亡获得不朽，不同的是，她们的死所不是战场而是献祭的祭坛。

少女牺牲存在着一个吊诡：可以视为一种登上英雄的手段。透过终极的牺牲，希腊少女可以得到荣耀。作为回报，她们获得了不朽和膜拜（在一个膜拜热情高涨的社会，膜拜者的最高憧憬莫过于让自身成为值得膜拜的对象）。那些在少女牺牲中只看见残忍和厌女情结的批评者自不会认为这种交易划算。毕竟，一个女孩不可能真有权利决定自己要生还是要死。另外，男性英雄至少有机会为自己的生命而战，反观被牺牲处女的命运则是由别人决定。但这种看法没有弄对重点。在古希腊社会的文化规范里，年轻女子上战场作战是不可想象的。那么，她们又要如何表现出自己的杰出？没有少女牺牲这回事，妇女将永不可能享有货真价实的英雄地位，而英雄地位乃是古希腊社会的最高荣誉[74]。

希腊神话有许多关于出身名门的女孩在社会危机时期自我牺牲以逆转灾难的故事[75]。当奥尔霍迈诺斯人面临海克力士和底比斯人攻打时，一道神谕宣称，唯有一个出身高贵的男公民或女公民的性命方可拯救城邦。结果，安提普诺斯两个女儿安德鲁克里娅和阿莱斯自愿牺牲，死后被安葬在"光荣阿耳忒弥斯"的神庙，得到受祀的荣耀[76]。另一次，当可怕瘟疫肆虐奥尔霍迈诺斯，一道神谕宣布只有一个少女之死方可阻止疾病蔓延。俄里翁几个女儿（雅典娜曾亲自教她们编织）用大针和织布梭刺穿自己的喉咙和肩膀，让城市幸免于难[77]。当雅典暴发瘟疫（一说是饥荒）时，李奥斯几个女儿自愿牺牲，死后在阿戈拉广场获得自己的神祠和享有祭拜荣耀[78]。

希腊最著名的少女牺牲神话当然是阿伽门农杀死女儿伊菲革涅雅献祭一事[79]。此举让希腊舰队得以航向特洛伊。先前，一千艘战船聚集在奥利斯港口，因为天不起风无法出征，滞留了几个月。国王阿伽门农向祭司卡尔卡斯问卜，得知求得顺风的唯一办法就是把长女牺牲献祭。当埃斯库罗斯在公元前四五八年把这故事写成《阿伽门农》一剧时，他是把重点放在伊菲革涅雅的母亲克莱登妮丝特拉的哀痛悲愤。但在欧里庇得斯写成于公元前四○五年的《伊菲革涅雅在奥利斯》里，故事的侧重点却发生了巨大转移。他笔下的伊菲革涅雅先是求父亲饶命，但后来改变态度，自愿牺牲，还反过来提醒悲痛欲绝的母亲，她这样做可以拯救希腊。"你是为所有希腊人生我，不是为你自己一个。"她语带责备地说，爱国情操的强烈不亚于普拉克熹提娅：就像男孩有责任为城邦的福祉出征，女孩也有责任为城邦的福祉牺牲[80]。

为什么埃斯库罗斯和欧里庇得斯讲述同一则故事时侧重点会大不相同？在波斯战争之后，讲述英雄作风和自我牺牲的题材在雅典的戏剧舞台大为流行。埃斯库罗斯的《安朵美达》《伊菲革涅雅》和《波吕克塞娜》都是以少女牺牲为主题，已佚失的《克瑞乌莎》大概也是如此。不过，对这一类故事趋之若鹜的现象却是出现在伯罗奔尼撒战争期间（公元前四三一至前四〇四年）和雅典流行大瘟疫期间（公元前四三〇、前四二九、前四二七／四二六年）。会是这个样子，大概是因为它们可以间接肯定妇女在这些烦恼年代的苦楚和牺牲。欧里庇得斯涉及活人献祭题材的剧作包括《赫卡柏》《伊翁》《伊菲革涅雅在奥利斯》《海克力士子女》和（更不用说的）《厄瑞克透斯》[81]。其中，尤以《海克力士子女》和《厄瑞克透斯》两剧投射出更强烈的雅典意识形态[82]。

在《海克力士子女》中，欧里庇得斯给了我们一个难得的机会，让我们可以听到被牺牲的少女亲自说话。她是玛卡里娅（"蒙福者"），是海克力士和德伊阿妮拉的女儿。先前，她和几个兄弟被逐出特拉基斯，获得雅典收容。后来，他们舅舅阿尔戈斯国王欧律斯透斯向雅典宣战。一道神谕告诉雅典国王德摩福翁，唯有海克力士一名子女自愿牺牲方可解救雅典[83]。玛卡里娅英勇赴死。她死后，马拉松一座水泉以她命名[84]。坚定步向祭坛时，她说的话大义凛然，也表现出她对有机会成为女英雄感到兴奋。玛卡里娅自视为主动的行动者，是心甘情愿为拯救城邦而牺牲，乐于以生命换取荣耀：

> 老人家，用不着再害怕阿尔戈斯人的长矛了！因为不待别人吩咐，我已准备好到祭坛赴死。这事还有什么好说的呢？既然城邦为我们甘冒奇险，别人为我们受苦受难，而我们又明明有能力拯救他们，难道我们可以因为怕死而逃走吗？万万不可。生为那样一位伟人（海克力士）的子女，如果我们光坐着叹气，光乞求神明援助，我们不是怯懦得丢人，活该被耻笑吗？那样的话，我们在高贵人的眼中还算什么呢？
>
> ……
>
> 带我到我的身躯应被杀死的地方去，给我戴上花冠，献给女神（雅典娜）！去击败敌人吧！我的性命任凭处置，完全出于自愿，是要为几个兄弟和我自己之故去死。凭着不贪生，我得到一个最棒的发现：怎样带着荣耀死去。
>
> 欧里庇得斯，《海克力士子女》500-10, 528-34 [85]

在公元前五世纪第三季，雅典备受战争和瘟疫蹂躏，而这样的社会无疑会对"带着光荣死去"的故事发出无可比拟的共鸣。在这个可怕时期，很少有哪个雅典家庭不失去一个或几个成员。谈到那些大瘟疫期间自愿留在雅典照顾病患的人时，修昔底德指出雅典人有一种发自本能的羞耻心，会愧于在共同体面临危机时只顾一己安危[86]。考虑到这些背景事件，我们乃可明白重述少女牺牲的故事绝不只是一种戏剧娱乐。那是一种在公民团结性无上重要时期表达雅典民主核心价值的方法。

前面说过，欧里庇得斯的《厄瑞克透斯》极有可能是初演于公元前四二二年前后[87]。它在卫城南坡的狄奥尼索斯剧场演出，看过的人成千上万[88]。每年的"城市酒神节"*，这里会有全雅典最多人参加的聚会[89]。观众得到的不只是娱乐，还是一个苦涩的信息，它呈现在一个宗教节日的礼仪框架中。《厄》剧要传达的讯息很简单：民主需要以痛苦与丧亲为代价。

"在所有跟民主有关的仪式中，牺牲献祭高出于其他一切仪式。"古典学家暨政治理论家丹妮尔·艾伦写道。她指出何以民主制度必须用一个事例向它承受创痛的公民证明，他们应该继续对他们的政府和国人同胞保持信心[90]。公共仪式乃是为响应这种需要而出现，它们的反复举行创造和维持了共同体内的互信与秩序——其必要性是威权政体所不大需要甚至完全不需要的。厄瑞克透斯女儿的故事正好展示出牺牲、丧亲、信赖和仪式是民主所不可或缺。这就是何以它会在雅典的开国神话具有那么大的核心性，并在帕特农神庙的纪念性装饰里占有那么显著的地位。

《厄瑞克透斯》在初演之后的一个世纪里继续在雅典人心中引起深刻共鸣，不然利库尔戈斯不会大段引用。在《为什么柏拉图写作》一书中，丹妮尔·艾伦指出利库尔戈斯特意使用柏拉图爱用的一个最高级形容词 to kalliston（"最漂亮和最高贵者"），此词在《谴责莱奥克拉特斯》中共出现六次。以八个不同的论点，利库尔戈斯呼吁审判团向他对他们高举的典范学习。他们应该学习的其中一点是，教导年轻人朝向"美德"和以"最高贵者"为榜样至关重要[91]。只要朝向美德，年轻人必然会培养

---

* 译注：雅典另有一个在乡村地区举行的"乡村酒神节"。

出爱国情操[92]。利库尔戈斯这番话背后有一具体的政策纲领。他坚持"军训生"训练的重要性，视之为自己的教育使命的一部分[93]。所以，伯里克利对于雅典作为"全希腊的学校"的愿景继续活在利库尔戈斯的法庭里，尽管它再也不能像伯里克利时代那样激起热情。

在所有被认为是伯里克利说过的话中，可信度最高的是他在公元前四三九年悼念萨摩斯之战阵亡将士的国葬演说。在其中，他指出："我们看不见神明……但从我们加诸他们的荣耀和我们从他们得到的庇佑，我们相信他们是永生的。那些为国捐躯的人亦复如此。"[94]雅典赖以茁壮的公民宗教和雅典人宇宙意识的环扣关系在这番话里表现得明明白白。任何为共同福祉捐躯的人都应享有与诸神同等隆重的集体膜拜。所以，民主不只是一种政治安排，归根究底更是一种宗教安排。

厄瑞克透斯三个女儿不只在雅典被奉为神，还由雅典娜带到天空，化作永恒闪耀的星星[95]。星格化乃是最高荣耀：化为星就是与宇宙成为一体，永远照耀雅典。"吾自将彼等精魂带至天极，并赐彼等一全希腊人共诵名字：'许阿铿托斯家女神。'"雅典娜在《厄瑞克透斯》里宣布[96]。以许阿得斯星座*的身份加入到群星的合舞，"心高志大"厄瑞克透斯和"心高志大"普拉克熹提娅的女儿们因此在雅典的宪章神话里获得了国女地位。雅典娜钟爱地把三位少女放在北天——无数世纪以前，女神曾在太初的宇宙大战把"大龙"投掷到同一片星空。

注释：

1. P. Jouguet, "Rapport sur les Fouilles de Médinet-Madi et Médinet Ghoran," *BCH* 25 (1901): 379–411.
2. "Secrets Cooked from a Mummy," *Life* (international ed.), November 15, 1963, 65–82.
3. See C. Austin, "Back from the Dead with Posidippus," in *The New Posidippus: A Hellenistic Poetry Book*, ed. K. Gutzwiller (Oxford: Oxford University Press, 2005), 67–69 and C. Austin, *Menander, Eleven Plays. Proceedings of the Cambridge Philological Society*，补充第三十七册（2013），在序言中有述及。
4. 这是我与奥斯汀私下交流得知。

---

* 译注："许阿得斯星座"与"许阿铿托斯姐妹星座"指同一星座。它们原是不同神话系统，后被人混为一谈。

5. M. A. Schwartz, *Erechtheus et Theseus apud Euripidem et Atthidographos* (Leiden: S. C. van Doesburgh, 1917).
6. 《厄瑞克透斯》的首演年份充满争议。坎尼希特（Kannicht）(394) 追随克罗普（Cropp）和菲克（Fick）的看法，把时间定在欧里庇得斯的《厄勒克特拉》(公元前四二二至公元前四一七年之间) 的某时候之后和《海伦》(公元前四一二年) 之前。见 M. Cropp and G. Fick, *Resolutions and Chronology in Euripides* (London: University of London, 1985), 79–80。他们又进而主张，公元前四一六年是统计学上"最有可能"的首演年份。以下两部著作对不同的年代意见有一有用的综览：Jouan and Van Looy, *Fragments: Euripides*, 98–99, 和 Sonnino, *Euripidis Erechthei*, 27–34。大部分论者主张《厄瑞克透斯》首演于公元前四二三/四二二年，即在雅典与斯巴达签订《尼西阿斯和约》而停战的一年期间，这是因为普鲁塔克（Plutarch, *Life of Nikias* 9.5.）曾引用《厄瑞克透斯》的句子（F 369.2-3 Kannicht），说停战那一年间可听见这些句子由雅典的歌队唱出。认为首演年份是公元前四二三年的意见，见 Austin, *Nova fragmenta Euripidea*, 22; M. Treu, "Der Euripideische Erechtheus als Zeugnis seiner Zeit," *Chiron* 1 (1971): 115–31; Carrara, *Euripide: Eretteo*, 13–17; R. Simms, "Eumolpos and the Wars of Athens," *GRBS* 24 (1983): 197–203。认为首演年份是公元前四二二年的意见，见 Calder, "Date of Euripides' *Erechtheus*"; Clairmont, "Euripides' *Erechtheus* and the Erechtheum"; Calder, "Prof. Calder's Reply"。奥斯汀在另一处主张首演年份为公元前四二一年或之前，见 "De nouveaux fragments de l'*Érechthée*," 17。认为首演年份是公元前四二〇年或不多久之后的意见，见 Collard, Cropp, and Lee, *Euripides: Selected Fragmentary Plays*, 155。认为首演年份是公元前四一二年前后的意见，见 M. Vickers, "Persepolis, Vitruvius, and the Erechtheum Caryatids: The Iconography of Medism and Servitude," *RA* 1 (1985): 18。值得注意的是，阿里斯托芬在《吕西翠妲》1135 行和《特士摩》(*Thesmophoriazusae*) 120 行剧中引用了《厄瑞克透斯》，前者是在公元前四一一年上演，后者是在公元前四一〇年上演。
7. Austin, "De nouveaux fragments de l'*Érechthée*," 12–13n3.
8. Austin, "De nouveaux fragments de l'*Érechthée*."
9. Austin, *Nova fragmenta Euripidea*, 22–40.
10. Martínez Díez, *Euripides, Erecteo*; Carrara, *Euripide: Eretteo*.
11. M. J. Cropp, "Euripides, *Erechtheus*" in Collard, Cropp, and Lee, *Euripides: Selected Fragmentary Plays*, 148–94; Collard and Cropp, *Euripides VII: Fragments*, 362–401.
12. Connelly, "Parthenon Frieze and the Sacrifice"; Connelly, "Parthenon and *Parthenoi*."
13. 斯托贝乌斯是古代晚期一位希腊文学摘录的编纂者，住在罗马马其顿行省斯托比（Stobi）。其他引用过《厄瑞克透斯》的资料来源，请见 Kannicht 390–94。除非另有说明，我在本书中引用《厄瑞克透斯》时都是使用 Kannicht 编订的二〇〇一年版本。
14. 这是得自我与奥斯汀的私下交流。
15. 厄瑞克透斯神庙的建筑记录，见 Paton et al., *Erechtheum*, 277–422, 648–50; *IG* I3 474–79; Dinsmoor, "The Burning of the Opisthodomos," 等等。

16. 厄瑞克透斯神庙的年代争论，见 M. Vickers, "The Caryatids on the Erechtheum at Athens: Questions of chronology and symbolism," (in press), 6–16; W. Dörpfeld, "Der ursprünglichen Plan des Erechtheion," *AM* 29 (1904): 101–7，将工程启建年份断定为公元前四三五年；Lesk, "Erechtheion and Its Reception," 68 则断定为公元前四二七／四二六年。将厄瑞克透斯神庙工程启建年份断定为公元前四二二／四二一年者，包括 A. M. Michaelis, "Die Zeit des Neubas des Poliastempels in Athen," *AM* 14 (1889): 349, and P. Spagnesi, "L'Eretteo, snodo di trasformazioni sull'Acropoli di Atene," *Quaderni dell'Istituto di Storia dell'Architettura* 9 (2002): 109–14。《厄瑞克透斯》残篇在一九六〇年代的发现让有些学者认为厄瑞克透斯神庙的年代和此剧的首演时间（公元前四二二／四二一年的城市酒神节）接近。见 Calder, "Date of Euripides' *Erechtheus*"。另参见 Clairmont, "Euripides' *Erechtheus* and the Erechtheum"；以及 Calder, "Prof. Calder's Reply"。在《厄瑞克透斯》F 90–91 Kannicht 里，雅典娜似乎暗示关于厄瑞克透斯神庙的建造。
17. West, *Hesiodic Catalogue of Women*, 106.
18. 荷马，《伊利亚特》2.546–51。Xenophon, *Memorabilia* 3.5.10，说厄瑞克透斯是由雅典娜负责养育的。
19. 荷马，《奥德赛》7.80–81。
20. 希罗多德，《历史》5.82。D. Frame 对厄瑞克透斯与雅典娜的关系有一重要讨论，见氏著 *Hippota Nestor* (Washington, D.C.: Center for Hellenic Studies, 2009), 348–49, 408–13。有关厄瑞克透斯与雅典娜受到联合祭祀一节，见 Mikalson, "Erechtheus and the Panathenaia"；Kearns, *Heroes of Attica*, 210–11; Kron, *Die zehn attischen Phylenheroen*; M. Christopoulos, "Poseidon Erechtheus and ΕΡΕΧΘΗΙΣ ΘΑΛΑΣΣΑ," in *Ancient Greek Cult Practice from the Archaeological Evidence*, ed. R. Hägg (Stockholm: Svenska Institutet i Athen, 1998), 123–30; Parker, *Athenian Religion*, 19–20; Sourvinou-Inwood, *Athenian Myths and Festivals*, 52。
21. 希罗多德，《历史》8.44, 8.51, 8.55。
22. Sourvinou-Inwood, *Athenian Myths and Festivals*, 51–89; Kearns, *Heroes of Attica*, 110–15, 160–61; Mikalson, "Erechtheus and the Panathenaia," 141n1; Parker, "Myths of Early Athens," 200–1; Shear, "Polis and Panathenaia," 55–60.
23. 荷马（《伊利亚特》2.546–51）和希罗多德（《历史》8.55）都把厄瑞克透斯说成是"地生"，索福克勒斯（*Ajax* 201–2）也是如此。把厄里克托尼俄斯认定是"地生"的资料来源包括 Pindar, frag. 253; 欧里庇得斯，《伊翁》20–24, 999–1000; Isokrates, *Panathenaikos* 126; Eratosthenes, *Constellations* 13; Apollodoros, *Library* 3.14.6; Pausanias, *Description of Greece* 1.2.6, 1.14.6。
24. 根据欧里庇得斯的《厄瑞克透斯》（F 370.63 Kannicht），厄瑞克透斯娶了凯菲索斯河的女儿普拉克熹提娅。利库尔戈斯（*Against Leokrates* 98）和阿波罗多洛斯（*Library* 3.15.1）也是把厄瑞克透斯与普拉克熹提娅说成夫妻。但阿波罗多洛斯在另一个段落（*Library* 3.14.6–7）又把厄里克托尼俄斯和普拉克熹提娅说成夫妻。
25. 见 Aelius Aristides's *Panathenaic Oration* 43 (Lenz and Behr) = Dindorf 3: 62 = Jebb 107, 5–6; 1.3.50 (Lenz and Behr) = Dindorf 3.317 = Jebb 187, 2，把厄瑞克

透斯描述为战车的发明者，而 Parian Marble A10 (*IG* XII, 5444 = *FGrH* 239, A, lines 1–3; inscribed 264/263 B. C.) 则告诉我们厄里克托尼俄斯是最先轭马的人。关于厄里克托尼俄斯制定泛雅典节的比赛规定，见 Eratosthenes, *Constellations* 13; Apollodoros, *Library* 3.14.6。关于厄里克托尼俄斯第一个庆祝泛雅典节，见 Harpokration Π 14 Keaney, s.v. Παναθήναια, 引用了 Hellanikos *FGrH* 323a F2; and Androtion, *FGrH* 324 F2。说明也可见 Plato, *Parmenides* 127a; Photios, *Lexicon*, s.v. Παναθήναια; and *Suda*, s.v. Παναθήναια。

26. Apollodoros, *Library* 3.14.6。关于黑淮斯托斯，见 J. N. Bremmer, "Hephaistos Sweats; or, How to Construct an Ambivalent God," in *The Gods of Ancient Greece*, ed. J. N. Bremmer and A. Erskine (Edinburgh: Edinburgh University Press, 2010), 193–208。感谢布雷默（Jan Bremmer）把参考书目分享与我，并与我就这批材料有过有益的讨论。

27. 见 Hyginus, *Fabulas* 166; Scholiast on *Iliad* B 5475; *Etymologicum magnum*, s.v. 'Ερεχθεύς'，另参见 Deacy, *Athena*, 53; Powell, *Athenian Mythology*, 1–3。史穆特认为厄瑞克透斯这个名字也有可能是指"非常属土"（Very Earthly），是由 Eri（"非常"）这个加强语气的前缀加上 chthonios 构成。

28. 苏尔维诺-因伍德（Sourvinou-Inwood）是最早认为厄瑞克透斯与厄里克托尼俄斯为同一人的学者，见氏著 *Athenian Myths and Festivals*, 88。另参见 Vian, *La guerre des géants*, 254–55; Kearns, *Heroes of Attica*, 110–15; Mikalson, "Erechtheus and the Panathenaia"; Kron, *Die zehn attischen Phylenheroen*, 37–39; Parker, "Myths of Early Athens," 200–1; P. Brulé, "La cité en ses composantes: Remarques sur les sacrifices et la procession des Panathénées," *Kernos* 9 (1996): 44–46。

29. Sourvinou-Inwood, *Athenian Myths and Festivals*, 51–89.

30. *RE* (1907), s.v. "Erechtheus."; Mikalson, "Erechtheus and the Panathenaia," 141–42; Kearns, *Heroes of Attica*, 133; Parker, *Athenian Religion*, 19–20; Sourvinou-Inwood, *Athenian Myths and Festivals*, 51–89, 96.

31. British Museum, 1864, 1007.125, pelike. H. B. Walters, E. J. Forsdyke, and C. H. Smith, *Catalogue of Vases in the British Museum*, 4 vols. (London: British Museum Publications, 1893).

32. *LIMC* 4, s.v. "Erechtheus".

33. Staatliche Museen, Berlin F 2537, cup by the Kodros Painter from Tarquinia, ca. 440–430 B. C. *ARV*2 1268, 2; *Para.* 471; *Addenda* 2 177; *LIMC* 4, s.v. "Erechtheus," no. 7; Kron, *Die zehn attischen Phylenheroen*, 250, no. E 5, plates 4.2, 5.2; A. Avrimidou, *The Codrus Painter: Iconography and Reception of Athenian Vases in the Age of Pericles* (Madison: University of Wisconsin Press, 2011), 33–35.

34. Shear, "Polis and Panathenaia," 55–60.

35. Sourvinou-Inwood, *Athenian Myths and Festivals*; J. P. Small, *The Parallel Worlds of Classical Art and Text* (Cambridge, U.K.: Cambridge University Press, 2008).

36. 希罗多德（《历史》8.44.2）指雅典人是在厄瑞克透斯统治的时代开始被称为雅典人。品达（*Isthmian Ode* 2.19）和索福克勒斯（*Ajax* 202）都用"厄瑞克透斯子孙"来称呼所有雅典人。见 Sourvinou-Inwood, *Athenian Myths and*

Festivals, 96: Kearns, *Heroes of Attica*, 133; Parker, *Athenian Religion*, 19–20。

37. 希罗多德,《历史》8.48.
38. 关于喀克洛普斯见 *LIMC* 6, s.v. "Kekrops," nos. 1–2；关于厄瑞克透斯，见 *LIMC* 4, s.v. "Erechtheus," nos. 1–31。
39. Sourvinou-Inwood, *Athenian Myths and Festivals*, 95: Powell, *Athenian Mythology*, 17。
40. Isokrates, *Panathenaikos* 193; Hyginus, *Fabulae* 46.
41. 修昔底德,《伯罗奔尼撒战争史》2.15.1.
42. 关于搜集来源，见 Austin, "De nouveaux fragments de l' *Érechthée*," 54–55, and Kearns, *Heroes of Attica*, 201–2。
43. Phanodemos, *FGrH* 325 F4 = Photios; *Suda*, s.v. Παρθένοι. 在 Παρθένοι 条目的最后，佛提乌引用了费诺德穆斯的话。不清楚的是，到底是整条条目的资讯还是只有最后的引语是来自费诺德穆斯。费诺德穆斯也许是相当可靠的资料来源，因为他被认为与利库尔戈斯有合作关系。
44. Apollodoros, *Library* 3.15.
45. Hyginus, *Fabulae* 46, 238；德马拉托斯（*FGrH* 42 F 4）指这个长女是献给冥后珀尔塞福涅。
46. Hyginus, Fabulae 253. Philochoros, *FGrH* 328 F 105.
47. See Kearns, *Heroes of Attica*, 201.
48. 阿里斯提得斯（Aristides）《泛雅典节演讲集》(*Panathenaic Oration*) 的一位注释者把阿格劳萝丝、赫尔塞和潘朵洛索斯说成是厄瑞克透斯而非喀克洛普斯的女儿，见 Aristides, *Panathenaic Oration*, 85–87 (Lenz and Behr) = Dindorf, 3: 110, line 9, and 3:112, lines 10–15。
49. 残篇 370.36–42 的内容非常不好解读，不同的编者有不同的处理方式。其讨论与翻译见 Collard and Cropp, *Euripides VII: Fragments*, 393。但我们感受到普拉克熹提娅说话时是看着较年长两个女儿的尸体，而她们大概是刚从卫城跳崖自杀。虽然这无法确定，但"葬礼"（第三十八行）和"四肢"（第三十九行）两个字眼似乎有此暗示。
50. Apollodoros, *Library* 3.15.4.
51. 同前注书目, 3.14.6.
52. According to Pausanias, *Description of Greece* 1.18.2; Hyginus, *Poetic Astronomy* 2.13; Hyginus, *Fabulae* 166.
53. 欧里庇得斯,《伊翁》277–78.
54. 感谢查尼奥蒂斯（Angelos Chaniotis）提醒我这一点。有关"圣法"（*leges sacrae*），请参见 E. Lupu, *Greek Sacred Law: A Collection of New Documents (NGSL)* (Leiden: Brill, 2005); R. Parker, "What Are Sacred Laws?," in *The Law and the Courts in Ancient Greece*, ed. E. M. Harris and L. Rubinstein (London: Duckworth, 2004), 57–70。
55. 是查尼奥蒂斯提醒我这个，特此感谢。
56. D. M. Lewis, "Who Was Lysistrata? Notes on Attic Inscriptions (II)," *BSA* 50 (1955): 1–36 首先提出异议。另参见 Connelly, *Portrait of a Priestess*, 11–12, 60, 62–64, 66, 128, 130–31, 278; S. Georgoudi, "Lisimaca, la sacerdotessa," in

Grecia al femminile, ed. N. Loraux (Rome: Laterza, 1993), 157–96。

57. 关于调停，见 Parker, "Myths of Early Athens," 201–4。
58. 英文翻译是我自己做的。深深感谢迪格雷尔（James Diggle）和比尔勒（Anton Bierle）好心地提供关于这个文本的有益意见。
59. Plutarch, *Lives of the Ten Orators: Lykourgos* 843a–c; N. C. Conomis, "Lycurgus Against Leocrates 81," *Praktika tes Akademias Athenon* 33 (1958): 111–27; Connelly, *Portrait of a Priestess*, 12, 59–64, 117, 129–33, 143, 217.
60. 译本：Burtt, *Minor Attic Orators, II*, 151, 153.
61. See Sonnino, *Euripidis Erechthei*, 36–42, 113–19; M. Lacore, "Euripide et le culte de Poseidon-Erechthée," *RÉA* 85 (1983): 215–34; J. François, "Dieux et héros d'Athènes dans l'*Érechthée* d'Euripide," in *IXe congrès international de Delphes sur le drame grec ancien* (*Delphes, 14–19 juillet 1998*) (Athens, 2004), 57–69.
62. Plato, *Menexenus* 239b; see Pappas, "Autochthony in Plato's *Menexenus*"; Isokrates, *Panegyrikos* 68–70; Isokrates, *Panathenaikos* 193.
63. 狄摩斯提尼（*Funeral Speech* 27–29）另外也用潘狄翁几个女儿的榜样砥砺潘狄翁部落和用李奥斯几个女儿（她们在瘟疫时期自愿牺牲）的榜样砥砺李奥斯部落。公元前三三五年摧毁底比斯之后，雅典政治家和将军福基翁（Phokion）在公民大会演说时提到许阿铿托斯姐妹（厄瑞克透斯的三个女儿）和李奥斯几个女儿。见 Diodoros Siculus, *Library* 17.15.2。
64. Demades, frag. 110.
65. Bremmer, *Strange World of Human Sacrifice*; J. N. Bremmer, "Myth and Ritual in Greek Human Sacrifice: Lykaon, Polyxena, and the Case of the Rhodian Criminal," in Bremmer, *Strange World of Human Sacrifice*, 55–79; T. Fontaine, "Blutrituale und Apollinische Schönheit: Grausame vorgeschichtliche Opferpraktiken in der Mythenwelt der Griechen und Etrusker," in *Morituri: Menschenopfer, Todgeweihte, Strafgerichte*, ed. H.-P. Kuhnen (Trier: Rheinisches Landesmuseum, 2000), 49–70; *Enzyklopädie des Märchens* (1999), s.v. "Menschenopfer"; S. Georgoudi, "À propos du Sacrifice humain en Grèce ancienne," *Archiv für Religionsgeschichte* 1 (1999): 61–82; *Der Neue Pauly* (1999), s.v. "Menschenopfer III"; P. Bonnechère, "La notion 'd'acte collectif' dans le sacrifice humain grec," *Phoenix* 52 (1998): 191–215; P. Bonnechère, *Le sacrifice humain en Grèce ancienne* (Athens: Centre International d'Étude de la Religion Grecque Antique, 1994); Hughes, *Human Sacrifice in Ancient Greece*; Wilkins, "The State and the Individual," 178–80; O'Connor-Visser, *Aspects of Human Sacrifice*, 211–32; Henrichs, "Human Sacrifice in Greek Religion"; H. S. Versnel, "Self-Sacrifice: Conception and the Anonymous Gods," in *Le sacrifice dans l'antiquité*, ed. J. Rudhardt and O. Reverdin (Geneva: Entretiens Hardt, 1981), 135–94; R. Girard, *Violence and the Sacred*, trans. P. Gregory (Baltimore: Johns Hopkins University Press, 1977); F. Schwenn, *Die Menschenopfer bei den Griechen und Römern* (Giessen: A. Töpelmann, 1915); J. Beckers, "De hostiis humanis pud Graecos" (Ph. D. diss., University of Münster, 1867); R. Suchier, "De victimis humanis apud Graecos" (Ph. D. diss., University of Marburg, 1848).

66. 希罗多德,《历史》2.119.2−3.
67. Plutarch, *Life of Themistokles* 13.2−5 = Phainias, frag. 25 Wehrli.
68. Henrichs, "Human Sacrifice in Greek Religion," 213−17.
69. Hughes, *Human Sacrifice in Ancient Greece*, 112.
70. 有关"前祭"(*sphagion*),见欧里庇得斯,《伊翁》277−78。
71. 荷马,《伊利亚特》9.410−16,译本:Nagy in http://athome.harvard.edu/programs/nagy/threads/concept_of_hero.html."荣耀"文类与"安归"文类的对比,见 G. Nagy, *Comparative Studies in Greek and Indic Meter* (Cambridge, Mass.: Harvard University Press, 1974), 11−13。关于"kleos"的意涵,见 Nagy, Greek Hero, 26−31 and 50−54。
72. Nagy, *Best of the Achaeans*, esp. 9−10, 102, 114−16, 184−85.
73. 同前注书目,35−41.
74. 在献牲动物的选择上,纯洁的祭品最是能取悦神明。愈年轻和愈未被玷污者愈好,所以,羔羊胜于母羊,小牛胜于母牛。同样道理,贞洁的少女最让神明高兴。我们从未听过用已婚妇人献祭的事。不过,我们倒是听过用男孩献祭的事,例如,在七将攻打底比斯时,底比斯王子墨诺叩斯(Menoikeus)便应神谕要求,跳下城墙牺牲以拯救城邦,事见 Euripides, *Phoenician Women* 997−1014。处男因为贞洁,受欢迎的程度不亚于处女。见 Larson, *Greek Heroine Cults*, 107−8。
75. Kearns, "Saving the City."
76. Pausanias, *Description of Greece* 9.17.1.
77. Ovid, *Metamorphosis* 13.681−84; Antoninus Liberalis, *Metamorphoses* 25.
78. Demosthenes, *Funeral Speech* 1398; Diodoros Siculus, *Library* 15.17; Plutarch, *Life of Theseus* 13; Pausanias, *Description of Greece*. 1.5.2; Aelian, *Historical Miscellany* 12.28; scholiast on 修昔底德,《伯罗奔尼撒战争史》6.57.
79. J. N. Bremmer, "Human Sacrifice in Euripides' *Iphigeneia in Tauris*: Greek and Barbarian," in *Sacrifices humains/Human Sacrifices*, ed. P. Bonnechère and R. Gagné (Liège: Centre International d'Étude de la Religion Grecque Antique, 2013), 87−100; J. N. Bremmer, "Sacrificing a Child in Ancient Greece: The Case of Iphigeneia," in *The Sacrifice of Isaac*, ed. E. Noort and E. J. C. Tigchelaar (Leiden: Brill, 2001), 21−43; H. Lloyd-Jones, "Artemis and Iphigeneia," *JHS* 103 (1983): 87−102 = *Academic Papers: Greek Comedy, Hellenistic Literature, Greek Religion and Miscellanea*, II (Oxford: Oxford University Press, 1990), 306−30。感谢布雷默在讨论中带给我的启发。
80. 欧里庇得斯,《伊菲革涅雅在奥利斯》1368−401。正如威尔金斯(Wilkins)在"The State and the individual"(180)中有力指出的:"两性能有的贡献清楚分明:所有年纪合适的子女都要做出牺牲(和来自父母的同等牺牲);男生必须站在战场上,女生必须准备好被吩咐去为促进胜利而进行活人献祭。"见氏著"The State and the Individual," 180。
81. O'Connor-Visser, *Aspects of Human Sacrifice in the Tragedies of Euripides*; N. Loraux, *Tragic Ways of Killing a Woman* (Cambridge, Mass.: Harvard University Press, 1987).

82. 威尔金斯指出，这两部悲剧都聚焦在护城女神、节日和少女献祭。见氏著 "The State and the Individual"; Wilkins, "Young of Athens," 333; Wilkins, *Euripides: Heraclidae*, 151–52。
83. Zenobios 2.61.
84. Pausanias, *Description of Greece* 1.32.6.
85. 译本：D. Kovacs, Euripides, *Children of Heracles*, Loeb Classical Library (Cambridge, Mass.: Harvard University Press, 1995), 57, 59。
86. 修昔底德，《伯罗奔尼撒战争史》2.51.5。
87. 《厄瑞克透斯》的年代问题见本章注释6。
88. 据推断，狄奥尼索斯剧场在公元前五世纪的座位数介于五千至六千之间，见 Meineck, "Embodied Space," 4. Also, H. R. Goette, "Archaeological Appendix," in *The Greek Theatre and Festivals: Documentary Studies*, ed. P. Wilson (Oxford: Oxford University Press, 2007), 116–21。
89. Sourvinou-Inwood, *Tragedy and Athenian Religion*, 71–72。
90. D. Allen, *Talking to Strangers: Anxieties of Citizenship Since Brown v. Board of Education* (Chicago: University of Chicago Press, 2004) 47.
91. Allen, *Why Plato Wrote*, 93.
92. Humphreys, *Strangeness of Gods*, 104–5; C. G. Starr, "Religion and Patriotism in Fifth-Century Athens," in *Panathenaia: Studies in Athenian Life and Thought in the Classical Age*, ed. T. E. Gregory and A. J. Podlecki (Lawrence, Kans.: Coronado Press, 1979), 11–25。
93. Allen, *Why Plato Wrote*, 137. 关于利库尔戈斯和文化教育的完整讨论，见 Steinbock, "A Lesson in Patriotism."。
94. Plutarch, *Life of Perikles* 8.6. A. Chaniotis 指出，信徒与神明个人沟通是信仰的基础，而当这种沟通是透过仪式公开化，就会变得永远化和巨大化，让人永远经验到神的同在，见氏著 "Emotional Community Through Ritual in the Greek World," in Chaniotis, *Ritual Dynamics in the Ancient Mediterranean*, 269, 275, 280。
95. Philochoros, *FGrH* 328 F 12; Kearns, *Heroes of Attica*, 57–63; Kearns, "Saving the City"; U. Kron, "Patriotic Heroes," in Hägg, *Ancient Greek Hero Cult*, 78–79; Larson, *Greek Heroine Cults*, 20。被奉为女英雄，见 *Oxford Classical Dictionary* (1996), s.v. "Hyacinthides or Parthenoi"；被奉为女神，见 *Der Neue Pauly* (1998), s.v. "Hyakinthides"。
96. 欧里庇得斯，《厄瑞克透斯》F 370.71–74 Kannicht。许阿铿托斯姐妹星座即许阿得斯星座。见 line 107, 说明见 Aratus, *Phaenomena* 172。

第五章　帕特农横饰带：
打开神庙秘密的钥匙

在伊斯法罕被砍杀而死，弗农的人生和死亡都体现着冒险精神。

年轻时，他在牛津大学基督堂学院外遭海盗绑架，被卖为奴隶。一六七五年，沿着科林斯湾北岸旅行时，他眼睁睁看着旅伴伊斯科特爵士在安菲萨和纳夫帕克托斯之间的维特林札得急病死去[1]。同年稍后，他从希腊扬帆前往土耳其，途中遇劫，失去所有田野笔记和信件。但"不知餍足的看之欲望"驱策着他继续前进，最终去到波斯，并在一六七六年九月被几个觊觎其削铅笔刀的当地人谋杀，时年四十[2]。

在死于谋杀而英年早逝之前，弗农赢得同时代一些最有名思想家的敬重。一六六九年，他被派到巴黎充当驻路易十四宫廷大使蒙塔古的秘书，此后三年，他成了英、法两国科学家之间重要的消息传递人。他逐渐认识了新成立的英国皇家学会的许多成员，又持续向学会的秘书奥尔登伯格报告欧陆的最新科学发展[3]。弗农定期与东方学家波科克、天文学家巴纳德和数学家格雷果里通信（格雷果里曾表示佩服弗农"在许多学科与语言上的渊博知识"）[4]。他是最先读过牛顿论知名的微积分论文（《运用无限多项方程的分析》）的人之一，因为数学家科林斯曾给他寄去一本[5]。一六七二年，弗农返回伦敦，随即入选皇家学会，而提名他的正是学会秘书奥尔登伯格。

弗农没有在伦敦久留。一六七五年六月，他去了威尼斯，然后去了希腊。与伊斯科特在札金索斯岛下船后，两人决定不照原定计划随同伴前往君士坦丁堡[6]，改为在希腊的伯罗奔尼撒半岛旅行，之后又去了雅典，待了几个月。九月，当两人穿过科林斯湾北岸时，伊斯科特突染急病死去。弗农回到雅典，逗留到同年年底，期间致力于摹写铭文和研究宏伟建筑。他一共去过卫城三次，目的是测量帕特农神庙的尺寸[7]。他量得的数据被证明相当精准。特别重要的是，他量了内殿（东厅）的宽度（其他人都只测量外柱廊的尺寸）。十二年之后，威尼斯人的大炮便会把帕特农神庙的内部炸得粉碎，而要不是弗农曾经细心量度，内殿的尺寸将永不为世人所知。他除了把数据记在日记，还写入在一六六六年一月十日从士麦那寄给奥尔登伯格的信中——当时他正准备前往让他送命的伊斯法罕[8]。

弗农是第一个看出帕特农横饰带是描写胜利游行情景的人。"真是非常引人好奇的雕刻。"他在那封从士麦那寄出的信里说（图45）[9]。在一六七五年八月二十六日的日记里，他谈到神庙南侧的横饰带："其西边是一些庆祝凯旋的骑马者，还有战车。"十一月八日的日记指出游行队伍中有"好些阉牛被人驱赶去献祭"[10]。因为田野笔记已经丢失在海上，弗农对他所谓"敏娜娃神庙"*的观察只留存在他的日记和写给奥尔登伯格

图45　帕特农神庙西门廊。斯蒂尔曼摄于一八八二年，蛋白印相法。

---

* 译注：敏娜娃是罗马人对雅典娜的称呼。

的信。"（这建筑）将永远见证着古雅典人是个辉煌和富于巧思的民族。"他写道。弗农离开雅典前没忘记留下自己的印记。时至今天，阿戈拉广场神庙黑淮斯托斯神庙的南墙石块上还留有"弗朗西斯·弗农"的字样[11]。同时刻下的有时间（一六七五年）和他两个同伴的名字：伊斯科特和伦道夫[12]。

由于十七世纪以前评论过帕特农雕刻的人寥寥无几，弗农的观感更显珍贵。他会那么仔细观察那条环绕柱廊内部空间一圈的"饰带"[13]并不奇怪：其雕功的精美绝伦、其人物的古典线条与五官、其对衣服皱褶的模拟入微都使得"帕特农风格"成为西方审美意识的最高标准。不过，他还从那些可爱的雕像看出来后来世纪评论者所看不见（或不肯承认看见）的东西：**一列庆祝凯旋**的游行队伍。这一点大概可作为弗农异乎寻常的观看力的最高礼赞[14]。

对于帕特农神庙的雕刻，流传至今的最早解释出现在神庙筑成的整整六百年后。在《希腊志》一书中，旅行家保萨尼亚斯（他在公元二世纪到过卫城）认定东三角楣墙的雕刻主题是雅典娜的诞生，而西三角楣墙的主题是雅典娜与波塞冬的较劲[15]。他还仔细描述了坐镇在神庙东厅的黄金象牙巨像（称为"帕德诺斯雅典娜"）。被巨像的金碧辉煌所震慑，站在门前的保萨尼亚斯显然没想过要抬起头看看笼罩在门廊阴影里的横饰带（图45）。

如果他有抬起头，大概就会隐约看见一卷轴生气勃勃的浮雕。帕特农横饰带总长约一百六十米，由三百七十八个人物和两百四十五头牲畜构成，环绕整个内殿的外墙上方一圈。*位于离地十四米之处，横饰带的画面高度是一米多一点点，一天中大部分时间都（因上头的柱廊天花板之故）处于阴影中。

近年来有相当多谈论帕特农横饰带视觉效果的作品[16]。但说实话，要从地面看清楚横饰带的内容相当困难。雅典人自己当然不难辨别出处于深蓝色背景中的人物的轮廓。因为男人的皮肤一律涂成了微红的棕色

---

* 译注："环绕内殿顶部一圈"只是个大概的说法，因为横饰带的东面和西面部分都不是在墙面上，而是在第二柱列顶部，而且南面和北面横饰带的西段都是经过西厅外墙顶部。

图46 帕特农神庙的雕刻方案：三角楣墙、柱间壁和横饰带。

而女人皮肤一律涂成白色，所以即便站在一段距离之外，人物的性别仍然很好辨别。学者在一些骑马者的衣服上找到淡绿色和红色颜料，而西横饰带一些岩石上留有绿色颜料痕迹的石头，凡此都让我们窥见这横饰带当初有多么色彩鲜艳。某些人物的头上仍留有镀金（用来让头发生色）。马匹被漆成白色、黑色或棕色。它们身上的钻孔显示它们当初曾镶有青铜马勒和马缰、镀金马镫，以及其他熠熠生辉的附件[17]。不过，更细的细节（一如横饰带的整体构图）大概是站在地面上的人看不出来的[18]。另一方面，古雅典人对横饰带的主题应该非常熟悉，可以很容易辨认出立柱与立柱间的人物谁是谁。尽管如此，要眺望十几米上方的画面仍然需要人极力伸长脖子、斜乜着眼睛注视才行。[19]

事实上，根据原始设定值，帕特农横饰带的观赏者并不是凡人而是永恒谛视它们的诸神。正如里奇韦一部著作的书名所示，希腊神庙的雕刻都是一些"寓于石头的祷告"[20]。我们由于受到自身观看经验的制约，所以很难想象希腊人凡事把诸神放在最前面的习惯。如果考虑到很少人有机会以近距离观看这横饰带，那它的制作完美就更加让人惊讶了[21]。

虽然神庙雕刻的基本目的是取悦神明,但它们当然也会让凡人感到悸动和被感染。在《伊翁》一剧,欧里庇得斯让歌队(扮演雅典婢女)参观德尔斐的阿波罗神庙,而她们对雕刻的反应多少反映出朝圣者在泛希腊神庙*会有的观赏经验。剧中,充当庙僮的伊翁带领这些雅典妇女走过一系列图板,又特别把一幅描写海克力士大战许德拉的画面指给她们看。歌队颤声唱道:"朋友们,看看上头!……我看见了他。"接着又唱道:"我游目四望。"然后,伊翁又指给她们看雅典娜挺着盾牌进逼巨人恩克拉多斯的画面。"我看见了女神,是帕拉斯**!"歌队尖声高歌,为太古宇宙大战的突然呈现眼前而陷入狂喜[22]。所以,视觉艺术的原意并不仅止于提供审美经验,还提供信息和教育,特别是灌输那些与共同信仰有关的事宜。更重要的是,雕像可以让神明和英雄临在于神庙之中。在一个肖像不只是肖像的世界,肖像的力量近乎真实的力量。

"雕刻"和"人像"的希腊文为 agalma,意指"让人愉快的礼物"或"欢乐"[23]。为了取悦和尊荣神明,艺术作品必须追求完美。一再有人指出(有时是带着惊讶口吻),帕特农神庙三角楣墙上的雕像连背面都雕刻过(至少是雕出大致轮廓),尽管雕像背面在雕像就位之后就无法被看见(图37)。因为紧贴着三角楣墙墙面,这些雕像的背面唯有神明看得见,但正因为这样,背面一样必须追求完美,否则神明就可能会不高兴。

由于缺乏这种了解,历代的评论者都是专注于帕特农雕刻带给凡界参观者的反应。对神庙的第一个后古代描述来自马尔托尼,他在一三九五年二月旅游过雅典之后写下《朝圣书》[24]。当时的帕特农神庙已历经三番两次改建,第一次是改为一家基督教堂,第二次是在公元一〇〇〇年前后的基督教大分裂之后改为一家东正教教堂,再在"法兰克人征服"(一二〇四年)之后成了一家拉丁大教堂,称为雅典圣母院[25]。马尔托尼在《朝圣书》里赞扬了圣母院里的圣像、圣徒遗物和一部据说是君士坦丁大帝母亲海伦手抄的福音书,接着谈到建筑本身:面积大小、立柱数目(他算得六十根)、结构和雕刻装潢。一则有关神庙大理石大门的故事特别让他

---

* 译注:泛希腊神庙指非地方性的神庙,即各地希腊人都会前往参拜的圣地。德尔斐的阿波罗神庙是其中之一。

** 译注:"帕拉斯"是雅典娜的"外号"之一。

印象深刻：它们原是特洛伊城的城门，由战胜的希腊人在战后带到雅典。马尔托尼的记述证明了地方叙事的常驻力量，以及其在塑造和重塑帕特农神话／历史的角色。

因为没有古代资料文献谈及古雅典人如何看待帕特农横饰带，后古代的诠释者便有了完全自由发挥的空间。第一个直接评论横饰带的人是西里亚库斯——他是意大利商人、人文主义者和好古者，曾充当教皇尤金四世的使者。西里亚库斯在一四三六年和一四四四年两度造访雅典，每次都把所见所闻详细写成书信、记入日记和画成图画[26]。一五一四年一场发生在佩萨罗图书馆的火灾烧毁了西里亚库斯手绘的原图画，但从先前制作的一些复本（可靠程度不一）让我们得知他看到过什么和怎样看待它们。一个复本复制自西里亚库斯一四四四年三月二十九日从希俄斯岛写给安德烈奥罗的信，是由他找人复制，要呈献给帕多瓦大主教多纳托（图47）[27]。在图画上方，西里亚库斯用拉丁文写道："我的特殊偏好是重游……享誉崇高的帕拉斯神庙，从每个角度更仔细地研究它。建造在坚固和抛光过的大理石上，它是菲迪亚斯让人景仰的作品——这是亚里士多德对他的学生国王亚历山大说过的话，我们的普林尼*也曾如此说过。"西里亚库斯进而描述了帕特农神庙的细节："它由五十八根立柱撑起：两个前端各有十二根，两排各六根的立柱在中间，墙壁外面的两边各十七根。"[28]

更重要的是，西里亚库斯是第一个把帕特农横饰带的主题诠释为同时代真人实事的人，换言之是把其内容设定在公元前五世纪。他写道："在墙壁最顶端的横饰带……那位著名艺术家以杰出技巧再现了**雅典人**在伯里克利时代的军事胜利。"[29]这封信的态度支配了此后有关帕特农神庙的讨论的议题：它的雕像是杰作；它的作者是菲迪亚斯；一共是几根立柱的问题很重要；横饰带是记载一件发生在伯里克利自己时代的事件。但我们必须追问，上述的议题是古希腊人自己关心的吗，还是说它们只反映着意大利文艺复兴（西里亚库斯所属的时期）的品位和兴趣？

---

* 译注：公元一世纪罗马著作家、博物学家、政治家。

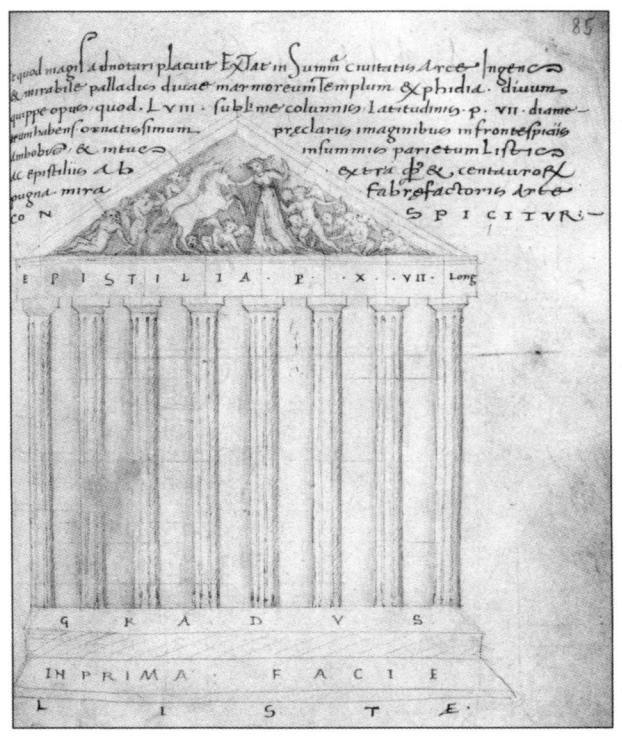

图 47　用银尖笔和墨水所绘的帕特农神庙西立面。原图为西里亚库斯所绘，此为复本。

西里亚库斯的绘图显示出，一个人的眼睛会很大程度决定他对帕特农神庙的观点。这些绘图比例扭曲，雕刻和建筑体的相互位置不正确。还有一些成分是无中生有（例如西三角楣墙尖顶上的有翅膀小天使），透露出文艺复兴元素的影响（图 47）。他画笔下的帕特农神庙又高又窄，坐落在一个高高的墩座上，更多是罗马神庙的风格而非古典时代希腊神庙的风格。画中的雅典娜风格化，正在跟两匹跃起的马对峙，更像是一个十五世纪的仕女而非希腊女神[30]。原在三角楣墙上与她较劲的波塞冬完全不见人影。

西里亚库斯丈量到的数字都极端不精确：他给出的立柱直径是五英尺，柱廊宽度是八英尺，檐部是九点五英尺乘四英尺[31]。我们难免会纳闷：既然他的许多观察都完全失准，何以许多现代诠释者还是乐于接受他说的，帕特农横饰带是现实事件的呈现？

奥斯曼作家瑟勒比在一六六七年和一六六九年之间某个时间点去过卫城。就像西里亚库斯，他主要是透过自己的有色眼镜看见帕特农神庙。这位多姿多彩的朝臣、音乐家和文学家把他的希腊见闻写在了《旅游记》的第八卷。全书共十卷，《旅游记》被誉为"可能是任何时代、任何语言所写成过最长和最雄心勃勃的游记"[32]。在瑟勒比的时代，帕特农神庙业已被改成一家清真寺（一四五八年的"奥斯曼征服"的结果）。瑟勒比写道："我们看过世界所有清真寺，却从未看到过像这样的！"他惊叹于"那六十根又高又比例恰好的雪白大理石立柱，它们分成两排，一排在另一排之上"[33]。让他同样印象深刻的是四根在祷告龛和讲经坛之间的红色斑岩大立柱，在它们旁边另竖立着四根翠绿色的大理石立柱。这些有色大理石毫无疑问是帕特农神庙早期改造的遗物，是从它充当基督教堂的日子留存下来。

瑟勒比对神庙雕刻的高度兴趣溢于言表。"人类心灵确实无法了解这些形象：他们是白巫术，超出人力所及。"又说那"雕刻在白色大理石的千百幅画面"会让"任何看见它们的人都陷于狂喜，身体愈来愈软弱而眼睛则因为喜乐而水汪汪"[34]。瑟勒比又认为，雕刻中的"人类形体看来被赋予了灵魂"。不过，在尝试归类雕像时，他的理智却被他的想象力打败。"从亚当到'亡者复活'这段期间我主创造过的任何活物都被刻画在这清真寺庭院的四周。有可怕而丑陋的恶魔、妖怪、耳语者撒旦、鬼魅、屁精；仙子、天使、龙、地兽；……海兽、大象、犀牛、长颈鹿、角蜂、蛇、蜈蚣、蝎子、陆龟、鳄鱼、海精灵；上千的老鼠、猫、狮子、花豹、老虎、猎豹、山猫；食尸鬼、基路伯天使。"[35]要把这个狂想动物园和我们今日所知道的帕特农神庙雕刻兜起来会让人一个头两个大。

然而，对今日理解帕特农神庙的方式有着最持久影响的人却是艺术家斯图尔特和业余建筑师里韦特。受"业余爱好者协会"委托，两人在一七五一至一七五三年间对帕特农神庙进行了研究。这两位英国旅人为神庙测量、计算和绘图，把成果出版为装帧华丽和多册本的《雅典的古物：量度与勾勒》[36]。帕特农横饰带的绘图出现在出版于一七八七年第二册，其中还为出版提供了一个诠释：泛雅典节大游行[37]。斯图尔特和里韦特把见于沿着南侧和北侧横饰带由西向东移动的车马解释为：在他们更前面是老者群组、乐师群组、扛供品者群组、驱赶献祭牲畜的人和少女群组（图48、图49、书末线图）。在这两位英国人眼中，横饰带整体而言是要表现雅典全体公民庆祝城邦的最盛大节日，即泛雅典节[38]。

游行者向着坐在东横饰带正中央五个凡人两边的神明前进。五个凡人就位于神庙大门正上方，左边是一个妇人和两个女孩，右边是捧着一块布料的男人和男孩（图50、图51和书末线图）。对这个画面的解释一向都以一个被认为无可反驳的假设为前提：图中的布块是雅典娜的圣衣。向女神进奉圣衣是泛雅典节仪式的重头戏。但斯图尔特和里韦特提出这观点时并没有表现得把握十足，而是出之以试探口吻："我们是不是可以假定，那块折起的布代表圣衣？"[39]但随着岁月流转，这问句被后人僵化成了教条。

尽管这教条会让人难以融贯地解读横饰带，但它在过去两百二十年来极少受到挑战。东横饰带长久以来都被称作"圣衣场景"，甚至被称为"谜样的圣衣事件"，但考虑到它明明是整个横饰带叙事的最高潮（就位于大门上方，是任何人抬头便看得见），这是个十分不理想的名称[40]。持此说的诠释者一直在一个问题上摇摆不定：画面中的圣衣到底是要向雅典娜进奉的新圣衣还是要折起和收走的旧圣衣[41]。收走旧圣衣当然是一种反高潮戏码，会让人纳闷创作者何以要把这种戏码放在一个原应是整幅横饰带最高潮和核心意义所在之处。

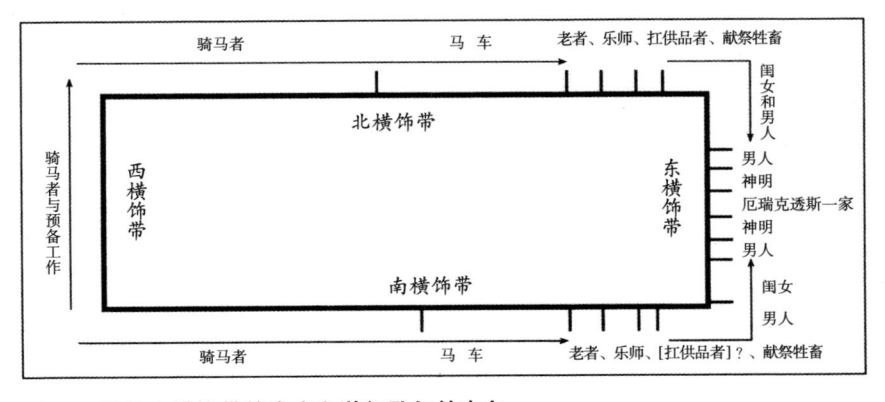

图48 帕特农横饰带的次序和游行队伍的方向。

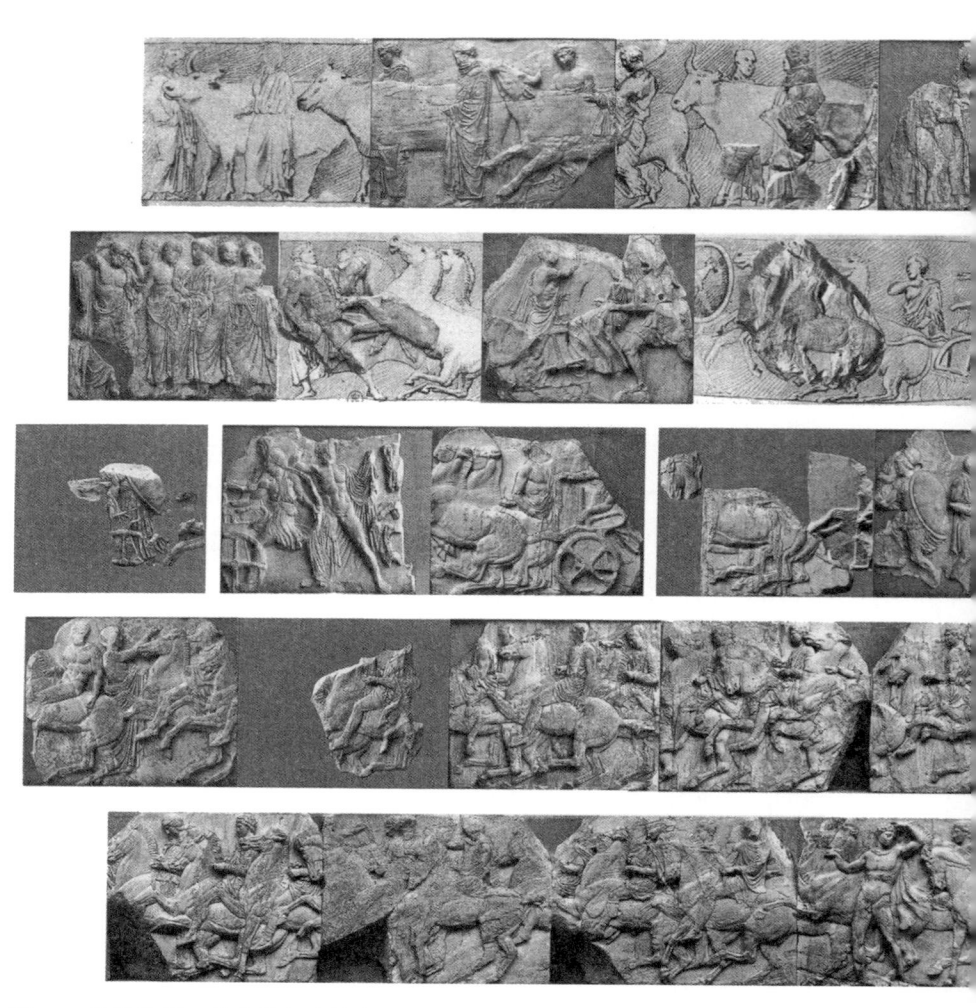

图 49 北横饰带。带去献祭的牲畜、扛供品者、乐师、老者、马车和骑马者。

帕特农横饰带：打开神庙秘密的钥匙 201

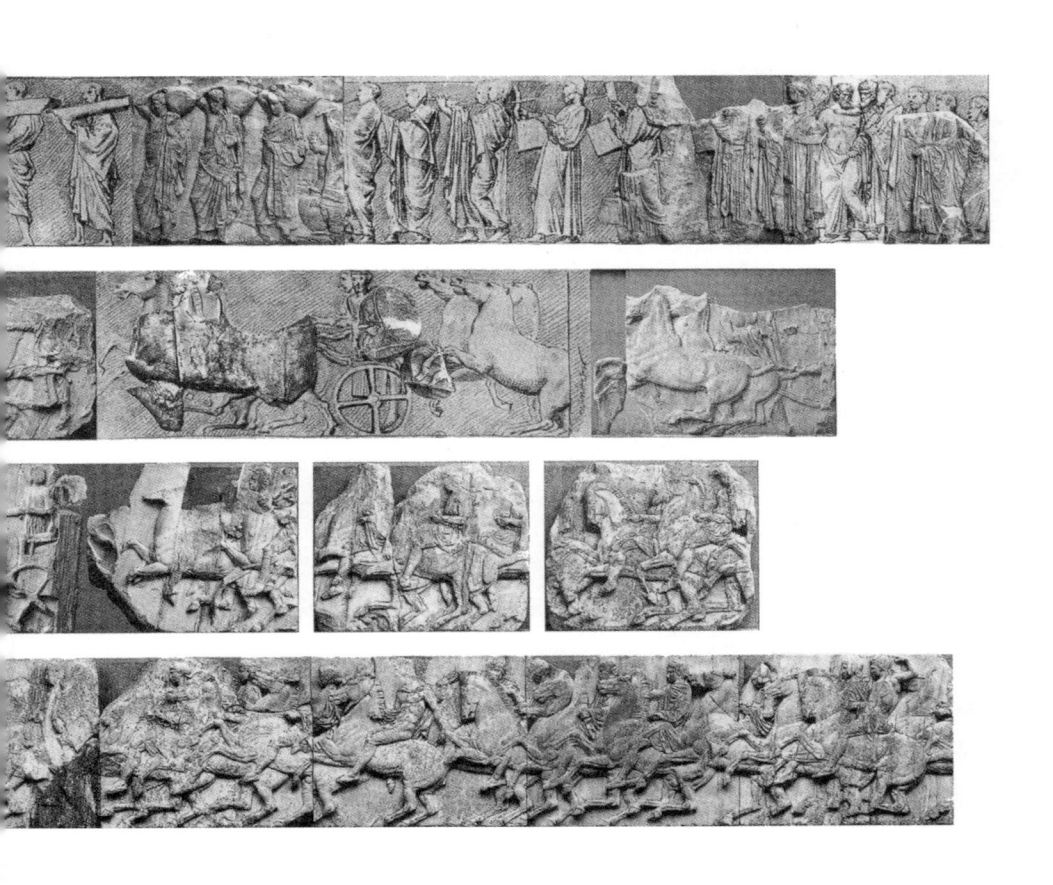

透过爬梳古典时代晚期到拜占庭的所有文献资料，学者业已汇整出一份泛雅典节游行所有元素的列表。但这清单却跟我们在帕特农横饰带看到的东西不相符[42]。我们知道，一个出身好的少女会被选出来走在游行队伍最前头——她因为带着一个篮子而被称为"提篮女"[43]。但横饰带中却看不见有"提篮女"[44]。另外，我们知道，在游行中扛供品的是雅典的盟友，而扛水的则是一些侨居的外邦妇人。这两种成分在横饰带上也是一样缺席。至少从公元前四世纪开始（大有可能更早），一辆有轮的"船车"会载着圣衣（圣衣在桅杆上张成帆的样子）穿过阿戈拉广场和取道"圣道"前往卫城[45]。"船车"在横饰带上亦是无处可见。更关键的是，我们在画面中看不见重装备步兵，而这种著名步兵自古风时代以还便是雅典军队的骨干和灵魂[46]。假如帕特农横饰带里真的有一支雅典军队，那看不见重装备步兵是不可想象的。

同样怪异的是横饰带上出现了一些不会在泛雅典节游行时看见的人物。我们看见一些扛着沉重水坛的男人（图71、图72和书末线图），但我们知道，在游行中扛水的人应该是外邦女子[47]。更让人困惑的是那些时代错乱的马车。说是"时代错乱"，是因为自晚期青铜时代（比伯里克利的时代早约七百年）起，希腊人便不再使用马车作战[48]。

把横饰带解读为公元前五世纪时的故事亦有违常规，因为希腊神庙装饰的题材一贯取自神话[49]。事实上，近期对古希腊神庙雕刻的研究皆强调，它们的功能是帮助人看见无法再看见的事情，即传说中的神话古代[50]。视觉再现的作用是重现过去，但大泛雅典节每四年便举行一次，而小泛雅典节更是每年举行一次，是众人可以亲眼看到的，毫无追忆的必要。把横饰带解释为泛雅典节游行也跟帕特农神庙的其他雕刻方案不符。两面三角楣墙都无可争议乃分别显示雅典娜的诞生和雅典娜与波塞冬的较劲。它们的柱间壁则是刻画诸神与巨人族的大战，或是希腊人与亚马逊人、人头马和特洛伊人的战争。那么，何以唯独横饰带会抛弃神话主题？

这是一个被建筑史史家阿诺德·劳伦斯反复提出的疑问，而首先提出这疑问的是其在牛津研究考古学的兄长，著名的托马斯·劳伦斯。在一九四四至一九五一年间执剑桥大学古典考古学的劳伦斯教席，阿诺德的许多颖悟洞见都通过了时间的考验——特别是他对帕特农横饰带传统解释的有悖常理的忧虑。他在一九五一年的《卫城与山门》一文里写道："这种解释几近亵渎，因为在任何其他希腊神庙，雕刻都是用来讲述神话故事。"⁵¹ 二十年后，阿诺德重申他的忧虑："之前从未有过一座希腊宗教建筑是表现其当代事件的，之后也未有其例……这种明显的与传统的背离需要一个解释。"⁵²

公道地说，不是完全没有学者主张过应对横饰带做出神话解释，问题是他们找不到一个已知神话的内容能跟横饰带吻合。早在五十年前，克丽索拉·卡达拉便把东横饰带的中央画面解读为第一届泛雅典节（这是个整体而言非常说得通的解释，尽管她并未有机会受惠于《厄瑞克透斯》的残篇）⁵³。她把中央画面（图50、图51）中两个捧着圣衣的人看成国王喀克洛普斯和小孩厄瑞克透斯，把左边三个女性看成地母和喀克洛普斯的两个女儿。同样也于《厄瑞克透斯》残篇出土前写作的杰普逊把中央画面里的成年男人看成厄瑞克透斯的兄弟布忒斯，又把左边三个女性指认为喀克洛普斯三个女儿，即赫尔塞、阿格劳萝丝和潘朵洛索斯⁵⁴。有些诠释者反对横饰带有统一主题的想法，主张不同画面是讲述不同故事。还有些学者不愿意把横饰带看成当代事件，但又找不到吻合的神话，便把它视为对泛雅典节的泛泛描绘⁵⁵。

费尔不认为帕特农神庙饰带和泛雅典节有任何关联⁵⁶，主张将其解读为一篇对雅典民主的详尽论述，其目的是说明民主政体内共同体成员的正确行为守则。费尔认为，东横饰带中央画面表现一个理想家庭单位的范例。我们看到的是希腊的一户人家，妈妈正在教女儿织衣物，父亲让儿子看一件披风——公民身份的最重要标记。

在一九九一年一月初以前，我从未听说过焦凯的木乃伊，更遑论知道从包裹它们的莎草纸断片有过重大发现。那一天（一个寒气刺骨的下午），我坐在牛津大学林肯学院的客房，埋首为我准备撰写的一部论希腊女祭司的书进行研究。我打开布雷默编的《雅典神话之诠释》，热烈捧读帕克的"早期雅典神话"一文。几秒钟之后，我便忘记寒冷，深深被雅典国王厄瑞克透斯和他牺牲女儿以挽救城邦的故事所吸引。我以前怎么没听过这个故事？我要多久才能弄到一份欧里庇得斯的文本？

图 50 东横饰带（部分）。左边两人是赫拉和宙斯，右边两人是雅典娜和黑淮斯托斯，中间是厄瑞克透斯和家人。

林肯学院的驻院莎草纸学家威尔逊就住离来宾室几步路的前庭里。他义不容辞把他的《欧里庇得斯的新残篇》借给我，让我带去图尔街的书报摊影印。看着一页又一页的《厄瑞克透斯》从第一代"全录"复印机连续吐出，我发现它们竟与古代的莎草纸书卷有几分相似。

此后六个月，我大部分时间都把影印本带在身边，每抽得出时间便拿出来读，期间一直盼望着有个可全神钻研的空档。世局的变化在接下来的夏天给了我整整三个月始料未及的空闲。本来，身为塞浦路斯西部外海攸尼索斯岛考古工作的主持人，我每年五月都会到那里进行夏天的挖掘工作。然而，随着萨达姆·侯赛因入侵科威特和第一次海湾战争爆发，一九九一年的挖掘工作被迫取消。"沙漠风暴"行动的地面战事在二月底便展开，但局势到了春天仍未明朗。这一连串始料未及的连锁事件让我只能待在美国，有一整个夏天可以从事非事先安排和不受打扰的研究。欧里庇得斯的《厄瑞克透斯》被我列为第一优先。

从布尔穆尔学院汤马斯图书馆古典学研讨室的前排窗户，我定睛看着院子里那棵落英缤纷的樱桃树。当时是八月十五日近黄昏，我刚读完《厄瑞克透斯》的残篇。普拉克熹提娅那番掷地有声的爱国言论让我震撼，她被任命为"护城雅典娜"第一任女祭司一事让我称奇，而我的心灵之眼不期然回到帕特农神庙东横饰带的中央画面。我一整个早上都在想这画面，设法锁定站在最中央的女人——一般都认为她是雅典娜的女祭司。为什么她手上没有一把神庙钥匙？有这象征符号的话将可绝对证实她的女祭司身份，也就是说可证明她是历史上其中一位雅典娜的女祭司。但如果她不是历史人物而是神话中第一位雅典娜女祭司即普拉克熹提娅呢？就这样，两条独立的探问路线汇聚在东横饰带的单一个人物身上。我所看到的有可能

图 51　帕特农神庙东横饰带的中央画面：厄瑞克透斯（右起第二人）、普拉克熹提娅（居中者）和三个女儿正为牺牲做准备。

就是欧里庇得斯所谈到的吗？他们真的是一家人（一父一母和三个女儿）吗？站在最中间的就是人母和女祭司普拉克熹提娅吗？

　　翌年十一月，我面对面见着了奥斯汀。有这个机缘，是因为斯诺德格拉斯邀我在剑桥大学演讲厅报告我对帕特农横饰带的新诠释。我早先已把写作希腊女祭司的计划暂时搁置，用了十五个月消化得到的所有关于雅典建国神话、地貌、回忆、仪式、献祭、戏剧、民主和神庙雕刻的资料，除此之外什么都没做。现在，我有幸见着那位从"二三二八号索邦莎草纸"认出欧里庇得斯著作的人。奥斯汀手里拿着那本"克莱恩文本系列"的《厄瑞克透斯》残篇。与听讲学生与教员前往会后茶会途中，他问我："你乐意跟我把全文合念一遍吗？"待我们在长桌子远程把文本念过一遍后，他又转身问我，介不介意再合念一遍。于是，我们便回到开头，念了第二遍。之后我们多次会面和长谈。奥斯汀一再钻研《厄瑞克透斯》，也一再从中学到新东西，又鼓励我效法。二〇一〇年，他英年早逝，让我们那些内容广泛的讨论令人遗憾地戛然而止。但遵循他的忠告，我继续从欧里庇得斯那篇异常丰富的文本学到东西。

　　本书会提供一个理解帕特农横饰带的全新典范，它把横饰带内容视为乃再现雅典传说中的一个开国神话[57]。以欧里庇得斯的《厄瑞克透斯》为背景，我们将会第一次明白到，东横饰带中央画面展现的是一幅意义重大的家庭肖像。画面中，父母亲和三个女儿正为一种无上的无私举动进行准备，而他们所做的终极牺牲可以展示出雅典民主赖以奠基的核心价值。这家人遭受着一个难以想象的苛求，但他们并不畏缩。他们将会为共同体做出最大程度的付出，不惜为共同福祉而牺牲私人利益。

把这几个人物理解为一家人让我们可以看出他们的身高微有差异，由此得知三个女孩是年纪有别的三姐妹（图51）。站在最左边的少女比她旁边的女孩略矮，而站在最右边的小孩要更矮[58]。确实，只要把他们视为一个雅典王室家庭（厄瑞克透斯、普拉克熹提娅和三个女儿），中央画面之"谜"就会迎刃而解[59]。

基于画面中有三个女孩，古代雅典人理应一眼便认出五个人物是谁。希腊神话里的大部分王室家庭都至少有一个宝贝儿子。雅典王朝的一个不寻常之处是它总是女儿众多而男继承人稀少。正如前面提过，根据大部分记载，厄瑞克透斯和他之前的喀克洛普斯和更早之前的丢卡利翁都一样有三个女儿。所以，从最早时期起，卫城便居住着众多的王室少女。有鉴于雅典的守护神是位女神，这现象并不让人惊讶。处子女神和最早几位国王的少女之间有着亲和性。

如果望向奥林匹亚的宙斯神庙（竣工于公元前四五六年，为帕特农神庙之前最大的希腊神庙），我们会看见非常相似的安排，即王室家庭的成员也是一字排开（图52）[60]。这一次，厄利斯国王俄诺玛俄斯、王后

图52 奥林匹亚宙斯神庙东三角楣墙上的雕像，表现厄利斯的王室成员在为赛马车做准备。居中者为宙斯，左边是王后斯忒洛珀与国王俄诺玛俄斯，右边是珀罗普斯和希帕黛美雅。

斯忒洛珀、公主希帕黛美雅和她的求婚者珀罗普斯虽然是出现在三角楣墙而非横饰带，但他们形成的构图仍然与帕特农横饰带极其相似。东三角楣墙总是希腊神庙最重要的部分，因为它是主入口所在，面对着奉献祭品的露天祭坛。与基督教教堂不同，希腊的祭坛是置于神庙的外面和东边。这种安排让神像可以望向主大门外面，望见并品尝到献祭的牲畜。另外，把主大门设在东边也可让神像被朝阳照得光芒四射。我们必须记住，祭像不只是神的肖像，还被认为是神明本身的临在，有需要用第一道阳光把它唤醒，为之沐浴更衣，再用祭品、供品和礼物加以喂食和取悦[61]。

基于东立面的优越性，我们会从帕特农神庙的东横饰带看起，然后才绕过西边去到神庙背面。这当然和卫城朝圣者所走的路线相反，因为他们都是从卫城西边进入，再循神庙的南侧或北侧走到东端。但这一点适足以提醒我们，帕特农神庙的雕刻主要是供雅典娜而非凡人观赏。因此，要弄懂这些雕刻的意义，我们必须采取女神的观点，即从东边看起。那是叙事的起始处[62]。

东横饰带正中央的妇女一直被认定是公元前五世纪某位侍奉"护城雅典娜"的女祭司[63]。但奇怪的是，她缺失了女祭司圣职的主要符号象征：神庙钥匙。从古风时代开始，像中人的女祭司身份都以一根很大的棒形钥匙作为标记。这些妇女或出现在赤陶土和石头神庙，或出现在墓碑，或出现在陶瓶绘画，总是以手持钥匙作为她们位于神庙阶层顶端的身份标识[64]。例如，在一块公元前四世纪的卫城"表彰浮雕"上，女祭司的左手就环抱着一根显眼的神庙钥匙（图53）[65]。她举起右手，貌似祷告，站在"帕德诺斯雅典娜"神像旁边。胜利女神站在雅典娜掌中，弯腰为女祭司加冕，以示表彰。所以，我们有理由预期帕特农横饰带里的女祭司也是卫城古典时期晚期"表彰浮雕"里的样子。

事实上，东横饰带正中央女人没有钥匙这一点正是引起我整个翻案研究的催化剂。在写作《一位女祭司的肖像：古代希腊里的妇女及祭仪》时，我第一次发现这个无钥匙的所谓"女祭司"需要一个解释。最终，我不得不否定传统的解读，改为探索其他的可能性。本书正是此一难题的直接产物。

图 53　雅典卫城出土的"表彰浮雕",刻画胜利女神(站在雅典娜掌中)为左下方的女祭司加冕。公元前四世纪后半叶。

就这样,在布尔穆尔学院的那个八月天的下午,多如万花筒图案般的各种可能性汇聚为单一画面。我开始体认到,问题中的那个女人根本用不着一把钥匙,因为她正是神话中第一位雅典娜女祭司,亦即王后普拉克熹提娅。事实上,王后才刚刚把女儿献祭,还没有被女神委任为女祭司。她没有钥匙是因为卫城还没有一座由她负责掌管的神庙。所以,这个普拉克熹提娅乃是"护城雅典娜"的准女祭司,而她的神话也为雅典的女祭司圣职获得了正当性。

站她旁边的蓄胡男人传统上被认定是"波塞冬—厄瑞克透斯"的祭司,要不就是雅典的首席执政官(即"王执政官")[66]。但没证据显示这两种身份的人会参与泛雅典节的高潮仪式,因为这节日的主祭官是女性[67]。画面中男人的特别之处是他的衣饰。他穿的长套衫(没有腰带和短袖)是典型的祭司装束,也正是负责杀牲献祭者的装束。阿提卡丧葬浮雕里看见的祭司就是这种穿着[68]。在一块公元前四世纪晚期的墓石上,一个叫西摩斯的祭司便是穿一件长套衫(图54)。就像东横饰带里的蓄胡男人

图 54 古典时代晚期的阿提卡丧葬浮雕,像中人为祭司西摩斯,公元前五世纪晚期／前四世纪早期,雅典。

一样,西摩斯采取"对立平衡"站姿,全身重量集中在左腿上。他右手拿一把祭刀,而祭刀(一如钥匙之于女祭司)是男祭司身份的标准标志。从他手上的刀,可以确认西摩斯是负责割开献祭牲畜喉咙的人[69]。

从东横饰带中央的男性肖像没持刀这一点,可反证他不是一个公元前五世纪的男祭司。既然他会跟普拉克熹提娅王后和她三个女儿站在一起,显见他就是厄瑞克透斯。这个厄瑞克透斯穿成男祭司的模样,是为了遵照德尔斐神谕,肃穆地把幺女送去牺牲献祭。一如"护城雅典娜"的女祭司职位是始自普拉克熹提娅,"波塞冬—厄瑞克透斯"的男祭司职位是始自她丈夫。

至于站在画面最右边的小孩(图 55),其身份与性别一直受到激烈争论。彼是男孩还是女孩?十八世纪评论者斯图尔特和里韦特认为是女孩[70]。贯穿整个十九世纪和二十世纪大部分,诠释者倾向于视他为男孩。一九七五年,牛津大学古典考古学暨艺术教授罗伯逊重启辩论,力主那是个小女孩。他指出,小孩脖子上的环状纹理是一种鲜明女性特征,是

帕特农横饰带:打开神庙秘密的钥匙　209

图 55 厄瑞克透斯与女儿摊开她的殓服，见于帕特农神庙东横饰带。

一种有时被称为"维纳斯环"的女性美的表现[71]。继承罗伯逊"林肯教授"教职的博德曼持一样观点。通过利用男女两性背部的比较解剖学，他对比了东横饰带中央的小孩和北横饰带上一个男孩的光屁股（图82），断言两人必然属于不同性别[72]。今日，支持男孩说和支持女孩说的人是一半一半[73]。

以现代人之眼观之，小孩的性别断定无关宏旨。古风时代和古典时期的希腊艺术家都极不擅长刻画女性裸体，碰到这种事时都要依赖他们更熟悉的东西：男性裸体。一个绝佳的例子是现藏意大利巴里省的一只红绘陶罐，上面刻画一些正在做运动的裸体女孩（图56）[74]。她们全都表现出健美的男性体格，肌肉结实得近乎举重选手。中间一个女孩的乳房看似从腋窝长出，就像是画者先前忘了画，事后追加。

解剖学分析不可能为问题中的小孩决定性别。要得到答案，我们必

图 56 在角力学校做运动的女性,见于鲁蒂利亚诺出土的双耳大口罐。现藏意大利巴里省公民博物馆。

须依赖历史背景。那些认为该小孩是男孩的人必须解决一个难题:一个庙僮凭什么资格可以参与泛雅典节最高潮的祭仪[75]。在希腊宗教的历史脉络中,侍奉女神明(尤其是处子女神)的工作一贯是由女性负责,在祭祀雅典娜这种神圣仪式的场合冒出一个男孩会非常唐突[76]。

那块布料本身也是一个线索。从最早期开始,为雅典娜编织圣衣的工作就是由女性负责。用来织它的羊毛必须由前青春期的女孩(称为"阿瑞福拉童女")用小手指清洗和梳理。在女祭司的监督下,一支出身高贵妇女构成的团队(称为"女织工")会花九个月时间(相当于一个胎儿发育完全所需时间)用织布机把圣衣织出来[77]。我们很难想象,这么慎重其事完成的圣衣竟会是由一个男祭司和男童献上。事实上,在希腊祭仪脉络,男性的手甚至有可能被视为具有污染性,完全不适合碰触女神的衣着。把圣衣献给雅典娜的人肯定是女祭司:我们在《伊利亚特》读到,为雅典娜换上漂亮新装的人是特洛伊女祭司西雅娜[78]。

那些视该小孩为女孩的人一般都认为她是一位实有其人的"阿瑞福拉童女"。"阿瑞福拉童女"共两名,都是从显赫公民家庭选出,年龄介于七至十一岁之间,负责在卫城的节庆周期服侍[79]。她们的职位称呼为

帕特农横饰带:打开神庙秘密的钥匙 211

arrephoroi，显示她们是负责运送"秘物"（arreta）的人。在阿瑞福拉节当晚，她们会把"秘物"带到卫城山坡下方某处，稍后再带回来一些别的东西——这仪式就叫"阿瑞福拉"[80]。她们也在考克亚节服侍，帮忙编织圣衣。但正如前面说过，"阿瑞福拉童女"总是成双地出现（有时是两对一起行动），但中央画面最右边的小孩却没有搭档，这让她不大像是"阿瑞福拉童女"[81]。

但如果以雅典的开国神话作为参考坐标，这个小孩便大有可能是厄瑞克透斯和普拉克熹提娅的最么女。她即将被穿成祭司的父亲当作祭品。阿波罗多洛斯告诉我们，被厄瑞克透斯最先献祭的是么女[82]。这女孩的衣服侧边打开，露出光屁股，非常显眼。如果她是一个真有其人的"阿瑞福拉童女"（即一个出身显赫家庭的少女），那么她会在泛雅典节祭仪中最神圣的时刻漫不经心露出屁股乃是不可想象的[83]。

我认为这个女孩露臀绝非偶然。她的衣服打开，是暗示着她正在更衣。脱下日常穿着后，我们的女英雄将会换上殓服：那是一块折起的大布，由她和父亲一起举着，展示给所有人看。透过一种称为"同时叙事"的图画技巧，艺术家把当前事件和未来事件压缩在单一画面[84]。更衣的画面会让人联想到接下来的牺牲场面——殓服的出现暗示着此一时刻迫在眉睫。

在古希腊，未嫁人便死去的年轻女子会穿着婚衣下葬[85]。所以，在希腊悲剧里，我们会看见准备就死的少女先换上婚服／殓服。在《特洛伊女人》中，欧里庇得斯让特洛伊公主／女先知卡珊德拉在被送到阿伽门农那里去之前，先穿成新娘子的模样[86]。事实上，卡珊德拉是为了自己将会死在阿伽门农妻子克莱登妮丝特拉手里而着装。同样地，在《伊菲革涅雅在奥利斯》，欧里庇得斯让女主角穿戴上各种婚礼衣饰，包括一顶新娘冠。她精心打扮，以为父亲是要把她嫁给阿基利斯[87]。当然，伊菲革涅雅实际上是即将赴死。

有些多疑者认为横饰带中那件所谓的"圣衣"太大件，不可能是少女的殓服。但我们看到希腊悲剧都喜欢强调献祭少女所穿的衣服相当宽大。如果把横饰带的织物看成一块大布，它会完全适合小公主穿着。在《阿伽门农》里，埃斯库罗斯形容被父亲带去祭坛的伊菲革涅雅是"被她的袍子（peploisi）团团包裹住"[88]。这里的"袍子"是复数，意味着伊菲革涅雅身上裹着好几块布。在欧里庇得斯的《海克力士子女》，少女玛卡里娅被杀前要求父亲同伴伊俄拉俄斯用 peploisi 把她覆盖，指的是复数的"衣服"[89]。索福克勒斯的《波吕克塞娜》——讲述特洛伊国王普里阿姆最小女儿在阿基利斯坟前被牺牲献祭的故事——早已佚失，但残存一个片段提到波吕克塞娜被长罩衫"完全包住"。这再次证明献祭少女所穿的衣服绝非小件[90]。

现藏伦敦一个公元前六世纪双耳瓶对波吕克塞娜的血腥死法有露骨刻画（图57）[91]。就像被献祭的牲畜那样，这位特洛伊公主被高举在祭坛上[92]。阿基利斯之子涅俄普托勒摩斯割开她的喉咙，大量鲜血直往下喷。而波吕克塞娜整个人裹在一块有精致图案的布里，名副其实是被"完全包住"。

在帕特农神庙东横饰带的中壁板里，厄瑞克透斯的小女儿就像波吕克塞娜、伊菲革涅雅和玛卡里娅一样，赴死前必须用一块大布把自己包住。一如装饰一头献祭的牲畜那样（例如在牛角上绑上丝带），准备献祭的少女也会盛装打扮，披上俨如新娘服的漂亮衣服。

所以，我主张应该把东横饰带中央画面视为少女赴死前的更衣场面或梳妆场面。事实上，只呈现血腥高潮前一刻的做法乃是与全盛古典时

图57 波吕克塞娜在特洛伊附近的阿基利斯墓冢被涅俄普托勒摩斯献祭的情景，见于一个第勒尼安双耳瓶（年代约介于公元前五七〇至公元前五六〇年），由提米亚德斯画师所绘。

帕特农横饰带：打开神庙秘密的钥匙　213

期的希腊艺术成规相一致。我们不应该预期会看见祭坛、刀子、割喉和鲜血这一类见于古风时代少女牺牲画面的元素[93]。要知道，见于波吕克塞娜双耳瓶那种画面到了公元前四三〇年代已经不再流行。无疑，在巴勒莫出土的一个白底细颈长油瓶，我们仍然看见把伊菲革涅雅带去祭坛的阿伽门农手上拿着刀子[94]，但这陶皿的时代比帕特农横饰带早上六十年，更多是反映古风时代对血腥细节的雅好。到了帕特农横饰带在公元前四三〇年代被雕刻之时，艺术家的手法已细腻许多，偏好制造紧张预期心理多于描写血淋淋的暴力。

尽管如此，仍然必须指出的是，以活人献祭为题材的公元前四世纪艺术品留存至今者寥寥无几。那毕竟是个非一般的主题，只会出现在非一般的场合。所以，我们不大能指望它有既有的成规可循。"圣衣场景"之所以一向让人困惑，原因之一正是在于它要呈现的是一件没有程式化图画表达的不寻常事件[95]。

不管是在视觉艺术还是戏剧艺术，全盛古典时期都见证着一种舍弃明说而偏好制造预期心理以引起细致快感的品位。这种"轻描淡写化"时尚的一个好例子是著名雕像《掷铁饼者》，它被认为是雕塑家米隆的作品，创作于公元前五世纪中叶[96]。在这雕像的许多复制品中，我们看见一个赤裸的运动员半蹲着，身体向后旋转，铁饼高举在背后。像中人紧绷得像上紧的发条，描写的是铁饼掷出前零点几秒的时刻。米隆非常善于捕捉这种高潮前一刻的"孕育"时刻，以致今日提到这时期的雕像时，都会说它们是在表现"米隆时刻"。同样地，在古典希腊戏剧里，死亡场面从不直接演出来，而是会透过一些说话人向观众复述过程。

同一原则也见于奥林匹亚的宙斯神庙的东三角楣墙（图52）。要不是保萨尼亚斯告诉我们其核心主题是俄诺玛俄斯和珀罗普斯准备进行赛马车，我们也许永远猜不出三角楣墙上那些庄严肃穆的雕像代表谁。我们有可能从雕刻家提供的幽微线索（一个蹲着破坏马车轮子的车夫[*]）看

---

[*] 译注：厄利斯国王从神谕得知，女儿如果结婚，他便会死亡。因此国王宣布，要娶公主的人必须在赛马车中胜过他。仗着战神所赐的快马，俄诺玛俄斯总是可以追上求婚者，并用长矛将对方刺死。直至第十四位求婚者珀罗普斯买通国王的马车御者松开国王马车的销钉，才取得比赛胜利。

出端倪吗[97]？一场悲剧即将发生：珀罗普斯会在比赛中作弊，而国王俄诺玛俄斯会因马车散架摔死。就像奥林匹亚的东三角楣墙那样，帕特农神庙东横饰带表现的是一个开国家庭为一件可怕事件做准备的"孕育时刻"。

雅典和奥林匹亚开国家庭的雕像都是为它们各自的背景脉络特地制作。不管是帕特农神庙东横饰带还是奥林匹亚东三角楣墙的家人群组都没有见于陶瓶绘画或一般雕刻。对当地人来说，要读懂它们的主题根本不需要线索。奥林匹亚的希腊人不只理应可以认出东三角楣墙的主题，甚至会预期在他们最重要的神庙看到在地的开国神话故事。古雅典人也是一样，会一眼看出东横饰带中央的五个人是厄瑞克透斯一家。事实上，整体而言，希腊人非常习惯看见显赫家庭（不管是英雄还是神明的家庭）出现在视觉艺术里[98]。但把一般民众连接于第一家庭的需要却没有其他地方比雅典更为迫切。在一座出类拔萃神庙的核心雕刻的中央画面看到厄瑞克透斯一家本身就代表着一种高潮，是自古风时代便见于卫城的家族叙事的高潮。它也是该叙事的社会功能的一个高潮。

真人实事取向的解读从来无法很好安置中央画面最左边两个较为年长的女孩（图51）。虽然许多学者把她们认定是在雅典娜典礼仪式中扮演重要角色的"阿瑞福拉童女"[99]，但两人明显太老，不符合"阿瑞福拉童女"的年龄资格（七至十一岁）。两人穿的是成年女性的标准服饰，不像前青春期女孩那样一贯披布。服饰是年龄的一个重要指标，由此可以排除她们是"阿瑞福拉童女"的可能性[100]。

这两个少女头上看似各顶着一张有垫凳子。有人猜想，凳子是要供两个大人坐，而他们分别代表"雅典娜女祭司"和"波塞冬男祭司"[101]。还有些论者相信，这两位"圣职者"是准备要参加中板块两边举行的神明集会。富特文勒早在一八九三年便主张过，中央画面两个大人分别代表男祭司和女祭司，而两个年长女孩的凳子暗示他们即将坐下，参加所谓的"神宴"，与神明一起分享祭肉（图50）[102]。但这种解读会引起麻烦：历史人物（现实中的凡人）有可能与一群看不见的神明共席吗[103]？又为什么男女祭司有凳可坐，但其中两位神明（狄奥尼索斯和阿耳忒弥斯）却无凳可坐？

其实，凳子有时未必只是凳子。在古希腊，凳子不只是用来坐，还会用来运送干净衣物，特别是贵重服饰或花了无数小时纺织而成的精美布料（用手传递的话有可能会弄脏）。陶瓶绘画老是看得见用凳子运送织物的情景。在埃克塞基亚斯*绘制的一个黑绘双耳瓶上，我们看见一个僮子头顶凳子，上面放置着一些干净衣服，送去给卡斯托尔和波吕杜克斯换穿（图58）。[104] 小仆人手腕上吊着一罐油，进一步暗示出两兄弟将要盥洗和更衣。如果站在凳子前面看，衣物会是圆形（因为看到的是弯折的部分）；如果站在凳子后面看，衣物会是方形（因为看到的是重叠的两端）。但图中的僮子因为是侧身对着观图者，他头上的衣物看起来就像椅垫。帕特农横饰带那两个年长女孩用凳子顶着的东西也可作如是观。

图58　一个侍僮把干净衣服带给卡斯托尔和波吕杜克斯兄弟，站最右边的是他们的父亲：国王廷达瑞厄斯。见于在埃克塞基亚斯出土的双耳瓶，年代约为公元前五四〇年。

---

*　译注：公元前六世纪前后阿提卡最优秀的黑绘陶瓶画师。

现藏大都会艺术博物馆的一个红绘酒坛显示两个女子正在熏香一件刺绣华美的织物。织物放在一张凳子上，而凳子吊在一个火堆上方（图59）[105]。其中一人弯腰把香油倾倒到余烬，另一人整理着织物。就像那个埃克塞基亚斯双耳瓶一样，画中的织物不是椅垫而是折起的衣物。帕特农横饰带本来是有上彩的，所以两个年长女孩头上织物的花纹、皱痕和折痕当初一定是清晰可辨，不会使人混淆。

　　在古希腊，有三种场合必须用到编织精美的布块：生小孩时充当婴儿裹布，出嫁时充当新娘礼服，人死时充当尸体的殓服。希腊文 peplos 一词可以同时指三者。就其本义，peplos 只是指"未裁剪的厚羊毛布"。视乎背景脉络的不同，我们可以把它分别翻译为"袍子""衣服""挂毯""雨篷""婴儿裹布"或"殓服"*[106]。要织出有复杂图案的布料需要花几个月甚至几年时间，而这工作想必是希腊妇女的主要家务之一。奥德修斯的妻子佩涅罗珀堪称织布主妇的原型，据《奥德赛》记载，在丈夫失踪那些年间辛勤为公公莱耳忒斯织一件殓服（织了又拆，拆了又织）。殓服都是早早就准备好。时至今日，有些希腊人家还会备着一些刺

图59　两个女人在熏香一件放在挂凳上的织物。见于一个酒坛，梅迪亚斯画师所绘，年代约介于公元前四二〇至前四一〇年。

---

*　译注：雅典娜"圣衣"的希腊文原文就是 peplos。在古希腊，"布料"和"衣服"常常是同一回事，因为当时的衣服常常是未经剪裁，直接把一块布披在身上缠绕而成。

绣华丽的布块以备葬礼时包裹尸体之用。

从古代到中世纪，殓服都是高张力的艺术符号，用以暗示有一场死亡发生过。一个好例子是所谓的"杜林尸衣"：不管是否出于伪造，它都会让人强烈联想到基督的死亡和复活[107]。出现在帕特农横饰带中壁板的三件殓服清楚表明，有三个人的死亡近在咫尺。最小一位公主裸露的肌肤更表明她正在更衣，悲剧迫在眉睫。

透过这种新的解读，我们可看出三个女孩是正在为自己的死亡做准备（图51）。会最先走的是最小一位公主，因为她的殓服已经摊开，展示眼前。最年长的女儿（左起第二人）正把自己的凳子交给妈妈。最左边的公主面朝正前方站立，殓服仍然折起，扛在头顶。根据神话，德尔斐神谕只要求一个公主牺牲，而阿波罗多洛斯告诉我们，被选中的是最小一个女儿[108]。厄瑞克透斯和妻子决定让小女儿牺牲，不晓得三姐妹曾经立誓生则同生、死则同死。另两个女孩带着的殓服暗示她们已私下决定要从卫城跳崖自杀，让这家人做出非父母意料所及的更大牺牲。

最左边女孩的臂弯里抱着什么？那东西虽然已经破损不堪，但它的右下角落还隐约看得出来有个狮爪[109]。根据这一点，有学者猜测那是一张脚凳，是与两个女孩头上凳子的其中一张合着使用[110]。然而，狮爪不只会用来装饰脚凳，还会用来装饰金属小匣子（包括珠宝盒），充当匣脚。陶瓶绘画经常看得见手抱小匣子的婢女。如果把横饰带中央部分解读为少女牺牲前的梳妆场面，我们就会明白女孩臂弯里的东西是用来放置珍贵首饰，是要供被献祭少女装饰之用[111]。公元二世纪演说家阿里斯提得斯这样描述厄瑞克透斯和普拉克熹提娅女儿牺牲前的准备："她妈妈帮她盛装打扮，像是要带她去大出风头。"[112]

现藏巴黎一个红绘珠宝盒提供了这种梳妆场面一个绝佳例子。它显示一位出嫁的少女准备更衣的情景（图60）[113]。新娘子坐在左边，看着一个婢女把婚服摊开。在最右边，另一个仆人捧着一个金属小箱子，里面放着的首饰可把新娘子点缀得更加漂亮。同样的场景见于帕特农横饰带：厄瑞克透斯和女儿把她准备要穿的殓服摊开，展示在众人眼前；在她左边，一个姐姐带着珠宝盒，以便妹妹在牺牲的前一刻装扮自己。

另一幅描写公主安朵美达被送去喂海怪的陶瓶绘画有着非常相似的

图 60 新娘着装图：两个婢女为新娘展示婚衣和首饰。见于一个小化妆盒，罗浮马人战争画师所绘，年代约为公元前四三〇年。

图像程序[114]。话说，当一头海怪威胁要肆虐衣索比亚沿海之时，德尔斐神谕断言国王唯有奉献一个女儿方能消灾解难。于是安朵美达被带到海边悬崖，被用铁链捆绑以防她逃走。现藏波士顿一个红绘陶瓶显示安朵美达穿戴上她最好的衣服、首饰，准备领死（图 61）[115]。一个衣索比亚仆人从左趋近，头上顶着一张折凳，上头放着一个小匣子。小匣子与折凳之间似乎有一个坐垫，但那毫无疑问是一件仔细折好的干净殓服。

在陶瓶的另一边，另一个仆人为公主带来更多的行头：另一个珠宝盒和一小瓶香油（图 62）。确实，在少女牺牲一事上，打扮得愈隆重愈好。安朵美达的孤苦父亲克甫斯在一旁凝重地监督梳妆过程，与帕特农横饰带上的厄瑞克透斯多有相似之处，创造出一种折磨人的预期心理。在两个画面中，少女牺牲前的梳妆都完全无异于新娘出嫁前的打扮。

这中央画面左右各有六个奥林比亚神祇（图 50、图 63、图 64、图 66）。坐左边的是赫耳墨斯、狄奥尼索斯、德美特、阿瑞斯、赫拉和宙斯。紧靠赫拉身边站着一个有翼人物，论者对其身份有几种不同猜测：或是胜利女神，或是艾瑞丝，或是青春女神赫柏[116]。坐在中央画面右边的依次是雅典娜、黑淮斯托斯、波塞冬、阿波罗、阿耳忒弥斯（图 63、

帕特农横饰带：打开神庙秘密的钥匙　　219

图 61　安朵美达为了献祭给海怪而着装，一个衣索比亚仆人为她带来衣服和首饰。见于一个广口细颈瓶，尼俄庇特画师所绘，年代约为公元前四六○年。©2014 波士顿的美术博物馆。

图 62　国王克甫斯监督着女儿安朵美达梳妆，一个衣索比亚仆人慢慢走近。见于一个广口细颈瓶，年代约为公元前四六○年。©2014 波士顿的美术博物馆。

图 63　东横饰带（帕特农神庙六号碑板）里的波塞冬、阿波罗和阿耳忒弥斯。

图 64）、阿芙罗黛蒂和一个站着的厄洛斯[117]。奇怪的是，这些神祇都是背向中央画面，视线朝向充满东横饰带其余部分的男人群组和少女群组。如果横饰带的主题真是现实中的泛雅典节，那诸神怎么会不去注意仪式的高潮时刻[118]？如果中央画面真是刻画准备向雅典娜进献圣衣的情景，那女神怎么可能会对这一幕漠不关心？真是那样的话，雅典娜的肢体语言将会表示她对百姓所献的礼物不屑一顾（图 64），但这种事不只说不通，还不曾有过先例[119]。

　　但透过彻底重新解读东横饰带的中央画面，上述的难题便会迎刃而解。如果中央画面真是刻画处女牺牲前的准备工作，那两旁的神祇便有充分理由撇开目光：看着凡人死去不只会让神明有失体面，还会玷污他们的神性。在欧里庇得斯的《俄凯丝特丝》一剧，阿波罗赶在俄凯丝特丝死前离开，以免"这屋子的污染染污我"。同样地，在欧里庇得斯的《希波吕托斯》一剧，阿耳忒弥斯也清楚表明，她不被允许目睹忒修斯的儿子死去："别了，我是不可以看见人死的，也不可让凡人临死前呼出的气息弄脏我的眼睛。我看出你已临近死亡。"[120]在第二或第三世纪从事著述的埃瑞安也是这样解释一个喜剧诗人的梦境。在这个梦中，九位缪斯

图 64　帕特农神庙东横饰带。厄瑞克透斯和女儿展示织物，但雅典娜和黑淮斯托斯却看着别处。见于斯图尔特和里韦特所编的《雅典的古物》，第二册，图版 **23**。

女神赶在诗人死前离开他的房子[121]。

　　众神在什么情况下会像东横饰带所见那样聚集在一起？在《伊利亚特》，我们看见他们集合在伊达山之巅，观看凡人在特洛伊的战斗，各为自己偏袒的一方加油打气。在希腊的神庙雕刻中，这一类"诸神会议"总是出现在神庙的**东端**，而他们聚会的目的一律是观看战争。德尔斐的锡弗诺斯宝库建于公元前五二五年前某个时间点，是第一座采取爱奥尼亚式横饰带（即连续横饰带）的希腊建筑，其对帕特农横饰带的影响清晰可见。在宝库的东横饰带上，我们看见诸神就像在帕特农横饰带那样接席而坐（图 65）[122]，观看特洛伊战争其中一幕：阿基利斯和门农争夺安提罗科斯尸体的战斗[123]。支持特洛伊人门农的神明坐在左边，依次是：阿瑞斯、阿弗洛狄忒（也可能是厄洛斯）、阿耳忒弥斯和阿波罗；支持阿基利斯的神明坐右边，依次是：一个缺失了的人物（八成是波塞冬）、雅典娜、赫拉和忒提斯。宙斯坐在双方中间。

　　一场"众神会议"也出现在忒修斯神庙的东横饰带。又 / 或称为黑淮斯托斯神庙，这神庙位于阿戈拉广场内，动工于公元前四六〇和前四四九年之间某个时候，但完工或献庙的时间要晚很多（公元前四一六年前后）[124]。其东门廊和西门廊的横饰带大概雕刻于公元前四三〇年代或前四二〇年代，即帕特农神庙竣工之后。在东横饰带中央，我们看见

图 65　德尔斐锡弗诺斯宝库东横饰带上的神祇，从左至右依次是阿瑞斯、阿弗洛狄忒（也可能是厄洛斯）、阿耳忒弥斯、阿波罗和宙斯。

一场战争正在上演，战斗双方的身份有几种猜测：希腊人大战特洛伊人，忒修斯大战帕拉斯及其几个儿子，诸神大战巨人[125]。朱狄丝·巴林杰提出过一个很有吸引力的解释：该画面是刻画早期雅典人与阿特兰提斯人的战争——这次冲突发生于大洪水之前的远古，并因为柏拉图《蒂迈欧篇》的提及而广为人知*[126]。六位神明出席观战，分坐在战争场面两边。坐右边的三位身份不大确定：第一人疑是波塞冬或黑淮斯托斯，第二人疑是安菲特里特，第三人完全不可辨认。左边三位神明坐在岩石露头上，依次是雅典娜、赫拉和宙斯。

朱狄丝指出，因为阿特兰提斯人和雅典人大战的画图仅此一见，别无分号，以致她的说法难以证实，为此感到可惜。但忒修斯神庙东横饰带主题的"仅此一见"乃是与此庙的特殊性完全合拍。就像奥林匹亚宙斯神庙的东三角楣墙一样，帕特农神庙东横饰带的主题一样不见于同时代其他雕刻或陶瓶绘画。它会引起错误解读的原因亦在此。带我们通过这谜团的最佳向导是神庙雕刻的终极系谱功能，这功能要求雕刻讲述在地版本的神话，以在地的地景、祭地、谱系和守护神为依归。所以，图像不只不会取材通行于全希腊的神话，反而可以多变和自相矛盾得像神话本身。

第三面出现众神聚会的横饰带离帕特农神庙只有一箭之遥。小巧的胜利女神雅典娜神庙盖在卫城的最西侧，动工于公元前四二〇年代，完

---

*　译注：柏拉图《克里提亚斯篇》（*Critias*）其实才是完全讨论阿特兰提斯的故事，《蒂迈欧篇》只是提及。

工于几年后（图 86）[127]。众神在它的东横饰带里坐成一排，但他们的身份却众说纷纭。不过，其中一些已经被辨认出来，由右至左依次是佩托、厄洛斯、阿弗洛狄忒，更远处是勒托、阿波罗、阿耳忒弥斯、狄奥尼索斯、安菲特里特和波塞冬。全身铠甲的雅典娜站在整幅构图正中央。紧靠她右边者十之八九是黑淮斯托斯，接着是宙斯，然后是赫拉、海克力士、赫耳墨斯、科蕊、德美特、美惠三女神和许癸厄亚[128]。

众神聚集于此是要观看在神庙另外三边横饰带打得如火如荼的战争。北面和西面是希腊人对战希腊人，南面是希腊人对战穿东方服装的骑士。南横饰带里的东方敌人是谁特别引人争论。一个看法主张他们是特洛伊人。另一个由卡达拉鼓吹的观点主张三面横饰带都是描述厄瑞克透斯与攸摩浦斯的战争，而穿着东方服装的士兵是波塞冬的儿子从色雷斯募来的雇佣兵[129]。还有些学者认为它们是波斯战争的画面，是再现希腊人在马拉松迎战大流士或在普拉提亚大战薛西斯[130]。这个诠释显然是把横饰带主题看成真人实事而非神话故事。果真如此，那南横饰带将会违背希腊神庙的装饰成规，因为它们一贯都是取材自神话故事。不过，你也未尝不可以假定，到了公元前五世纪晚期，马拉松之战已经被抬高到神话高度，完全有资格被纳入神庙雕刻，供人永怀。

上述的模式让我们有好理由认定，帕特农神庙东横饰带中的众神是在观看一场神话中的战争，即厄瑞克透斯与攸摩浦斯之战。他们等着接受感恩献祭，让两造的紧张关系可以透过祭仪化解（图 66、书末线图）。众神举止合宜，没望向正在为"前祭"准备的少女，目光投向从另外三面横饰带趋近的游行行列。这队伍带来献祭用的牲畜，要为雅典的得胜酬神。因此，帕特农横饰带不应该理解为历史上发生过的某一次泛雅典节，而应该理解为神话中的第一届泛雅典节，其出现为此后的卫城祭典提供了根据。用于献祭的牛羊、蜂蜜和水见于北横饰带和西横饰带，是为尊荣厄瑞克透斯和三位公主而准备[131]。一行骑马者是国王班师归来的骑兵，他们到达的时间恰恰好，可以加入祝捷游行[132]。

神话中的活人献祭是举行于开战前，所以，横饰带的神明起着分隔战争前和战争后两个时间点的作用。早期雅典社会的丰富多样表现在游行队伍中的老者群组、少女群组、骑马者和年轻人，他们从西向东行进，朝中央画面而去。王室一家的无私精神让他们获得神格化，恰如其分地被置于众神的中央。西塞罗告诉过我们，厄瑞克透斯和几个女儿在雅典被奉为神明，加以祭祀[133]。

在两组神祇的另一边各有一组穿披挂长衫的男人：六个在南面，四个在北面（图66、图67）。他们有些蓄胡，有些无须，有几个挂着拐杖。这些男人是谁，还有他们的总数以及这数目代表的意义，一直受到争论[134]。四个额外的男人出现在北面，还有一个男人位于东横饰带的最南角落[135]。传统上都把后五个男人认定为游行督察，也就是负责维持秩序者。其中两个"督察"还被进一步被归类为"典礼官"[136]。

当位于诸神两边的男人被算成十个时，他们就被看成是象征"名祖英雄"*，即那十个名字被用来命名克里斯提尼所创建十个部落的古代英雄[137]。

图66　帕特农神庙的东横饰带，人物包括少女群组、男性群组、诸神和厄瑞克透斯一家。

---

*　译注：某事某物因某人得名，该人便称为该事该物的"名祖"。这个词在希腊史的背景脉络中常见。

帕特农横饰带：打开神庙秘密的钥匙　225

当他们被算成九个时，就被看成是象征雅典的十位执政官*（第十位执政官是"圣衣场景"中的男人）¹³⁸。但要让这种解释说得通，便必须扣掉东横饰带其中一个男人，把他看成游行督察。一个把这些男人算成九个的学者则把他们看成是"体育官"，即在泛雅典节负责管理宗教和体育事宜的官员¹³⁹。也还有论者把他们视为较低阶的雅典神明，或干脆认为他们象征雅典全体公民¹⁴⁰。总之，点算和"正名"东横饰带上的男人是件非常让人头大和主观的工作。事实上，只要把那五个所谓的"督察"算进来或不算进来，你想要把他们说成是象征哪些英雄或官员皆能办到。

但不管这些男人是谁，他们和走在他们旁边的少女明显密切相关。不管他们代表的是神话中的国王、英雄或是全体雅典人，他们都有可能是代表少女们的父亲、叔叔、兄长或其他男性亲属（图66、图67、图68、书末线图）。父与女的并置可以呼应中央画面中厄瑞克透斯与三个女儿的关系。它也可以是一个提醒：不管是男是女，共同体的所有成员都有责任捍卫共同福祉，都要准备好表现出为城邦舍命的终极民主美德。

第三章指出过，伯里克利在公元前四五一／四五〇年引进一条激进

图67　帕特农神庙东饰带的男性群组。

---

* 译注：雅典一度是十位执政官共同执政。

图 68　帕特农神庙东饰带的少女群组。

立法，规定只有父母双方皆是雅典公民的人方可享有公民权。这之前，单凭父亲的血缘便可享有当公民的光荣。所以，异国女人或非雅典希腊女人所生的儿子一样可以成为公民。但因着伯里克利的修法，雅典女性的地位大大提高，在婚姻市场中更受青睐[141]。由此观之，东横饰带中的男人群组和少女群组要表达的也许是新强调的血统纯正性。透过规定所有公民必须与土地有两条继承而来的纽带，新公民权法把群体团结性和公民认同感加强到前所未有的程度。

东横饰带的人物以少女为大宗：北面有十三人而南面有十六人[142]。她们两两一组向前走，手里捧着奠盅、陶瓶和（疑似）香炉。我主张，她们代表雅典娜授意普拉克熹提娅（为纪念三位死去公主）成立的圣少女歌舞队。我们记得，在《厄瑞克透斯》里，女神这样宣示："百姓毋得遗忘三人，每年得屠牛为祭，以神圣少女歌舞飨之。"[143] 所以，我们在横饰带里看见的少女乃是那些在泛雅典节彻夜守夜女孩的神话前身[144]。有那么多女性（一共三十三人）出现在神庙最重要的一边，足证女性的分量在雅典人身份的奠基神话里异常重要。

从东立面转入帕特农神庙的北侧和南侧，我们会看见那些被带领去献祭的牲畜。南横饰带有十头母牛，北横饰带上有四头母牛和四头公羊（图49，以及图69、图70、图75）《伊利亚特》早说过牛和羊是专门献给厄瑞克透斯的祭品："对他，雅典的年轻人要献上供品，每年一度以牛羊为祭。"[145] 我们也记得，在《厄瑞克透斯》末尾，雅典娜指示要这样尊荣死去的国王："因着杀他之人，他将被称为'神圣波塞冬—厄瑞克透斯'，由百姓以牛只奉祀。"[146] 在雅典找到的两段铭文进一步证实厄瑞克透斯受到祭祀：一段提到"献给厄瑞克透斯一头公羊"，另一段（文字破损严重）提到一头"公牛"和"一头母羊"[147]。

在北横饰带，走在献祭牲畜后头的是三个扛托盘的男人和四个扛水坛的年轻人（图49、图71、图73、书末线图）[148]。南横饰带（图75、书末线图）损毁严重，只保留一个扛托盘男人的部分。但这即足以表明此处有另一群扛托盘者。九世纪词典编纂者佛提乌告诉我们，在泛雅典节游行中负责扛托盘的都是些侨居者，而且都是穿紫衣。青铜托盘或银托盘里放着的是蜂房和糕饼[149]。事实上，北横饰带其中一个"扛托盘者"的托盘上的阴影纹理非常像蜂房——这一点从该雕像的一个石膏模型（现藏巴塞尔）看得特别清楚（图72、图73）[150]。

蜂蜜是属于阴间神灵的祭品，不属于雅典娜一类奥林匹亚神祇[151]。

图69　年轻人驱赶牛只前往献祭。见于帕特农神庙北横饰带。

图 70　年轻人驱赶母羊前往献祭。见于帕特农神庙北横饰带。

但在《厄瑞克透斯》中，雅典娜毫不含糊地指示，三位死去公主的奠盅里应该放入蜂蜜和水，不许放酒。女神又命令，雅典人在进行任何战争前必须向三位公主献祭："在执起作战长矛之前祭，毋得触碰酿酒用之葡萄，亦不可往祭火倒入蜜蜂辛勤果实（指蜂蜜）与河水以外之物。"[152] 见于帕特农横饰带上的蜂房和沉重青铜水坛，明显呼应着女神对祭祀厄瑞克透斯女儿们的特殊规定。女神继而吩咐王后普拉克熹提娅为几个女儿建一个无法进入的神龛："务必让三位女儿有一禁止进入之圣域，务使无敌人可在其中秘密献祭。"[153] 我们现在可以明白，阴间神的祭品为什么会那么适合厄瑞克透斯家的女儿：因为她们是被葬在一个共同的地窖里。几个姐妹回归至大地，而大地正是厄瑞克透斯所从出和最后回归之处（被波塞冬制造的地裂吞噬）。他来到和离开这世界都是直接透过地母。

在南意大利波塞冬尼亚一座地下圣所曾出土九个青铜水坛，里面装满糖浆状物质（看样子是蜂蜜），明显是公元前六世纪晚期被放置于此。这神祠是奉祀一位阴间神祇，最有可能是珀尔塞福涅*，但也有可能是奉

---

*　译注：大地女神德美特的女儿，后被冥王哈得斯劫持娶作冥后。在成为冥后前，她的名字只是"科蕊"（意指少女）。

图 71　帕特农神庙北横饰带上的扛托盘者、扛水坛者、笛师和里拉琴师。根据残存碑板和"努万达图画"画出，彼得斯绘图。

祀一群水仙女，因为附近找到一个器皿，上书"我是献给水仙女们"[154]。我们不可忘了，几位死去公主是泉仙女普拉克熹提娅的女儿，所以也是凯菲索斯河的外孙女。以河水奠祭完全与她们的血缘背景相配。另外，几位公主说不定还跟珀尔塞福涅有特殊渊源。就像厄瑞克透斯家几个姐妹一样，珀尔塞福涅在被哈得斯强掳至冥界前只是个少女（"科蕊"一名的原意）。根据德马拉托斯的说法，当初要求厄瑞克透斯牺牲女儿的神祇正是珀尔塞福涅。在《厄瑞克透斯》最后几行，有一句话是以"德美特"的名字开头，而德美特正是珀尔塞福涅的母亲[155]。

　　游行队伍中尾随扛供品者之后的是一些乐师（图71、图49）。在北壁，我们看见四个人在吹"奥罗斯"（一种双管芦笛，类似双簧管），

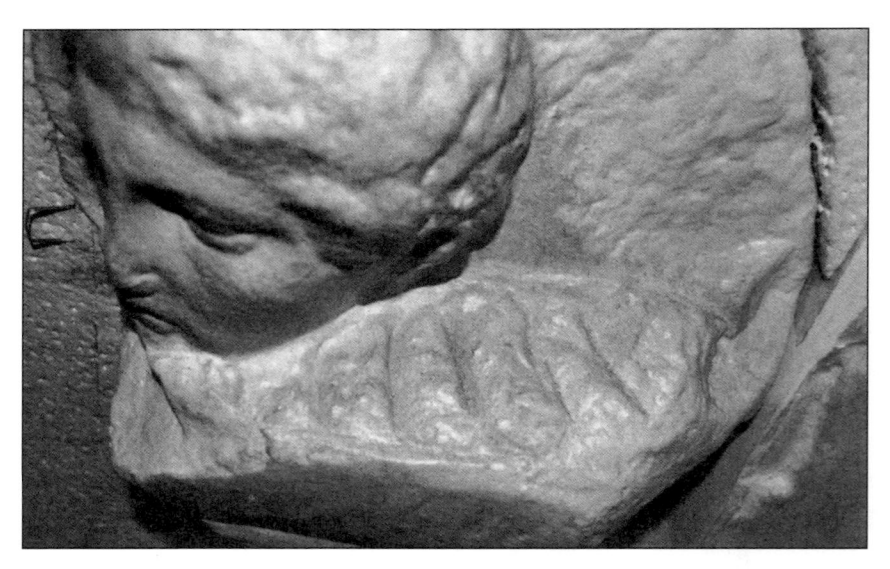

图 72　扛托盘者的石膏模型，托盘上的东西看来是蜂房。帕特农神庙北横饰带上人物（N15）。

230　帕特农之谜

四个人在弹"吉萨拉"（一种七弦里拉琴）。这段落的横饰带大半毁于一六八七年的威尼斯人炮火，但拜"努万达画师"在十三年前的摹画所赐，我们得以还原其大致模样。另外，一个"吉萨拉"琴师雕像的残存碎块也让我们得知他们大概是什么样子。南横饰带的相对应段落也受到威尼斯人的炮火破坏，还有一些是神庙在十三世纪改造为大教堂时，因为开窗口的需要被故意砍掉。在这一点上，"努万达画师"的图画再一次是无价：它们证实南横饰带一样有一批乐师（图75下起第二排）。欧里庇得斯在《厄瑞克透斯》一首合唱曲里明确提到"奥罗斯"和"吉萨拉"两种乐器——灵感也许正是来自横饰带上的乐师。"老者"构成的歌队这样唱道："我将可永远在城里到处高唱凯歌，高呼'万岁'，用老耄双手吹奏利比亚笛子以应和吉萨拉的琴音吗？"[156]

跟在乐师后面的是一群年纪较大的男人：北横饰带里是十六个，南横饰带里是十七或十八个（图74、图49、图75）。他们有些人半举起一只手，握成拳状。这让一些学者猜测，他们手里原握着橄榄枝（用颜料画在大理石上的）。真是这样的话，他们便是些"持枝者"，即负责在游行中持橄榄枝的老者[157]。色诺芬告诉我们："雅典都是专挑俊美的老人家

图73　扛托盘者（N15）和扛水坛者。见于帕特农神庙北横饰带。

帕特农横饰带：打开神庙秘密的钥匙　231

充当'持枝者'。"[158] 在北横饰带上，其中一个老人看似停住脚步，把脸转向正前方（图74），又大动作举起双手，调整头上的花冠。他头上的钻孔显示曾有一顶金属头冠附在上面[159]。这群男人代表的是游行队伍中的最资深成员，是最优秀和最俊美的雅典老者缩影。

最后，我们会来到马车和骑马者的行列，它们在南、北横饰带都占去约一半画面，在西横饰带更是占去大部分画面（图48、图49、图75）。这个部分必然会引起一个疑问：如果它们真是代表公元前五世纪的雅典军队，怎么会出现从七百年前起便不再用来打仗的马车？重装备步兵又在哪里？我们从修昔底德得知，重装备步兵是会参加泛雅典节游行——至少有参加公元前五一四／五一三年那一次。因为据他记载，喜帕克斯是那一年的游行督察，却在游行中被刺杀，他哥哥希庇亚斯闻讯，马上冲向游行队伍中的重装备步兵，解除他们武装[160]。重装备步兵的完全缺席让横饰带中的人物怎么看怎么不像公元前五世纪的雅典军队。但如果把士兵和马车视为厄瑞克透斯的部队，事情便说得通。

图74 老者群组，其中一人给自己戴上头冠。见于帕特农神庙北横饰带。

我们记得，据说厄里克托尼俄斯曾在第一届泛雅典节充当马车御者，旁边站着个全副武装的同伴*[161]。我们先前也看过旧雅典娜神庙大理石横饰带的马车御者（图20），该人物有可能就是代表英雄厄瑞克透斯／厄里克托尼俄斯。据第五世纪诗人农诺斯记载，厄瑞克透斯是发明马车挽具的人，曾把骏马"赤褐"和母马"捷足"套在一起，为他拉车[162]。两匹马都是鹰身女妖"疾足"被北风神珀瑞亚斯强暴之后诞下。珀瑞亚斯把它们送给"岳父"厄瑞克透斯，以作为他在伊利索斯河畔掳走公主奥莱蒂娅的补偿。所以，见于帕特农横饰带的马车群组乃是与厄瑞克透斯密切相关，而它们也成了雅典人对抗攸摩浦斯的战术利器。

我们在南横饰带看到十辆四马马车，在北横饰带看到十一辆。每辆都配有一个御者和一个戴盔持盾的乘车者（图49、图75、图76、书末线图）。这些乘车者的样子很像是"跃马车"的参赛者。该比赛是泛雅典节运动会一项特别级别赛事，只开放给雅典十个"部落"的成员参加，参赛者需要反复跃上和跃下一辆全速前进的马车[163]。普鲁塔克暗示，"跃马车"是泛雅典节运动会难度特高的赛事，参赛者除身手了得还得穿上全副铠甲和手持武器[164]。不过，在帕特农横饰带表演这项奇技的人并不是公元前五世纪的雅典人，而是他们那些确实以这种方式打过仗的传说中祖先。

凭着一些公元前二世纪的铭文，"跃马车"的比赛地点被考证出是在城市厄琉息斯神庙附近。该庙位于卫城西南坡（就在阿戈拉广场上方），奉祀的是德美特和科蕊。[165]公元前四世纪期间，"跃马车"比赛的一位优胜者在城市厄琉息斯神庙建了一座纪念碑以志其事（图77）[166]，而纪念碑上浮雕的构图与图像程序都跟帕特农横饰带吻合。

我们有理由相信，"跃马车"比赛的设立是为纪念雅典第一场军事胜利，因为该胜利是靠着在战争中引入马车取得。这可以解释该竞技何以只让雅典最历史悠久的家族参加（他们被认为是最早雅典人的直接后代）。这也可以解释，"跃马车"何以看似以城市厄琉息斯神庙为终点[167]。因为这样做可以把比赛关联于那个被打败的攸摩浦斯（他后来跟厄琉息斯秘仪变得密切相关）。这当然也解释了一件本来看似有点怪的

---

* 译注：他们应该是在参加"跃马车"比赛，详下文。

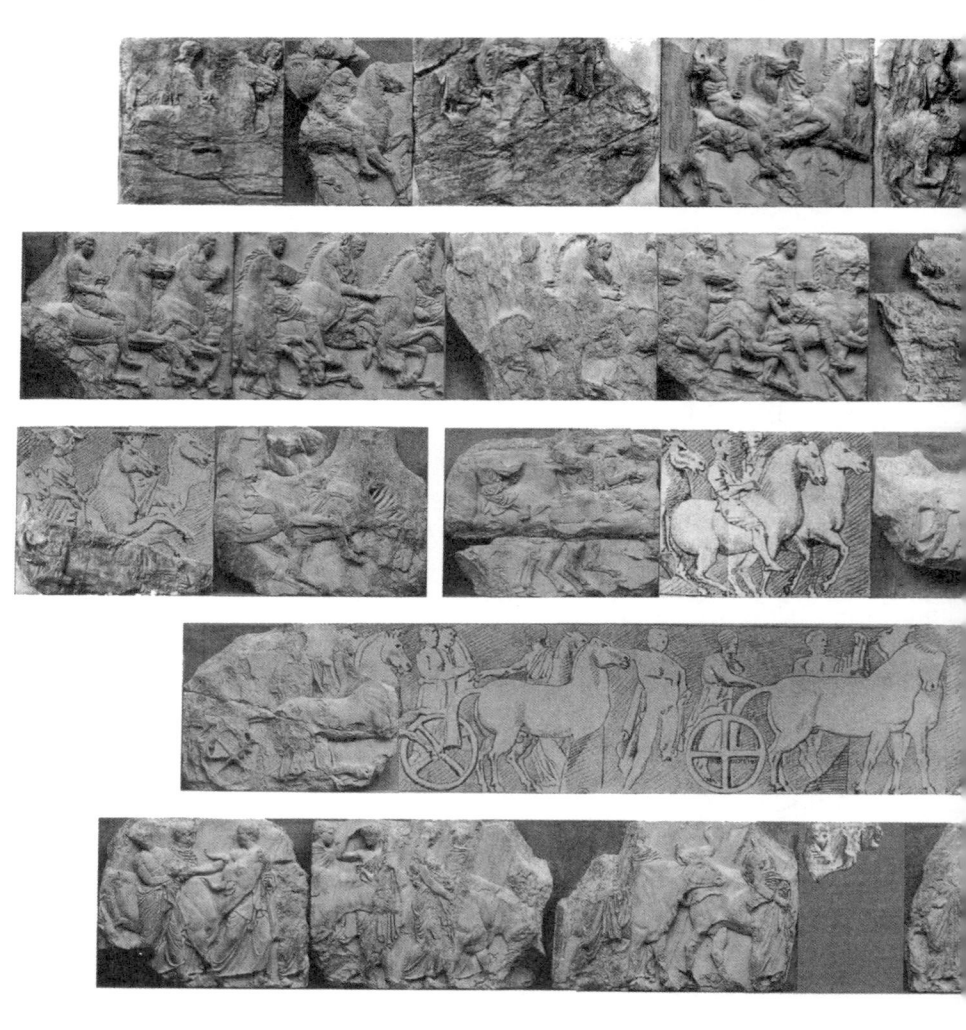

图 75 帕特农神庙的南横饰带：走在最前面的是献祭用的牛只（左下），后面跟着乐师、老者、马车和骑马者。

帕特农横饰带：打开神庙秘密的钥匙

图 76 马车御者和全副武装的乘车者，见于帕特农神庙的南横饰带（31 号碑板）。

事情：泛雅典节游行队伍前往卫城途中刻意绕道，先经过城市厄琉息斯神庙（彩图 13）[168]。据信，攸摩浦斯的军队曾在日后城市厄琉息斯神庙的所在地扎营，因此这里是个重要的记忆存取地点，可以让雅典人回味胜利滋味[169]。

马匹和骑马者人多势众，在西横饰带占去全部画面，在北横饰带和南横饰带占去三分之一强画面（图 48、图 49、图 75、图 78、图 79、书末线图）。诠释者一直设法从骑马者的总人数破译出隐藏着的历史和政治意涵。例如，博德曼算出的总数是一百九十二人，并据此认定他们象征在马拉松阵亡的雅典将士[170]。好些学者把北横饰带的

图 77 "跃马车"比赛的胜利纪念碑，发现于雅典阿戈拉的"城市厄琉息斯神庙"附近。

十五名骑马者分成四组，认为他们象征克里斯提尼改革前的四大雅典部落[171]。然后他们又算出南横饰带共有十列骑马者（每列六人），并由此认定他们是象征克里斯提尼在公元前五〇八年创立的十大"部落"[172]。不同列的骑马者装束与装备各不相同。他们有些戴色雷斯人帽，有些穿双腰带羊毛"旗同"（chiton）长袍，有些穿披风，有些穿金属或皮革甲胄，有些戴头盔，有些戴宽边旅人帽。要把他们视为公元前五世纪的雅典军队必须解释衣冠并不整齐划一的现象[173]。

图78 骑马者，见于帕特农神庙的北横饰带（41号碑板）。

不过，根据亚里士多德的说法，骑兵只有在旧日才是军队的主体[174]。另外，现有证据无一显示骑兵会参与泛雅典节的游行。贯穿整个信史时代，御马都被视为一种高贵活动，可以让人与光荣的远古连接，但到了伯里克利的时代，御马断然成了一种古色古香的雅兴，颇类似于今日的马球运动。色诺芬即指出过，马术传统带有英雄联想，历经多个世纪始终都是一种贵族标志[175]。所以，更可信的解释是把横饰带上的骑马者视为厄瑞克透斯的骑兵，是雅典马术爱好者的高贵祖先，而不是时代错乱的公元前五世纪景观[176]。

一般认为，西横饰带表现的是泛雅典节游行的准备工作（图79）。画面中的马活蹦乱跳，或被牵住或被骑着，由一些年轻人或较年长者来回试步。有学者指出，这些人物与一系列雅典红绘广口杯上的图画程序有相似之处[177]。与帕特农横饰带所见一样，广口杯上的年轻骑者衣饰多样化，或戴宽边旅人帽，或戴浣熊毛皮帽，或戴有耷拉帽边和帽尖的

图79 正在为泛雅典节游行做准备的马匹和骑者，见于帕特农神庙的西横饰带。

色雷斯人帽。这些广口杯绘画的主题被判定是亚里士多德所提过的"甄选"，即雅典骑兵每年一度对人员和马匹的选拔[178]。

"甄选"的核心目的是在十八岁的军训生中选拔出骑兵成员。十八岁是年轻人可以把名字登记到"自治区"和成为"部落"一员的年纪[179]。他们会带着新领来的兵器，到卫城东坡的阿格劳萝丝神庙发下"军训生誓言"[180]。正如第三章指出过，"军训生誓言"被认为是英雄时代的遗绪，是一种可以回溯至雅典建国初期的过渡仪式。雅典人理应可以认出帕特农横饰带里的年轻骑马者是当代军训生的源头[181]。事实上，雅典骑士的崇高地位是源自国王厄瑞克透斯的骑兵，他们在对抗攸摩浦斯时赢得了本城邦第一场决定性军事胜利。前文亦说过，当梭伦用雅典民主第一幅蓝图重构全体公民的形貌之后，"骑士"阶级（即养得起一匹马，并因此可以加入骑兵的人）的社会地位仅次于最富有的地主阶级。

对帕特农神庙雕刻方案的这个新解读（一个神话取向解读）让我们

把它看成一个融贯整体，并由此认识到雅典人的历史意识有多么深邃。东三角楣墙庆祝雅典娜的诞生，而东立面一块块柱间壁则记录着让女神第一次大显神威的"分界性事件"：巨人战争。西三角楣墙是庆祝雅典娜在较劲中打败波塞冬，向所有人显示雅典和厄琉息斯两地王室的血统。它显示雅典诸部落是透过喀克洛普斯和厄瑞克透斯而源自雅典娜，而厄琉息斯诸氏族是透过攸摩浦斯和刻勒俄斯*而源自波塞冬。大洪水（另一件分界性事件）是波塞冬因为输不起，大怒之下把三叉戟狠狠插入大地而引起。西柱间壁转次以稍后的英雄时代为主题，描写了忒修斯与亚马逊人的大战，南柱间壁则是歌颂他在"马人战争"中的决定性角色。北柱间壁上演的是最重大的分界性事件：特洛伊战争。这战争把青铜时代决定性带向终结，是划分神话时代与历史时代的最后一刻。因此，不管是一般神庙还是帕特农神庙的雕刻作品，都是以讲述和传承族谱叙事为其主要功能[182]。

我们对横饰带的神话取向解读与这个族谱方案完全契合，可以充分解释横饰带为什么要表现英雄时代的最后一场纷争：厄瑞克透斯与攸摩浦斯之战。透过描绘连续世代跟混乱和野蛮力量的搏斗，帕特农神庙的雕刻方案体现出一种早已见于古风时代卫城的模式。第二章指出过，百尺殿神庙和小"屋子"的三角楣墙分别刻画宙斯杀死堤丰，和宙斯儿子海克力士杀死堤丰女儿许德拉的画面。以相同的方式，帕特农神庙除了以西三角楣墙放映雅典娜与波塞冬的冲突外，又让两人儿子（厄瑞克透斯和攸摩浦斯）的冲突上演于横饰带，要以此证明雅典的未来有赖每一代人的奋斗。帕特农神庙的整体雕刻方案当然也是以不太隐约的方式隐喻着雅典人在公元前四七九年打败波斯人的辉煌事迹[183]。

总之，这个就是帕特农神庙要传达的核心讯息：所有雅典人都有责任为由原生雅典人所治所享的雅典对抗野蛮的侵略者。这信息镶嵌在神庙的实体，向所有人展示。用横饰带去表现王室对城邦的无私牺牲，不独是要对比他们的英雄气概和波斯王室的窝囊（后者在萨拉米斯大败后继续苟活），还有着最重大的意义。它表示，即便是雅典的开国家庭（他

---

* 译注：厄琉息斯国王。

们是所有雅典人的祖先）一样不能把一己利益置于共同福祉之上。这是一种不容商量的极端平等主义，恰恰好对比于蛮族的思想感情（认为社会的存在只是为彰显最高等的人）。雅典也许不是人人平等，但在这种神圣的互赖关系中却是人人平等，每个人都因着血缘而在一出生便跟国土和彼此绑在一起。这种相互信赖是娇嫩的民主植株得以生根之由。

普林斯顿的古代史与古典学教授查尼奥蒂斯曾经指出："从柏拉图到阿里斯提得斯，赞扬雅典的时候总是搬出雅典人对蛮族的几大胜利：忒修斯打败亚马逊人，厄瑞克透斯打败攸摩浦斯，还有波斯战争。"然后他问道："既然打败攸摩浦斯在雅典人的集体意识是那么重要的一件事，那它怎么会独独从帕特农神庙缺席？"[184] 事实上，打败攸摩浦斯一事不只没有从帕特农神庙缺席，还出现在它最大、最铺张和最有美学震撼力的一件雕刻作品。

保萨尼亚斯造访卫城之时，曾看见帕特农神庙正前方有一组巨大青铜群像，描绘的正是厄瑞克透斯与攸摩浦斯之战。他告诉我们，那是雕塑大师米隆（即《掷铁饼者》的创作者）的最重要的作品[185]。既然米隆

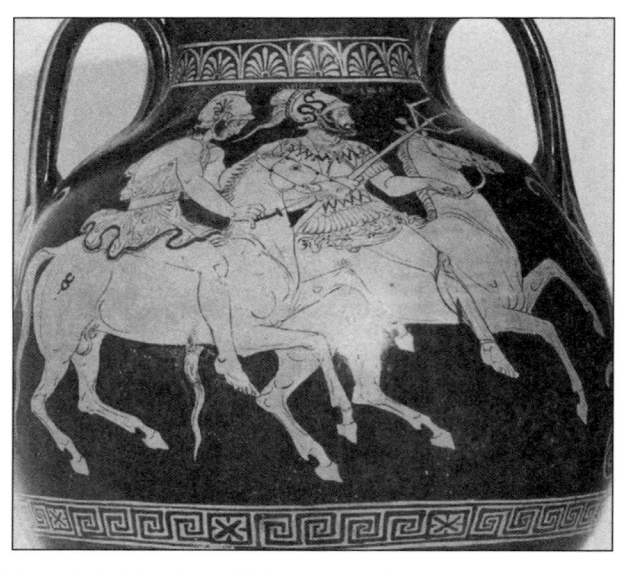

图 80　波塞冬和攸摩浦斯骑马前赴战场。见于意大利波利科罗附近的海克力亚出土的广口细颈瓶。

是活跃于公元前五世纪中叶，所以我们有理由猜想，上述的青铜群像就是放在庆祝其大胜的横饰带正下方。

到了公元前四世纪，厄瑞克透斯与攸摩浦斯之战已经是那么有名，以致被绘画在意大利南部的希腊殖民地卢卡尼亚的陶瓶上。这个酒壶（出土于波利科罗附近的海克力亚）以生动鲜明笔触勾勒出敌对双方前赴战场的情景[186]。在酒壶的一边，我们看见波塞冬骑在马上，斜举着三叉戟，旁边陪同着一个穿甲战士（无疑就是他儿子攸摩浦斯）（图80）。马与波塞冬一向关系匪浅：他在《伊利亚特》里被称为"驯马者"，又因为拥有与母马交媾的本领而成了一些名驹的"父亲"。久而久之，他获得了"骑者波塞冬"的外号[187]。

酒壶的另一边画着雅典娜，她一手持矛一手持盾，坐在马车上赶往战场（图81）。就像马是波塞冬的标记，马车是雅典娜的标记（这是因为马车是她"儿子"厄瑞克透斯／厄里克托尼俄斯引入）。不过，让人吃惊的是，她的马车御者竟是个少女。这女孩俯身向前，高高拉着马缰，手里挥着鞭子，催促几匹马快跑。她极可能就是厄瑞克透斯的勇敢女儿，被描绘成与雅典娜连手对抗攸摩浦斯。把雅典娜和厄瑞克透斯之女

图81 雅典娜与厄瑞克透斯之女驱车前赴战场。见于意大利波利科罗附近的海克力亚出土的广口细颈瓶。

画成像是"跃马车"比赛的搭档，画师清楚表达出女神与那个被称为"帕德诺斯"的少女的紧密关系——后者为了拯救雅典而不惜牺牲性命。

在欧里庇得斯的《厄瑞克透斯》之前，厄瑞克透斯与攸摩浦斯之战并不见于文献记载，这事实让一些学者相信，它不可能是帕特农横饰带的主题。一个怀疑者指出，由于《厄瑞克透斯》"是写成于横饰带完成的十年后，该剧不可能是横饰带的源头"[188]。当然不可能，也没有人那样主张。正如我们说过，在岁月的流转中，某个特定神话的流行程度会时高时低。甚至有可能，灵感之箭会以相反的方向射出，换言之，不是帕特农横饰的灵感来自欧里庇得斯，而是反过来。会不会，正是深受城邦最新和最神奇一座神庙那些无言而雄辩的图像感动，欧里庇得斯才会想要把它包含的故事搬上舞台？会不会，厄瑞克透斯神话在波斯战争之后复兴，是因为它可以让人联想到雅典人最近期和最重大的一场军事胜利？我们不难明白厄瑞克透斯神话何以会在雅典人的集体意识里被提高到一个新的高度，乃至于同时在神庙雕刻、仪式常规乃至戏剧里被讴歌。随着伯里克利对卫城的更新，雅典人也乐于拥抱一个再活力化的英雄，为一个新开端拥抱一张新脸孔。

"文本必然先于图像"的错误假定长久以来混淆了我们对视觉文化的理解。会出现这种假设，部分是因为当代世界的图像主要是扮演记录和阐明角色，是作为文字记述的补充。古典考古学领域特别受这个偏见所囿，而这偏见可回溯至施里曼*和更早。当时，书面文本是考古学的向导，而考古学家的任务是寻找物质证据证明文本说过的话：像施里曼就是设法透过《伊利亚特》发现荷马时代的特洛伊和迈锡尼。在一个被古典语文学形塑了几世纪的领域，图像当然会一成不变被小觑，它独有的语法和故事当然会被忽略。

事实上，"图像语言"和"文本语言"很大程度上是各自独立的[189]。两者有时会交叠，但更多时候是各走各路，从不交会。一如文字可以触发艺术，艺术亦可触发文字。在某个特定时期风行一时的神话或故事大

---

* 译注：十九世纪德国考古学的业余爱好者，一生不遗余力要透过考古挖掘重新发现特洛伊和迈锡尼文明。

可以同时在两者找到表述。在历史的途程中，神话的改述和编码化既可以是透过书面语和口语，也可以是透过图像（更不用说的是可以透过宗教仪式）。一如《伊翁》中婢女歌队受阿波罗神庙的雕刻感动而发出歌咏，诗人也可能在帕特农神庙转悠时被横饰带所叙述的故事启发[190]。例如，济慈的《第一次看见"埃尔金斯大理石"》一诗便断然是以帕特农雕刻为灵感来源。两年后，即一八一九年，他又把他的帕特农经验注入一只希腊陶瓶，发微在《颂希腊古瓮》一诗：

> 这些人是何许人或何许神？是什么事惹少女们不悦？
> ……
> 是什么样的笛子和小手鼓？……
> ……
> 这些前来献祭的人是谁？
> 啊，神秘的祭司，汝领着
> 对天低鸣和腰环花圈的小母牛，
> 是要往哪个绿色的祭坛去？

这些诗句几乎就是直接来自济慈在大英博物馆看过的横饰带人物：少女、吹笛手、扛供品者、献祭的牲畜、祭司，以及低鸣的母牛。

欧里庇得斯的手法一向被称为电影手法，它透过"变焦"和"广角镜"的叙事方式去强化听众对熟悉视觉意象的联想[191]。在《厄瑞克透斯》里，他给了"帕德诺斯雅典娜"的黄金象牙巨像一个近镜："哀嚎吧，女人们，好让女神穿着她的金色蛇发女妖，前来捍卫城市。"[192]雅典娜的神像确实穿着一件有蛇发女妖头像的胸铠（彩图14），而欧里庇得斯聚焦在这个细节可以让女神在听众的想象里更栩栩如生。我相信，当欧里庇得斯把以下这番话放到普拉克熹提娅嘴巴时，心里一定是想着帕特农神庙西三角楣墙上的雕刻："绝不允许攸摩浦斯和他的色雷斯军队拔去圣橄榄树和蛇发女妖的金头像，把三叉戟插在雅典城的地基和冠之以花环。"[193]另外，当他让老者歌队唱出以下的话时，也会让人联想到北横饰带（图49、图71、书末线图）里的"奥罗斯"和"吉萨拉"乐师："用老毫双手吹奏利比亚笛子以应和吉萨拉的琴音。"[194] 在北横饰带乐师群的旁边站着一个老人，他们其中一个用手去调整头上的花冠（图 74）。所以，欧里庇得斯的歌队会唱出以下歌词绝非偶然："但愿我会平平安安活到白发老年，唱我的歌，白头上戴着花冠。"[195]

因此，欧里庇得斯看来是从帕特农神庙本身取得灵感。他更有想象力的做法是聚焦在东横饰带上的男人群组和少女群组（图 66、图 67、图 68、书末线图）。在他的心眼里，那些大理石少女在老人的合唱中活了起来："那些年轻女孩会愿意与年老男人共舞吗？"[196] 对年近六十的诗人来说，这种愿望难免有点痴心妄想。要知道，这些女孩是第一批圣少女歌舞队的成员，而她们的舞伴必然是年轻的"军训生"，而**不会是**城邦的老头子。

帕特农神庙是所有希腊神庙中最奢华的一座。不管是它装饰满满的三角楣墙、柱间壁和横饰带，还是它的黄金象牙巨像，或是它老练无比的建筑结构，全都让它在其他神庙建筑中鹤立鸡群。事实上，有人还把帕特农神庙的繁缛装饰传神地形容为"过度装潢"（hyper-decoration）[197]。而雅典人这种炫富的强烈倾向又被解读为一种试图扩大国族威望和政治权力的徒劳努力[198]。

但我们还是可以想象，帕特农神庙的"过度装潢"除了是虚荣心使然，还有更深一层动机。帕特农的雕刻鲜明而大量，其目的或许与同时期迈向惊人精雕细琢的雅典文学与修辞艺术如出一辙。丹妮尔·艾伦研究过柏拉图对哲学用途的观点，指出过这位哲学家非常强调语言在政治所扮演的角色。柏拉图呼吁，在教育公民养成正确的价值观时，应该鲜明而大量地使用语言[199]。我们对神庙雕刻或许也可作如是观。

雕刻图像是永久性置于大型宏伟建筑之上，非常有助于教育和维系每日都会看见它们的公民的价值观。它们不独对识字的菁英阶级有说服力，还对文盲的大众有说服力。所以，某个意义下，帕特农神庙的"过度装潢"的主要功能就是为了文化教育*，即透过视觉盛宴教育年轻人。

诚如丹妮尔·艾伦所显示，柏拉图和利库尔戈斯都体认到神话、诗

---

* 编注：Paideia pais paidia 希腊文化教育，原文希腊文系由两个词组合而成：其一为 pais，另一为 paidia；前一词谓儿童，后一词谓儿童的游戏或运动之意；paideia 引申而言，有以文化陶冶个人的意义。

和原因论在年轻人教育中的核心角色。神庙雕刻提供了一个可以放映神话的巨大屏幕。透过提醒年轻人早期雅典的少女有过什么牺牲和发过什么誓,可以让下一代转向美德,鼓舞一代又一代雅典年轻人见贤思齐。泛雅典节的竞技(特别是部落竞赛)、守夜仪式的合歌合舞、大游行,以及帕特农横饰带本身——这一切全毫不含糊地道出让下一代了解何谓雅典人极端重要。

雕刻的人像让神明和祖先可以永远临在。它们说明了一个可敬民族的血统、他们历史悠久祭典的起源,以及雅典人身份赖以界定的价值理念。至此,我们终于看出一个有力的神话叙事除了让横饰带上栩栩如生的人物更有生命力,还可以帮助我们更深刻理解这些图像的意义。透过使用一个新范式和调整我们的视角好几度,我们看见了一些历经多个世纪未被看到的东西。

位于横饰带最西北角落的是一个醒目人物,是参拜者穿过"山门"朝神庙正前方走去时也许会看见的第一批雕像之一。要是他们停下脚步,花一点努力让目光穿过柱廊的阴影,就会看见一个俊美的裸体男性:他一只手按住一匹用后脚站起的马,又向他左手边三个年轻人比手势(图82)。他看似在叫他们先走。第一个年轻人骑在马上,第二个是个走路的少年,第三个年纪更小,自肩膀以下的身体部分裸露在松垮垮的衣服之

图82 帕特农神庙北横饰带(47号碑板)的裸体男性、骑马者、少年和小孩。

外。我们也许可以把他们视为小孩、少年和青年三个年龄层的代表，而那裸体男性则是向他们致敬，欢迎他们进入雅典生活的行列。

在北横饰带的另一头，我们看见游行队伍中的老者。他们其中一个停下脚步，特意把脸转向观众，举起双手为自己戴上花冠，强壮成熟的身体在惹眼的姿势中更显突出（图74）。他代表的是最优秀、最高贵和最俊美的雅典老者，是一个受城邦养育和对城邦竭尽忠诚的人所可能会有的最巅峰状态。横饰带因此可充当一面大理石镜子，反照出理想公民从小到老的模样，反照出他的荣耀不是来自他的个体性，不是来自他创作过的诗篇和哲学，而是来自他是众人中一人的事实。雅典的责任是教育他，让他认识自己与生俱来的历史、身份、价值理念与利益。在这样做的时候，城邦回答了最让人不能不问的人生问题：我从哪里来？

注释：

1. B. Randolph, *Present State of the Morea*, 3rd ed. (London: EEBO, 1789), 141. 弗农在一六七五年九月二十三的日记里对伊斯科特的死有一个不带感情的记载："贾尔斯爵士在下午两点用清水敷脸后恢复精神。睡两小时后吃了果冻。四点去世。九点下葬。"在一封信的"附笔"中（收信人是位"可敬的先生"，写信日期为一六七五年十月），弗农又提到此事："在勒班陀（Lepanto）到萨罗讷（Salona）途中一个离德尔斐一日路程的地方，我的同伴死了。他名叫贾尔斯·伊斯科特爵士，是位威尔特郡（Wiltshire）绅士，毕业于牛津，会让我想到霍尔（Edmund Hall）。我已经写信告诉他的朋友发生了什么事。"
2. 据弗农记载，这一天开始得很顺利："刚破晓时抵达伊斯法罕，感谢主。七点钟要了房间……找到一个会说意大利语的亚美尼亚人，铺好床和放好包包。换上干净亚麻布衣服，把笔记写完。"（fol. 68, in the archives of the Royal Society）但当天稍后，进入一家咖啡馆找东西吃时，他却碰上了大麻烦。见 D. Constantine, *Early Greek Travellers and the Hellenic Ideal* (New York: Cambridge University Press, 1984), 19, 21–24, 28–29; J. Ray, *A Collection of Curious Travels and Voyages, in Two Tomes: The First Containing Dr. Leonhart Rauwolff's Itinerary into the Eastern Countries..., the Second Taking in Parts of Greece, Asia Minor, Egypt, Arabia Felix and Patraea, Ethiopia, the Red-Sea, & from the Observations of Mons. Belon, Mr. Vernon, Dr. Spon, Dr. Smith, Dr. Huntingdon, Mr. Greaves, Alpinus, Veslingius, Thevenot's Collections, and Others* (London: S. Smith and B. Walford, 1693), 172; J. Murray (firm), *Handbook for Travellers in Greece: Including the Ionian Islands, Continental Greece, the Peloponnese, the Islands of the Ægean, Crete, Albania, Thessaly, and Macedonia and a Detailed Description of Athens*, 7th ed. (London: J. Murray, 1900), 2:250; Wood, *Athenae Oxonienses*, 3:1113–14.

3. A. R. Hall and M. B. Hall, eds. and trans., *The Correspondence of Henry Oldenburg*, 13 vols. (Madison: University of Wisconsin Press, 1965–1986), vols. 5–9.
4. S. P. Rigaud and S. J. Rigaud, eds., *Correspondence of Scientific Men of the Seventeenth Century*, 2 vols. (Oxford: Oxford University Press, 1841), 2:243; L. Twells, *The Theological Works of Dr. Pocock* (London: Printed for the editor and sold by R. Gosling, 1740), 66–68.
5. R. S. Westfall, *Never at Rest: A Biography of Isaac Newton* (Cambridge, U.K.: Cambridge University Press, 1983), 234.
6. 他们本来一行四人，另两人是法国人斯朋博士（Dr. Jacob Spon）和英国教士暨植物学家惠勒（George Wheler），他们从威尼斯之后即一起旅行。
7. 一六七五年八月二十七日和十一月八日及十日的日记。他在一六七五年十一月十一日把帕特农神庙的各种尺寸记在日记上。
8. 弗农给奥尔登伯格的信，注明日期是一六七五年一月十日（Royal Society, MS 73），发表的篇名是《弗农（Francis Vernon）先生的信，简述从威尼斯经过伊斯特利亚（Istria）、达尔马提亚（Dalmatia）、希腊和阿其佩拉古（Archipelago）到士麦那旅行所见》，载于 *Proceedings of The Royal Society* II (1676): 575–82。斯朋（Jacob Spon，一六七五年曾与弗农一起旅行，远至札金索斯岛）将该信译为法文，载于氏著 *Réponse à la critique publiée par M. Guillet* (Lyon: Amaulri, 1679)。在该信中，弗农写到他照自己草率的办法对帕特农神庙做了丈量："我丈量了三次，尽己所能取得一切正确的数据，不过，对一封信来说，这份丈量清单实在是太长了。"无论如何，在他的个人日记〔保存在英国皇家学会图书馆（手稿73），一九四六年被梅里特（Benjamin Meritt）重新发现，见 Meritt and Vernon, "Epigraphic Notes of Francis Vernon"〕中，弗农记下了他在一六七五年十一月十日丈量所得的一份正确完整数据〔第三十二右页，梅里特的译本，雅典美国古典研究学院的档案馆有丁斯莫尔载于论文中的一份影本（29–31）〕。在弗农取得的诸多数据（英制单位）中，他列出清单："内殿的长度、宽度，立柱的圆周，因此得出直径，柱列间的空间，两侧柱廊的广度，最东端尽头，厢房的长宽，附带有东厢房的内殿"，等等。丁斯莫尔（W. B. Dinsmoor）在他未出版的手稿里写道："明显的是，从旅程的一开始，弗农便极关心希腊建筑的尺寸和建筑细节。这种态度在现代旅行家是首见。另外，弗农对建筑的数学比例，以及地形学与天文学的事情，断然深感兴趣。他还对铭文、植物学、现代礼仪与风俗，有着不知疲倦的好奇心。"感谢丁斯莫尔夫人惠允我引用这篇手稿。我也非常感谢"美国古典研究学院"的档案管理员佛盖科夫-博罗根（Natalia Vogeikoff-Brogan）给予我的帮助。
9. 信中，他指出横饰带显示"一些人骑在马上，其他人坐在马车里，还有一整列前赴献牲的游行队伍"。
10 从载于一六七五年八月二十六日的日记（第七右页）〔英国皇家学会图书馆复制的弗农日记影本（如今在美国古典研究学院档案馆），第九页〕中，我们读到："两侧横饰带中／西端马背上的男人／凯旋队伍中的人／战车。"从载于一六七五年十一月八日的日记（第三十二右页）影本第二十九页中，我们读到："浏览内殿横饰带，整个游行队伍前面，几个人骑在马背上，南边只有几辆两轮四辐的战车，在尽头上面，阉牛被人驱赶着去献祭，一大群身穿长袍的妇女向前而去……北边的战车和骑马者一如南边，〔属于〕（oven）一个游行队伍。"上面的词"属于"（原作 oven）（一如英国皇家学会图书馆的影本），某人，应该是梅里特或丁斯莫尔，加了一个手写订正："ewes?"这应该是指帕特农神庙北横饰带上即将被带去献祭的绵羊。

11. 有关忒修斯神庙，见 R. C. Anderson, "Moving the Skeleton from the Closet Back into the Temple: Thoughts about Righting a Historical Wrong and Putting Theseus Back into the Theseion," in *Aspects of Ancient Greek Cult II: Architecture-Context-Music*, ed. J. T. Jensen (Copenhagen, forthcoming)。

12. Meritt and Vernon, "Epigraphic Notes of Francis Vernon," 213.

13. 关于背景漆成蓝色或是用微蓝色石头雕成、爱奥尼亚式横饰带是用于"束紧"内殿的前列柱的讨论，见 Ridgway, *Prayers in Stone*, 128。

14. 弗农认为游行队伍后面的马车是为庆祝大捷，这见解和我们认为横饰带是描写打败攸摩西斯之后的胜利献牲相合。

15. Pausanias, *Description of Greece* 1.24.5-7.

16. 总结为马可尼（Marconi）所做，见氏著"Degrees of Visibility"。参见 R. Stillwell, "The Panathenaic Frieze: Optical Relations," *Hesperia* 38 (1969): 231-41, esp. 232, fig. 1; Osborne, "Viewing and Obscuring"。关于反对斯迪威尔（R. Stillwell）的前提，见 Ridgway, *Fifth Century Styles*, 75n8, 75-76。二〇一二年十一月九日至十日，田纳西州纳什维尔百年公园的帕特农神庙进行了一场实验：把西横饰带复制为以保丽龙裱褙的全彩油画，固定于西横饰带的原位置，再请民众站在好些不同位置观看。实验主持人韦斯科特（Bonna Wescoat）发现，着色之后的横饰带比原来的更容易看清楚。实验结果被制作成一段影片："眼见为凭：艾摩利的学生们在帕特农横饰带上发出新的亮光"（*Seeing Is Believing: Emory Students Shed New Light on the Parthenon Frieze*）。

17. Ridgway, *Prayers in Stone*, 117，借鉴米林（A. L. Millin）的观察，见氏著 *Monuments antiques inédits ou nouvellement expliqués* (Paris: Imprimerie Imperiale, 1806), 2:48。关于横饰带的蓝色背景，另参见 L. von Klenze, *Aphoristische Bemerkungen gesammelt auf seiner Reise nach Griechenland* (Berlin: G. Reiner, 1838), 253; Neils, *Parthenon Frieze*, 88-93。本书对帕特农神庙的色彩问题有一全面讨论。

18. Marconi, "Degrees of Visibility," 160n14; Hölscher, "Architectural Sculpture," 54-56.

19. Stillwell 计算出，站在神殿"顶阶"往上看，无法看清楚位于九米以上高的东西，见氏著"Optical Relations," 232-33。劳伦斯（Lawrence）指出："走进柱廊的人只能看见扭曲的画面，而且得把脖子伸得很长。"见氏著 *Greek and Roman Sculpture*, 139。果赫斯找到的新证据显示，顶部的浮雕并未（如过去所相信的）稍微高于底部的浮雕，见 Korres, "Überzählige Werkstücke des Parthenonfrieses," fig. 5。以前都认为有这种手法存在，并相信此举是为了让横饰带的画面更容易被看清楚，见 Boardman, "Closer Look," 306-7。

20. 里奇韦把神庙雕刻形容为"寓于石头的祷告"，是指它们就像献牲、奠酒、奉献雕像、绘画和歌舞以及任何祭仪表演那样，可以尊荣和取悦神明，凭此举与神明交通。

21. Marconi, "Degrees of Visibility," 159-66; G. Rodenwaldt, *Die Akropolis*, 5th ed. (Berlin: Deustcher Kunstverlag, 1956), 41; Robertson, *History of Greek Art*, 310.

22. 欧里庇得斯,《伊翁》190, 192, 211. See F. Zeitlin, "The Artful Eye: Vision, Ekphrasis, and Spectacle in Euripidean Theater," in *Art and Text in Ancient Greek Culture*, ed. S. Goldhill and R. Osborne (Cambridge, U.K.: Cambridge University Press, 1994), 139, 144; R. R. Holloway, "Early Greek Architectural Decoration as Functional Art," *AJA* 92 (1988): 178; Ridgway, *Prayers in Stone*, 9; Marconi, "Degrees of Visibility," 168。关于视觉艺术的古代经验,也可见 J. B. Connelly, "Hellenistic Alexandria," in *The Coroplast's Art: Terracottas of the Hellenistic World*, ed. J. Uhlenbrock (New Rochelle, N. Y.: Aristide D. Caratzas, 1990), 94–101。

23. *agalma* 由动词 *agallo* 变成,后者指"尊荣"或"获得光荣或愉悦"。见 *Neue Pauly* (2002), s.v. "Agalma"。见 Marconi, "Degrees of Visibility," 172–74; T. B. L. Webster, "Greek Theories of Art and Literature down to 400 B. C.," *CQ* 33 (1939): 166–79; H. Philipp, *Tektonon Daidala* (Berlin: B. Hessling, 1968), 103–6; Sourvinou-Inwood, "Reading" Greek Death, 143–47; K. Keesling, *Votive Statues of the Athenian Acropolis* (Cambridge, U.K.: Cambridge University Press, 2003), 10。

24. 手稿在巴黎国家图书馆。J. M. Patton, *Chapters on Mediaeval and Renaissance Visitors to Greek Lands* (Princeton, N.J.: American School of Classical Studies at Athens, 1951); Beard, *Parthenon*, 60–61。

25. Kaldellis, *Christian Parthenon*, 143。

26. Bodnar, *Cyriacus of Ancona*, letter 3, pages 14–21; C. Mitchell, "Ciriaco d'Ancona: Fifteenth Century Drawings and Descriptions of the Parthenon," in V. J. Bruno, *The Parthenon* (New York: W. W. Norton, 1974),111–23; M. Beard 在 *Parthenon*, 65–68 对此有一个有意思的讨论,也可参见 Mallouchou-Tufano, "From Cyriacus to Boissonas," 164–65。

27. 西里亚库斯的银尖笔画作复本的说明,见 Bodnar, *Cyriacus of Ancona*, plate 2; Letter 3 在 14–21 页重制。关于西里亚库斯另一幅帕特农神庙画作,见 Bodnar, plate 1 (from letter 3.5–10),可见到南柱间壁一部分奇怪地叠加在西面三角楣墙上面。

28. 同前注书目中,16—19 页,letter 3.5 and 3.8。

29. 同注 27 书中,18—19 页,letter 3.9。

30. 正如比尔德所发现到的,见 Beard, *Parthenon*, 67。

31. Bodnar, *Cyriacus of Ancona*, letter 3.8 and 3.9, pages 18–19。

32. Dankoff and Kim, *Ottoman Traveller*, ix, book 8: "Athens," 278–86. See also R. Dankoff, *An Ottoman Mentality*: The World of Evliya Çelebi (Leiden: Brill, 2004); M. van Bruinessen and H. Boeschoten, eds. and trans., *Evliya Çelebi in Diyarbekir: The Relevant Section of "The Seyahatname"* (Leiden: Brill, 1988)。

33. Dankoff and Kim, *Ottoman Traveller*, 281–82。

34. Dankoff and Kim, *Ottoman Traveller*, 285。

35. 同前注。

36. 斯图尔特和里韦特的《雅典的古物》共四册,第一册在一七六二年出版,最后一册在一八一六年出版。事见 B. Redford, *Dilettanti: The Antic and the Antique in Eighteenth-Century England* (Los Angeles: J. Paul Getty Museum,

2008), 52-72; F. Salmon, "Stuart as Antiquary and Archaeologist in Italy and Greece," in Soros, *James "Athenian" Stuart*, 103-45。

37. Stuart and Revett, *Antiquities of Athens*, 2:12.
38. 同前注书目，2:12-13。关于帕特农横饰带早期解释的概论，见 Michaelis, *Parthenon*, 218, 262; Brommer, *Der Parthenonfries*, 147-50。
39. Stuart and Revett, *Antiquities of Athens*, 2:12. 斯图尔特和里韦特在谈到东横饰带时指出："上头有一个男神和一个女神，大概是尼普顿（Neptune）和刻瑞斯（Ceres）。另外还有两个人物，一个是男人，他看来正在仔细端详一块对折了许多折的布，另一个是协助他折布的年轻女孩。我们是不是可以假定，那块折起的布代表圣衣？"
40. 有关中央画面，参见 Sourvinou-Inwood, *Athenian Myths and Festivals*, 284-307; Hurwit, *Age of Pericles*, 146, 230, 236; Dillon, *Girls and Women*, 45-47; Neils, *Parthenon Frieze*, 67-70, 166-71, 184-85; Shear, "Polis and Panathenaia," 752-55; Hurwit, *Athenian Acropolis*, 179-86, 222-28; Connelly, "Parthenon and *Parthenoi*," 53-72; Harrison, "Web of History," 198; Wesenberg, "Panathenäische Peplosdedikation und Arrephorie"; Mansfield, "Robe of Athena," 289-95; Connelly, "Sacrifice of the Erechtheids"; Simon, "Die Mittelszene im Ostfries;" Jeppesen, "A Fresh Approach," 108, 127-129; B. Nagy, "The Ritual in Slab V"。
41. 哈里逊（Harrison, "Web of History," 198-202）和韦森贝格（Wesenberg, "Panathenäische Peplosdedikation und Arrhephorie"）都认为两人是在折起一件旧圣衣而非准备进呈新圣衣。
42. 首先注意到这种不一致的是 Petersen, *Die Kunst des Pheidias*, cited by Michaelis, *Parthenon*, 209. See S. Rotroff, "The Parthenon Frieze and the Sacrifice to Athena," *AJA* 81 (1977): 379-80; Holloway, "Archaic Acropolis"; Boardman, "Parthenon Frieze," 214; Connelly, "Parthenon and *Parthenoi*," 54。
43. 有关"提篮女"，见 Connelly, *Portrait of a Priestess*, 33-39，附有参考书目。
44. 在东横饰带寻找一个提篮女的努力全部落空，但有些论者认为东横饰带其中一个"督察"（E49）手上拿着的托盘状物体是个篮子。他们想象，"督察"前面两个女孩（E50-51）其中一个刚把篮子递给他，所以两女中必有一人为"提篮女"，见 Brommer, *Der Parthenonfries*, 148; J. Schelp, *Das Kanoun: Der griechische Opferkorb* (Würzburg: K. Tritsch, 1975), 55ff.; L. J. Roccos, "The Kanephoros and Her Festival Mantle in Greek Art," *AJA* 99 (1995): 641-66; Neils, *Parthenon Frieze*, 157。
45. Mansfield, "Robe of Athena," 68-78; Norman, "The Panathenaic Ship". 圣衣被张挂为"船帆"样子的最早记录来自公元前四世纪第三季，见 Plutarch, *Life of Demetrios* 10.5, 12.3. 但伊丽莎白·巴伯（Elizabeth Barber）主张，这种做法也许始自更早，有可能是当波斯战争甫结束，一支从萨拉米斯战场回来的舰队其中一艘船被拖离水面，在公民面前游行，好提醒他们雅典如何从波斯仇敌手中获救。见 Barber, "*Peplos* of Athena," 114。泛雅典节"船车"的样子可在雅典历史街衢普拉卡（Plaka）出土的一件公元前四世纪大理石浮雕上看见，见 A. Spetsieri-Choremi, "Θραύσμα αναθηματικού αναγλύφου από την περιοχή του αθηναϊκού Ελευσινίου," *ArchEph* 139 (2000): 1-18。

46. 见修昔底德，《伯罗奔尼撒战争史》6.58。关于横饰带上遗漏了重装备步兵，见 Michaelis, *Parthenon*, 214; Boardman, "Parthenon Frieze," 210–11; Boardman, "Another View," 43–44; Connelly, "Parthenon and *Parthenoi*," 69。

47. Boardman, "Another View," 42–45, and Boardman "Parthenon Frieze," 215.

48. 这里还有另一个时代错乱。因为在晚期青铜时代，马只用来拉车，不是供将士骑乘。感谢科斯莫（Nicola Di Cosmo）提醒我这一点。

49. 提出此问题的是 M. Robertson in "Sculptures of the Parthenon," 56; Boardman, "Parthenon Frieze," 211; Holloway, "Archaic Acropolis," 223; Kroll, "Parthenon Frieze as Votive Relief"; and, of course, Lawrence, *Greek and Roman Sculpture*, 144。

50. Lissarrague, "Fonctions de l'images"; Lissarrague and Schnapp, "Imagerie des Grecs"; Connelly, "Parthenon and *Parthenoi*," 55; Connelly, *Portrait of a Priestess*, 20–21; Ferrari, *Figures of Speech*, 17–25; Webster, "Greek Theories of Art and Literature"; Marconi, "Degrees of Visibility," 172; J. Svenbro, *La parole et le marbre* (Lund: Studentlitteratur, 1976); Sourvinou-Inwood, "*Reading*" *Greek Death*, 140–43; Steiner, *Images in Mind*, 252–59.

51. Lawrence, "Acropolis and Persepolis," 118.

52. Lawrence, *Greek and Roman Sculpture*, 144.

53. Kardara, "Glaukopis," 119–29.

54. Jeppesen, "Bild und Mythus an dem Parthenon."

55. 关于把横饰带解读为"一般宗教性质的展示"，见 Ridgway, *Fifth Century Styles*, 77–78; for multiple meanings, see Jenkins, *Parthenon Frieze*, 31–42；关于把横饰带解读为"唤起所有形成雅典典型文化和宗教生活的仪式、比赛和形式的训练"，见 Pollitt, "Meaning of the Parthenon Frieze," 63。

56. Fehr, *Becoming Good Democrats and Wives*，关于东横饰带的中央场景，特别见 pp.7–8, and 104–11。

57. 首先是在艺术与科学研究所所长博伯（Phyllis Pray Bober）退休之际，于布林茅尔（Bryn Mawr）学院的演讲（一九九一年十二月十一日）；随后于一九九二年十一月二十一日在纽约大学举行的讲座"帕特农神庙和帕德诺：帕特农神庙横饰带的神话解释"，为了纪念荷马·汤普森和由希腊研究亚历山大·奥纳西斯中心主办的"雅典：民主摇篮"座谈会上。那一年（一九九二年十二月二十八日），在考古学研究所美国新奥尔良举行的年会上，我提出了"帕特农神庙的横饰带和厄瑞克透斯家族的牺牲：重新解释'圣衣场景'"；摘要出版，见 *AJA* 97 (1993): 309–10。一九九六年，我发表了对"帕特农神庙和帕德诺：帕特农神庙横饰带的神话解释"中关于重新诠释的全面处理，见 *AJA* 100 (1996): 53–80。见 Chaniotis, "Dividing Art-Divided Art," 43; Deacy, *Athena*, 117; Jouan and Van Looy, *Fragments: Euripides*, 95–132; Ridgway, *Prayers in Stone*, 201; Spivey, *Understanding Greek Sculpture*, 146–47。

58. Noted by Boardman in "Another View," 41, and in "Naked Truth."

59. Connelly, "Sacrifice of the Erechtheids"; Connelly, "Parthenon and *Parthenoi*," 58–66.

60. J. Barringer, "The Temple of Zeus at Olympia, Heroic Models, and the Panhellenic Sanctuary," in Barringer, *Art, Myth, and Ritual*, 8–58; J. Hurwit, "Narrative

Resonance in the East Pediment of the Temple of Zeus at Olympia," *Art Bulletin* 69 (1987): 6–15; Saflund, *East Pediment of the Temple of Zeus at Olympia*.

61. Schnapp, "Why Did the Greeks Need Images?" For recent scholarship on divine images, see M. Gaifman, *Aniconism in Greek Antiquity* (Oxford, U.K.: Oxford University Press, 2012); P. Eich, *Gottesbild und Wahrnehmung: Studien zu Ambivalenzen früher griechischer Götterdarstellungen (ca. 800 v. Chr.-ca. 400 v. Chr.)* (Stuttgart: Franz Steiner, 2011); V. Platt, *Facing the Gods: Epiphany and Representation in Graeco- Roman Art, Literature, and Religion* (Cambridge, U.K.: Cambridge University Press, 2011); I. Mylonopoulos, "Divine Images Behind Bars: The Semantics of Barriers in Greek Temples," in *Current Approaches to Religion in Ancient Greece*, ed. J. Wallensten and M. Haysom (Stockholm: Svenska Institutet i Athen, 2011), 269–91; I. Mylonopoulos, ed., *Divine Images and Human Imaginations in Ancient Greece and Rome* (Leiden: Brill, 2010); S. Bettinetti, *La statua di culto nella pratica rituale greca* (Bari: Levante, 2001); Lapatin, *Chryselephantine Statuary*; Steiner, *Images in Mind*; T. S. Scheer, *Die Gottheit und ihr Bild: Untersuchungen zur Funktion griechischer Kultbilder in Religion und Politik* (Munich: Beck, 2000); D. Damaskos, *Untersuchungen zu hellenistischen Kultbildern* (Stuttgart: Franz Steiner, 1999); Donohue, *Xoana*; I. B. Romano, "Early Greek Cult Images and Cult Practices," in Hägg, Marinatos, and Nordquist, *Early Greek Cult Practice*, 127–34.

62. Contra Shear, "Polis and Panathenaia," 729–61; Osborne, "Viewing and Obscuring," 99–101.

63. Simon, *Festivals of Attica*, 67; Parke, *Festivals of the Athenians*, 40; Mansfield, "Robe of Athena," 291; Dillon, *Girls and Women*, 45–47; Marconi, "Degrees of Visibility," 167; Neils, *Parthenon Frieze*, 16; Sourvinou-Inwood, *Athenian Myths and Festivals*, 294; Hurwit, *Age of Pericles*, 230, and Hurwit, *Athenian Acropolis*, 225。赫尔维特（Hurwit）主张那女人要不是"护城雅典娜"的女祭司便是王后。

64. Mantis, Προβλήματα της εικονογραφίας, 28–65; Connelly, *Portrait of a Priestess*, 92–104.

65. Berlin, Staatliche Museen, Antikensammlung K 104. Connelly, *Portrait of a Priestess*, 95–96.

66. Mansfield, "Robe of Athena," 291, 346; Simon, *Festivals of Attica*, 66; Boardman, "Another View," 41; Mantis, Προβλήματα της εικονογραφίας, 78, 80–96. 苏尔维诺-因伍德主张蓄胡男人是"护城宙斯"的祭司，见氏著 *Athenian Myths and Festivals*, 296。斯坦哈特（Steinhart）主张他既非祭司也非王执政官，而是（还有他旁边的小孩）普拉克熹提娅氏族（Praxiergidai）的一员（这氏族与圣衣关系密切），见 "Die Darstellung der Praxiergidai," 476–77。

67. Robertson, *Shorter History of Greek Art*, 100; Connelly, "Parthenon and *Parthenoi*," 60; Connelly, *Portrait of a Priestess*, 187ff.; Boardman and Finn, *Parthenon and Its Sculptures*, 222–23.

68. 见 Brommer, *Der Parthenonfries*, 268; Mantis, Προβλήματα της εικονογραφίας, 78, 80, 82–96。

69. Athens National Museum 772; Mantis, Προβλήματα της εικονογραφίας, plate 38a; Connelly, "Parthenon and *Parthenoi*," 59, fig. 2; A. Conze, *Attischen Grabreliefs* (Berlin: Spemann, 1893), 197, no. 920, plate 181.
70. Stuart and Revett, *Antiquities of Athens*, 2:12.
71. Robertson and Frantz, *Parthenon Frieze*, 308. 有关维纳斯环，见 Boardman, "Notes on the Parthenon Frieze," 9–10。
72. Boardman, "Notes on the Parthenon Frieze," 9–11. See also Boardman, "Parthenon Frieze," 214; Boardman, "Another View," 41; Boardman, "Naked Truth."
73. 相信那孩子为男孩的有：Fehr, *Becoming Good Democrats and Wives*, 104–6; J. Neils, "The Ionic Frieze," in Neils, *Parthenon*, 203; Hurwit, *Age of Pericles*, 230; Neils, *Parthenon Frieze*, 168–71; Steinhart, "Die Darstellung der Praxiergidai," 476; Jenkins, *Parthenon Frieze*, 35; Clairmont, "Girl or Boy?"; Harrison, "Time in the Parthenon Frieze," 234; Simon, *Festivals of Attica*, 66–67; Brommer, *Der Parthenonfries*, 269–70n137, 264, table; Parke, *Festivals of the Athenians*, 41; Kardara, "Glaukopis"。认定那孩子为女孩的有：Dillon, *Girls and Women*, 45–47; Boardman, "Closer Look," 314–21; Connelly, "Parthenon and *Parthenoi*," 60; Connelly, "Sacrifice of the Erechtheids"; J. Pedley, *Greek Art and Archaeology* (London: Cassell, 1992), 246; Boardman, "Naked Truth"; Stewart, *Greek Sculpture*, 155, 157; Boardman, "Notes on the Parthenon Frieze," 9–10; Mansfield, "Robe of Athena," 293–94; Boardman, "Parthenon Frieze"; Robertson and Frantz, *Parthenon Frieze*, 34。关于这二说的概论，见 Berger and Gisler-Huwiler, *Fries des Parthenon*, 158–59, 172–74; Ridgway, *Fifth Century Styles*, 76–83; and Sourvinou-Inwood, *Athenian Myth and Festivals*, 284–307 and 307–11。
74. 红绘双耳大口罐，藏于 Bari, Museo Civico 4979, *ARV*^{2} 236, 4, from Rutigliano. C. Bérard, "L'ordre des femmes," in Bérard et al., *La cité des images*, fig. 127。
75. Brommer（*Der Parthenonfries*, 269–70）把那孩子看成负责照顾圣蛇的庙僮。见 Simon, *Festivals of Attica*, 66; Hurwit, *Age of Pericles*, 230。珍金丝（Jenkins）赞成这个说法，举出欧里庇得斯《伊翁》里的庙僮伊翁作为例子。见氏著 *Parthenon Frieze*, 35。不过，阿波罗既然是个男神，除了女祭司之外，会有庙僮不足为奇。但若处子女神雅典娜也是由男生服侍，将会非常有违希腊的宗教习尚；作为处子女神，被要求去服侍她的，应该是女孩或妇女才对。见 Connelly, *Portrait of a Priestess*, 73–74。
76. Connelly, "Parthenon and *Parthenoi*," 60; Robertson, *Shorter History of Greek Art*, 100; Mansfield, "Robe of Athena," 243.
77. Connelly, *Portrait of a Priestess*, 39.
78. 荷马，《伊利亚特》6.297–310; see Connelly, *Portrait of a Priestess*, 173.
79. Mansfield, "Robe of Athena," 294; Connelly, *Portrait of a Priestess*, 31–32, with bibliography.
80. W. Burkert, "Kekropidensage und Arrhephoria," *Hermes* 94 (1966): 1–25; Robertson, "Riddle of the Arrephoria at Athens."
81. Harpokration A 239 Keaney（引述 Dinarchus, frag. V1 4 Conomis）谈及四位"阿瑞福拉童女"。Pausanias, *Description of Greece* 1.27.3，谈及两位"阿瑞福拉

童女"。

82. Apollodoros, *Library* 3.15.4.
83. Clairmont, "Girl or Boy?"; Connelly, "Parthenon and *Parthenoi*," 60–61.
84. 参 A. M. Snodgrass, *Narration and Allusion in Archaic Greek Art: A Lecture Delivered at New College Oxford, on 29th May, 1981* (London: Leopard's Head Press, 1982), 5–10; N. Himmeman-Wildschutz, "Erzählung und Figur in der archaischen Kunst," *AbhMainz* 2 (1967): 73–101; P. G. P. Meyboom, "Some Observations on Narration in Greek Art," *Mededelingen van het Nederlands Historisch Instituut te Rome* 40 (1978): 55–82; Connelly, "Narrative and Image in Attic Vase Painting," 107–8.
85. "Ensuring that they will be in perpetuity the brides of Hades?" See M. Alexiou, *The Ritual Lament in Greek Tradition* (Cambridge, U.K.: Cambridge University Press, 1974), 5, 27, 39, 120。关于婚礼仪式和葬礼仪式的相似性一个更广泛的讨论，见 R. Rehm, *Marriage to Death: The Conflation of Marriage and Funeral Rituals in Greek Tragedy* (Princeton, N.J.: Princeton University Press, 1994)。
86. 欧里庇得斯，《特洛伊女人》309–460。
87. 欧里庇得斯，《伊菲革涅雅在奥利斯》1080–87, 1577。
88. 埃斯库罗斯，《阿伽门农》228–43。
89. 欧里庇得斯，《海克力士子女》562。
90. Sophokles, Fr. 483 Nauck=526 Radt. See A. C. Pearson, *The Fragments of Sophocles* (Cambridge, U.K.: Cambridge University Press, 1917), 167–68; A. H. Sommerstein, D. Fitzpatrick, and T. Talboy, *Sophocles: Selected Fragmentary Plays*, vol. 1 (London: Aris and Phillips, 2006) 81.
91. London, British Museum 1897.7–27.2; *ABV* 97.27; *Para* 37; *Addenda*2 26; *LIMC* 7, s.v. "Polyxena," no. 26。提米亚德斯画师（Timiades Painter）所绘的第勒尼安（Tyrrhenian）双耳瓶，年代约介于公元前五七〇至公元前五六〇年。
92. 维泰博（Viterbo）双耳瓶上的献祭公牛也是被高高平举在祭坛上：J.-L. Durand and A. Schnapp, "Boucherie sacrificielle et chasses initiatiques," in Bérard et al., *La cité des images*, 55, fig. 83; Connelly, "Parthenon and *Parthenoi*," 63, fig. 6。埃斯库罗斯在《阿伽门农》中说伊菲革涅雅"像个小孩那样被高举在祭坛上"（213–33）。一九九四年在土耳其古慕斯凯（Gümüşçay，接近古代特洛伊城邦）出土的大理石石棺（年代介于公元前五二〇至公元前五〇〇年之间）有波吕克塞娜被献祭的画面，其中波吕克塞娜和伦敦双耳瓶所见姿势一样，也是正被涅俄普托勒摩斯割开喉咙。见 N. Sevinç, "A New Sarcophagus of Polyxena from the Salvage Excavation at Gümüşçay," *Studia Troica* 6 (1996): 251–64。
93. As Shear, "Polis and Panathenaia," 744, and Hurwit, *Athenian Acropolis*, 233, would have it.
94. Museo Archeologico Regionale di Palermo, NI 1886。阿提卡的白底双耳大口罐（约公元前五〇〇／四九〇年），被归属于杜里斯（Douris）所绘。*ARV*2 446.226; *Addenda*2 241; *LIMC* 5, s.v. "Iphegeneia," no. 3。
95. 要到了公元前四世纪，少女牺牲（特别是伊菲革涅雅的牺牲）才成为南意大利陶瓶绘画常见主题。这不只比帕特农建成年代晚一世纪，而且是深受希腊戏剧的影响。在当时，希腊戏剧对处女牺牲的主题已建立某种"标准化"呈现程序。

96. Stewart, *Greek Sculpture*, 81, 148.
97. Pausanias, *Description of Greece* 5.10.6–7.
98. 参见来自布劳伦的神圣家庭组像。L. Kahil, "Le relief des dieux du sanctuaire d'Artémis à Brauron: Essai d'interprétation," in *Eumousia: Ceramic and Iconographic Studies in Honour of Alexander Cambitoglou*, ed. J.-P. Descoeudres, Mediterranean Archaeology Supplement 1 (Sydney: Meditarch, 1990), 113–17. 而且，诚然，视为王室一家的话，东横饰带中央画面与波斯波利斯（Persepolis）的觐见大殿（Apadana）颇为相似，因为后者把国王与太子放在浮雕构图的最中央。见 M. C. Root, "The Parthenon Frieze and the Apadana Reliefs at Persepolis: Reassessing a Programmatic Relationship," *AJA* 89 (1985): 103–20。
99. 关于将这两位女孩解读为"阿瑞福拉童女"，见：Sourvinou-Inwood, *Athenian Myths and Festivals*, 300–302（该处进一步主张最右边的那位小孩有可能是第三位"阿瑞福拉童女"）; Dillon, *Girls and Women*, 45–47; Neils, *Parthenon Frieze*, 168; Wesenberg, "Panathenäische Peplosdedikation und Arrephorie," 151–64; H. Rühfel, *Kinderleben im klassischen Athen: Bilder auf klassischen Vasen* (Mainz: Philipp von Zabern, 1984), 98; Simon, *Festivals of Attica*, 67; Simon, "Die Mittelszene im Ostfries," 128; Deubner, *Attische Feste*, 12–13; Stuart and Revett, *Antiquities of Athens*, 2:12。赫尔维特说女孩们有可能是"携凳女"，或是"阿瑞福拉童女"，见 Hurwit, *Age of Pericles*, 230, and *Athenian Acropolis*, 225。苏尔维诺-因伍德主张，左边那两位女孩的实际年龄可能只有十岁，而其稍微年轻的同伴，也一样不会超过十一岁，见 Sourvinou-Inwood, *Studies in Girls' Transitions: Aspects of the Arkteia and Age Representation in Attic Iconography* (Athens: Kardamitsa, 1988), 58–59 and 100–101n285。
100. 关于服饰是年龄一个重要指标，见 Boardman, "Parthenon Frieze," 213；以及 Boardman, "Another View"。关于披布作为前青春期女孩的穿着服饰，见 Connelly, *Portrait of a Priestess*, 150–53。
101. Boardman, "Parthenon Frieze," 213; Boardman, "Closer Look," 312–13. Wesenberg 认为这些东西是托盘，又把凳脚理解为火把，见氏著"Panathenäische Peplosdedikation und Arrephorie"。
102. 富特文勒（Furtwängler）主张两张凳子是供潘朵洛索斯和考罗卓芙丝（Ge Kourotrophos）参加"神宴"，见氏著 *Meisterwerke*, 427–30。B. Ashmole 质疑这种观点，说虽然并非完全无此可能，但仍然不能让人完全满意和有点怪。见氏著 *Architect and Sculptor in Classical Greece* (New York: New York University Press, 1972), 143。另参见 Simon, *Festivals of Attica*, 68, and Simon, "Die Mittelszene im Ostfries," 142–43. Boardman, "Closer Look," 321。Boardman 认为两个女孩是负责携凳的"携凳女"（*diphrophoroi*）。
103. 哈洛威（Holloway）指出"神明与凡人共席的难题"，见氏著"Archaic Acropolis," 224。

104. Vatican Museum 344; ABV 145.13; J. D. Beazley, *The Development of Attic Black-Figure*, rev. ed., ed. D. von Bothmer and M. B. Moore (1951; Berkeley: University of California Press, 1986), 61. See Connelly, "Parthenon and *Parthenoi*," 63. H. von Heintze 同样认为凳子上的布团是衣服而非坐垫，见氏著 "Athena Polias am Parthenon als Ergane, Hippia, Parthenos," *Gymnasium* 100 (1993): 385–418。

105. Metropolitan Museum of Art 75.2.11, *ARV*2 1313.11; Para. 477; *Addenda*2 180. L. Burn, *The Meidias Painter* (Oxford: Clarendon Press, 1987), 98, M 12, plate 52b; Connelly, "Parthenon and *Parthenoi*," 63–64.

106. J. Scheid and J. Svenbro, *Le métier de Zeus: Mythe du tissage et du tissu dans le monde gréco-romain* (Paris: Errance, 1994), 26–29; Mansfield, "Robe of Athena," 50–59; Barber, "*Peplos* of Athena," 112–15; Barber, *Prehistoric Textiles*, 361–63.

107. 关于"杜林尸衣"，见 A. Nicolotti, *Dal Mandylion di Edessa alla Sindone di Torino: Metamorfosi di una leggenda* (Alessandria: Edizioni dell'Orso, 2011); F. T. Zugibe, *The Crucifixion of Jesus: A Forensic Inquiry*, rev. ed. (New York: M. Evans, 2005); I. Wilson, *The Blood and the Shroud: New Evidence That the World's Most Sacred Relic Is Real* (New York: Free Press, 1998); H. E. Gove, *Relic, Icon, or Hoax? Carbon Dating the Turin Shroud* (Philadelphia: Institute of Physics, 1996)。

108. Demaratus, *FGrH* 42 F 4; Apollodoros, *Library* 3.15.4.

109. 汤普森（D. B. Thompson）最先指认出狮爪，见氏著 "The Persian Spoils in Athens," in *The Aegean and the Near East: Studies Presented to Hetty Goldman on the Occasion of Her Seventy-Fifth Birthday*, ed. S. S. Weinberg (Locust Valley, N. Y.: J. J. Augustin, 1956), 290。

110. 彼得森（Petersen）最先确认这物件是张脚凳，见氏著 *Die Kunst des Pheidias*, 247 and n1. 参见 Furtwängler, *Meisterwerke*, 186；其后跟进者有：Jeppesen, "Bild und Mythus an dem Parthenon," 27, 31, fig. 7; Boardman, "Another View," 41, plate 16.4; Boardman, "Closer Look," 307–12; Neils, *Parthenon Frieze*, 167。

111. 把这东西看成香炉者有 Simon, *Festivals of Attica*, 67; Simon, "Die Mittelszene im Ostfries," 141；看成珠宝盒者有 Connelly, "Parthenon and *Parthenoi*," 64–66。其他有着类似狮爪的盒子，见 E. Brummer, "Griechische Truhenbehalter," *JdI* 100 (1985): 1–162。

112. Aelius Aristides, *Panathenaic Oration* 87 (Lenz and Behr).

113. Paris, Musée du Louvre CA 587. Connelly, "Parthenon and *Parthenoi*."

114. London, British Museum 1843.11–3.24, *LIMC* 1, s.v. "Andromeda," nos. 3 and 17. London, British Museum E 169; *ARV*2 1062.1681.

115. Boston, Museum of Fine Arts 63.2663; *Para* 448; *LIMC* 1, s.v. "Andromeda," no. 2. 霍夫曼（H. Hoffmann）认为那匣子代表的是安朵美达的"嫁妆"，见氏著 "Some Recent Accessions," *Bulletin of the Museum of Fine Arts* 61 (1963): 108–9。

116. Neils, *Parthenon Frieze*, 164–66.

117. 西蒙（Simon）认为，东横饰带北边的神祇主要是与大海有关，南边的神祇主要是与陆地有关，并因此推断说，横饰带的主题是雅典人在海陆两方面战胜波斯人后的泛雅典祝捷游行，见 Neils, *Parthenon Frieze*, 189–90。另参见 Neils, "Reconfiguring the Gods on the Parthenon Frieze," *Art Bulletin* 81 (1999): 6–20; Jeppesen, "A Fresh Approach," 123–25; I. S. Mark, "The Gods on the East Frieze of the Parthenon," *Hesperia* 53 (1984): 289–342; E. G. Pemberton, "The Gods of the East Frieze," 114; G. W. Elderkin, "The Seated Deities of the Parthenon Frieze," *AJA* 40 (1936): 92–99。

118. J. E. Harrison, "Some Points in Dr. Furtwängler's Theories on the Parthenon and Its Marbles," *CR* 9 (1895): 91.

119. 感谢查尼奥蒂斯（Angelos Chaniotis）提醒我这一点，也感谢她告诉我以下这些著作提到神明会对某些行为撇开视线：Euripides, *Iphigeneia in Tauris* 1165–67; Herakleides Pontikos frag. 49 ed. Wehrli; Lykophron 984; Kallimachos frag. 35 ed. Pfeiffer; Apollodoros, *Library* 5.22; and Quintus Smyrnaeus 13.425–29。

120. 欧里庇得斯，《俄凯丝特丝》122；欧里庇得斯，《希波吕托斯》1437–39。感谢弗穆尔（Emily Vermeule）让我注意到这个。

121. Frag. II H = Philemo, test, 6 Kassel-Austin。这参考资料是奥斯汀好意提供。

122. C. C. Picard, "Art archaïque: Les trésors 'ionique,'" *Fouilles de Delphes: Monuments Figurés: Sculpture* 4, no. 2 (1927), 57–171; R. Neer, "Framing the Gift: The Politics of the Siphnian Treasury at Delphi," *ClAnt* 20 (2001): 297–302，提供了东横饰带的细节。V. Brinkmann, "Die aufgemalten Namensbeischriften an Nordund Ostfries des Siphnierschatzhauses," *BCH* 109 (1985): 77–130; L. V. Watrous, "The Sculptural Program of the Siphnian Treasury at Delphi," *AJA* 86 (1982): 159–72。

123. V. Brinkmann, "Die aufgemalten Namensbeischriften an Nordund Ostfries des Siphnierschatzhauses," *BCH* 109 (1985): 79, 84–85, 87–88, 118–20。

124. Barringer, *Art, Myth, and Ritual*, 112–13n2, 223–24，提供了这些年份的摘要：J. S. Boersma, "On the Political Background of the Hephaisteion," *Bulletin van de Vereeniging tot Bevordering der Kennis van de Antieke Beschaving* 39 (1964): 102–6，声称该神庙是基蒙时代建筑计划的一部分（约公元前四六〇年）；这个立场的跟随者有 M. Cruciani and C. Fiorini, *I modelli del moderato: La stoà poikile e l'Hephaisteion di Atene nel programma edilizio cimoniano* (Naples: Scientifiche Italiane, 1998), 84; Camp, *Archaeology of Athens*, 103，将施工年份断定为于公元前四六〇年至公元前四五〇年；C. H. Morgan, "The Sculptures of the Hephaisteion II: The Friezes," *Hesperia* 31 (1962): 221–35，将施工年份断定为约公元前四五〇年；Thompson and Wycherley, *Agora of Athens*, 142–43; Ridgway, *Fifth Century Styles*, 26–27，将施工年份断定为公元前四五〇年或稍晚；Dinsmoor, *Architecture of Ancient Greece*, 179–81，将施工年份断定为公元前四四九年。

125. 有关忒修斯大战帕拉斯，见 K. O. Müller, "Die erhobenen Arbeiten am Friese des Pronaos von Theseustempel zu Athen, erklärt aus dem Mythus von den Pallantiden," in *Kunstarchaeologische Werke*, ed. K. O. Müller (1833; Berlin:

S. Calvary, 1873), 4:1–19, 后见 E. B. Harrison, "Athena at Pallene and in the Agora of Athens," in Barringer and Hurwit, *Periklean Athens*, 121–23。雷伯（K. Reber）认为帕特农横饰带是用神话故事隐喻雅典人对贵族统治和僭主的推翻，见氏著"Das Hephaisteion in Athen: Ein Monument für die Demokratie," *JdI* 113 (1998): 41–43。另参考 E. Simon, *Die Götter der Griechen*, 4th ed. (Munich: Hirmer, 1998), 197–201; A. Delivorrias, "The Sculpted Decoration of the So-Called Theseion: Old Answers, New Questions," in Buitron-Oliver, *Interpretation of Architectural Sculpture* 84, 89–90; F. Felten, *Griechische tektonische Friese archaischer und klassischer Zeit* (Waldsassen-Bayern: Stiftland, 1984), 60–64。

126. Plato, *Timaeus* 24e–25d. J. M. Barringer, "A New Approach to the Hephaisteion," in Schultz and Hoff, *Structure, Image, Ornament*, 105–20, esp. 116–17; Barringer, *Art, Myth, and Ritual*, 138–41.

127. Palagia, "Interpretations of Two Athenian Friezes," 184–90; Hurwit, *Age of Pericles*, 184–87; Pemberton, "Friezes of the Temple of Athena Nike," 303–10; Harrison, "South Frieze of the Nike Temple"; E. B. Harrison, "Notes on the Nike Temple Frieze," *AJA* 74 (1970): 317–23; A. Furtwängler, *Masterpieces of Greek Sculpture: A Series of Essays on the History of Art* (Chicago: Argonaut, 1964), 445–49; C. Blümel, "Der Fries des Tempels der Athena Nike," *JdI* 65–66 (1950–1951): 135–65.

128. Palagia 判定东横饰带是刻画雅典娜的诞生，见氏著"Interpretations of Two Athenian Friezes," 189–90。

129. Kardara, "Glaukopis," 84–91。另参见 Jeppesen, "Bild und Mythus an dem Parthenon"。

130. 把这画面诠释为马拉松战役者包括：Palagia, "Interpretations of Two Athenian Friezes," 184–90; Hurwit, *Age of Pericles*, 184–87; Harrison, "South Frieze of the Nike Temple"。

131. 欧里庇得斯，《厄瑞克透斯》F 370.75–90 Kannicht。

132. 亚里士多德（*Politics* 1297b, 16–22）告诉我们，骑兵在往昔才是军队的大宗。这参考资料承蒙马尔（John Marr）提供。

133. Cicero, *On the Nature of the Gods* 3.19, 49–50.

134. 众神南边六个男人（E18–23）和北边四个男人（E43–46）一般被认定为十位"名祖英雄"，"多出来"那些被认为是游行督察。各种意见的摘要和参考书目请见 Brommer, *Der Parthenonfries*, 255–56, nos. 14 and 19. See S. Woodford, "Eponymoi or anonymoi," *Source Notes on the History of Art* 6 (1987): 1–5; Kron, "Die Phylenheroen am Parthenonfries"; Harrison, "Eponymous Heroes"; see, however, Jenkins, "Composition of the So-Called Eponymous Heroes"。

135. 北边四个男人的编号为 E47、E48、E49 和 E52；南边角落男人的编号为 E1。

136. 编号 E47 和 E48 的男人。有关泛雅典节的游行督察，见 Shear, "Polis and Panathenaia," 124–26。

137. Brommer, *Der Parthenonfries*, 255–56; Harrison, "Eponymous Heroes"; Kron, *Die zehn attischen Phylenheroen*, 202–14; Kron, "Die Phylenheroen am

Parthenonfries"; Neils, *Parthenon Frieze*, 158–61.
138. Jenkins, "Composition of the So-Called Eponymous Heroes"; Jenkins, *Parthenon Frieze*, 33–34.
139. Nagy, "Athenian Officials," 67–69.
140. A. E. Raubitschek 和 Ridgway 都把他们看作雅典公民，前者见 *Opus Nobile* (Wiesbaden: F. Steiner, 1969), 129，后者见 *Fifth Century Styles*, 79。Berger and Gisler-Huwiler 对不同诠释有一综述，见氏著 *Fries des Parthenon*, 179。
141. 亚里士多德（*Athenian Constitution* 26.4）："在伯里克利的动议下通过一条法令，除非父母双方皆为公民的人不得拥有公民权。"普鲁塔克（*Life of Perikles* 37.3）："他（伯里克利）提议，只有父母双方都是雅典人的人可算雅典公民。"另参见 E. Carawan, "Pericles the Younger and the Citizenship Law," *CJ* 103 (2008): 383–406; K. R. Walters, "Perikles' Citizenship Law," *ClAnt* 2 (1983): 314–36; C. Patterson, *Pericles' Citizenship Law of 451–50 B. C.* (New York: Arno Press, 1981); Boegehold, "Perikles' Citizenship Law"。
142. 我同意费尔（Fehr）所说的，见于横饰带两侧和西边的少女们和横饰带中的无须少年属于同一范畴。两者都是社会的年轻一代，有必要透过参与宗教仪式学习他们的未来角色，以成为完整的社会成员。费尔的意见，见氏著 *Becoming Good Democrats and Wives*, 81, 112–13。杰普逊（Jeppesen）把这些少女看成"女继承者"（*epikleroi*），即父亲死去又无兄弟可继承家业者。由于这些女性无权拥有财产，她们必须嫁给一个男性亲属才能让父亲财产留在家族里。见氏著 "A Fresh Approach," 129–33。
143. 欧里庇得斯，《厄瑞克透斯》F 370.77–80 Kannicht。
144. 欧里庇得斯，《海克力士子女》781.
145. 荷马，《伊利亚特》2.550.
146. 欧里庇得斯，《厄瑞克透斯》F 370.92–94 Kannicht。其中有这样的残缺不全文字："〔阉牛〕或公牛和一只〔母羊〕"。
147. *IG* II2 1146; *IG* II2 1357.
148. 西蒙（Simon）认为那些扛水坛者是火炬接力赛跑的得胜者，扛着的是他们的奖瓶。见氏著 *Festivals of Attica*, 64。
149. Photios, s.v. σκάφας, 基于他在 Menander fr. 147 (*PCG*) 的定义。见 *RE* (1949), s.v. "Panathenaia"; Shear, "Polis and Panathenaia," 134–36; Simon, *Festivals of Attica*, 65, 69–70; Deubner, *Attische Feste*, 28.
150. 感谢巴塞尔古物博物馆的 Tomas Lochman 博士在我研究帕特农雕刻的石膏模型时大力帮助，也感谢巴塞尔大学古代文化研究学系的 Anton Bierl 教授推荐我当访问教授。P. 230 的"扛水坛者"是塑自北横饰带的"第 N15 号人物"，这人物有一块碎块现存梵蒂冈，见 Jenkins, *Parthenon Frieze*, 86; Connelly, "Parthenon and *Parthenoi*," 69. 有关托盘，见 Berger and Gisler-Huwiler, *Fries des Parthenon*, 195–96; Brommer, *Der Parthenonfries*, 214。
151. F. Graf, "Milch, Honig und Wein: Zum Verständnis der Lebation im griechischen Ritual," in *Perennitas: Studi in onore di Angelo Brelich*, ed. M. Eliade (Rome: Ateneo, 1980), 209–21. 西蒙主张蜂蜜是要献给盖娅，认为出于某个理由，盖娅也在泛雅典节受到祭祀。见氏著 *Festivals of Attica*, 70。

152. 欧里庇得斯，《厄瑞克透斯》F 370.83-86 Kannicht.
153. 同前注书目，F370.87-89 Kannicht.
154. J. G. Pedley, *Paestum: Greeks and Romans in Southern Italy* (London: Thames and Hudson, 1990), 36-39, figs. 11-13; P. C. Sestieri, "Iconographie et culte d'Hera à Paestum," *Revue des Artes* 5 (1955): 149-58.
155. Demaratus, *FGrH* 42 F 4; 欧里庇得斯，《厄瑞克透斯》F 370.102 Kannicht.
156. 欧里庇得斯，《厄瑞克透斯》F 370 {-369d} 5-9 Kannicht.
157. Berger and Gisler-Huwiler, *Fries des Parthenon*, 67-69. 不同意者：Simon, *Festivals of Attica*, 62; Boardman, "Closer Look," 322-23。海因兹（Von Heintze）认为这些老者是"列队行进演唱"〔prosodion〕的男歌队成员，见氏著"Athena Polias am Parthenon"。费尔主张他们象征"雅典公民中德高年劭者"。见氏著 *Becoming Good Democrats and Wives*, 80。另参见 Shear, "Polis and Panathenaia," 134-35。
158. Xenophon, *Symposium* 4.17.
159. Boardman, "Closer Look," 324-25.
160. 修昔底德，《伯罗奔尼撒战争史》6.58.1.
161. Parian Marble, *IG XII* 5 444, 17-18. Harpokration, s.v. "apobates"; Pseudo Eratosthenes, *Constellations* 13。见 Kyle, *Athletics in Ancient Athens*, 63-64, 188-89, 205 (A37), and 213 (A70).
162. Nonnus, *Dionysiaca* 37.155ff.
163. 见 Neils and Schultz, "Erechtheus and the Apobates"; also Fehr, *Becoming Good Democrats and Wives*, 52-67; C. Ellinghaus, *Die Parthenonskulpturen: Der Bauschmuck eines öffentlichen Monumentes der demokratischen Gesellschaft Athens zur Zeit des Perikles, Techniken in der bildenden Kunst zur Tradierung von Aussagen* (Hamburg: Dr. Kova, 2011), 109-71; P. Schultz, "The Iconography of the Athenian Apobates Race," in Schultz and Hoff, *Structure, Image, and Ornament*, 64-69; Neils, *Parthenon Frieze*, 97-98, 138-86; Shear, "Polis and Panathenaia," 299-310; Berger and Gisler-Huwiler, *Der Fries des Parthenon*, 169-86.
164. Plutarch, *Life of Phokion* 20.1.
165. *IG* II2 2316.16 and *IG* II2 2317 + SEG 61.118.49. 相关讨论见 Shear, "Polis and Panathenaia," 313-314. 想多了解城市厄琉息斯神庙，可参考 M. M. Miles, *The City Eleusinion*, Athenian Agora 31 (Princeton, N.J.: American School of Classical Studies at Athens, 1998)。
166. Marble base, Agora S399; See T. L. Shear, "The Sculpture Found in 1933: Relief of an Apobates," *Hesperia* 4 (1935): 379-81.
167. Tracy and Habicht, "New and Old Panathenaic Victor Lists," 198; Kyle, *Athletics in Ancient Athens*, 63-64.
168. 修昔底德，《伯罗奔尼撒战争史》6.56-58; Demosthenes, *Against Phormio* 39; Pausanias, *Description of Greece* 1.2.14.
169. Demosthenes, *Erotikos* 24-25.
170. Boardman, "Parthenon Frieze," 210.
171. 关于骑马者行列，见 Jenkins, *Parthenon Frieze*, 55-63; Jenkins, "South Frieze,"

449; Harrison, "Time in the Parthenon Frieze," 230–33; Berger and Gisler-Huwiler, *Fries des Parthenon*, 110–11; L. Beschi, "Il fregio del Partenone: Una proposta lettura," *RendLinc*, ser. 8, 39 (1985): 176, 183, 185。

172. 有关南横饰带十群骑马是代表克里斯提尼创造那十个部落这一点，见 Harrison, "Time in the Parthenon Frieze," 232; T. Osada, "Also Ten Tribal Units: The Grouping of the Cavalry on the Parthenon North Frieze," *AJA* 115 (2011): 537–48; T. Stevenson, "Cavalry Uniforms on the Parthenon Frieze?," *AJA* 107 (2003): 629–54; Pollitt, "Meaning of the Parthenon Frieze," 55; Jenkins, *Parthenon Frieze*, 99; S. Bird, I. Jenkins, and F. Levi, *Second Sight of the Parthenon Frieze* (London: British Museum Press, 1998), 18–19; I. Jenkins, "The Parthenon Frieze and Perikles' Cavalry of a Thousand," in Barringer and Hurwit, *Periklean Athens*, 147–61; Jenkins, "South Frieze," 449; Harrison, "Time in the Parthenon Frieze," 230–32; E. B. Harrison, review of *Der Parthenonfries*, by Brommer, *AJA* 83 (1979): 490。有论者认为十群骑者代表不同的"胞族"（*phratry*）。

173. 费尔在骑者和马车群组中看出"节制"〔*sophrosune* (healthy-mindedness, self-control guided by knowledge and balance)〕、"卓越"〔*arete* (excellence)〕和"友爱"〔*philia* (friendship among fellow soldiers)〕的美德，见氏著 *Becoming Good Democrats and Wives*, 146–47。

174. Aristotle, *Politics* 1297b16–22。另一方面，许多古代传统是故意时代错乱——一个例子是英国的"军旗敬礼分列式"。

175. Xenophon, *On Horsemanship* 11.8.

176. Connelly, "Parthenon and *Parthenoi*," 69–71; G. R. Bugh, *Horsemen of Athens* (Princeton, N.J.: Princeton University Press, 1988), 34–35。比乌（Bugh）指出，横饰带中的骑者都太老，不可能是军训生。见 Brommer, *Der Parthenonfries*, 151–53; Castriota, *Myth, Ethos, and Actuality*, 202–26。

177. 有关那三个现藏柏林和巴塞尔的广口杯，见 H. Cahn, "Dokimasia," *RA* (1973): 3–22; Connelly, "Parthenon and *Parthenoi*," 70–71. See G. Adeleye, "The Purpose of the Dokimasia," *GRBS* 24 (1983): 295–306。

178. Aristotle, *Athenian Constitution* 49.

179. 同前注书目，42.

180. 希罗多德，《历史》8.53; Demosthenes, *On the False Embassy* 303.

181. 费尔认为西横饰带是训练和测试年轻人和年轻马匹的情景，而这种训练强调平等、纪律和集体行动。蓄胡者被认为是年轻受训者的学习榜样。见氏著 *Becoming Good Democrats and Wives*, esp. 35–40。

182. 有关神庙雕刻的族谱功能，见 T. Hölscher, "Immagini mitologiche e valori sociali nella Grecia arcaica," in *Im Spiegel des Mythos: Bilderwelt und Lebenswelt Symposium, Rom 19–20. Februar 1998 = Lo Specchio del Mito*, ed. F. de Angelis and S. Muth (Weisbaden: Ludwig Reichert, 1999), 11–30; Connelly, "Parthenon and *Parthenoi*," 66; Marconi, "Kosmos," 222–24。前面已指出过，奥林匹亚的宙斯神庙东三角楣墙上放着厄利斯王室一家的雕像。这神庙的建成年代介于公元前四七〇年至公元前四五六年之间。这种"族谱"强调也见于埃伊纳

岛的阿费亚神庙，其建成年代要更早（介于公元前五〇〇年至公元前四八〇年之间）。在这里，我们看见特洛伊战争被在地化为它的两面三角楣墙：在东三角楣墙作战的是埃伊纳国王铁拉孟（Telamon），在西三角楣墙作战的是他孙子埃阿斯（Ajax）。祖孙两人是在两场不同的特洛伊战争中战斗。第一场特洛伊战争是对战国王拉俄默冬（Laomedon），第二场是对战国王普里阿姆（Priam）。见 E. Simon, *Aias von Salamis als mythische Persönlichkeit* (Stuttgart: F. Steiner, 2003), 20ff。当然，神庙雕刻这种族谱功能是我们早在"百尺殿"的蓝胡子三角楣墙便见过。

183. Summarized by Castriota, *Myth, Ethos, and Actuality*, 134–38.
184. Chaniotis, "Dividing Art-Divided Art," 43.
185. Pausanias, *Description of Greece* 1.27.4; 9.30.1. See C. Ioakimidou, *Die Statuenreihen griechischer Poleis und Bünde aus spätarchaischer und klassischer Zeit* (Munich: Tuduv-Verlagsgesellschaft, 1997), 99–100, 262–73 (interpreted as a state monument for the fallen); R. Krumeich, *Bildnisse griechischer Herrscher und Staatsmänner im 5. Jahrhundert v. Chr.* (Munich: Biering & Brinkmann, 1997), 109–11, 244, no. A58。青铜群像底座一些石块后被用于重修帕特农神庙的西大门，发现它们的经过见 M. Korres, *Melete Apokatastaseos tou Parthenonos* 4 (Athens, 1994) 124。果赫斯主张，青铜群像底座残存的三块石块显示，厄瑞克透斯、攸摩浦斯、托尔米迪（Tolmides）和特埃纳图斯（the Theainetos）的像是站在同一个底座上。见 Korres, *Study for the Restoration of the Parthenon*, 86–87, 124。
186. Policoro, Museo Nazionale della Siritide 35304; Proto-Italiote, ca. 400 B. C., *LIMC* 2, s.v. "Athena," no. 177; *LIMC*, 4, s.v. "Eumolpos," no. 19; L. Weidauer, "Poseidon und Eumolpos auf einer Pelike aus Policoro," *AntK* 12 (1963): 91–93, plate 41; Clairmont, "Euripides' Erechtheus and the Erechtheum," 492, plates 4 and 5; LCS 55, no. 282; M. Treu, "Der Euripideischer Erechtheus als Zeugnis seiner Zeit," *Chiron* 1 (1971): 115–31.
187. 有关"骑者波塞冬"，见 P. Siewert, "Poseidon Hippios am Kolonos und die athenischen Hippeis," in *Arktouros: Hellenic Studies Presented to Bernard M. W. Knox*, ed. G. Bowersock, W. Burkert, and M. C. J. Putnam (Berlin: W. de Gruyter, 1979), 280–89。
188. Hurwit, *Athenian Acropolis*, 223.
189. 这是一种被所谓的"法国学派"检验已久的研究模式，该学派与谢和耐研究中心（Centre Louis Gernet）有关。见（例如）F. Lissarrague, *Vases Grecs: Les Athéniens et leurs images* (Paris: Hazan, 1999); A. Schnapp, "De la cité des images à la cité dans l'image," *Métis* 9 (1994): 209–18; and the collection of essays in Bérard et al., *La cité des images*。
190. 欧里庇得斯，《伊翁》184–218.
191. Sourvinou-Inwood, *Tragedy and Athenian Religion* (Lanham, Md.: Lexington Books, 2003), 25–30; Sourvinou-Inwood, "Tragedy and Anthropology," in *A Companion to Greek Tragedy*, ed. J. Gregory (Oxford: Blackwell, 2005), 297–302.

192. 欧里庇得斯,《厄瑞克透斯》F 351 Kannicht. 译本：Collard and Cropp, *Euripides VII: Fragments*, 371.
193. 欧里庇得斯,《厄瑞克透斯》F 360.46–49 Kannicht.
194. 欧里庇得斯,《厄瑞克透斯》F 369.2–5 Kannicht. 译本：Collard and Cropp, *Euripides VII: Fragments*, 387, 389.
195. 译本：Collard and Cropp, *Euripides VII: Fragments*, 387.
196. 欧里庇得斯,《厄瑞克透斯》F 370 {-369d} 9–10 Kannicht. 译本：Collard and Cropp, *Euripides VII: Fragments*, 389.
197. Marconi, "Degrees of Visibility," 166–67.
198. 同前注书目，157–73。马可尼（Marconi）认为，雅典人雅好铺张雕刻装饰的品位可回溯至他们建在德尔斐的宝库（八成是建于公元前四八〇年代）。
199. 当语言是"鲜明"（*enargēs*），便可以产生一种过剩的语言力量，可供配置在政治和其他权力形式。有关"鲜明"的概念，见 Allen, *Why Plato Wrote*, 26, 36, 43, 58–61, 63, 81, 89, 90, 105, 106, 139, 173, 179, 192。

第六章　为什么是帕特农：
塑造神圣空间的战争、死亡与记忆

　　安德鲁斯对德国考古学家德普费尔德抛出的挑战跃跃欲试。刚从康乃尔大学毕业，安德鲁斯靠着"美国古典研究学院"提供的奖学金来到希腊，一心希望可以参加翌年夏天第一届现代奥运的赛跑项目。但德普费尔德博士一八九五年一个十二月下午在卫城之巅所说的一番话却把他攫住，让他把参加奥运的梦想抛诸脑后。

　　当天狂风大作，他站在一群学生中间，听着德普费尔德讲解。这位考古学家盯着帕特农神庙东立面的楣梁，指出每块柱间壁正下方的楣梁上都有一个很深的洞孔。然后他又要学生注意看每个洞孔外围那圈直径一点二米的印痕，它们在褪色的大理石上仅隐约可见。印痕是金属盾牌的"鬼影"，而盾牌是从敌人掳获，一度挂在楣梁上作为战利品炫耀。但这胜利又是谁取得的呢？

　　德普费尔德继而指出，每块三槽板正下方都有好些小钻孔，加起来有几百个之多。小钻孔分为十二组，每组由三线钻孔构成，唯独最后两组只有两线钻孔。教授解释，它们是些木钉孔，用来系着大型的镀金青铜字母，而所有字母构成一段献词。理论上，只要研究钉孔的相对位置，就可以破译献词的内容。"这类事情有人做过，也是时候应该这样做。"德普费尔德怂恿说[1]。安德鲁斯当下便打定主意他要当解谜人。

　　接下来一个月，他天天早上都坐在一块水手工作板上，用索具（他是经验老到的帆船手）把自己吊上帕特农神庙东立面上方（图83）。他以相互成直角方式把湿纸张铺在钻孔上，再用力把纸压入钻孔，由此取

264

图 83 安德鲁斯在帕特农神庙东楣梁取木钉孔印模,一八九五年。

得印模。这工作极其艰辛。他每天只能完成几个字母的压印,晚上又得祈祷纸张不会在风干前被风吹走[2]。

一八九六年二月底,安德鲁斯在吕卡维多斯山"美国古典研究学院"图书馆,向一群学者宣布他的努力成果。他把所有风干纸张挂在各个书架上,然后逐张说明它们代表什么字母(一共两百五十一个字母)。安德鲁斯成功破译出整段献词,但并非人人都对结果感到高兴——安德鲁斯自己更是一点都不高兴[3]。

先前大家一直假定,这段所谓的"帕特农铭文"与亚历山大大帝公元前三三四年在特洛伊附近的格拉尼库斯河大捷后给卫城献上三百面波斯盾牌一事有关[4]。格拉尼库斯河战役是亚历山大对战波斯三大战役的头一场:是役,他击溃奇里契亚总督阿萨姆的部队,又把掳获的部分武器盔甲奉献给帕特农神庙[5]。此举是要以瞩目方式提醒雅典人,格拉尼库斯河战役已为雅典报了卫城在公元前四八〇年遭波斯蹂躏之仇。虽然这仇

为什么是帕特农:塑造神圣空间的战争、死亡与记忆　265

已是一百五十多年前的往事，亚历山大的礼物仍不失为一道冷掉却美味的小菜。

然而，根据安德鲁斯的解读，"帕特农铭文"的内容却完全是另一回事。它不是要赞誉神武的亚历山大，而是在讴歌最让人憎厌的罗马皇帝：尼禄。

> 战神丘议事会、六百人议事会和全体雅典人民在此（尊荣）神之子和最伟大的尼禄·西泽·克劳狄斯·奥古斯都·日耳曼尼库斯皇帝。是岁为菲林诺斯之子诺维乌斯第八次出任重装备步兵统帅，他同时是（雅典的）最高管理人和立法者*；是岁亦为卡皮托之女宝琳娜担任（雅典娜）女祭司之年。6

我们对尼禄与雅典人的互动情况所知甚少**，但"帕特农铭文"见证着雅典人在公元六一／六二年授与他一系列前所未有的荣耀。首先是授与他雅典的最高礼物：一顶冠冕。更不寻常的是在帕特农神庙东立面用献词颂扬他。镀金字体不是一种雅典习尚而是罗马凯旋门和其他纪念碑的一贯规制7。有一个事实让这种恭维更显离奇：尼禄在希腊待了超过一年，却从来懒得踏足雅典。而且，雅典人的歌功颂德欠缺足够理由。那一年，罗马除了在东线保障了和平前景，并未取得任何重大军事胜利。雅典人这种自取其辱的巴结乃是当久了奴才（先是马其顿人的奴才，然后是罗马人的奴才）的奴才心态作祟。

在第一世纪中叶，罗马帝国东境的最大敌人是安息人。为争夺亚美尼亚的控制权，罗马与安息打了几十年仗（亚美尼亚对两者都具战略重要性）。到了公元五八年，一场危机发生：亚美尼亚国王让位给自己的弟弟。罗马人随即入侵，把新王废掉，改立一个与罗马亲善的卡帕多细亚王子为王。安息迅速报复，发起一连串战役，又威胁要把冲突升高为全

---

* 译注：古代雅典以首席执政官的名字纪年，而罗马时代的雅典虽不再有执政官之设，仍以最重要人物纪年。另外，雅典同名的人很多，在需要慎重场合会兼提到某个人是何人之子或之女。

** 译注：尼禄统治后期曾游览希腊。

面大战。最后，双方在六一／六二年达成协议，罗马人做出让步，让弟弟国王复位，但条件是对方得承认自己的王权是尼禄所赐。亚美尼亚问题的解决确实带来了一段受欢迎的和平时期。正是这场相对平平无奇的外交胜利让尼禄赢得"帕特农铭文"的歌颂。

我们不知道那些钉在镀金文字之间的盾牌是亚历山大所奉献那批，还是尼禄的军队掳获自安息人。自大狂的尼禄当然会乐于被人拿来与亚历山大相提并论。不管怎样，安德鲁斯成功解读的献词依然透露出，帕特农神庙在筑成近五百年后仍是最声望崇隆的胜利纪念碑。这神庙一贯都是战胜东境敌人的一个象征：先是象征希腊人打败波斯人，然后是象征罗马人打败安息人，更后来是象征（见第八章）别迦摩的阿塔罗斯王朝打败高卢人。但帕特农神庙对尼禄的献媚并没有维持多久：楣梁上的镀金文字在尼罗于六八年自杀身死后便马上被移除。只有留下的钻孔继续见证着（语出安德鲁斯）"一个自豪的民族变得奴颜婢膝，做了一件可耻的事，事后又懊悔不已"。[8]

值得指出的是，在亚历山大把波斯盾牌挂在帕特农神庙的近九十年前，欧里庇得斯曾让《厄瑞克透斯》的老者歌队唱出如下的话：

> 我把长矛闲置，放任蜘蛛结网。既然我已在雅典娜的柱厅挂上一面色雷斯人盾牌，但愿我会平平安安活到白发老年，唱我的歌，白头上戴着花冠。
>
> 欧里庇得斯，《厄瑞克透斯》F369.2-5 Kannicht[9]

欧里庇得斯提到的色雷斯人盾牌是掠夺自攸摩浦斯的败军，而这显示，把战利品挂在帕特农神庙炫耀的习俗历史悠久，比亚历山大大帝的时代要早上许多。诗人看来还直接影射帕特农神庙的北横饰带，因为在那上面，我们看见一个老者在人群中停下脚步，往自己的白头戴上花冠（图74）。歌队的老者可以放任蜘蛛在长矛结网，是因为雅典在厄瑞克透斯打败攸摩浦斯后进入了升平时期。

一世纪之后，在回顾伯罗奔尼撒战争时，普鲁塔克引用了上述的《厄瑞克透斯》诗行。雅典和斯巴达在公元前四二三／四二二年签订的

《尼西阿斯和约》带来一段受欢迎（但短命）的喘息时间。普鲁塔克告诉我们，这和平维持了一年，期间雅典人会在歌队的歌声中听到"我把长矛闲置，任由蜘蛛结网"之语[10]。事实上，正是普鲁塔克这记载让学者推算出，《厄瑞克透斯》是首演于公元前四二二的"城市酒神节"。

把掳获的武器和盔甲放在神庙展示的做法普遍见于整个古希腊世界。各地的圣域都弥漫着鲜明的尚武氛围。这不奇怪，因为神庙主要是供人祈求战胜和得胜后还愿。而这又是因为战争在希腊人的生活扮演着中心角色。没有哪个希腊家庭会没有家人战死过，没有哪个家庭可以遁逃于残忍、野蛮和无所不在的冲突与杀戮文化[11]。所以，为战胜所做的祷告与献祭除了是一种集体经验，还是一种非常个人性的经验。在一个死亡极为频繁的世界里，丧亲、追思、战争和宗教是紧密交织在一起的。

在这方面一如许多其他方面，雅典人都决心要胜人一筹。所有年纪介于十八至六十岁之间的男性公民都有上战场的责任，这让人一辈子都有机会经历所有的情感激荡：害怕、惊恐、痛苦和哀伤。父子、兄弟、祖孙、堂表兄弟和朋友全都并肩作战，有时更是一起倒下。同宗意识带来的团结性除了对雅典民主极其重要，也是面对大屠杀时让人不畏缩的向心力。在古风时代和古典时代的许多时候，男人几乎每一"季"都得上战场（这里的"季"指栽种至收成之间的夏季月份）。在柏拉图的《法律篇》里，克里特岛的立法者克列尼亚斯指出，在希腊，和平"只是一句空话。事实上，出于天性，每个城邦对其他城邦都是不宣而战"[12]。如果说雅典人的宗教狂热性格向来相对受到忽略，那他们的黩武性格一样是向来被低估。这两者不仅一直携手并进，还大大有助于阐明缔造出帕特农神庙那些人是什么样的人，以及帕特农神庙对他们意味着什么。

希腊人的大部分战争都是边界纷争。不过，在伯罗奔尼撒战争中，他们要争的当然多得多[13]。雅典在波斯人洗劫之后五十年崛起为一个强权和帝国让斯巴达寝食难安。雅典于公元前四三三年跟海上强权克基拉缔结防御同盟，不久后又分别跟南意大利的勒基翁和西西里的伦蒂尼签订协议，自此垄断了海上贸易，让伯罗奔尼撒半岛的粮食供应（从西西里输入）备受威胁。就因为这样，在公元前四三一年（帕特农神庙三角楣墙上雕像就定位后仅仅一年),斯巴达与雅典及其盟邦爆发了大战,一打就是近二十七年。这冲突让一支无与伦比的海军与一支攻无不克的陆军正面对战,俨然是神话时代海陆大战的翻版。在几十年的大屠杀之间,一场可怕瘟疫席卷雅典,为家家户户带来更多伤亡。卫城的神庙尽管宏伟,盛大的节日和神圣的典礼尽管继续举行,愁云惨雾却仍然笼罩着雅典人的心灵。因为下一场战争和另一个家庭成员的死亡总是近在眼前。

重装备步兵的战争形态只让战争的恐怖更加扩大。在这种战争中,步兵构成巨大方阵,人人挺着沉重盾牌,向前刺出长矛,其结果当然只能是一堆又一堆的尸体(有时会厚至六七人)。在论及公元前三九四年的科罗尼亚战役时,色诺芬对这种伤亡惨重的景象有最血淋淋的描写:"地上血流成河,朋友和敌人死在彼此旁边,盾牌四分五裂,长矛断成几节,匕首全不在鞘中:有些掉在地上,有些插在尸体里,有些还握在手上。"[14] 希罗多德借波斯统帅玛尔多纽斯之口形容过希腊人的作战方式有多么让人毛骨悚然:"每当他们互相宣战,就会找一片最平坦、最开阔的地方开战,结果,胜者总是损失惨重,而败者更不用说是全体被歼。"[15]

集中、分类和辨认尸体的可怕工作并不能轻易从记忆中抹去[16]。要把敌人的尸体与同胞、朋友和亲戚的尸体区别开来既耗体力又耗情绪,因为尸首很多都面目全非,难以辨认。我们听说,斯巴达人在出征麦西尼亚人前,因为预期会死亡枕藉,人人左手腕上戴上一个写有名字的小木牌[17]。用得着这种军籍牌的前身说明了重装备步兵的战斗有多么消耗人命。

每个战斗季度结束后,雅典人会整理死者名单,刻成石碑,列出战死者的名字、父名和所属部落。保萨尼亚斯告诉我们,阵亡将士名单不只收录公民的名字,还收录为雅典战死的盟友、奴隶和外国佣兵[18]。死者火化后的骨灰公开展示三天才入葬公共墓园。修昔底德告诉我们,墓园"位于城市最美丽的郊区"[19]。考古挖掘显示,这墓园的起点离狄庇隆门外约两百米,然后分布在凯拉米克斯至"学院"的宽阔大道两旁(图6)[20]。在这条路线上出土过死亡名单石碑、集体墓葬和坟墓纪念碑。事实上,在一九七九年,利库尔戈斯本人的家族墓园就在"学院"的入口附近被发现,印证了古代文献所记载的:这位爱国者受到最隆重的国葬[21]。也正是在这同一个墓园，利库尔戈斯的偶像伯里克利发表了悼念伯罗奔尼撒战争第一批阵亡将士的著名演说。这一类追思仪式（葬礼演说、纪念碑、墓志铭、死亡名单和国葬）全是为了证明为国捐躯者永远不会被遗忘。更重要的是，它们是要向生还的战士保证，即便他们他日也将为国捐躯，他们的尸体一样会被寻回、骨灰会得到安葬，功绩会长存在人们记忆里，而他们的家人会为他们感到自豪[22]。

战场大概是雅典民主社会的最民主空间：各种年龄的男人（各部落有数目相同的代表）齐集一起，以快速、决定性而血腥的方式解决纷争。短暂、残忍而痛苦的步兵战斗决定了一个男人与其家人、共同体和国家的全部关系[23]。同样地，雅典舰队（每艘船配有约一百七十名桨夫）提供的极限经验也提供了每个人（不分贫富）完全平等的立足点。挤在同一个狭窄拥挤船舱里让人可以对民主的价值有第一手的体验[24]。共同度过的几星期无聊、提心吊胆和（开战时）心惊胆战让来自不同"部落"的雅典人迅速建立起关系纽带。恐惧和丧亲之痛就像共同血统一样发挥着巨大凝聚力。修昔底德这样描述公元前四一三年远征西西里失败的灾难所带给雅典的影响："他们被这场铺天盖地的灾难吓傻了，感到无法言喻的恐惧和惊愕。全体公民与城邦一样悲痛：他们失去大批骑兵和重装备步兵和如花盛放的青年，找不到人员替补……然而，他们下定决心，只要情况允许，绝不灰心丧志……他们以任何想得到的方法募集木材与金钱，重建舰队。就像一个民主政体应有的那样，只要他们的恐惧持续，他们就会表现出高度的有纪律。"[25]

被打败的时候，雅典人会打起精神，记取失败。但他们战胜时一样会追忆。从战死敌人取得的珍贵盔甲和武器会被放在神庙里展示，作为战争胜利的具体证明。这种奉献战利品的举动有多重目的：主要是感谢和取悦那些让他们得胜的神明，其次是鼓舞和教育未来世代的战士，提醒全体公民他们共同分享过的战争史。

在本章，我们将会看看"毋忘死去英雄"的要求是如何形塑神圣空间，是如何提供另一条记忆绳索让雅典人与遥远过去连接。就像共同血统一样，这条纽带不仅可以让今日的公民彼此连接，还可以让他们与传说中的祖先和神明彼此连接。它们同时可以放大神庙的情绪电荷和心理电荷，创造出一个死亡、回忆与神圣三者的环扣体——最雄浑的例子莫过于帕特农神庙。

这种模式泛见于整个希腊。不管是青铜时代的神话英雄还是为国舍命的当代英雄都会在大型神庙中受到纪念。战争、死亡和回忆悬在每个城邦的头上，指示着在地神祠的选址和在地祭仪的形式。我们将会以四大泛希腊圣地——奥林匹亚、德尔斐、伊斯米亚和尼米亚（图84）——作为例子。在这些地方，神话英雄的墓冢都是紧靠着奥林匹亚诸神的神庙。当然，我们的最终目的是了解卫城最神圣的空间（厄瑞克透斯神庙和帕特农神庙）是如何从厄瑞克透斯和三个女儿的墓冢发展而成。以这种方式，我们将可明白何以帕特农神庙无可避免会成为雅典人（后来又成为全希腊）的最高记忆存取地点。

研究古希腊的研究生长久以来都受到教诲：奉献给神的空间（以及放在里面的还愿供品）和殡葬空间（以及陪葬品）是不同的两回事。但两者的关联其实大于向来所以为的。这不值得奇怪：战争的胜利需要结合人的意志和神的意志；神的青睐和帮助固然必不可少，但同样少不了的是尸横遍野。男神和女神必须尽守其职赋予战者好运或失败，但英雄亦必须献出生命（作为回报，他们的尸骨将会受到尊荣）。因此，坟墓和神庙两者紧密相关，一如祈愿和还愿乃是希腊宗教情怀的基本特征。这就不奇怪战利品会被放在神庙的最显眼处展示。它们是城邦与神明保持着正确关系的完美象征。

大型的泛希腊神庙（即会吸引到不同城邦希腊人从四面八方前来朝圣的那些）是炫耀和纪念军事胜利的动态舞台。事实上，这类神庙的出现和苗壮有很大部分是靠战利品资助，所以从建庙之初便是把死亡与崇拜环扣在一起。在公元前八世纪之末和前七世纪伊始，涌起了一股向神庙奉献武器和铠甲的热潮，与此同时，私人墓葬里的军事陪葬品愈来愈少见[26]。这看来是一种强调重点的转换：战死的战士不再以个人身份受到家人私底下的尊荣，改为以国家英雄的身份由政府出资的公开仪式表彰。这种纪念仪式的制度化被认为在国家形构上扮演重要角色[27]。

及至，希腊大陆四大泛希腊神庙的主节日形成了一个节历循环，称为"四年周期"。四大圣地中最有威望的是奥林匹亚和德尔斐，它们的主

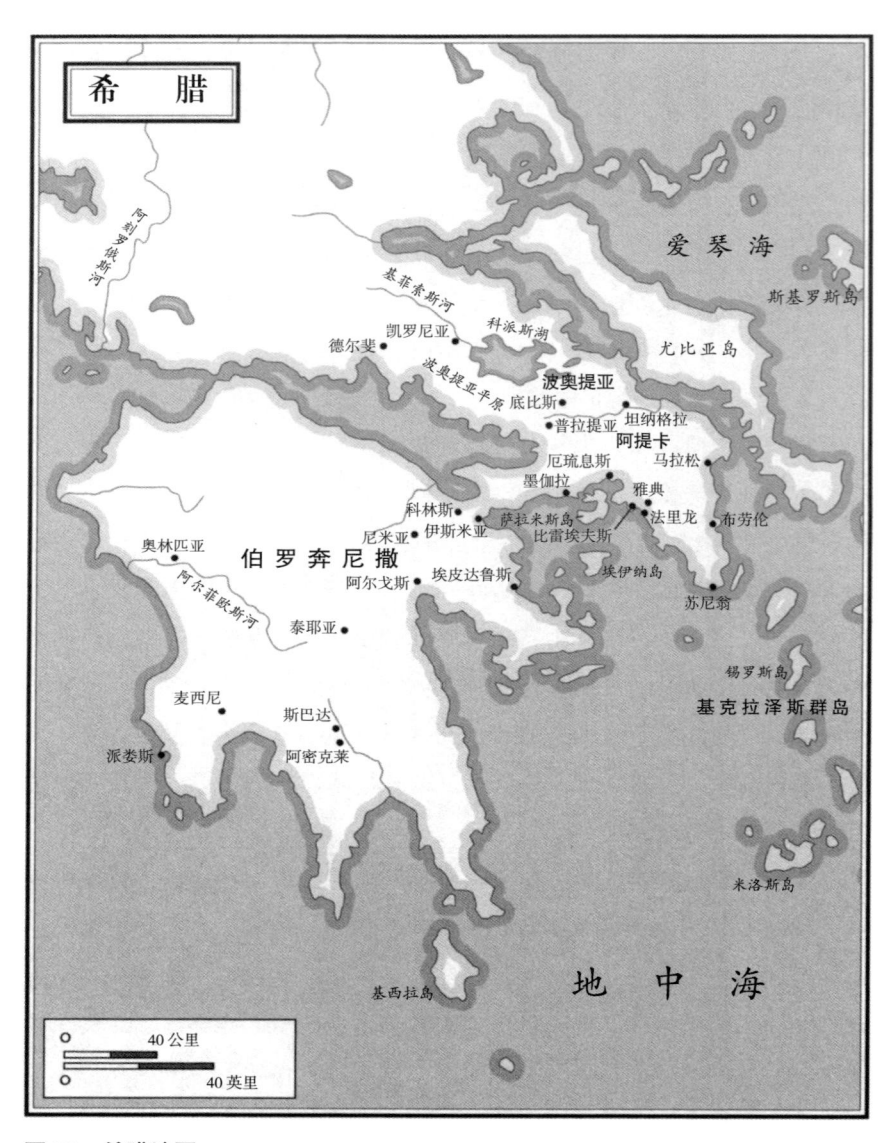

图 84 希腊地图。

节日分别是在"四年周期"的第一年和第三年举行。伊斯米亚和尼米亚的主节日每四年举行两次,举行年份刻意与它们的资深同侪的节庆错开[28]。朝圣者从四面八方前来参加节庆,各城邦亦派出最优秀运动员在同时举行的运动会竞技。这些城邦会花钱粉饰泛希腊神庙,盖豪华的宝库,奉献昂贵供品,设立人像表彰本城邦的著名成员,竖立胜利纪念碑,以及奉献十分之一从敌人掳获的武器和甲胄。泛希腊神庙非常欢迎这些投资,因为它们对在地财政、文化和宗教的繁荣至关重要。

斯诺德格拉斯指出过,"四年周期"的朝圣活动让朝圣中心成为一个争强斗胜和文化交换的世界,让从不同地方远道而来的希腊人可以分享消息和观念。在早期,这些稀有场合只是显赫贵族家庭互别苗头的机会,但后来则演变为彼此竞争的城邦之间的炫耀舞台[29]。这一点突出表现在献给泛希腊神庙的大量盔甲兵器上。据估计,在公元前七世纪和前六世纪期间,奉献给奥林匹亚的头盔超过十万件[30]。伊斯米亚的波塞冬神庙也不遑多让,早在公元前八世纪和前七世纪期间便收到过大量战利品。有超过两百件破碎的头盔和无数盾牌曾经从神庙的范围内出土,它们是公元前六世纪中叶和前五世纪初期战争频仍的高峰期的奉献品[31]。科林斯人在波塞冬神庙通往科林斯的道路两旁摆满头盔、盾牌和胸甲,大方炫耀自己的武功[32]。

德尔斐是收到最多战利品供奉的泛希腊朝圣地。作为"世界的肚脐"*,它吸引到成千上万香客不远千里而来,向女先知问卜。因为能见度无以上之,任何城邦想要炫耀,挑德尔斐准没错。公元前六世纪中叶,富有的吕底亚国王克罗索斯给离阿波罗神庙不远的"普拉亚雅典娜"**神庙进献了一面黄金盾[33]。希罗多德告诉我们,福基思人在温泉关之战***几年前一场冲突中打败色萨利人的骑兵之后,给德尔斐送去约两千面盾牌[34]。公元前三三九年,雅典人把几面金盾献给新的阿波罗神庙(旧的一座在

---

* 译注:德尔斐被希腊人视为世界的中心,其阿波罗神庙里亦有一颗"肚脐"石雕以象征其世界中心地位。
** 译注:Athena Pronaia 的原意是"先于神庙的雅典娜"。
*** 译注:应是指公元前四八〇年第二次波斯战争中,波斯人在温泉关与以斯巴达三百勇士为主的希腊联军之间的战役。波斯人攻克温泉关后长驱直入,洗劫雅典卫城。

公元前三七三年毁于兵燹），纪其事的铭文这样说："雅典人得自攻打希腊人的米底人（即波斯人*）和底比斯人。"[35] 这对底比斯人来说当然是可怕羞辱（他们在大约一百四十年前曾与波斯人勾结）。雅典人知道，在"世界的肚脐"张扬这件事可让它永远留在所有人记忆里。公元前二七九年，随着雅典人和埃托利亚人在温泉关打败高卢人，阿波罗神庙的楣梁再一次挂上金盾[36]。

事实上，雅典在德尔斐奉献的胜利纪念碑**多于任何城邦，用送给神庙的一堆又一堆豪华供品让雅典人的优越性展露无遗[37]。雅典人在德尔斐盖了一座宝库（完全用帕罗斯岛大理石筑成），装饰以讲述大英雄海克力士和忒修斯事迹的柱间壁。保萨尼亚斯告诉我们，建筑这宝库的资金是来自公元前四九〇年马拉松大捷的战利品[38]。第三章指出过，德尔斐有一座纪念马拉松大捷的青铜组像。组像中央站着战争英雄米太亚德（基蒙之父），两旁是雅典娜、阿波罗和传说中的雅典国王及英雄。雅典人还在德尔斐盖了一座大理石游廊，纪念他们公元前四七九年在米卡勒打败波斯人一事。游廊里放着一些薛西斯当年在赫勒斯滂***用来固定浮桥的缆绳（这工程学奇迹让波斯大军能从亚洲长驱直入希腊）。作为如此具体的"记忆物"，俘获的缆索见证着雅典人在十年前曾英勇逆转劣势，打败宿敌波斯。

因此，泛希腊神庙充当了一个国际舞台，供各城邦广播它们的军事胜利，让它们决心要透过奉献胜利纪念碑和建立表彰有功者的仪式来让被它们打败的城邦出糗[39]。让我们来看一看这系统如何运作[40]。奥林匹亚除了是跨城邦活动的一个中心，还是所有厄利斯人（厄利斯是伯罗奔尼撒半岛西北地区）的地区性祭拜中心。作为圣地的管理者，厄利斯人用他们在公元前四七〇年打败比萨****所获得的战利品筑造了宙斯神庙。不

---

* 编注：米底亚人属雅利安族，因此是雅弗的后代，他们的祖先看来是雅弗的儿子玛代。（《创世记》10：2）他们跟波斯人在种族、语言和宗教方面都很相近。
** 译注：这里的"胜利纪念碑"指各种纪念胜利的物品，不单局限于字面意思的"石碑"。
*** 译注：即今日达达尼尔海峡。赫勒斯滂的原意为"赫勒海"（赫勒是希腊神话人物）。
**** 译注：这个"比萨"不是意大利的比萨，而是厄利斯人的近邻城邦，奥林匹亚原先由其控制。

过，当斯巴达人有意在神庙的前三角楣墙（相当于"黄金地段"的广告牌）挂一面金盾以炫耀他们公元前四五八／四五七年在坦纳格拉打败雅典一事时，厄利斯人欣然同意。斯巴达人刻意在金盾上刻上一段伤人的铭文："得自阿尔戈斯人、雅典人和爱奥尼亚人。"[41] 自此，雅典人每看到这东西一次，就会受辱一次。

多年之后，麦西尼亚人和纳夫帕克托斯人竖立的胜利纪念碑让斯巴达人大为泄气。站在一根与斯巴达人金盾齐高的高柱上，漂亮的胜利女神大理石雕像（图85）是雅典于公元前四二五年在斯法克特里亚打

图85　帕奥涅斯雕刻的胜利女神像，是麦西尼亚人和纳夫帕克托斯人在公元前四二五年打败斯巴达人之后送给奥林匹亚的宙斯神庙。

败斯巴达人之后，由麦西尼亚人和纳夫帕克托斯人所敬献。就这样，我们看见了一场纪念碑的拔河比赛。雕刻大师帕奥涅斯的胜利女神像就在三十年前的斯巴达奉献品前面展翅飞翔。黄金和大理石也许可以永存，军事胜利却是转眼即逝。

早在古风时代，希腊神庙便常见一根顶端站着带翼狮身人面兽的高柱。公元前五七〇至前五六〇年期间，纳克索斯人在德尔斐的阿波罗神庙下方竖立过这样的高柱（图91）。类似高柱的碎块也见于提洛岛的阿波罗神庙*、昔兰尼的阿波罗神庙、埃伊纳岛的阿费亚神庙，乃至雅典卫城（卫城的那根高柱八成是紧靠在旧雅典娜神庙北面）（彩图4）[42]。狮身人面兽高柱具有辟邪作用，因为有翼生物据信可以挡开任何威胁神庙

---

* 译注：位于利比亚。

为什么是帕特农：塑造神圣空间的战争、死亡与记忆　　275

之美的邪恶力量。帕奥涅斯所雕的飞行胜利女神可以视为这个历史悠久传统的延续。既然泛希腊圣地汇集了大批宝物，对护身符的需求自然极殷切。

斯巴达在斯法克特里亚*的投降是雅典及其盟友的一大胜利。这就难怪雅典将军克里昂把一百二十面从战场虏获的盾牌搬到雅典公开展示[43]。它们有些被挂在阿戈拉广场的彩绘游廊，其中一面在一九三六年出土，上面有铭文证实来源："在派娄斯打败斯巴达人。"[44] 另外九十九面盾牌则显然被带到卫城，挂在胜利女神雅典娜神庙的高墩座墙上展示（图 86）[45]。

随着参拜者走近卫城，他们第一件会看到的事物便是优雅小巧的胜利女神雅典娜神庙，它高踞在一座迈锡尼时代的碉堡，永远提醒着众人，这要塞从未被攻破过。胜利女神神庙动工于公元前四二〇年代中叶，竣

图 86　胜利女神雅典娜神庙和它的墩座。从西北面看去的雅典卫城。

---

*　译注：斯法克特里亚之战是派娄斯之战的延伸。

工于前四一〇年前后 [46]。它是用来取代一座建于同一世纪头十年的祭拜建筑，该建筑又是用来取代更早的建筑（一座古风时代神祠）。这座典雅的爱奥尼亚式神庙是伯里克利对卫城的最后一个愿景，向参拜者预告着他们在穿过"山门"进入圣域之后会看见些什么。事实上，他们接下来会看到的奉献品、战利品和宝物数量惊人（最高潮是帕特农神庙本身的收藏），将会让他们头晕目眩。

胜利女神雅典娜神庙四面墙壁上都有一些成对的切口，而它们毫无疑问是用来装设附着盾牌的挂钩 [47]。有强烈证据显示，一度悬挂在墙面上的盾牌是克里昂虏获自斯法克特里亚战役那一批。该战役的翌年，阿里斯托芬的《骑士》一剧上演，其中的"卖香肠人"角色提到，克里昂让他的盾牌以很不寻常的方式挂在神庙上，即连着把手挂上去 [48]。一般来说，展示的盾牌都会先拆掉把手，但克里昂显然刻意不这么做。所以，那些奇怪的成对切口可以解释为一些木钉孔，是为悬挂有把手盾牌所必需。克里昂的用意大概是让盾牌在有需要时可以被取下，再度使用 [49]。

胜利女神神庙的墩座以彭代利孔大理石包覆，里面是那座迈锡尼时代的碉堡，地点离作为战略高点的出入口不远（图 10）。这建筑物对卫城的安全事关紧要，因为它可以让人向一支前进中敌人队伍的右手边射箭。大部分士兵都是右手持刀左手持盾，所以右手边是脆弱的一边。有能力从敌人右手边高处放箭对防御古代要塞非常重要：类似的迈锡尼时代防御工事也见于迈锡尼、梯林斯和底比斯要塞附近的门道 [50]。

在雅典，在地记忆让这个特殊地点特别神圣。因为雅典人的英雄祖先正是从这些高墙把敌人阻遏在外。事实上，公元前五世纪胜利女神神庙的建筑师为了让史诗中的过去可以呈现眼前，特地在墩座上凿出窗户，让人看得见也摸得着里面的迈锡尼时代石壁——它们被认为是"独眼巨人"所砌 [51]。

克里昂奉献的斯巴达盾牌因为贴近迈锡尼时代的碉堡而更有激励作用。在这次奉献的几十年后，胜利女神神庙墩座的顶部将会加盖一圈矮围墙。墙上雕刻着一系列有翼的胜利女神，显示她们带领着牛只去给雅典娜献祭，以感谢她让雅典人打胜仗 [52]。这些有翼的人物中包括著名的

为什么是帕特农：塑造神圣空间的战争、死亡与记忆　277

"系凉鞋者"，她以优雅姿态弯腰，给自己绑鞋带。其他雕像中的胜利女神或手举一顶头盔，或整饬着战利品，而在南面的矮墙上雕刻着更多的战利品。在这南墙的最西端，我们看见了雅典娜（图87）；只见她工作已了，坐在一块大石上休息。她的盾牌因为已经用不着，竖直靠在座位后面。一个胜利女神向她趋近，送上另一件战利品（其底座可见于雅典娜的右脚前方）。就这样，在克里昂献上斯巴达盾牌的多年之后，它们得到了雕刻在矮墙上的头盔、盾牌和铠甲的完美呼应。

图87 坐着的雅典娜。原见于胜利女神神庙的南面矮围墙，现藏卫城博物馆。

有大约八百年时间，每当香客通过"山门"进入卫城，第一件映入眼帘的事物便是菲迪亚斯所塑的雅典娜青铜巨像（图88）。它本身就是一座胜利纪念碑，经费据说来自公元前四九〇年马拉松战役十分之一的战利品[53]。巨像就立于旧雅典娜神庙遗址的正前方，离"山门"四十米。底座至今还有部分留在原地，面积为五点五平方米[54]。过去认为巨像塑成于公元前四六〇年代至前四五〇年代之间，但今天有些学者相信它与帕特农神庙多多少少同时完工[55]。一块列出物料和劳力开支的大理石碑板显示，青铜雅典娜花了九年时间完成[56]。就像雅典人自己那样，这个雅典娜目光远眺，从卫城直接望向萨拉米斯岛——雅典人曾在该处打败波斯人，为自己赢得自由[57]。

之前，雅典从未有过如此高耸之物：据估计，青铜雅典娜的身高介

图 88　青铜雅典娜和卫城上的其他奉献品的还原图。史蒂芬斯绘图。

于九至十六米之间[58]。保萨尼亚斯告诉我们,即使站在离雅典以东大约七十公里的苏尼翁海角,一样可以看见雅典娜的矛尖与头盔羽饰[59]。靠着一些第一手报道和复制在钱币、陶瓶和雕刻上的图像,我们多少可以知道巨像的造型[60]。据信,这个雅典娜右手平伸,掌中捧着一个有翼胜利女神(也可能是一只猫头鹰),盾牌置于身体左侧。她的长矛应该是靠在身边。保萨尼亚斯说她的盾牌雕刻着拉庇泰人与马人战斗的情景。一些年代介于公元一二〇至一五〇年的钱币显示,青铜雅典娜后面是一座神庙(想必就是帕特农神庙),前方是通向圣岩的阶梯和门道[61]。

走过青铜雅典娜之后,朝拜者将会看见多个世纪累积出来的丰盛奉献品,其中包括一段薛西斯用过的缆索(同一批缆索也见于德尔斐)。不过,论珍贵,这些展示于卫城露天处的奉献品并不能跟藏在帕特农神庙、厄瑞克透斯神庙和旧雅典娜神庙后殿的珍贵宝物相比。事实上,最辉煌的战利品就是藏在古风时代雅典娜神庙废墟的残存后殿(图 25)[62]。其中包括可恨的波斯将军玛尔多纽斯的佩剑,他就是公元前四八〇年带头洗劫卫城的人,翌年在普拉提亚战役被杀[63]。再来是马西斯提亚斯的黄金胸铠和马勒,他是波斯骑兵的统帅,死于普拉提亚战役之前的小冲突。

为什么是帕特农:塑造神圣空间的战争、死亡与记忆　279

为抒发失去这位天才型骑士的悲愤，波斯人剃掉所有马匹和驮畜的鬃毛，每个人又把须发剃光[64]。

刻在石头上的财产清册显示帕特农神庙（包括它的内殿、西厅和门廊）堆满兵器和铠甲、珍贵金属器皿、珠宝、钱币、家具、乐器，等等[65]。我们还听说这里收藏着波斯匕首（或插在黄金刀鞘或插在象牙刀鞘）、成十上百顶青铜头盔（包括一顶来自列斯伏斯岛和一顶来自阿哈伊亚的伊利里亚人头盔）、好几百面青铜盾牌（其中几十面是镀金的木盾）、马刀和剑、护胫甲和一副波利伯孔*的儿子亚历山大所献的全套甲胄；还有上百个矛头、用过的箭和一把象牙小标枪。

还有数以十计的篮子、箱子，有些是镀金木头所制，有些是银和青铜打造；还有金币和无记号的金银、镀金少女像、黄金制的胜利女神、蛇发女妖、怪物和狮身鹫首怪兽、一副镀金的银面具。几百个金和银的奠盅和其他珍贵器皿充斥着整座殿宇，还有象牙制的里拉琴和用来放双管笛的黄金、木头和象牙盒子。还有好几百副耳环、一条金腰带，和一条附有宝石、蝴蝶结和山羊头的项链。但其中最著名的珠宝却是亚历山大大帝的巴克特里亚人妻子罗克珊娜所赠：一条敬献给"护城雅典娜"的黄金项链和一只黄金角状杯。她的礼物出现在公元前三〇五／三〇四年的财产清册[66]。

书写板、镀金马勒、涤垢盆、香炉、有象牙刀鞘的祭刀、亚麻布宽身长袍、细致的薄棉布、靴子：这些形形色色且非常个人化的供品填满神庙的架子、地板和柱廊。帕特农神庙的西厅（财产清册称之为"帕特农"）有着巨大的双扇门（甚至比内殿的双扇门还要大），锁在里面的是另一批宝贝：七把镀金的波斯剑、一顶镀金头盔、三顶青铜头盔，以及许许多多的盾牌，还有大量家具，包括七张来自希俄斯岛和十张来自米利都的矮睡椅、凳子和桌子（一张镶嵌了象牙）[67]。还有数百副金耳环、数百只金碗和银碗，以及数百把里拉琴，它们全都是献给这间称为"帕特农"的西厅。

---

* 译注：亚历山大大帝麾下大将。

三十年前，在两篇篇名相同且接踵发表的论文里，亚述学家乔治·鲁和希腊碑铭学家特雷厄激烈争论一个大问题：为什么是帕特农？[68]的确，帕特农神庙何以会称作帕特农神庙？"帕特农"的字面意思相当简单："少女们的处所"。但此中的"少女们"是指哪些少女？而帕特农神庙又为什么跟少女有关？乔治·鲁毫不犹豫地否定这个字面解释，主张"帕特农"不是指多位女孩而是指雅典娜的处子之身，而那个被财产清册称为"帕特农"的小厅堂就是神庙东边的内殿，亦即供奉着女神黄金象牙巨像的地方。特雷厄大不以为然，反驳说"帕特农"必须理解为复数的"少女"，而问题中的西厅是指该建筑最西边的小堂或后殿（图28）。

这争论其实是继承了一个自古典考古学开创早期便困扰着专家的谜题。早在一八九三年，富特文勒便坚持"帕特农"必须理解为复数，指一个祭祀多位雅典少女之处。他甚至点名厄瑞克透斯几个女儿（但也有可能是喀克洛普斯几个女儿）便是问题中的少女[69]。德普费尔德则认为"少女们"不是指神话中的公主，而是指为泛雅典节编织圣衣的妇女。他推测，圣衣的编织工作就是在神庙的后殿进行[70]。不过，同一时期也有一些学者主张神庙得名于雅典娜的处子之身，并像乔治·鲁在多年以后所主张的那样，相信"帕特农"与内殿是同一地方[71]。

追根究底，这争论是源自一批记录着帕特农神庙（图89）有多少财产的一系列清册铭文。从公元前四三四／四三三年以迄大约公元前四〇八／四〇七年，雅典财政总监监督制作的财产清册记录了有多少供品是藏在东门廊，有多少是藏在"百尺殿"（据信是指内殿），又有多少是藏在"帕特农"（最有可能是指神庙的西厅）[72]。这记录还提到一个叫"后殿"的处所，而学者如今已确认其指的是旧雅典娜神庙的残存西厅。在厄瑞克透斯神庙落成以前，许多珍宝（可能包括那尊橄榄木雅典娜神像）都是收藏在旧雅典娜神庙的后殿（图25）[73]。

帕特农神庙在古代有几个不同名称。在公元前五世纪，大家仅仅称之为"神庙"[74]。根据一份较后期的文献记载，负责建筑它的两位建筑师莫奈西克勒和卡利特瑞特在他们合写的一篇论文中称它为"百尺殿"[75]。会有这样的称呼，可能是为纪念另一座建于同一地址的较早期神庙（第

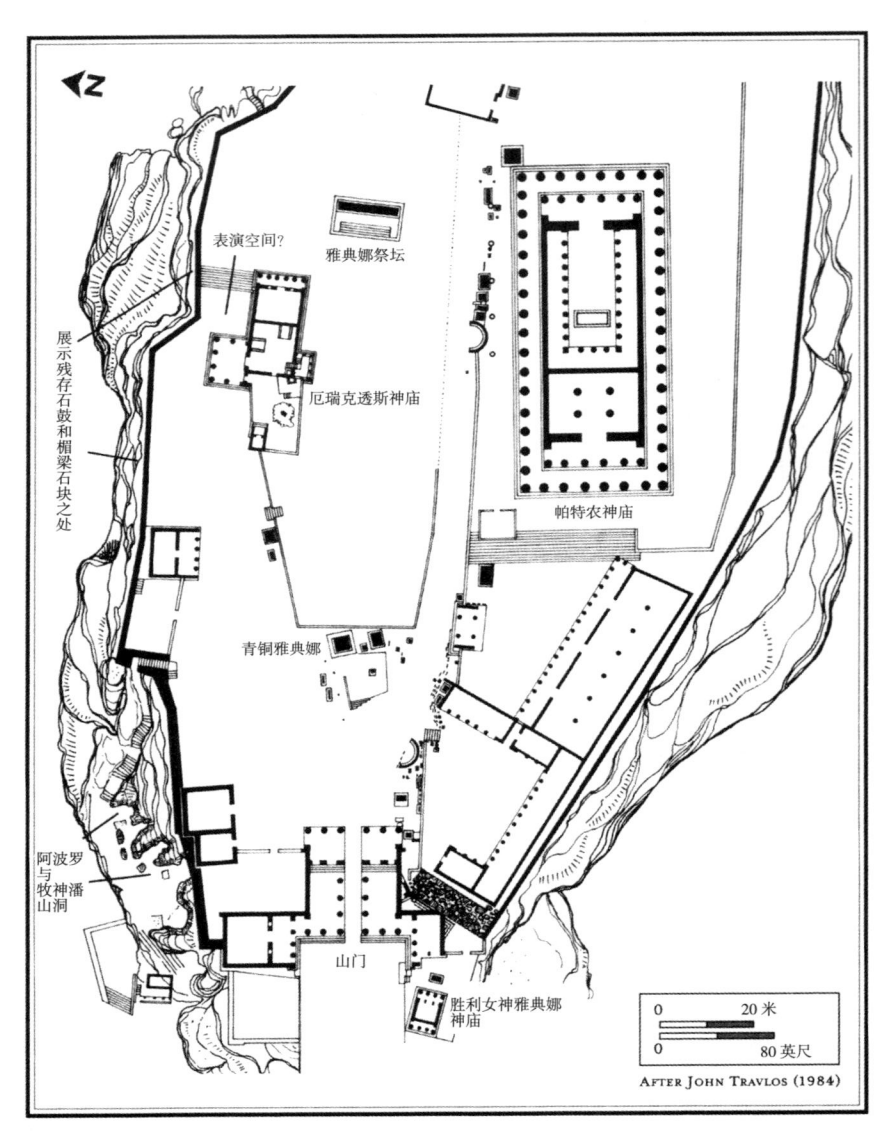

图 89　见于古典时代与希腊化时代纪念碑上的卫城平面图。

二章指出过,古风时代的卫城有过一座叫"百尺殿"的建筑,其地址有可能就是帕特农神庙今日的所在)[76]。但到了公元前四世纪,"帕特农"一词被用来指称整座庙宇[77]。有案可稽第一个采取这种用法的人是狄摩斯提尼,时为公元前三四五／三四四年[78]。有趣的是,普鲁塔克把两个称谓结合,称之为"帕特农百尺殿"[79]。而到了保萨尼亚斯在公元二世纪著书时,他仅仅谓之"被称作帕特农的建筑"[80]。

正如乔治·鲁和特雷厄都指出过,除了雅典的帕特农神庙以外,还有别的神庙也包含一个叫"帕特农"的处所。这包括布劳伦的阿耳忒弥斯神庙、迈安德河平原上的马格尼西亚的阿耳忒弥斯神庙,以及黑海地区基齐库斯的"美特·普拉基亚奈"神庙[81]。我们不难理解处子女神阿耳忒弥斯的殿堂何以会包含一个与少女有关的处所,但美特·普拉基亚奈的圣所会有这样的处所便有一点费解[82]。乔治·鲁指出,马格尼西亚的阿耳忒弥斯是以"劳科弗奈"的外号(而不是"帕德诺斯")被奉祀,认为由此可佐证雅典的"护城雅典娜"一样可以有一间称为"帕特农"的内殿[83]。

这引发一个疑问:说到底,"帕德诺斯"是个外号吗?事实上,在雅典以外的任何地方,雅典娜都不曾以"帕德诺斯雅典娜"的称号被崇拜[84]。即使撇开这一点不论,处所名称源自神明外号的情况本身就极为罕见。一般来说,处所名称都是源自神明的名字,例如,奉祀赫拉的处所称为赫拉神庙,奉祀阿耳忒弥斯的处所称为阿耳忒弥斯神庙。依此,奉祀雅典娜的圣域也应该称为雅典娜神庙。一间属于单一位少女的厅间是"帕德尼翁"(希腊文作 παρθ. νιον,以 ιον 结尾),而属于多位少女的厅间则是"帕特农"(Parthenon,希腊文作 παρθων. v,以 ων 结尾)。大部分以 ων 或 εων 结尾的名词都是复数[85]。故,Elaion 是指一座橄榄树树林,hippon 是指马场,andron 是指男厅,gynaikon 是指女厅[*]。

如果回顾欧里庇得斯悲剧《厄瑞克透斯》,帕特农神庙何以会跟"少女们的处所"有关将很好解释。在全剧的尾声,雅典娜吩咐普拉克熹提

---

[*] 译注:"男厅"是一栋房子里专供男性使用的厅房,"女厅"则专供女性使用。

娅把三个女儿葬在同一个地窖，并为她们建立一个圣域。然后她又吩咐王后为死去的丈夫在卫城正中央用石头围起一个圣域。欧里庇得斯在这里等于是解释了伯里克利时代卫城的两大祭祀性建筑的由来：假使厄瑞克透斯神庙包含着厄瑞克透斯的墓冢，那么帕特农神庙也必然包含三位公主的墓冢。

事实上，帕特农神庙的西厅真的有可能被认为是覆盖着厄瑞克透斯家三个女儿的墓冢。这样的话，情况就会与厄瑞克透斯神庙一致：我们知道，雅典人相信厄瑞克透斯的墓冢位于神庙西面部分的地下。如果这是事实，那几位女英雄与雅典娜祭典和祭殿的关系将远比从前所以为的要密切得多。她们不只在横饰带上受到颂扬，还跟女神本人分享着最神圣、最荣耀的殿宇、祭品和祭仪。

虽然其他泛希腊圣地的悲剧英雄一样有资格入葬圣域，接受祭祀和运动会的尊荣，但唯独雅典三公主的死有着更高尚意义。事实上，城邦的开国英雄及其英勇女儿为拯救整个社会及其未来而牺牲的情况仅见于雅典。三位雅典女英雄的大公无私直接体现着雅典公民所秉持的那套独一无二的核心价值。

把帕特农神庙西厅视为厄瑞克透斯家女儿坟冢所在地的看法可以从其他也是葬在与她们关系密切女神神庙范围内的女英雄获得佐证。例如，伊菲革涅雅的坟冢便是位于布劳伦的阿耳忒弥斯神庙的圣域内，而安提普诺斯两个女儿也是葬在底比斯的"光荣阿耳忒弥斯"神庙。当然，伊菲革涅雅的牺牲是为了全体希腊人的福祉：此举让希腊舰队可以航向特洛伊。安提普诺斯两个女儿的牺牲则拯救了底比斯。这些少女都在与她们密切相关的女神的圣域里获得英雄式安葬和祭祀[86]。

事实上，帕特农神庙西厅流露的丧葬氛围本身便是重要线索（图90）。佩特森有说服力地论证过，西厅四根支撑屋顶的室内立柱是采取早期的科林斯式柱头[87]。他进一步把西厅不寻常的"中央空间"格局关联于"厄琉息斯秘仪"的祭殿，即厄琉息斯的泰勒斯台里昂神庙——后者的设计者不是别人，正是帕特农神庙的建筑师伊克蒂诺斯[88]。

维特鲁威告诉我们，科林斯柱式起源自留在科林斯的一位贵族少女墓地的篮子。篮子里有一株莨苕，叶子长满篮口，与篮子的透孔纹理相

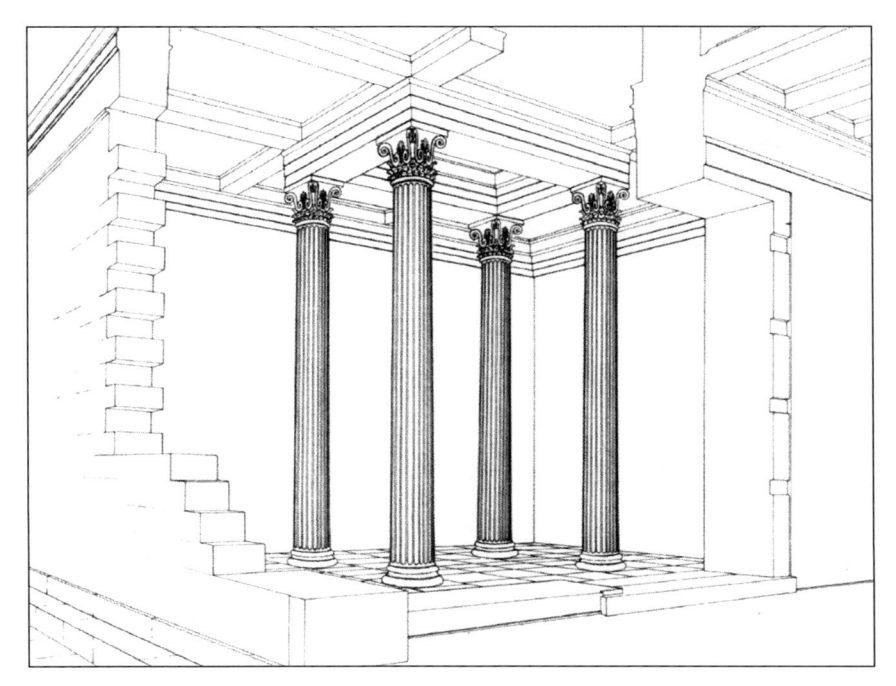

图 90　帕特农神庙西厅和四根早期的科林斯式立柱的还原图。佩特森绘。

映成趣，构成独特美感，让路过的建筑师卡利马科斯为之惊艳。受此启发，卡利马科斯设计出一种模仿嫩叶盛满花篮形状的柱头。科林斯柱式由是诞生。而正如里克沃特所证明，维特鲁威的记载包含着五个元素：一位少女、一场死亡、一个奉献篮、莨苕叶，以及"重生"的观念[89]。在本章最后我们将会看到，厄瑞克透斯三个女儿与以上五个元素密切相关。在在看来，在那间被称为"帕特农"的西厅里所做的特意创新标志着这个极为神圣的空间有着丧葬的功能。

莨苕叶也在帕特农神庙的三角楣墙抢尽风头：两面三角楣墙的最尖端各有一个莨苕叶造型的巨大花卉顶端饰（彩图 12）。以彭代利孔大理石雕成，这对镂空的顶端饰表现出高度创新，向上拔起近四米。它们有约二十七块碎块留存下来，显示出表现卷叶与张叶的技术臻完全成熟。此等娇嫩的镂空杰作是如何从沉重的大理石雕刻出来，以及它们是如何完成运送和起吊作业，皆让人大感好奇[90]。佩特森强认为它们必然与西厅科林斯式立柱柱顶的莨苕叶意义相关。追溯古风时代和古典时代墓碑装饰的变化时，佩特森发现公元前五世纪晚期和前四世纪初期的墓碑有迈向使用茛苕顶端饰的趋势[91]。这证明了帕特农神庙屋顶和室内的茛苕元素有着丧葬意涵。以盘旋在屋顶四角的四个胜利女神（图31）和两面三角楣墙尖顶上的两个茛苕顶端饰（彩图12），帕特农神庙大声而清楚地向世人表明，它本身既是雅典军事胜利的纪念碑，又是三位为国牺牲少女的最后安息之所。

这种解读也许还解释得了何以厄瑞克透斯神庙和帕特农神庙共享一位女祭司和一个祭坛（图89）。通常，每座神庙都有自己的祭坛和驻庙男祭司或女祭司。普拉克熹提娅奉雅典娜之命照顾好丈夫的墓龛和几个女儿的墓龛，而两者都是在雅典娜的神庙里（分别是厄瑞克透斯神庙和帕特农神庙）。作为王室的仅存成员，普拉克熹提娅被任命为卫城第一任雅典娜女祭司，也只有她有权在两庙共享的祭坛进行燔祭。

我们好奇，帕特农神庙北柱廊里会设有一个小神龛和一个祭坛（图29），是不是因为雅典人相信那里神庙下方有一个很早期的神祠。我们记得，雅典娜对普拉克熹提娅说过："务必让三位女儿有一禁止进入之圣域，务使无敌人可在其中秘密献祭。"[92] 会不会，这个小神龛正标志着其下方就是厄瑞克透斯的三位少女那不可亵玩焉的圣地所在？

凯尔在近三十年前主张过，泛雅典节是由雅典古老显赫世家肇始的丧葬运动会演变而来[93]。真是这样的话，便解释了比赛和竞技（用于纪念死去的英雄）何以是泛雅典节的一个基要部分。那也表示，从凯拉米克斯到卫城（彩图13）的盛大游行不仅以雅典娜的祭坛为终极目的地，还以厄瑞克透斯和三位公主的墓冢为终极目的地。从一个墓地向另一个墓地行进时，全体公民难免会想到历代以来为保障雅典的存活而牺牲掉的生命。

前面指出过，"帕德诺斯"不能算是雅典娜的外号。我想主张，这称谓是透过吸引作用而落在女神身上，指的原不是雅典娜本人而是厄瑞克透斯的最小女儿。在整出《厄瑞克透斯》里，欧里庇得斯都是称她为"帕德诺斯"（少女）。这少女与雅典娜是那么密切相关，以致久而久之，两者的身份融合了在一起。所以，"帕德诺斯雅典娜"一名应该被理解为

"雅典娜—帕德诺斯"。这个模式和"波塞冬—厄瑞克透斯"一模一样。在《厄瑞克透斯》的结尾处,雅典娜宣称,因为厄瑞克透斯是波塞冬所杀,自此应该被称为"神圣波塞冬—厄瑞克透斯"。因此,不管是"波塞冬—厄瑞克透斯"还是"雅典娜—帕德诺斯",都是地方英雄崇拜结合于地方奥林匹亚神祇崇拜的结果。

同一模式也见于其他希腊神庙。斯巴达奉祀的是"宙斯—阿伽门农",阿密克莱奉祀的是"阿波罗—许阿铿托斯",布劳伦奉祀的是"阿耳忒弥斯—伊菲革涅雅"。这些地点的英雄/女英雄墓冢都是紧贴着当地的奥林匹亚神明神庙[94]。雅典的情形也一样,只是犹有过之,因为厄瑞克透斯家三女儿是一个更大文化教育方案的一部分。雅典要用她们来传达一套独一无二的价值观和确立一套共同知识,好让雅典人有别于任何其他希腊城邦的人。

墓冢和神庙的特殊关系把我们带到一个更大的问题:英雄崇拜在塑造神圣空间一事上扮演何种角色[95]?信史时期的希腊人经常会碰到史前时代的遗物。卫城上的迈锡尼时代城墙时至今日还看得见,与比它们晚八百年或更久的建筑物并存不悖(图11)。古典时代的雅典把这些东西看成他们最早祖先的遗物,并环绕它们建构仪式与故事。

铁器时代的伯罗奔尼撒半岛希腊人发现了青铜时代的废墟,并相信它们是史诗英雄的墓冢。一条位于阿卡迪科的迈锡尼桥梁如今仍在使用。它是晚期青铜时代留存至今的寥寥可数桥梁之一,用"独眼巨人工法"砌成,长约二十二米,由突拱支撑[96]。体认到这结构体的时代极古,古典时代的希腊人在其附近立筑了一个神龛:在青铜时代遗物近旁建立英雄崇拜在当时已是一种固定模式。

墓冢、神庙和开国神话三者见于四大泛希腊圣地的关系可强化我们对雅典的论证。如果地方英雄的"墓冢"可影响这些圣地的发展,那我们就更有理由推论说,厄瑞克透斯和几位女儿的"墓冢"在厄瑞克透斯神庙和帕特农神庙的建筑规划中扮演一个重要角色,并因此形塑了雅典人对帕特农神庙的理解。

雅典是最早殷切模仿奥林匹亚建立自己泛希腊规模节日的城邦。事实上，大泛雅典节之所以声誉崇隆，正是因为它密切追步奥林匹亚的模式[97]。在"四年周期"的四个会址中，奥林匹亚与菁英阶层的关系最是强烈，有着一个贵族起源。从不让人比下去的雅典人扩大和凸显了奥林匹亚运动会的这个面向，推出大量可唤起早年雅典贵族时代辉煌岁月的比赛项目。不过，大泛雅典节还是用一件民主的外衣把自己的贵族起源遮住：它是任何有幸成为公民的人都可以参加。贯穿整个公元前七世纪，雅典人在奥林匹亚运动会都表现得极其杰出：首开先河的是在公元前六九六年赢得赛跑项目的潘塔克莱斯[98]。这就不奇怪他们会想搞一个自己的泛希腊盛会。

　　望向奥林匹亚运动会的模式，我们会发现其创办人珀罗普斯的坟冢就位于一个圣域的心脏部位。珀罗普斯是那么名满天下的一位英雄，以致时至今日，整个南部希腊仍然被称为伯罗奔尼撒（意指"珀罗普斯之岛"）。他原是来自吕底亚的移民，靠着在马车比赛中打败比萨国王而赢得公主芳心，自此成为厄利斯王族一员。他的露天圣域位于一座圣树林里，紧靠着巨大的骨灰祭坛*，两旁分别是古风时代的赫拉神庙和古典时代的奥林匹亚宙斯神庙[99]。

　　在尼米亚（同样也是位于伯罗奔尼撒）（图84）的宙斯神庙，考古学家于紧邻神庙处出土过一座婴儿俄斐耳忒斯的英雄祠[100]。俄斐耳忒斯是传说中国王利库尔戈斯之子，一出生便有不祥预言伴随：在学会走路以前，他身体任何部分都不可碰到地面，否则就会死掉。也是命中该绝，有一天，当他与保姆许普西皮勒同待在一座小树林时，有七个阿尔戈斯战士路过，向保姆要水喝。她把小孩放在一丛野芹菜上，没想到蹿出一条毒蛇，一口把俄斐耳忒斯咬死。七个战士杀死毒蛇，设立丧葬运动会纪念死去的小孩，又把他的名字改为阿耳刻摩罗斯[101]。

　　保萨尼亚斯在二世纪去过尼米亚，参观过俄斐耳忒斯的英雄祠和其父的陵墓[102]。考古学家曾发现一片五边形的露天圣域，考证后判定为"俄斐耳忒斯—阿耳刻摩罗斯"的坟冢和祭坛的所在地[103]。其年代属于希腊化时代，但应在古风时代便早有前身，即在第一届尼米亚运动会揭幕

---

* 译注：这祭坛是宙斯的祭坛，据信高七米，由几百年来献祭牲畜的骨灰累积而成。

（公元前五七三年）和第一座宙斯神庙建造之时便有前身[104]。离俄斐耳忒斯英雄祠不远出土了二十三个无花果树或柏树的树坑，它们构成了一座圣树林，用以纪念俄斐耳忒斯死于芹菜丛一事[105]。

墓冢、神庙和运动会：这些元素也在伊斯米亚的波塞冬神庙找到。在这里，一位夭折的小王子受到人们以体育竞技尊荣。小王子名叫墨利刻耳忒斯，是奥尔霍迈诺斯国王阿塔玛斯和王后伊诺所生。天后赫拉对伊诺胆敢养大宙斯私生子狄奥尼索斯一直怀恨在心，为了报复，她让阿塔玛斯疯掉，杀死长子。伊诺带着剩下的小儿子逃跑，最后抱着墨利刻耳忒斯跳入萨龙湾。母子死后被转化为海中神祇，并获得了新的名字：伊诺成了"琉科忒亚"（意指"白女神"），墨利刻耳忒斯成了"帕莱蒙"。就像"俄斐耳忒斯—阿耳刻摩罗斯"那样，小王子得到了一个双名：墨利刻耳忒斯—帕莱蒙。几只海豚把他的尸体带来不远处伊斯米亚的岸上。科林斯国王西西弗斯发现了尸体，把小王子埋葬在离海不远的松树林里，又创立了伊斯米亚运动会以纪念他[106]。顺道一说，西西弗斯就是那个后来被宙斯惩罚，得永无休止推一块大石头上山的人。

在伊斯米亚出土的一片露天圣域被判定为"墨利刻耳忒斯—帕莱蒙"的英雄祠[107]。虽然是罗马时代修造，但其下方的人孔盖却是古典时期一座运动场的蓄水池的开口。到了一世纪中叶，这开口被视为墨利刻耳忒斯—帕莱蒙的墓冢，自此成了英雄崇拜的热点。开国神话和可"证明"其存在的物质遗存是那么重要，以致两者都可以在后来时代被投射以新的记忆。

雅典也许是最早抄袭奥林匹亚运动会的城邦，但用不着多久，其他城邦和圣所便纷纷起而效仿雅典的铺张节日。最让人强烈感受到这一点的莫过于阿密克莱的阿波罗—许阿铿托斯神庙（位于斯巴达以南五公里）。相传，英俊王子许阿铿托斯天不假年，死后葬在阿波罗神庙里，又被人以许阿铿托斯节加以纪念。该节日包含一场盛大游行、为阿波罗织造圣衣、彻夜守夜（男女青年会在守夜时唱歌跳舞），还有献牲和饮宴。后来又加入体育竞技活动[108]。这些所有元素看来都是模仿泛雅典节。尤有甚者，阿密克莱英雄祠后来扩大为一大型神祠，用于展示武器和铠甲，在地方"文化教育"上扮演关键角色。明显的是，年轻女性亦参与崇拜，在许阿铿托斯节载歌载舞。

许阿铿托斯是阿密克莱创建者阿密克拉斯之子，因为长得俊俏而同时深受阿波罗和西风神仄费洛斯喜爱。一天，看见阿波罗和许阿铿托斯一同掷铁饼，仄费洛斯心生妒意，从中作梗，让铁饼偏离抛物线。铁饼击中许阿铿托斯，让他当场死亡。阿波罗哀痛欲绝，并为纪念挚爱创立了许阿铿托斯节。国王把儿子直接埋在神像下方，神像底座采取祭坛形状[109]。穿过青铜双扇门进入殿内后，参拜者会先向这个祭坛／底座供奉，然后才向阿波罗本人供奉。

据保萨尼亚斯所述，阿波罗神像不是偶像形式（情况类似雅典的雅典娜橄榄木神像），而是直立的圆柱体，高十三米，顶部套着头盔，披着部分铠甲，旁边附带着一根长矛和一面盾牌[110]。强调阿波罗的尚武一面有助于鼓励斯巴达年轻人日后成为城邦勇猛战士。底比斯将军提莫马库斯的青铜铠甲（据说底比斯人曾协助斯巴达征服阿密克莱）在庙内展示，此外还有其他战利品和掠夺品。保萨尼亚斯特别提到，士兵和运动员敬献的奉献品非常多[111]。这些保存过去军事业绩记忆的物品可强化许阿铿托斯激励年轻人成为战士的作用[112]。

"许阿铿托斯"这个名字历史非常古老，源自一个前希腊时代的源头，而这意味着对许阿铿托斯的崇拜起源极早[113]。但许阿铿托斯节八成是等到公元前八世纪阿波罗神庙落成后才被引入[114]。这个节日对斯巴达人是那么重要（对阿密克莱人尤其重要），以致他们每年夏天都会暂时中断战争，回家参加为期三天的节庆活动[115]。第一天是气氛肃穆的悼念与献牲仪式，用以纪念阿波罗失去所爱的悲痛，但第二天却是喜气洋洋，重头戏是循着"圣道"从斯巴达前往阿密克莱的色彩缤纷的游行。接下来是少女们的歌舞、年轻人和成年男子分别表演的合唱，向阿波罗敬献圣衣，最高潮是一场全民的酒宴[116]。

厄瑞克透斯家的女儿与少年英雄许阿铿托斯之间显然有重叠之处。在《厄瑞克透斯》末尾，雅典娜宣布，几位女孩自此以后会被称为"许阿铿托斯家女神"[117]。就像许阿铿托斯，几位少女也是年轻早逝，葬在与她们密切相关神明的神庙下面，被后人以祭典、节日和竞技比赛永怀。但与许阿铿托斯是死于仄费洛斯的嫉妒心理不同，厄瑞克透斯家几位姑娘是为最高尚的理由而死。她们的举动诉说着那些让雅典人能有别于任何其他人的核心价值。

有关许阿铿托斯，最著名的故事是说他死前血滴在地上，变成了我们至今称为风信子的紫色花朵[118]。根据一个传说，厄瑞克透斯三个女儿都是在称为"紫岩"的地方被献祭[119]。雅典神话对斯巴达神话的这个吸收也许可以解释另一个晚期传说。在该传说中，许阿铿托斯是侨居雅典的斯巴达人，后来，雅典瘟疫大起，神谕指示必须以处女牺牲方能平息瘟疫，许阿铿托斯遂把几个女儿献出[120]。就这样，雅典和斯巴达的神话与仪轨变得非常紧密交缠。

让我们透过世界的最中心总结我们的朝圣之旅。传说，太古时代的德尔斐是盖娅的拜祭中心，由其子地蟒皮同镇守。阿波罗想把德尔斐占为己有，便杀掉力大无穷的皮同，把他葬在帕纳塞斯山山坡一道裂隙深处。这裂隙深处就是神谕蒸汽升起之处，有时会被称为 omphalos，即肚脐。后来阿波罗神庙就盖在这裂隙上方。因此，我们再次看见了一座位于神庙底下的"墓冢"。阿波罗女祭司的名号"皮提亚"，还有泛希腊的皮同运动会，都是得名于地蟒皮同。自此，地蟒在阿波罗圣域范围内受到永远纪念[121]。*

阿波罗神庙内发生过另一场死亡，而它也是被后人用墓冢、神龛、节日和献牲加以纪念。这个死者是阿基利斯儿子涅俄普托勒摩斯，是在神庙门口为一个祭司所杀[122]。其尸体先是葬在门槛下面，后被国王麦尼劳斯移葬到不远处[123]。斯特拉波提过的涅俄普托勒摩斯的坟墓，保萨尼亚斯则声称他亲眼看过，地点紧靠着阿波罗神庙左边（北边）[124]。一座小建筑的地基在这地点出土，被判定为涅俄普托勒摩斯的英雄祠——这一点仍有争议（图91）[125]。

尽管如此，德尔斐的涅俄普托勒摩斯仍然让人极感兴趣。在荷马史诗中，这位年轻战士是好些血腥场面的主角。特洛伊陷落那个晚上，他拿国王普里阿姆的小孙子阿斯蒂纳克斯的尸体当棍棒，把国王狠狠打死。

---

* 译注：据信这道裂隙会释放出有致幻作用的气体，而德尔斐的女先知就是靠着吸入这些气体说出阿波罗神谕。

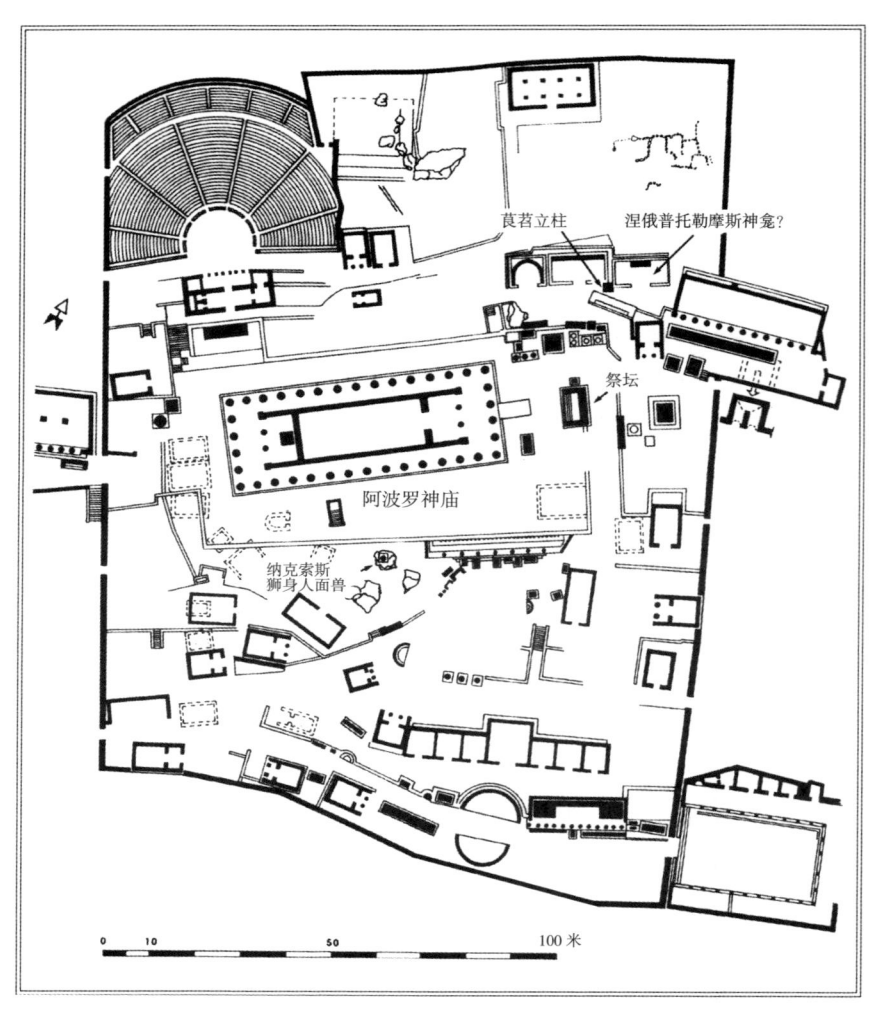

图91 涅俄普托勒摩斯神龛的位置,葭苕立柱紧靠其旁。见于德尔斐的阿波罗神庙圣域。

这桩谋杀发生在宙斯祭坛旁边，所以是一种大不敬。事实上，德尔斐的祭司后来会谋杀涅俄普托勒摩斯，据信就是要惩罚他的亵渎行为而报复性地杀害。被涅俄普托勒摩斯杀死的人还有波吕克塞娜——普里阿姆的女儿和他自己父亲的配偶（图57）。涅俄普托勒摩斯后来也是凶死：被谋杀于阿波罗祭坛的正前方。

赫利奥多罗斯的小说《衣索比亚传奇》详细描写了皮同节对涅俄普托勒摩斯的纪念仪式[126]。成群结队参加圣典的年轻人和少女从色萨利一路游行至涅俄普托勒摩斯的坟前，为他献上百头牲礼的"百牲祭"。这节日看来对年轻人别具意义，让他们可以透过游行、跳舞和献牲获得类似成人礼的经验。

公元前三三〇年代，当利库尔戈斯拿厄瑞克透斯家姑娘给雅典年轻人当榜样时，一座纪念三位公主的漂亮纪念碑被安放在德尔斐——位置就在涅俄普托勒摩斯英雄祠的右手（图92）。在这座绝无仅见的纪念碑里，三个女孩名副其实地高不可攀，因为她们是站在一根高十四米的立柱顶端，与阿波罗神庙的天花板近乎等高。脸朝外看，背部贴在柱子上，三位少女看似悬在空中，薄如蝉翼的及膝长裙在微风中款摆。

图92　以许阿铿托斯／许阿得斯星座身份跳舞的厄瑞克透斯家三女儿。见于德尔斐阿波罗神庙圣域的茛苕立柱。

她们脚趾尖朝下，下方是一圈舒张开来的巨大莨苕叶，显得郁郁葱葱。但生机盎然的莨苕本身就是一个幽暗讯息，因为我们晓得，莨苕象征死亡。

莨苕立柱是阿波罗神庙留存至今的最谜样的纪念碑。葛罗莉亚·法拉利业已证明过，立柱上三位少女就是厄瑞克透斯的三个女儿，是她们被雅典娜星格化之后的样子[127]。立柱把她们推送至她们所归属之处（天空），以许阿铿托斯家女神的身份在群星之间永恒地跳着圆圈舞。她们头上的篮状冠冕类似"篮子舞者"所戴者：赫利奥多罗斯的小说《衣索比亚传奇》告诉我们，这些少女头上顶着托盘和篮子，一路跳舞前往涅俄普托勒摩斯的英雄祠。我们可以想象，她们会在三公主立柱的下面手牵手围成一圈，模仿三位女英雄的模样翩翩起舞。

追根究底的话，莨苕立柱是源自希腊人一个长远传统：在圣域内竖立顶部有欲飞的有翼人物的高柱。就像古风时代纳克索斯人奉献给德尔斐的立柱顶端高踞着狮身人面兽神庙（图91），三位公主也是高高站在莨苕立柱上跳舞。也就像宙斯神庙正前方的有翼胜利女神立柱那样（图85），莨苕立柱可以提醒所有经过的人（不管朋友或敌人），雅典是何等卓越，以及为达到这卓越付出过多巨大牺牲。三个女孩各举起右手，一起支撑着一个巨大的青铜三脚架（早已丢失）。已经弄清楚的是，三脚架上面本摆放着一颗石头"肚脐"，以此象征德尔斐的世界中心地位[128]。

久而久之，涅俄普托勒摩斯成了年轻人的模范英雄，一如三位公主成了雅典年轻女孩的偶像。事实上，"涅俄普托勒摩斯"这个名字的意义正是"年轻战士"或"从军"。另外，就像我们在本章见到过的其他英雄那样，他获得了一个别名：皮洛斯[129]。"皮洛斯"意指"火"，这进一步让涅俄普托勒摩斯与阿波罗祭坛的火产生关联（祭坛离他的墓冢只有几米之遥）。更重要的是，"皮洛斯"一名也让涅俄普托勒摩斯与上古雅典国王丢克利翁的妻子皮拉产生关联。我们说过，丢克利翁与妻子靠着躲在一口箱子逃过大洪水，箱子最后去到帕纳塞斯山（就在德尔斐上方）。"皮洛斯"一名因此让涅俄普托勒摩斯与雅典王室产生关联，由此也许可以解释，莨苕立柱为何会被放在这位英雄的祠堂近旁（图91）。

所以，这两大纪念碑是被刻意并置在德尔斐的。一者是为了纪念最具楷模性的年轻战士：他大胆、凶狠和"火爆"。另一者是讴歌最具楷模性的三位少女：她们优雅雍容但又勇敢坚毅，不惜为拯救城邦而付出生命。确实，两者在教育年轻公民时都一样不可或缺，共同形塑出一套关于恰当行为的知识。在阿波罗神庙的阴影及其祭坛永不熄灭的火光中，年轻男女唱歌跳舞和献牲。因此，对到德尔斐朝圣的年轻人来说，涅俄普托勒摩斯—皮洛斯英雄祠和有三姐妹在其上跳舞的立柱是一个重要目的地。对来自雅典的年轻人尤其如此，因为这里可以让他们接受特殊的成年礼和全面地加强自己的雅典人身份认同。

进行这些仪式的年轻男女是要为他们的未来生活做准备，而他们的未来生活充满战争、死亡和追思。这些力量对年轻心灵的形塑力强大得不亚于各种神庙圣地。因为祭祀往往附带着游行、歌舞和竞技，可想见希腊的圣所是个充满节日气氛和欢乐气氛的场所，但我们不可忘记的是，希腊人的日常生活总有阴影笼罩：无休止的战争和自我牺牲的基本要求都是阴影来源。那些循着"圣道"前往帕特农神庙酬神的家庭都是带着他们对战死家人的痛楚记忆同行。

说到底，雅典的文化教育致力教育的是勇气。因为想要在古代希腊的野蛮世界存活，勇气乃是不可或缺。公元前五世纪的大部分时候，雅典人每三年就有两年是处于战争状态。有论者主张，在这段战争频仍时期，雅典人比同时代其他人更清楚自己在做什么[130]。这是因为民主可以促进言论自由、深思和远虑，而这一切都有助于厘清一个人的行为依据。由此，"值得为大我牺牲小我"的革命性观念便诞生了。虔诚、文化教育和仪式传统为这种观念所必需的勇敢提供了燃料。也正是这勇敢让雅典人（不分老少）敢于面对为赢得民主和捍卫民主所必须面对的巨大挑战。

注释：

1. Carroll, *Parthenon Inscription*, I; Andrews, "How a Riddle of the Parthenon Was Unraveled"。安德鲁斯指出，站在其十三点七米的下方地面看上去，楣梁布满钉孔，就像是胡椒粉盒子的顶部。那些钉孔已无法与奥斯曼时代留下的弹孔区分开（303）。
2. 安德鲁斯回忆说，每天一早起床，他就会跑到窗边（他住在位于吕卡维多斯山山坡的"美国古典研究学院"),用望远镜朝卫城望去,看看贴在楣梁上的纸张还在不在。见氏著"How a Riddle of the Parthenon Was Unraveled," 304。

3. 在给妹妹的信中,安德鲁斯写道:"铭文被证明是献给尼禄,真让我倒胃。"见 Carroll, *The Parthenon Inscription*, 7。
4. Arrian, *Anabasis* 1.16.7; Plutarch, *Life of Alexander* 16.8.
5. Plutarch, *Life of Alexander* 16.17; Pritchett, *Greek State at War*, 3:288.
6. *SEG* 32 251。翻译见:S. Dow, "Andrews of Cornell," *Cornell Alumni News* 75 (1972): 13–21,他为安德鲁斯重建的文本做了一些补充。见 Carroll, *Parthenon Inscription*, 12–15, fig. 5。
7. 见奥尔夫第(G. Alföldy)在二〇一一年六月二十八日于海德堡大学举行的 *Festvortrag des Ehrendoktors der Universität Wien emer. Prof. Dr. Dr. h. c. mult. Géza Alföldy*, University of Heidelberg, June 28, 2011, forthcoming. 有关奥古斯都为铭文引入"镀金字体"(在金属题词上)一节,见 G. Alföldy, "Augustus und die Inschriften: Tradition und Innovation: Die Geburt der imperialen Epigraphik," *Gymnasium* 98 (1991): 289–324。就像安德鲁斯,Alföldy 也曾检视过一些建筑的木钉孔,以破解原有的铭文内容。他对大斗兽场铭文的破解,见 G. Alföldy "Eine Bauinschrift aus dem Colosseum," *ZPE* 109(1995); 195–226; 他对伊比利亚半岛上的塞哥维亚(Segovia)罗马输水渠铭文的破解,见 Alföldy, "Inschrift des Aquädukts von Segovia: Ein Vorbericht," *ZPE* 94 (1992): 231–48。是 Angelos Chaniotis 和 Michael Peachin 提供我这些参考资料。
8. Carroll, *The Parthenon Inscription*, 7.
9. 译本:Collard and Cropp, *Euripides VII: Fragments*, 387.
10. Plutarch, *Life of Nikias* 9.5.
11. Pritchett, *Greek State at War*; Pritchard, *War, Democracy, and Culture*; A. Chaniotis, *War in the Hellenistic World* (Malden, Mass.: Blackwell, 2005); H. van Wees, *Greek Warfare: Myths and Rituals* (London: Bristol Classical Press, 2004); K. Raaflaub, "Archaic and Classical Greece," in *War and Society in the Ancient and Medieval Worlds: Asia, the Mediterranean, Europe, and Mesoamerica*, ed. K. Raaflaub and N. Rosenstein (Cambridge, Mass.: Harvard University Press, 1999), 129–61; Whitley, "Monuments That Stood Before Marathon"; Rich and Shipley, *War and Society in the Greek World*; B. Lincoln, *Death, War, and Sacrifice: Studies in Ideology and Practice* (Chicago: University of Chicago Press, 1991); E. Vermeule, *Aspects of Death in Early Greek Art and Poetry* (Berkeley: University of California Press, 1979).
12. Plato, *Laws* I. 626a.
13. D. Kagan, *The Outbreak of the Peloponnesian War* (Ithaca, N. Y.: Cornell University Press, 1969); D. Kagan, *The Archidamian War* (Ithaca, N. Y.: Cornell University Press, 1974); D. Kagan, *The Peace of Nicias and the Sicilian Expedition* (Ithaca, N. Y.: Cornell University Press, 1981); D. Kagan, *The Fall of the Athenian Empire* (Ithaca, N. Y.: Cornell University Press, 1987); D. Kagan, *The Peloponnesian War* (New York: Viking Press, 2003); Hanson, *A War Like No Other*; V. D. Hanson, *Warfare and Agriculture in Classical Greece* (Berkeley: University

of California Press, 1983).
14. Xenophon, *Agesilaus* 2.14.
15. Herodotus, *Histories* 7.9. 译本：Godley, Herodotus: Histories, 315.
16. P. Vaughn, "The Identification and Retrieval of the Hoplite Battle-Dead," in Hanson, *Hoplites*, 38–62.
17. Polyainos, *Strategies* 1.17; Diodoros Siculus, *Library* 8.27.2; Pritchett, *Greek State at War*, 4:243–46; J. H. Leopold, "De scytala laconica," *Mnemosyne* 28 (1900): 365–91.
18. Pausanias, *Description of Greece* 1.29. N. Arrington, "Inscribing Defeat: The Commemorative Dynamics of the Athenian Casualty Lists," *ClAnt* 30 (2011): 179–212.
19. 修昔底德，《伯罗奔尼撒战争史》2.34.1–5.
20. 阿灵顿（Nathan Arrington）最近绘制出沿着"学院"路与公共墓园相关联的所有出土遗骸，见 Arrington, "Topographic Semantics"，以及他即将出版的专著：*Ashes, Images, and Memories: The Presence of the War Dead in Fifth-Century Athens*。
21. 此一挖掘见 T. Karagiorga-Stathakopoulou, "Γ´ Εφορεία Προϊστορικών και Κλασικών Αρχαιοτήτων," *ArchDelt* 33 (1978): B I, 10–42, esp. 18–20。有关这些铭文，见 A. P. Matthaiou, "Ηρίον Λυκούργου Λυκόφρονος βουτάδου," *Horos* 5 (1987): 31–44 (*SEG* 37.160–62); Arrington, "Topographic Semantics," 520; Pausanias, *Description of Greece* 1.29.15. 保萨尼亚斯在造访公墓时看见利库尔戈斯的坟墓。
22. 正如安纳山德（Onassander）所说的："如果死者未获安葬，每个士兵就会相信，万一他们战死，尸体就会无人闻问。"见 P. Low, "Commemoration of the War Dead in Classical Athens: Remembering Defeat and Victory," in Pritchard, *War, Democracy, and Culture*, 342–58。
23. V. D. Hanson, *The Western Way of War: Infantry Battle in Classical Greece* (Berkeley: University of California Press, 1989).
24. V. D. Hanson, *A War Like No Other*, 252; Hale, *Lords of the Sea*, 95, 120–21, 208.
25. 修昔底德，《伯罗奔尼撒战争史》8.1.2–4. 译本：Jowett, *Thucydides*，有所改动。
26. Snodgrass, *Archaic Greece*, 53–54; A. Snodgrass, *Early Greek Armor and Weapons from the End of the Bronze Age to 600 B. C.* (Edinburgh: Edinburgh University Press, 1964).
27. Snodgrass, "Interaction by Design"; Snodgrass, *Archaic Greece*, 131ff.; Morgan, *Athletes and Oracles*, 16–25, 233–34.
28. 一般认为，奥林匹亚运动会的建立年份为公元前七七六年，皮同运动会为前五八六年，伊斯米亚运动会为前五八二年，尼米亚运动会为前五七三年。见 Morgan, *Athletes and Oracles*, 16–20, 212–14。
29. Snodgrass, "Interaction by Design"; Morgan, *Athletes and Oracles*, 16–25, 203.
30. Snodgrass, *Archaic Greece*, 131.
31. A. H. Jackson, "Hoplites and the Gods: The Dedication of Captured Arms and Armour," in Hanson, *Hoplites*, 228–49, esp. 244–45.
32. A. Jackson, "Arms and Armour in the Panhellenic Sanctuary of Poseidon at

Isthmia," in Coulson and Kyrieleis, *Proceedings of an International Symposium on the Olympic Games*. Jackson 将会在他论武器与盔甲的著作中进一步讨论这批材料。

33. Pausanias, *Description of Greece* 10.8.7. P. Kaplan, "Dedications to Greek Sanctuaries by Foreign Kings in the Eighth Through Sixth Centuries BCE," *Historia* 55 (2006): 129–52.
34. 希罗多德,《历史》8.27。这战争虏获的另两千面盾牌被奉献于阿巴厄（Abai）的圣所，见 Pritchett, *Greek State at War*, 3: 285。
35. Aeschines 3.116.
36. Pausanias, *Description of Greece* 10.19.3–4.
37. Scott, *Delphi and Olympia*, 169–75.
38. Pausanias, *Description of Greece* 10.11.5. 保萨尼亚斯说这宝库筑于公元前四八〇年代。有些学者对此有异议，但尼尔（Richard Neer）为之辩护，见氏著 "The Athenian Treasury at Delphi and the Material of Politics," *ClAnt* 23 (1982): 67。
39. Ober, *Democracy and Knowledge*, 178.
40. 这解释见于 Morgan, *Athletes and Oracles*, 18。
41. Pausanias, *Description of Greece* 5.10.4.
42. D. White, "The Cyrene Sphinx, Its Capital, and Its Column," *AJA* 75 (1971): 47–55.
43. Pausanias, *Description of Greece* 1.15.5.
44. T. L. Shear, "A Spartan Shield from Pylos," *ArchEph* 76 (1937): 140–43; T. L. Shear, "The Campaign of 1936," *Hesperia* 6 (1937): 331–51.
45. Lippman, Scahill, and Schultz, "Nike Temple Bastion."
46. I. S. Mark, *Sanctuary of Athena Nike in Athens: Architectural Stages and Chronology* (Princeton, N.J.: Princeton University Press, 1993).
47. E. Petersen, "Nachlese in Athen," *JdI* 23 (1908): 12–44.
48. Aristophanes, *Knights* 843–59.
49. Lippman, Scahill, and Schultz, "Nike Temple Bastion." 感谢 Richard Anderson 和我讨论这文章，让我受益不少。
50. N. C. Loader, *Building in Cyclopean Masonry: With Special Reference to the Mycenaean Fortifications on Mainland Greece* (Jønsered: Paul Åström, 1998), 84–85.
51. Pausanias, *Description of Greece* 2.16.5, 2.25.8. J. A. Bundgaard, *Parthenon and the Mycenaean City on the Heights* (Copenhagen: National Museum of Denmark, 1976), 43–46. 感谢我在纽约大学教过的前学生 Benjamin Schwaid 提醒我，胜利女神神庙是蓄意盖在迈锡尼碉堡上。
52. R. Carpenter, *The Sculptures of the Nike Temple Parapet* (Cambridge, Mass.: Harvard University Press, 1929).
53. Pausanias, *Description of Greece* 9.4.1. 保萨尼亚斯（*Description of Greece* 1.28.2）称之为"青铜雅典娜"，狄摩斯提尼（*On the False Embassy* 272）也是如此称之。在狄摩斯提尼 *Against Androtion* 12–15 的说明中，他首次称雅典娜神像"在战场的第一线奋战"，纵使目前没有任何现存古典时期资料可佐证这点。一般把这青铜像落成日期定在公元前四六〇年至公元前四五〇年之间，见

Harrison, "Pheidias," 28–30; Hurwit, *Athenian Acropolis*, 151–52; Djordjevitch, "Pheidias's Athena Promachos Reconsidered," 323。记载这铜像资金与日期的铭文，见 *IG* I3 435。但这铭文是否关于"青铜雅典娜"颇有争论。对这争论的一个摘要，见 O. Palagia, "Not from the Spoils of Marathon: Pheidias' Bronze Athena on the Acropolis," 117–37。此文还批判了各种还原神像的尝试〔包括史蒂芬斯（Stevens）所绘见于本书 p. 279 的一幅〕。该神像在古代晚期的境况，见 Frantz, *Late Antiquity*, 76–77。

54. A. E. Raubitschek and G. P. Stevens, "The Pedestal of the Athena Promachos," *Hesperia* 15 (1946): 107–14. 丁斯莫尔（Dinsmoor）估计，连底座在内，修复后的神像高十六点四〇米，见氏著 "The Pedestal of the Athena Promachos," *AJA* 25 (1921): 128；史蒂芬斯则估计，连底座在内，修复后的神像高九米，见氏著 "The Periclean Entrance Court to the Acropolis," *Hesperia* 5 (1936): 495–99。
55. Palagia, "Not from the Spoils of Marathon," 18–19, 124–25, 127.
56. *IG* I3 435; Dinsmoor, "Statue of Athena Promachos."
57. Martin-McAuliffe and Papadopoulos, "Framing Victory," 345–46.
58. *IG* I3 427–31, 435; Harrison, "Pheidias," 28–34; Mattusch, *Greek Bronze Statuary*, 169–72; Hurwit, *Athenian Acropolis*, 24–25; Linfert, "Athenen des Phidias," 66–71; Robertson, *History of Greek Art*, 294; Dinsmoor, "Two Monuments on the Athenian Acropolis"; Dinsmoor, "Statue of Athena Promachos." B. D. Meritt, "Greek Inscriptions," *Hesperia* 5 (1936): 362–80.
59. Pausanias, *Description of Greece* 1.28.2.
60. 参 B. Lundgreen, "A Methodological Enquiry: The Great Bronze Athena by Pheidias," *JHS* 117 (1997): 190–97; Harrison, "Pheidias," 28–34; Ridgway, "Images of Athena," 127–31; Linfert, "Athenen des Phidias," 66–71; Mattusch, *Greek Bronze Statuary*, 170; E. Mathiopoulos, "Zur Typologie der Göttin Athena im fünften Jhr. v. Chr." (Ph. D. diss., University of Bonn, 1961–1968); B. Pick, "Die 'Promachos' des Phidias und die Kerameikos-Lampen," *AM* 56 (1931): 59–74.
61. F. W. Imhoof-Blumer, P. Gardner, and A. N. Oikonomides, *Ancient Coins Illustrating Lost Masterpieces of Greek Art* (Chicago: Argonaut, 1964), 128–29, plate Z i–viii; J. Boardman, *Greek Sculpture: The Classical Period* (London: Thames and Hudson, 1985), 203, fig. 180; Djordjevitch, "Pheidias's Athena Promachos Reconsidered," 323.
62. G. P. Stevens, "Dedication of Spoils in Greek Temples," *Hesperia Supplement* 3 (1940).
63. Herodotus, *Histories* 9.13, 22; Pausanias, *Description of Greece* 1.27.1; Demosthenes, *Against Timokrates* 129。关于波斯人洗劫的考古证据，见 T. L. Shear, "The Persian Destruction of Athens: Evidence from Agora Deposits," *Hesperia* 62 (1993): 383–482。
64. Herodotus, *Histories* 9.20–25.
65. 所有清单载于 Harris, *Treasures of the Parthenon and Erechtheion*，附有碑铭引文和参考书目。
66. 同前注书目，234.

67. 同前注书目，81-103。

68. Roux, "Pourquoi le Parthénon?," and Tréheux, "Pourquoi le Parthénon?" 感谢 Patricia D. Connelly 和 Louise Connelly 在这些文本上的好心协助。

69. Furtwängler, *Meisterwerke*, 172-74。

70. W. Dörpfeld, "Das Alter des Heiligtums von Olympia," *AM* 31 (1906): 170. Solomon Reinach 在一九〇八年跟进，主张"帕特农"指多个少女，见 S. Reinach, "ΠΑΡΘΕΝΟΝ," *BCH* 32 (1908): 499-513. 到一九八四年为止这方面研究的综述，见 Roux, "Pourquoi le Parthénon?," 301-6, and Tréheux, "Pourquoi le Parthénon?," 238-42。

71. Tréheux, "Pourquoi le Parthénon?," 238，指出 Böckh、Bötticher、史塔克（Stark）和米迦利斯（Michaelis preceded Roux）比乔治·鲁更早将帕特农与东厅定位为同一地方，也更早将"帕特农"一词与雅典娜的贞节相联系。他引用了 A. K. Orlandos, Η ἀρχιτεκτονικ του Παρθενου, *I-III* (Athens: Archaeological Society of Athens, 1977), 143 的完整书目。

72. 关于被称为帕特农的后殿（西厅）之财产清册，参见第三章注 52。

73. Harris, *Treasures of the Parthenon and Erechtheion*, 4-5; 40-80；另参见 T. Linders, "The Location of the Opisthodomos: Evidence from the Temple of Athena Inventories," *AJA* III (2007): 777-82。

74. *IG* II2 1407.

75. Harpokration; see Roux, "Pourquoi le Parthénon?," 304-5; Hurwit, *Athenian Acropolis*, 161-62.

76. *IG* I3 343 4 (ca. 434/433 B. C.); *IG* I3 376.14 (ca. 409/408 B. C.).

77. Roux, "Pourquoi le Parthénon?," 304-5; Tréheux, "Pourquoi le Parthénon?," 233; Hurwit, *Athenian Acropolis*, 161-62.

78. Demosthenes, *Against Androtion* 76 and 184. 一座"帕特农"神殿存在于卫城即是证明，见 *IG* II2 1407，可追溯至公元前三八五年。

79. Plutarch, *Life of Perikles* 13.7. In his *Life of Cato* 5.3. 但普鲁塔克只称之为"百尺殿"。

80. Pausanias, *Description of Greece* 1.24.5.

81. Tréheux, 238-40; Brauron, *SEG* 46.13; Magnesia on the Maeander, *SEG* 15.668; and Kyzikos, IMT Kyz Kapu Da 1433.

82. 一如米隆诺波洛斯（Mylonopoulos）所指出，见氏著"Buildings, Images, and Rituals in the Greek World," in *The Oxford Handbook of Greek and Roman Architecture*，即将出版。

83. Roux, "Pourquoi le Parthénon?," 311-12.

84. "帕德诺斯雅典娜"一名最早见于卫城一件奉献品的底座铭文（年代介于公元前五〇〇年至公元前四八〇年之间），奉献者名叫泰勒斯奥斯（Telesios），见 Hurwit, *Athenian Acropolis*, 36, fig. 32, cites *IG* I3 728, 745。

85. 诚如语文学家暨语言学家大卫斯（Anna Morpugo Davies）指出，不管"帕特农"的主要意义为何，它都不可能是指单一位少女。大卫斯教授在一九九六年曾就"帕特农"一词跟我有过非常有教益的讨论。

86. Euripides, *Iphigeneia at Tauris* 1452-53; Pausanias, *Description of Greece* 9.17.1.

87. Pedersen, *Parthenon and the Origin of the Corinthian Capital*, 11–22. 佩特森指出，西厅地板上的圆形线条清楚显示四根立柱不是多立安式。这剩下两种可能：爱奥尼亚式或科林斯式。但使用爱奥尼亚式立柱会碰到一个难题：它们有明确的正、背面之分。由于西厅的南北向轴线长于东西向轴线，是一个所谓的"中央空间厅间"（center-space room），其主柱廊的轴线不同于神殿其他部分的轴线。这引起一个问题：爱奥尼亚立柱柱顶的螺旋饰（volutes）该面对哪个方向？是与神殿的长轴线对齐吗？还是与西厅的短轴线对齐？引入科林斯式立柱可把问题消解于无形。科林斯式立柱的柱头整个被莨苕叶包围，并没有一个"正面"或"背面"的说法可言。
88. 同前注书目，16–20.
89. Rykwert, *Dancing Column*, 317–27; Vitruvius, *Ten Books of Architecture* 4.1.
90. H. Gropengiesser, *Die pflanzlichen Akrotere klassischer Tempel* (Mainz: Philipp von Zabern, 1961), 2–17; P. Danner, *Griechische Akrotere der archaischen und klassischen Zeit* (Rome: G. Bretschneider, 1989), 13–14, no. 77; Korres, "Architecture of the Parthenon."
91. Pedersen, *Parthenon and the Origin of the Corinthian Capital*, 32–36.
92. 欧里庇得斯，《厄瑞克透斯》F 370.85 Kannicht.
93. Kyle, *Athletics in Ancient Athens*, 41–43.
94. 宙斯—阿伽门农：*RE* (1972), s.v. "Zeus"; A. Momigliano, "Zeus Agamemnone e il capo Malea," *Studi Italiani di Filologia Classica*, n.s., 8 (1930): 317–19。阿波罗—许阿铿托斯：Aristotle, *Politics* 8.28; C. Christou, "Ἀνασκαφή Ἀμυκλῶν," *Praktika tes en Athenais Archaiologikis Etaireias* (1960): 228–31; C. Christou, "Ἀρχαιότητες Λακωνίας-Ἀρκαδίας: Ἀμύκλαι," *ArchDelt* 16 (1960): 102–3; J. M. Hall, "Politics and Greek Myth," in *The Cambridge Companion to Greek Mythology*, ed. R. D. Woodard (Cambridge, U.K.: Cambridge University Press, 2007), 331–54。布劳伦的阿耳忒弥斯—伊菲革涅雅：J. Papadimitriou, "Excavations in Vravron Attica," *Praktika tes en Athenais Archaiologikis Etaireias* 42 (1948): 81–90; J. Papadimitriou, "The Sanctuary of Artemis at Brauron," *Scientific American* 208 (1963): 110–20。
95. 有关英雄崇拜的书目又庞大又不断增加：Albersmeier, *Heroes*; Ekroth, "Cult of Heroes"; J. Bravo, "Recovering the Past: The Origins of Greek Heroes and Hero Cult," in Albersmeier, *Heroes*, 10–29; G. Ekroth, "Heroes and Hero-Cults," in Ogden, *Companion to Greek Religion*, 100–114; H. van Wees, "From Kings to Demigods: Epic Heroes and Social Change, c. 750–600 B. C.," in *Ancient Greece: From the Mycenaean Palaces to the Age of Homer*, ed. S. Deger-Jalkotzy and I. S. Lemos (Edinburgh: Edinburgh University Press, 2006), 363–79; Pache, *Baby and Child Heroes*; Ekroth, *Sacrificial Rituals of Greek Hero-Cults*; J. Boardman, *The Archaeology of Nostalgia: How the Greeks Re-created Their Mythical Past* (London: Thames and Hudson, 2002); D. Boehringer, *Heroenkulte in Griechenland von der geometrischen bis zur klassischen Zeit: Attika, Argolis, Messenien* (Berlin: Akademie, 2001); A. Mazarakis Ainian, "Reflections on Hero Cults in Early Iron Age Greece," in Hägg, *Ancient Greek Hero Cult*, 9–36; Antonaccio, *Archaeology*

of Ancestors; Larson, *Greek Heroine Cults*; Whitley, "The Monuments That Stood Before Marathon"; D. Boedeker, "Hero Cult and Politics in Herodotus: The Bones of Orestes," in *Cultural Poetics in Archaic Greece: Cult, Performance, Politics*, ed. C. Dougherty and L. Kurke (Oxford: Oxford University Press, 1993), 164–77; S. E. Alcock, "Tomb Cult and the Post-Classical Polis," *AJA* 95 (1991): 447–67; Kearns, *Heroes of Attica*; J. Whitley, "Early States and Hero Cults: A Re-appraisal," *JHS* 108 (1988): 173–82; M. Visser, "Worship Your Enemy: Aspects of the Cult of Heroes in Ancient Greece," *HTR* 74 (1982): 403–28; A. Snodgrass, "Les origines du culte des héros dans la Grèce antique," in *La mort: Les morts dans les sociétés anciennes*, ed. G. Gnoli and J.-P. Vernant (Cambridge, U.K.: Cambridge University Press, 1982), 107–19; H. Abramson, "Greek Hero Shrines" (Ph. D. diss., University of California, Berkeley, 1978); J. N. Coldstream, "Hero-Cults in the Age of Homer," *JHS* 96 (1976): 8–17; T. Hadzisteliou-Price, "Hero-Cult and Homer," *Historia* 22 (1973): 129–44; L. R. Farnell, *Greek Hero Cults and Ideas of Immortality* (Oxford: Clarendon Press, 1921)。

96. 这桥被判定属于晚期青铜时代第三期（公元前一三〇〇年至公元前一一九〇年），是硕果仅存的四条迈锡尼时期桥梁之一。见 R. Hope Simpson and D. K. Hagel, *Mycenaean Fortifications, Highways, Dams, and Canals* (Sävedalen: Paul Åström, 2006); R. Hope Simpson, "The Mycenaean Highways," *Classical Views* 42 (1998): 239–60; A. Jansen, "Bronze Age Highways at Mycenae," *Classical Views* 41 (1997): 1–16。

97. Morgan, *Athletes and Oracles*, 209.

98. 同前注。

99. W. J. Slater, "Pelops at Olympia," *GRBS* 30 (1989): 485–501; H. Kyrieleis, *Anfänge und Frühzeit des Heiligtums von Olympia: Die Ausgrabungen am Pelopion, 1987–1996* (Berlin: Walter de Gruyter, 2006); Barringer, "Temple of Zeus at Olympia"; D. E. Gerber, *Pindar's Olympian One: A Commentary* (Toronto: University of Toronto Press, 1982); H.-V. Hermann, *Olympia: Heiligtum und Wettkampfstätte* (Munich: Hirmer, 1972), 53–56.

100. Miller, "Excavations at Nemea, 1983"; S. G. Miller, "Excavations at Nemea, 1973–1974," *Hesperia* 44 (1975): 143–72; Miller, *Nemea*; S. G. Miller, "The Stadium at Nemea and the Nemean Games," in Coulson and Kyrieleis, *Proceedings of an International Symposium on the Olympic Games*, 81–86; D. G. Romano, "An Early Stadium at Nemea," *Hesperia* 46 (1977): 27–31.

101. 就现在所知，最早为文提到俄斐耳忒斯—阿耳刻摩罗斯的人是西莫尼德，见 Athenaeus: *PMG* 553, Athenaeus 9.396e. See also Bachyllides 9.10–14; Pindar, *Nemean Ode* 9.6–15; Euripides, Hypsipyle; and Apollodoros, *Library* 3.6; E. Simon, "Archemoros," *AA* 94 (1979): 31–45. 有关欧里庇得斯所讲述的神话，见 W. E. H. Cockle, Euripides Hypsipyle: Text and Annotation Based on a Re-examination of the Papyri (Rome: Ateneo, 1987)。

102. Pausanias, *Description of Greece* 2.15.2–3.

103. Miller, *Nemea*, 20; Miller, "Excavations at Nemea, 1983," 173.

104. Miller, *Nemea*, 12.
105. D. E. Birge, L. H. Kranack, and S. G. Miller, *Excavations at Nemea: Topographical and Architectural Studies: The Sacred Square, the Xenon, and the Bath, Nemea I* (Berkeley: University of California Press, 1992), 93.
106. Pausanias, *Description of Greece* 2.10.
107. E. R. Gebhard, "Rites for Melikertes-Palaimon in the Early Roman Corinthia," in *Urban Religion in Roman Corinth: Interdisciplinary Approaches*, ed. D. N. Schowalter and S. J. Friesen (Cambridge, Mass.: Harvard Divinity School, 2005); E. R. Gebhard and M. W. Dickie, "The View from the Isthmus, ca. 200 to 44 B.C.," *Corinth* 20 (2003): 261–78; E. R. Gebhard and M. W. Dickie, "Melikertes-Palaimon, Hero of the Isthmian Games," in Hägg, *Ancient Greek Hero Cult*, 159–65; E. R. Gebhard and F. P. Hemans, "University of Chicago Excavations at Isthmia, 1989: III," *Hesperia* 67 (1998): 405–56; E. R. Gebhard and F. P. Hemans, "University of Chicago Excavations at Isthmia: II," *Hesperia* 67 (1998): 1–63; E. R. Gebhard, "The Evolution of a Pan-Hellenic Sanctuary: From Archaeology Towards History at Isthmia," in *Greek Sanctuaries: New Approaches*, ed. N. Marinatos and R. Hägg (New York: Routledge, 1993), 154–77; E. R. Gebhard, "The Early Sanctuary of Poseidon at Isthmia," *AJA* 91 (1987): 475–76; D. W. Rupp, "The Lost Classical Palaimonion Found?," *Hesperia* 48 (1979): 64–72; Broneer, *Isthmia*, 2:99–112。感谢伊丽莎白·吉柏哈德（Elizabeth Gebhard）好心地提供数据和参考书目。
108. A. Chaniotis, "Hyakinthia," *Thes CRA*, vol. 7, V.2, 164–67; S. Vlizos, "The Amyklaion Revisited: New Observations on a Laconian Sanctuary of Apollo," in *Athens-Sparta: Contributions to the Research on the History and Archaeology of the Two City-States*, ed. N. Kaltsas (New York: Alexander S. Onassis Public Benefit Foundation, 2007), 11–23; P. G. Calligas, "From the Amyklaion," in *Philolakon: Lakonian Studies in Honour of Hector Catling*, ed. J. M. Sanders (London: British School at Athens, 1992), 31–48; Pettersson, "Cults of Apollo at Sparta"; Amykles Research Project, http://amykles-research-project-en.wikidot.com.
109. Pausanias, *Description of Greece* 3.18.9–3.195. See I. Margreiter, *Die Kleinfunde aus dem Apollon-Heiligtum* (Mainz: Philipp von Zabern, 1988); J. G. Milne, "The Throne of Apollo at Amyklae," *CR* 10 (1896): 215–20; Pettersson, "Cults of Apollo at Sparta," 9.
110. 公元前五〇〇年前后，雕刻家马格尼西亚（Bathykles of Magnesia）被找来为这神像雕刻了一张巨大的大理石宝座。Delivorrias, "Throne of Apollo at the Amyklaion"; E. Georgoulaki, "Le type iconographique de la statue cultuelle d'Apollon Amyklaios: Un emprunt oriental?," *Kernos* 7 (1994): 95–118; A. Faustoferri, "The Throne of Apollo at Amyklai: Its Significance and Chronology," in *Sculpture from Arcadia and Laconia*, ed. O. Palagia and W. Coulson (Oxford: Oxbow, 1993), 159–66。
111. Pausanias, *Description of Greece* 3.18.6–8.

112. A. Chaniotis, "Hyakinthia," *ThesCRA*, vol. 7, V. 2, 164−67; A. Brelich, *Paides e Parthenoi* (Rome: Ateneo, 1969), 1, 139−54, 171−91; Pettersson, "Cults of Apollo at Sparta."
113. C. Dietrich, "The Dorian Hyacinthia: A Survival from the Bronze Age," *Kadmos* 14 (1975): 133−42. M. J. Mellink, *Hyakinthos* (Utrecht: Kemink, 1943).
114. K. Demakopoulou, "Τό μυκηναϊκό ιερο στο Ἀμυκλαιο: μια νέα προσέγγιση," *British School at Athens Studies* 16 (2009): 95−104; K. Demakopoulou, Τό μυκηναϊκό ιερό στό Ἀμυκλαιο καί η ΥΕ ΙΙΙ Γ περίοδος στη Λακωνία (Athens, 1982).
115. Herodotus, *Histories* 9.7; 修昔底德,《伯罗奔尼撒战争史》5.23.4−5; Xenophon, *Hellenika* 4.5.11.
116. Pettersson, "Cults of Apollo at Sparta"; A. Chaniotis, "Hyakinthia," *ThesCRA*, vol. 7, V.2, 164−67.
117. 欧里庇得斯,《厄瑞克透斯》F 370.71−74 Kannicht; Demosthenes, *Funeral Speech* 27.
118. Lucian, Dialogues of the Gods, 16; Clement of Alexandria, 10.26; Philostratos, Imagines 1.24; Ovid, Metamorphoses 10.162−219, 13.395; Ovid, Fasti 5.22.
119. Phanodemos, *FGrH* 325 F 4. Some have taken this to be at Sphendonai; others see it as a hill of purple color.
120. 见 Harpokration and *Suda*, s.v. Υακινθίδες。根据阿波罗多洛斯(*Library* 3.15.8),许阿铿托斯有四个女儿,名字分别是安特伊丝(Antheis)、艾吉奥(Aigle)、吕泰娅(Lytaia)和俄尔泰娅(Orthaia);四姐妹在迈洛斯人进攻雅典时自愿牺牲。但另一个资料来源(Hyginus, *Fabulae* 238.2)则说神谕只要求许阿铿托斯把安特伊丝一人献祭。
121. J. Fontenrose, *Python: A Study of Delphic Myth and Its Origins* (Berkeley: University of California Press, 1959); Ogden, *Drakon*, 40−48; C. Watkins, *How to Kill a Dragon* (Oxford: Oxford University Press, 1995); J. Katz, "To Turn a Blind Eel," *Proceedings of the Sixteenth Annual UCLA Indo-European Conference* 16 (2005): 259−96; Morgan, *Athletes and Oracles*.
122. Nagy, *Best of the Achaeans*, 121−24; E. Suárez de la Torre, "Neoptolemos at Delphi," *Kernos* 10 (1997): 153−76; L. Muellner, *The Anger of Achilles: Mnis in Greek Epic* (Ithaca, N. Y.: Cornell University Press, 1996); I. Rutherford, *Pindar's Paeans: A Reading of the Fragments with a Survey of the Genre* (Oxford: Oxford University Press, 2001); M. Stansbury-O'Donnell, "Polygnotos's Iliupersis: A New Reconstruction," *AJA* 93 (1989): 203−15; L. Woodbury, "Neoptelemus at Delphi: Pindar, *Nem.* 7.30 ff.," *Phoenix* 33 (1979): 95−133; J. Fontenrose, *The Cult and Myth of Pyrros at Delphi* (Berkeley: University of California Press, 1960), 191−266, plates 18−19.
123. 品达的注释,见氏著 *Nemean Ode* 7.62。
124. Strabo, *Geography* 9.421; Pausanias, *Description of Greece* 10.24.6.
125. Scott, *Delphi and Olympia*, 94, 119−120, 127, fig. 5.5; A. Jacquemin, *Offrandes monumentales à Delphes* (Paris: De Boccard, 1999); J. Pouilloux, *Fouilles de*

Delphes II: Topographe et architecture: La région nord du sanctuaire de l'époque archaïque à la fin du sanctuaire (Paris: De Boccard, 1960).

126. Heliodoros, *Aethiopika* 2.34.3. For *Aethiopika*, see B. P. Reardon, *Collected Ancient Greek Novels* (1989; Berkeley: University of California Press, 2008), 349–588. See also, J. Pouilloux and G. Roux, *Énigmes à Delphes* (Paris: E. de Boccard, 1963).
127. Ferrari, *Alcman*, 146–47.
128. Rykwert, *Dancing Column*, 327–31; Ferrari, *Alcman*, 146–47; J. Bousquet, "Delphes et les Aglaurides d'Athènes," *BCH* 88 (1964): 655–75; J. L. Martinez, "La colonne des danseuses de Delphes," *CRAI* (1997): 35–46; Louvre Museum and Insight Project, "Reconstruction of Acanthus Column in Delphi," http://www.insightdigital.org/entry/index.php?option=com_content&view=article&id=146&Itemid=438 (accessed April 26, 2013).
129. 有关皮洛斯的重要性，见 Nagy, *Best of the Achaeans*, 118–41。品达（*Nemean* 7.44–47）称皮洛斯为"将会主持英雄们游行者"。
130. R. Balot, "Democratizing Courage in Classical Athens," in Pritchard, *War, Democracy, and Culture*, 88–108.

第七章　泛雅典节：认同归属的表演与少女之死

只有十个人会入选。一晚接一晚，狄奥尼索斯剧场的废墟内都有一群心情紧张的小男孩大排长龙，等着走到舞台中央。每个轮到的人都卖力引吭高歌，让一个坐在大理石宝座间的古怪外国女人聆听。她定睛看着他们每一个，如是聆赏了两百个"衣衫褴褛顽童"的歌声。伊莎多拉·邓肯*清楚知道自己要的是什么。她将会带着一支由十名雅典男孩组成的歌队离开雅典[1]。

邓肯一家一九〇三年秋天来到雅典，落脚在伊米托斯山一个叫科潘诺斯的地方。从这里，卫城可以尽收眼底。他们把预定要盖的大宅子称为"神庙"——计划雄心勃勃，但从未完工。出于一贯的急性子，这家人买下的是一片缺乏水源的土地。伊莎多拉在同年底便会离开，但待在雅典的几个月让她脱胎换骨。邓肯一家与诗人、歌手、舞者、僧人、村民和王族相往还，形成一个自己的圈子，大搞舞蹈、戏剧、音乐和织布的实验。邓肯家每天早上都在狄奥尼索斯剧场朗诵和跳舞，中午则走遍城市里的博物馆和图书馆，努力透过研究诗歌、戏剧、雕塑和陶瓶绘画了解古希腊的艺术形式与运动。

邓肯和哥哥雷蒙对古代音乐特别感兴趣，大力搜购拜占庭礼仪音乐的手抄本（顺道一说，雷蒙与大诗人安杰洛斯·席克瑞安诺斯的妹妹佩涅罗珀一见钟情，相识不久便结为连理）。他们猜测，早期基督教会的歌曲是衍生自古希腊颂歌的诗节。不管在哪里听到当地人唱传统民谣，两兄妹总会驻足倾听，设法发现个中的古典希腊音乐痕迹。

---

* 译注：美国舞蹈家，现代舞的创始人，是世界上第一位披头赤脚在舞台上表演的艺术家。

图93 伊莎多拉·邓肯站在帕特农神庙的门廊内。斯泰肯摄影，一九二〇年。

邓肯决心重新创造一支古代的男童歌队，带着他们巡回欧洲演唱埃斯库罗斯悲剧《祈愿女》的合唱曲。搜集了雅典最棒的童声以后，她又找来一个精通拜占庭音乐的东正教见习修士训练那十个获选的幸运儿（他们如今被称为"希腊歌队"）。当年年底，邓肯家族带着十个小男生离开雅典，前往维也纳、慕尼黑和柏林。

在慕尼黑，他们在大考古学家富特文勒的学生面前表演，后者以介绍希腊颂歌的演讲作为开场白。就像古代的歌队一样，十个男孩演唱时穿着袍子与凉鞋。邓肯自己则一人扮演达那伊德斯姊妹五十人，表演舞蹈*。听

---

* 译注：埃斯库罗斯悲剧《祈愿女》是以达那伊德斯姐妹的传说故事改编。

泛雅典节：认同归属的表演与少女之死　307

众无不为之着迷。

不过，每到一个新场地，听众的热情就会退却一些。等歌队去到柏林的时候（从雅典出发后的第六个月），男孩们开始变声，一度甜美流畅的嗓子开始愈来愈尖锐和走调。他们已失去当初在狄奥尼索斯剧场让伊莎多拉为之迷醉的天籁美声。他们还长高了（有些甚至拔高了三十厘米），而且吵吵闹闹，不堪管教。所以，在一九〇四年春天，伊莎多拉让他们坐二等车厢返回雅典，每个人包包里放着从韦尔泰姆百货公司买来的灯笼裤，算是伊莎多拉重新创造古代歌队的伟大实验的纪念品[2]。

虽然做法略嫌浮夸，但伊莎多拉对古代声音和运动的追求对今天仍有教益。住在雅典期间，邓肯常常跑到卫城，要借助它的宏伟建筑唤起内心的悸动。她对她是如何等待灵感的描述既感人又合乎自然：

> 有很多天，我毫无任何动静。然后有一日，我忽有所悟：那些看似又直又静止的立柱不是直的，每根都从顶到底微微弯曲，每根都在流动，从不静止，而每根的运动又与其他立柱的运动和谐一致。我一面想，双手一面向着神庙慢慢举起，身体往前倾。然后我知道我找到了我的舞蹈，而那是一种祷告。[3]

伊莎多拉在一瞬间领悟了祷告是运动的精粹。在帕特农柱廊获得的领悟引发出一个从她的横膈膜涌出的姿势，逼得她举起双手，构成一个祈愿手势。从前页的照片，我们可以看见那是一个怎样的姿势。这幅著名照片是斯泰肯拍摄，但拍摄日期不是一九〇三年而是十七年后的一九二〇年[4]。就像她之前和之后许多人那样，伊莎多拉终其一生都有重游雅典的冲动。

一代又一代的古希腊人也是如此。事实上，有超过八百年之久，他们每年八月都会涌向卫城，参加泛雅典节——其最高潮是色彩缤纷的游行活动。相传，泛雅典节的正式创建是在公元前五六六/五六五年，自此一直举行至第四世纪，最后才被罗马皇帝狄奥多西一系列取缔"异教"的谕旨所终结。最后一届泛雅典节八成举行于三九一年，最晚不晚于三九五年[5]。

在被奉行不辍的那些世纪里，泛雅典节每四年都会扩大举行，时间拉长至一周，被称为大泛雅典节。这个扩大版盛会是国际性，开放给全希腊的人参加和竞技。小泛雅典节则是一年一度，属于在地性质，竞技比赛只供雅典公民参加[6]。我们很自然会想拿它跟奥林匹亚的主节日（即皮同节）做比较，后者是四年一度（中间间隔着德尔斐、尼米亚和伊斯米亚的主节日），开放给全希腊参加。两者确有不少重要相似之处，例如，泛雅典节就像皮同节那样，本质上是一个宗教节日。不过，皮同节和其他泛希腊圣地的主节日一般来说虽比泛雅典节（含大泛雅典节）重要，但雅典却没有比泛雅典节更大的盛会。泛雅典节是雅典人最强烈、最狂喜地自觉到自己身份的时候。它的核心部分（比其他典礼或竞技都更重要）是游行活动本身。游行行列的目的地不是别处，正是位于帕特农神庙东北面的雅典娜祭坛（彩图13）。

可称之为一种"终极的多向度壮观场面"，参拜者的游行对大泛雅典节和小泛雅典节来说都同样是最高潮戏码。这个极视听之娱的活动在破晓揭幕于凯拉米克斯。群众先是聚集于就在城门外的游行堂，根据社会阶层、年龄和性别的不同排在不同位置。穿过狄庇隆门（"双扇大门"）之后，他们循着"圣道"前进，穿过阿戈拉广场前往卫城山麓，从宏伟的"山门"进入卫城，最后抵达雅典娜祭坛（图6）[7]。尾随队伍之后的是一百头献给女神的牛只。献祭后，牛肉会被烹煮，分给每位参加者，不论公民或非公民都可分到一份。

前面说过，小泛雅典节是一地方性节日，竞技比赛只开放给十大部落的公民参加。大泛雅典节包含一些开放给所有希腊人参加的比赛，但也有部分竞技只限公民参加。后者被称为部落比赛，项目有赛马、赛舟、火把接力赛跑和男性选美。还有"戎装战舞"和"跃马车"，前者要求参赛者穿着全套铠甲跳舞，后者要求参赛者全副戎装，一再跃下和跃上疾驰的马车。"守夜"咸信是在游行的前夕举行，只有公民家庭的年轻人和少女有资格参与。第二天，游行队伍抵达卫城的"山门"之后，也只有上述家庭的成员被允许进入雅典娜的圣域。

泛雅典节各种仪式和比赛的最根本目的是让雅典公民清晰体认到自己身份的本质。没有其他场合（哪怕是战场）能让他们更深切感受到彼此是血肉相连，出于远古的同一个源头。就像被放入了林奈分类法那样，一个人在泛雅典节会强烈意识到自己是某个"家户"的一员、某个"氏族"的一员（菁英阶层才有的身份）、某个"胞族"的一员和某个"部落"的一员。这个精密身份体系的存在让雅典公民紧密结合在一起，又强烈排斥任何把外人纳入的企图[8]。

"部落比赛"在泛雅典节所占的吃重分量让它有别于其他泛希腊大节。不管那是在奥林匹亚、德尔斐、伊斯米亚还是尼米亚举行，它们的神庙极少会刻意突出东道主的优越性。事实上，在雅典，泛雅典节的管理事务本身便是一件非常部落性的事情。每个部落都会抽签选出一位代表，参与十人委员会，监督泛雅典节的筹备和进行事宜（包括颁奖）[9]。他们还负责为比赛筹募资金（一笔巨额开支）。委员职位一任四年，以便他们有足够时间筹备赛事和监督雅典娜圣衣的织造（其事由九个称为"女织工"的妇女花九个月时间完成）[10]。残缺不全的数据源显示，从公元前六世纪起，雅典每四年会向雅典娜敬献一件巨大圣衣，中间的每一年则会在小泛雅典节敬献一件小圣衣[11]。这些圣衣被存放在旧雅典娜神庙的橄榄木神像附近。到厄瑞克透斯神庙落成后（公元五世纪晚期），圣衣可能是改而放在该处，但这一点完全无法确定。

在泛雅典节的管理事宜上，时间管理是重中之重。为了让泛雅典节与宇宙的运行和谐一致，各种活动的时间必须安排得跟相关天体的运行和月相同步[12]。雅典人的强烈宗教性格也要求节日必须跟雅典的自然环境、地貌、动物群、植物群和所有记忆存取地点和谐一致。不过，就像河流和风的走向一样，泛雅典节的举行日期有时会非常破格，而这大概是我们最难了解其原因的部分。

地图、平面图和古雅典城的模型固然是我们了解泛雅典节所必需，但它们仍嫌太静态，让我们感受不到多少泛雅典节的澎湃活力。我们习惯把"废墟"看成静态和不变，受此制约，我们很难想象今日一片平静的地点曾经有过的喧闹。本能驱使我们把目光放在建筑物，但事实上，泛雅典节的种种活动是上演于建筑与建筑之间的空间。一般而言，神庙的庙门都是关得紧紧的，作用相当于存放还愿供品的保险箱与金库。古代地中海的生活大部分是发生于户外。不管是工作、敬拜、吃饭、跳舞乃至睡觉，人一年中有许多时间都是在凉廊、葡萄棚架下面、院子、阳台、街道、公路、市集、田野，以及（没错）圣所度过。所以，我们绝对有必要把目光聚焦在建筑物之间的空地，聚焦在供人聚集以观看比赛和表演的露天空间。以下，我们将会看看这些空间如何受到游行、跳舞、赛跑和仪式的转化，变得鲜活起来。重视泛雅典节的转瞬即逝面向和表演面向可让我们更好地了解雅典娜受尊荣过程的全幅动态[13]。

在古希腊，身体劳动和消耗体力本身就构成了一种祷告或还愿行为。就像近年来的学术研究鼓励我们除了把铭文看成还愿物，也应该把书写铭文的行为看成还愿，同理，仪式活动也可以被理解为取悦神明的供品[14]。如果我们用跨文化眼光望向玛雅的古典时代，便会发现脚的快速移动（即跳舞）也构成一种祷告的态度，被认为可以召唤神明的精华[15]。人的身体因此被用作仪式性沟通的工具。从这个脉络看待泛雅典节非常重要。在雅典，我们看见全体公民和来自希腊世界各地的外地人透过游行、唱歌、朗诵、赛跑、跳高、投掷、角力、骑术、献牲与饮宴，向女神进奉一种盛大和动态的敬献。

聚焦在泛雅典节本身之前，我们宜于先观察它在希腊宗教脉络所处的位置。我们必须记住，希腊人没有"圣书"为他们订定普遍适用的信仰和戒律体系。他们没有具有核心权威的统一"教会"，没有"僧团"教导他们有关信仰的事宜。希腊人甚至没有"宗教"两个字，因为他们生活的每一方面莫不渗透着宗教[16]。宗教镶嵌在一切之中。另外，它完全是在地性质，遵循的是一批关系紧密家族历经许多代而形成的传统。所以，宗教实践的每个细节都是在地规定，每座神庙各有自己一套制式规矩、穿着要求、举止要求、节日、典仪、献祭方式和人员组织构成[17]。

前面说过，古希腊是一个泡在宗教里的世界，而雅典人又是这世界里最迷信的一群。据估计，雅典每年大概有一百三十到一百七十个节日，换言之，每年有超过三分之一的时间是用于守节[18]。这些节日提供众人一个吃肉的机会，可说是向神明献牲的一项快乐副产品（使徒保罗后来告诫科林斯教会的教众别吃"祭偶像的肉"*便是指此）。透过对神话一个富于巧思的小改写，神明被说成只喜欢吃牲畜的脂肪和骨头，信徒遂得以大

---

* 译注：见《新约圣经·哥林多前书》第十章。"哥林多"为"科林斯"的别译。

快朵颐多汁的肉块[19]。在冰箱尚未发明的时代，大批宰杀的牲畜必须现场便烹煮、分食。每次大泛雅典节和小泛雅典节都有一百头牛献祭，每个人都可吃得饱饱的。

泛雅典节的音乐比赛和运动比赛同样是一个更大的宗教活动方案的一部分。与今日的观点不同，希腊人的体育竞技不是一种世俗活动，目的不是要让得胜者个人大出风头。泛雅典节的目的毋宁是让神明出风头，是取悦雅典娜和怀念祖先。体育竞技的性质是那么神圣，乃至在奥林匹亚运动会的举行前后，都有一段称为"放下武器"的停战时期[20]。这让节日的参加者有三个月时间可以安全往返奥林匹亚。同一原则日后也会应用在大泛雅典节。事前几个月，雅典会派出特使前往地中海的所有希腊社群（东至阿拉伯湾），宣布泛雅典节的举行日期[21]。

泛雅典节运动会与其他泛希腊竞技大会的一大差异处是奖品非常丰厚[22]。这让参赛者不只可能得到荣耀，还可得到物质报酬。政府拨出巨款赞助比赛。最古老和最富有的家族亦会共襄盛举，慷慨解囊。不过，到了公元前五世纪，雅典的每个盟邦和殖民地一样有责任为大泛雅典节提供一头母牛和全副铠甲[23]。这让财政负担平均分摊不少。

从公元前六世纪中叶开始，奖品主要是珍贵的橄榄油，盛在由国家特别委制的双耳瓶里颁发。被称为泛雅典节奖瓶，这些陶瓶的大小、体积、形状和装饰都有特别规定[24]。陶瓶的一边绘着全副戎装的雅典娜，只见她持盾挥矛，咄咄逼人地挺进。画框下写着"来自雅典的运动会"字样。泛雅典节的奖品值多少钱可从奖瓶的大小推知。每个双耳瓶的容量正正好是三十六升橄榄油。我们得知，有一个得胜者获赠一百四十个双耳瓶，换言之是获得五吨橄榄油。这个数量市值一千六百八十"德拉克马"，约相当于一个普通工人五年半薪水[25]。今日运动明星的高奖励是一项少为人知的雅典遗风。

出自所谓"伯根群组"的一个双耳瓶是一系列奖瓶中年代最早的一个，被断定是公元前五六〇年前后制作（图94）[26]。瓶腹画着一个挺进中的雅典娜，瓶颈一边画着个鸟身塞壬*，另一边画着一只猫头鹰。极为

---

* 译注：希腊神话中的海上女妖，出没于西西里岛附近的一种半人半鸟的海妖，以其美丽动人的歌声诱杀经过的水手。

值得注意的是，这两只有翼生物（两者都与哀悼有关）从最早期的双耳瓶便双双出现在泛雅典节。到了公元前五四〇年代，奖瓶的标准构图正式确立：图中央是一个挺进的雅典娜，两边各有一根立柱，柱顶各有一只公鸡。普林斯顿画师画的一只双耳瓶就是追随这种模式（图95）²⁷。到了这时候，女神的吉祥物（小猫头鹰）已经变成是出现在她的盾牌顶部。稍后我们将会再多谈谈这只老是出现在雅典娜周遭的有翼生物所代表的特殊意义。

图94 泛雅典节奖瓶，瓶身绘着持盾挥矛的雅典娜，正反面瓶颈分别绘有塞壬和猫头鹰。伯根样式，年代约为公元前五六六年。

泛雅典节奖瓶的背面一贯以音乐或运动比赛为主题。例如，前述那个"伯根"陶瓶就画着"双马马车竞速"的情景。整个希腊化时代的泛雅典节奖瓶继续沿用公元前六世纪的黑绘技法，目的是让它们维持古风时代外观，好唤起人们对最早期泛雅典节的缅怀。

我们无法确定大泛雅典节各

图95 泛雅典节奖瓶，瓶身绘着持盾挥矛的雅典娜，一只猫头鹰飞落在盾牌顶部。普林斯顿画师所绘，年代约为公元前五六六年。

种活动的顺序，但一般相信，整个节期为期八天，大约是从"赫卡托姆拜昂月"的第二十三日举行至第三十日[28]。就像许多希腊城邦，雅典有自己一套月份名称。"赫卡托姆拜昂"意指"一百的"，得名自泛雅典节需要献祭一百头牛。换算为公历，"赫卡托姆拜昂月"约介于七月中至八月中之间。因此，泛雅典节是举行于"赫卡托姆拜昂月"的最后八天，以二十八日（公历八月十五前后）的游行和献祭活动为最高潮。久而久之，这一天被认定是雅典娜的诞辰日[29]。这份遗产留存至今：以星座来说，我们的八月是落在处女座；在天主教和东正教的传统，八月十五是童贞女马利亚的升天节。

凭着一些留存下来的颁奖记录，我们多少可还原大泛雅典节竞技比赛的行事历。这些记录被保存在年代约为公元前三八〇年的重要铭文里[30]。当然，这铭文见证的有可能只是公元前四世纪的情况，不能代表泛雅典节长达八百多年历史的各阶段，因为不管雅典人有多在乎传统，泛雅典节都不是静态或不变的。在几百年之间，比赛项目有增有减，场地也有过更换。不过，从上述的铭文，我们至少可以肯定公元前四世纪的泛雅典节是为期八天的盛事。

第一天是音乐比赛和朗诵诗歌，第二天为男童和年轻人的竞技日，第三天是成年人的体育竞技，第四天是马术比赛。第五天是仅供雅典公民参加的部落比赛，这种比赛延续至第六天，以火把接力赛跑为高潮，"守夜"活动也是同一天晚上举行（不过"守夜"也有可能是在献牲和饮宴之后才上场）[31]。第七天是大游行和在"圣岩"上献牲。翌日是更多的部落竞赛，包括"跃马车"和赛舟。虽然无法确知奖品是何时颁发，但一般都假定是在最后一天。

让我们试想象泛雅典节参加者在这一周的经验。在"赫卡托姆拜昂月"的第二十三日前后，泛雅典节以音乐比赛和史诗及抒情诗的朗诵揭开序幕。音乐有助于召唤神明的精华，邀女神临在于尊荣她的活动。我们不可搞错音乐在宗教仪式中的主要功能：它是一种与神明沟通的方法，也是为了让社会进入一种异于日常的意识状态。

音乐表演最先是在阿戈拉广场进行，一些临时舞台会被搭建于广场中一个叫"表演区"的所在。有些学者认为，从公元前四三〇年代开始，音乐比赛被移至伯里克利盖于卫城东南麓的音乐厅，地点紧邻狄奥尼索斯剧场（图109）[32]。不过，有碑铭证据显示，即便在伯里克利死后，仍有部分音乐比赛继续在阿戈拉广场举行[33]。

据信，到了公元前四世纪最后一季，德梅特里奥斯把音乐比赛和朗诵比赛完全移至狄奥尼索斯剧场[34]。剧场在公元前三三〇年代经利库尔戈斯完全重建，座位数增加至约一万七千。利库尔戈斯还在伊利索斯河河畔用大理石盖了一座全新的泛雅典体育场（图6）。自此，赛跑和大部分体育比赛无疑都会是在这座豪华的新体育场进行。场地的改变让同时代的政治领袖可在运动会中留下自己的印记，抹去前朝的回忆（通常都是不快回忆）。在这个意义下，泛雅典节运动会的环境是一种权力的展现，可以让群众意识到他们领袖对传统所做的更新[35]。

节日第一天的史诗朗诵让雅典人可以与他们祖先的感情和价值理想重新连接。如果说全希腊有什么共同大典，那就非荷马的《伊利亚特》和《奥德赛》莫属，这两部史诗分别讲述特洛伊战争和其后续故事。利库尔戈斯在《谴责莱奥克拉特斯》曾提及，雅典人的祖先有过立法规定，大泛雅典节必须朗诵荷马史诗，而且只许朗诵荷马史诗。利库尔戈斯指出："诗人描写生活本身，专挑最高贵的行为描述，透过论证和证明转化人心。"[36] 有些学者认为这个规定可上溯至梭伦[37]。聆听《伊利亚特》和《奥德赛》的朗诵让听众（不管是雅典人还是非雅典人）可以从"同一页"展开一星期，可让他们体认到他们作为希腊人的共同源头。反正接下来还有一整个星期可以让雅典人向外人表现他们的卓越不凡。

其中一个朗诵项目是接力背诵荷马史诗，每个人背五百至八百行，下一人从上一人停止处背起。这有点类似"部落比赛"中的火把接力赛跑，因为两者都需要"团队合作"。就像纳吉所强调的，史诗朗诵就像所有泛雅典节竞技项目一样，本质上是一种仪式，而其参与者既合作又竞争。一般相信，在泛雅典节被朗诵的荷马诗歌是经过喜帕克斯（庇西特拉图之子）编订或再编订[38]。到了希腊化时代，戏剧竞赛被加入到泛雅典节的行事历，而到了罗马统治的时代，我们又听说多了悲剧表演的项目[39]。

伯里克利曾把自己的印记加入到泛雅典节的第一天。他下令引进一项新的音乐比赛，又亲自规定参赛者该如何吹奏"奥罗斯"，该如何拨弄"吉萨拉"[40]。

音乐比赛会在泛雅典节扮演那么核心的角色，反映着音乐（包括史诗朗诵）在古代雅典的重要性。就像体育比赛一样，音乐比赛需要花费气力，可以取悦女神，形同一种祷告。就所需要的天分、严格训练和表现技巧来说，音乐的要求并不亚于运动的要求。基于这个理由，背诵史诗、体育活动、舞蹈和音乐都是雅典年轻人教育的重要一环。泛雅典节竞赛会测试雅典文化教育所培养的每一种能力并非偶然：这些训练灌输给下一代的价值和理念乃是让他们成为好公民所必需。当个雅典人意谓认同归属于雅典，而在这方面，人格养成（formation）能起的作用被认为仅次于血缘。

音乐在泛雅典节无处不闻。不管是体育比赛、献牲还是其他仪式，全都有笛声和里拉琴琴音伴奏。事实上，"奥罗斯"的尖啸声会在献牲动物被割断喉咙之时响起，以掩盖它们的哀嚎声。音乐的变化标志着献祭的不同阶段。类似的情况犹见于今日西班牙的斗牛：在斗牛的各阶段（公牛入场，徒步斗牛士和斗牛士助手入场，骑马斗牛士入场，杀死公牛，颁奖，离场），乐队会演奏不同乐曲。在雅典，比赛的不同阶段也是演奏不同音乐，而运动比赛和颁奖的开始皆是以笛声宣示。

第一天举行的音乐比赛分为男童和男人两大组别，用以把已变声者和未变声者区分开来[41]。两大组别又分为由"奥罗斯"伴奏的歌唱和由"吉萨拉"伴奏的歌唱[42]。

英语的"吉他"衍生自希腊文的"吉萨拉"，后者意指大型的七弦里拉琴[43]。著名的"吉萨拉歌者"会到处巡回演出，名气类似今日用吉他弹唱的摇滚歌手。某个意义下，他们就是古希腊的摇滚巨星，收入丰厚并享有富有僭主和政治领袖的恩庇。在泛雅典节，他们的奖品比任何比赛的奖品都要贵重。第一名得到的不是一个盛满橄榄油的双耳瓶，而是一顶价值一千"德拉克马"的金冠，外加五百"德拉克马"银币。参加只弹琴不唱歌项目的优胜者会获赠价值五百"德拉克马"的金冠和三百"德拉克马"现金。"吉萨拉"歌唱比赛还设置第二名、第三名、第四名，甚至第五名，这种设计不见于其他泛雅典节比赛项目。所有音乐比赛项目都奖品丰厚，但没有其他音乐比赛的奖品及得上"吉萨拉"类别。吹笛（"奥罗斯"）唱歌的第一名获赠一顶花冠和三百"德拉克马"现金，光吹笛而不唱歌的只有一顶花冠[44]。

体育竞赛分为三个年龄组别：男孩、无胡年轻男子和成年男人[45]。这类比赛开始于泛雅典节的第二天，当天共有六个男孩比赛项目和五个年轻人项目。第三天是成年男人的比赛，共九个项目[46]。田径项目包括"短跑"（跑一百八十五米*）、"折返跑"（两趟短跑的距离）、"中距离跑"（四趟短跑的距离）和"长距离跑"（二十四趟短跑的距离）。有一种特殊的"折返跑"需要参赛者穿上全副戎装奔跑，目的是测试战场上所需要的体力与耐力。

"五项全能"会让观众看得大呼过瘾，因为这比赛的要求全面而严苛，同时考验着选手的体力、耐力、速度和弹性。他们得全裸着短跑、跳远、掷铁饼、掷标枪和摔跤，表现出身具十八般武艺[47]。"全裸赛事"的最后两项是拳击和"自由搏击"**，后者由拳击和摔跤结合而成，容许参赛者以任何方式攻击对手（只禁止戳眼睛和咬人）。公元前六世纪末季出自"克莱奥弗拉德斯画师"手笔的一幅奖瓶绘画让我们对"自由搏击"的惊心动魄多少有些体会：只见一个精壮全裸的选手被他的厉害对手踢得弯折了腰，旁边有一裁判在监看（图96）[48]。这类比

图96 精壮运动员进行"自由搏击"的情景。见于一个泛雅典节奖瓶，克莱奥弗拉德斯画师所绘，年代约为公元前五二五至前五〇〇年。

---

* 译注：古希腊的体育场为长方形，长约一百八十五米。
** 编注：与今日的自由搏击不同，几乎可用任何方式攻击对方，可使用的技术范围超出今日武术比赛许多，故有些人翻译成"古希腊式搏击"，以视为一种特殊类型，或音译为"潘克拉辛"。

赛提供了观众惊悚和极限经验。我们听说西库昂有个叫索斯特拉特的自由搏击手因一记绝招为自己赢得"断指者"的外号。每次上场，他总是能够马上扭断对方手指，让对手在接下来的比赛陷入极不利的位置。这一招证明是一记杀招，凭着它，索斯特拉特在连续三届奥林匹亚运动会（公元前三六四、前三六〇、前三五六年）取得胜利，在尼米亚和伊斯米亚加起来赢过十二次，在德尔斐赢过两次。虽然没证据显示他有到过雅典比赛，但我们知道奥林匹亚和德尔斐都为他竖立人像以示尊荣[49]。

泛雅典节的第四天是马术比赛。它们原是在阿戈拉广场进行，但到了公元前四世纪时已移师至新法里龙的赛马场[50]。马术比赛自然带有若干军事氛围，是要测试马匹的速度与骑者或御者的灵活度（两者在战场上都极关键）。比赛项目包括无鞍赛马，跑八圈的"双马马车竞速"、跑十二圈的"四马马车竞速"。有些项目供雅典人参加，有些则供非雅典人参加；有些由一岁马竞赛，有些则由成年马竞赛。一如今日的习惯，奖品是颁给马匹饲主而非骑者或马车御者。这不奇怪，饲养马匹所费不赀，只有菁英阶层中的最富有者才负担得起。

第五天的比赛完全只限雅典公民参加。项目有"戎装战舞"、"跃马车"、称为"骑兵巡游"的骑术比赛、赛舟、"男性选美"和火炬接力赛跑。这些部落间的竞争是要唤起众人对最早祖先的神圣记忆，是要凸显雅典人的肉体美、他们在战场上的强壮灵活、他们在跳舞和举止上的优雅。更重要的是，部落比赛是要展示雅典的军事实力，是刻意设计来让外国观众不自在。

"戎装战舞"要求参赛者手持盾牌全裸跳舞，舞步模仿战斗动作：闪躲、跳跃、急蹲、猛挥、冲撞[51]。这舞蹈的起源被上溯至雅典娜，因为根据她的诞生神话，她一自宙斯的头颅蹦出来便是全副戎装和跳着战舞。据信，该战舞预示着她将会在"巨人战争"中得胜[52]。

"骑兵巡游"是模仿骑兵的战斗[53]。十个部落的骑者分为两组，各自一字排开，然后相互冲锋，从彼此队列穿越而过。这种盛大场面是要唤起史诗时代大战的回忆。骑马掷标枪的项目也是如此，它要求参赛者纵马全速前进，用标枪击中一个标靶[54]。

部落竞赛中最让人（至少是让现代人）瞠目结舌者大概是"男性选

美"⁵⁵。得胜者的奖品包括一头牛和（根据亚里士多德所述）一些盾牌⁵⁶。牛让整个部落可以举行欢宴，而这一点或许反映出"男性选美"也是一种团队赛事，是要让来自不同部落的参赛群组较量俊美、体形和壮硕⁵⁷。色诺芬告诉我们，随着时间过去，雅典的男性选美"在质量上变得无与伦比"。这项比赛强调雅典人的绅士理想，即拥有"美善"——一种"美"与"德"的结合。我们得知有位雅典人在泛雅典节三种不同比赛项目中获胜：火炬赛跑、悲剧表演和男性选美⁵⁸。这个男人看来正好集雅典人所有理想于一身：好看、强壮、爱好运动、有表演天分和无疑有一点点超凡魅力。我们只好奇他是不是也弹得一手很好的"吉萨拉"。

第五天一日落，火炬接力赛跑便上场。参赛者看来是年轻的"军训生"，起跑点是"学院"，途中穿过狄庇隆门和阿戈拉广场直奔卫城⁵⁹。一支支火把在黑暗中跃动的景象想必煞是好看。十个部落各派出四十名代表参赛，每位跑者持火把跑六十米，全长是二千五百米。

接力赛跑的更大目的是把"学院"内普罗米修斯祭坛的火传送至卫城上的雅典娜祭坛，重演普罗米修斯（他是国王丢卡利翁的父亲也因此是全部雅典人的祖先）盗天火的故事。第一个抵达卫城的跑者可以获点燃雅典娜祭坛的殊荣——第二天的献牲将会在这祭坛举行。他的部落可享用一顿一牛宴和获得六百"德拉克马"现金。胜出队伍的四十名跑者每人可另获得三十"德拉克马"和一个水坛⁶⁰。

入夜稍后，公民人家的年轻人和少女会登上卫城顶峰，彻夜守夜，体验最激越的群体经验⁶¹。参与的女孩都是刚过青春期，大概是人生第一次入夜后踏出家门，与年轻人为伴。在卫城上，他们会唱歌跳舞一整夜，大概是不同的部落轮流跳，男女围成一圈跳他们自小就透过他们的文化教育而熟知的各种舞蹈。

正是透过复沓的舞步（配合着音乐和熟记的颂歌歌词）让年轻男女学会他们共同体的神话-历史，而这大概就是柏拉图何以会说"合舞"是雅典人"教育的全部"⁶²。歌舞确实居于希腊文化教育的最核心。随着音符和歌词的节拍手舞足蹈，加上仪式表演散发的高热度，身体会找到它在宇宙里的坐标，让自我在巨大得超过理解的雅典时空架构里得到定位，从而知道"我是谁？"和"我从哪里来？"。

"守夜"的确切地点是在卫城哪里？虽然残存的文献无法对此提供一个决定性答案，但有一个说得通的合理猜想。在卫城北防护墙与厄瑞克透斯神庙之间有一正方形"广场"，其西边是神庙的西门廊，东边是一道十几梯级的台阶。这个自足的空间是个理想的表演场所（图97）[63]。那道望向广场的台阶是绝佳的观众席。让人称奇的是，这广场早在青铜时代便已铺好，显示它被用于表演的历史非常悠久[64]。也许，后来的历代都把它保存下来，用作特殊的"戏剧空间"。

因为可以把四面的风和杂音隔开，这地点为合歌合舞提供了理想音响效果。另一优点是它非常接近充满神话感的卫城北坡。北坡是传说中三位公主悲剧的上演处；在其长岩下的山洞中，阿波罗曾与克瑞乌莎交合，而该山洞也是婴儿伊翁被遗弃之处。在泛雅典节大游行前夕，少女们在我们所说的广场里也许会手牵着手围成一圈，载歌载舞。她们说不定会听见牧神潘的伴奏笛声从下方飘上来，一如这笛声曾为国王喀克洛

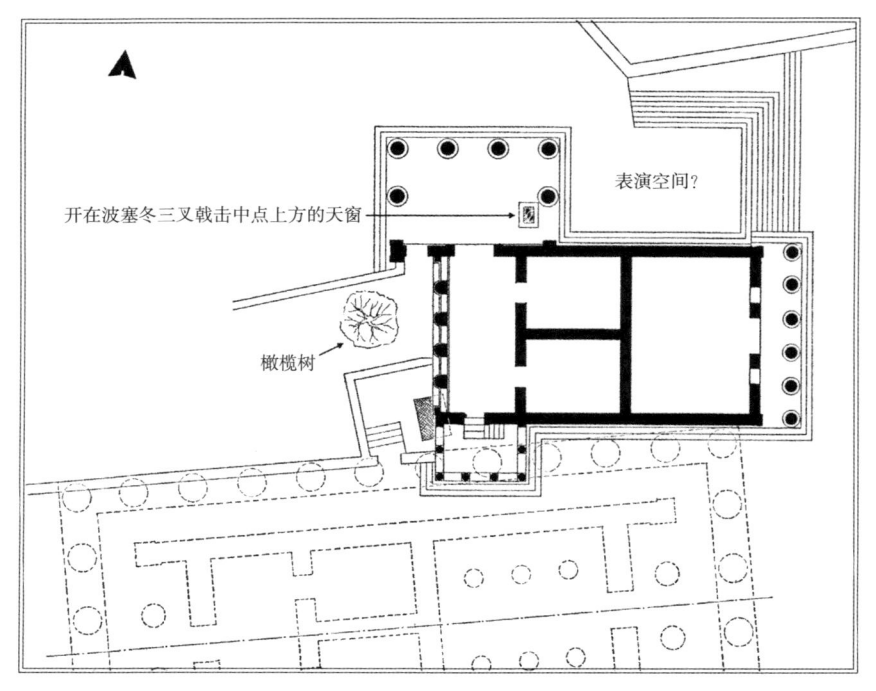

图97 厄瑞克透斯神庙平面图，图中标明了波塞冬三叉戟的击中点、雅典娜的橄榄树和表演空间的位置。

普斯的三个女儿伴奏（见第一章的《伊翁》引文）[65]。相传，喀克洛普斯几个女儿就是在北坡跳崖而亡[66]。最后，从这里也可以看见被砌在北防护墙里的古风时代柱石、柱间壁和楣梁石块（图24）。总之，在这个独一无二的记忆存取地点，景观、神话、历史和仪式壮观地冲撞在一起。

我们有可能知道姑娘们手牵着手合舞时唱着什么歌吗？欧里庇得斯《海克力士子女》中的优美颂歌也许可以提供线索。当然，那是一首由老者合唱的颂歌，这在希腊悲剧中极为罕见，但《厄瑞克透斯》也有同样情形。尽管如此，该颂歌也许还是带有泛雅典节（包括"守夜"）歌曲的残迹。歌队呼吁整个宇宙加入其合唱：

大地啊，通宵达旦的明月啊，那给人间光明之神的最明亮日光啊，请为我充当信使，对天高呼，把我之求告直送至宙斯座前，直送至灰眼雅典娜的殿宇！因为我们行将为了祖国，为了家园，用灰口铁剑在危险中劈出一条路，因为我们已接纳了祈愿者。……

可是，女主雅典娜啊，这里是您的土地、您的城邦，而您是其母、其女、其守护者，请把不敬的人赶走。该人从阿尔戈斯带来军队，挥舞长矛无理地进攻我们。把虔敬的我们逐出家园并不公道。

对您的丰盛祭典一向不缺，月亮渐缺的日子也总是不敢或忘，那时总有青年人的歌声或为他们舞蹈伴奏的旋律。在风吹的［卫城］山丘上，高声嚎啕吧，和着少女们彻夜舞蹈的节拍。

欧里庇得斯，《海克力士子女》748-758, 770-783 [67]

我们可以凭着这颂歌猜想"守夜"歌曲的轮廓。首先，歌队一开始可能也是呼唤大地、月亮和太阳充当他们向宙斯捎信的使者。稍后，它会指明泛雅典节的时间点是开始于"月缺之日"。事实上，阴历显示，在"赫卡托姆拜昂月"第二十八日的晚上，挂在天空上的是一个渐缺的新月。这会让"守夜"那个晚上的卫城非常朦胧，而天上星星也因此显得更加璀璨。

新月图案显著出现在铸于公元前五一〇至前五〇五之间的最早一批枭币上[68]。公元前四七〇年代期间，新月图案被引入"四德拉克马"银币的左上方，位置就在猫头鹰图案旁边（图107）。虽然这新月有时会被诠释为象征雅典娜在马拉松或萨拉米斯的大捷，但不大可能成立[69]。因为我们知道，马拉松战役是发生在满月当空的晚上，而且新月早在公元前六世纪最后十年便出现在雅典钱币，那时离波斯人登陆希腊海岸还早得很。

新月也许象征泛雅典节，特别是象征"赫卡托姆拜昂月"第二十七至二十八日的月缺之夜，其时雅典的少男少女齐集在卫城守夜。欧里庇得斯在《厄瑞克透斯》里有这方面的暗示。现存的残篇中，厄瑞克透斯问了王后一个问题（她当时看来正在处理一些新月形麦饼）："告诉我，你把这许多新麦造成的'月亮'从家里带来是为了什么？"[70] 这些饼会不会就是泛雅典节的供品？它们会被塑成小"月亮"的形状，是否就是要象征"守夜"当晚的月相？

更重要的是，残篇提到普拉克熹提娅召集来一批雅典女人，要她们以高声嚎啕（ololigmata）的方式呼唤雅典娜："哀嚎吧，女人们，好让女神穿着她的金色蛇发女妖，前来捍卫城市。"[71] 我们记得，当另一位雅典娜女祭司（特洛伊的西雅娜）把圣衣献在女神神像大腿时，在场所有女人也是一起仪式性地哀嚎起来[72]。前引《海克力士子女》的段落亦特别提到，少女们和着她们的舞步节拍"高声嚎啕"。

希腊文单词 ololigmata 是源自动词 ololuzein（大声哭叫），与梵文的 ululih（嚎叫）有着亲缘关系。英语单词 ululation（啼哭）和盖尔语单词 uileliugh（一阵哀哭）是来自拉丁文拟声词 ululare（嚎叫或哀哭）[73]。事实上，拉丁文单词 ulula 就是指某种猫头鹰[74]，古英语单词 ule 亦复如此。

时至今日，"发鸣声"仍然常见于非洲、东地中海、阿拉伯半岛和印度女人之间。它最常被用于婚礼和葬礼。在伊斯兰世界，"高声嚎啕"专门用于殉教者丧礼。透过激烈振动舌头和小舌，与此同时发出一阵尖锐喉音，其效果既吓人又萦绕不去。

在古希腊世界，女人会在仪式的高潮时刻"高声嚎啕"[75]。献牲时，它会于牲畜被割断喉咙的一刻发出。此举也许就像"奥罗斯"的笛声那样，作用是盖过牲畜死前的哀嚎声。所以，《海克力士子女》的颂歌会出现"高声嚎啕"一词，未免让人多少有点意外。因为"高声嚎啕"固然也可以是一种喜极而泣，但与它最密切相关的还是死亡和牺牲[76]。作者特意使用这字眼，可能是要传达一个幽暗讯息：这个晚上的欢乐与光明并非没有杂质。一众少女会"高声嚎啕"，是否想唤起厄瑞克透斯在雅典娜祭坛割断女儿喉咙的往事？我们很难想象，在离喀克洛普斯三个女儿和厄瑞克透斯两个女儿跳崖地点那么近的地方，雅典的少女们会不思及神话中的公主，并用唱歌跳舞纪念她们。

在卫城北防护墙后面跳舞的少女们会看见让人惊叹的星空秀。泛雅典节举行期间正是"大龙"星座升至最顶点之时。正如埃夫罗西妮·鲍齐卡斯指出过，"大龙"星座最壮观的阶段会与泛雅典节最后几天重叠，并不是巧合，而是刻意为了纪念雅典娜在"巨人战争"中杀死大龙这件分界性事件[77]。埃夫罗西妮指出，在守夜开始时刻，"大龙"理应刚刚越过子午线，站着就看得见。

在"大龙"星座这个一年一度的高潮时刻，它最亮的两颗星宿（位于"龙头"处）以在厄瑞克透斯神庙的北门廊观看最为壮观[78]。所以，如果我们把守夜地点定在北门廊旁边的"表演空间"，那雅典少女们就正好是在"大龙"的奇景下唱歌跳舞。巧合的是，观赏"许阿得斯星座"（与厄瑞克透斯三个女儿化作的"许阿铿托斯姐妹星座"为同一事）的最佳地点也是帕特农神庙的东边和雅典娜祭坛[79]。

当然，主张守夜地点位于厄瑞克透斯神庙北面的"表演空间"纯属猜测。在舞者缺席的情况下，我们不可能证明这空间是用于跳舞。不过，试图猜测歌舞是在哪里上演的努力是值得的，可以告诉我们许多与仪式的流传和运动有关的事。动态仪式塑造的神圣空间现已人去楼空，归于寂寥，让后人无从定义它们的原来功能。但透过把视觉、听觉、神话诗学、建筑和地形学的面向整合为一，可让考古学想象力活起来，有助于更深入了解人们在古代地形地貌中的时空经验[80]。

随着第二天天一破晓，群众会聚集在城墙外的凯拉米克斯，准备进行泛雅典节大游行。随着天空变亮，挂在天空东边的新月大概会黯淡下来。游行队伍全长约一公里，进入狄庇隆门后会途经阿戈拉广场再登上卫城（彩图13）。"圣道"宽十至二十米，可容纳数目庞大的游行者[81]。

率领游行队伍的殊荣落在一个具有"帕德诺斯"身份的女孩，即一个刚过青春期又未婚的年轻女子。她是由首席执政官钦点，从雅典最古老的世家大族选出[82]。这是一项极大殊荣，中选者等于被认可为城邦菁英阶层中最出色的少女之一。游行时，她头上顶着一个篮子，里面放着刀、油、缎带、大麦。我们好奇，让一少女来率领游行队伍会不会是为了纪念一个非常特殊的少女：她曾经在所有人的注视下步向雅典娜的祭坛，由父亲亲手手刃，献给女神。

在一个公元前五世纪中叶的黑绘广口杯上，正好有这么一个提篮女走向生着火的雅典娜祭坛。画面中，女神和她的女祭司站在祭坛后面，另有一个男人弯身与女祭司握手（彩图11）[83]。这一幕意味着什么？举着双手扶稳头上的篮子，图中的提篮女明显是献祭游行队伍的领头人，因为有献祭牲畜（公牛、母猪、山羊）、乐师和军人跟随其后。在这幅画面里，传说中的事件和历史中的仪式被融合为一。

我们很难不去注意到提篮少女与女像柱有若干相似性，后者是公元前六世纪起（希腊神庙宏伟化之始）出现在庙宇建筑[84]。例如，德尔斐锡弗诺斯宝库的女像柱除了衣饰华美，头上还顶着个像是高篮的东西[85]。这些所谓的"篮子"女像柱可能就是象征在"圣道"率领游行队伍的少女[86]。在游行过程中，提篮少女会与女像柱擦身而过。

同样情形也见于厄瑞克透斯神庙南门廊的女像柱（图98）。它们头顶顶着垫子，用于支撑过梁的重量。穿着节日的华丽衣服，它们可以充当大理石镜子，反映率领游行队伍来到卫城顶上的提篮少女[87]。游行的目的是邀请神明出席节庆，而透过把提篮少女的形象固定化为女像柱，女神会持续受邀，持续与雅典同在[88]。

游行行列中的圣像都是被高高举起，这让它们与女像柱可以四目相接，发生某种互动。类似情形见于南印度大寺庙的游行活动[89]。例如，在马杜赖的齐提蒂节，女神米纳柯希及其配偶湿婆的神像出巡时会途经一系列祭地，然后才回銮。在一处寺庙，国王蒂鲁玛莱·纳亚克和几个姬妾的石像会被从庙中抬出，与路过的游行队伍汇合[90]。这种模式有助于我们理解厄瑞克透斯神庙的女像柱在仪式空间所发挥的功能。在一年一度的"沐浴节"，雅典娜的橄榄木神像会被带下卫城，送到法里龙的海

图 98　从雅典卫城东南方看见的厄瑞克透斯神庙女像柱柱廊。©Robert A. McCabe, 1954–1955.

里沐浴。路过厄瑞克透斯神庙的时候，被高高举起的神像让石雕的少女可与女神神像进行某种神圣谈话。

　　泛雅典节游行的翌日，也就是节期的第七天，会进行两项重大的部落比赛："跃马车"和赛舟。被称为"所有比赛中最高贵和最受瞩目者"，"跃马车"要求一个御者负责鞭策四马马车全速前进，与此同时一个全副戎装的重装备步兵会在过程中一再跃下和跃上马车[91]。基本上这比赛是模拟战争中的行动，但诚如前面提过，雅典人很久以前便不再使用马车作战。所以，就像其他部落竞赛那样，"跃马车"是要缅怀雅典的早期岁月和祖先的勇武。

　　前面也说过，马车是由厄瑞克透斯／厄里克托尼俄斯引入雅典，而他本人也在第一届泛雅典节参加过马车比赛。"跃马车"比赛以城市厄琉息斯神庙为终点，而这一点透露出这比赛与攸摩浦斯的战败有意义上的关联。前面说过，泛雅典节游行队伍在登上卫城前会刻意绕路，先经过城市厄琉息斯神庙（彩图13）。这也有可能是为了让人想起攸摩浦斯（他在"厄琉息斯秘仪"扮演重要角色）。

泛雅典节：认同归属的表演与少女之死　　325

同日在比雷埃夫斯的穆尼奇亚港举行的部落赛舟会事实上是要模拟海战。我们听说，泰米斯托克利斯的坟墓就位在一个可以把赛事尽收眼底之处，所以，赛舟会肯定是要纪念雅典人在萨拉米斯海战中的胜利[92]。就像其他部落比赛那样，赛舟的奖品是颁给整支团队而非个人。首奖包括三头牛、三百"德拉克马"现金奖，外加两百"德拉克马"以供"举行饮宴"[93]。由此可以推知，得胜的部落赛后将可大啖牛肉盛宴。

不管我们怎样努力还原泛雅典节的行事历，有一个谜团至今未解：古代雅典人自己到底怎样理解他们这个最重要的节日？在他们的观点里，被非常忠实地奉行了近一千年的那些仪式意义何在？雅典毕竟是个高度虔诚和狂热迷恋自己过去的文化，所以，它自己对泛雅典节的理解在一千年间即便有过变化，但在这样的世界里，不存在为传统而保持传统、为习俗而保持习俗这回事。不过，想要重新发现这种理解，我们会碰到一个内在于所有古代宗教的难题：处于同一个信仰系统的人极少会觉得有必要谈它。所以，要理解一个共同体的宗教实践，我们主要凭借局外人的记述[94]。只是，还没有局外人为文谈过雅典的仪式祭典。

十九世纪晚期的学者因为亟于解释泛雅典节的起源，便把它径说成是为了庆祝雅典娜的诞辰[95]。虽然几乎马上就遭到奥古斯特·蒙森的反对（蒙森的哥哥特奥多尔是唯一得过诺贝尔文学奖的古典学家），但此说仍然获得普遍接受[96]。在二十世纪，它成了一个"已确立事实"，甚至时至今日仍得到一些学者青睐。让人苦恼的是，虽然我们对泛雅典节所知不少，却对它的起源一头雾水。有人把它解释为类似"新年"的节庆，其他人则说它是要庆祝新火[97]。罗伯森对这种情况有一扼要概括："虽然（泛雅典节的）许多细节都一清二楚，但它的核心部分始终晦暗不明。我们不知道这个节日的起源和意义，不知道它的社会目的或季节性目的，也几乎没有人从事这方面的究诘。"[98]

一个有别于"生日派对假设"的理论近年来逐渐抬头。按照这观点，泛雅典节之设是为纪念雅典娜在"巨人战争"的胜利[99]。诸神与巨人之战当然是显眼地见于卫城的仪式和图画。它曾被壮观地展示在公元前六世纪之末的旧雅典娜神庙（图18）。这个宇宙史前史的故事也被织进雅典娜的圣衣,以及见自公元前六世纪中叶起出现在雅典的陶瓶绘画(卫城本身便出土不少这类绘画的碎块)。不过,有足够证据显示,"巨人战争"固然重要,仍只不过是泛雅典节要庆祝的好些"分界性事件"之一(这些事件共同构成了雅典人的自我定义)。在这个意义下,适用于帕特农神庙的道理同样适用于泛雅典节:它是要在同一时间呈现好些不同的族谱叙事。

在泛雅典节要庆祝的各种事件之一是厄瑞克透斯对攸摩浦斯的胜利,还有那件保证这胜利能获得的少女牺牲事件。自晚期青铜时代开始,这胜利便跟"泰坦战争"、"巨人战争"、忒修斯的功绩、特洛伊战争和其他族谱神话一同在卫城受到纪念。就像古代近东史诗和视觉文化习惯同时讴歌前后相续一段极长时间的一系列神话,雅典的仪式也是要纪念"层层叠叠"的军事胜利,在过程中把雅典人的根源不断往前回溯。事实上,以泛雅典节这么深具社会功能的一个节日,若竟没有强烈的神话叙事作为核心将会非常奇怪。所以,构成雅典人意识根本的深层历史每年都会被动态地重演一遍,一如一年四季它都会由帕特农神庙静止不动的大理石所见证。

但那些体育竞技又要怎么解释?从《伊利亚特》开始,体育竞技就是为怀念死去的英雄而设[100]。阿基利斯挚友帕特洛克罗斯之死和为尊荣他而举行的竞技成了信史时代运动会的原型。运动会是英雄的恰当纪念馆,因为运动员的体力劳动和精力消耗可以体现人在世界里的奋斗。所以,竞技更多是用来彰显人类英雄而非神明,哪怕凡夫的荣耀和神明的荣耀从不能完全二分。就像我们在上一章所看到,地方英雄的墓冢往往设在地方神明神庙的近旁:奥林匹亚的珀罗普斯如此,尼米亚的俄斐耳忒斯—阿耳刻摩罗斯如此,伊斯米亚的墨利刻耳忒斯—帕莱蒙也是如此[101]。几个泛希腊运动会正是为纪念他们的死而设立。但这会引出另一个问题:雅典人在泛雅典节运动会要纪念的英雄是谁?

半世纪以前,汤普森是少数致力找出雅典运动会背后英雄的人之一,而他把目光望向阿戈拉广场的英雄祠[102]。但与其望向那里,我们何不望向卫城本身?厄瑞克透斯(他的墓冢被认为位于厄瑞克透斯神庙地底下)显然是个理想候选人。他的安葬方式追随奥林匹亚、尼米亚和伊斯米亚的模式,所以我们有理由认为,他也像那里的王室英雄被人以运动会纪念那样,在雅典被人以竞技比赛尊荣。

但既然我们望向这位最显著的英雄,则何不同时望向女英雄?毕竟,与其他泛希腊圣地不同的是,雅典卫城乃是奉祀一位女神。我们有理由认为,随着伯里克利的新公民权法让雅典女性的地位获得提升,厄瑞克透斯三个女儿得以被整合到对雅典娜和厄瑞克透斯的联合祭拜。西塞罗便指出过,厄瑞克透斯和三个女儿在雅典是被当成神明奉祀[103]。所以,大有可能,三位女英雄和她们的父亲就是泛雅典节运动会要纪念的人物。

向雅典娜呈献圣衣是泛雅典节一个高潮时刻。我们已经看到,帕特农神庙东横饰带的中央画面,有件衣服占据着显眼位置。这一点一直被用来支持一个谬论,即横饰带是要再现一次实际发生过的泛雅典节。不过,中央画面里的衣裳虽不是雅典娜的圣衣,但它会在泛雅典节和横饰带占有吃重角色却并非偶然[104]。在深入探究这两者的关联之前,我们要先问一个问题:人们最初为什么要为雅典娜编织一件圣衣?在古希腊,仪式从来不会无缘无故出现。它们背后必有一个神话作为依据。

向神明进献衣服的习俗泛见于希腊的宗教实践,但有关为神像织圣衣工作(如在大泛雅典节前花九个月织一件)的文献记载却不多。考古挖掘持续增加我们在这方面的所知[105]。从留存至今的文献,我们确知有织圣衣仪式伴随的神明包括雅典的"护城雅典娜"、阿尔戈斯的赫拉、奥林匹亚的赫拉和(前面提过的)阿密克莱的阿波罗[106]。为赫拉编织的衣物常被理解为她的嫁衣,是象征她作为宙斯妻子的身份,象征她的新娘原型身份。在阿密克莱,众人会为阿波罗编织一件披风,其所象征的是许阿铿托斯的裹尸布(前面说过,许阿铿托斯"葬在"神像底座下面)。

希腊人有三大人生场合用得着图案繁复精美的布料:出生(作为裹婴巾)、结婚(作为嫁衣)和死亡(作为殓服)。为雅典娜而织的圣衣不可能是她的裹婴巾(她一出生就是大人),也不可能是她的嫁衣(她永远是处子之身)。但如果我们记得雅典娜和帕德诺斯(就像阿密克莱的阿波罗和许阿铿托斯那样)是受到联合祭拜,那她的圣衣就有可能是象征厄瑞克透斯女儿的殓服,一如阿波罗的圣衣是象征许阿铿托斯的殓服。两者的模式是一样的。地方英雄与地方神祇的关系是那么紧密,以致久而久之,英雄的殓服与神明的衣裳被混淆不分。

前面提过,古代文献资料提过两种不同的圣衣:一是每年小泛雅典节向雅典娜橄榄木神像呈献的小圣衣,一是在大泛雅典节向女神进献的大圣衣。至少从公元前四世纪之末起,大圣衣就是用一艘船运至卫城(圣衣像帆那样被张挂在桅杆上)。有些学者相信,运圣衣的船是参加过萨拉米斯海战的其中一艘三桨座战船,它被从水中吊起,安放在轮车上。对雅典人来说,这是一件重要的"记忆保存物",是他们战胜波斯人的神圣遗物[107]。它被用轮车从凯拉米克斯公墓一直拉到城市厄琉息斯神庙[108]。

大圣衣上织有诸神与巨人大战的画面,亦大有可能织有其他太古时代和史诗时代的宇宙冲突及"分界性事件"。公元前三〇二/三〇一年,"围城者"德梅特里奥斯*厚颜让自己的肖像出现在圣衣上,被认为是一种大不敬。神明明显感到不悦:游行过程中突然狂风大作,把圣衣—船帆撕成两截,传达出极恶兆头[109]。

这块大布或圣衣或船帆象征着什么?借助伊丽莎白·巴巴对精美布料在葬礼角色的研究,里奇韦主张,圣衣是沐浴节时用来包裹雅典娜的橄榄木古像[110]。模仿葬礼对尸体的处理,雅典娜神像在沐浴节当天会宽衣、洗浴和换上新衣。这节日有可能是为尊荣阿格劳萝丝而设,因为她是第一位"圣衣洗涤女"。这些诠释说明了古希腊人用来形容衣服的用语有多么意义模棱两可和富有弹性。

赫利奥多罗斯的小说《衣索比亚传奇》也许可帮助我们了解泛雅典节圣衣(一块明显与死亡相关的布料)的起源和功能。故事中,塞阿戈奈斯从色萨利前往德尔斐参加涅俄普托勒摩斯—皮洛斯神庙举行的庆典,美丽的处女女祭司卡里克萝让他一见钟情,疯狂爱上对方。卡里克萝以爱回应爱,但这段恋情受到她的监护人阻挠,因为后者想把女祭司嫁给侄子。两人只好漏夜私奔,跑到附近港口登上一艘腓尼基人的船,要往迦太基而去。

卡里克萝私奔时穿着的圣衣被作者同时描述为"胜利斗篷"和"裹

---

* 译注:亚历山大大帝其中一位"继业者"安提柯一世的儿子,一度控有雅典,最终败亡。

尸布"[111]。赫利奥多罗斯会用两种大相径庭方式形容一件衣服不能不引人好奇。他的描述必然是有历史先例可援，是他的读者可理解（我们则无法理解）。我相信，雅典娜的圣衣同时具有赫利奥多罗斯这里所说的两种功能。赫利奥多罗斯是个深受雅典娜崇拜影响的人，事实上，在他对德尔斐节日的虚构描写里，掺进了一些泛雅典节的关键元素：大游行、百牛祭、仪式性舞蹈、女祭司。对雅典人来说，圣衣确实形同一件胜利斗篷，一如整个泛雅典节正是要彰显雅典人的优越性。不过，圣衣的神话基础却是那个为城邦舍命的少女，象征的是那件在帕特农东横饰带上被当事人自豪地炫耀的殓服。就像那件为阿波罗而织的披风是复制自被挚爱的许阿锵托斯的裹尸布，为雅典娜而织的圣衣也是为了纪念她挚爱少女的殓服。就这样，圣衣的两种不同意义汇流在卡里克萝的衣裳里，形成了赫利奥多罗斯小说里的一个有力意象——这小说仅仅写成于雅典人最后一次向女神敬献圣衣之前一百年。

希腊神庙的众多功能之一是安置神明神像[112]。位于帕特农神庙内殿的雅典娜巨像高十二米，壮观得超乎想象[113]。菲迪亚斯用来造像的是人类所知最珍贵的两种材料：黄金与象牙。雅典娜的脸、手臂和脚都是象牙雕成，她的袍服、盔、矛和盾则是用十吨黄金锻铸而成。田纳西州纳什维尔市的百年纪念公园有一尊"帕德诺斯雅典娜"神像的原尺寸复制品，让我们多少可想见原像的宏伟（彩图14）[114]。这个雅典娜右手平伸，掌中托着个十五厘米高的胜利女神。在她的盾牌与袍服之间盘蜷着一条金蛇，象征卫城上的圣蛇，也是雅典开国者厄瑞克透斯的象征。据估计，这神像的成本不亚于帕特农神庙本身的建造经费，甚至于更高。

对这尊所谓"帕德诺斯雅典娜"的外观，我们所知甚多，而这是拜保萨尼亚斯、普林尼和普鲁塔克的描述，还有一些大理石的小型复制品之赐[115]。雅典娜的头盔装饰着一头狮身人面兽和两匹飞马，帽檐和面甲装饰着狮身鹫首兽和鹿。而这些守护动物意在凸显女神的保护大能。一个象牙的蛇发女妖头装饰着女神的前胸，她的金盾立在身侧地上，高近五米。盾上浮雕呼应着东柱间壁和西柱间壁的尚武主题：盾背面是"巨人战争"，盾正面是"亚马逊人战争"。雅典娜凉鞋鞋底的浮雕则呼应着南柱间壁的主题,刻画的是拉庇泰人和马人的战争。这神像的图像配置就像神庙本身一样浓缩着雅典的过去。

在神像落成五百多年后从事著述的普林尼和保萨尼亚斯告诉我们,神像底座的图画母题为潘多拉的诞生[116]。一看到这个,保萨尼亚斯马上想到赫西俄德《神谱》与《工作与时日》中的潘多拉。她是第一个女人*,而她的好奇心驱使她打开一个她不应该打开的魔坛,因而把所有的魑魅魍魉释放到世界来[117]。但为什么这个麻烦制造者会出现在"帕德诺斯雅典娜"的底座?这是怪事,因为她与雅典毫无关系。

不过,雅典传说里还有另一个潘多拉,而这个潘多拉为人,且与大地女神有关[118]。她的名字(意指"送出一切者")反映出名字主人的慷慨本性。看来,从罗马统治的时代开始,大家就把这个潘多拉和赫西俄德笔下的潘多拉混为一谈。他在《女人目录》一书中也提过前者,称她为"可爱的潘多拉",而这个潘多拉是国王丢卡利翁和妻子皮拉的女儿[119]。她被说成是蒂娅和普罗特吉尼娅的妹妹——厄瑞克透斯的长女和次女也是一样的名字[120]。我相信,帕特农神庙雅典娜神像底座的少女就是这个阿提卡的潘多拉,而她也是厄瑞克透斯的最小女儿,曾为拯救城邦而"送出一切"。

我们应该记得,厄瑞克透斯有三个女儿,而她们的名字与丢卡利翁的三个女儿一模一样:潘多拉、普罗特吉尼娅和奥莱蒂娅(或蒂娅)。这清楚表明两个神话曾经被相混淆。第四章已经指出过,有关厄瑞克透斯几个女儿的名字,不同文献资料(有鉴于它们的跨度涵盖千年)的说法往往互相冲突。在巨大而纠结的阿提卡神话蛛网中,"三个女儿"的模式反复出现。就像丢卡利翁和厄瑞克透斯都有一个叫潘多拉的女儿,喀克洛普斯也有一女名叫潘朵洛索斯。潘朵洛索斯很可能是潘多拉之讹,一如厄里克托尼俄斯是厄瑞克透斯之讹[121]。不管怎样,我们都应该把雅典娜神像底座的画面看成是厄瑞克透斯之女潘多拉的加冠,而不是像保萨尼亚斯所说的是"潘多拉的诞生"。就像见于帕特农柱间壁的"巨人战

---

* 译注:潘多拉为宙斯授意黑淮斯托斯创造的第一个女人,用于惩罚世人(普罗米修斯把天火盗取给人类一事惹他不高兴)。黑淮斯托斯用泥和水捏成潘多拉。

争""亚马逊人战争"和"马人战争"被引用于神像的盾牌和凉鞋,见于神庙横饰带的少女牺牲故事也被神像的底座引用[122]。据估计,神像底座高约九十厘米,而由于横饰带也是高一米左右,所以底座浮雕与横饰带之间也许还有另一重视觉关联[123]。

  以留存至今的复制品与普林尼的记载为基础,我们可以还原出底座浮雕的构图。普林尼告诉我们,画面中大约有二十位神明(彩图14、图99)[124]。潘多拉以小女孩之姿站在最中央,面朝正前方,两手垂在身旁。雅典娜站她右边,手持冠状发环,准备为少女加冠[125]。

  非常相似的画面见于两个年代早于帕特农神庙的雅典陶瓶。在一个现藏伦敦的红绘巨爵,我们看见一个女孩被雅典娜加冠,左边站着宙斯和波塞冬,右边站着阿瑞斯、赫耳墨斯和一位女神(疑是阿弗洛狄忒或赫拉)(图100)[126]。雅典娜为女孩伸出一顶草叶冠,后者穿着圣衣,面朝正前方,姿势僵硬,两手各紧抓住一根橄榄枝(也可能是桂树枝)。少女的僵固面容意味着她正处于一种白热化的意识转换状态。她站在画面最中央,给人一种孤零零的感觉。一般都把这陶瓶绘画的主题解释为第一个潘多拉的诞生。不过,这诠释无法说明黑淮斯托斯何以会缺席(他是创造故事的核心人物)和战神阿瑞斯何以会出现。画面中,阿瑞斯与战争女神雅典娜分站女孩左右,氛围不像是创造女人而像是庆祝军事胜

图99 帕德诺斯雅典娜神像底座浮雕的还原图,图中的女孩正准备接受加冠。由彼得斯参照莱朋《帕德诺斯雅典娜》图版6所绘。

图100 雅典娜为厄瑞克透斯的女儿加冠，最左两人为宙斯与波塞冬，最右两人为阿瑞斯和赫耳墨斯。见于一个萼状巨爵，尼俄庇特画师所绘，年代约为公元前四六〇至前四五〇年。

利。我们记得，普拉克熹提娅曾在《厄瑞克透斯》宣称："当我的女儿为城邦而死，就会得到一顶独属于她的冠冕。"[127] 所以，陶瓶绘画中的雅典娜更有可能是为死去的厄瑞克透斯女儿加冠。阿瑞斯则是刚从战场跑回来，宣布雅典已经得胜的消息。

相似的女性形象（面朝正前方，两手垂下和穿着圣衣）也见于一个在拿坡里附近的诺拉出土的白底广口杯（图101）。它也是一向被诠释为第一个女人的诞生。我们看见雅典娜和黑淮斯托斯分站在女孩两边，向她递出一顶冠冕[128]。少女的名字注明在她头顶上方：安纳丝多拉，意谓"奉送出礼物的人"[129]。这个名字的意思固然与"潘多拉"（"送出一切者"）相近，却明显带有阴间寓意，因为她的礼物是从地下送出。事实上，这名字意味着一个被葬在土里的女孩[130]。不无可能，少女安纳丝多拉原是公元前五世纪中叶某个传说中的人物，但到了保萨尼亚斯的罗马时代却被当成与潘多拉是同一人。因此，我相信"帕德诺斯雅典娜"神像底座刻画的是厄瑞克透斯女儿的加冠，不管她的名字是安纳丝多拉、潘多拉还是潘朵洛索斯。广口杯上会同时看到雅典娜和黑淮斯托斯非常合宜：他们在某个意义下是少女的"祖父母"，因为厄瑞克透斯／厄里克托尼俄斯就是因两人而生。死去的女孩以女英雄的新身份受到欢迎，被冠以（用普拉克熹提娅的话来说）"一顶独属于她的冠冕"。

泛雅典节：认同归属的表演与少女之死

图101 雅典娜与黑淮斯托斯为画面中央的安纳丝多拉加冠。见于一个白底广口杯，塔尔奎尼亚画师所绘，年代约为公元前四六〇年。

如果我们把雅典娜与潘多拉这层特殊关系考虑进来，把潘多拉理解为厄瑞克透斯的少女，那么许多环绕着卫城祭仪的谜团就会变得易解。例如，它可以解释如下的规定："凡给雅典娜献上一头母牛者，亦有责任为潘多拉（又称潘朵洛索斯）献上一头母羊。"这话是我们得自斐洛考鲁斯，他在公元前四世纪晚期是雅典的预言家和献祭督导。流传下来的手抄本特地注明潘多拉又称潘朵洛索斯[131]。还可以得到解释的是这个：帕特农神庙南横饰带只看见母牛，北横饰带则同时看见母牛与绵羊。雅典娜曾规定要对厄瑞克透斯飨以牛祭，那么，北横饰带上的绵羊是献给谁的呢？大有可是要献给厄瑞克透斯的女儿，她的名字或作潘多拉，或作潘朵洛索斯，或作安纳丝多拉。人们从前就意识到斐洛考鲁斯的话与北横饰带上的羊有关，只是从未有人能充分解释潘多拉何以会出现在卫城祭仪的脉络里。

这个解读同样有助于说明阿里斯托芬《鸟》一剧里一个长久让人困惑的段落。剧中，预言家巴基思宣布一个神谕有此要求："先向潘多拉奉献一只白卷毛的公羊。"¹³² 这神谕的意义从未得到理解。但如果神谕中的潘多拉是指厄瑞克透斯的女儿而不是赫西俄德笔下那个制造麻烦的潘多拉，一切便说得通。

如果说还有一片拼图块可以帮助解开泛雅典节之谜（即雅典人是如何理解他们的最盛大节日），那么这片拼图块就是一个无处不见的图像（正是它的无处不见让人对它视而不见）。

不管是在泛雅典节奖瓶、著名的"四德拉克马"银币，还是在许许多多的阿提卡陶瓶绘画和雕刻，我们都可以看到一个与雅典娜绝对等同的符号。我说的当然就是猫头鹰。雅典娜与其有翼同伴的形影不离受过许多研究，但从未得到充分解释。为什么猫头鹰与女神会形影不离？这生物有什么特别之处让它可以成为女神的无上象征，并因此是整个雅典的无上象征？

作为自然界的猛禽，猫头鹰与战争女神雅典娜的勇武一面当然非常匹配¹³³。我们一再看见猫头鹰出现在战场上，催促雅典将士取胜。在阿里斯托芬《黄蜂》一剧，雅典娜派她的圣鸟飞过马拉松的雅典部队上方，以为他们带来好运¹³⁴。而据普鲁塔克记载，帝米斯托克利一直说服不了盟邦参与萨拉米斯的战斗——直至看见一只猫头鹰降落在其三桨座战船的索具，大家才点头¹³⁵。在罗马帝国时期的阿提卡钱币上，我们看见帝米斯托克利全副戎装站在船上，船首停着一只小猫头鹰¹³⁶。

在希腊艺术里，猫头鹰总是脸朝正前方，身体打侧。从纯粹的自然主义角度理解，这种手法是要表现猫头鹰头部的惊人旋转幅度和强调它的大眼睛。葛罗莉亚·法拉利指出过，猫头鹰般的瞪视在古希腊（如今仍有部分希腊地区如此）被认为是一种男子汉的表现。男人会放肆无礼地目光直视对手眼睛，以显示自己的男性气概。与此相反，女性被认为应该以"牛眼"视人（天后赫拉就常常被这样形容），即保持敛首低眉，以此表现"端庄"或"谦卑"¹³⁷。

早在公元前七世纪，在荷马的《伊利亚特》和赫西俄德的《神谱》里，雅典娜便被称为"枭眼者"¹³⁸。这个外号可能是因为女神有一双银闪闪的灰绿色眸子，也可能是因为她眼神锋利，与一般女性大异其趣。

事实上，"枭眼者雅典娜"乃是所有女神中最阳刚的一位，而作为职司战争、智慧和工艺的女神，她也毫不以不谦逊为耻。

必须指出，古风时代和古典时代的希腊艺术都绝少把人物呈现为脸朝正面[139]。每有这种不寻常的面部角度出现，都是刻意为之，是要显示什么大不寻常的事情正在发生。毫无例外地，这手法都是要表现两种生理或心理状态之间的转换，如睡与醒的转换、清醒和醉酒的转换、平静和陶醉、沉着和性狂喜的转换，或生与死的转换。这时，人物会直视着观者，传达出一瞬间的停格状态。我们前面已经看到，安纳丝多拉／潘多拉在接受加冕和经验"登仙"时是面朝前方，两眼直视。在这一刻，厄瑞克透斯的女儿被卡在生与死、人与神之间。雅典娜的猫头鹰会呈现出同一种让人不安的身姿绝非偶然。事实上，它是要暗示死亡的迫在眉睫。

早在美索不达米亚的巴比伦时期（约介于公元前一八〇〇至前一七五〇年），猫头鹰便被认为是死亡的征兆。一个例子是一幅被称为"夜之后"或"伯尼浮雕"的碑板（图102），据信是出土于伊拉克南部。碑板中的赤裸女人背上长翅，脚是鸟爪。她站在两只狮子身上，有两只巨大和恶狠狠的猫头鹰护卫。这个女魔的身份有几种诠释：或说是莉莉杜／莉莉斯（恶风女妖或夜之女妖），或说是伊楠娜／伊什塔儿（性爱、丰产和战争女神），或说是伊楠娜的姐妹、阴间女神厄里什基迦勒[140]。她手上握着的环和棒象征时间单位。

相似地，猫头鹰在古希腊亦是有着死亡和哀悼寓意。在视觉艺术中，有翼生物往往代表正在离开身体的

图102 称为"夜之后"的赤陶土浮雕。图中的女魔有翼，双脚长鸟爪，两侧各有一只狮子和大猫头鹰。旧巴比伦王国时期之物，年代约介于公元前一八〇〇至前一七五〇年。

人类灵魂。希腊人相信，死亡女精灵刻瑞丝会把亡灵带至阴间。在希腊的丧葬纪念碑上，我们看见有翼塞壬、鹰身女妖、鹫身人首兽和狮身人面兽被用作亡灵守护者。

现藏伦敦一个公元前四四〇年左右的红绘巨爵刻画着普洛克丽斯临死的画面：只见带翼灵魂从她身体飞出，飞向天空（图 103）[141]。先前，她丈夫刻法罗斯正在打猎，看见灌木丛晃动，以为有野兽藏身其中，掷出长矛后才发现误杀妻子。画面中，刻法罗斯与猎犬站在左边，普洛克丽斯的父亲厄瑞克透斯站在右边，极激动地指着飞走的有翼灵魂。这灵魂脸朝正前方，普洛克丽斯那张无生气的脸亦复如此：两者都是要表达从生到死的转换。

猫头鹰的死亡使者角色可解释它与雅典娜的紧密关系。前面说过，"猫头鹰"一词（拉丁文作 ulula 而古英语作 ule）的词根是来自"高声嚎啕"（ololigmata），而在阿尔克曼写于公元前七世纪的《少女之歌》中，有这么几句歌词（这歌在他的监督下由女歌队在斯巴达唱出）：

> 我会说我是个
> 少女，是在天空徒劳哀哭的
> 猫头鹰。
>
> 阿尔克曼，《少女之歌》85–87 [142]

图 103　普洛克丽斯的死亡，她的丈夫刻法罗斯和父亲厄瑞克透斯目视着她的"鸟魂"离体而去。见于一个圆形巨爵，黑淮斯托斯画师所绘，年代约为公元前四四〇年。

葛罗莉亚·法拉利指出过，唱这首歌的女歌队和许阿得斯有着重要关联。水仙女许阿得斯姐妹因为手足许阿斯在一场狩猎意外中被杀而伤心欲绝，不停痛哭。她们的泪如雨下让她们成了唱挽歌歌队的原型。葛罗莉亚认为，在"夜枭阴郁而不停歇的咕咕声"里，我们可以听见许阿得斯姐妹的"哀哭声"[143]。她们的悲苦最后让她们被转化为许阿得斯星座，而这星座后来又被连接于厄瑞克透斯三个死去女儿——她们被星格化为许阿铿托斯姐妹星座。在《厄瑞克透斯》残篇最后几句残缺的句子里，我们看见"许阿铿托斯姐妹星座"和"星星"字样[144]。

好些雅典陶瓶绘画都是表现雅典娜以三只猫头鹰为伴的画面。现藏于堪萨斯州一个白底细颈长油瓶画着全副戎装的雅典娜坐在自己的庙里（图104）[145]。一只猫头鹰降落在她的盾牌顶部，另一只站在第一只下方，第三只歇在祭坛上。如果把三只猫头鹰诠释为厄瑞克透斯三个女儿的灵魂，那祭坛上的猫头鹰应该是代表那个被牺牲献祭的最小妹妹，而她两个信守誓言同死的姐姐则成双站在画面左边（她们在帕特农横饰带也是与妹妹分开站）。三个死去的女英雄在这陶瓶上被表现为有翼的灵魂，她们虽然失去身体，但精魂继续住在雅典娜的殿宇里面。我这个诠释是建

图104　左图中雅典娜与两只猫头鹰和她的盾牌坐在自己的庙里。右图中一只猫头鹰坐落于她的祭坛上。见于雅典娜绘师所绘细颈长油瓶（年代约介于公元前四九〇至公元前四八〇年）。

立在葛罗莉亚的诠释上：她认为三只猫头鹰象征喀克洛普斯三个女儿[146]。我则认为她们代表厄瑞克透斯三个女儿。葛罗莉亚会产生这种误会并不奇怪，因为喀克洛普斯家三姐妹和厄瑞克透斯家三姐妹在古代文献里本就经常被混淆。

现藏瑞典乌普萨拉一个水罐让这种关联更加清楚。在这幅陶瓶绘画中，只有单一只猫头鹰歇在雅典娜的祭坛上，从图中的一根多立克式立柱，可知这祭坛是位于神庙之内（彩图15）[147]。一个男人领着一头公羊献祭，另有一头公牛等在画面最右边。这两种献祭牲畜（羊和牛）与帕特农神庙北横饰带上所见者是同一类。我们记得斐洛考鲁斯说过："凡给雅典娜献上一头母牛者亦有责任为潘多拉献上一头母羊。"[148] 如果歇在祭坛上的猫头鹰真是象征厄瑞克透斯那个自我牺牲的女儿（她的名字也许就是潘多拉），那图中的羊就是奉献给她，而那头牛迟些将奉献给她父亲。

一只极引人好奇的拟人猫头鹰出现在现藏卢浮宫的马克杯，它再次显示出雅典娜与那个为雅典牺牲的女孩的紧密关系（图105）[149]。陶杯上的猫头鹰脸朝正面，两眼圆睁看着我们，头戴头盔，从羽毛身体伸出两根手臂，一手持矛，一手持盾（陶杯背面画着一片橄榄叶）。我们看见的是一个猫头鹰战士，一只穿成重装备步兵的猛禽。在这个单一图像里，雅典娜与她最爱的象征标志融合为一。在她们的重叠形象里，也藏着那个为雅典而死的小公主的灵魂。普拉克熹提娅曾把牺牲女儿比拟为派儿子上战场：这是极少女孩能成就的英雄业绩，但能成就者会与任何为拯救城邦而死的男性英雄一样，永垂不朽。在上述的陶杯里，牺牲和转化业已发生："战士女孩"已经死

图105 持盾挥矛的拟人化的战士猫头鹰。见于一个马克杯，年代约为公元前四七五至前四五〇年。

泛雅典节：认同归属的表演与少女之死　339

了，也被转化了，精魂住在有翼猫头鹰的身上。她会飞过战场，激励雅典人战胜——一如她会盘旋在卫城之上，呼唤雅典人奉行祭典。

卢浮宫马克杯的年代被判定为公元前五世纪第二季，并且与称为"枭觥"的雅典陶饮杯系列有关。"枭觥"从大约公元前四九〇年一直生产至前四二〇年，之后生产地点转移至南意大利的阿普利亚。有数千个这种形制特殊的饮器流传至今，它们在外形与装饰上完全一致。"枭觥"的正面和背面都画有一只两旁各有一根橄榄枝的猫头鹰[150]。

很多"枭觥"都同时有一根横向和纵向手柄，而这种大不寻常的设计也许说明它们有着双重功能。横向手柄可能是供饮者把杯送至嘴前，而纵向手柄是供人把奠酒倾倒地上或祭坛。在第一章，我们走访过位于卫城北坡的所谓"觥神祠"。那里，有两百多个觥形杯被特意排成一排排，可能是参拜者行过奠祭后放在那里。事实上，我们有理由相信，"枭觥"是用于非常特殊的仪式场合。

在一块赤陶土的织布机吊坠上，我们看到另一只拟人化的猫头鹰（图106）。该吊坠出土于南意大利塔伦特姆，现藏布尔穆尔学院[151]。就像卢浮宫马克杯的那一只，吊坠上的猫头鹰也是鸟身体上长着两根手臂。它正忙于纺织，一手操控纺纱杆，一手从地上的篮子抽取羊毛。在这用品里，造型、功能和装饰结合得天衣无缝：当悬吊的吊坠随着织布机晃动而摆动，上面的猫头鹰会看起来像正在飞似的。我们不妨想象这画面：一个女孩用纤纤玉手把纬线交织到经线，吊坠的吊线不断被触动，引起猫头鹰翩翩飞舞。

然而，没有其他范畴的物品比"四德拉克马"银币让雅典娜的爱鸟流

图106 长有手臂的"女孩猫头鹰"正在纺纱杆上纺线。塔伦特姆出土的赤陶吊坠。

传得更广。人们就管它叫"枭币"。从公元前六世纪最后十年开始铸造，这些银币不间断地生产至公元前一世纪，流通范围远达也门和阿富汗[152]。钱币正面是雅典娜的肖像，背面是她的猫头鹰、一根橄榄枝和 ATHE 字样（"来自雅典"的缩写）。猫头鹰头部左边有一弯新月（图107）。前面说过，新月很有可能是象征泛雅典

图107　雅典的"四德拉克马"银币，年代约为公元前四五〇年。

节，因为这节日是以月缺之日为最高潮。作为雅典人最隆重的庆典，泛雅典节几乎是雅典的同义词，因此新月也就成了该城邦最为公众所知的事物。在阿里斯托芬尼的《鸟》剧中，"枭币"因为主角欧厄尔庇得斯的一句问话而广为人知："是哪个傻瓜把一只猫头鹰带进雅典？"[153] 这有可能是"把煤运至纽卡斯尔*"一类的笑话，是取笑竟有人把一个城市早就多到泛滥成灾的东西带至该城市。

正如本章一开始指出过，泛雅典节不是希腊最重要的盛事，但在雅典却找不到比它更重要的盛事，因为它是终极的认同归属仪式。这一功能表现在它的部落赛事和其他让泛雅典节有别于其他泛希腊节日的竞赛和仪式。它们表现出雅典人对自身谱系着魔般地念兹在兹（一个贯穿本书全书的主题）。根正苗红是公民资格的必要条件。

对那些能分一杯羹的人而言，认同归属的利益厥为巨大。只有公民可以拥有土地和房产，并拥有可观的权利与义务[154]。他们有资格承租拉夫里翁的银矿，接受政府免费赠送的现金和谷物，参与部落节日和公共节日，以及出任公职和祭职。只有公民有权在法庭和公民大会投票、发

---

* 译注：纽卡斯尔（Newcastle）是英国的产煤中心和输出港口。

言和申辩。所以，全体公民绝对地垄断了雅典的经济、法律、政治和社会特权。这就难怪雅典人在公元前五世纪、前四世纪乃至整个希腊化时代都那么紧张兮兮地防卫这种身份认同系统。

"原生"的传说彻底符合这个系统的需要。前面指出过，"原生"这观念是公元前五世纪上半叶引入，其时民主的意识形态抬头，全体公民被赋予政治上的平等地位。因为同出一个"原生"的源头，所以就连阶层最低的公民一样被认为出身高贵，高于任何非公民一等。对雅典那么国际化的城市，这一点特别重要：它的外来人口与日俱增，而这些人很多都比大多数地道的雅典人更富有[155]。

我们由此可以了解，厄瑞克透斯及其家人的故事何以会在帕特农神庙的时代再次流行。它不仅可为"原生"之说提供理据，还可为新公民权法纳入母方血统的要求提供理据。我们说过，在伯里克利的修法下，公民权资格不但需要父亲是公民，还需要母亲的父亲也是公民。另外，它也规定，这妈妈必须要被她父亲的"胞族"和"自治区"接纳为合法成员[156]。

对于这种排他性的公民权规定，最佳代言人无疑是普拉克熹提娅。她在《厄瑞克透斯》里那番慷慨陈词既爱国又仇外：

> 首先，我找不到比这个（指雅典）更好的城邦。我们是原生于这片土地的一群人，不是来自别处。其他城邦的建立直如掷骰子：它们的人口是外地输入，是来自不同地方的各色人等。从一城邦搬到另一城邦的人直如在木头里钉歪的钉子：他名义上是公民，行为上不会像公民。
>
> 欧里庇得斯，《厄瑞克透斯》F360.5-13 Kannicht[157]

到这时候，普拉克熹提娅对收养的偏颇看法已表露无遗："收养子女好处何在？我们应该把亲生的看成远胜于假装亲生的。"[158] 在同剧稍后，我们又看到一句（上下文不完整）进一步排斥外人的话。说话人（看来是厄瑞克透斯）这样表示："我相信，住在这地区以外的人都是些不吃鱼的蛮族。"[159] 没有人比盘中没有鱼的人更让雅典人感到是陌路人。

雅典人相信他们比其他任何人（不分希腊本土或之外的）都要优越，又用带点鄙夷的眼光看待外人（不分吃鱼或不吃鱼的）。吊诡的是，这种沙文主义正是希腊民主的命根子。只有血统纯正的雅典人才可以把牺牲与特权的微妙平衡拿捏得恰到好处。在那些血统驳杂的城邦，其成员由于对城邦没有发自基因的忠诚，很容易就会因为图方便而赞同僭主统治或寡头政权[160]。以纯正血统为公民权的准绳是唯一可确保得来不易的民主制度的方法。它也可以确保没多少家财或技艺的纯正雅典人照样享受特权[161]。所以，雅典民主本质上是个根据血缘来分配特权与责任的系统。"原生"的重要性要凌驾财富、权力和任何其他地位。

雅典与当日所有其他城邦的不同之处，在于容许所有公民参与管理城邦[162]。让这个系统得以运作的不仅是基因的同源，还是正确的人格养成。城邦很早便教导他们的年轻人，他们拥有许多权利，需肩负许多责任。对公民后裔的文化教育和社会化看得比什么都重要，所以参与合歌合舞、体育竞技和公众祭仪完全是强制性。在这个意义下，泛雅典节乃是人格养成努力成果的大秀场：它不只是每年一度的铺张炫耀，还是一种保证人格养成的"铸模"可多少完整地代代相传的方法。作为泛雅典节的核心，游行活动可以提醒易受影响的年轻人，他们（或她们）在世界是什么定位。从凯拉米克斯墓园出发，穿过雅典大商业市集的阿戈拉广场，再登上卫城的山坡去到雅典娜的圣域——这整个过程会让参与的人感觉自己是被一条巨大链索连接于先人和诸神在一起[163]。

这就难怪，民主雅典一个最革命性的概念会是公民应该*爱*上城邦。欧里庇得斯让普拉克熹提娅说出绝不会出自一般人母之口的话："我爱我的子女，但我更爱国家。"这位王后进而惋叹其他人并不分享她的深邃激情："祖国啊祖国，我但愿所有住在你里面的人都爱你如我之深！那样的话，我们将可毫无烦恼地住在你里面，而你也永远不会受伤害。"[164]

一般认为，把这种爱之情愫引入雅典的人是伯里克利。他把这种思想表现得最铿锵有力的莫过于他悼念伯罗奔尼撒战争第一批阵亡雅典将士的演说。环顾聚集在卫城所有哀悼者一眼之后，他说：

> 你们必须自行了解雅典的力量，并日复一日注视她，直至对她

泛雅典节：认同归属的表演与少女之死　343

的爱充满你们心房。等你们认识到她的所有了不起之处后，必然会悟到，人能赢得这一切，乃是靠着勇气、责任感和行动中的强烈荣誉感。

修昔底德，《伯罗奔尼撒战争史》2.43 [165]

热爱、勇气、责任、荣誉和行动：这些美德共同支撑着雅典的民主。若此重担能够获得丰厚补偿，将没有任何雅典人愿意用与生俱来的权利交换城邦首富的所有黄金。此种政制的价值甚至深深烙印在最会挖苦别人的心灵。最根本来说，当个雅典人就是要认同归属于它的宗教，而公民表演是一己身份认同与忠诚的表述。表演是教育年轻人的方法，也因此是维系共同体价值观的方法。游行、朗诵、音乐和体育竞赛、歌唱、舞蹈、献牲和饮宴：所有这些行为构成了对雅典娜一个更大的"祷告"。这些活动可以取悦女神和纪念祖先，同时在集体欢庆的旗帜下团结全体公民。就像向女神献上一百头牛或缛丽圣衣一样，竞技或游行等集体消耗体力的活动本身也是一件还愿供品。它们采取的形式表现出雅典人对卓越与美的偏爱，表现出他们对竞争和比赛的健康胃口，而这一切皆是由他们过分的自重所助长。

注释：

1. Duncan, *My Life*, 95–100, quotation from 98. P. Kurth, *Isadora: A Sensational Life* (Boston: Little, Brown and Company, 2001) 109–16.
2. Duncan, *My Life*, 100–103.
3. I. Duncan, "The Art of the Dance," *Theatre Arts Monthly* (1928)，再版改为"The Parthenon," in *The Art of the Dance*, ed. S. Cheney (New York: Theatre Arts Books, 1969), 65。感谢伊莎多拉·邓肯舞蹈基金会会长贝莉洛芙（Lori Belilove）为我提供的帮忙。
4. 感谢韦斯理大学戴维森艺廊的兰斯菲尔德（Rob Lancefield）为我提供这照片一幅新的扫描。见 *Edward Steichen: The Early Years Portfolio, 1900–1927* (Gordonsville, Ga.: Aperture, 1991)。
5. Shear, "Polis and Panathenaia," 556–660; Frantz, *Late Antiquity*, 51–56. 狄奥多西在公元三九一年二月二十一日发出谕旨，禁止一切献牲和关闭一切神庙，又在公元三九二年十一月八日谕令禁止占卜和焚香。没证据显示公元三九一年之后还有泛雅典节。
6. 见 Shear, "Polis and Panathenaia," 5–7；关于小型的或较不重要的泛雅典节，

见 72–119；关于大型的或较重要的泛雅典节，见 120–385; 505–660。如果从零年算起，大泛雅典节是四年一度。但因为希腊人没有"零"的观念，他们是从"一"算起，所以以为大泛雅典节是五年一度。

7. Sourvinou-Inwood, *Athenian Myths and Festivals*, 263–311; Simon, *Festivals of Attica*, 55–72; Parker, *Polytheism and Society*, 253–69; Shear, "Polis and Panathenaia," 75–76, 87–90, 120–66; Parker, *Athenian Religion*, 91; Deubner, *Attische Feste*, 22–35.

8. Davies, "Athenian Citizenship," 106–7; J. S. Traill, *The Political Organization of Attica: A Study of the Demes, Trittyes, and Phylai, and Their Representation in the Athenian Council*, Hesperia Supplement 14 (Princeton, N.J.: American School of Classical Studies at Athens, 1974).

9. B. Nagy, "The Athenian Athlothetai," *GRBS* 19 (1978): 307–13; Shear, "Polis and Panathenaia."

10. Aristotle, *Athenian Constitution* 60; B. Nagy, "The Athenian Athlothetai," *GRBS* 19 (1978): 307–13. Shear, "Polis and Panathenaia," 455–463.

11. 每年的小泛雅典节会进献一件圣衣一事，最早的证据来自公元前一〇八／一〇七年。见 *IG* II2 1036 + 1060 (*SEG* 28.90, *SEG* 52.117, *SEG* 53.143)。见 B. Nagy, "The Ritual in Slab V," and Shear, "Polis and Panathenaia," 97–103. Mansfield 对圣衣的学术研究现况和相关书目有一综述，见氏著 "Robe of Athena," 39–355。他主张圣衣分两种，见 pp. 2–118。Shear 不相信曼斯菲尔德的论点（174），见氏著 "Polis and Panathenaia," 97–103 and 173–86。

12. Boutsikas, "Timing of the Panathenaia."

13. 参 Connelly, "Towards an Archaeology of Performance," 313–39. 有关仪式典礼对古希腊世界的重要作用，见 Chaniotis, *Ritual Dynamics in the Ancient Mediterranean*; Chaniotis, "Ritual Dynamics in the Eastern Mediterranean"; Chaniotis, "Rituals Between Norms and Emotions"; A. Chaniotis, "Theater Rituals," in *The Greek Theatre and Festivals: Documentary Studies*, ed. P. Wilson (Oxford: Oxford University Press, 2007), 48–66; Chaniotis, "From Woman to Women"; Chaniotis, "Dynamics of Ritual Norms in Greek Cult"; Chaniotis, "Dynamic of Emotions"; Mylonopoulos, "Greek Sanctuaries"; I. Mylonopoulos, "The Dynamics of Ritual Space in the Hellenistic and Roman East," *Kernos* 21 (2008): 9–39; Connelly, *Portrait of a Priestess*, 29–31, 153–57。关于祭仪和节日的美学与多媒体面向，见 Bierl, *Ritual and Performativity*; A. Bierl, "Prozessionen auf der griechischen Buhne: Performativität des einziehenden Chors als Manifestation des Dionysos in der Parodos der Euripideischen Bakchen," in *Medialität der Prozession: Performanz ritueller Bewegung in Texten und Bildern der Vormoderne—Médialité de la procession: performance du movement ritual en textes et en images à l'epoque pré-moderne*, ed. K. Gvozdeva (Heidelberg: Winter, 2011), 35–61; A. Bierl, "Padramatik auf der antiken Bühne: Das attische Drama als Spiel und ästhetischer Diskurs," in *Lücken sehen: Beiträge zu Theater und Performance: Festschrift für Hans-Thies Lehmann zum 66. Geburtstag*, ed. M. Gross and P. Primavesi (Heidelberg: Winter, 2010), 69–82; A. Kavoulaki, "Choral

Self-Awareness: On the Introductory Anapaests of Aeschylus' *Supplices*," in *Archaic and Classical Choral Song: Performance, Politics, and Dissemination*, ed. L. Athanassaki and E. Bowie (Berlin: De Gruyter, 2011), 365–90。感谢达比·英格丽史（Darby English）关于这个资料有助益的讨论。

14. Smith, *Athens*, 26–27; L. E. Pearce, "Sacred Texts and Canonicity: Mesopotamia," in *Religions of the Ancient World: A Guide*, ed. S. I. Johnston (Cambridge, Mass.: Belknap Press, 2004), 627–28.
15. S. D. Houston, "Impersonation, Dance, and the Problem of Spectacle Among the Classic Maya," in Inomata and Coben, *Archaeology of Performance*, 139, 144; N. Grube, "Classic Maya Dance: Evidence from Hieroglyphs and Iconography," *Ancient Mesoamerica* 3 (1992): 201–18.
16. R. C. T. Parker, "Greek Religion," in J. Boardman, J. Griffin, and O. Murray, *Oxford History of the Classical World*, (New York: Oxford University Press, 1986), 254–74; Parker, *Polytheism and Society*; Bremmer, *Greek Religion*; Kearns, "Order, Interaction, Authority" ; Connelly, *Portrait of a Priestess*, 6.
17. Connelly, *Portrait of a Priestess*, 2–5, 24–55, 85–87, 90–92, 197–215.
18. J. Blok, "Virtual Voices: Towards a Choreography of Women's Speech in Classical Athens," in *Making Silence Speak: Women's Voices in Greek Literature and Society*, ed. A. P. M. H. Lardinois and L. McClure (Princeton, N.J.: Princeton University Press, 2001), 112–14; Kyle, *Sport and Spectacle*, 167; Ober, *Democracy and Knowledge*, 195–96; R. Osborne, *The World of Athens: An Introduction to Classical Athenian Culture* (Cambridge, U.K.: Cambridge University Press, 1984), 116–17。书中指出，日期可考的节日有一百三十个，另外还有一些日期不可考的。
19. 赫西俄德（*Theogony* 535–65）和伪许癸努斯（*Astronomica* 2.15）都提到这个故事：普罗米修斯在偷盗天火后给宙斯办了一场献祭。他把宰杀后的公牛分为两堆，一堆是牛肉和多汁的内脏，用胃黏膜罩住；另一堆是牛骨，用牛脂肪裹住。他请宙斯挑选其一，而宙斯挑了不能吃的牛骨头，因为脂肪让它们看起来更美味。自此之后，诸神总是吃牛骨头和牛脂肪，而美味的肉块则留给人类大快朵颐。
20. J. Swaddling, *The Ancient Olympic Games* (Austin: University of Texas Press, 1999), II; Kyle, *Sport and Spectacle*, 8.
21. Shear, "Polis and Panathenaia," 490–93.
22. P. Themelis, "Panathenaic Prizes and Dedications," in Palagia and Choremi-Spetsieri, *Panathenaic Games*, 21–32; Kyle, "Gifts and Glory" ; Tracy and Habicht, "New and Old Panathenaic Victor Lists."
23. 在公元前五世纪第三季，布雷亚（Brea）的雅典殖民者给大泛雅典节送去一头母牛和一套全副武装。见 *IG* I3 46.15–16。
24. J. Shear, "Prizes from Athens: The List of Panathenaic Prizes and the Sacred Oil," *ZPE* 142 (2003): 87–108; P. Siewert, "Zum historischen Hintergrund der frühen Panathenäen und Preisamphoren," in *Panathenaïka: Symposion zu den Panathenäischen, Preisamphoren, Rauischholzhausen 25.11.–29.11.1998*,

ed. M. Bentz and N. Eschbach (Mainz: Philipp von Zabern, 2001); M. Bentz, *Panathenäische Preisamphoren: Eine athenische Vasengattung und ihre Funktion vom 6.–4. Jahrhundert v. Chr.* (Basel: Vereinigung der Freunde Antiker Kunst, 1998); Kyle, "Gifts and Glory"; R. Hamilton, "Panathenaic Amphoras: The Other Side," in Neils, *Worshipping Athena*, 137–62; J. Neils, "Panathenaic Amphoras: Their Meaning, Makers, and Markets," in Neils, *Goddess and Polis*, 29–51; R. Hampe, "Zu den panathenäische Amphoren," in *Antikes und modernes Griechenland*, ed. R. Hampe (Mainz: Philipp von Zabern, 1984), 145–49; J. R. Brandt, "Archaeologica Panathenaica I: Panathenaic Prize-Amphorae from the Sixth Century B. C.," *Acta ad Archaeologiam et Artium Historiam Pertinentia* 8 (1978): 1–23; E. von Brauchitsch, *Die Panathenäischen Preisamphoren* (Leipzig: B. G. Teubner, 1910).

25. C. Hadziaslani, ΤΩΝ ΑΘΗΝΗΘΕΝ ΑΘΛΩΝ (Athens: Acropolis Restoration Service, Department of Information and Education, 2003).

26. British Museum GR 1842.0728.834, Burgon Group (B130). ABV 89; Para. 33, no. 1; *Addenda*2 24; Neils, Goddess and Polis, 30, 93; Bentz, Panathenäische Preisamphoren, 123.

27. Metropolitan Museum of Art 1989.21.89; 540–30 B. C.。这个陶瓶大小较小，也没有官方铭文（"来自雅典的运动会"），显示它不是真的奖瓶，只是模仿奖瓶的形制制作。M. B. Moore, "The Princeton Painter in New York," *MMAJ* 42 (2007): 26, 28, 30, 42, 45; E. J. Milleker, "Ancient Art: Gifts from the Norbert Schimmel Collection," *MMAB* 49 (1992): 40–41; M. Popkin, "Roosters, Columns, and Athena on Early Panathenaic Prize Amphoras: Symbols of a New Athenian Identity," *Hesperia* 81 (2012): 207–35。

28. 米卡尔森（Mikalson）概述了会期的各种变化。有时泛雅典节的举行日期会早至"赫卡托姆拜昂月"的第二十一日。见氏著 *Sacred and Civil Calendar*, 34 and 199。参见 Neils, *Goddess and Polis*; J. Neils, "The Panathenaia: An Introduction," in Neils, *Goddess and Polis*, 13–27; J. Neils, "The Panathenaia and Kleisthenic Ideology," in Coulson et al., *Archaeology of Athens and Attica Under the Democracy*, 151–60; Shear, "Polis and Panathenaia," 7–8; Simon, *Festivals of Attica*, 55。

29. Kallisthenes, *FGrH* 124 F 52.

30. *IG* II2 2311; SEG 37.129, with large bibliography. See Tracey and Habicht, "New and Old Panathenaic Victor Lists," 187–236; Neils, Goddess and Polis, 15–17, fig. 1; Shear, "Polis and Panathenaia," 237, 389, 1056–59, 1162–66.

31. See Shear, "Polis and Panathenaia," 83–84.

32. 参 Hurwit, *Age of Perikles*, 214–16, 243; Goette, *Athens, Attica, and the Megarid*, 53–54。被判定为伯里克利音乐厅的这座建筑的面积约六十二点四米乘六十八点六米，据信可容纳四千至五千人。普鲁塔克（*Life of Perikles* 13.5–6）这样描述："这音乐厅的内部排满座位和成行支柱，屋顶呈斜坡状从中心向四周下降，据说是模仿波斯国王的帐篷（*skênê*）。这是出自伯里克利的命令。"保萨尼亚斯（*Description of Greece* 1.20.4）亦提过音乐厅的屋顶像是薛西斯的帐篷。考古挖掘发现音乐厅内部有九或十行支柱，它们支撑天花板的方式类似帐篷支柱。维特鲁威（*Ten Books of Architecture* 5.9.1）告诉我们，这建筑覆盖着从波斯船只虏获的木材。有论者反对其功能为音乐厅之说，认为它是一所学校或演讲堂。

33. The "Hephaestia inscription" of 421 B. C., *IG* I3 82, mentions a *penteteris*, the Agora, and a musical contest for Athena and Hephaistos; SEG 54.46，附有参考书目。

34. E. Csapo and W. J. Slater, eds., *The Context of Athenian Drama* (Ann Arbor: University of Michigan Press, 1995), 79–80, 109–10; Hurwit, *Athenian Acropolis*, 216–17.

35. 伊诺玛塔（T. Inomata）和科本（L. Coben）在古典玛雅和印加的脉络探索过这现象，见 *Archaeology of Performance*。

36. Lykourgos, *Against Leokrates* 102. 译本：Burtt, *Minor Attic Orators*.

37. 关于泛雅典节的规定的讨论，见 G. Nagy, "Performing and Reperforming of Masterpieces," 4.6–11, and Plato's Rhapsody and Homer's Music, 36–37. See also H. A. Shapiro, "Hipparchos and the Rhapsodes," in *Cultural Poetics in Archaic Greece: Cult, Performance, Poetics*, ed. C. Dougherty and L. Kurke (Cambridge, U.K.: Cambridge University Press, 1993), 92–107。

38. 在伪托的柏拉图对话录《喜帕克斯篇》（*Hipparchos*）里，苏格拉底说"喜帕克斯是第一个把荷马诗歌带到这土地的人。他要求在泛雅典节上顺序和接力地背诵这些诗歌，一如今日的情况"（228b-c）。翻译见：G. Nagy, "Performing and Reperforming of Masterpieces," 19. 有关朗诵比赛，见 Shear, "Polis and Panathenaia," 365–68。

39. 参见胜利者名单，*SEG* 41.115, col. 3.39–43, dating to 162/161 B. C.。

40. Plutarch, *Life of Perikles* 13.6.

41. H. A. Shapiro, "Les rhapsodes aux Panathénées et la céramique à Athènes à l'époque archaïque," in *Culture et cité: L'avénement d'Athènes à l'époque archaïque*, eds. A. Verbanck-Piérard and D. Viviers (Brussels: De Bouccard, 1995), 127–37; H. A. Shapiro, "Mousikoi Agones: Music and Poetry at the Panathenaia," in Neils, *Goddess and Polis*, 53–75; H. Kotsidu, *Die musischen Agone der Panathenäean in archaischer und klassischer Zeit: Eine historisch- archäologische Untersuchung* (Munich: Tuduv, 1991)。关于"奥罗斯"，见 West, *Ancient Greek Music*, 1–2, 50–56, 61–70, 81–109; P. Wilson, "The Aulos in Athens," in Goldhill and Osborne, *Performance Culture and Athenian Democracy*, 58–95, 69–79; C. Schafter, "Musical Victories in Early Classical Vase Painting," *AJA* 95 (1991): 333–34; M. F. Vos, "Aulodic and Auletic Contests," in *Enthousiasmos: Essays in Greek and Related Pottery Presented to J. M. Hemelrijk*, ed. H. A. G. Brijder, A. A. Drukker, and C. W. Neeft (Amsterdam: Allard Pierson Museum, 1986), 122–30。

42. Shear, "Polis and Panathenaia."。"奥罗斯"比赛和"吉萨拉"比赛见 pp. 352–65，朗诵比赛见 365–68。

43. West, *Ancient Greek Music*, 53–56.

44. Shear, "Polis and Panathenaia," 352–65.

45. Boegehold, "Group and Single Competitions at the Panathenaia"; Kyle, "Gifts and Glory"; D. Kyle, "The Panathenaic Games: Sacred and Civic Athletics," in Neils, *Goddess and Polis*, 77–101; Kyle, *Athletics in Ancient Athens*; N. B. Crowther, "Studies in Greek Athletics, Part II," *CW* 79 (1985–1986): 73–135; N. B. Crowther, "Studies in Greek Athletics, Part I," *CW* 78 (1984–1985): 497–558; Shear, "Polis and Panathenaia," 244–54; A. J. Papalas, "Boy Athletes in Ancient Greece," *Stadion* 17 (1991): 165–92.
46. Shear, "Polis and Panathenaia," 244–54.
47. G. Waddell, "The Greek Pentathlon," in *Greek Vases in the J. Paul Getty Museum 5* (Malibu, Calif.: J. Paul Getty Museum, 1991), 99–106; Shear, "Polis and Panathenaia," 254–57.
48. New York, Metropolitan Museum of Art 1916.16.71; *ABV*, 404, no. 8; *Para*, 175, no. 8; Bentz, *Panathenäische Preisamphoren*, 139, no. 5.009, 44–45.
49. Pliny, *Natural History* 34.59; Pausanias, *Description of Greece* 6.4. 1–3.
50. N. B. Crowther, "Reflections on Greek Equestrian Events, Violence, and Spectator Attitudes," *Nikephoros* 7 (1994): 121–33; D. Bell, "The Horse Race κέλης in Ancient Greece from the Pre-classical Period to the First Century B. C.," *Stadion* 15 (1989): 167–90; Shear, "Polis and Panathenaia," 279–89; J. McK. Camp, *Horses and Horsemanship in the Athenian Agora*, Agora Picture Book 24 (Princeton, N.J.: American School of Classical Studies at Athens, 1998); V. Olivová, "Chariot Racing in the Ancient World," Nikephoros 2 (1989): 65–88.
51. Plato, *Laws* 7.815a; E. L. Wheeler, "Hoplomachia and Greek Dances in Arms," *GRBS* 23 (1982): 223–33; J. - C. Pousat, "Une base signée du Musée National d'Athènes: Pyrrhichistes victorieux," *BCH* 91 (1967): 102–10; Ferrari Pinney, "Pallas and Panathenaea," 468–73; Shear, "Polis and Panathenaia," 323–30.
52. Dionysios of Halikarnassos, *Roman Antiquities* 7.72.7; see Ferrari Pinney, "Pallas and Panathenaea"; Shear, "Polis and Panathenaia," 38–43 (for *pyrrhike* as victory dance following Gigantomachy) and 323–31 (for Panathenaic event); P. Ceccarelli, *La pirrica nell'antichità greco romana: Studi sulla danza armata* (Pisa: Istituti Editoriali e Poligrafici Internazionali, 1998).
53. E. Vanderpool, "Victories in the Anthippasia," *Hesperia* 43 (1974): 311–13; Xenophon, *Hipparchikos* 3.10–131; Shear, "Polis and Panathenaia," 315–18.
54. Shear, "Polis and Panathenaia," 340–45.
55. Crowther, "Male Beauty Contests"; Shear, "Polis and Panathenaia," 331–34; Boegehold, "Group and Single Competitions at the Panathenaia," 95–103.
56. Aristotle, *Athenian Constitution* 60.3; *IG* II2 2311; Crowther, "Male Beauty Contests," 286.
57. 我们知道另三个地点〔罗得岛、塞斯托斯（Sestos）和斯巴达〕也有男性选美比赛，见 Crowther, "Male Beauty Contests," 286–88。克劳瑟尔（Crowther）指出有五个节日（包括泛雅典节和忒修斯节）举行男性选美。
58. Pseudo-Andokides, *Against Alkibiades* 4.42.
59. 见 Plato, *Phaidros* 231e 中的注释，关于论及厄洛斯的祭坛和军训生的部分；以及 Plutarch, *Life of Solon* 1.4，同样是关于厄洛斯的祭坛的部分。见 Shear, "Polis and Panathenaia," 335–39; J. R. S. Sterrett, "The Torch-Race: A Commentary on the Agamemnon of Aeschylus vv. 324–326," *AJP* 22 (1901): 393–419; Graf, "Lampadedromia"; Kyle, *Athletics in Athens*, 190–93; Deubner, *Attische Feste*, 211–13; Simon, *Festivals of Attica*, 53–54, 63–64; Parke, *Festivals of the Athenians*, 45–46, 150–51, 171–73。

60. IG II2 2311.88–89; Shear, "Polis and Panathenaia," 335–39.

61. 有关晚间的节日，见 C. Trümpy, "Feste zur Vollmondszeit: Die religiösen Feiern Attikas im Monatlauf und der vorgeschichtliche attische Kultkalendar," *ZPE* (1998): 109–15。有关小泛雅典节的守夜，见 Shear, "Polis and Panathenaia," 83–84。希尔（Shear）主张守夜是在二十八日献祭之后，因为饮宴之才彻夜唱歌跳舞看来比较合理。希尔指出本狄斯节（Bendideia）（见 Plato, *Republic* 1.328a）也是一个以守夜作结的节日。

62. Plato, *Laws* 672e. See Calame, *Choruses of Young Women*, 222–38，关于合唱的社会化功能；Connelly, "Towards an Archaeology of Performance," 324–39。

63. Connelly, "Towards an Archaeology of Performance," 331–33.

64. L. B. Holland, "Erechtheum Paper II: The Strong House of Erechtheus," *AJA* 28 (1924): 142–69; L. B. Holland, "Erechtheum Papers III: The Post-Persian," *AJA* 28 (1924): 402–25; L. B. Holland, "Erechtheum Papers IV: The Building Called the Erechtheum," *AJA* 28 (1924): 425–34; Lesk, "Erechtheion and Its Reception," 88, 114, 115, 225, 226。关于台阶和性能空间的讨论，见 I. Nielsen, *Cultic Theatres and Ritual Drama: A Study in Regional Development and Religious Interchange Between East and West in Antiquity* (Aarhus: Aarhus University Press, 2002), 69–73, 86–128, 167–74; Mylonopoulos, "Greek Sanctuaries," 94–99。

65. 欧里庇得斯，《伊翁》492–505。

66. 关于喀克洛普斯家族，见 Apollodoros, *Library* 3.14.6。关于厄瑞克透斯家族，见 Apollodoros, *Library* 3.15.4；欧里庇得斯，《伊翁》277–82; Hyginus, *Fabulae* 46。引自《厄瑞克透斯》中的片段，译文见 Collard and Cropp's Loeb edition, *Euripides VII: Fragments*, 388–393，也许可能暗示更年长的女儿是从卫城跳下自杀。见《厄瑞克透斯》F 370.37，"让我的一个亲爱的女儿你"；F 370.38–39，"葬礼"……"我看着你的……四肢（？）"。

67. 译文出自 Kovacs, *Euripides: Children of Heracles*, 84–87，但略有更动。J. Wilkins 对这几行戏文有一个评论，见 Euripides, *Heraclidae* (Oxford: Clarendon Press, 1993), 151–52。

68. C. Seltmann, *"Group H" in Athens: Its History and Coinage* (Cambridge, U.K.: Cambridge University Press, 1924), 72–78, 189–92。感谢 Peter van Alfen 博士与我极有帮助地讨论这材料。

69. C. M. Kraay, *Archaic and Classical Greek Coins* (Berkeley: University of California Press, 1976), 63–77.

70. 欧里庇得斯，《厄瑞克透斯》F 350 Kannicht.

71. 欧里庇得斯，《厄瑞克透斯》F 351 Kannicht.

72. 见 Nagy, *Homer the Preclassic*, (Berkeley: University of California Press, 2010),

239. 关于特洛伊妇女在一个献给雅典娜的舞蹈祭仪中伸手高声嚎啕："高声嚎啕哀哭！所有的女人都向雅典娜高高举起双手。"(《伊利亚特》6.301) 纳吉指出"ololuge"（大声哭叫）是列斯伏斯岛（以及其他地方）女性合唱的特征；阿尔凯奥斯（Alkaios）则将"ololuzeinololuge"一词形容为"hiere"，即"神圣的"。感谢 Greg Nagy 为我提供相关参考书目，和他谈话对我大有帮助。

73. *American Heritage Dictionary*, 4th ed., s.v. "ululate"; *Online Etymology Dictionary*, s.v. "ululation," http://www.etymonline.com/index.php?term=ululation.

74. Pliny, *Natural History* 10.33。感谢 David S. Levene 让我注意到这点。

75. 想多了解古希腊的"啼哭"，可参见 Diggle, *Euripidea*, 477–80; E. Calderón, "A propósito de ὀλολυγῶν (Arato, Phaenomena 948)," *Quaderni Urbinati di Cultura Classica* 67 (2001): 133–39; L. Gernet, *Les grecs sans miracle* (Paris: La Découverte, 1983), 247–57; L. Deubner, *Kleine Schriften zur klassischen Altertumskunde* (Hain: Königstein/Ts, 1982), 607–34; J. Rudhardt, *Notions fondamentales de la pensée religieuse et actes constitutifs du culte dans la Grèce classique* (1958; Paris: Picard, 1992), 178–80。感谢 Jan Bremmer 分享相关参考书目，并和我进行有益的讨论。

76. 感谢 Anton Bierl 指出这点。

77. Boutsikas, "Astronomical Evidence for the Timing of the Panathenaia," 307.

78. 埃夫罗西妮·鲍齐卡斯写道："如果从厄瑞克透斯神庙的北门廊或附近观察，'大龙'的这些运动会让人印象深刻，因为它是天空最大的星座之一。这星座在今日并不特别亮，但在没有光害的时代，它应当极端显著。"

79. Boutsikas and Hannah, "Aitia, Astronomy, and the Timing of the *Arrhēphoria*," 238.

80. 舒瓦西（A. Choisy）着手卫城空间的古代经验，讨论运动的循环模式和方向，见氏著 *Histoire de l'architecture* (Geneva: Slatkine Reprints, 1899), 327–34, 409–22，尤其参见一个"落落长"的标题："Le pittoresque dans l'art grec: Partis dissymétriques pondération des masses: Exemple de l'Acropole d'Athènes." 感谢 Yve-Alain Bois 让我注意到这本著作。另参见 T. Mandoul, *Entre raison et utopie: L'histoire de l'architecture d'Auguste Choisy* (Wavre: Mardaga, 2008), 222–28, 234–47。

81. Deubner, *Attische Feste*, 22–35; Simon, *Festivals of Attica*, 55–72; Parker, *Athenian Religion*, 91; Shear, "Polis and Panathenaia," 75–76, 87–90, 120–66; Parker, *Polytheism and Society*, 253–69; Sourvinou-Inwood, *Athenian Myths and Festivals*, 263–311. L. Maurizio, "'The Panathenaic Procession: Athens' Participatory Democracy on Display?," in *Democracy, Empire, and the Arts in Fifth-Century Athens*, ed. D. Boedeker and K. A. Raaflaub (Cambridge, Mass.: Harvard University Press, 1998), 297–317; Connolly Dodge, *Ancient City*; Graf, "Pompai in Greece."

82. Connelly, *Portrait of a Priestess*, 33–39.

83. Stavros Nearchos Collection, ca. 560–550 B. C. *LIMC* 2, s.v. "Athena," no. 574; L. I. Marangou, *Ancient Greek Art from the Collection of Stavros S. Niarchos* (Athens:

N. P. Goulandris Foundation, Museum of Cycladic Art, 1995), 86–93, no. 12, 附有完整的参考书目; Of course, this cannot represent a historical Panathenaic procession, as we see no hecatomb of cattle but a sow and a pig instead, unheard-of at the Panathenaia. For full discussion, see Connelly, *Portrait of a Priestess*, 187–89。

84. Connelly, "Towards an Archaeology of Performance," 320–24.
85. 年代更早期（约公元前五四〇年至公元前五三〇年）的女像柱（Delphi inv. 1203）有时被认为原属于尼达斯宝库（Knidian Treasury），见 Ridgway, *Prayers in Stone*, 145–50; Croissant, *Les protomés féminines archaïques*, 71–82。有关锡弗诺斯宝库（约公元前五三〇年至公元前五二五年），见 Ridgway, *Prayers in Stone*, 147–48, 168–69nII; Croissant, *Les protomés féminines archaïques*, 106–8。
86. Connelly, *Portrait of a Priestess*, 124–25; Connelly, "Towards an Archaeology of Performance," 320–21.
87. Connelly, *Portrait of a Priestess*, 125; Connelly, "Towards an Archaeology of Performance," 321–23.
88. 正如查尼奥蒂斯（Angelos Chaniotis）在私下交流时告诉我的，这策略亦见于"无翼胜利女神"（Nike Apteros）。剪掉她的翅膀可以让她无法飞走，如此"胜利"便永远留在圣所里。
89. 一个例子见于 Victoria and Albert Museum, *A Temple Procession at Night*, 坦米尔纳德邦（Tamil Nadu）坦加布尔（Tanjavur / Tanjore）的公司学校（Company School），约一八三〇年。
90. 此寺庙在坦米尔纳德邦；纳亚克（Thirumalai Nayak）在一六二三至一六五九年之间统治马杜赖。见 C. Branfoot, "Approaching the Temple in Nayaka-Period Madurai: The Kūṭal Alakar Temple," *Artibus Asiae* 60 (2000): 197–221; C. Branfoot, *Gods on the Move: Architecture and Ritual in the South Indian Temple* (London: Society for South Asian Studies, 2007)。感谢 Tamara Sears 让我注意到相关书目。
91. Demosthenes, *Erotikos* 23–29. N. B. Crowther, "The Apobates Reconsidered (Demosthenes lxi 23–9)," *JHS* III (1991): 174–76; M. Gisler-Hurwiler, "À propos des apobates et de quelques cavaliers de la fries nord du Parthénon," in Schmidt, *Kanon*, 15–18; Shear, "Polis and Panathenaia," 299–310; Neils and Schultz, "Erechtheus and the Apobates"。汤普森（Thompson）主张"跃马车"比赛可能早在公元前八世纪或公元前七世纪便出现，因为几何形风格时期晚期的陶瓶绘画看得见全副武装的马车御者。见氏著 "Panathenaic Festival," 227。
92. Plato Comicus, F 199 Kassel-Austin; Plutarch, *Life of Themistokles* 32–35.
93. Shear, "Polis and Panathenaia," 339–40.
94. S. R. F. Price, *Rituals and Power: The Roman Imperial Cult in Asia Minor* (Cambridge, U.K.: Cambridge University Press, 1984), 3–4.
95. Based on Kallisthenes, *FGrH* 124, F 52. 主张泛雅典节是庆祝雅典娜生日的第一本著作是 L. Preller and C. Robert, *Griechische Mythologie I: Theogonie und Götter*, 4th ed. (1894; Berlin: Weidmann, 1967), 212n2; W. Schmidt, *Geburtstag im*

Altertum (Giessen: A. Töpelmann, 1908), 98–101; Deubner, *Attische Feste*, 23n10, summarized by Shear, "Polis and Panathenaia," 29–30. See also Parke, *Festivals*, 33; Simon, *Festivals of Attica*, 55; Neils, *Goddess and Polis*, 14–15; V. Wohl, "Εὐσεβείας ἕνεκα καὶ φιλοτιμίας: Hegemony and Democracy at the Panathenaia," *ClMed* 47 (1996): 25。

96. A. Mommsen, *Feste der Stadt Athen im Altertum: Geordnet nach Attischem Kalendar*, 2nd ed. (Leipzig: B. G. Teubner, 1898), 158。关于古代见证的相关综述，见 Mikelson, *Sacred and Civil Calendar*, 23, and Shear, "Polis and Panathenaia," 37。值得指出的是，泛希腊时代晚期和罗马时代比古风或古典时代的希腊要重视神明的诞辰。

97. 关于庆祝"新年"，见 W. Burkert, *Homo Necans: The Anthropology of Ancient Greek Sacrificial Ritual and Myth*, trans. P. Bing (Berkeley: University of California Press, 1983), 154–58；关于庆祝"新火"，见 Robertson, "Origin of the Panathenaea," 240–81。

98. Robertson, "Origin of the Panathenaia," 232.

99. See Vian, *La guerre des géants*, 246–59; Ferrari Pinney, "Pallas and Panathenaea"; Shear, "Polis and Panathenaia," 29–33. Aristotle, frag. 637 (Rose)；为学者阿里斯提得斯所引用，见 *Panathenaic Oration* 362 (Lenz and Behr) = Dindorf, 3:323= Jebb 189, 4；参考学者阿里斯托芬，见 *Knights* 566a (II)；被 Suda 所复述，参看"πέπλος"一词。

100. 荷马，《伊利亚特》3.257–897.

101. See W. Raschke, ed., *The Archaeology of the Olympic Games* (Madison: University of Wisconsin Press, 1988).

102. Thompson, "Panathenaic Festival," 227.

103. Cicero, *On the Nature of the Gods* 3.19, 49–50.

104. Wesenberg, "Panathenäische Peplosdedikation und Arrhephorie"; Barber, "*Peplos* of Athena"; Ridgway, "Images of Athena"; Barber, *Prehistoric Textiles*; Mansfield, "Robe of Athena"; B. Nagy, "The Peplotheke: What Was It?," in *Studies Presented to Sterling Dow on His Eightieth Birthday*, ed. K. J. Rigsby (Durham, N. C.: Duke University Press, 1984), 227–32; W. Gauer, "Was geschieht mit dem Peplos?," in Berger, *Parthenon-Kongreß Basel*, 220–29; D. M. Lewis, "Athena's Robe," *Scripta Classica Israelica* 5 (1979–1980): 28–29.

105. H. Goldman, "The Acropolis of Halae," *Hesperia* 9 (1940): 478–79; H. Goldman, "Inscriptions from the Acropolis of Halae," *AJA* 19 (1915): 448; S. J. Wallrodt, "Ritual Activity in Late Classical Ilion: The Evidence from a Fourth Century B. C. Deposit of Loomweights and Spindlewhorls," *Studia Troica* 12 (2002): 179–96. S. J. Wallrodt, "Late Classical Votive Loomweights from Ilion," *AJA* 105 (2001): 303 (abstract); L. Surtees, "Loomweights," in *Stymphalos: The Acropolis Sanctuary*, ed. G. P. Schaus (Toronto: University of Toronto Press, forthcoming); L. Surtees, "The Loom as a Symbol of Womanhood: A Case Study of the Athena Sanctuary at Stymphalos" (master's thesis, University of Alberta, 2004), 68–85。感谢 Laura Surtees 把编织圣衣的资讯和相关书目分享给我。

106. Alkman, *Parthenion* 61; Pausanias, *Description of Greece* 3.16.2, 5.16.2, 6.24.10; Hesychios, *Lexicon*, s.v. γεραράδες. *The Palatine Anthology* (6.286) 记录在其清单中列出了奉献给神明的衣服。荷马，《伊利亚特》（6.269-311）描述了把圣衣献在雅典娜神像膝盖的仪式。

107. Norman, "The Panathenaic Ship," 41-46; Barber, "Peplos of Athena," 114; Hurwit, *Athenian Acropolis*, 45; Mansfield, "Robe of Athena," 51-52, 68. Shear, "Polis and Panathenaia," 145-46，文中讨论斯特拉蒂斯（Strattis）残篇（写于公元前四〇〇年左右）："然后无以计数的男人将此圣衣用索具吊起，拖到顶部，就像桅杆上的帆一样。" Strattis frag. 31 (*PCG*)，为哈尔伯克拉提昂（Harpokration，参看"τοπεον"）。对这船的一个充分讨论，见 Shear, "Polis and Panathenaia," 143-55。

108. 见 Aristophanes's *Knights* 566a (II)。

109. Plutarch, *Life of Demosthenes* 10.5 and 12.3.

110. Ridgway, "Images of Athena on the Acropolis," 124.

111. Heliodoros, *Aethiopika* 5.31.

112. 一个充分的讨论，见 I. Mylonopoulos, ed., *Divine Images and Human Imaginations in Ancient Greek and Rome* (Leiden: Brill, 2010); I. Mylonopoulos, "Divine Images Versus Cult Images: An Endless Story About Theories, Methods, and Terminologies," 收入前注书目，1-19。

113. 更精确的数字是十一点五四米。

114. 这神像的材料是石膏水泥和研磨玻璃纤维的混合物，各部分预先制好，再在神殿里组装。（出自 A. LeQuire in 1982-1990 研究）金箔是二〇〇二年才镀上去。见 A. LeQuire, "Athena Parthenos: The Re-creation in Nashville," in Tsakirgis and Wiltshire, *Nashville Athena*, 8-10. B. Tsakirgis and S. F. Wiltshire, eds., *The Nashville Athena: A Symposium* (Nashville, 1990); Ridgway, "Parthenon and Parthenos"。

115. Pliny, *Natural History* 36.18; Pausanias, *Description of Greece* 1.24.5-7; Plutarch, *Life of Perikles* 31.4; Ridgway, "Images of Athena," 131-35; Ridgway, "Parthenon and Parthenos," 297-99; Lapatin, *Chryselephantine Statuary*; K. D. S. Lapatin, "Pheidias ἐλεφαντουργός," *AJA* 101 (1997): 663-82; Lapatin, "Ancient Reception of Pheidias' Athena Parthenos and Zeus Olympios."

116. 法内尔（Farnell）主张普林尼的文本被窜改过，他本人八成没看过神像。见氏著 *Cults of the Greek States*, 1: 361。另参考 L. Berczelly, "Pandora and Panathenaia: The Pandora Myth and the Sculptural Decoration of the Parthenon," *Acta ad Archaeologiam et Atrium Historiam Pertinentia* 8 (1992): 53-86; A. Kosmopoulou, The Iconography of Sculptured Statue Bases in the Archaic and Classical Periods (Madison: University of Wisconsin Press, 2002) 112-17. Hurwit, "Beautiful Evil," 173, 175; Jeppesen, "Bild und Mythus an dem Parthenon," 59; J. J. Pollitt, *Art and Experience in Classical Greece* (Cambridge, U.K.: Cambridge University Press, 1972), 98-99; J. J. Pollitt, "The Meaning of Pheidias' Athena Parthenos," in Tsakirgis and Wiltshire, *Nashville Athena*, 1-23; Loraux, *Children of Athena*, 114-15。

117. 赫西俄德（*Works and Days* 80; Hesiod, *Theogony* 560–71）告诉我们，普罗米修斯偷得天火后，宙斯为了报复，吩咐黑淮斯托斯用土造出第一个女人。这女人是那么漂亮和有魅力，将会带给人类灾祸。根据一些说法（Hyginus, *Fabulae* 142; Apollodoros, *Library* 1.7. 2; Proklos, On Hesiod's "Works and Days"; Ovid, *Metamorphoses* 1.350），潘多拉和厄庇墨透斯（Epimetheus）育有两个孩子，一是皮拉，一是丢卡利翁。但根据另一个说法（Eustathios, *Commentary on Homer* 23），潘多拉是皮拉和丢卡利翁的女儿。

118. 珍·哈里逊（Jane Harrison）强调，这个阿提卡·潘多拉是个少女（kore）形式的大地女神，即完全的凡人化和拟人化，见 Harrison "Pandora's Box" and Harrison, *Prolegomena*, 281–85. 有关潘多拉的这两个不同方面，见 Hurwit, "Beautiful Evil," 177. 阿提卡版本的普罗米修斯故事与赫西俄德的版本亦存在重大差异。

119. West, *Hesiodic Catalogue of Women*, F2/4, F5n20；关于目录的年代，见 130–37。

120. Hesiod, F2/4 and F5; West, *Hesiodic Catalogue of Women*, 50–56.

121. 事实上，阿里斯提得斯（Aristides）《泛雅典节演讲集》（*Panathenaic Oration*）的一位注释者把阿格劳萝丝、赫尔塞和潘朵洛索斯说成是厄瑞克透斯而非喀克洛普斯的女儿，见 Aristides, *Panathenaic Oration*, 85–87 (Lenz and Behr) = Dindorf, 3: 110, line 9, and 3: 12, lines 10–15。

122. See Ridgway, *Prayers in Stone*, 196–98.

123. 史蒂芬斯（G. P. Stevens）主张"帕德诺斯雅典娜"的底座高约零点九米，见 "Remarks upon the Colossal Chryselephantine Statue of Athena in the Parthenon," *Hesperia* 24 (1955): 260。

124. Pliny, *Natural History* 36.18. See Leipen, *Athena Parthenos*, 24–27, plate 86C; see also W.-H, Schuchhardt, "Zur Basis der Athena Parthenos," in *Wandlungen: Studien zur antiken und neueren Kunst: Ernst Homann-Wedeking gewidmet* (Waldsassen-Bayern: Stiftland, 1975), 120–30, plates 26–27; C. Praschniker, "Das Basisrelief der Parthenos," *JOAI* 39 (1952): 7–12; Becatti, "Il rilievo del Drago e la base della Parthenos"; Hurwit, "Beautiful Evil"; Hurwit, *Athenian Acropolis*, 187–88; A Kosmopoulou, *The Iconography of Sculptured Statue Bases in the Archaic and Classical Periods*, (Madison: University of Wisconsin Press, 2003) 113–24.

125. Leipen, *Athena Parthenos*, plate 86.

126. London, British Museum E 467, GR 1856.1213.1, by the Niobid Painter, ca. 460–450 B. C.; *ARV2* 601, 23; *Addenda* 2 266; *LIMC* 7, s.v. "Pandora," no. 2.

127. 欧里庇得斯，《厄瑞克透斯》F 360.34–45 Kannicht.

128. London, British Museum D 4, *ARV2* 869, 55; *LIMC* 7, s.v. "Pandora," no. 1；约公元前四六〇年，从诺拉出土；见 Bremmer, "Pandora," 30–31; E. D. Reeder, *Pandora: Women in Classical Greece* (Baltimore: Walters Art Museum, 1995), 284–86。一个索塔德斯画师（Sotades Painter）所绘的鳄鱼角状杯片段（BM E 789; *ARV2* 764.9; *LIMC* 1, s.v. "Anesidora," no. 3），约公元前四六〇年至公元前四五〇年，下面较低的位置可见到一个类似的场景，一个女孩正面站在

中央，两侧是雅典娜和一个男性人物。

129. 安纳丝多拉和潘多拉的关系是珍·哈里逊（Jane Harrison）首先指出，见氏著"Pandora's Box"; *Prolegomena*, 281–85; J. E. Harrison, *Themis: A Study of the Social Origins of Greek Religion* (Cambridge, U.K.: Cambridge University Press, 1912), 295, 298–99。另参见 West, *Works and Days*, 164–65; Bremmer, "Pandora," 30–31; Boardman and Finn, *Parthenon and Its Sculptures*, 249–50。

130. C. Bérard, *Anodoi: Essai sur l'imagerie des passages chthoniens* (Rome: Institut Suisse de Rome, 1974), 161–64. 潘多拉的阴间属性可从在以弗所的塔尔盖利阿节（Thargelia）收到的供品（一盆盆栽）证明，见 Hipponax 104.48 W。"安纳丝多拉"也是德美特的外号，因为她会送出大地的果实。见 Sophokles, frag. 826, 1010 和 Bremmer, "Pandora," 30–31。德美特的名字出现在《厄瑞克透斯》残篇的最后，见 F 370 102 Kannicht。

131. Harpokration A 239 Keaney 101 on E 85: Πανδρόσῳ KM, Πανδώρα ep QNP (var. lect. KM). *FGrH* 3 B I 276–77. 关于献给潘多拉的祭祀，见 Farnell, *Cults of the Greek States*, 1: 290; *RE* (1949), s.v. "Pandora"。

132. Aristophanes, *Birds* 971.

133. 在《奥德赛》（3.371.2）里，雅典娜变形为一只海雕或鹫。

134. Aristophanes, *Wasps* 1086.

135. Plutarch, *Life of Themistokles* 12.1.

136. See Kroll, *The Greek Coins*, no. 182, A. D. 120–150.

137. Ferrari, *Figures of Speech*, 7–8, 55, 72–73; G. Ferrari, "Figure of Speech: The Picture of Aidos," *Métis* 5 (1990): 186–91.

138. 荷马，《伊利亚特》17.567; Hesiod, *Theogony* 886–900.

139. 对这主题的一个全面处理，见 Korshak, *Frontal Face in Attic Vase Painting*。

140. London, British Museum 2003, 07180.10. H. Frankfort, "The Burney Relief," *Archiv für Orientforschung* 12 (1937): 128–35; E. G. Kraeling, "A Unique Babylonian Relief," *Bulletin of the American Schools of Oriental Research* 67 (1937): 16–18; E. Porada, "The Iconography of Death in Mesopotamia in the Early Second Millennium B. C.," in *Death in Mesopotamia: Papers Read at the XXVIe Rencontre Assyriologique Internationale*, ed. B. Alster, Mesopotamia 8 (Copenhagen: Akademisk, 1980), 259–70。认为这浮雕是近人复制品的意见，见 P. Albenda, "The 'Queen of the Night' Plaque: A Revisit," *Journal of the American Oriental Society* 125 (2005): 171–90。反驳的意见，见 D. Collon, "The Queen Under Attack— a Rejoinder," *Iraq* 69 (2007): 43–51。

141. London, British Museum E 477, GR 1772, 0320.36，黑淮斯托斯画师所绘。*ARV*2 1114; *Addenda*2 311; *LIMC* 6, s.v. "Kephalos," no. 26. Harrison, *Mythology and Monuments of Ancient Athens*, lxix, fig. 14。

142. 译本：G.Ferrari, *Alcman, First Parthenion*, 70–71, 156。参考书目数量庞大。参看 C. Calame, ed., *Alcman: Introduction, Texte critique, témoinage, traduction, et commentaire* (Rome: 1983), Calame, *Les choeurs des jeunes filles*。

143. G. Ferrari, Alcman, 90–92, 121. See N. Loraux, *The Mourning Voice* (Ithaca, N. Y.: Cornell University Press, 2002).

144. 欧里庇得斯，《厄瑞克透斯》F 370.107-8 Kannicht。厄瑞克透斯家三姐妹被星格化为许阿得斯座一事，见 scholiast to Aratus, *Phaenomena* 172, 107。

145. Kansas City, Mo., Nelson-Atkins Museum of Art, Nelson Fund 34.289. By the Athena Painter. See Haspels, *ABL* 257, no. 74; *Para* 260, no. 74; Neils, *Goddess and Polis*, 148–49n7.

146. 一九九三年九月十八日，法拉利（Ferrari）在普林斯顿大学"帕特农神庙和泛雅典娜节"研讨会上发表的演讲中提出了这一点；参见 S. Peirce and A. Steiner, *Bryn Mawr Classical Review*, March 9, 1994。法拉利力主，出现在雅典钱币、国玺、枭觞和其他物事的猫头鹰都是代表喀克洛普斯的几个女儿。

147. Uppsala, Uppsala University 352. Douglas, "Owl of Athena"; Farnell, *Cults of the Greek States*, 1: 290.

148. 参见本章注释119。

149. Paris, Musée du Louvre CA 2192. *ARV*2 983.14; *Addenda*2, 311. Ca. 475–450 B. C.

150. 有关枭觞，见 *ARV*2 982–84 附有参考书目；F. P. Johnson, "An Owl Skyphos," in *Studies Presented to David Moore Robinson on His Seventieth Birthday*, eds. G. Mylonas and D. Raymond (St. Louis: Washington University, 1953), 96–105; F. P. Johnson, "A Note on Owl Skyphoi," AJA 59 (1955): 119–24。

151. Bryn Mawr, Pa., Bryn Mawr College, Art and Artifact collection, T-182, ca. 300 B. C. G. Ferrari Pinney and B. S. Ridgway, eds., *Aspects of Ancient Greece* (Allentown, Pa.: Allentown Art Museum, 1979), 291n148; Neils, *Goddess and Polis*, 151n12; H. Herdejürgen, *Die Tarentinischen Terrakotten des 6. bis. 4. Jahrhunderts v. Chr. im Antikenmuseum Basel* (Mainz: Philipp von Zabern, 1971), 73–74.

152. 图107所示的图片是美国钱币学会提供（1977, 158.834）。P. van Alfen, "The Coinage of Athens, Sixth to First Century B. C.," in *The Oxford Handbook of Greek and Roman Coinage*, ed. W. E. Metcalf (Oxford: Oxford University Press, 2012), 88–104，将枭币开始流通的年代断定为公元前五一五年左右；Douglas, "Owl of Athena"; E. D. Tai, "'Ancient Greenbacks': Athenian Owls, the Law of Nikophon, and the Greek Economy," *Historia* 54 (2005): 359–81; Kroll and Waggoner, "Dating the Earliest Coins of Athens, Corinth, and Aegina"。感谢美国钱币学会的 Peter van Alfen 博士为我提供这钱币的照片。

153. Aristophanes, *Birds* 301.

154. Davies, "Athenian Citizenship," 106.

155. Rosivach, "Autochthony," 303.

156. Davies, "Athenian Citizenship," 106.

157. 英译是本书作者自译。

158. 欧里庇得斯，《厄瑞克透斯》F 359 Kannicht. 译本：Collard and Cropp, *Euripides VII: Fragments*, 375.

159. 欧里庇得斯，《厄瑞克透斯》F 366 Kannicht. 译本：Collard and Cropp, *Euripides VII: Fragments*, 385.

160. Rosivach, "Autochthony," 302–3.

161. 同前注。
162. Fehr, *Becoming Good Democrats and Wives*, 145—49.
163. N. Loraux, The *Invention of Athens: The Funeral Oration in the Classical City* (Cambridge, Mass.: Harvard University Press, 1986), 15—24.
164. 欧里庇得斯,《厄瑞克透斯》F 360a Kannicht, and F 360.53—55 Kannicht.
165. 修昔底德,《伯罗奔尼撒战争史》trans. R. Crawley (New York: J. M. Dent, 1903).

第八章　细细刷洗过的遗产：最真诚的恭维与身份借用的局限

他甚至被画入了雪茄盒。打开一盒洛佩斯兄弟公司在佛罗里达州发售的"阿古勒斯牌"哈瓦那雪茄，你会在盒盖看到这画家的肖像和其画作《莎孚》的部分画面。在一八八一年画那幅油画时，他已累积了万贯家财，集各种维多利亚时代绅士可得的荣衔于一身。但他的成功并未让他在伦敦得到人人肯定。布鲁姆茨伯里圈子*的文评家弗莱对他嗤之以鼻："劳伦斯·阿尔玛–塔德玛爵士只是我们的商业物质主义文明的一个极端例子。毫无疑问，大部分货真价实的艺术家都衷心巴望能有劳伦斯爵士十分之一的收入。他的钱并不臭。但他的那些荣衔却断然是另一回事！我倒想知道，要花多少时间才除得掉塔德玛他那'功绩勋章'**所发出的加味肥皂气息？"[1]

答案是大约六十年。作为头脑精明的生意人和让人愉快的同伴，阿尔玛–塔德玛是其时代收入最高的画家。在维多利亚时代大众之中，人人都想拥有一幅他那些色彩丰富的作品（常画着穿托加袍***的希腊人、罗马人或埃及人在浪漫主义的环境里享受高档次生活）。不过，到了他于一九一二年去世之时，认定其作品矫揉劣作的意见已甚嚣尘上，而随着不讲求自然主义画风的抬头，他那些经过一丝不苟研究而画出的作品逐

---

*　译注：以著名小说家维吉妮亚·伍尔夫为首的文艺圈子。
**　译注：英国"功绩勋章"之设是为了嘉奖在军事、科学、艺术、文学或推广文化方面有显著成就的人士。
***　译注：托加袍（Toga，或称罗马长袍）是一段呈半圆形，长约六米，最宽处约有一点六米的羊毛制兼具披肩、饰带、围裙作用的服装。只有拥有罗马公民权的男子才能穿托加袍，因此是一种身份地位的象征。

渐被人遗忘。

　　对他的评价在一九七〇年代初期开始发生改变。随着一些回顾展的举行和一些新研究著作的出版，他的作品重新受到注目。他全部作品的分类目录在一九九〇年出版[2]。如今，考虑到他与"前拉斐尔派"的互动、他对欧洲象征主义画家（如克林姆和克诺普夫）的影响和他在十九世纪英国画坛扮演的更大角色，阿尔玛-塔德玛已差不多完全恢复名誉[3]。一如往常，拍卖纪录很能说明大趋势：他的大型油画《摩西的发现》在一九〇四年卖得五千二百五十英镑，但在一九六〇年，纽曼画廊却无法为它觅得买主，同年稍后以低于底价的二百五十二英镑自行购入[4]。然后，到了二〇一〇年十一月，在福布斯的纽约拍卖会中，此画却以破纪录的三千五百九十二万二千五百美元成交。

　　阿尔玛-塔德玛被人"重新发现"的一个原因是他在再现古代事物时表现出近乎偏执的精准。考古学和档案文献的爬梳是其艺术的一部分。被罗斯金[*]评为十九世纪最差的画家，荷兰出生的阿尔玛-塔德玛曾对古雅典最大一个建筑谜团提出自己的见解。与本书主题特别相关的是，他用作品参与了一个古典学界激烈争论的问题：帕特农神庙本来是有上色还是（像大众一直认定的）一片雪白？劳伦斯爵士的意见清楚表达在作于一八六八年的油画《菲迪亚斯带朋友参观帕特农横饰带》（彩图16）[5]。画中，伯里克利和情妇阿斯帕齐娅一同观赏刚完成的横饰带。在场的还有阿尔西比亚德斯，他一手搭在老师苏格拉底肩上。全部参观者站在搭建在神庙高处的木头鹰架上，所以难得地可以近距离观看横饰带。阿尔玛-塔德玛会想画这么一幅画，念头显然是来自一八六二年第一次参观过大英博物馆的"埃尔金斯大理石"之后。

　　但《菲》画的唯一后果只是降低了阿尔玛-塔德玛在维多利亚时代菁英圈子的威望。因为他并未把帕特农雕刻见于大英博物馆里的模样照搬，即不是把它们画成通体白色、透着因氧化造成的蜂蜜色泽和沾着煤灰。相反地，他让横饰带变得色彩缤纷：男人是红褐色皮肤，穿着白色披风，站在一些黑马、白马或灰马旁边，背景是深蓝色。当一八七七年它第一

---

[*]　译注：英国维多利亚时代的重量级艺术评论家。

次公开展出时，这幅油画的"游乐场颜色"引起颇大非议。一八八二年再度在伦敦展出时，《菲》画更重新点燃了古典学学界的多色／无色之争[6]。对于是什么灵感启发阿尔玛-塔德玛用他的"艺术家执照"去把横饰带诠释为彩色，我们只能猜想。这灵感会不会是来自一八六三至一八六四年之间他与新婚妻子玛丽-宝琳·格雷森到佛罗伦萨、罗马、拿坡里和庞贝的蜜月旅行？是这次的地中海壮游把丰富的颜色和情绪带给他想象中的帕特农神庙吗？

更可能的原因是阿尔玛-塔德玛（他一向热衷考古学和建筑史）读过纽顿的《哈利卡纳苏斯、尼多斯和布朗齐达伊的考古发现》。在这部一八六二年出版的里程碑著作里，考古学家纽顿指出，新发现的摩索拉斯王陵墓*的浮雕保存着鲜明的颜料痕迹（该陵墓为古代世界的七大奇迹之一，位于哈利卡纳苏斯，即今日土耳其境内的博德鲁姆）[7]。纽顿指出，陵墓中的横饰带"整幅都是上色的，浮雕的背景是深蓝色，人物皮肤是暗褐红色，衣服和盔甲各有其颜色"[8]。因为是大英博物馆希腊暨罗马古物部的主管，纽顿很自然地注意到陵墓横饰带与帕特农横饰带的相似处："就像帕特农横饰带那样，好些马头都有钻孔，由此可以想见，它们的马勒也许是金属的。"他又补充说："色彩的多样性想必让整幅构图更突出且更生气勃勃。"

这发现让那些光透过石膏模型认识古希腊艺术的人大吃一惊。自十五世纪起，雪白石膏模型的制作、交易、搜集和展示便左右着欧洲人对古代的品位[9]。备受推崇的十八世纪艺术史家温克尔曼虽从未踏足希腊，却是"古希腊雕像一律是雪白"这信念的主要推广者。根据他的审美观（一种深受同性恋情愫支配的审美观），美的本质就是纯粹。温克尔曼在一七六四年出版的《希腊艺术史》一书中写道："准此，一具漂亮的胴体愈白皙愈美。"[10] 就这样，由温克尔曼界定和推广的新古典主义美学把对纯白色石雕的雅好推升至备受膜拜高度。

到过爱琴海旅行的人会有大不相同的感受。正如前面提过，一七五〇年代曾近距离观察帕特农横饰带的斯图尔特注意到大理石上有许多钻

---

* 译注：英语"陵墓"（mausoleum）正是源自摩索拉斯（Mausolos）的名字。

孔，猜测它们是用来系附青铜饰件：骑士的矛和剑、马勒和马缰、花环和游行活动参加者需要的其他配件。这些金属饰物会在射进内门廊的日光里闪闪发亮。斯图尔特和同事里韦特还观察到帕特农神庙和忒修斯神庙都保留着颜料痕迹。《雅典的古物》的第二和第三册的图版都清楚指出，两座神庙天花板花边的哪些部分曾经上色[11]。

一八一四年，法国建筑理论家德甘西在《奥林匹亚的朱彼得》一书指出古代的神庙习惯上色。这书理应可以增长"埃尔金斯大理石"参观者的见识（这批雕刻一八一七年第一次在大英博物馆一个临时展厅展出），但英国的社会大众却拒绝相信帕特农横饰带本来即涂有颜色。纯粹和简朴是当日英国的美学理念[12]。作为西方艺术与品味的极致，帕特农神庙被认为印证了温克尔曼的格言：白之于雕刻一如颜色之于绘画。

到了一八三〇年，法国建筑家赫缇弗已不容置疑地证实希腊神庙总是大面积地绘上鲜艳颜色。他在旅行意大利与西西里期间对古代建筑有第一手观察，找到不容辩驳的证据可证明有颜料残留在古代神庙天花板的花边上。他把这发现写成《希腊时代的多色彩装饰建筑》一文。日后（一八五一年），他还会以突破性的《还原塞利农特的恩培多克勒神庙》一书来证明西西里岛塞利农特的神庙原是涂有颜色[13]。

一本谈这个主题的德国专论于一八三五年随后出版：库格勒的《论希腊建筑与雕刻的多色彩及其限制》。曾任埃尔金斯秘书的汉米尔顿应皇家文学学会之请翻译该书，一译之下深为惊异。他直接写信给大英博物馆的理事会，呼吁他们成立一个委员会以调查帕特农大理石是否残留颜料痕迹。到这时候，横饰带雕像（为制作石膏模型）已被取范多次，第一次是由埃尔金斯亲自在一八〇二年进行[14]。一八一七年，另一次取范在理查德爵士的监督下进行。在一八三六与一八三七年间（多色／无色的争论进行得如火如荼期间），更多的范模被造了出来[15]。

一八三六年十二月，取范师萨尔蒂被从罗马召到大英博物馆，参加一场在埃尔金斯厅举行的会议。会议主题是帕特农神庙雕刻的颜色问题[16]。萨尔蒂被要求说明他在一八一七和一八三六年如何从帕特农大理石取得范模。其中一位与会者是科学家法拉第，他在当年稍早曾发现电磁感应现象。当法拉第得知萨尔蒂在取范时会先用肥皂碱液和／或强酸清洗大理石，不禁大惊失色。法拉第指出，反复使用这一类腐蚀剂清洗取范，"有可能会让本来存在于大理石表面的所有颜色痕迹荡然无存"[17]。取范的工作却持续进行，至少是持续了一阵子。法拉第还担心积累在雕像表面的污垢和灰尘（肇因于污浊的"伦敦空气"）会损害雕像，建议用干刷和少许的碳酸碱（例如洗涤用的苏打）非常小心地清洗，不要用肥皂或酸。但馆方对这种担心基本上置之不理[18]。

近二十年后，水晶宫*在锡德纳姆的盛大重开幕再次引发人们对古代雕刻颜色问题的争论。为一八五四年的这次展览，建筑家暨设计理论家钟斯设计了一个多色彩的希腊厅，用于展示涂上鲜艳颜色的"埃尔金斯大理石"石膏模型。钟斯这种见解得自他在一八四二年旅游意大利和希腊时的第一手经验。在希腊，他遇到年轻的法国建筑师古尔，后者曾协助德国建筑史学家森佩尔研究古建筑的用色问题。其后两人联袂同游开罗、君士坦丁堡和格拉纳达，在阿罕布拉宫对伊斯兰装饰的用色进行了开创性研究[19]。

钟斯的希腊厅在英国建筑师皇家协会引起争论，而他也以一篇文章响应批评者。刊登在协会一八五四年的《会刊》，这文章的题目是《为给希腊宫廷上色道歉》。其实他完全不是要道歉，而是提供实质证据以证明他为雕像模型上色完全有理。这些证据包括卢浮宫收藏的希腊化时代赤陶土小人像，以及一些在塞利农特出土的石雕碎块（是赫缇弗本人提供他过目）。他还指出，在一八三五至一八三六年冬天的卫城考古挖掘，一具大理石女性躯干的碎块从帕特农神庙东南角一个深约七点五米的考古坑被找到，它们保存着"最鲜艳的红色、蓝色、黄色，又或是朱红色、深蓝色和稻草色"。钟斯以毫不动摇的自信宣布他的结论："白色大理石的神庙会被彩绘和装饰到何种程度呢？……我主张是从头到脚。"[20]

至此，雅好纯白色古代雕像的大众品味陷入了四面楚歌。哲学家暨批评家刘易斯在同一期的《会刊》把当日的流行意见风趣地概括如下：

---

* 译注：水晶宫是一座以钢铁为骨架、玻璃为主要建材的建筑，原盖于海德公园，用作一八五一年伦敦万国博览会的英国展馆，展示各种最新工业发明。这种"玻璃帷幕"建筑在当时史无前例，仅此一见。水晶宫后来易地重建（有所扩大），其中一些厅被用作介绍历代艺术的演变。

"认为希腊人有给他们雕像上色的主张是那么让我们的现代偏见反感……以致指控他们给雕像上色不啻是指控他们行为野蛮。"然而,"不管让人有多么错愕,事实终归是事实:希腊人确实有给他们的神像上色。当时的眼睛曾看过颜料"[21]。

上色的事实超出大部分维多利亚时代人所能忍受的程度。他们甚至不能忍受雕刻表面依稀透着茶色。虽然对颜色的敌视从未明确表现为一种种族歧视,但在一个帝国主义的年代,我们不能不怀疑众人对纯白色的坚持暗含着种族歧视态度。有些人还表现出近乎强迫症的洁癖,强烈要求馆方应该好好把"埃尔金斯大理石"刷洗一番。有几十年时间,大理石雕像的蜂蜜色调是出于天然还是人为的问题占去英国评论家一个主要关注。有些论者主张,彭代利孔大理石的含铁量比其他种类大理石高,故假以时日也会出现较大的氧化程度。这观点的一位使徒科克莱尔称雕像表面的茶色为"天然的色彩"。但另一位论者彭罗斯认为那是古人给雕像涂上一层薄薄和透明的赭土或其他类似物质造成[22]。

一八五八年,大英博物馆首席雕刻修复师理查德爵士征得理事会同意,用漂洗工所用的土(一种广泛用于除油和除煤灰的黏土)彻底把"埃尔金斯大理石"清洁一番。公众的愤怒表达在《泰晤士报》刊登的一连串读者投书[23]。虽然经过理查德不遗余力刷洗,帕特农大理石看来不到十年便再次变脏。它们的管理人纽顿指出展厅的天花板和墙壁一样是脏兮兮,强烈主张展览空间和雕像本身的脏污都是"积聚在通风不良展厅的热气流"和维多利亚时代伦敦的"糟糕空气质量"导致。他呼吁应每五年把帕特农雕刻清洗一遍,而且将它们放在玻璃后面[24]。一八七三年十月,他的呼吁获得采纳,帕特农横饰带从此被放在玻璃箱里,如是者一直维持至一个金碧辉煌的新展厅在一九三〇年代启用为止[25]。

在二十世纪的头三十年,馆方定期用硬刷子和水清洗帕特农雕刻。但在一九三〇年代初期,博物馆的首席科学家普伦德莱思建议改用新方法:以一种"由药用软肥皂和阿摩尼亚构成的中性溶液"和蒸馏水清洗[26]。这种程序被遵行了四年,之后便天下大乱。

话说,在一九三一年,有人承诺给博物馆捐一笔巨款,以为"埃尔金斯大理石"建一个豪华的全新展厅。这位慷慨解囊者杜维恩是艺术品中介商，靠着把父亲的出口生意改成艺术品和古物公司而大发其财。杜维恩特别擅长撮合欧洲没落贵族的艺术收藏和美国百万富豪新贵的荷包。他与知名艺术史家贝伦森建立起互利的伙伴关系，为客户提供古董鉴别和专业建议服务。一个是鉴赏家，一个是游说家，这两个朋友的合作让他们（原都出身平平）能够享受他们本来可望不可即但心向往之的高档次生活。

杜维恩对那个至今还以他为名的展厅（图130）的筹备工作非常关心。为新展厅墙壁选择衬布时，他对"大理石实际颜色"的问题表达出强烈兴趣[27]。当初，在向理事会宣布他要送给博物馆的大礼时，杜维恩强调有必要除去雕像上的每丝脏污。理事会成员克劳福德的日记记载，理事会"耐心倾听"杜维恩的"夸夸其谈"和他一番"有关清洗古代艺术品最让人傻眼的胡说八道"。杜维恩以毫无商量余地的态度坚持"所有古老大理石都应该彻底清洗——彻底到不惜把它们泡在酸液里的程度"[28]。事实上，这位艺术品中介商早已劣迹斑斑：为增加古代油画的市场吸引力，他会刮去画面脏污、补上新颜料和涂上清漆。"透过过度清理，他比世界任何人破坏过更多古代大师画作。"克劳福德写道。

杜维恩的钱让他买到观赏"埃尔金斯大理石"超级大扫除工作的前排位子——这项工作从一九三七年六月持续至一九三八年九月。杜维恩勋爵（没错，他后来被封爵）享有特权，可以非常靠近雕像和负责刷洗它们的那支不专业团队。事实上，他直接对这批工作人员下达指令[29]。清洗团队使用了钢丝刷和大量金刚砂，而对特别顽强的脏污更是动用了铜凿子[30]。

一九三八年九月二十六日，科学家普伦德莱思在报告中指出，刮刷工作已经把大理石表面的水晶状物质刮去，让它们形同擦伤的皮肤。部分石头的原始表面甚至被削去了十分之一英寸厚度。结果，有些雕像看起来就像"被剥了一层皮"[31]。特别受影响的雕刻包括东三角楣墙的赫利俄斯、他马车其中两匹马的背部和为塞勒涅拉马车那匹马的头部。西三角楣墙受创最重的是艾瑞丝的雕像[32]。

理事会决定不对外公开发生了什么事，但有人把消息泄露给报界。《每日邮报》在一九三九年三月二十五日发表了这则耸人听闻的报道：

"'埃尔金斯大理石'在清洗中受损……茶色光泽被除去,剩下不自然的煞白。"[33] 事情固然让人万分着急,但它很快就随着第二次世界大战的爆发而离开头版。战争期间,"埃尔金斯大理石"被完全包覆起来,送至伦敦地铁一段废弃不用的隧道以保安全。这是明智之举,因为"杜维恩展厅"在一九四〇年的多次轰炸中损毁严重,必须完全重建。新馆要到一九四九年才会启用,到时钢丝刷丑闻早已被遗忘殆尽,一直要等克莱尔的《埃尔金斯爵爷与大理石》的第三版在一九九八年出版,争论才被重新点燃。大英博物馆以一个前所未有的举措作为响应:把相关的内部文件全部汇整起来,出版成书。另外,又在一九九九年十二月举办一个国际会议,讨论这问题[34]。所以说,多色/无色之争的许多经过,还有大英博物馆对"埃尔金斯大理石"的管理方式,都是前不久才公之于世。

我们也从对帕特农神庙的持续现场勘验到许多东西。例如,在帕特农神庙西门廊,"卫城修复工作队"发现了一些激动人心的新证据,可证明此处保存着鲜明颜料痕迹。能得到这发现,靠的不过是移走一些后世添加的建筑。法兰克人统治期间,一座有楼梯的钟楼被建在神庙西南角落的门廊之内(当时的神庙被改为雅典圣母院)。钟楼其中一面砖墙长久以来都遮住了一根边柱柱头的一部分。后来,在奥斯曼帝国夺得雅典之后,钟楼又被改造为清真寺的宣礼塔。

一九九〇年代早期,宣礼塔被拆除,让上述边柱的柱头七百五十年来第一次全部外露。大量红色和绿色颜料的痕迹在其多立克式和列斯伏斯式饰带上被找到(北柱廊和西柱廊横饰带上方的花边也找到同样的颜料痕迹)[35]。另外,在檐口与外横饰带也找到埃及蓝和赤铁红的颜料[36]。二〇〇六至二〇〇九年间进行的激光清洗进一步披露出西横饰带两个骑者的衣服上遗有淡绿色颜料残迹[37]——西横饰带是埃尔金斯唯一没搬走的横饰带段落[38]。在西三角楣墙,有大量蓝色颜料痕迹在喀克洛普斯人像背上的布料被发现(图37)[39]。

随着卫城博物馆在二〇〇九年六月十九日的开馆,多色/无色之争进入一个二十一世纪阶段。大英博物馆刻意选在卫城博物馆开馆当天向报界宣布,对"埃尔金斯大理石"的新研究发现了多彩颜料。使用最新技术侦测埃及蓝颜料粒子所释放的红外线,一支英国团队在西三角楣墙艾瑞丝人像的腰带上发现了仅依稀可辨的颜料痕迹。博物馆一位资深主管表示："我一直相信横饰带是有上色的。这个新方法让怀疑不再有存在余地。"他进一步指出，大理石原被漆成红、白、蓝三色，又补充一句："对，就是英国国旗的颜色。"这话等于是对在卫城山麓举行的快乐酒会发射一枚英国民族主义的小炮弹[40]。

色彩之争只是后人怎样看待帕特农神庙和创造它之人的漫长历史的一短章。不过，这一章却是典型的，因为它表现出人在理解遥远过去时常见的自我投射。既然雅典被后世的许多文化奉为楷模，既然它的遗产曾再三被窃占，那它会遭到最大扭曲大概是难免的。直到最近始有一些先进方法可以把我们的理解从文艺复兴和启蒙运动的偏见里解放出来。还有多少真相尚未挖掘出来只有天知道。

与此同时，一般流行的理解（尤其反映在我们的公民论述和建筑上）继续坚持一些被认为是雅典人首倡的假定（例如相信经验理性比信仰重要，相信个人重于集体和相信民主的不容置疑）。我们对这些假设深信不疑的程度不亚于相信古代雕刻是雪白色的。可以预见，我们为了给自己脸上贴金而套在古雅典身上的人为建构将会继续维持好长一段日子。有鉴于此，以下这个事实大概会让我们稍微心安理得：有个与雅典人时代极接近的民族曾以最真诚的动机和最卖力的努力模仿雅典，想要以此建立自己的身份认同，但他们对雅典理想的模仿照样未能全然无误。所以，为了观照全面（或哪怕只是为了让我们这些后来的模仿者可以捕捉住一两件可能会疏忽的事），且让我们在全书近尾声的此时仔细考察第一批以雅典人嫡裔自居的人。

早在公元前四世纪晚期，雅典建立于伯里克利时代的政治和经济霸权已泰半成为回忆。在伯罗奔尼撒战争第二年（公元前四二九年），伯里克利本人便死于后来夺去雅典三分之一人口的大瘟疫。情况每况愈下，大战最终以雅典及其盟邦在公元前四〇四年的战败作结。但希腊人继续自相残杀，直至马其顿的腓力在公元前三三八年把他们全部征服为止。这征服也决定性地结束了雅典的民主。

雅典的遗产当然继续活在新的政权里，而原因不仅止于亚里士多德曾被腓力聘为儿子亚历山大的家教老师。尽管如此，帕特农神庙的时代还是消退了，而希腊的地缘政治中心也向东转移。前后相续的强权将会崛起，而它们莫不或多或少认同于已逝去的雅典黄金时代。雅典最早也是最狂热的模仿者是别迦摩。在公元前三世纪后半叶和整个公元前二世纪，有长达一百五十年时间，这个位于安纳托利亚西部的王国都以古典雅典的形象形塑自己。别迦摩诸王对雅典艺术、建筑、哲学、宗教和文化的热爱是如此之甚，乃至用雪白大理石把自己的卫城修筑得跟伯里克利的卫城几乎一模一样[41]。虽然明知自己祖上是源自黑海的提俄斯，但别迦摩诸王却透过纯粹的虚构，为自己打造出可称为"新雅典人"的身份认同。他们甚至雕刻出自己的横饰带（直接模仿自帕特农横饰带），让自己连接于雅典人用泛雅典节小心翼翼保护的谱系（及至当时，泛雅典节的历史已超过四百年）。

到了公元前二世纪中叶，别迦摩诸王已经坐拥一座布满雪白大理石建筑的卫城，其中包括一座奉祀"致胜者护城雅典娜"的神庙，一尊复制自菲迪亚斯"帕德诺斯雅典娜"的神像，甚至还可能有一座菲迪亚斯青铜雅典娜的复制品[42]。就像雅典卫城那样，别迦摩卫城的西坡也是坐

图 108　别迦摩卫城的还原模型。前方是狄奥尼索斯剧场、狄奥尼索斯神庙与游廊；上方的山峰处是护城雅典娜神庙和大祭坛。

落着一座巨穴状剧场,而且这剧场下方也是建有狄奥尼索斯神庙和一条长长的游廊(图108)。

会有这些雷同当然不是巧合(图109)。别迦摩诸王也很快引入对"护城雅典娜"、狄奥尼索斯、宙斯、阿斯克勒庇俄斯和德美特暨科蕊的本土崇拜,把这些崇拜在雅典历史悠久的硬件、软件一概复制过来。别迦摩人全面模仿雅典模式的动机何在?

别迦摩位于小亚细亚西北部一个陡峭山峰,大致与爱琴海上的列斯伏斯岛对望,轻易就可从地中海溯凯库斯河而上到达,航程仅二十六公里。该城居高临下的地势被色雷斯暨密西亚国王利西马科斯(公元前三六〇至前二八一年)*看上(他在亚历山大大帝死后继承了小亚细亚的整个西部)。别迦摩除了有险可守,还接近凯库斯河河谷的肥沃田亩,养得活一大支驻军,是设置国库的理想地点。为保护这笔财富,利西马科斯任命自己信得过的同志菲莱泰罗斯(约公元前三四三至前二六三年)镇守。不过,利西马科斯后来跟亚历山大大帝另一名"继业者"塞琉卡斯以及其他敌手发生一连串血战,最终败亡[43]。于是,菲莱泰罗斯把金库据为己有,用它建立自己的阿塔罗斯王朝——这名称应是为了纪念他

图109 希腊卫城的南坡。是处有狄奥尼索斯剧场、狄奥尼索斯神庙、伯里克利音乐厅、欧迈尼斯二世游廊。山巅处是帕特农神庙。

---

* 译注:亚历山大大帝麾下大将之一,于公元前三〇四年在色雷斯自立为王。

父亲阿塔罗斯。

菲莱泰罗斯殁于公元前二六三年,由他收为养子的侄子欧迈尼斯一世继任。后者于公元前二六二年打败塞琉古国王安条克*,让别迦摩获得完全独立。他同时成了雅典哲学家的大赞助人,与阿尔克西拉乌斯相友善,后者大概堪称柏拉图以后最重要的"学院"领袖[44]。阿塔罗斯王朝诸王与雅典哲学学派的长期关系由是展开,两者的互利关系让诸王得以以雅典学问与文化的保护者自诩。公元前二四一年,欧迈尼斯一世驾崩,由菲莱泰罗斯另一个侄子阿塔罗斯一世继位。就像他的前任一样,阿塔罗斯一世与雅典的哲学圈子相熟,还问学于拉居得——他是阿尔克西拉乌斯在"学院"的忠实追随者和继承人。阿塔罗斯一世极为敬重这位渊博的老师,在"学院"盖了一座特别的花园,后称拉居得园。

在其四十多年在位期间(公元前二四一至前一九七年),阿塔罗斯一世成就过许多功业,最为人津津乐道者是两件事情。首先,他停止向从北方入侵的高卢人进贡(这进贡多年来是别迦摩人的沉重负担)。不只这样,他登基后不到十年便把高卢人彻底打败[45]。阿塔罗斯一世另一件功绩是生养了四个儿子,其中两人(欧迈尼斯二世和阿塔罗斯二世)将会像他那样是和平继位,且皆治绩彪炳。正是在这两代三王的统治期间(公元前二四一至前一三八年),别迦摩把自己打造为"新大陆"的雅典。以可与伯里克利匹敌的洒钱规模,他们把别迦摩建设为一科学、艺术与文化中心,其中包括一座藏书超过二十万卷的超大图书馆,目的是吸引当日最杰出的老师和哲学家来归。

公元前二〇〇年,阿塔罗斯一世与其舰队驻扎在埃伊纳岛之际,突然受邀前往雅典。他在狄庇隆门受到地方行政长官、祭司、女祭司和全体公民的热烈欢迎。有一个惊人殊荣要送给他:公民大会投票通过,阿塔罗斯一世自此被奉为雅典的开国英雄之一。一个新的部落将会以他为名,而自公元前四三〇年代便竖立在阿戈拉广场的"名祖英雄"青铜群像也会添入他的人像[46]。该群像是雅典十大开国英雄的纪念碑,克里斯提尼于公元前六世纪最后十年创立的十大部落便是以他们为名。

---

* 译注:塞琉卡斯之子。

就这样，一个祖上源于黑海的东方国王不只成了雅典公民，还成了它的开国元勋。这种开国元勋竟可回头追加的现象足以证明族谱神话多么有弹性和讲究实际。它让公元六一／六二年讴歌尼禄的"帕特农铭文"变得小巫见大巫。但在这两个个案中，雅典人都是已饱尝辛酸，只剩下最珍贵的东西还留在身边：他们独一无二的身份认同（也可称为古代世界的最有威望"品牌"）。透过归化阿塔罗斯，雅典人希望得到一种非常实质的回报：别迦摩人在第二次马其顿战争（公元前二〇〇至前一九七年）中与罗马人联手对抗腓力五世，保卫雅典。阿塔罗斯不负所望，率领部队跟罗得岛和罗马的部队并肩作战，打败了雅典的宿敌马其顿人。

雅典人身份到手之后，阿塔罗斯一世只需对别迦摩卫城再做一些改变，便可让他相对年轻的王国获得一段显赫的悠久历史。他和两个儿子正是透过利用传说中英雄（海克力士之子）泰列福斯做到这一点。

在离开雅典之前，这位别迦摩国王看来先给卫城奉献了一系列青铜塑像以纪念他在公元前二三三和前二二八年两度打败高卢人的事迹[47]。由于残存的铭文只保留着"阿塔罗斯"的名字，所以，这些塑像也可能是阿塔罗斯一世儿子阿塔罗斯二世所奉献。不管怎样，这种奉献都是追随一个行之有年的传统：在帕特农神庙殿内或附近展示虏获的盾、剑和其他战利品。阿塔罗斯的一系列胜利纪念碑被置于南防护墙顶上，处于帕特农神庙的建筑阴影之中。

保萨尼亚斯在二世纪造访卫城时见过阿塔罗斯的奉献品[48]。据他描述，这些青铜群像的主题分别是诸神大战巨人、忒修斯大战亚马逊人、雅典人粉碎波斯人和别迦摩战士击败高卢人。换言之，阿塔罗斯把自己战胜蛮族的事迹整合到自古风时代便在卫城受到的讴歌的分界性事件。果赫斯在卫城南防护墙顶端找到用来系附这些青铜群像的凿孔[49]。我们不难想象帕特农神庙下方和狄奥尼索斯剧场上方摆满一系列青铜像的壮观景致。

阿塔罗斯两个儿子（欧迈尼斯二世和阿塔罗斯二世）很快就明白培养轻松得来遗产的价值，所以他们继续强化别迦摩与雅典的连接，又对雅典洒下浩荡隆恩。当我们望向今日卫城的南坡，会看见狄奥尼索斯剧场，其在希腊化时代的座席数是约一万七千（图109）。这些观众遇到烈日和遇雨时要避到哪里去呢？欧迈尼斯二世为他们带来在别迦摩已被证明为有效的解决方法。在其本国的卫城，欧迈尼斯二世曾在紧靠剧场下方建筑了两座巨大游廊，其中一座长达惊人的二百四十六点五米（图108）。所以，这位国王慷慨解囊，在雅典狄奥尼索斯剧场的西边建了一座小一号的游廊，长度仅一百六十三米。后来被称为"欧迈尼斯游廊"，这游廊由用于别迦摩剧场同一套拱廊扶壁系统支撑，充分解决了在陡坡上筑造建筑物的难题。欧迈尼斯二世也许还派出过别迦摩工程师在卫城南坡主持建造事宜[50]。游廊二楼的内柱廊采棕榈叶柱头，那是别迦摩风格的正字标记。

欧迈尼斯二世的弟弟阿塔罗斯二世年轻时曾在雅典求学，说不定是拜在"学院"当时的领袖卡尔内阿德斯门下。这可以解释一尊卡尔内阿德斯青铜像（出土于阿戈拉广场）的底座铭文何以会有阿塔罗斯的名字[51]。铭文上还有卡帕多细亚（安纳托利亚东南部古国）国王阿里阿拉特的名字，而他凑巧是阿塔罗斯的连襟。这种联合奉献也许意味着两位王子年轻时曾一起在雅典留学，同是卡尔内阿德斯的弟子。作为雅典"名祖英雄"的儿子，阿塔罗斯二世获赠雅典公民权这项极大殊荣，以表彰他对城市的恩泽。他的著名礼物是一座两层的游廊，其柱廊完全是以彭代利孔大理石建造[52]。这座所谓的"阿塔罗斯游廊"长一百一十五米，与欧迈尼斯的游廊采取同一种别迦摩风格的柱头。一九五二至一九五六年之间，雅典的"美国古典研究学院"在原地基完全重建"阿塔罗斯游廊"，是为唯一一栋完全修复并继续使用的古希腊建筑。今日，它是阿戈拉博物馆和阿戈拉广场挖掘局及其仓库的所在[53]。

雅典与别迦摩的特殊关系得到卫城一系列引人动容的纪念碑进一步见证。阿塔罗斯一世的四个儿子全参加了公元前一七八年大泛雅典节的马术比赛，各在自己参赛的项目中夺标。他们在后来的泛雅典节继续角逐奖项[54]。为庆祝胜利，他们安设了两座非常抢眼的纪念碑。欧迈尼斯二世的一座是一根独柱，顶上放着一辆青铜四马马车[55]，地点位于卫城入口西北翼下方的阶地，大致与胜利女神雅典娜神庙平行。我们知道，别迦摩对"致胜者护城雅典娜"的崇拜是由这位王子的祖先菲莱泰罗斯于公元前三世纪第二季引入。把阿塔罗斯王室的胜利纪念碑与雅典人自己的胜利神庙并置,是故意要凸显两个城市的连接。青铜马车后来消失了,但它的柱座被证明是可久远的,一度被用于放置安东尼与克丽奥佩脱拉的青铜像。等两人在公元前三一年败亡于亚克兴之后,纪念碑的人像换成是该战役的大英雄:罗马执政官阿格里帕(奥古斯都皇帝时代最有权势的人物)。这纪念碑时至今日还看得见,它就位于"山门"西北翼正前方,登上圣岩者望向左边即见。

另一座纪念碑八成是庆祝阿塔罗斯二世在马术比赛胜出——他看来曾在三届不连续的泛雅典节(公元前一七八/一七七、前一七〇/一六九、前一五四/一五三)赢过[56]。位于帕特农神庙东北角,这纪念碑的大理石墩座顶部放着一辆青铜四马马车(图110)[57],高度及于神庙的楣梁,让它与亚历山大大帝格拉尼库斯河大捷后敬献的盾牌面对面。它同时与神庙东立面最北的柱间壁(编号14号)直接打照面。该柱间壁

图110 阿塔罗斯二世胜利纪念碑的还原图。纪念碑位于帕特农神庙东北角,顶上有一青铜马车。果赫斯绘图。

刻画塞勒涅驾着马车从海面冒出（图31）。我们好奇胜利纪念碑离厄瑞克透斯大战攸摩浦斯的著名青铜群像有多远。保萨尼亚斯提过，这组塑像就位在"雅典娜神庙的旁边"[58]。所以说，到了希腊化时代，帕特农神庙的圣域内放满历代的胜利纪念碑，并置着德隆望尊的地方英雄人像与新铸的别迦摩国王青铜像。

阿塔罗斯王朝也输入一些历史悠久的雅典祭典[59]。他们把对"护城雅典娜"和"胜利女神雅典娜"的崇拜结合为"致胜者护城雅典娜"崇拜。在别迦摩剧场下方建有一座小型的狄奥尼索斯神庙，其格局是照抄雅典的一座（雅典的狄奥尼索斯神庙是位于卫城南坡的狄奥尼索斯剧场下方）[60]。别迦摩剧场上方高处是"致胜者护城雅典娜"的圣所，而这圣所又是照抄卫城之巅的帕特农神庙（图108、图109）。为了做到视觉上的完全对应，别迦摩建筑师甚至抛弃别迦摩神庙传统的东西向格局，把雅典娜的圣所改为坐北朝南，好让它可以像帕特农神庙那样，以侧面出现在剧场上方。

"致胜者护城雅典娜"的神庙是菲莱泰罗斯所建，在其范围内，欧迈尼斯二世加入了一些两层的游廊[61]。这些游廊上层的栏杆装饰着浮雕，刻画别迦摩获得过的战利品：全套武器、盾牌、铠甲、军旗和船艏饰。这种设计是借自雅典的胜利女神雅典娜神庙。我们记得，克里昂曾把在斯法克特里亚战役掳自斯巴达人的九十九面盾牌挂在胜利女神神庙墩座四面墙面。别迦摩战利品浮雕和雅典战利品实物的对称让两个圣所的紧密关联更形突出。

所谓的"宙斯祭坛"高踞于别迦摩卫城之巅附近一片阶地，是一座绝无仅见的纪念性建筑（图111）[62]。面积一百平方爱奥尼亚尺（约三十五平方米），"宙斯祭坛"是一座不折不扣的"百尺殿"。它的建筑年代和祭坛身份都大有争议[63]。虽然过去一般都把它归属于欧迈尼斯二世时代，但对同一地点出土陶器的新研究却把它的年代推迟至阿塔罗斯二世甚至三世的时期[64]。动工年份看来是开始于公元前一六五年之后（甚至更晚），是用以纪念欧迈尼斯二世在公元前一六七至前一六六年对高卢人的大捷。不管怎样，这座纪念性建筑从未完全竣工。

图111 别迦摩的宙斯大祭坛。其西面有一道宽阔阶梯通向高起的内庭。"巨人战争"横饰带环绕外柱廊下方一圈。

这大祭坛的丰缛雕刻是大理石雕刻的一次奇技演出。外横饰带环绕基座一圈，完全无视横饰带应该置于多立克式门廊高处的成规。透过把人物降至一楼高度这种彻底创新，大祭坛看来是想让凡人可以好好观赏它的构图。横饰带只供神明观赏的观念不再被青睐，而这大概是因为一笔借来的遗产有需要大力促销。

外横饰带呈现的是非常古老的叙事，直接借自雅典的"巨人战争"。它以众多人物呈现这场宇宙大战的白热化时刻。据估计，原定构图共包含八十到一百个人物，涵盖一个长一百一十三米和高二点三米的范围。在留存至今的部分，凡是赫西俄德《神谱》中登记有案的神祇全部入列[65]。我们看见天空诸神与海洋诸神加入年轻一辈奥林匹亚诸神的行列，联手对付泰坦诸神与巨人族。各种有翼、蛇身、兽首的怪物不一而足。

别迦摩祭坛上的巨人可说是见于古风时代雅典卫城那些可怕生物（见第二章）在希腊化时代的转世。他们有些会让人联想起长着大翅膀和蛇尾的堤丰，有些会让人联想起长着鱼尾巴的妥里同。奥林匹亚诸神对巨人的征服代表着秩序战胜混沌，也隐喻着别迦摩人对高卢蛮族的胜利。

从祭坛西边登上一道二十四级阶梯（宽二十米）可到达一个内庭。

细细刷洗过的遗产：最真诚的恭维与身份借用的局限

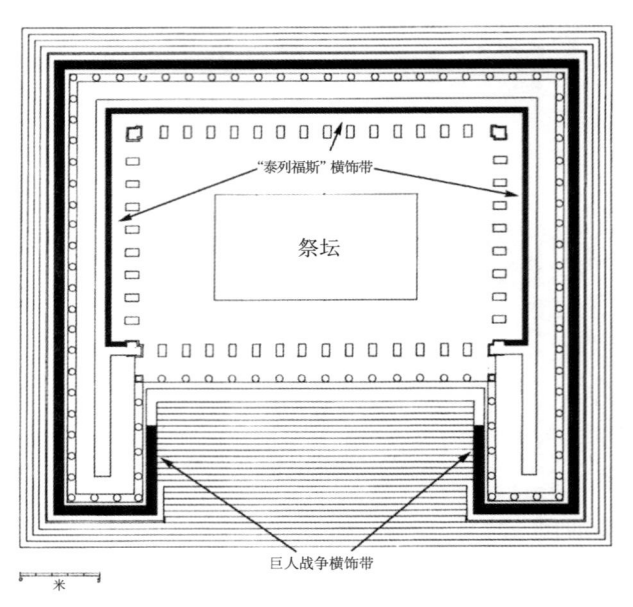

图 112 别迦摩祭坛平面图。图中标示出"巨人战争"横饰带的位置（环绕外柱廊下方一圈）和"泰列福斯"横饰带的位置（位于高起的内庭之内，环绕内柱廊一圈）。

在此，我们看见另一幅横饰带环绕内柱廊一圈（图112）。它原来的七十四块浮雕有四十七块尚存至今。内横饰带讲述别迦摩的开国故事，其核心人物是泰列福斯——海克力士与泰耶阿公主奥革之子[66]。

与"巨人战争"横饰带的风风火火风格形成鲜明反差，内横饰带呈现出一种宁静雍容的叙事风格，名副其实是带领我们穿过泰列福斯的人生故事。这两种非常不同雕刻风格的并置也曾见于帕特农神庙本身：其西三角楣墙上的雅典娜和波塞冬虎虎生风，但横饰带所讲述的开国故事却沉潜内敛。事实上，别迦摩祭坛对帕特农神庙的雕刻装饰（包括其风格、内容与组织）有着非常处心积虑的追步。大祭坛东横饰带里的雅典娜和宙斯是直接模拟三角楣墙上雅典娜和波塞冬的动态中央构图。我们看见雅典娜处于同一种活力十足的姿势：她右手猛伸，左腿微弯，膝盖露出了大裙子（图113）。她扯住一个倒下的有翼巨人（疑是恩克拉多斯）的头发，而盖娅（疑是巨人妈妈）从地里出现，为巨人求饶。相似地，宙斯的爆炸性姿势和夸张的肌肉也是直接仿效帕特农神庙西三角楣墙上的波塞冬（图114）。只见他举起一根雷电（位置和波塞冬的三叉戟

图 113　画面左边是雅典娜大战一个有翼巨人，有一个胜利女神从右边为她加冠。盖娅从地里冒出，为儿子向雅典娜求饶。见于别迦摩祭坛的东横饰带。

图 114　宙斯作势要向三个巨人掷出雷电。见于别迦摩祭坛的东横饰带。

细细刷洗过的遗产：最真诚的恭维与身份借用的局限

一样），准备掷出，吓得三个巨人跪倒在地。

一次又一次，我们在别迦摩祭坛上找到对雅典、其宇宙大战及其分界性事件的指涉。在"巨人战争"横饰带的西边，我们看见一个动态的女性人物准备要掷出一个盘蜷着蛇的圆球（图 115）。这少女伸出左臂以稳定身体，右臂向后高举，手上圆球眼见就要投出。传统上认定她是夜之女神倪克斯，要不就是珀尔塞福涅或德美特[67]。但我们却无法不把她与年轻的雅典娜联想在一起，因为雅典娜是希腊神话中唯一以把一条蛇掷向星空而驰名的神祇。被掷向天之极，"大龙"星座从此主宰了北边的夜空。这个把蛇掷向天空的画面出现在"巨人战争"横饰带的西边会是一种巧合吗？就算像中人不是雅典娜，她仍然会让人深深回忆起女神把最致命一个巨人星格化的往事。

沿着北横饰带再往前走，我们会看见另一个对帕特农神庙的引用。只见一条鱼怪（鳞片、鱼鳃、鱼鳍和凸眼一应俱全）从赫利俄斯马车下方的水面冒了出来（图 116 的小图）。这马上会让人联想到帕特农神庙的蛇类和鱼尾生物雕刻，特别是见于东柱间壁（编号 14 号）的两条鱼，它们同样也是出现在赫利俄斯的马车下面（图 31），就在阿塔罗斯二世

图 115 "倪克斯"把蛇掷向天空。见于别迦摩祭坛的北横饰带。

图116 在祭坛楼梯上与宙斯之雕缠斗中的大蟒，旁边一个倒地巨人观看着这一幕。小图：从赫利俄斯马车下面北侧冒出的鱼怪。见于别迦摩祭坛外横饰带东边。

的胜利纪念碑背后（图110）。所以说，别迦摩祭坛既取用雅典卫城常见的水陆生物，又把它们夸大化至一个新高度。另一个明显例子是祭坛楼梯上那条从浮雕背景蹿出的大蟒（图116），它也会让人想起雅典卫城的蛇类（彩图3、彩图7）。这让人不禁好奇，雅典卫城有多少鱼龙图像早已丢失[68]？

就连祭坛的屋顶都装饰着来自雅典卫城的人物：雅典娜、波塞冬、马人和妥里同。再一次，屋顶上的雅典娜和波塞冬看来是效法帕特农神庙西三角楣墙：雅典娜穿着有蛇发女妖头像的胸铠，疾步向前（图117），而波塞冬则把肌肉线清晰的躯干转向观看者，右手（毫无疑问是如此）举着三叉戟（图118）。至于屋顶上那些前足跃起的马人，他们除了是以帕特农神庙南柱间壁为蓝本，还能别有所本吗？妥里同的情况也是如此，他精壮，腰上围着一圈海草，鱼尾巴呼之欲出（图119）[69]。这个妥里同曾在古风卫城的蓝胡子神庙与海克力士格斗，又曾出现在帕特农神庙的西三角楣墙（彩图10）。

有鉴于大祭坛外横饰带对帕特农神庙有那么多直接引用，它的内横饰带会与帕特农神庙的厄瑞克透斯横饰带多所相似便不足为奇。事实上，没有什么比这条明白模仿别人的横饰带更能证明帕特农横饰带是讲述厄

细细刷洗过的遗产：最真诚的恭维与身份借用的局限　379

图 117　疾走的雅典娜，她的胸铠上镶有蛇发女妖头像。别迦摩祭坛的屋顶雕像。

图 118　从海中冒出的波塞冬。别迦摩祭坛的屋顶雕像。

图 119　穿着海草"裙子"的妥里同。别迦摩祭坛的屋顶雕像。

瑞克透斯的神话。两条横饰带都是要传达城邦开创者的故事，讲述他们的命运如何被神谕决定，他们如何捍卫城邦，以及他们对于建立地方崇拜的贡献。两者的故事都呈现在一条长长的浮雕"缎带"。但就像别迦摩祭坛的"巨人战争"与帕特农神庙者有一根本不同，两条横饰带也是如此。帕特农横饰带是环绕内殿外墙的顶端一圈，反观泰列福斯横饰带却是环绕内庭的内门廊一圈，是可以在眼睛的高度看见（图 112）[70]。这让人再一次怀疑，这是因为别迦摩人意识到他们自称来自一个神圣源头之说服力较弱，有需要补强。没有一个雅典公民会怀疑雅典人起源高贵，但泰列福斯横饰带必须更卖力推销，方能建立阿塔罗斯王朝的正当性。别迦摩没有那么多世纪的历史可以证明自己拥有一个史前源头。

这就难怪，别迦摩诸王在孜孜不倦培养新雅典人的身份认同时，会挑选一位也曾见于欧里庇得斯戏剧的英雄来充当他们国父。毕竟，既然雅典人能拿这位大师的《厄瑞克透斯》自证，那别迦摩人何独不能拿他的《泰列福斯》自证[71]？就像希腊的神庙雕刻一样，希腊悲剧乃是重述神话的重要载体[72]。在希腊戏剧里，我们一再看到地方崇拜被说成是由一位地方王族英雄的死所肇始：死于底比斯的彭透斯，死于特罗普的希波吕托斯，死于尼米亚的俄斐耳忒斯，死于奥利斯的伊菲革涅雅，死于雅典的厄瑞克透斯父女，（没错）还有死于密西亚的泰列福斯皆是例子。没有人比欧里庇得斯更热衷讲这一类故事，因为他的全集不只包括《厄瑞克透斯》和《伊翁》，不只包括《海克力士子女》和《伊菲革涅雅在奥利斯》，还包括《酒神的女祭司》《希波吕托斯》和《泰列福斯》。事实上，别迦摩比雅典更亟须用戏剧来进行政治宣传。萧勒曾指出别迦摩祭坛与希腊剧场舞台景屋*的相似性[73]。所以，有可能祭坛本身就是一个希腊舞台，用来上演神话戏剧。

泰列福斯横饰带比帕特农横饰带容易解读太多。它就像一些漫画框格，把泰列福斯从诞生到死亡的整个人生故事依前后顺序一一道来。由此，我们知道了别迦摩的由来。整个故事开始于可爱的奥革，她是伯罗奔尼撒城邦泰耶阿的公主，还是在地雅典娜崇拜的处女女祭司。她父王阿琉斯有很好理由把女儿安插在这个圣职：一个神谕曾经警告，要是奥革结婚产子，小孩长大后将会杀死外公的继承人。

奥革也是泰耶阿的"圣衣洗涤女"，负责为女神洗涤袍服。在这一点上，她是阿格劳萝丝（雅典国王喀克洛普斯女儿）的翻版，因为后者正是雅典的"圣衣洗涤女"。有一天，当奥革正在溪边洗衣服时，海克力士经过，诱奸了公主。就像任何跟神明或半神交媾的凡人那样，奥革实时怀孕。愧于自己的有失妇德，她生产后把婴儿丢弃在帕特农里翁山（即处女山），任其自生自灭。我们晓得，相似事情也曾发生在厄瑞克透斯的女儿克瑞乌莎，她被阿波罗强暴后把小婴儿伊翁遗弃在当初失贞的山洞里。泰列福斯得到一头鹿或母狮哺育，得以不死。伊翁则是被赫耳墨斯所救：他奉阿波罗之命把小婴儿带到德尔斐。就像伊翁长大后成了爱奥尼亚人的祖先，泰列福斯自然也会有孕育出一个大族的机会。照横饰带的说法，他的后人就是别迦摩的阿塔罗斯王族。可供别迦摩人窃占为国父的英雄为数不少，但他们选择时深思熟虑，下手精准。泰列福斯（字面意思为"漫游者"）同时体现出他们的亚洲根源和雅典人野心。

泰列福斯横饰带的北边描绘这英雄人生的最早章节：他父母的故事、

---

* 译注：盖在舞台后面的屋子，用来供演员更衣。

他们不伦的罗曼史和这罗曼史的余波。在把婴儿丢弃山边后，奥革被父王用一艘小船送出海，以免丑事为泰耶阿人民所悉。小船被冲到安纳托利亚西海岸的密西亚，其地离日后别迦摩的城址不远。仁慈的国王透特剌斯跑到沙滩把奥革救起，又把她收为养女，视如己出。在密西亚，奥革建立了以"护城雅典娜"为名的新崇拜。作为别迦摩"护城雅典娜"的第一任女祭司，她的角色遂与雅典王后普拉克熹提娅相当。

与此同时，被遗弃的婴儿泰列福斯因为得到一头只母狮哺育，活了下来。在柱廊的北墙，我们看见一幅刻画海克力士发现泰列福斯的浮雕（图 120）[74]。画面中，壮硕如牛的海克力士抵着大棒（他的正字标记），被对小婴儿的父爱所融化。他扼死涅墨亚狮子*的战利品（吓人的狮皮）平素都是穿在身上，但此时却搭挂在大棒上，看起来像是普通毯子。他双脚交叉看着儿子往母狮身上吸奶，样子看来非常放松（更早期的传说把给婴儿哺乳的动物说成是鹿，但由于鹿是别迦摩死敌高卢人的圣兽，所以换成母狮会更妥当。狮子的另一个好处是它和海克力士的第一件"苦差"密切相关）。

柱廊的东墙记录着青年泰列福斯的漫游历程。他为寻母而去德尔斐问卜，然后按神谕指示东行，前往安纳托利亚西海岸。他最后去到密西亚，受到富同情心的透特剌斯国王欢迎。国王恳求这位出众青年帮忙他打败一心推翻他的埃达人，又答应事成后会以女儿奥革许配。由于泰耶阿的雅典娜女祭司是容许已婚女人担任（这是从雅典的情况推知），所以结婚对奥革来说并不构成任何问题[75]。

在刻画泰列福斯及同伴在透特剌斯宫廷受到欢迎的画面中，我们看见一些人戴着佛里吉亚圆锥帽，由此表明了背景地点是安纳托利亚。接着是泰列福斯的同伴，他们其中一人戴着雅典头盔，显示他是来自希腊大陆。画面最右边是泰列福斯本人，他穿着肌肉铠甲**（图 121）。这位英

---

* 译注：海克力士是宙斯私生子，受天后赫拉忌恨，后因赫拉诅咒而发疯。只有完成十二件"苦差"方能解除这诅咒。第一件"苦差"是杀死涅墨亚狮子（一头刀枪不入的巨狮，以长年盘踞在涅墨亚得名）。扼死狮子后，海克力士剥下狮皮，披在身上。第二件"苦差"是前文提过的斩杀九头蛇许德拉。

** 译注：有肌肉线条的铠甲。

图 120　海克力士驻足欣赏自己儿子泰列福斯——一头母狮正在给小婴儿哺乳。见于别迦摩祭坛的泰列福斯横饰带。

雄向右转身，接受奥革馈赠的头盔和武器。奥革这举动再一次把她与阿格劳萝丝连接起来，因为我们知道，雅典的"军训生"都是在卫城东坡的阿格劳萝丝神庙领他们的武器，并在阿格劳萝丝女祭司的监督下发下爱国誓言。奥革在这里扮演着一样的角色。

东横饰带的其余部分讲述泰列福斯与埃达人的战斗及后续事件。以

细细刷洗过的遗产：最真诚的恭维与身份借用的局限

图 121 穿着胸铠的年轻战士泰列福斯在密西亚受到欢迎。他的同伴（左边）戴着佛里吉亚圆锥帽与阿提卡头盔。见别迦摩祭坛的泰列福斯饰带。

胜利者之姿凯旋，泰列福斯准备好迎娶公主。幸好，在最后一刻，两人发现彼此是母子，避免掉一则乱伦故事。泰列福斯没有一直形单影只：他认识了亚马逊女王希耶拉，两人准备结婚。不过，天不造美，阿尔戈斯人因为迷路到了密西亚（他们原是要前往特洛伊作战），并与亚马逊人发生冲突。横饰带收入了泰列福斯帮助亚马逊人对抗希腊人的情景。就这样，见于帕特农柱间壁的两大分界性事件（特洛伊战争与"亚马逊人战争"）被别出心裁地同时写入了别迦摩的开国神话。在这个版本的

"亚马逊人战争"里，希耶拉被杀，泰列福斯被阿基利斯重伤。

说来他也是咎由自取。原来，狄奥尼索斯一直忿恨泰列福斯没有向他献祭，作为报复，他让战斗中的泰列福斯一条腿被葡萄藤蔓缠住，成了阿基利斯长矛的活靶。这长矛原是马人喀戎送给父亲的结婚礼物，性质非比寻常：它造成的伤口永不会痊愈。泰列福斯从此成了瘸子。

因为备受疼痛困扰，泰列福斯寻求神谕指示，得知只有杀伤他的那件武器可以治愈伤口。南横饰带显示他返回希腊大陆寻找长矛的经过。他在阿尔戈斯的宫廷被奉为上宾，但国王阿伽门农拒绝帮忙寻找长矛，泰列福斯一怒之下抢过襁褓中的小王子厄瑞斯特斯。横饰带显示小婴儿被头下脚上抓住，泰列福斯准备把他杀死在阿伽门农的家庭祭坛。千钧一发之际，喀戎的长矛被找着。泰列福斯把矛头的锉屑揉在脚上，脚伤随即痊愈。

接着我们看见泰列福斯回到别迦摩，登上王位，并建立了对狄奥尼索斯的祭拜。这位神明的怒气因此消失，不再加害王室。类似情节也见于厄瑞克透斯的神话：波塞冬因为雅典人不接受他的礼物（海水水泉），勃然大怒，制造出地震和大洪水。但与泰列福斯不同的是，厄瑞克透斯没能及时补救。在以他为名的那出悲剧中，厄瑞克透斯被大裂隙吞噬，葬身地底深处。只有当王后普拉克熹提娅在卫城创立了对"波塞冬—厄瑞克透斯"的新祭拜之后，海神才既往不咎。

雅典和别迦摩自始至终都是以崇拜"护城雅典娜"为主。不过，两个城邦也引进副崇拜以安抚感情受伤的神明。王后普拉克熹提娅和奥革在"护城雅典娜"的主崇拜里扮演相同角色。国王厄瑞克透斯和国王泰列福斯则是在新的副崇拜里扮演特殊角色：两者的崇拜对象分别是"波塞冬—厄瑞克透斯"和"狄奥尼索斯—凯特格芒"。凯特格芒意指"神所带领者"*。

内横饰带的南段讲述泰列福斯人生故事的终章。画面中的他安躺在一张躺椅上，而这种斜躺姿势是直接沿用海克力士完成十二苦差后的图像公式。其所传达的讯息是虎父无犬子。在周游过那么多地方和完成那

---

* 译注：这大概是泰列福斯的外号。

么多功业之后，开国之君可以歇息了。

他的最后安息之地也是小心翼翼地遵循既有模式。在别迦摩祭坛的地基深处，出土过一座拱顶型建筑，建材为安山岩，年代判定属于阿塔罗斯一世之时[76]。祭坛的筑造者明显对这地下建筑表示尊重。它看来是要追步我们看过的许多墓／祠模式：奥林匹亚的珀罗普斯墓、尼米亚的俄斐耳忒斯、伊斯米亚的墨利刻耳忒斯—帕莱蒙墓、阿密克莱的许阿铿托斯墓，还有雅典的厄瑞克透斯墓及三公主墓。这些开国者全都是在据信是他们入土之处受到祭拜。所以，别迦摩祭坛地底的拱顶型墓冢大有可能是另一座英雄祠，是为城邦元祖泰列福斯而建[77]。这猜测是有根据的，因为保萨尼亚斯提过，别迦摩人会向泰列福斯献牲，而在当地阿斯克勒庇俄斯神庙所唱的颂歌一开始都会提泰列福斯的名字[78]。他还说奥革在别迦摩的坟墓还看得见：那是一个土墩，四周是一圈石头围成的地下室[79]。如果雅典的例子适用，那母子二人必然是在别迦摩卫城受到联合祭拜。

泰列福斯的故事不只能让别迦摩诸王把自己整合进雅典人的谱系及他们的两大"分界性事件"（巨人战争与特洛伊战争），还能让他们承认自己的亚洲根源。"泰列福斯"这名字事实源自西台语的 Telepinu，意指"消失中的神"[80]。它当然非常适用于一个曾经从阿卡迪亚山区漫游至密西亚海岸再漫游至阿尔戈斯然后折返密西亚的人。泰列福斯与亚马逊女王的婚配，还有两人并肩对抗希腊人一事，也起着相似效果，即既能让阿塔罗斯王朝被纳入所有大陆希腊人共通的神话叙事，又把他们的根源设定在安纳托利亚。泰列福斯的业绩则表现出阿塔罗斯王朝的两大标记：武功彪炳和信仰虔诚。要不是把一个伟大的"母邦"或说伟大的过去挪为己用，别迦摩诸王在历时一个半世纪里的表现有可能会大打折扣。

阿塔罗斯王朝赖以打造出"东方的雅典"的，不只是神话和灰泥。在他们的卫城的最高点，坐落着一座被判定为图书馆的建筑，其中藏着古代世界的全部学问[81]。阅览室正中央放着一尊菲迪亚斯的"帕德诺斯雅典娜"的复制品，材料是远从彭代利孔山运入的大理石[82]。高超过三米，大小约为原像的四分之一，这雕像的作用是呼吁所有别迦摩人向雅典的理想看齐——用柏拉图的话来说就是追求成为"最漂亮和最高贵者"。

不以这些模仿为满足，别迦摩还搞了自己的泛雅典节。欧迈尼斯一世在写给人民的一封信中（年代约为公元前二六〇至前二四五年之间）提到过这个节日[83]。国王在信中建议，应该在下一届泛雅典节给五位将军各颁一顶金冠，以表扬他们的称职表现。"致胜者雅典娜"的神庙在公元前二世纪期间铸造了一系列青铜币，以作为各届泛雅典节的纪念币[84]。钱币正面是雅典娜头像，背面铭刻着 ATHENA NIKEPHOROU（"属于致胜者雅典娜"）。铭文旁边当然少不了一只小猫头鹰。

　　对雅典的模仿固然没有其他地方能比别迦摩更全面或更热烈，但类似举动却延续到这王国结束之后*，即延续至罗马的帝国阶段。在雅典阿戈拉广场的正中央，我们今日还看得见三尊站在壁柱上的石头巨像。他们都是些妥里同，是神话中被海克力士斩杀的海蛇妥里同的后裔，样子一如在别迦摩祭坛的屋顶雕像所见者：上身肌肉发达，下身围一圈海草，腰部以下蜷曲着鱼尾巴。但阿戈拉广场妥里同的蓝本是来自一个近处：帕特农神庙西三角楣墙上的波塞冬（彩图 10）。

　　三尊巨像表现为俘虏形象（遭绑缚和神情痛苦），原是一道游廊的装饰品（游廊相连于一座音乐厅的立面），为一系列妥里同像和巨人像之仅存者。但这些雕像不是出自雅典雕刻师或别迦摩雕刻师之手。音乐厅是罗马将军阿格里帕在公元前一世纪建造，后于公元二世纪中皇帝安东尼·庇护统治时期坍塌，重建为讲学堂[85]。三尊妥里同属于这后一阶段。

　　他们脚下的壁柱以浮雕石板装饰，石板上刻有雅典娜最本质性的符号：橄榄树和圣蛇[86]。同一组符号也见于奥古斯都荣民市（今西班牙梅里达）的"行省广场"。广场建于公元五〇年前后，有女像柱和美杜莎头像作为装饰（全是一仍古典雅典的风格）。一块大理石浮雕显示着一棵橄榄树、圣蛇和三只鸟[87]。显然，当初陪同奥古斯都和阿格里帕进入雅典的罗马军团对这城市的纪念性装饰印象极为深刻，后来才会想要用它们来装饰自己的家乡城市（包括远至西班牙的一些）。当然，罗马城本身就会定期大量复制雅典模式，例如，奥古斯都广场和哈德良皇帝位于蒂沃利的别墅便都看到女像柱[88]。

---

*　译注：最后一任别迦摩国王因为无嗣，唯恐死后会爆发内战而把王国遗赠给罗马。

类似地，罗马的行省钱币也把雅典卫城的图像送到远方人手中。发行于约公元一二〇至一五〇年之间，这些青铜钱币镌刻着卫城北坡的牧神潘山洞、通往"山门"的梯道、一面代表厄瑞克透斯神庙的三角楣墙，以及青铜雅典娜巨像[89]。光是靠着这些大量生产的钱币，罗马帝国就比从前或之后的任何强权把雅典的形象传播得更广更远。尽管如此，要窃占一种文化，光是复制它的图像母题或把自己放入它的建国神话里仍是不够的。

别迦摩诸王的真正目的不是复制他们"留学过"的那座城市。借柏拉图的术语来说，他们不是只要模仿表象。相反地，他们是指望获得他们复制对象的本质，一如木匠造一张椅子时会在脑海里苦思冥想椅子的**理想式样**。在《法律篇》的第十卷，柏拉图嘲笑诗人，说他们只是自己灵感的俘虏，只会模仿那些能够取悦感官的物事，永远无法抵达真理（真理是哲学家的专擅领域）[90]。在雅典求学过的别迦摩诸王不准备犯同样错误。与其说他们是追求一个复本，不如说他们是将雅典奉为圭臬，根据它来打造他们的城市。除了为他们的超大图书馆搜集二十万卷图书，或输入彭代利孔大理石来复制"帕德诺斯雅典娜"神像，他们还想重新创造让雅典成为理想社会的根本精神。为达成这个目标，他们采取了若干行为守则，包括重视无可挑剔的军事纪律和君权的和平转移。阿塔罗斯一世能成功做到让两个儿子轮流继位而没有发生内讧，乃是雅典人政治理想的一个楷模，也是阴谋与谋杀充斥的希腊化世界的一个异数。

就这样，别迦摩诸王落实了伯里克利近三百年前在国葬演说的预言："我们从不抄袭邻人，反而是他们的典范。"[91]

不过，雅典经验其中一个元素却是作为君主国的别迦摩或作为帝国的罗马所不可能企及。雅典最大一座神庙（特别是它的横饰带）以最大热情见证着雅典民主的秘密：没有任何人的性命比其他人或共同福祉重要。认识到厄瑞克透斯女儿的牺牲是帕特农横饰带的主题之后，群体团结对雅典（危机时期尤然）的无上重要性便会昭然若揭。正是这种共同体归属感和它带来的种种特权让旁人羡煞。它是历久不衰的雅典人身份认同的最本质，一代又一代的雅典人透过它而被结合在一起。虽然这种团结性并不必然会导致民主,但少了它,崭新的民主安排亦不可能在雅典运作。

我们绝不能昧于一个事实:帕特农横饰带是以古代雅典的标准讴歌民主,不是以我们时代的标准。现代的民主政体以政教分离自豪,但这种二分法并不存在于古雅典。在那里,神话、宗教和政治(雅典意义下的政治)无缝交织在一起。虽然现代民主声称它比任何制度更能保障个人的权利与自由,但古典版本民主的强调却是落在共同福祉和个人有责任为共同福祉牺牲。

除了真正的大英雄,个人在希腊世界大多数地方都没多少分量可言。黩武的斯巴达更遑论,因为对它而言,更重要的是城邦本身的福祉,而非人民集体的幸福。所以,就像"民主"一样,人有神圣责任为国人同胞或共同福祉牺牲的观念在公元前五世纪是彻底革命性的观念。雅典人实质上改写了英雄的定义:在荷马史诗里,英雄是为自己个人的卓越而战斗和战死,是为了让自己的大名流传得比所有其他人更久;反观雅典,其英雄则是为拯救国人同胞而战斗和舍命。他的国人同胞也会为他做一样的事。在危机时期,共同福祉也是比个人利益优先,例如,在公元前四三〇年的大瘟疫,很多雅典人并没有逃走,而是不惜冒生命危险选择留下来照顾病患[92]。

在欧里庇得斯的《厄瑞克透斯》里,王后普拉克熹提娅为这些高贵但稀奇的观念发声。它们实在太稀奇,以致利库尔戈斯因为害怕它们会随时间被人遗忘而刻意在《谴责莱奥克拉特斯》加以引用:

> 这城邦只有一个名字,却住着许多人。当我明明可以献出一个孩子以拯救所有人,却不这样做,任由所有人毁灭,难道这是对的吗?
> 要相比毁掉一座城市,毁掉一个家后果没有那么惨重,也少些悲苦。
> 我痛恨那些为孩子选择苟活而非共同福祉的人,或鼓吹怯弱的人。
> 我不会为一个人的命而拒绝拯救城邦。
>
> 欧里庇得斯,《厄瑞克透斯》F360.10-50 Kannicht=
> 利库尔戈斯,《谴责莱奥克拉特斯》100[93]

所以，位于雅典民主制度最核心的是这个信念：没有任何人的性命（包括王族成员的性命）比多数人的性命重要。《约翰福音》在第一世纪这样定义最高的爱："人为朋友舍命，人的爱心没有比这个大的。"（第十五章十三节）这种自我牺牲之爱早在基督诞生四百五十年前便出现在雅典，它显示出国人同胞的互信是如何可以让"民治"历久不衰，乃至让一个城邦能度过本来只有极权国家方可度过的危机。

自那时以来，不同形式的民主基本上都是想办法平衡个人对共同体的义务和共同体对个人的责任。雅典并没有忽略后者，虽然较少予以强调。有两百年时间，雅典的"极端民主"实验有一部分是靠着自愿奉献支撑，由富有公民出资维持—无所有公民的生活[94]。与此同时，一种自我克制和尊重法律的精神，还有（这是更重要的）一种对他人发自真诚的关怀（这是因为不管是贫是富，大家都是源自同一个高贵源头），皆保障了上述的平衡。以这种方式，社会的同舟共济乃可被认为是雅典娜女神的圣衣。反讽的是，当代民主（自诩为雅典的继承人）面临的最严峻挑战正是失去雅典曾达到过的平衡。

注释：

1. R. Fry, "The Case of the Late Sir Lawrence Alma Tadema," in *A Roger Fry Reader*, ed. C. Reed (Chicago: University of Chicage Press, 1996), 147–49, reprinted from *Nation*, January 18, 1913, 666–67.
2. R. Ash *Alma-Tadema* (Aylesbury: Shire, 1973); V. Swanson, *Alma-Tadema: The Painter of the Victorian Vision of the Ancient World* (London: Ash & Grant, 1977); R. Ash, *Sir Lawrence Alma-Tadema* (London: Pavilion Books, 1989; New York: Harry N. Abrams, 1990); V. Swanson, *The Biography and Catalogue Raisonné of the Paintings of Sir Lawrence Alma-Tadema* (London: Garton, 1990); J. G. Lovett and W. R. Johnston, *Empires Restored, Elysium Revisited: The Art of Sir Lawrence Alma-Tadema* (Williamstown, Mass.: Sterling and Francine Clark Art Institute, 1995), exhibition catalog; E. Becker and E. Prettejohn, *Sir Lawrence Alma Tadema* (Amsterdam: Van Gogh Museum, 1996), exhibition catalog.
3. Barrow, *Lawrence Alma-Tadema*, 192; E. Swinglehurst, *Lawrence Alma-Tadema* (San Diego: Thunder Bay Press, 2001); R. Tomlinson, *The Athens of Alma Tadema* (Stroud: Sutton, 1991).
4. 购入报道载于 G. Reitlinger, *The Economics of Taste*, vol. 1, *The Rise and Fall of Picture Prices, 1760–1960* (London: Barrie and Rockliffe, 1961), 243–44。
5. Barrow, *Lawrence Alma-Tadema*, 43–44.

6. A*thenaeum*, December 8, 1882, 779.
7. Newton and Pullan, *Halicarnassus, Cnidus, and Branchidae*, 72–264（描述纪念碑）, 78（作为古代世界的七大奇迹之一）, 185（在其建筑群上的颜色），以及 238–39（在浮雕上的颜色）。见 I. Jenkins, C. Gratziu, and A. Middleton, "The Polychromy of the Mausoleum," in *Sculptors and Sculpture of Caria and the Dodecanese*, ed. I. Jenkins and G. Waywell (London: British Museum, 1997)。
8. Newton and Pullan, *Halicarnassus, Cnidus, and Branchidae*, 238–39.
9. 这情形一直持续到十九世纪之末。见 R. R. R. Smith and R. Frederiksen, *The Cast Gallery of the Ashmolean Museum: Catalogue of Plaster Casts of Greek and Roman Sculptures* (Oxford: Ashmolean Museum, 2013); R. Frederiksen, ed., *Plaster Casts: Making, Collecting, and Displaying from Classical Antiquity to the Present, Transformationen der Antike* (Berlin: De Gruyter, 2010); D. C. Kurtz, *The Reception of Classical Art in Britain: An Oxford Story of Plaster Casts from the Antique* (Oxford: British Archaeological Reports, 2000); Yalouri, *Acropolis*, 176–83。
10. Winckelmann, *Geschichte der Kunst des Alterthums*, 147–48.
11. Stuart and Revett, *Antiquities of Athens*, 2: plate 6; 3: plate 9, For metal attachments on the Parthenon frieze, see Stuart and Revett's Antiquities of Athens, 2: 14.
12. M. J. Vickers and D. Gill, *Artful Crafts: Ancient Greek Silverware and Pottery* (Oxford: Clarendon Press, 1994), 1–32; M. J. Vickers, "Value and Simplicity: Eighteenth-Century Taste and the Study of Greek Vases," *Past and Present* 116 (1987): 98–104.
13. J. -I. Hittorff, *Restitution du Temple d'Empédocle à Sélinonte* (Paris: Firmin Didot Frères, 1851).
14. M. Fehlmann, "Casts and Connoisseurs: The Early Reception of the Elgin Marbles," *Apollo* 544 (2007): 44–51. 一八一一年，当诺勒肯斯（Joseph Nollekens）的人马准备用稀释硫酸清洗"埃尔金斯大理石"时，雕刻家赫宁（John Henning）出面反对。见 Jenkins, *Cleaning and Controversy*, 4。
15. Jenkins, *Cleaning and Controversy*, 16–19; Jenkins, "Casts of the Parthenon Sculptures"; Jenkins and Middleton, "Paint on the Parthenon Sculptures," 202–5.
16. Jenkins, *Cleaning and Controversy*, 16; Jenkins and Middleton, "Paint on the Parthenon Sculptures," 185–86.
17. 法拉第的发现受到詹金斯的质疑，见氏著 *Cleaning and Controversy*, 4–5, 16–17。
18. 同前注书目，4.
19. J. Goury and O. Jones, *Plans, Elevations, Sections, and Details of the Alhambra* (London: Jones, 1836–1845).
20. O. Jones, "An Apology for the Colouring of the Greek Court in the Crystal Palace," *Papers Read at the Royal Institute of British Architects* (1854): 7. 有关早期学界对帕特农神庙色彩的争论，一个很好的综览是 Vlassopoulou, "New Investigations into the Polychromy of the Parthenon," 219–20; Jenkins and Middleton, "Paint on the Parthenon Sculptures"。
21. G. H. Lewes, "Historical Evidence," *Papers Read at the Royal Institute of British*

Architects (1854): 19.

22. F. C. Penrose, *An Investigation of the Principles of Athenian Architecture; or, The Results of a Recent Survey Conducted Chiefly with Reference to the Optical Refinements Exhibited in the Constructions of the Ancient Buildings of Athens* (London: Society of the Dilettanti, 1851), 55. See Jenkins and Middleton, "Paint on the Parthenon Sculptures,"书中主张雕像上色前会先涂一层底漆。

23. 一八五八年六月十八日，一封署名"马莫尔"（Marmor）的读者投书惊呼："先生，他们正在刷埃尔金斯大理石！"理查德爵士用的清洗方法违背古代古物部主管霍金斯（Edward Hawkins）的建议，后者主张用"黏土水"温和清洗。见 Jenkins, *Cleaning and Controversy*, 5–6。

24. 同前注书目，6；主席团报告：一八六八年六月二十五日（大英博物馆）的"受托人文物部门管理人员报告"。

25. 纽顿建议以同样方法保护三角楣墙的雕像。Jenkins, *Cleaning and Controversy*, 6；主席团报告：一八七三年十月八日（大英博物馆）的"受托人文物部门管理人员报告"。

26. Jenkins, *Cleaning and Controversy*, 6.

27. 同前；主席团报告：一九三三年一月二十三日（大英博物馆）的"受托人文物部门管理人员报告"。

28. David Lindsay, Earl of Crawford, *The Crawford Papers: The Journals of David Lindsay, Twenty-Seventh Earl of Crawford and Tenth Earl of Balcarres, 1871–1940, During the Years 1892 to 1940*, ed. J. Vincent (Manchester: Manchester University Press, 1984); See Jenkins, *Cleaning and Controversy*, 6.

29. 致大英博物馆理事会的第一份中期报告（一九三八年十一月七日）指出，杜维恩的工头（一个叫丹尼尔的人）表示"杜维恩爵士渴望把各雕像清洁得尽可能干净雪白"。见 Jenkins, *Cleaning and Controversy*, 8, 37–39。

30. 第二份中期报告（一九三八年十二月八日）指出，有两个工人从一九三七年六月起便使用铜工具。见 Jenkins, *Cleaning and Controversy*, 46–47。有关这些工人如何用工具来清洗大理石，见同书 24–25, and plate 10。已退休的亚洲西部古物部主管巴尼特博士（Dr. R. D. Barnett）在一九八四年二月九日去信大英博物馆馆长，说他搞不懂为什么会容许一个年老工人"日复一日（对帕特农柱间壁和横饰带石板）动用榔头、凿子和钢丝刷"。关于这个文件的上下文背景，见 Jenkins, *Cleaning and Controversy*, 7，詹金斯将之视为"巧妙设计"，以抹黑除了巴尼特自己之外的所有人。完整文件（标记为"绝对私人及机密"文件）已发布于 Jenkins, *Cleaning and Controversy*, as app. 5, 45。

31. 普伦德莱思一九三八年九月二十六日的信，载于 Jenkins, *Cleaning and Controversy*, 36。

32. Jenkins, *Cleaning and Controversy*, app. 2; First Interim Report, 27, 37–39.

33. 所有剪报载于 Jenkins, *Cleaning and Controversy*, 9, 57–65。

34. St. Clair, *Lord Elgin and the Marbles*, 280–313; W. St. Clair, "The Elgin Marbles: Questions of Stewardship and Accountability," *International Journal of Cultural Property* 8 (1999): 397–521. Jenkins, *Cleaning and Controversy*，提供了一个精彩而详尽的对帕特农神庙雕塑进行清洗之历史的所有相关文件和档案资料。

35. Vlassopoulou, "New Investigations into the Polychromy of the Parthenon"; C. Vlassopoulou, "Η πολυχρωμία στον Παρθενώνα," in Πολύχρωμοι Θεοί: Χρώματα στα αρχαία γλυπτά, ed. V. Brinkmann, N. Kaltsas, and R. Wünsche (Athens: National Archaeological Museum, 2007), 98–101. 感谢 Christino Vlassopoulou 和我分享此资讯。
36. 在柱间壁和三槽板的饰线，还有在三槽板的三道凸槽，都找到蓝色颜料。X 光衍射分析和电子光束微分析显示，蓝色颜料是"埃及蓝"（$CaCuSi_4O_{10}$），红色颜料是氧化铁（Fe_2O_3）。见 Vlassopoulou, "Η πολυχρωμία στον Παρθενώνα,"（见上面注释 35），他援引了 K. Kouzeli 等人，见氏著 "Monochromatic layers with and without oxalates on the Parthenon," in *The Oxalate Films: Origins and Significance in the Conservation of Works of Art* (Milan: Centro CNR Gino Bozza, 1989) 198–202, esp. 199, figs. 30–32。
37. 由卫城监督和新卫城博物馆的建设组织与电子结构和激光研究所直接合作承担。关于雅典卫城雕像所使用的多彩颜料和颜料的研究之历史，见 D. Pandermalis, ed., *Archaic Colors* (Athens: Acropolis Museum, 2012)。
38. 西横饰带的第十七号骑者有颜料残留在左手和披风皱褶，第二十一号骑者有颜料残留在他的半长袍（*chitoniskos*）。对东柱间壁的保护工作也发现带状装饰（fillet）残留油漆。
39. 还发现了雕刻雕像时留下的工具刻痕和漆于其表面的单色涂层。见 Vlassopoulou, "New Investigations into the Polychromy of the Parthenon," 221–23。
40. R. Brooks, "High-Tech Athens Museum Challenges UK over Marbles," *Sunday Times*, June 21, 2009, 8.
41. Thompson, "Architecture as a Medium of Public Relations"; H. A. Thompson, "Athens and the Hellenistic Princes," *Proceedings of the American Philological Society* 97 (1953): 254–61; C. Habicht, "Athens and the Attalids in the Second Century B. C.," *Hesperia* 59 (1990): 561–77; C. Habicht, *The Hellenistic Monarchies: Selected Papers* (Ann Arbor: University of Michigan Press, 2006), 177–84.
42. E. S. Gruen, "Culture as Policy: The Attalids of Pergamon," in De Grummond and Ridgway, *From Pergamon to Sperlonga*, 17–31; Webb, "Functions of the Sanctuary of Athena and the Pergamon Altar"; R. A. Tomlinson, "Pergamon," in *From Mycenae to Constantinople: The Evolution of the Ancient City* (New York: Routledge, 1992), 111–21; Radt, *Pergamon*, 179–206, 216–24; J. Onians, *Art and Thought in the Hellenistic Age: The Greek World View, 350–50* B. C. (London: Thames and Hudson, 1979), 62–63; Hurwit, *Athenian Acropolis*, 264–66.
43. P. Thonemann, *Attalid Asia Minor: Money, International Relations, and the State* (Oxford: Oxford University Press, 2013); H. - J. Gehrke, "Geschichte Pergamons—ein Abriss," in Antikensammlung der Staatlichen Museen zu Berlin, *Pergamon: Panorama*, 13–20; Radt, *Pergamon*, 24–26.
44. Diogenes Laertius, Lives of the *Philosophers* 4.60. 一个对这时期哲学家的概述，见 C. Habicht, *Hellenistic Athens and Her Philosophers* (Princeton, N.J.: Princeton

University Press, 1988); J. Dillon, *The Heirs of Plato: A Study of the Old Academy, 347–274 B. C.* (Oxford: Oxford University Press, 2003)。

45. Pausanias, *Description of Greece* 1.8. 1; Livy, *History of Rome* 38.16; Hansen, *Attalids of Pergamon*, 28, 59, 306–14.
46. Camp, *Athenian Agora*, 16; J. McK. Camp, *Gods and Heroes in the Athenian Agora* (Princeton, N.J.: American School of Classical Studies at Athens, 1980), 24–25; T. L. Shear, *The Monument of the Eponymous Heroes in the Athenian Agora* (Princeton, N.J.: American School of Classical Studies at Athens, 1970).
47. Stewart, *Attalos, Athens, and the Akropolis*，附有完整的参考书目；Ridgway, *Hellenistic Sculpture I*, 284–85; J. J. Pollitt, *Art in the Hellenistic Age* (Cambridge, U.K.: Cambridge University Press, 1986), 83–95。
48. Pausanias, *Description of Greece* 1.25.2.
49. M. Korres, "The Pedestals and the Akropolis South Wall," in Stewart, *Attalos, Athens, and the Akropolis*, 242–85.
50. L. Mercuri, "Programmi pergameni ad Atene: La stoa di Eumene," *Annuario della Scuola Archeologica di Atene e delle Missioni Italiane in Oriente*, "82 (2004): 61–80; Camp, *Athenian Agora*, 171–72; E. -L. Schwandner, "Beobachtungen zur hellenistischen Tempelarchitektur von Pergamon," in *Hermogenes und die hochhellenistische Architektur: Kolloquium Berlin 1988*, ed. W. Hoepfner and E.-L. Schwandner (Mainz: Philipp von Zabern, 1990), 93–102; Radt, *Pergamon*, 286–92; Thompson, "Architecture as a Medium of Public Relations," 182–83.
51. *IG* II2 3781, see Thompson and Wycherley, *Agora of Athens*, 107; H. A. Thompson, "Excavations in the Athenian Agora, 1949," *Hesperia* 19 (1950): 318ff.; Thompson, "Architecture as a Medium of Public Relations," 186. 但不能排除献像者是两个分别以阿塔罗斯和阿里阿拉特为名祖的雅典人的可能性。见 H. Mattingly, "Some Problems in Second Century Attic Prosopography," in *Historia* 20 (1971): 24–46, especially 29–32。
52. Athenaios, Deipnosophists 5.212e–f.
53. N. Sakka, "A Debt to Ancient Wisdom and Beauty": The Reconstruction of the Stoa of Attalos in the Ancient Agora of Athens," in *Philhellenism, Philanthropy, or Political Convenience? American Archaeology in Greece, Hesperia Special Issue* 82 (2013): 203–27; M. Kohl, "La genèse du portique d'Attale II: Origine et sens des singularités d'un bâtiment construit dans le cadre de la nouvelle organisation de l'agora d'Athènes au IIe siècle av. J. - C.," in *Constructions publiques et programmes éditaires en Grèce entre le IIe siècle av. J. -C. et le Ier siècle ap. J. -C.*, ed. J. -Y. Marc and J. -C. Moretti (Athens: École Française d'Athènes, 2001), 237–66; H. A. Thompson, *The Stoa of Attalos II in Athens* (Princeton, N.J.: American School of Classical Studies at Athens, 1992); Camp, *Athenian Agora*, 172–75 and plate 140; J. J. Coulton, *The Architectural Development of the Greek Stoa* (Oxford: Clarendon Press, 1976), 69, 219; Travlos, *Pictorial Dictionary*, 505–19; J. Travlos, "Restauration de la Stoa (portique) d'Attale," *Bulletin de l'Union des Diplômés des Universités et des Écoles de Hautes Études de Belgique* 7 (1955):

1–16; H. A. Thompson, "Stoa of Attalos," *Archaeology* 2 (1949): 124–30.

54. 一个充分的讨论见 Shear, "Polis and Panathenaia," 873–78; J. Shear, "Royal Athenians: The Ptolemies and Attalids at the Panathenaia," in Palagia and Spetsieri-Choremi, *Panathenaic Games*, 135–45。关于在公元前一八二年或公元前一八六年于泛雅典节取得胜利的可能性，见 Hurwit, *Athenian Acropolis*, 271–72。

55. M. Korres, "Αναθηματικά και τιμητικά τέθριππα στηνΑθήνα και τους Δελφούς," in *Delphes cent ans après la grande fouille: Essai de bilan*, ed. A. Jacquemin (Athens: École Française d'Athènes, 2000), 293–329.

56. 参 Shear, "Polis and Panathenaia," 876–77。

57. Korres, "Architecture of the Parthenon" in *Acropolis Restoration*, 47, 177; Korres, "Recent Discoveries on the Acropolis," 177, 179; Korres, "Parthenon from Antiquity to the 19th Century," 139; Hurwit, *Athenian Acropolis*, 271–72.

58. Pausanias, *Description of Greece*, 1.27.4; 9.30.1.

59. S. Agelides, "Kulte und Heiligtümer in Pergamon," in Antikensammlung der Staatlichen Museen zu Berlin, *Pergamon: Panorama*, 174–83; 83; Webb, "Functions of the Pergamon Altar and the Sanctuary of Athena," 241–44; Radt, *Pergamon*, 179–90; R. Bohn, *Das Heiligtum der Athena Polias Nikephoros* (Berlin: Spemann, 1885).

60. 图109的卫城南坡复原图只是方便读者了解，不具有科学精确性。想多了解别迦摩剧场，可参考 M. Maischberger, "Der Dionysos-Tempel auf der Theaterterrasse," in Antikensammlung der Staatlichen Museen zu Berlin, *Pergamon: Panorama*, 242–47。

61. V. Kästner, "Das Heiligtum der Athena," in Antikensammlung der Staatlichen Museen zu Berlin, *Pergamon: Panorama*, 184–93.

62. Queyrel, *L'autel de Pergame*; Ridgway, *Hellenistic Sculpture II*, 19–102; Stewart, "Pergamo Ara Marmorea Magna"; V. Kästner, "The Architecture of the Great Altar of Pergamon," in *Pergamon: Citadel of the Gods*, ed. H. Koester (Harrisburg, Pa.: Trinity Press International, 1998), 137–61; W. Hoepfner, "The Architecture of Pergamon," in Dreyfus and Schraudolph, *Pergamon*, 2: 23–67 and 168–82; Kästner, "Architecture of the Great Altar and the Telephos Frieze."

63. 摘要和分析，见 Stewart, "Pergamo Ara Marmorea Magna," 32–33; Andreae, "Dating and Significance of the Telephos Frieze"; A. Scholl, "Der Pergamonaltar—ein Zeuspalast mit homerischen Zügen?," in Antikensammlung der Staatlichen Museen zu Berlin, *Pergamon: Panorama*, 212–18。把大祭坛视为泰列福斯的英雄殿的意见，见 Ridgway, *Hellenistic Sculpture II*, 67–102; Webb, "Functions of the Sanctuary of Athena and the Pergamon Altar"; Kästner, "Architecture of the Great Altar and the Telephos Frieze"; Webb, *Hellenistic Architectural Sculpture*, 12–13, 65–66; Radt, *Pergamon*, 55。把大祭坛诠释为胜利纪念碑的意见，见 W. Hoepfner, "Von Alexandria über Pergamon nach Nikopolis: Städtebau und Stadtbilder hellenistischer Zeit," *Akten* 13 (1990): 275–85。把大祭坛视为"宙斯之宫"的意见，见 Scholl, "Der Pergamonaltar— ein Zeuspalast mit homerischen

Zügen?"。

64. 卡拉汉（Callaghan）基于一九六一年出土的陶器（年代据他判定约为公元前一七二/一七一年），把别迦摩祭坛的启建日期推迟至约公元前一六五年，认为这祭坛之建与欧迈尼斯二世在公元前一六七至公元前一六六年间打败高卢人有关。他主张，阿塔罗斯人在战前必然会把所有经济资源用于备战，所以大祭坛只可能是建于战胜之后，也就是约公元前一六六至公元前一五六年。见 P. J. Callaghan, "On the Date of the Great Altar of Pergamon," *BICS* 28 (1981): 115–21。德鲁卡（De Luca）和拉茨（Radt）在一九九四年找到另一批陶器，年代为紧接公元前一七二年之后，有些还是晚至公元前一五七至公元前一五〇年的款式；见 G. De Luca and W. Radt, "Sondagen im Fundament des Grossen Altars," *AJA* 105 (2001): 129–30。雷吉威（B. S. Ridgway）主张大祭坛启建于公元前一五九年（即欧迈尼斯二世死前不久，其时阿塔罗斯二世是共同摄政），完工于阿塔罗斯三世驾崩的公元前一三三年；见 Ridgway, *Hellenistic Sculpture II*, 19–76; Webb, *Hellenistic Architectural Sculpture*, 21–22, 62–63. See also Andreae, *Phyromachos-Probleme*; Andreae, "Dating and Significance of the Telephos Frieze"; F. Rumscheid, *Untersuchungen zur Kleinasiatischen Bauornamentik des Hellenismus*, 2 vols. (Mainz: Philipp von Zabern, 1994), 1: 3–39。

65. Hesiod, *Theogony* 105–7; see Simon, *Pergamon und Hesiod*. "巨人之战"横饰带的哲学、天文学和宇宙学面向，可参考 F.-H. Massa-Pairault, *La gigantomachie de Pergame ou l'image du monde* (Athens: École Française d'Athènes, 2007); F.-H. Massa-Pairault, "Sur quelques motifs de la frise de la gigantomachie: Définition et interprétation," in *Pergame: Histoire et archéologie d'un centre urbain depuis ses origines jusqu'à la fin de l'antiquité*, ed. M. Kohl (Villeneuved'Ascq: Université Charles de Gaulle-Lille III, 2008), 93–120。

66. 有意思的是，内庭献牲祭坛的檐口花边明显是模仿泰耶阿的雅典娜祭坛，这让别迦摩祭坛与它在希腊大陆的"家乡"圣所（奥革曾在那里担任女祭司）发生直接关联。见 E. Schraudolph, "Cornice of the Sacrificial Altar (cat. n. 34)," in Dreyfus and Schraudolph, *Pergamon*, 1: 100 : "这条两阶楣梁还装饰着一串珠子、列斯伏斯风格波状花边、一个卵锚饰和一条带有花卉横饰带的凹槽。这件异乎寻常多样化的装饰品的构图次序与泰耶阿的雅典娜神庙（年代为公元前四世纪晚期）的祭坛几乎一模一样。"另参见 Kästner, "Architecture of the Great Altar and the Telephos Frieze," 78–80 and fig. 7; N. J. Norman, "The Temple of Athena Alea at Tegea," *AJA* 88 (1984): 190–91 and plate 30, figs. 8a-b。卡兹纳（Kästner）另外又指出，祭坛的花状平纹横饰带除了可以追溯至厄瑞特透斯神庙的檐部，还可以〔假如莫比乌斯（Hans Möbius）的假设正确的话〕追溯至雅典娜的祭典。卡兹纳因此主张："有鉴于阿塔罗斯王朝与雅典人的良好关系，雅典卫城上的著名圣所也大有可能是一种罕见于小亚细亚的装饰的蓝本。" H. Möbius, "Attische Architekturstudien, II: Zur Ornamentik des Erechtheions," in *Studia varia*, ed. W. Schiering (Wiesbaden: Franz Steiner, 1967), 83–91. 感谢 Michael Anthony Fowler 提醒我注意这些关联。

67. 把这人像诠释为倪克斯者包括 L. Robert, "Archäologische Nachlese, XX: Die

Götter in der pergamenischen Gigantomachie," *Hermes* 46 (1911): 232–35, and Simon, *Pergamon und Hesiod*。普凡纳（M. Pfanner）主张她是珀尔塞福涅，乃根据她头后面的丝带绑着石榴花，见氏著 "Bemerkungen zur Komposition und Interpretation des Grossen Frieses von Pergamon," *AA* 94 (1979): 53–55。温尼菲尔德（H. Winnefeld）认为她是德美特，见氏著 *Die Friese des grossen Altars* (Berlin: G. Reimer, 1910), 146。凯斯特纳（V. Kästner）主张她是三位命运女神之一，见氏著 "Restaurierung der Friese des Pergamonaltars—zum Abschluss der Arbeiten am Nordfries," *Jahrbuch Preußischer Kulturbesitz* 37 (2000): 159, 170。奎瑞尔（Queyrel）同意此说，又进一步把人像认定为阿特罗普斯（Atrops），见氏著 *L'autel de Pergame*, 71–73。

68. 有关 14 号柱间壁，见 Schwab, "New Evidence for Parthenon East Metope 14"。
69. M. Kunze, "Neue Beobachtungen zum Pergamonaltar," in Andreae, *Phyromachos-Probleme*, 123–39. 想多了解这几个妥里同，可参考 S. Lattimore, *The Marine Thiasos in Greek Sculpture* (Los Angeles: Institute of Archaeology, University of California, 1976); Webb, *Hellenistic Architectural Sculpture*, 65–66。
70. 帕特农横饰带长一百六十米，高一米多一丁点；泰列福斯横饰带则是长五十八米，高一点五八米。
71. Collard, Cropp, and Lee, *Euripides: Selected Fragmentary Plays*. 有关泰列福斯，见 17–52；有关厄瑞特透斯，见 148–94。
72. 雷吉威（Brunilde Ridgway）强调神庙雕刻是一种永久的公共宣言，相当于"一个诗人的吟诵和一出戏剧的演出"。见氏著 *Prayers in Stone*, 8, 82。
73. A. Scholl, "Zur Deutung des Pergamonaltars als Palast des Zeus," *JdI* 124 (2009): 257–64. 感谢萧勒博士在我研究参访别迦摩博物馆期间对我的亲切接待和帮忙。
74. Dreyfus and Schraudolph, *Pergamon*, 1: 60, no. 5, panel 12.
75. 参 Connelly, *Portrait of a Priestess*, 59–64.
76. V. Käster, "Die Altarterrasse," in Antikensammlung der Staatlichen Museen zu Berlin, *Pergamon: Panorama*, 199–211; Hansen, *Attalids of Pergamon*, 239–40; Ridgway, *Hellenistic Sculpture II*, 38.
77. 把大祭坛诠释为泰列福斯英雄祠的观点，见 Radt, *Pergamon*, 55; K. Stähler, "Überlegungen zur architecktonischen Gestalt des Pergamonaltares," in *Studien zur Religion und Kultur Kleinasiens: Festschrift für Friedrich K. Dörner zum 65. Geburtstag am 28. Februar 1976*, ed. S. ahin, E. Schwertheim, and J. Wagner (Leiden: Brill, 1978), 838–67; Ridgway, *Hellenistic Sculpture II*, 27–32; Webb, *Hellenistic Architectural Sculpture*, 12–13。
78. Pausanias, *Description of Greece* 5.13.3, 3.26.10.
79. Pausanias. *Description of Greece* 8.4. 9.
80. A. Stewart, "Telephos/Telepinu and Dionysos: A Distant Light on an Ancient Myth," in Dreyfus and Schraudolph, *Pergamon*, 2: 109–20.
81. S. Brehme, "Die Bibliothek von Pergamone," in Antikensammlung der Staatlichen Museen zu Berlin, *Pergamon: Panorama*, 194–97; W. Hoepfner, "Die Bibliothek Eumenes' II in Pergamon" and "Pergamon—Rhodos—Nysa—Athen: Bibliotheken

in Gymnasien und anderen Lehr-und Forschungsstätten," in *Antike Bibliotheken*, ed. W. Hoepfner (Mainz: Philipp von Zabern, 2002), 41–52, 67–80; G. Nagy, "The Library of Pergamon as a Classical Model," in H. Koester, ed., *Pergamon: Citadel of the Gods* (Harrisburg, Pa.: Trinity Press International, 1998), 185–232; L. Casson, *Libraries in the Ancient World* (New Haven, Conn.: Yale University Press, 2001).

82. Hurwit, *Athenian Acropolis*, 264–66.
83. *RC* 23 (*OGIS* 267). 这铭文是土耳其人在一八八三年要为别迦摩卫城建一大门时找到。见 J. Muir, *Life and Letters in the Ancient Greek World* (New York: Routledge, 2009), 98–99; Hansen, *Attalids of Pergamon*, 448; Ridgway, *Hellenistic Sculpture II*, 38。
84. Dreyfus and Schraudolph, *Pergamon*, 1: 112, no. 54.
85. Camp, *Athenian Agora*, 26–27, 35, 202; J. McK. Camp, *The Athenian Agora: A Short Guide to the Excavations*, Agora Picture Book 16 (Princeton, N.J.: American School of Classical Studies at Athens, 2003), 35.
86. Lesk, "Erechtheion and Its Reception," 43.
87. 同前注书目，126–29.
88. A. L. Lesk, "'*Caryatides probantur inter pauca operum*': Pliny, Vitruvius, and the Semiotics of the Erechtheion Maidens at Rome," *Arethusa* 40 (2007): 25–42; E. Perry, *The Aesthetics of Emulation in the Visual Arts of Ancient Rome* (Cambridge, U.K.: Cambridge University Press, 2005), 92–93.
89. J. N. Svoronos, *Les monnaies d'Athènes* (Munich: F. Bruckmann, 1923–1926), 19–20.
90. Allen, *Why Plato Wrote*, 44. 想多了解柏拉图的美学，可参考 N. Pappas, *Stanford Encyclopedia of Philosophy*, http://plato.stanford.edu/entries/plato-aesthetics/, esp. sec. 2.4。想多了解诗歌和视觉艺术中的模仿，可参考 Pollitt, *Ancient View of Greek Art*, 37–41。
91. 修昔底德，《伯罗奔尼撒战争史》2.37.1.
92. 同前注书目，2.51.2; Hermann, *Morality and Behaviour*, 52, 395–414; Hermann, "Reciprocity, Altruism, and the Prisoner's Dilemma."
93. 欧里庇得斯,《厄瑞克透斯》F 360.10–50 Kannicht = Lykourgos, Against Leokrates 100.
94. Hermann, *Morality and Behaviour*, 342.

结 语

> 有了余烬重燃的思想微光,
> 有了对旧日景物的依稀辨识,
> 还有几分惘然若失的困惑,
> 心中的图像如今又栩栩重生。*
>
> 华兹华斯,《赋于丁登修道院上方威河河岸》
> 一七九八年七月十三日

重访我们记忆中的纪念碑,体会在人生不同阶段与它们有过的相遇,(用华兹华斯的方式来说)就是去唤醒"心中的图像"。要回忆起我们亲眼看过的事物和我们看待它们的方式,这本身就够难的,更何况是要回望与我们之间相隔着层层迷雾的古代。我们对古代的理解和古代人自己的理解有没有任何相似之处,始终是个疑问。

在前面,我们碰到过一些与本书主题相关的不同时代的人物:在伊利索斯河河畔聊天的苏格拉底,到"圣岩"旅行的保萨尼亚斯,以高度扭曲方式为帕特农神庙立面绘图的西里亚库斯,把神庙雕刻内容狂想为一座动物园的瑟勒比,对神庙进行一丝不苟测量的弗农,把横饰带诠释为彩色的劳伦斯爵士,为取得"帕特农铭文"印模而表演高空特技的安德鲁斯,在柱廊里狂喜起舞的伊莎多拉·邓肯。现在,让我们在这些人中间再加入一位:维吉妮亚·伍尔夫。她曾两度造访帕特农神庙,第一次在一九〇六年,第二次在一九三二年。她在一封信里谈到第二次的感受:

---

* 译注:诗人在这里描写他努力记忆起一片风景曾给过他的感动。译文借自杨德豫,见氏译《华兹华斯抒情诗选》(台北:书林书店,二〇一二年),页一六三。

> 对于帕特农神庙，我能说些什么呢？我就像遇到我自己的鬼魂，即那个二十三岁的女孩，以及她后来的人生：当时的和后来的；它比我记忆中紧凑、辉煌和强壮。它那些黄色的柱子（该怎么说呢？）集合群聚，向着最紫的天空辐射出去……神庙像一艘船，又紧绷又生气勃勃地航行着，但又静止地航行过历朝历代。它比我记忆中要更大、更紧密地聚拢在一起……如今我行年五十……华发已生，活了大半辈子，大概正处于朝向死亡前的极盛时期。
>
> 《维吉妮亚·伍尔夫日记》，一九三二年四月二十一日[1]

她会感觉神庙体量更大这一点乍看有点奇怪，因为大部分事物在我们日后再次看见时都会显得有些缩水。不过，在维吉妮亚·伍尔夫重游帕特农神庙之时，神庙确实是变大了，而这是拜土木工程师百兰诺斯在一九二二至一九三三年期间对其进行了整修之赐[2]。百兰诺斯修复了北柱廊与南柱廊，修复了东南檐口和西立面，用钢筋水泥造了一根新的过梁，凡此都大大增加神庙的视觉冲击力。复原的北柱廊与南柱廊让东立面和西立面可以重新连接在一起——这是神庙自一六八七年遭威尼斯大炮重创以来头一遭。这当然可以解释维吉妮亚·伍尔夫何以会觉得神庙变大。不过，她对自己年纪和人生尽头渐近的强烈意识同样改变了她对帕特农神庙的感知。时间总是会改变我们的视觉经验，以致从没有两回的感官印象是完全一样。

所以，每代人在造访和重游帕特农神庙时，他们的观感都是不同的，各受到自己所属时代与文化所左右[3]。今日我们很多人都分享着一点维吉妮亚·伍尔夫的经验，即觉得我们在成年后看到的神庙比年轻时看到的"更紧密地聚拢在一起"。过去三十年在卫城进行的修复工作给了我们一座更坚固和更接近原貌的帕特农神庙。这努力大部分工作是逆转百兰诺斯当初对帕特农神庙所做的"改善"。百兰诺斯大量使用软钢夹扣连接石块之举无意中导致原已备受火灾、炮火、风化和磨损蹂躏的神庙受到进一步破坏。他忘了用铅去包覆他的钢夹扣（反观古希腊人则小心翼翼地用铅包覆他们那将石块扣在一起的铸铁夹扣）。这疏忽让大理石面对天气变化时变得更加脆弱。没有包覆的钢材无可避免会生锈，生锈之后又会膨胀，让石头进一步裂开和剥落。

一九七一年，希腊文化部为处理这些问题而成立"卫城纪念碑保存工作小组"。五年后，小组扩大为时至今日还存在的"卫城纪念碑保育委员会"[4]。自一九八六年以后，"卫城修复工作队"的一大任务为移除百兰诺斯的钢夹扣，用防侵蚀的钛金属拉杆扣替换。神庙每块石块都被一丝不苟地加以"现场勘验"，经历清理、扫描和从每个角度拍照的程序，有必要时会用新采自彭代利孔山的大理石和白色普通水泥修补。更早期修复工作所犯的错误受到更正，每块石块都归回原位，有结构性必要时会加入新采的石块（图122）[5]。十几个世纪以来，我们第一次看见一座更结实、更原味的帕特农神庙，它变得"更大、更紧密地聚拢在一起"。

这个把帕特农神庙一块块拆下来再砌回去的过程带来了一卡车有关建造神庙所用物料、工具、技术与工程学的新信息。果赫斯（他领导"帕特农神庙修复计划"凡三十年，也是"卫城纪念碑保育委员会"成员之一）为帕特农神庙的兴建过程带来全新了解（图123）。他解释了采挖大理石的方法，以及如何把大理石块运下彭代利孔山再运至雅典——这过程被称为 lithagogia，即"石头运输"[6]。他考证出神庙兴建过程中对原始格局和装饰有过哪些更动，又考证出帕特农神庙的内横饰带原本为

图122　重建中的帕特农神庙。从东边看去的景象，一九八七年。

图123　果赫斯站在帕特农神庙的东北檐口上。一九八六年。

爱奥尼亚式,而且环绕东门廊一周。他还原出神庙屋顶和墙壁原来外貌,包括发现东殿门两侧原各开有一扇窗。他找出神庙哪些部分在罗马时代受损于火,以及神庙在拜占庭时期、法兰克人时期和奥斯曼人时期有过哪些改造。他甚至从不同石块的受损程度,计算出当日把神庙炸得四分五裂的加农炮炮弹的弹道[7]。

随之而来的是一种观看和理解帕特农神庙的全新方式。新的卫城博物馆*在二〇〇九年六月开幕,让世人首次可以接触到神庙一大批可反映其发展脉络的材料(有些是实物,有些是图片),包括从卫城顶上和山坡出土的水井、墓冢、神祠、房屋和铸坊。它们的年代涵盖新石器时代至古典时代晚期,有豪华物品也有日用物品,有神圣物品也有实用物品,有我们熟悉的也有我们陌生的,全都附有深入解说,可供人近距离打量[8]。很多方面,我们正处于卫城研究的一个新起点,它让我们可以在宽敞和光线浸透的展厅以全新的视角观看受到专业保存的文物。这是一个向前看和重新评估过往定论的时刻。

新呈现的脉络和更全面的图像让我们有可能质疑最不容怀疑的正

---

* 译注:旧的卫城博物馆落成于一八七四年。

统诠释。过去，各种因素联手作祟，让我们建构出来的过去的图像充其量只是鬼影和近似值。这些因素包括：流传至今的证据寥寥无几；只有"赢家"的说法（姑勿论是否属实）能流传下来的现实；时代和文化的偏见（它们决定了什么是重要而什么不重要）；个人记忆和文化记忆的力量（它们会遮蔽我们对"事实"的理解）。面对像帕特农神庙那样美丽、图腾化和两千年来不断被投射以意义的标的性建筑，想要以"古人眼睛"来观看它更是难上加难。

人对帕特农横饰带的成见尤其顽强（这成见是靠一个于近两百三十年前提出的诠释所加持）。不过，拜"卫城修复工作队"三十多年来的努力之赐，重新评估旧观点（它已发展为一种教条）的时机已告成熟。

为什么帕特农横饰带的意义会长期隐晦不彰？首先是因为，我们能借助的文献资料太少，数量只相当于原有量的零头[9]。再就是，我们的文化情感无法忍受一座被视为"西方艺术象征标志"的建筑会与处女牺牲有牵扯，更何况这建筑还是民主制度的图腾。后古代社会的人们一直对活人献祭的观念反感。事实上，当代世界各大宗教都禁止这种行为。它被归入野蛮、未开化和"原始"的领域，一向被认为是只有"别人"（特别是我们的敌人）才干得出来。问题是，活人献祭的痕迹可在史前地球的每个角落找到。神话、传说和考古证据皆显示，史前的欧洲、非洲、亚洲、美洲和太平洋各岛屿都有活人献祭的风俗[10]。事实上，包括印度的《吠陀经》在内，现存最古老的宗教圣典许多都曾提及这种风俗[11]。

我们不敢想象活人献祭的"野蛮"勾当会出现在帕特农神庙大门上方，是因为一直误以为它是西方意义公民生活的殿堂，不知道它主要是一座宗教建筑。我们也许可以这样反问：难道基督教堂大门的上方不是也有活人献祭的画面吗？另外，基督受难也是追随我们一个非常熟悉的模式：王父为拯救百姓而牺牲他的爱儿。

事实上，终极的牺牲（即为共同福祉而献出挚爱子女）是很多世界性宗教的核心，也是许多全球性神话和传说的核心。《希伯来圣经》的《士师记》告诉我们，耶弗他为履行他对上帝许下的誓言，必须献出女儿

结　语

的性命[12]。在《创世记》中，上帝为考验亚伯拉罕的信心，要他把爱子艾萨克献祭。亚伯拉罕顺服地把儿子带到摩利亚山山顶，完全准备好要把儿子杀掉。但他这份心意本身便够得上一种献祭，所以上帝在最后一刻出面阻止，对他说："现在我知道你是敬畏上帝的了。"[13] 接着亚伯拉罕以一只公羊代替艾萨克，献了燔祭。同样模式也见于希腊神话。例如，当伊菲革涅雅被带到奥利斯的祭坛时，一头鹿取代了她*[14]。

　　古典雅典人的建国神话会以牺牲、死亡和救赎为核心，是因为在危机时期牺牲少女的神话构成一个源远流长的传统。其中也包含着跨文化的连续性。在帕特农神庙的东横饰带，我们看见厄瑞克透斯的大女儿和二女儿用矮凳把她们的殓服顶在头上（图51）。最小一个女儿则帮忙父亲摊开她将要穿上的殓服。所以，横饰带中央画面是遵循着少女们牺牲前会自备行头的公式。基督教艺术里的艾萨克一律是自己背着用于点燃祭坛的柴枝。在福音书里，耶稣基督也是自己背着十字架前赴受难地点。这些意象暗示着，牺牲者（不管他们是否自觉）甘心被杀。横饰带上三位公主用不着被硬拉到祭坛去。她们的自愿牺牲立下了一个公民榜样，一如耶稣的自愿就死立下了一个道德榜样："人的爱心没有比这个大的。"以这种方式，雅典人让自我牺牲成为了"最漂亮和最高贵者"理想和民主理想的本质部分，一如基督教会把自我牺牲定为人得以进入天国的前提。"凡要救自己生命的，必丧掉生命；凡为我丧掉生命的，必得着生命。"（《马太福音》第十六章二十五节）

　　我们不应该忘了，帕特农神庙充当一座基督教堂的时间比它充当一座希腊神庙的时间还要略长一点：从第六世纪中一直持续至一四五八年的奥斯曼征服[15]。所以，即便帕特农神庙东殿门上有过任何牺牲献祭画面的痕迹，也早已被擦拭掉。事实上，当神庙被改造为教堂时，描绘厄瑞克透斯一家的图板被拆了下来，以便加入一座基督教式后殿（图124）。东横饰带这块中央图板后来被砌入卫城的防护墙，一直到埃尔金斯之时才重见天日。基督教理应会想要移除厄瑞克透斯牺牲女儿献祭的画面，

---

* 译注：在一些神话版本，伊菲革涅雅确实死了，但也有一些版本说阿耳忒弥斯施法把她救走，以一头鹿取而代之。

图 124　帕特农神庙在十二世纪模样的还原图,当时其东面尽头加入了一座基督教式"后殿"。果赫斯绘图。

以免它抢走基督牺牲的风头。我们知道,基督教徒曾给其他的帕特农神庙雕刻毁容,以冲淡它们的异教信息。不过,他们独独没碰最西北角落一块柱间壁,让它完好如初:在他们眼中,浮雕内容是天使加百列向童女马利亚报喜[16]。

在总结我们对帕特农神庙的观点之前,让我们先考察一下,传统成见一般是怎样把自己确立为事实。确实,"知识"是怎样造成的呢?在这个问题上,有帮助的是莫克论"知识经济学"的重要作品,其中分析了各种抗拒新观念的思考方式。莫克展示出知识是一个可以用达尔文观念解释的自我组织系统。就像基因一样,观念受到天择所支配。除非创新是于己有利,否则知识系统就会抗拒变迁,偏好自我复制。因此,与既有知识唱反调的新知识鲜少"繁殖机会"[17]。

莫克写道:"在有用知识的演化中,对'新'的抗拒是来自既有职业者的先入之见,他们基于所受的训练而把某些概念视为公理。"[18] 他举出

结语　405

好些著名例子：布鲁赫对哥白尼系统的抗拒，爱因斯坦对量子力学的抗拒，普利斯特里拒绝放弃"燃素"之说，冯·李比希拒绝相信发酵是一生物过程而非化学过程。虽然詹纳早在一七九六年发现了疫苗疗法，却要再过一个世纪，等到细菌理论抬头才获得接受。事实上，当他要求向皇家学会报告发现时，他被告以此举只会让自己声名受损，与既有知识大唱反调是不智之举[19]。

就帕特农神庙这个个案而言，我相信有两个出现于十九世纪前半叶的发展各以自己的方式限缩了有关帕特农神庙及其横饰带的辩论空间。一旦加在一起，这两股力量将可很大程度解释传统成见为何如此顽强。

发明银版照相法的消息正式公布后仅仅两个月后，一支"银版照相远足队"便前往了雅典卫城。在这次远征中，洛特-加龙省比尼埃拍下了帕特农神庙的第一幅银版照片（图125）[20]。自此以后，帕特农神庙不知道上过相机镜头几百万遍。事实上，大部分人第一次看见这座宏伟建筑都是透过相片、电影或数字影像。

过去大半个世纪以来，摄影家蜂拥而至卫城，一个比一个更卖力地要把帕特农神庙的壮美收入底片。为拍出最完美的照片，他们无所不用

图125 洛特比尼埃拍摄的银版照片，一八三九年。载于《银版照相远足队》（1841—1842）。

其极。从布瓦索纳在二十世纪头十年拍的那批非凡影像（图126），到马夫罗马蒂斯过去三十年为卫城修复工作留下的专业记录（图127），透过照片对帕特农神庙所做的无数复制已让它变成牢不可破的图腾[21]。它已成了（也将继续如此）这些照片想要主张的物事。指出它们与事实不符犹似指出"蒙娜丽莎"实际上并未微笑，谁其能信？

我们很难摆脱以下这个现代观念：视觉图像的作用是记录当下，把看得到的东西保留下来。但图像在古代希腊所扮演的角色却大为不同：它们是要让观者看到**不再**看得见的事物，即神话中的往昔[22]。所以，如果是人眼所看得到，便用不着图像去诉说。它们的首要功能是重建一段已消逝的时间和一个已消逝的世界，使得过去呈现眼前。一旦我们以这种古代的方式思考，便能够欣赏它的内在逻辑。古代的图像并不是同时代事物的照片，而是一扇向遥远过去打开的窗。由此，我们也可以明白何以某些诠释（不管它们有多么历史悠久）并

图126 布瓦索纳给帕特农神庙的西北角拍照，一九〇七年。

图127 马夫罗马蒂斯为帕特农神庙拍照，一九八八年。

结 语 407

不可信。

过去两世纪的另一发展是，大家总是强调帕特农横饰带的公民和政治内容，罔顾它的神话—宗教面向。用帕特农神庙风格来强调我们继承了雅典民主精神的举动多得没完没了。但不管我们的银行或邮局（如美国关税大楼）在外观上有多么像希腊神庙，都不能证明希腊神庙的雕刻装饰是取材自真人实事的浮世绘。然而，从十九世纪开始，把帕特农神庙和现代西方价值理想相提并论的倾向是那么强烈，让人不可能抗拒得了把这个象征符号（或至少是它的一部分）据为己有的冲动。

到了小清真寺在一八四〇年代被从帕特农神庙移除之时，第七世埃尔金斯侯爵布鲁斯早就执行过另一项移除计划：把神庙大部分雕刻拆下来，装箱，运回英国[23]。那时他是驻君士坦丁堡奥斯曼宫廷的英国大使。到底埃尔金斯此举有没有得到奥斯曼苏丹塞利姆三世的同意，至今仍存争议[24]。显然，在埃尔金斯取走雕刻之时，希腊是处于土耳其人的统治之下，没有自主权。不管苏丹批准过埃尔金斯些什么，都主要是看在一件事情分上：英国是奥斯曼帝国敌人法国的敌人。

早在一八〇〇年八月，埃尔金斯就组织了一支团队，对卫城的宏伟建筑进行绘图、造石膏模型和丈量的工作。他自己会在君士坦丁堡再待一年半，监督工作交由英国大使馆的驻馆牧师亨特和意大利风景画家鲁希亚利负责。这团队迟迟得不到进入卫城的许可，因为当时的卫城被用作军事基地。有六个月时间，团队只能为雅典城内和城外的宏伟建筑绘图。要能达成任务，他们需要一封来自奥斯曼宫廷的官函。一份授权书或说皇帝谕令据说在一八〇一年五月发出。但它的内容太模糊，亨特便要求一份规定得更清楚的谕令。后者据说在同年七月六日发出。这文件没有流传至今，事实上，当大英博物馆的特设委员会在一八一六年考虑要不要向埃尔金斯购入帕特农雕刻时，这封谕令已经找不到。我们今日仅有的是一封"官函"的意大利文译本，它也是亨特在一八一六年交给委员会过目的证明文件。文件签发人不是苏丹而是代理首相凯迈坎，收件人是雅典的首席治安官和民政总督。

这函件原先由克莱尔（英国历史学家，前文提过的《埃尔金斯爵爷

图 128　纽约的美国关税大楼，建筑师汤恩和戴维斯造于一八三三至一八四二年间。

与大理石》作者）拥有，如今已卖给大英博物馆。它批准埃尔金斯团队自由进出卫城，"以便观看、审视和摹画雕刻"。他们还进一步被允许"在偶像古庙搭建鹰架，以石灰糊（即石膏）为雕像取范，丈量其他荒废建筑的遗物，以及在有需要的时候挖掘地基以寻找有铭文的石块，因为这一类石块有可能保存在瓦砾堆里"。这谕令还特别强调，"当他们想要带走一些有铭文的石块或人像时"，不许加以阻挠[25]。

谕令中没有明确提到准予埃尔金斯拆除帕特农神庙的雕刻。埃尔金斯夫人玛丽·尼斯比特在一八〇一年七月九日写给妈妈的信中一样没提到获得这样的授权。信中她对获得第二封谕令表示高兴，说它批准对卫城的一切"进行绘图和取范"，又批准"在神庙搭建鹰架，挖掘和发现所有古代地基，带走任何刻有铭文而因此引人好奇的大理石"[26]。

埃尔金斯、他的妻子和他的代理人看来是对谕令采取扩大解读。一大部分拆除雕刻和装箱的工作是在一八〇二年春天进行，而当时埃尔金斯并不在雅典，负责监督一切的是他太太。埃尔金斯夫人干得非常起劲，毕竟，是她娘家的财富资助这项野心勃勃的计划。她写给丈夫的信记录了最后几天打包大理石的情形：

> 有些消息你听了准高兴。我今天又打包了一大箱:那是长长一块来自敏娜娃神庙的浅浮雕(我忘了正式名称)。所以,我就一个人把四大包东西拖上船。明天会轮到"马头"等东西小心打包和送上船,一切已准备就绪。如果一共是二十艘船,那会有一段时间没有东西可送。埃尔金斯,最后两箱完全是我自己搞定,而我为此感到自豪!
>
> 　　　　　　　　　　　　一八〇二年五月二十四日　晚十一点

我们可以感受到这位二十四岁妇人的不安全感和急于讨好丈夫的心情。当时她已怀了第三胎,于她并不容易。事实上,我们得知,埃尔金斯总是不能陪伴左右让妻子感到焦虑,因此哮喘发作,需要服用鸦片丸[27]。尽管如此,她急于得到丈夫肯定的渴望仍然溢于言表。

> 除了向你提过的五箱以外,我又说服了霍斯特船长多运三箱。两箱已经上船,第三箱会等他从科林斯回来后上船。我做这一切有多卖力啊,你会因此而更爱我吗,埃尔金斯?
>
> 我满意于我的一个一贯想法获得证实:只要有机会表现,女性会比男性更能干,我敢打赌,如果你人在这里,你能搬上船的不会多于我搬的一半。
>
> 　　　　　　　　　　　　　　　五月二十五日星期二

她的爵爷在回信中看来没说多少体贴的话,也没有让她有被欣赏的感觉。

> 我最亲爱的埃尔金斯,说几句赞美我的话吧,因为我一直卖力做尽可能多的事……我全心全意爱着你。唉,不要再让我们分离了。[28]

但事与愿违:才五年后,埃尔金斯伯爵便以妻子与人通奸为由诉请离婚。法庭把五个孩子的监护权判给了他。

自帕特农雕刻被拆卸下来那一刻开始,许多人便大表愤怒。英国博物学家、矿物学家暨历史家克拉克在一八〇一年八月目击一块柱间壁的吊降之后,写了篇第一手报道。他说:"把帕特农大理石从原环境搬走让它们辉煌尽失!"[29] 吊降柱间壁的索具摇动了旁边的一个雕像,后者往下掉落,在轰然巨响中摔成碎片。克拉克告诉我们,当地的军政总督看见此情此景,再也按捺不住情绪。他抽出嘴里的烟斗,眼中流下一滴泪,高喊:"停止!够了!"当时人也在雅典的艺术家多德韦尔写下自己的感受:"第一次游希腊途中,我眼见帕特农神庙最优美的雕刻被掠夺,我惊呆了。有些建筑构件更是直接被扔到地面上去。"就连法国著名文学家和外交家夏多布里昂亦指控埃尔金斯亵渎圣物[30]。

拜伦爵士最初把他的著名愤慨发为《敏娜娃的诅咒》一诗,诗中这样把埃尔金斯的罪不朽化:"雅典娜,别生英格兰的气:不关英格兰的事!盗匪是个苏格兰人。"翌年,诗人又在长诗《哈洛德游记》火力全开,用第二章很大篇幅谴责埃尔金斯的野蛮[31]。此书三天售罄,年底前加印了四版,成为十九世纪的大畅销书。至此,所有英国人无人不知埃尔金斯对帕特农神庙干了什么:"麻木不仁的是那些不落泪的眼睛,它们看着英国人的手破坏您的墙,搬走您残破的神坛。"

自拜伦之后,没有一次搬走帕特农雕刻的行动**不曾**引起极大争议。

帕特农雕刻未来会是什么命运,我们目前只能全凭猜想。流落海外的帕特农雕刻有可能重返雅典,与埃尔金斯留在原地的那些团聚吗?目前,它们有超过六成分散于欧洲各地,大部分在伦敦,巴黎、哥本哈根、维也纳、符兹堡、巴勒莫、梵蒂冈和慕尼黑各有一些。

走笔至此,我希望我已证明帕特农神庙是一由地质学、自然风景、地形学、回忆、神话、艺术、文学、历史、宗教和"政治"紧密交织而成的复杂整体,而帕特农雕刻是这整体本质的一环。把它们从这个系统抽离,单独视作艺术杰作膜拜,会让它的意义无法被恰当了解。事实上,它们从不是可独立、可移动的东西,而是一座建筑的一部分——该建筑迄今仍屹立在雅典中央。

它们是一座宗教结构体(即雅典娜的神庙)的建筑元素,该结构体处于一个宗教系统中,其信仰与仪式构成古雅典人生活的肌理。帕特农神庙的三角楣墙、柱间壁和横饰带之间处于密切对话关系。见于东横饰带的普拉克熹提娅王后（一位水仙女）是见于西三角楣墙的河神凯菲索斯的女儿。雅典的开国神话上演于三角楣墙和东横饰带，它的分界性事件展现在柱间壁。因此，帕特农雕刻的原有和本质意义只能体现在彼此的关系中，体现在它们分享的神庙及坐落的城市里。离开了彼此，它们只是一堆古董。

雕刻者所用的石材是采自彭代利孔山。按照需要的大小采出和切割后，大理石块会被运至雅典，再拖上卫城。所以，神庙的各部分可说是诞生自阿提卡的地质构成。

帕特农神庙的一体性要求我们尊重并尽己所能让它重归于一。且让我们看看西三角楣墙中心人物的流向。波塞冬的双肩现藏伦敦，胸膛和腹部还留在雅典。雅典娜破破烂烂的头、脖子和右臂被展示于新落成的卫城博物馆，右胸放在大英博物馆。换言之，人类雕刻过最雄浑的一些雕像迄今处于肢解状态，而这对那些把事态维持下去的人来说是一种不名誉。

查尼奥蒂斯把对帕特农雕刻的分尸比喻为拆散一首精美的交响曲[32]。他邀请我们想象以下的情景：柴可夫斯基一首佚失的交响曲重见天日；然后乐谱被拆成几份，卖给不同的收藏家；然后其中一位收藏家又拒绝让"他的"部分拿出来供人演奏，以致整首交响曲从未得以完整呈现。

查尼奥蒂斯指出，要不是大英博物馆恰恰是以同样方式对待帕特农雕刻，这种事会荒谬得无法想象。馆方坚称"它的"部分不应该与留在雅典的其他部分一起展示，说那样做的话将会让伦敦的参观者无法把帕特农雕刻和其他世界艺术的样品拿来比较。查尼奥蒂斯质疑，以大英博物馆这种无视古代艺术作品完整性的态度，它是否还有资格继续自诩为一间"普世博物馆"。

合乎人文理想的目标应该是尽可能把帕德神庙重新组合起来，让它尽可能贴近原有的物理脉络（即雅典卫城）。坐落于卫城南坡的卫城博物馆就是为此而设。只要给它机会，它一定办得到。

长久以来，一个主张不应该归还帕特农雕刻的论点是希腊没有保存它们的恰当地方。先不管"埃尔金斯大理石"在伦敦是不是受到好好对待（我们已经知道杜维恩和其他人对它们干过些什么），但上述理由自屈米设计的卫城博物馆于二〇〇九年六月开幕以后便完全不能成立[33]。屈米给了我们一个大胆的极简主义设计，用水泥、钢筋和玻璃创造出一个巨大的开阔空间，让古代卫城的物质文化可以再次呼吸和闪亮。他的设计原创性十足，让人耳目一新，充满各种物料和技术上的惊人创新。我个人最偏爱的其中一项创新是用不锈钢基支撑一个厄瑞克透斯神庙的大理石柱头，基座上的纵肋会让人联想到多立克式立柱的凹槽。用不锈钢钢丝网给一些较小文物（如赤陶土匾额、石灰石浮雕和一对青铜眼睫毛）衬底的做法效果奇佳（西欧和美国那些了无生气的新古典主义风格博物馆一成不变都是用天鹅绒布料），是个值得欢迎的变化[34]。卫城博物馆的展厅巨大而采取多柱式，阳光充沛，最是能够让雕刻的殊胜处一目了然。

整间博物馆是盖在一个考古遗址上（遗址年代涵盖公元前五世纪至法兰克人时代），当参观者一层楼一层楼往上走的时候，可以透过脚下的网眼玻璃瞧见丰富的层位脉络*。最上楼层的展厅是陈列帕特农雕刻，盼着有朝一日可以把"埃尔金斯大理石"与还留在雅典的部分合在一起展出。进入展厅前，参观者低头的话会同时望见下面四层楼，并产生一种晕眩感。这就像是建筑师蓄意设计，让参观者准备好迎接看不见的"埃尔金斯大理石"的失落心情。从展厅内的玻璃帷幕，可直接看见卫城。展览空间的大小和坐落方向与帕特农神庙完全一样，让参观者可以多少感受到雅典娜圣所的规模和坐落。

卫城博物馆别出心裁的设计让人可以在帕特农神庙"里面"走一圈，按照雕刻在古代的原有位置（即内殿外墙）观赏它们（图129）。它给人的感觉跟大英博物馆杜维恩展厅形成鲜明反差：在后者，横饰带是在参观者四周围成一圈，就像是为某个现代克罗索斯**而设的墓地庭园（图130）。尤有甚者，伦敦的横饰带是切成几段，彼此隔着门或空隙。这种任意分割过去两百年来深深影响了人们对横饰带的解读（一种误读），模

---

* 译注：卫城博物馆的地下层是考古挖掘现场，上面各楼层陈列不同时代出土文物，"丰富的层位脉络"可能是指此。

** 译注：克罗索斯是一位战死的雅典将士，他以其青铜像"克罗索斯像"（用作墓碑）而为后世所知。

图 129　展示于卫城博物馆的帕特农横饰带（缺去部分以石膏模型补齐）。

图 130　展示于大英博物馆杜维恩展厅的帕特农横饰带。

糊掉它作为连续性叙事的本质。在卫城博物馆,你可以站在展厅的东端,一次过把东三角楣墙、东柱间壁和东横饰带全收眼底。同样情形也发生在展厅的两侧和西端。

过去十多年来,我们看见希腊人抛弃早期的民族主义辞藻,设法用合乎情理和富于创意的建议来克服他们和大英博物馆之间的僵局。二〇〇二年,当时的文化部长韦尼泽洛斯带着新点子造访英国,宣称帕特农雕刻的"所有权"问题已不再是关键议题。他建议透过长期租借协议让帕特农雕刻重回雅典,而希腊方面的回馈是不停和轮流地把他们最精美的文物借给大英博物馆展出。考虑到大英博物馆对所有权的坚持,韦尼泽洛斯还建议把展示帕特农雕刻的展厅命名为"大英博物馆附属展厅"。他的创新与和解性方案被一口回绝[35]。

不过,希腊人继续施展软功。他们调整用语,把呼吁"归还"大理石改为呼吁让大理石"团聚"。"促成帕特农雕刻团聚国际协会"目前已在十八个国家有分支机构。近期,一个支持归还雕刻的组织推出了一个如民粹主义般单纯的口号:"为什么不?"二〇〇九年五月,四十五个希腊凯法利尼亚岛的中学生前往英国,在大英博物馆门前抗议,使用的是最古老和最和平的示威方法:跳圆圈舞[36]。

没有一个访问雅典的世界级领袖会不跑一趟卫城,供记者拍照,并呼吁归还帕特农雕刻。这样的亮相已经行之有年。早在一九六一年六月,肯尼迪总统夫人贾姬便曾戴着珍珠项链,穿一袭鲜蓝色(希腊国旗的颜色)洋装,在卫城之巅做出如此呼吁。克林顿夫妇在二〇〇二年做了同样的事,俄罗斯的普京不久之后跟进。就连伊朗最高领袖霍梅尼亦曾站在帕特农神庙前面,向天高举双手,呼吁归还"埃尔金斯大理石"。二〇一〇年十月,中国总理温家宝在卫城之巅表达了他支持帕特农雕刻团聚的态度。他把帕特农神庙的遭遇和北京圆明园相提并论:一八六〇年,圆明园遭八国联军洗劫,下命令的不是别人,正是埃尔金斯的儿子(时任驻中国高级专员)[37]。

与此同时,我们看见这一类感情的反对者动员"世界主义"意识形态去捍卫所谓"普世博物馆"的利益[38]。这些人把管理文化文物的争论化约为世界主义和民族主义的拔河。但正如卡尔霍恩在其《民族不可少》

一书和其他著作中深思地指出，把世界主义视为民族主义的对立面不只对前者毫无好处，反而会动摇民主制度和跨国家机构的基础[39]。世界主义强调经济发展和现代化的重要性，忽略社会团结性与集体选择的价值。为超越身份认同的议题，世界主义鼓吹"薄认同"，不知道"薄认同"不足以支撑民主。世界主义全球化菁英在坚持文化文物有着不分地域普同性的同时，也忽略了国与国的权力不平衡和阶级不平等会让穷人的文化遗产始终受到富人的控制。

不过，意见气候正在改变中，纵使是在英国国内也一样。《卫报》在二〇〇九年七月进行的民调显示，一万三千名受访者中有百分之九十四赞成归还"埃尔金斯大理石"[40]。这看来是一个更大趋势的一部分，因为国会曾在二〇〇四年通过"狩猎法"，禁止英国最贵族主义的一项消遣：猎狐。在很多人看来，"埃尔金斯大理石"就像猎狐活动一样，代表着一个傲慢的过去，不值得在一个转变中的世界留恋不舍。既然现在就连英国王室都要主动讨好大众才能继续存在，那就没有任何传统英国的遗物是神圣不可侵犯。

据统计，只有不到百分之九英国民众到过大英博物馆参观"埃尔金斯大理石"。反观新开馆卫城博物馆的参观者人数光第一年便远超过杜维恩展厅：前者是两百万，后者只有一百三十万[41]。个中原因不无可能是卫城博物馆新鲜。不过，考虑到它只藏有四成的帕特农雕刻，它在流落海外的雕刻全部到位后会增加多少吸引力，只有天晓得。

传统上，反对归还"埃尔金斯大理石"最有力的官方力量是上议院。基于其性质使然，你会在上议院听到一些在下议院不容易听到的奇谈怪论。例如，在一九九七年，怀亚特爵士这样提醒同僚："诸位，把大理石归还雅典是危险的，因为当初它们被救出的时候，帕特农神庙正处于土耳其人和希腊人的炮火攻击。你说不准火爆的希腊人哪天又会对神庙扔炸弹。"[42]

不过，随着世袭议员的淡出和新血的注入，现在就连上议院亦开始改弦易辙。怀亚特的世界已被新一代取代，其中包括考古学家伦弗鲁爵士，他是保护文化遗产的一位主要支持者[43]。与此同时，新一代的政治家也正在崛起。二〇〇二年，副首相克莱格以欧洲议会驻外成员的身份主持了"流寓中的大理石"会议。自由民主党的下议院议员乔治目前是"大理石团聚运动"主席。

随着国家意见气氛的改变，辩论议题亦从法律层面转到伦理层面。演员佛莱呼吁英国应该表现风度，在归还帕特农雕刻一事上采取主动，而原因无他，只因那是该做的事[44]。海德堡大学最近主动归还一块帕特农雕刻碎块，此举正是一个绕过法律框架而把伦理考虑放在优先的榜样。

达拉斯艺术博物馆馆长暨"艺术博物馆馆长协会"前会长安德生为未来提供了一个有力愿景。他指出，有鉴于伦理的议题和古文物的昂贵稀少，博物馆应走出收集者和拥有者的传统角色，迈向成为交换文物展出的伙伴[45]。近期意大利之所以愿意出借文物供美国多家博物馆展出，正是盖蒂博物馆、大都会艺术博物馆、波士顿美术博物馆和其他博物馆愿意把非法购得文物归还的结果——此举业已产生巨大的正面冲击。美国大众因此而有机会欣赏到本国的永久收藏以外的重要展品。

回到当初雕刻它们的城市之后，帕特农雕刻有可能会让它的归宿处成为世界数一数二的"普世博物馆"。因为，一家博物馆够不够资格被这样称呼，端视它有没有通过够多的文物出借、交换和其他协议促进国际合作和相互依赖。这毕竟是全球化被认为是好事的原因。

在有关帕特农神庙的问题上，只有这一类普世主义态度是妥适的。我们都是从外往内看的外人，致力于了解，设法不让自己挡住自己看见的东西。一幅摄于一九五四年的照片显示一对男女走过紧靠卫城北面的蒙纳斯提拉奇广场（图131）[46]。照片中的女子拉住男子的夹克。我们看见的是什么？她拉住他，是因为有辆高速行驶的货车正朝着他们方向而来吗？还是说她在示意他停下脚步，抬头看看在卫城之巅雍容耸立了近两千五百年的帕特农神庙？确实，在经历那么漫长的岁月之后，它依然屹立。那些每日在它下面经过的人还会"看见"它吗？神庙会引起他们停在半路，满心敬畏吗？古希腊人本身又是如何？在神庙落成很久之后出生的世代继续会在看见它的时候驻足和惊讶吗？

想知道我们看见过些什么和怎样看待它们，有需要挖开层层泥泞的记忆。就连只是短暂的这一辈子，我们亦难记得我们一度看过什么和当

结 语

图 131　从蒙纳斯提拉奇广场看到的卫城北面。© Robert A. McCabe, 1954—1955.

时的所思所感。"我无法描绘／当年的我。"华兹华斯如是说*。所以，我们继续顺着或逆着水流前进，努力想瞥见古人的经验，哪怕明知只能瞥见一下子。就像古雅典人一样，我们总是被拉扯于昔与今、神话与历史、记忆与想象、传统与创新之间。

注释：

1. V. Woolf, *The Diary of Virgina Woolf*, vol. 4, 1931-35 (New York: Harcourt Brace & Company, 1983), 90-91.
2. Balanos, *Les monuments de l'Acropole*. 有关百兰诺斯的修复工作，见 Mallouchou-Tufano, "History of Interventions on the Acropolis," 81, and "Restoration of Classical Monuments"。
3. Sourvinou-Inwood, *"Reading" Greek Culture*, 10-13; C. Sourvinou-Inwood, "Reading a Myth, Reconstructing Its Constructions," in *Myth and Symbol 2: Symbolic Phenomena in Ancient Greek Culture*, ed. S. des Bouvrie (Bergen:

---

*　译注：出自《赋于丁登修道院上方威河河岸》。

Norwegian Institute at Athens, 2004), 141, 146–47.

4. "卫城纪念碑保育委员会"的历史，见 Mallouchou-Tufano, "Restoration Work on the Acropolis." in *Proceedings of the Fifth International Meeting*。

5. Korres, *Study of the Restoration of the Parthenon*; Mallouchou-Tufano, Η Αναστύλωση των Αρχαίων Μνημείων; Toganidis, "Parthenon Restoration Project," 27–38.

6. Korres, *From Pentelicon to the Parthenon*; Korres, *Stones of the Parthenon*.

7. Korres, "Recent Discoveries on the Acropolis"; Korres, "Architecture of the Parthenon"; Korres, "History of the Acropolis Mounments"; Korres, "Parthenon from Antiquity to the 19th Century"; Korres, Panetsos, and Seki, *Parthenon*, 68–73; Korres, "Der Pronaos und die Fenster des Parthenon"; Korres, "Die klassische Architektur und der Parthenon."

8. Vlassopoulou, *Acropolis and Museum*; Bernard Tschumi Architects, *New Acropolis Museum*; K. Servi, *The Acropolis: The Acropolis Museum* (Athens: Ekdotike Athenon SA, 2011); Tschumi, Mauss, and Tschumi Architects, *Acropolis Museum*. 无疑，一直有人批评卫城博物馆没有充分显示卫城多时间向度和多文化向度的生活（包括中世纪和奥斯曼统治时代）。见 Hamilakis, "Museums of Oblivion," and other criticisms by D. Plantzos, "Behold the Raking Geison: The New Acropolis Museum and Its Context-Free Archaeologies," *Antiquity* 85 (2011): 613–25。

9. Chaniotis, *Ritual Dynamics in the Ancient Mediterranean*. 这书的引言指出了资料不足的难题和困扰古代史和古代仪式研究的各种偏见。

10. Bremmer, *Strange World of Human Sacrifice*, esp. J. Bremmer, "Human Sacrifice: A Brief Introduction," 1–8.

11. A. Parpola, "Human Sacrifice in India in Vedic Times and Before," in Bremmer, *Strange World of Human Sacrifice*, 157–77.

12. Judges 11: 31–40.

13. Genesis 22.

14. Euripides, *Iphigeneia in Aulis* 1585–94; Apollodoros, *Library* 3.21.

15. Kaldellis, *Christian Parthenon*, 34–35; Korres, "The Parthenon from Antiquity to the Nineteenth Century," 14–161.

16. 同前注书目，40–41; G. Rodenwaldt, "Interpretatio Christiana," *AA* 48 (1933): 401–5.

17. Mokyr, *Gifts of Athena*, 218–83.

18. Mokyr, *Gifts of Athena*, 225–26. See also B. Barber, "Resistance by Scientists to Scientific Discovery," in *The Sociology of Science*, ed. B. Barber and W. Hirsch (New York: Macmillan, 1962), 539–56.

19. Mokyr, *Gifts of Athena*, 19, 266.

20. P. G. G. Joly de Lotbinière, "The Parthenon from the Northwest, 1839," in N. P. Lerebours, *Excursions daguerriennes: Vues et monuments les plus remarquables du globe* (Paris: H. Bossange, 1841–1842).

21. 对于十九世纪摄影带来的冲击，见 Hamilakis, "Monumental Visions," 5–12。第一次游希腊期间，布瓦索纳拍了几千幅照片，分别收录在 *La Grèce*

par monts et par vaux, with D. Baud-Bovy (Geneva: F. Boissonnas, 1910); *L'Acropole d'Athènes*, with G. Fougères (Paris: Albert Morance, 1914); *La Grèce immortelle* (Geneva: Éditions d'Art Boissonnas, 1919) 和 *Dans le sillage d'Ulysse*, with V. Bérard (Paris: A. Colin, 1933)。他还去了埃及、努比亚、西奈半岛和阿索斯山（Mount Athos），所拍的照片出版为五十部照片集。马夫罗马蒂斯的作品，见 A. Delivorrias and S. Mavrommatis, *The Parthenon Frieze: Problems, Challenges, Interpretations* (Athens: Melissa, 2004); A. Choremi, C. Hadziaslani, S. Mavrommatis, and E. Kaimara, *The Parthenon Frieze*, CD-ROM (Athens: Acropolis Restoration Service in collaboration with the National Documentation Centre, National Research Foundation, 2003); S. Mavrommatis, *Photographs, 1975–2002, from the Works on the Athenian Acropolis* (Athens: Acropolis Restoration Service, 2002); C. Bouras, K. Zambas, S. Mavrommatis, and C. Hadziaslani, *The Works of the Committee for the Preservation of the Acropolis Monuments on the Acropolis of Athens* (Athens: Ministry of Culture, Archaeological Receipts Fund, 2002); S. Mavrommatis and C. Hadziaslani, *The Parthenon Frieze, Photographic Reconstruction at Scale 1: 20* (Athens: Acropolis Restoration Service, 2002); C. Hadziaslani and S. Mavrommatis, *Promenades at the Parthenon*. Films by S. Mavrommatis: *The Works on the Athenian Acropolis: The People and the Monuments; The Parthenon West Frieze, Conservation and Cleaning (2003–2004); The Restoration Works on the Acropolis Monuments (2003–2004)*。

22. Lissarrague, "Fonctions de l'image"; F. Lissarrague, 讲座，在雅典的瑞典研究所所提供; Lissarrague and Schnapp, "Imagerie des Grecs"; Connelly, "Parthenon and *Parthenoi*," 55; Connelly, *Portrait of Priestess*, 20–21; Marconi, "Degrees of Visibility," 172; Ferrari, *Figures of Speech*, 17–25; Sourvinou-Inwood, *"Reading" Greek Death*, 140–43。

23. Hitchens, *Parthenon Marbles*; D. King, *The Elgin Marbles* (London: Hutchinson, 2006); Cosmopoulos, *Parthenon and Its Sculptures*; D. William, "'Of Publick Utility and Publick Property': Lord Elgin and the Parthenon Sculptures," in *Appropriating Antiquity*, ed. A. Tsingarida and D. Kurtz (Brussels: Le Livre Timperman, 2002), 103–64; St. Clair, *Lord Elgin and the Marbles*; Vrettos, *Elgin Affair*; C. Hitchens, *Imperial Spoils: The Curious Case of the Elgin Marbles* (New York: Hill and Wang, 1988); T. Vrettos, *A Shadow of Magnitude: The Acquisition of the Elgin Marbles* (New York: G. P. Putnam, 1974).

24. D. Rudenstine, "The Legality of Elgin's Taking: A Review Essay of Four Books on the Parthenon Marbles," *International Journal of Cultural Property* 8 (1999): 356–76; J. H. Merryman, "Thinking About the Elgin Marbles," *Michigan Law Review* 83 (1985): 1898–99; J. H. Merryman, "Whither the Elgin Marbles?," in *Imperialism, Art, and Restitution*, ed. J. H. Merryman (Cambridge, U.K.: Cambridge University Press, 2006); C. Hitchens, *The Elgin Marbles: Should They Be Returned to Greece?* (London: Verso Books, 1998).

25. St. Clair, *Lord Elgin and the Marbles*, 338–41. 照片和完整的翻译在 http://www.

britishmuseum.org/explore/highlights/article_index/t/translation_of_elgins_firman.aspx。

26. Nagel, *Mistress of the Elgin Marbles*, 134–35.
27. 同前注书目，136.
28. 蒙允许摘录自 Nagel, *Mistress of the Elgin Marbles*, 134–39，转录自 Mary Hamilton Nisbet, Bruce Ferguson and Thomas Bruce, Earl of Elgin (now in the possession of Andrew, eleventh Earl of Elgin and fifteenth Earl of Kincardine, Mr. Julian Brooke, and Mr. Richard Blake) 的书信和日记。另参见 R. Stoneman, *A Literary Companion to Travel in Greece* (Harmondsworth: Penguin, 1994), 139。
29. E. D. Clarke, *Travels in Various Countries of Europe, Asia, and Africa* (London: T. Cadell and W. Davies, 1810), sec. 2, 484.
30. Vrettos, *Elgin Affair*; F. S. N. Douglas, *An Essay on Certain Points of Resemblance Between the Ancient and Modern Greeks* (London: J. Murray, 1813), 89; Dodwell, *Classical and Topographical Tour Through Greece*, vol. 1, 322–24; T. S. Hughes, *Travels in Sicily, Greece, and Albania* (London: J. Mawman, 1820), sec. 1, 261; F. -A. -R. Chateaubriand, *Travels to Jerusalem and the Holy Land Through Egypt* (London: H. Colburn, 1835), sec. 1, 187.
31. Lord Byron, *Childe Harold's Pilgrimage* (1812), canto 2, stanzas 11–15.
32. A. Chaniotis, "Broken Is Beautiful: The Aesthetics of Fragmentation and the Cult of Relics," in Mylonopoulos and Chaniotis, *New Acropolis Museum*, 44.
33. Bernard Tschumi Architects, *New Acropolis Museum*; Tschumi, Mauss, and Tschumi *Architects, Acropolis Museum*.
34. D. Pandermalis and S. Eleftheratou, *Acropolis Museum Short Guide* (Athens: New Acropolis Museum, 2009); Vlassopoulou, *Acropolis and Museum*; M. Caskey, "Perceptions of the New Acropolis Museum," *AJA* 115 (2011), http://www.ajaonline.org/online-review-museum/911.
35. 不过有些人对这种好意持非常不同看法。例如，哈密拉基斯（Y. Hamilakis）认为这种低声下气姿态只是殖民主义逻辑的持续，见 "Nostalgia for the Whole: The Parthenon (or Elgin) Marbles," in *Nation and Its Ruins*, pages 243–86。
36. "Students, Supported by Marbles Reunited, Stage a Peaceful Protest at the British Museum," PR Newswire, May 6, 2009, http://www.elginism.com/20090509/1942/. 这些赴伦敦抗议的师生来自凯法利尼亚岛阿尔戈斯托利（Argostoli）的第二综合中学。
37. 关于第八世埃尔金斯公爵和火烧圆明园一事，见 W. T. Hanes and F. Sanello, *The Opium Wars: The Addiction of One Empire and the Corruption of Another* (Naperville, Ill.: Sourcebooks, 2002)。
38. 有关"普世博物馆"，见二〇〇三年签署的《普世博物馆联合声明》(Declaration on the Importance and Value of the Universal Museum)。捍卫世界主义与普世博物馆的意见，见 K. A. Appiah, *Cosmopolitanism* (New York: W. W. Norton, 2006); J. Cuno, *Museums Matter: In Praise of the Encyclopedic Museum* (Chicago: University of Chicago Press, 2012); J. Cuno, *Who Owns*

Antiquity? (Princeton, N.J.: Princeton University Press, 2008); J. Cuno, ed., *Whose Culture? The Promise of Museums and the Debate over Antiquities* (Princeton, N.J.: Princeton University Press, 2009)。对世界主义与地方主义有兴趣者，参见 D. Gillman, *The Idea of Cultural Heritage*, 49–55。批判普世博物馆的意见，见 G. Abungu, "The Declaration: A Contested Issue," *ICOM News* 1 (2004): 4; G. W. Curtis, "Universal Museums, Museum Objects, and Repatriation: The Tangled Stories of Things," *Museum Management and Curatorship* 21 (2006): 117–28。

39. C. Calhoun, *Nations Matter: Culture, History, and the Cosmopolitan Dream* (New York: Routledge, 2007); C. Calhoun, "Imagining Solidarity: Cosmopolitanism, Constitutional Patriotism, and the Public Sphere," *Public Culture* 14 (2002): 147–71; C. Calhoun, "Cosmopolitanism in the Modern Social Imaginary," *Daedalus* 137 (2008): 105–14. 关于世界主义的进一步批判，见 A. González-Ruibal, "Vernacular Cosmopolitanism: An Archaeological Critique of Universalistic Reason," in *Cosmopolitan Archaeologies*, ed. L. Meskell (Durham, N. C.: Duke University Press, 2009), 113–39。

40. 一项一九九六年的电视意见调查显示非常相似的数字，见 Hitchens, *Parthenon Marbles*, xxi。《卫报》在二〇〇九年的调查显示有百分之九十五赞成归还大理石，百分之五反对（http://www.guardian.co.uk/culture/poll/2009/jun/24/elgin-marbles）。应该指出的是，这个调查的代表性有点局限性，只反映那些愿意下决定的受访者的意见。因为有非常多受访者的回答是"不知道"或"没听说过这回事"，所以赞成/反对者的确切数字难于评估。二〇一二年六月十一日，一个英国广播公司主办的辩论会假卡杜甘音乐厅举行，由演员佛莱和自由民主党下议员乔治（Andrew George）代表正方，由工党下议员亨特（Tristram Hunt）和圣母大学历史教授阿梅斯托（Felipe Fernández-Armesto）代表反方。在场听众的投票结果是三百八十四票赞成归还帕特农雕刻，一百二十五票反对。

41. 这个数字是从大英博物馆报告的每年入馆人数和进入杜维恩展厅参观者的平均比例推算。http://www.bbc.co.uk/news/uk-18373312。

42. Lords Debates, "The Parthenon Sculptures," May 19, 1997.

43. 伦弗鲁爵士大力主张让文化遗产和考古文物保存在它们原有的层位脉络和文化脉络，见 C. Renfrew, *Loot, Legitimacy, and Ownership: The Ethical Crisis in Archaeology* (London: Duckworth, 2000); C. Renfrew, "Museum Acquisitions: Responsibilities for the Illicit Traffic in Antiquities," in *Archaeology, Cultural Heritage, and the Antiquities Trade*, ed. N. Brodie, M. Kersel, C. Luke, and K. W. Tubb (Gainesville: University of Florida Press, 2008), 245–57; N. Brodie and C. Renfrew, "Looting and the World's Archaeological Heritage: The Inadequate Response," *Annual Review of Anthropology* 34 (2005): 343–61; N. Brodie, J. Doole, and C. Renfrew, eds., *Trade in Illicit Antiquities: The Destruction of the World's Archaeological Heritage* (Cambridge, U.K.: McDonald Institute for Archaeological Research, 2001); C. Renfrew, "The Fallacy of the 'Good Collector' of Looted Antiquities," *Public Archaeology* 1 (2000): 76–78。

44. http://www.bbc.co.uk/news/uk-18373312。

45. M. Anderson, "Ownership Isn't Everything: The Future Will Be Shared," *Art Newspaper*, September 15, 2010.
46. 照片为麦克卡贝（Robert A. McCabe）所摄。我衷心感谢他的好意，让他的美丽照片在这本书出版。

参考书目

Albersmeier, S., ed. *Heroes: Mortals and Myths in Ancient Greece.* Baltimore: Walters Art Museum, 2009.

Alcock, S. "Archaeologies of Memory, " in S. Alcock, *Archaeologies of the Greek Past: Landscapes, Monuments, and Memories, 1–35.* Cambridge, U.K.: Cambridge University Press, 2002.

Allen, D. *Why Plato Wrote.* Chichester: Wiley-Blackwell, 2010.

Andreae, B. "Dating and Significance of the Telephos Frieze in Relation to the Other Dedications of the Attalids of Pergamon." In Dreyfus and Schraudolph, *Pergamon,* 2: 120–26.

—, ed. *Phyromachos-Probleme: Mit einem Anhang zur Datierung des grossen Altars von Pergamon.* Mitteilungen des Deutschen Archäologischen Instituts, Römische Abteilung, Supplement 31. Mainz: Philipp von Zabern, 1990.

Andrews, E. "How a Riddle of the Parthenon Was Unraveled." *Century Illustrated Monthly Magazine,* June 1897, 301–9.

Antikensammlung der Staatlichen Museen zu Berlin. *Pergamon: Panorama der antiken Metropole: Begleitbuch zur Ausstellung.* Berlin: Michael Imhof, 2011.

Antonaccio, C. *An Archaeology of Ancestors: Tomb Cult and Hero Cult in Early Greece.* Lanham, Md.: Rowman & Littlefield, 1995.

Arrington, N. "Topographic Semantics: The Location of the Athenian Public Cemetery and Its Significance for the Nascent Democracy." *Hesperia* 79 (2010): 499–539.

Ataç, A. M. *The Mythology of Kingship in Neo-Assyrian Art.* Cambridge, U.K.: Cambridge University Press, 2010.

Austin, C. *Nova fragmenta Euripidea in papyris reperta.* Kleine Texte 187. Berlin: Walter de Gruyter, 1968.

—. "De nouveaux fragments de *l'Erechthée* d'Euripide." *Recherches de Papyrologie* 4 (1967): 11–67.

Balanos, G. *Les monuments de l'Acropole: Relèvement et conservation.* Paris: Charles Massin et Albert Lévy, 1938.

Bancroft, S. "Problems Concerning the Archaic Acropolis at Athens." Ph. D. diss., Princeton University, 1979.

Barber, E. J. W. "The *Peplos* of Athena." In Neils, *Goddess and Polis,* 103–17.

—. *Prehistoric Textiles: The Development of Cloth in the Neolithic and Bronze Age.*

Princeton, N.J.: Princeton University Press, 1991.

Barletta, B. "The Architecture and Architects of the Classical Parthenon." In Neils, *Parthenon*, 67–99.

Barringer, J. M. *Art, Myth, and Ritual in Classical Greece*. Cambridge, U.K.: Cambridge University Press, 2008.

—. "The Temple of Zeus at Olympia: Heroes and Athletes." *Hesperia* 74 (2005): 211–41.

Barringer, J. M., and J. M. Hurwit, eds. *Periklean Athens and Its Legacy: Problems and Perspectives*. Austin: University of Texas Press, 2005.

Barrow, R. J. *Lawrence Alma-Tadema*. London: Phaidon Press, 2001.

Bastea, E. *The Creation of Modern Athens: Planning the Myth*. Cambridge, U.K.: Cambridge University Press, 1999.

Beard, M. *The Parthenon*. Cambridge, Mass.: Harvard University Press, 2002.

Becatti, G. "Il rilievo del Drago e la base della Parthenos." In *Problemi Fidiaci*, edited by G. Becatti, 53–70. Milan: Electa, 1951.

Bérard, C., et al., eds. *La cité des images: Religion et société en Grèce antique*. Paris: Fernand Nathan—L. E. P., 1984 = *A City of Images: Iconography and Society in Ancient Greece*. Princeton, N.J.: Princeton University Press, 1989.

Berger, E., ed. *Parthenon-Kongreß Basel: Referate und Berichte 4. bis 8. April 1982*. Mainz am Rhein: Philipp von Zabern, 1984.

Berger, E., and M. Gisler-Huwiler, eds. *Der Parthenon in Basel: Dokumentation zum Fries des Parthenon*. Studien der Skulpturhalle Basel 3. Mainz: Philipp von Zabern, 1996.

Bernard Tschumi Architects, ed. *The New Acropolis Museum*. New York: Skira Rizzoli, 2009.

Beyer, I. "Die Reliefgiebel des alten Athena-Tempels der Akropolis." *AA* (1974): 639–51.

Bierl, A. *Ritual and Performativity: The Chorus of Old Comedy*. Translated by A. Hollmann. Washington D.C.: Center for Hellenic Studies, 2009.

Blok, J. "Gentrifying Genealogy: On the Genesis of the Athenian Autochthony Myth." In *Antike Mythen: Medien, Transformationen und Konstruktionen*, edited by U. Dill and C. Walde, 251–75. New York: Walter de Gruyter, 2009.

—. "Perikles' Citizenship Law: A New Perspective." *Historia* 58 (2009): 141–70.

Boardman, J. "A Closer Look." *RA* (1999) 305–30.

—. "The Naked Truth." *OJA* 10 (1991) 119–21.

—. "Notes on the Parthenon Frieze." In Schmidt, *Kanon*, 9–14.

—. "The Parthenon Frieze." In Berger, *Parthenon-Kongreß Basel*, 210–15.

—. "Herakles, Peisistratos, and Sons." *RA* (1972): 57–72.

—. "The Parthenon Frieze: Another View." In *Festschrift für Frank Brommer*, 39–49. Mainz: Philipp von Zabern, 1970.

Boardman, J., and D. Finn. *The Parthenon and Its Sculptures*. Austin: University of Texas Press, 1985.

Bodnar, E. *Cyriacus of Ancona and Athens*. Collection Latomus, vol. 43. Brussels: Latomus, 1960.

Boegehold, A. L. "Group and Single Competitions at the Panathenaia." In Neils, *Worshipping Athena*, 95–105.

—. "Perikles' Citizenship Law of 451/0 B. C." In *Athenian Identity and Civic Ideology*, edited by A. L. Boegehold and A. C. Scafuro, 57–66. Baltimore: Johns Hopkins University Press, 1994.

Boegehold, A. L., and A. C. Scafuro, eds. *Athenian Identity and Civic Ideology*. Baltimore: Johns Hopkins University Press, 1994.

Boersma, J. S. *Athenian Building Policy from 561/0 to 405/4 B. C.* Groningen: Wolters-Noordhoff, 1970.

Borgeaud, P. *The Cult of Pan in Ancient Greece*. Chicago: University of Chicago Press, 1988.

Boutsikas, E. "Greek Temples and Rituals." In Ruggles, *Handbook of Archaeoastronomy and Ethnoastronomy*, 2014.

—. "Astronomical Evidence for the Timing of the Panathenaia." *AJA* 115 (2011): 303–9.

—. "Placing Greek Temples: An Archaeoastronomical Study of the Orientation of Ancient Greek Religious Structures, " *Archaeoastronomy: The Journal of Astronomy in Culture* 21 (2009): 4–16.

Boutsikas, E., and R. Hannah. "Aitia, Astronomy, and the Timing of the Arrhēphoria." *BSA* 107 (2012): 233–45.

—. "Ritual and the Cosmos: Astronomy and Myth in the Athenian Acropolis." In Ruggles, *Archaeoastronomy and Ethnoastronomy*, 342–48.

Boutsikas E., and C. Ruggles. "Temples, Stars, and Ritual Landscapes: The Potential for Archaeoastronomy in Ancient Greece, " *AJA* 115 (2011): 55–68.

Bremmer, J. N. *The Strange World of Human Sacrifice*. Leuven: Peeters, 2007.

—. "Pandora and the Creation of a Greek Eve." In *The Creation of Man and Woman in Jewish and Christian Interpretations*, edited by G. Luttikhuizen, 19–34. Leiden: Brill, 2000.

—. *Greek Religion*. Oxford: Oxford University Press, 1994.

—, ed. *Interpretations of Greek Mythology*. London: Croom Helm, 1988.

Brommer, F. *Der Parthenonfries: Katalog und Untersuchung*. Mainz: Philipp von Zabern, 1977.

—. *Die Skulpturen der Parthenon-Giebel: Katalog und Untersuchung*. Mainz: Philipp von Zabern, 1963.

Broneer, O. *Isthmia: Topography and Architecture*. Vol. 2. Princeton, N.J.: Princeton University Press, 1973.

—. "Eros and Aphrodite on the North Slope of the Acropolis in Athens." *Hesperia* 1 (1932): 31–55.

Brown, K. S., and Y. Hamilakis, eds. *The Usable Past: Greek Metahistories*. New York: Lexington Books, 2003.

Burford, A. "The Builders of the Parthenon." In *Parthenos and Parthenon*, 23–35. Greece and Rome Supplement 10. Oxford: Clarendon Press, 1963.

Burtt, J. O. *Minor Attic Orators, H: Lycurgus, Demades, Dinarchus, Hyperides*. Cambridge, Mass.: Harvard University Press, 1982.

Buitron-Oliver, D., ed. *The Interpretation of Architectural Sculpture in Greece and Rome*. Washington, D.C.: National Gallery of Art, 1997.

Buxton, R. G. A., ed. *Oxford Readings in Greek Religion*. Oxford: Oxford University Press, 2000.

Calame, C. *Choruses of Young Women in Ancient Greece: Their Morphology, Religious Role, and Sacred Functions*. Lanham, Md.: Rowman & Littlefield, 1997.

Calder, W. M. "Prof. Calder's Reply." *GRBS* 12 (1971): 493–95.

—. "The Date of Euripides' *Erechtheus*." *GRBS* 10 (1969): 147–56.

Camp, J. McK. The *Archaeology of Athens*. New Haven, Conn.: Yale University Press, 2001.

—. "Before Democracy: Alkmaionidai and Peisistratidai." In Coulson, Palagia, Shear, Shapiro, and Frost, *Archaeology of Athens and Attica Under the Democracy*, 9–11.

—. *The Athenian Agora*. London: Thames and Hudson, 1986.

—. "Water and the Pelargikon." In *Studies Presented to Sterling Dow on His Eightieth Birthday*, edited by K. J. Rigsby, 37–41. Durham, N.C.: Duke University Press, 1984.

Carpenter, R. *The Architects of the Parthenon*. Harmondsworth: Penguin Books, 1970.

Carrara, P. *Euripide: Eretteo*. Papyrologica Florentina 3. Florence: Gonnelli, 1977.

Carroll, K. K. *The Parthenon Inscription*. Durham, N.C.: Duke University Press, 1982.

Castriota, D. *Myth, Ethos, and Actuality: Official Art in Fifth-Century B. C. Athens*. Madison: University of Wisconsin Press, 1992.

Chaniotis, A. *Unveiling Emotions: Sources and Methods for the Study of Emotions in the Greek World*. Stuttgart: Franz Steiner, 2012.

—, ed. *Ritual Dynamics in the Ancient Mediterranean: Agency, Emotion, Gender, Representation*. Heidelberger althistorische Beitrage und epigraphische Studien 49. Stuttgart: Franz Steiner, 2011.

—. "Dynamic of Emotions and Dynamic of Rituals: Do Emotions Change Ritual Norms?" In *Ritual Matters: Dynamic Dimensions in Practice*, edited by C. Brosius and U. Hüsken, 208–33. London: Routledge, 2010.

—. "Dividing Art-Divided Art: Reflections on the Parthenon Sculpture." In Mylonopoulos and Chaniotis, *New Acropolis Museum*, 1: 41–48.

—. "The Dynamics of Ritual Norms in Greek Cult." In *La norme en matière religieuse en Grèce antique*, edited by P. Brulé, 91–105. Kernos Supplement 21. Liège: Centre International d'Étude de la Religion Grecque Antique, 2009.

—. "From Woman to Woman: Female Voices and Emotions in Dedications to Goddesses." In *Le donateur, l'offrande et la déesse*, edited by C. Prêtre, 51–68. Kernos Supplement 23. Liège: Centre International d'Étude de la Religion Grecque Antique, 2009.

—. "Theater Rituals." In *The Greek Theatre and Festivals: Documentary Studies*, edited by P. Wilson, 48–66. Oxford: Oxford University Press, 2007.

—. "Rituals Between Norms and Emotions: Ritual as Shared Experience and Memory." In *Ritual and Communication in the Graeco-Roman World*, edited by E. Stavrianopoulou, 211–38. *Kernos* Supplement 16. Liège: Centre International d'Étude de la Religion Grecque Antique, 2006.

—. "Ritual Dynamics in the Eastern Mediterranean: Case Studies in Ancient Greece and Asia Minor." In *Rethinking the Mediterranean*, edited by W. V. Harris, 141–66. Oxford: Oxford University Press, 2005.

Childs, W. A. P. "The Date of the Old Temple of Athena on the Athenian Acropolis." In Coulson, Palagia, Shear, Shapiro, and Frost, *Archaeology of Athens and Attica Under the Democracy*, 1–6.

Clairmont, C. "Girl or Boy? Parthenon East Frieze 35." *AA* (1989): 495–96.

—. "Euripides' *Erechtheus* and the Erechtheum." *GRBS* 12 (1971): 485–93.

Cohen, A. "Mythic Landscapes of Greece." In *Greek Mythology*, edited by R. D. Woodland, 305–30. Cambridge, U.K.: Cambridge University Press, 2007.

Collard, C., and M. Cropp. *Euripides VII: Fragments*. Loeb Classical Library 504. Cambridge, Mass.: Harvard University Press, 2008.

Collard, C., M. Cropp, and K. Lee, eds. *Euripides: Selected Fragmentary Plays*. Warminster: Aris & Phillips, 1995.

Connelly, J. B. "Ritual Movement Through Greek Sacred Space: Towards an Archaeology of Performance." In Chaniotis, *Ritual Dynamics in the Ancient Mediterranean*, 313–46.

—. *Portrait of a Priestess: Women and Ritual in Ancient Greece*. Princeton, N.J.: Princeton University Press, 2007.

—. "Parthenon and *Parthenoi*: A Mythological Interpretation of the Parthenon Frieze." *AJA* 100 (1996): 53–80.

—. "Narrative and Image in Attic Vase Painting: Ajax and Kassandra at the Trojan Palladion." In *Narrative and Event in Ancient Art*, ed. P. J. Holliday, 88–129. Cambridge, U.K.: Cambridge University Press, 1993.

—. "The Parthenon Frieze and the Sacrifice of the Erechtheids: Reinterpreting the 'Peplos Scene.'" *AJA* 97 (1993): 309–10.

Connerton, P. *How Societies Remember*, Cambridge, U.K.: Cambridge University Press, 1989.

Connolly, P., and H. Dodge. *The Ancient City: Life in Classical Athens and Rome*. Oxford: Oxford University Press, 1998.

Cook, R. M. *Greek Art: its Development, Character, and Influence*. New York: Farrar, Straus and Giroux, 1973.

Cosmopoulos, M. B., ed. *The Parthenon and Its Sculptures*. Cambridge, U.K.: Cambridge University Press, 2004.

Coulson, W., and H. Kyrieleis, eds. *Proceedings of an International Symposium on the Olympic Games*. Athens: Deutsches Archäologisches Institut Athen, 1992.

Coulson, W., O. Palagia, T. L. Shear Jr., H. A. Shapiro, and F. J. Frost, eds. *The Archaeology of Athens and Attica Under the Democracy*. Oxford: Oxford University Press, 1994.

Croissant, F. "Observations sur la date et le style du fronton de la gigantomachie, Acr. 631." *RÉA* 95 (1993): 61–77.

—. *Les protomés féminines archaïques: Recherches sur les représentations du visage dans la plastique grecque de 550 à 480 av. J. -C*. Vol. 1. Paris: Écoles Françaises d'Athènes, 1983.

Crowther, N. B. "Male Beauty Contests in Greece: The *Euandria and Euexia*." *L'Antiquité Classique* 54 (1985): 285–91.

D'Alessio, G. B. "Textual Fluctuations and Cosmic Streams: Ocean and Acheloios." *JHS* 124 (2004): 16–37.

Damaskos, D., and D. Plantzos, eds. *A Singular Antiquity: Archaeology and Hellenic Identity in Twentieth-Century Greece*. Athens: Benaki Museum, 2008.

Dankoff, R., and S. Kim. *An Ottoman Traveller: Selections from the Book of Travels of Evliya Çelebi*. London: Eland, 2010.

Davies, J. K. "Athenian Citizenship: The Descent Group and the Alternatives." *CJ* 73 (1977): 105–21.

Deacy, S. *Athena: Gods and Heroes of the Ancient World*. New York: Routledge, 2008.

De Grummond, N. T., and B. S. Ridgway, eds. *From Pergamon to Sperlonga: Sculpture and Context*. Berkeley: University of California Press, 2000.

Delivorrias, A., "The Throne of Apollo at the Amyklaion: Old Proposals, New Perspectives." *British School at Athens Studies* 16 (2009): 133–35.

Delivorrias, A. and S. Mavromatis, Η Ζωοφόρος του Παρθενώνα. Athens: Melissa Publications, 2004.

Deubner, L. *Attische Feste*. Berlin: Keller, 1932.

Diggle, J. *Tragicorum Graecorum Fragmenta Selecta*. Oxford: Oxford Classical Texts, 1998.

—. *Euripidea: Collected Essays*. Oxford: Oxford University Press, 1994.

Dillon, M. *Girls and Women in Classical Greek Religion*. New York: Routledge, 2002.

Dinsmoor, W. B. *The Architecture of Ancient Greece: An Account of Its Historical Development*. 3rd ed. New York: W. W. Norton, 1975.

—. "Two Monuments on the Athenian Acropolis." In *Charisterion eis Anastasion K. Orlandon* 4, 145–53, 155. Athens: Library of the Archaeological Society at Athens, 1967–1968.

—. "New Evidence for the Parthenon Frieze." *AJA* 58 (1954): 144–45.

—. "The Hekatompedon on the Athenian Acropolis." *AJA* 51 (1947): 109–51.

—. "The Older Parthenon, Additional Notes." *AJA* 39 (1935): 508–9.

—. "The Date of the Older Parthenon." *AJA* 38 (1934): 408–48.

—. "The Burning of the Opisthodomus at Athens I: The Date, " *AJA* 36 (1932): 143–172.

—. "The Burning of the Opisthodomus at Athens II: The Site, " *AJA* 36 (1932): 307–

326.

——. "Attic Building Accounts, IV: The Statue of Athena Promachos." *AJA* 25 (1921): 118–29.

Djordjevitch, M. "Pheidias's Athena Promachos Reconsidered." *AJA* 98 (1994): 323.

Dodwell, E. A. A *Classical and Topographical Tour Through Greece, During the Years 1801, 1805, and 1806.* 2 vols. London: Rodwell & Martin, 1819.

Donohue, A. A. *Xoana and the Origins of Greek Sculpture.* Atlanta: Scholars Press, 1988.

Dontas, G. "The True Aglaurion." *Hesperia* 52 (1983): 48–63.

Dörig, J., and O. Gigon. *Der Kampf der Götter und Titanen.* Otlen: Graf, 1961.

Dörpfeld, W. "Parthenon I, II und III." *AJA* 39 (1935): 497–507.

Douglas, E. M. "The Owl of Athena." *JHS* 32 (1912): 174–78.

Dreyfus, R., and E. Schraudolph, eds. *Pergamon: The Telephos Frieze from the Great Altar.* 2 vols. San Francisco: Fine Arts Museums of San Francisco, 1996.

Duncan, I. *My Life.* 1927. New York: Liveright, 1995.

Economakis, R., ed. *Acropolis Restoration: The CCAM Intervention.* London: Academy Editions, 1994.

Ehrhardt, W. "Zu Darstellung und Deutung des Gestirngötterpaares am Parthenon." *JdI* 119 (2004): 1–39.

Ekroth, G. "The Cult of Heroes." In Albersmeier, *Heroes*, 120–43.

——. *The Sacrificial Rituals of Greek Hero-Cults: From the Archaic to the Early Hellenistic Periods.* Liège: Centre International d'Étude de la Religion Grecque Antique, 2002.

Evelyn-White, H. G., ed. *First Homeric Hymn to Athena.* Cambridge, Mass.: Harvard University Press, 1924.

Farnell, L. R. *The Cults of the Greek States.* Oxford: Oxford University Press, 1896.

Fehr, B. *Becoming Good Democrats and Wives: Civic Education and Female Socialization on the Parthenon Frieze.* Berlin: LIT Verlag, 2012.

Ferrari, G. *Alcman and the Cosmos of Sparta.* Chicago: University of Chicago Press, 2008.

——. "The Ancient Temple on the Acropolis at Athens." *AJA* 106 (2002): 11–35.

——. *Figures of Speech: Men and Maidens in Ancient Greece.* Chicago: University of Chicago Press, 2002.

Ferrari Pinney, G. "Pallas and Panathenaea." In *Proceedings of the Third Symposium on Ancient Greek and Related Pottery: Copenhagen, August 31-September 4, 1987*, edited by J. Christiansen and T. Melander, 465–77. Copenhagen: Nationalmuseet, Ny Carlsberg Glyptotek & Thorvaldsens Museum, 1988.

Fisher, N. R. E., and H. van Wees, eds. *Archaic Greece: New Approaches and New Evidence.* London: Duckworth, 1997.

Frantz, A. *Late Antiquity, A. D. 267–700.* Athenian Agora 24. Princeton, N.J.: Princeton University Press, 1988.

Fuchs, W. "Zur Rekonstruktion des Poseidon im Parthenon-Westgiebel." *Boreas* 6 (1983): 79–80.

Furtwängler, A. *Meisterwerke der griechischen Plastik*. Leipzig: Geisecke & Devrient, 1893.

Gilman, D. *The Idea of Cultural Heritage*. Rev. ed. Cambridge, U.K.: Cambridge University Press, 2010.

Glowacki, K. "The Acropolis of Athens Before 566 B. C." In *Stephanos: Studies in Honor of Brunilde Sismondo Ridgway*, edited by K. J. Hartswick and M. C. Sturgeon, 79–88. Philadelphia: University Museum, University of Pennsylvania, for Bryn Mawr College, 1998.

—. "Topics Concerning the North Slope of the Acropolis Athens." Ph. D. diss., Bryn Mawr College, 1991.

Godley, A. D. *Herodotus Histories*. Loeb Classical Library. Cambridge Mass.: Harvard University Press, 1924.

Goette, H. R. *Athens, Attica, and the Megarid: An Archaeological Guide*. Rev. ed. New York: Routledge, 2001.

Goldhill, S., and R. Osborne, eds. *Performance Culture and Athenian Democracy*. Cambridge, U.K.: Cambridge University Press, 2004.

Graf, F. "Lampadedromia." In *Brill's New Pauly: Encyclopaedia of the Ancient World*, 7: 186–87. Leiden: Brill, 2003.

—. "Pompai in Greece: Some Considerations About Space and Ritual in the Greek Polis." In *The Role of Religion in the Early Greek Polis*, edited by R. Hägg, 55–65. Stockholm: Svenska Institutet i Athens, 1996.

Guarducci, M. "L'offerta di Xenokrateia nel santuario di Cefi so al Falero." In *Phoros: Tribute to Benjamin Dean Meritt*, edited by D. W. Bradeen and M. F. McGregor, 57–66. Locust Valley, N.Y.: J. J. Augustin, 1974.

Habicht, C. *Athens from Alexander to Antony*. Translated by D. L. Schneider. Cambridge, Mass.: Harvard University Press, 1997.

Hadziaslani, C. ΤΩΝ ΑΘΗΝΗΘΕΝ ΑΘΛΩΝ. Athens: Acropolis Restoration Service, Department of Information and Education, 2003.

—. *Promenade at the Parthenon*. Athens: Hellenic Ministry of Culture, 2000.

Hägg, R. *Ancient Greek Hero Cult*. Stockholm: Svenska Institutet i Athen, 1999.

—. *Ancient Greek Cult Practice from the Archaeological Evidence*. Stockholm: Svenska Institutet i Athen, 1998.

Hägg, R., N. Marinatos, and G. Nordquist, eds. *Early Greek Cult Practice*. Stockholm: Svenska Institutet i Athen, 1988.

Hale, J . R. *Lords of the Sea: The Epic Story of the Athenian Navy and the Birth of Democracy*. New York: Penguin, 2010.

Hamilakis, Y. "Museums of Oblivion." *Antiquity* 85 (2011): 625–29.

—. "Decolonizing Greek Archaeology: Indigenous Archaeologies, Modernist Archaeology, and the Post-colonial Critique." In *A Singular Antiquity: Archaeology and Hellenic Identity in Twentieth-Century Greece*, edited by D. Damaskos and D. Plantzos, 273–84.

—. "Monumentalising Place: Archaeologists, Photographers, and the Athenian

Acropolis from the 18th Century to the Present." In *Monuments in the Landscape*, edited by P. Rainbird 190–98. Stroud: Tempus, 2008.

—. *The Nation and its Ruins: Antiquity, Archaeology, and National Imagination in Greece*. Oxford: Oxford University Press, 2007.

—. "Monumental Visions: Bonfils, Classical Antiquity, and 19th Century Athenian Society." *History of Photography* 25, no. 1 (2001): 5–12, 23–43.

—. "Cyberpast/ Cyberspace/ Cybernation: Constructing Hellenism in Hyperreality." *European Journal of Archaeology* 3 (2000): 241–64.

—. "Sacralising the Past: The Cults of Archaeology in Modern Greece." *Archaeological Dialogues* 6 (1999): 115–35, 154–60.

Hamilakis, Y., and E. Yalouri. "Antiquities as Symbolic Capital in Modern Greek Society." *Antiquity* 70 (1996): 117–29.

Hansen, E. V. *The Attalids of Pergamon*. Ithaca, N.Y.: Cornell University Press, 1971.

Hanson, V. D., *A War Like No Other: How the Athenians and the Spartans Fought the Peloponnesian War*. New York: Random House, 2006.

—, ed. *Hoplites: The Classical Greek Battle Experience*. New York: Routledge, 1991.

Harris, D. *Treasures of the Parthenon and Erechtheion*, Oxford: Clarendon Press, 1995.

Harrison, E. B. "Pheidias." In *Personal Styles in Greek Sculpture*, edited by O. Palagia and J. J. Pollitt, 16–65. Cambridge, U.K.: Cambridge University Press, 1996.

—. "The Web of History: A Conservative Reading of the Parthenon Frieze. " In Neils, *Worshipping Athena*, 198–214.

—. "Time in the Parthenon Frieze." In *Berger, Parthenon-Kongreß Basel*, 230–34.

—. "The Iconography of the Eponymous Heroes on the Parthenon and in the Agora." In *Greek Numismatics and Archaeology: Essays in Honor of Margaret Thomnson*, edited by O. Morkholm and N. Waggoner, 71–85. Belgium: Cultura Press, 1979.

—. "The South Frieze of the Nike Temple and the Marathon Painting in the Painted Stoa." *AJA* 76 (1972): 353–78.

—. "Athena and Athens in the East Pediment of the Parthenon." *AJA* 71 (1967): 27–58.

Harrison, J. E., *Ancient Art and Ritual*, New York: Greenwood Press, 1913.

—. *Primitive Athens as Described by Thucydides*. Cambridge, U.K.: Cambridge University Press, 1906.

—. *Prolegomena to the Study of Greek Religion*. Cambridge, U.K.: Cambridge University Press, 1903.

—. "Pandora's Box." *JHS* 20 (1900): 99–144.

—. *Mythology and Monuments of Ancient Athens: Being a Translation of a Portion of the "Attica" of Pausanias*. New York: Macmillan, 1890.

Heberdey, R. *Altattische Porosskulptur: Ein Beitrag zur Geschichte der archaischen griechischen Kunst*. Vienna: A. Hölder, 1919.

Henrichs, A. "Human Sacrifice in Greek Religion: Three Case Studies." In *Le sacrifice dans l'antiquité*, edited by J. Rudhardt and O. Reverdin, 195–235. Geneva: Entretiens Hardt, 1981.

Hermann, G. *Morality and Behaviour in Democratic Athens: A Social History*.

Cambridge, U.K.: Cambridge University Press, 2006.
—. "Reciprocity, Altruism, and the Prisoner's Dilemma: The Special Case of Classical Athens." In *Reciprocity in Ancient Greece*, edited by C. Gill, N. Postlethwaite, and R. Seaford, 199–225. Oxford: Oxford University Press, 1998.
Hintzen-Bohlen, B. *Die Kulturpolitik des Euboulos und des Lykurg: Die Denkmäler und Bauprojeckte in Athen zwischen 355 und 322 v. Chr.* Berlin: Akademie, 1997.
Hitchens, C. *The Parthenon Marbles: The Case for Reunification.* London: Verso, 2008.
Holloway, R. "The Archaic Acropolis and the Parthenon Frieze." *Art Bulletin* 48 (1966): 223–26.
Hölscher, T. "Architectural Sculpture: Messages? Programs?" In Schultz and Hoff, *Structure, Image, Ornament*, 54–67.
Hughes, D. *Human Sacrifice in Ancient Greece.* New York: Routledge, 1991.
Humphreys, S. C. *The Strangeness of Gods: Historical Perspectives on the Interpretation of Athenian Religion.* Oxford: Oxford University Press, 2004.
Hurwit, J. M. *The Acropolis in the Age of Pericles.* Cambridge, U.K.: Cambridge University Press, 2004.
—. *The Athenian Acropolis: History, Mythology, and Archaeology from the Neolithic Era to the Present.* Cambridge, U.K.: Cambridge University Press, 1999.
—. "Beautiful Evil: Pandora and the Athena Parthenos." *AJA* 99 (1995): 171–86.
Iakovidis, S. E. *The Mycenaean Acropolis of Athens.* Archaeological Society at Athens Library. Athens: Archaeological Society at Athens, 2006.
—. *Late Helladic Citadels on Mainland Greece.* Leiden: E. J. Brill, 1983.
Immerwahr, S. A. *The Neolithic and Bronze Ages.* Athenian Agora 13. Princeton, N.J.: American School of Classical Studies at Athens, 1971.
Inomata, T., and L. Coben, eds. *Archaeology of Performance: Theaters of Power, Community, and Politics.* New York: Altamira Press, 2006.
Isager, S., and J. E. Skydsgaard. *Ancient Greek Agriculture: An Introduction.* New York: Routledge, 1992.
Jenkins, I. D. *Cleaning and Controversy: The Parthenon Sculptures, 1811–1939.* London: British Museum Press, 2001.
—. "The South Frieze of the Parthenon: Problems in Arrangement." *AJA* 99 (1995): 445–56.
—. *The Parthenon Frieze.* London: British Museum Press, 1994.
—. "Acquisition and Supply of Casts of the Parthenon Sculptures by the British Museum, 1835–1939." *BSA* 85 (1990): 89–114.
—. "The Composition of the So-Called Eponymous Heroes on the East Frieze of the Parthenon." *AJA* 89 (1985): 121–27.
Jenkins, I. D., and A. P. Middleton. "Paint on the Parthenon Sculptures." *BSA* 83 (1988): 183–207.
Jeppesen, K. K. "A Fresh Approach to the Problems of the Parthenon Frieze, " in E. Hallager and J. T. Jensen, *Proceedings of the Danish Institute at Athens V.* Athens: Aarhus University Press, 2007, 101–72.

—. "Bild und Mythus an dem Parthenon: Zur Ergänzung und Deutung der Kultbildausschmückung des Frieses, der Metopen und der Giebel." *Acta Archaeologica* 34 (1963): 23–33.

Jouan, F., and H. Van Looy, eds. *Fragments: Euripides*, vol. 8.2, *De Bellérophon à Protésilas*. Paris: Belles Lettres, 2002.

Jowett, B. *Thucydides: History of the Peloponnesian War*. New York: Bantam, 1963. (Original publication Oxford: Clarendon Press, 1881.)

Kagan, D. *Pericles of Athens and the Birth of Democracy*. New York: Free Press, 1991.

Kaldellis, A. *The Christian Parthenon: Classicism and Pilgrimage in Byzantine Athens*. Cambridge, U.K.: Cambridge University Press, 2009.

Kannicht, R., *Tragicorum Graecorum Fragmenta*, Vol. 5: *Euripides*, Göttingen: Vandenhoeck & Ruprecht, 2004, 390–418.

Kardara, K. "Glaukopis, the Archaic Naos, and the Theme of the Parthenon Frieze." *ArchEph* 1961 (1964): 61–158.

Kästner, V. "The Architecture of the Great Altar and the Telephos Frieze." In Dreyfus and Schraudolph, *Pergamon*, 2: 68–82.

Kavvadias, G., and E. Giannikapani. *North, East, and West Slopes of the Acropolis: Brief History and Tour*. Athens: Hellenic Ministry of Culture, 2004.

—. *South Slope of the Acropolis: Brief History and Tour*. Athens: Hellenic Ministry of Culture, 2004.

Keane, J. "Does Democracy Have a Violent Heart?" In Pritchard, *War, Democracy, and Culture in Classical Athens*, 378–408.

Kearns, E. *Ancient Greek Religion: A Sourcebook*. Oxford: Wiley-Blackwell, 2009.

—. "Order, Interaction, Authority: Ways of Looking at Greek Religion." In *The Greek World*, edited by A. Powell, 511–29. London: Routledge, 1995.

—. "Saving the City" In *The Greek City: From Homer to Alexander*, edited by O. Murray and S. R. F. Price, 323–44. Oxford: Oxford University Press, 1990.

—. *The Heroes of Attica*. London: University of London, Institute of Classical Studies, 1989.

Kissas, K. *Archaische Architektur der Athener Akropolis: Dachziegel, Metopen, Geisa, Akroterbasen*. Wiesbaden: Reichert, 2008.

Knell, H. *Mythos und Polis: Bildprogramme griechischer Bauskulptur*. Darmstadt: Wissenschaftliche Buchgesellschaft, 1990.

Kondaratos, S. "The Parthenon as Cultural Ideal." In Tournikiotis, *Parthenon and Its Impact in Modern Times*, 18–53.

Korres, M. "Athenian Classical Architecture." In *Athens: From the Classical Period to the Present Day*, edited by M. Korres and C. Bouras, 2–45. New Castle, Del.: Oak Knoll Press, 2003.

—. "Die klassische Architektur und der Parthenon." In *Die griechische Klassik: Idee oder Wirklichkeit*, edited by M. Maischberger and W. -D. Heilmeyer, 364–84. Mainz am Rhein: Philipp von Zabern, 2002.

—. "On the North Acropolis Wall." In *Excavating Classical Culture: Recent*

Archaeological Discoveries in Greece, edited by M. Stamatopoulou and M. Yeroulanomou, 179–86. Oxford: Oxford University Press, 2002.

—. *The Stones of the Parthenon*. Los Angeles: J. Paul Getty Museum, 2000.

—. "Die Athena-Tempel auf der Akropolis." In *Kult und Kultbauten auf der Akropolis*, edited by W. Hoepfner, 218–43. Berlin: Archäologisches Seminar der Freien Universität Berlin, 1997.

—. "The Parthenon." In Korres, Panetsos, and Seki, *Parthenon*, 12–73.

—. *From Pentelicon to the Parthenon*. Athens: Melissa, 1995.

—. "The Architecture of the Parthenon." In Tournikiotis, *Parthenon and Its Impact in Modern Times*, 54–97.

—. "The History of the Acropolis Monuments." In Economakis, *Acropolis Restoration*, 34–51.

—. "The Parthenon from Antiquity to the 19th Century." In Tournikiotis, *Parthenon and Its Impact in Modern Times*, 137–61.

—. "Der Plan des Parthenon." *AM* 109 (1994): 53–120.

—. "Recent Discoveries on the Acropolis." In Economakis, *Acropolis Restoration*, 174–79.

—. "The Restoration of the Parthenon." In Economakis, *Acropolis Restoration*, 110–33.

—. "The Sculptural Adornment of the Parthenon." In Economakis, *Acropolis Restoration*, 29–33.

—. *Study for the Restoration of the Parthenon*. Vol. 4. Athens: Ministry of Culture, Committee for the Preservation of the Acropolis Monuments, 1994.

—. "Überzählige Werkstücke des Parthenonfrieses." In Schmidt, *Kanon*, 19–27.

—. "Der Pronaos und die Fenster des Parthenon." In Berger, *Parthenon-Kongreß Basel*, 47–54.

Korres, M., and C. Bouras, eds. *Studies for the Restoration of the Parthenon* (in Greek). Vol. 1. Athens: Ministry of Culture and Sciences, 1983.

Korres, M., G. A. Panetsos, and T. Seki, eds. *The Parthenon: Architecture and Conservation*. Athens: Foundation for Hellenic Culture, Committee for the Conservation of the Acropolis Monuments, 1996.

Korshak, Y. *Frontal Face in Attic Vase Painting in the Archaic Period*. Chicago: Ares, 1987.

Koutsadelis, C., ed. *Dialogues on the Acropolis: Scholars and Experts Talk on History, Restoration, and the Acropolis Museum*. Athens: Skai Books, 2010.

Kovacs, D. *Euripides: Children of Heracles. Hippolytus. Andromache. Hecuba.* Loeb Classical Library. Cambridge, Mass.: Harvard University Press, 1995.

Kretschmer, P. "Pelasger und Etrusker." *Glotta* 11 (1921): 276–85.

Kroll, J. H. *The Greek Coins*. Athenian Agora 26. Princeton, N.J.: American School of Classical Studies at Athens, 1993.

—. "The Parthenon Frieze as a Votive Relief." *AJA* 83 (1979): 349–52.

Kroll, J. H., and N. M. Waggoner. "Dating the Earliest Coins of Athens, Corinth, and

Aegina." *AJA* 88 (1984): 325–40.

Kron, U. "Die Phylenheroen am Parthenonfries." In Berger, *Parthenon-Kongreßß Basel*, 235–44.

—. *Die zehn attischen Phylenheroen: Geschichte, Mythos, Kult und Darstellungen*. Berlin: Mann, 1976.

Kyle, D. *Sport and Spectacle in the Ancient World*. Malden, Mass.: Blackwell, 2007.

—. "Gifts and Glory: Panathenaic and Other Greek Athletic Prizes." In Neils, *Worshipping Athena*, 106–36.

—. *Athletics in Ancient Athens*. Leiden: Brill, 1987.

Lang, M. *Waterworks in the Athenian Agora*. Agora Picture Book 11. Princeton, N.J.: American School of Classical Studies at Athens, 1968.

Lapatin, K. *Chryselephantine Statuary in the Classical World*. Oxford: Oxford University Press, 2001.

—. "The Ancient Reception of Pheidias' Athena Parthenos and Zeus Olympios: The Visual Evidence in Context." In *The Reception of Texts and Images*, edited by L. Hardwick and S. Ireland. 2 vols. Open University, 1996, and at http://www2.open.ac.uk/ClassicalStudies/GreekPlays/conf96/lapatinabs.htm.

Larson, J. *Greek Nymphs: Myth, Cult, Lore*. Oxford: Oxford University Press, 2001.

—. *Greek Heroine Cults*. Madison: University of Wisconsin Press, 1995.

Lavelle, B. M. *Fame, Money, and Power: The Rise of Peisistratos and "Democratic" Tyranny at Athens*. Ann Arbor: University of Michigan Press, 2005.

Lawrence, A. W. *Greek and Roman Sculpture*. London: J. Cape, 1972.

—. "The Acropolis and Persepolis." *JHS* 71 (1951): 116–19.

Leipen, N. *Athena Parthenos: A Reconstruction*. Ontario: Royal Ontario Museum, 1972.

Lesk, A. "A Diachronic Examination of the Erechtheion and Its Reception." Ph. D. diss., University of Cincinnati, 2004.

Linfert, A. "Athenen des Phidias." *AM* 97 (1982): 57–77.

Lippman, M., D. Scahill, and P. Schultz. "*Knights* 843–859, the Nike Temple Bastion, and Cleon's Shields from Pylos." *AJA* 110 (2006): 551–63.

Lissarrague, F. "La Grèce antique. Civilization I: Fonctions de l'image." In *Encyclopaedia universalis*, 874–77. Paris: Encyclopaedia Universalis France, 1991.

Lissarrague, F., and A. Schnapp, "Imagerie des Grecs ou Grèce des imagiers." *Le Temps de la Réflexion* 2 (1981): 286–97.

López-Ruiz, C. *When the Gods Were Born: Greek Cosmogonies and the Near East*. Cambridge, Mass.: Harvard University Press, 2010.

Loraux, N. *The Children of Athena*. Princeton, N.J.: Princeton University Press, 1993.

Maass, M. *Das antike Delphi*. Munich: C. H. Beck, 2007.

Mallouchou-Tufano, F., ed. *Dialogues on the Acropolis*. Athens: SKAI editions, 2010.

—. "The Restoration of Classical Monuments in Modern Greece: Historic Precedents, Modern Trends, Peculiarities." *Conservation and Management of Archaeological Sites* 8.3 (2007): 154–73.

—. "Thirty Years of Anastelosis Works on the Athenian Acropolis, 1975–2005." In *Conservation and Management of Archaeological Sites* 8 (2006): 27–38.

—, ed. *Proceedings of the Fifth International Meeting for the Restoration of the Acropolis Monuments*. Athens: Acropolis Restoration Service, 2004.

—. Η Αναστύλωση των Αρχαίων Μνημείων στην Σύγχρονη Ελλάδα[The restoration of ancient monuments in modern Greece]. Athens: Archaeological Society at Athens, 1998.

—. "The History of Interventions on the Acropolis." In Economakis, *Acropolis Restoration*, 68–85.

—. "The Parthenon from Cyriacus of Ancona to Frédéric Boissonas: Description, Research, and Depiction." In Tournikiotis, *The Parthenon and Its Impact in Modern Times*, 164–99.

—. "Restoration Work on the Acropolis (1975–1994)." In Economakis, *Acropolis Restoration*, 12–15.

Mallouchou-Tufano, F., Ch. Bouras, M. Ioannidou, and I. Jenkins, eds. *Acropolis Restored*. London: The Trustees of The British Museum, 2012.

Mansfield, J. "The Robe of Athena and the Panathenaic Peplos." Ph. D. diss., University of California, Berkeley, 1985.

Mantis, A. Προβλήματα της εικονογραφίας των ιερέων στην αρχαία ελληνική τέχνη. *ArchDelt* Supplement 42 (1990).

Marcadé, J. "Hélios au Parthenon." *Monuments et mémoires de la Fondation Eugène Piot* 50 (1958): 11–47.

Marconi, C. "The Parthenon Frieze: Degrees of Visibility." *Res: Anthropology and Aesthetics* 55–56 (2009): 157–73.

—. "Kosmos: The Imagery of the Archaic Greek Temple." *Res: Anthropology and Aesthetics* 45 (2004): 211–24.

Martin, R. "Bathyclès de Magnésie et le 'thrône' d'Apollon à Amyklae." *RA* (1976): 205–18.

Martínez Díez, A. *Euripides, Erecteo: Introduccion, Texto Critico, Traducción y Comentario*. Granada: Universidad de Granada, 1976.

Martin-McAuliffe, S., and J. Papadopoulos. "Framing Victory: Salamis, the Athenian Acropolis, and the Agora." *Journal of the Society of Architectural Historians* 71 (2012): 332–61.

Mattusch, C. *Greek Bronze Statuary*. Ithaca, N.Y.: Cornell University Press, 1988.

Mavrommatis, S., and C. Hadziaslani. *The Parthenon Frieze*. Athens: Hellenic Ministry of Culture and Sport, 2002.

Meineck, P. "The Embodied Space: Performance and Visual Cognition at the Fifth Century Athenian Theatre." *New England Classical Journal* 39 (2012): 3–46.

Meritt, B. D., and F. Vernon. "The Epigraphic Notes of Francis Vernon." *Hesperia Supplement* 8 (1949): 213–27.

Michaelis, A. *Der Parthenon*. Leipzig: Breitkopf und Härtel, 1871.

Mikalson, J. D. "Erechtheus and the Panathenaia." *AJP* 97 (1976): 141–53.

—. *The Sacred and Civil Calendar of the Athenian Year.* Princeton, N.J.: Princeton University Press, 1975.
Miles, M. "The Lapis Primus and the Older Parthenon." *Hesperia* 80 (2011): 657–75.
Miller, S. G., ed. *Nemea: A Guide to the Museum and the Site.* Berkeley: University of California Press, 1990.
—. "Excavations at Nemea, 1983." *Hesperia* 53 (1984): 171–92.
Mokyr, J. *The Gifts of Athena: Historical Origins of the Knowledge Economy.* Princeton, N.J.: Princeton University Press, 2002.
Morgan, C. *Athletes and Oracles.* Cambridge, U.K.: Cambridge University Press, 2007.
Mountjoy, P. A. *Mycenaean Athens.* Jonsered: Paul Åströms, 1995.
Mylonas, G. E. *Eleusis and the Eleusinian Mysteries.* Princeton, N.J.: Princeton University Press, 1961.
Mylonopoulos, I. "Greek Sanctuaries as Places of Communication Through Rituals: An Archaeological Perspective." In *Ritual and Communication in the Graeco-Roman World*, edited by E. Stavrianopoulou, 69–110. *Kernos* Supplement 16. Liège: Centre International d'Étude de la Religion Grecque Antique, 2006.
Mylonopoulos, I., and A. Chaniotis, eds. *The New Acropolis Museum.* Vol. 1. New York: Miriam and Ira D. Wallach Art Gallery, Columbia University, 2009.
Nagel, S. *Mistress of the Elgin Marbles: A Biography of Mary Nisbet, Countess of Elgin.* New York: William Morrow, 2004.
Nagy, B. "Athenian Officials on the Parthenon Frieze." *AJA* 96 (1992): 62–69.
—. "The Ritual in Slab V-East on the Parthenon Frieze." *CP* 73 (1978): 136–41.
Nagy, G. *The Ancient Greek Hero in Twenty-four Hours.* Cambridge, Mass.: The Belknap Press, 2013.
—. *Homer the Classic.* Washington D.C.: Center for Hellenic Studies, 2010.
—. "The Performing and the Reperforming of Masterpieces of Verbal Art at a Festival in Ancient Athens, " *Athens Dialogues*, 2010, http://athensdialogues.chs.harvard.edu/cgi-bin/WebObjects/athensdialogues.woa/wa/dis?dis=48.
—. *Plato's Rhapsody and Homer's Music: The Poetics of the Panathenaic Festival in Classical Athens.* Washington, D.C.: Center for Hellenic Studies. 2002.
—. *Poetry as Performance: Homer and Beyond.* Cambridge: Cambridge University Press, 1996.
—. *Pindar's Homer: The Lyric Possession of an Epic Past.* Baltimore: Johns Hopkins University Press, 1990.
—. *The Best of the Achaeans.* Baltimore: Johns Hopkins University Press, 1979.
Nehamas, A., and P. Woodruff. *Phaedrus.* Indianapolis: Hackett, 1995.
Neils, J. *The Parthenon Frieze.* Cambridge, U.K.: Cambridge University Press, 2001.
—, ed. *The Parthenon: From Antiquity to the Present.* Cambridge, U.K.: Cambridge University Press, 2005.
—, ed. *Worshipping Athena: Panathenaia and Parthenon.* Madison: University of Wisconsin Press, 1996.
—, ed. *Goddess and Polis: The Panathenaic Festival in Ancient Athens.* Princeton, N.J.:

Princeton University Press, 1992.

Neils, J., and P. Schultz. "Erechtheus and the Apobates Race on the Parthenon Frieze (North XI–XII)." *AJA* 116 (2012): 195–207.

Newton, C. T., and R. Popplewell Pullan. *A History of Discoveries at Halicarnassus, Cnidus, and Branchidae.* London: Day, 1862.

Norman, N. J. "The Panathenaic Ship." *Archaeological News* 12 (1983): 41–46.

Ober, J. *Democracy and Knowledge: Innovation and Learning in Classical Athens.* Princeton, N.J.: Princeton University Press, 2010.

O'Connor-Visser, E. A. M. E. *Aspects of Human Sacrifice in the Tragedies of Euripides.* Amsterdam: B. R. Grüner, 1987.

Ogden, D. *Drakon: Dragon Myth and Serpent Cult in the Greek and Roman Worlds.* Oxford: Oxford University Press, 2013.

—, ed. *A Companion to Greek Religion.* Malden, Mass.: Wiley-Blackwell, 2007.

Osborne, R. "The Viewing and Obscuring of the Parthenon Frieze." *JHS* 107 (1987): 98–105.

Pache, C. O. *Baby and Child Heroes in Ancient Greece.* Urbana: University of Illinois Press, 2004.

Palagia, O. "Not from the Spoils of Marathon: Pheidias' Bronze Athena on the Acropolis." In *Marathon: The Day After*, edited by K. Buraselis and E. Koulakiotis. Athens: European Cultural Center of Delphi, 2013, 117–37.

—. "Fire from Heaven: Pediments and Akroteria of the Parthenon." In Neils, *Parthenon*, 225–59.

—. "Interpretations of Two Athenian Friezes." In Barringer and Hurwit, *Periklean Athens and Its Legacy*, 177–92.

—. "First Among Equals: Athena in the East Pediment of the Parthenon." In Buitron-Oliver, *Interpretation of Architectural Sculpture.* 31–45.

—. *The Pediments of the Parthenon.* Monumenta Graeca et Romana 7. Leiden: Brill, 1992.

Palagia, O., and A. Spetsieri-Choremi. The Panathenaic Games. Oxford: Oxbow, 2007.

Pantelidou, M. Ἀι Προϊστορικὰι Ἀθῆναι: Διατριβή ἐπί διδακτορία. Athens: Pantelidou, 1975.

Pappas, N. "Autochthony in Plato's *Menexenus*." *Philosophical Inquiry* 34 (2011): 66–80.

Parke, H. W. *Festivals of the Athenians.* Ithaca, N.Y.: Cornell University Press, 1977.

Parker, R. C. T. Polytheism and Society at Athens. Oxford: Oxford University Press, 2005.

—. *Athenian Religion.* Oxford: Oxford University Press, 1996.

—. "Myths of Early Athens." In Bremmer, *Interpretations of Greek Mythology*, 184–214.

Parlama, L., and N. Stampolidis. *Athens, the City Beneath the City: Antiquities from the Metropolitan Railway Excavations.* Athens: Ministry of Culture, Museum of Cycladic Art, 2000.

Parsons, A. "Klepsydra and the Paved Court of the Pythion." *Hesperia* 12 (1943): 191–267.

Pasztor, E., ed. *Archaeoastronomy in Archaeology and Ethnography*. BAR International Series 1647. Oxford: Archaeopress, 2007.

Paton, J. M., L. D. Caskey, H. N. Fowler, and G. P. Stevens. *The Erechtheum*. Cambridge, Mass.: Harvard University Press, 1927.

Pedersen, P. *The Parthenon and the Origin of the Corinthian Capital*. Odense University Classical Studies. Oxford: Oxford University Press, 1989.

Pemberton, E. G. "The Gods of the East Frieze of the Parthenon." *AJA* 80 (1976): 113–24.

—. "The East and West Friezes of the Temple of Athena Nike." *AJA* 76 (1972): 303–10.

Petersen, E. *Die Kunst des Pheidias am Parthenon und zu Olympia*. Berlin: Weidmann, 1873.

Pettersson, M. "Cults of Apollo at Sparta: The Hyakinthia, the Gymnopaidiai, and the Kerneia." Ph. D. diss., Goteborg University, 1992.

Pierce, N. "The Placement of Sacred Caves in Attica." Ph. D. diss., McGill University, 2006.

Plommer, W. H. "The Archaic Acropolis: Some Problems." *JHS* 80 (1960): 127–59.

Podlecki, A. J. *Perikles and His Circle*. New York: Routledge, 1998.

Pollitt, J. J. "The Meaning of the Parthenon Frieze." *Studies in the History of Art* 49 (1995): 50–65.

—. *The Ancient View of Greek Art: Criticism, History, and Terminology*. Yale Publications in the History of Art 26. New Haven, Conn.: Yale University Press, 1974.

Powell, B. *Athenian Mythology*. Chicago: Ares, 1976.

Preisshofen, F. *Untersuchungen zur Darstellung des Greisenalters in der frühgriechischen Dichtung*. Wiesbaden: Steiner, 1977.

Pritchard, D. M., ed. *War, Democracy, and Culture in Classical Athens*. Cambridge, U.K.: Cambridge University Press, 2010.

Pritchett, W. K. *The Greek State at War*. 5 vols. Berkeley: University of California Press, 1974.

Queyrel, F. *Le Parthénon: Un monument dans l'histoire*. Paris: Bartillat, 2008.

—. *L'autel de Pergame: Images et pouvoir en Grèce d'Asie*. Paris: A. et J. Picard, 2005.

Radt, W. *Pergamon: Geschichte und Bauten, Funde und Erforschung einer antiken Metropole*. Cologne: DuMont, 1988.

Rich, J., and G. Shipley, eds. *War and Society in the Greek World*. New York: Routledge, 1993.

Ridgway, B. S. *Hellenistic Sculpture I: The Style of ca. 331–200 B. C.* Madison: University of Wisconsin Press, 2001.

—. *Hellenistic Sculpture II: The Style of ca. 200–100 B. C.* Madison: University of Wisconsin Press, 2000.

—. *Prayers in Stone: Greek Architectural Sculpture ca. 600–100 B. C. E.* Berkeley:

University of California Press, 1999.
—. *The Archaic Style in Greek Sculpture*. 2nd ed. Chicago: Ares, 1993.
—. "Images of Athena on the Akropolis." In Neils, *Goddess and Polis*, 119–42.
—. *Hellenistic Sculpture*. 2 vols. Madison: University of Wisconsin Press, 1990.
—. "Parthenon and Parthenos." In *Festschriften für Jale Inan Armagani*, edited by N. Basgelen, 295–305. Istanbul: Arkeoloji ve Sanat Yayinlari, 1989.
—. *Fifth Century Styles in Greek Sculpture*. Princeton, N.J.: Princeton University Press, 1981.
Robertson, M. *A Shorter History of Greek Art*. Cambridge, U.K.: Cambridge University Press, 1981.
—. *A History of Greek Art*. Cambridge, U.K.: Cambridge University Press, 1975.
—. *The Parthenon Frieze*. London: Oxford University Press, 1975.
—. "The Sculptures of the Parthenon." In *Parthenos and Parthenon*, edited by G. T. W. Hooker, 46–60. Oxford: Clarendon Press, 1963.
Robertson, M., and A. Frantz. *The Parthenon Frieze*. New York: Oxford University Press, 1975.
Robertson, N. "The Origin of the Panathenaea." *RhM* 128 (1985): 231–95.
—. "The Riddle of the Arrephoria at Athens." *HSCP* 87 (1983): 273–74.
Rosenzweig, R. *Worshipping Aphrodite: Art and Cult in Classical Athens*. Ann Arbor: University of Michigan Press, 2004.
Rosivach, V. J. "Autochthony and the Athenians." *CQ* 37 (1987): 294–306.
Roux, G. "Pourquoi le Parthenon?" *REG* (1984): 301–17.
Ruggles, C. L. N., ed. *Handbook of Archaeoastronomy and Ethnoastronomy*. New York: Springer Science and Business Media, 2014.
—, ed. *Archaeoastronomy and Ethnoastronomy: Building Bridges Between Cultures*. Cambridge, U.K.: Cambridge University Press, 2011.
Rykwert, J. *The Dancing Column: On Order in Architecture*. Cambridge, Mass.: MIT Press, 1999.
Säflund, M. -L. *The East Pediment of the Temple of Zeus at Olympia: A Reconstruction and Interpretation of Its Composition*. Studies in Mediterranean Archaeology 27. Göteborg: Paul Åströms, 1970.
Salt, A., and E. Boutsikas. "When to Consult the Oracle at Delphi." *Antiquity* 79 (2005): 564–72.
Sanders, E. "Beyond the Usual Suspects: Literary Sources and the Historian of Emotions." In Chaniotis, *Unveiling Emotions*, 151–73.
Santi, F. *I frontoni arcaici dell'Acropoli di Atene*. Rome: L'Erma Brentschneider, 2010.
Schmidt, M., ed. *Kanon: Festschrift Ernst Berger zum 60. Geburtstag am 26. Februar 1988 gewidmet*. Basel: Vereinigung der Freunde antiker Kunst, 1988.
Schnapp, A. "Why Did the Greeks Need Images?" In *Proceedings of the Third Symposium on Ancient Greeks and Related Pottery: Copenhagen, August 31-September 4, 1987*, edited by J. Christiansen and T. Melander, 568–74. Copenhagen: Nationalmuseet, Ny Carlsberg Glyptotek & Thorvaldsens Museum,

1988.

Schultz, P., and R. von den Hoff, eds. *Structure, Image, Ornament: Architectural Sculpture in the Greek World*. Oxford: Oxbow Books, 2009.

Schwab, K. "New Evidence for Parthenon East Metope 14." In Schultz and Hoff, *Structure, Image, Ornament*, 79–86.

Scodel, R. "The Achaean Wall and the Myth of Destruction." *HSCP* 86 (1982): 33–50.

Scott, M. *Delphi and Olympia: The Spatial Politics of Panhellenism in the Archaic and Classical Periods*. Cambridge, U.K.: Cambridge University Press, 2010.

Shapiro, H. A. *Art and Cult Under the Tyrants in Athens*. Mainz: Philipp von Zabern, 1989.

Shear, J. "Polis and Panathenaia: The History and Development of Athena's Festival." Ph. D. diss., University of Pennsylvania, 2001.

Shipley, G., and J. Salmon, eds. *Human Landscapes in Classical Antiquity*. New York: Routledge, 1996.

Siewert, P. "The Ephebic Oath in Fifth Century Athens." *JHS* 97 (1977): 102–11.

Simon, E. *Festivals of Attica*. Madison: University of Wisconsin Press, 1983.

—. "Die Mittelszene im Ostfries des Parthenon." *AM* 97 (1982): 127–44.

—. *Pergamon und Hesiod*. Mainz: Philipp von Zabern, 1975.

Smith, M. L. *Athens: A Cultural and Literary History*. Northampton, Mass.: Interlink Books, 2004.

Smoot, G. "The Poetics of Ethnicity in the Homeric *Iliad*." Ph. D. diss., Harvard University, in progress.

Snodgrass, A. "Interaction by Design: The Greek City State." In *Peer Polity Interaction and Socio-political Change*, edited by C. Renfrew and J. Cherry, 47–58. Cambridge, U.K.: Cambridge University Press, 1986.

—. *Archaic Greece: The Age of Experiment*. London: J. M. Dent, 1980.

Sojc, N. *Trauer auf attischen Grabreliefs*. Berlin: Reimer, 2005.

Sonnino, M. *Euripidis Erechthei quae exstant*. Florence: F. Le Monnier, 2010.

Soros, S. W. *James "Athenian" Stuart, 1713–1788: The Rediscovery of Antiquity*. New Haven, Conn.: Yale University Press, 2006.

Sourvinou-Inwood, C. *Athenian Myths and Festivals: Aglauros, Erechtheus, Plynteria, Panathenaia, Dionysia*. Edited by R. Parker. Oxford: Oxford University Press, 2011.

—. *Tragedy and Athenian Religion*. Lanham, Md.: Lexington Books, 2003.

—. *"Reading" Greek Death: To the End of the Classical Period*. Oxford: Clarendon Press, 1995.

—. *"Reading" Greek Culture: Texts and Images, Rituals and Myths*. Oxford: Clarendon Press, 1991.

Spaeth, B. S. "Athenians and Eleusinians in the West Pediment of the Parthenon." *Hesperia* 60 (1991): 331–62.

Spivey, N., *Greek Sculpture*. Cambridge: Cambridge University Press, 2013.

—. *Understanding Greek Sculpture: Ancient Meanings, Modern Readings*. New York:

Thames and Hudson, 1996.

Squire, M. *The Art of the Body*. New York: Oxford University Press, 2011.

St. Clair, W. *Lord Elgin and the Marbles: The Controversial History of the Parthenon Sculptures*. 3rd ed. Oxford: Oxford University Press, 1998.

Steinbock, B. "A Lesson in Patriotism: Lycurgus' *Against Leocrates*, the Ideology of the Ephebeia and Athenian Social Memory, " *Classical Antiquity* 30 (2011): 269–317.

Steiner, D. T. *Images in Mind: Statues in Archaic and Classical Greek Literature and Thought*. Princeton, N.J.: Princeton University Press, 2001.

Steinhart, M. "Die Darstellung der Praxiergidai im Ostfries des Parthenon." *AA* (1997): 475–78.

Stewart, A. Review of *I frontoni arcaici dell'Acropoli di Atene*, by F. Santi. *AJA* 116 (2012). www.ajaonline.org/sites/default/files/1162_Stewart.pdf.

—. "The Persian and Carthaginian Invasions of 480 B. C. E. and the Beginning of the Classical Style: Part 1, The Stratigraphy, Chronology, and Significance of the Acropolis Deposits, " *AJA* 112 (2008): 377–412.

—. *Attalos, Athens, and the Akropolis: The Pergamene "Little Barbarians" and Their Roman and Renaissance Legacy*. Cambridge, U.K.: Cambridge University Press, 2004.

—. "Pergamo Ara Marmorea Magna: On the Date, Reconstruction, and Functions of the Great Altar of Pergamon." In De Grummond and Ridgway, *From Pergamon to Sperlonga*, 32–57.

—. *Greek Sculpture: An Exploration*. Vol. 1. New Haven: Yale University Press, 1990.

Stuart, J., and N. Revett. *The Antiquities of Athens*. vol. 4. Edited by Joseph Woods. London: T. Bensley for J. Taylor, 1816.

—. *The Antiquities of Athens*. Vol. 3. Edited by Willey Reveley. London: J. Nich ols, 1794.

—. *The Antiquities of Athens*. Vol. 2. Edited by William Newton. London: John Nichols, 1787. [Title page is dated 1787 but several plates are dated 1789; publication seems to have been backdated following Stuart's death in 1788.]

—. *The Antiquities of Athens*. Vol. 1. London: Haberkorn, 1762.

Thompson, D. B. *Garden Lore of Ancient Athens*. Agora Picture Book 8. Princeton, N.J.: American School of Classical Studies at Athens, 1963.

Thompson, H. A. "Architecture as a Medium of Public Relations Amongst the Successors of Alexander." In *Macedonia and Greece in Late Classical and Early Hellenistic Times*. Edited by E. N. Borza and B. Barr-Sharrar, 173–90. Studies in the History of Art 10. Washington, D.C.: National Gallery of Art, 1982.

—. "The Panathenaic Festival." *AA* 76 (1961): 224–31.

Thompson, H. A., and R. E. Wycherley. *The Agora of Athens: The History, Shape, and Uses of an Ancient City Center*. Athenian Agora 14. Princeton, N.J.: American School of Classical Studies at Athens, 1972.

Tilley, C. *Phenomenology of Landscape: Places, Paths, and Monuments* (Oxford: Berg,

1994).

Toganidis, N. "Parthenon Restoration Project." *XXI International CIPA Symposium, 01–06 October 2007, Athens, Greece*. Athens: CIPA, 2007, http://www.isprs.org/proceedings/XXXVI/5-C53/papers/FP139.pdf.

Tournikiotis, P., ed. *The Parthenon and Its Impact in Modern Times*. Athens: Melissa, 1994.

Tracy, S. V., and C. Habicht. "New and Old Panathenaic Victor Lists." *Hesperia* 60 (1991): 187–236.

Travlos, J. *Bildlexikon zur Topographie des antiken Attika*. Tübingen: Ernst Wasmuth, 1988.

—. *Pictorial Dictionary of Ancient Athens*. New York: Praeger, 1971.

Tréheux, J. "Pourquoi le Parthénon?" *RÉG* 98 (1985): 233–42.

Tsakirgis, B., and S. F. Wiltshire, eds. *The Nashville Athena: A Symposium*. Nashville: Department of Classical Studies, Vanderbilt University, 1990.

Tschumi, B., P. Mauss, and B. Tschumi Architects, eds. *Acropolis Museum, Athens*. Barcelona: Polígrafa, 2010.

van Dyke. R. M., and S. E. Alcock, eds., *Archaeologies of Memory*. Malden, Mass.: Blackwell, 2003.

Vernant, J. -P. *Myth and Thought Among the Greeks*. London: Routledge & Kegan Paul, 1983.

—. Myth and Society in Ancient Greece. Translated by J. Lloyd. New York: Zone Books, 1980.

Vian, F. *La guerre des géants: Le mythe avant l'époque hellénistique*. Paris: Klincksieck, 1952.

Vlassopoulou, C. "New Investigations into the Polychromy of the Parthenon." In *Circumlitio: The Polychromy of Antique and Medieval Sculpture*, edited by V. Brinkmann and O. Primavesi, 219–23. Munich: Hirmer, 2010.

—. *Acropolis and Museum*. Athens: Hellenic Ministry of Culture, 2004.

Vlizos, S., ed. *E Athena kata te Romaike Epokhe: Prosphates anakalypseis, nees ereunes*. Athens: Benaki Museum, 2008.

Vrettos, T. *The Elgin Affair: The Abduction of Antiquity's Greatest Treasures and the Passions It Aroused*. New York: Arcade, 1997.

Waterfield, R. *Plato's Phaedrus*. Oxford: Oxford University Press, 2009.

—. *Timaeus and Critias*. Oxford: Oxford University Press, 2008.

—. *Plutarch: Greek Lives*. Oxford: Oxford University Press, 1998.

Webb, P. A. "The Functions of the Sanctuary of Athena and the Pergamon Altar (the Heroon of Telephos) in the Attalid Building Program." In *Stephanos: Studies in Honor of Brunilde Sismondo Ridgway*, edited by K. J. Hartswick and M. C. Sturgeon, 241–54. Philadelphia: University Museum, University of Pennsylvania for Bryn Mawr College, 1998.

—. *Hellenistic Architectural Sculpture: Figural Motifs in Western Anatolia and the Aegean Islands*. Madison: University of Wisconsin Press, 1996.

Webster, T. B. L. "Greek Theories of Art and Literature Down to 400 B. C." *CQ* 33 (1939): 166–79.

Weidauer, L. "Poseidon und Eumolpos auf einer Pelike aus Policoro." *AntK* 12 (1969): 91–93.

Wesenberg, B. "Panathenäische Peplosdedikation und Arrephorie: Zur Thematik des Parthenonfrieses." *JdI* 110 (1995): 149–78.

West, M. L. *Indo-European Poetry and Myth*. Oxford: Oxford University Press, 2007.

—. *Homeric Hymns. Homeric Apocrypha. Lives of Homer*. Loeb Classical Library. Cambridge, Mass.: Harvard University Press, 2003.

—. *The East Face of Helicon: West Asiatic Elements in Greek Poetry and Myth*. Oxford: Clarendon Press, 1997.

—. *Ancient Greek Music*. Oxford: Oxford University Press, 1994.

—. *Hesiod: Theogony, Works and Days*. Oxford: Oxford University Press, 1988.

—. *The Hesiodic Catalogue of Women*. Oxford: Clarendon Press, 1985.

Whitley, J. "The Monuments That Stood Before Marathon: Tomb Cult and Hero Cult in Archaic Attica." *AJA* 98 (1994): 213–30.

Wickens, J. "The Archaeology and History of Cave Use in Attica, Greece, from Prehistoric Through Late Roman Times." Ph. D. diss., Indiana University, 1986.

Wilkins, J. *Euripides: Heraclidae*. Oxford: Clarendon Press, 1993.

—. "The State and the Individual: Euripides' Plays of Voluntary Self-Sacrifice." In *Euripides, Women, and Sexuality*, edited by A. Powell, 177–94. London: Routledge, 1990.

—. "The Young of Athens: Religion and Society in Herakleidai of Euripides." *CQ* 40 (1990): 329–35.

Will, W. *Perikles*. Reinbeck bei Hamburg: Rowohlt, 1995.

Winckelmann, J. J. *Geschichte der Kunst des Althertums*. Dresden: Walther, 1764.

Winkler, J. J. *The Constraints of Desire*. New York: Routledge, 1990.

Wood, A., Athenae Oxonienses: *An Exact History of All the Writers and Bishops Who Have Had Their Education in the University of Oxford, to Which Are Added the Fasti, or, Annals of Said University*. 2nd ed., with additions by P. Bliss. London: Printed for F. C. and J. Rivington, 1813.

Yalouri, E. "Between the Local and the Global: The Athenian Acropolis as Both National and World Monument." In *Archaeology in Situ: Sites, Archaeology, and Communities in Greece*, edited by A. Stroulia and S. Buck Sutton, 131–58. Lanham, Md.: Lexington Books, 2010.

—. *The Acropolis: Global Fame, Local Claim*. Oxford: Berg, 2001.

Zachariadou, O. "Syntagma Station." In Parlama and Stampolidis, *Athens, the City Beneath the City*, 148–61.

中外文对照及索引

戏剧诗篇、书籍文章、报纸期刊、雕塑画作

《一位女祭司的肖像：古代希腊里的妇女及祭仪》 Portrait of a Priestess: Women and Ritual in Ancient Greece
《女人目录》 Catalogue of Women
《工作与时日》 Works and Days
《天文的诗歌》 Astronomica
《厄瑞克透斯》 Erechtheus
《戈吕翁之歌》 Song of Geryon
《古代艺术史》 Geschichte der Kunst des Alterthums
《生活》杂志 Life
《民族不可少》 Nations Matter
《尼西阿斯和约》 Peace of Nikias
《衣索比亚传奇》 Aethiopika
《安朵美达》 Andromeda
《吉尔伽美什史诗》 Epic of Gilgamesh
《伊利亚特》 Iliad
《伊翁》 Ion
《伊菲革涅雅在奥利斯》 Iphigeneia at Aulis
《早期雅典神话》 Myths of Early Athens
《西库昂人》 Sikyonios
《自治区》 The Demes
《希腊时代的多色彩装饰建筑》 Architecture polychrome chez les Grecs

《希腊志》 Description of Greece
《希腊艺术史》 Geschichte der Kunst des Alterthums
《希波吕托斯》 Hippolytos
《每日邮报》 Daily Mail
《每日电讯报》 The Daily Telegraph
《克里底亚篇》 Kritias
《伯里克利传》 Life of Perikles
《伯罗奔尼撒战争史》 Peloponnesian War
《吕西斯篇》 Lysis
《吕西翠妲》 Lysistrata
《泛雅典节献词》 Panathenaikos
《泛希腊盛会献词》 Panegyrikos
《阿伽门农》 Agamemnon
《阿特拉哈西斯史诗》 Epic of Atrahasis
"伯尼浮雕" Burney relief
《克瑞乌莎》 Kreousa
《法律篇》 Laws
《波斯人》 Persians
《波吕克塞娜》 Polyxena
"夜之后" Queen of the Night
《哈利卡纳苏斯、尼多斯和布朗齐达伊的考古发现》 A History of Discoveries at Halicarnassus, Cnidus and Branchidae
《哈洛德游记》 Childe Harold's Pilgrimage
《俄凯丝特丝》 Alkestis
《美国考古学期刊》 American Journal

446

of Archaeology
《美涅克塞努篇》 Menexenus
《为给希腊宫廷上色道歉》 An Apology for the Colouring of the Greek Court
《为什么柏拉图写作》 Why Plato Wrote
《祈愿女》 Suppliants
《海克力士子女》 Children of Herakles
"埃尔金斯大理石" Elgin Marble
《埃尔金斯爵爷与大理石》 Lord Elgin and the Marbles
《埃利都创世记》 Eridu Genesis
《旅游记》 Seyahatame
《神谱》 Theogony
《泰晤士报》 The Times
《特洛伊女人》 Trojan Women
《酒神的女祭司》 Bacchai
《鸟》 Birds
《开罗评论》 La Revue du Caire
《莎草纸中的欧里庇得斯新残篇》 Nova fragmenta Euripidea in papyris reperta
《莎草纸学研究》 Recherches de Papyrologie
《莎孚》 Sappho
《第一次看见"埃尔金大理石"》 On Seeing the Elgin Marbles for the First Time
《敏娜娃的诅咒》 The Curse of Minerva
《蛙》 Frogs
《雅典卫城和战神丘的理想景观》 Ideal View of the Acropolis and Areopagus
《雅典神话之诠释》 Interpretations of Greek Mythology
《雅典的古物：量度与勾勒》 The Antiquities of Athens: Measured and Delineated
《斐德罗篇》 Phaidros
《菲迪亚斯带朋友参观帕特农横饰带》 Pheidias Showing the Frieze of the Parthenon to his Friends
《朝圣书》 Pilgrimage Book
《黄蜂》 Wasps
《少女之歌》 First Partheneion
《奥林匹亚的朱彼得》 Le Jupiter olympien
《奥德赛》 Odyssey
《颂希腊古瓮》 Ode on a Grecian Urn
《蒂迈欧篇》 Timaeus
《会刊》 Transaction
《银版照相远足队》 Excursions daguerriennes
《赫卡柏》 Hekuba
《维吉妮亚·伍尔夫日记》 The Dairy Virginia Woolf
《欧绪德谟篇》 Euthydemos 59
《欧里庇得斯的新残篇》 Nova fragmenta Euripidea
《赋于丁登修道院上方威河河岸》 Lines Composed a Few Miles Above Tintern Abbey, on Revisiting the Banks of the Wye During a Tour
《摩西的发现》 The Findings of Moses
《论希腊建筑与雕刻的多色彩及其限制》 Uber die Polychromie der griechishen Architektur und Skulptur und ihre Grenzen
《历史》 Histories
《卫城与山门》 The Acropolis and Persepolis
《卫报》 The Guardian
《还原塞利农特的恩培多克勒神庙》 Restitution du temple d'Empédocle à Sélinonte
《掷铁饼者》 Diskobolos
《骑士》 Knights
《献给德尔斐阿波罗的荷马体颂诗》 Homeric Hymn to Pythian Apollo
《谴责莱奥克拉特斯》 Against Leokrates

人名

大流士　Darius
巴塔伊　André Bataille
巴基斯　Bakis
巴西勒　Basile
巴纳德　Edward Barnard
西里亚库斯　Cyriacos of Ancoan
丹妮尔·艾伦　Danielle Allen
牛饮者狄奥尼索斯　Dionysos Omestes
厄勒提娅姐妹　Eileithyiai
厄菲阿尔特　Ephialtes
厄瑞珀斯　Erebos
厄瑞克透斯　Erechtheus
厄里什基迦勒　Ereshkigal
厄里克托尼俄斯　Erichthonios
厄洛斯　Eros
厄律西克同　Erysichthon
尤金四世　Eugenius IV
戈吕翁　Geryon
仄费洛斯　Zephyr
布忒斯　Boutes
布瓦索纳　Frédéric Boissonnas
布雷默　Jan Bremmer
布罗尼尔　Oscar Broneer
布鲁斯　Thomas Bruce
布拉赫　Tycho Brahe
卡里克萝　Chariklea
卡达拉　Chrysoula Kardara
卡尔霍恩　Craig Calhoun
卡尔卡斯　Kalchas
卡尔内阿德斯　Karneades
卡雷　Jacques Carrey
卡利亚斯　Kallias
卡利特瑞特　Kallikrates
卡利马科斯　Kallimachos
卡利洛厄　Kallirrhöe
卡皮翁　Karpion
卡皮托　Kapito
卡珊德拉　Kassandra
卡斯托尔　Kastor
卡本特　Rhys Carpenter
代达罗斯　Daidalos
弗拉格　Ernest Flagg
弗农　Francis Vernon
弗莱　Roger Fry
史蒂芬斯　G. P. Stevens
古尔　Jules Gourt
皮拉　Pyrrha
皮泰斯泰　Pythaistal
皮同　Python
皮洛斯　Pyrrhos
安菲阿剌俄斯　Amphiaraos
安菲特里忒　Amphitrite
安喀塞斯　Anchises
安德烈奥罗　Andreolo Giustiniani-Banca
安德鲁克里娅　Androkleia
安德鲁斯　Eugene Plumb Andrews
安德生　Maxwell Anderson
安朵美达　Andromeda
安纳丝多拉　Anesidora
安杰洛斯·席克里安诺斯　Angelos Sikelianos
安提罗科斯　Antilochos
安提娥珀　Antiope
安提普诺斯　Antipoinos
安提西尼　Antisthenes
安条克　Antiochos
安梯丰　Antiphon
安东尼·庇护　Antoninus Pius
安培多丝　Empedos
西塞罗　Cicero
西摩斯　Simos
西西弗斯　Sisyphos
西雅娜　Theano
丢卡利翁　Deukalion
道德威尔　Edward Dodwell
多纳托　Pietro Donato
伊丽莎白·巴巴　Elizabeth Barbar
伊克蒂诺斯　Iktinos

伊楠娜　Innana	克莱格　Nick Clegg
伊诺　Ino	克莱尔　William St. Clair
伊俄拉俄斯　Iolaos	克林姆　Klimt
伊翁　Ion	克洛诺斯　Kranaos
伊菲革涅雅　Iphigeneia	克瑞乌莎　Kreousa
伊莎多拉·邓肯　Isadora Duncan	克罗索斯　Kroisos
伊什塔儿　Ishtar	克罗诺斯　Kronos
伊索克拉底　Isokrates	克伦泽　Leo von Klenze
伊斯科特爵士　Sir Giles Eastcourt	克劳福德　Lord Crawford
因陀罗　Indra	克山提波斯　Xanthippos
艾瑞丝　Iris	克苏托斯　Xouthos
朱狄丝·巴林杰　Judith Barringer	狄摩斯提尼　Demosthenes
朱苏德拉　Ziusudra	狄娥涅　Dione
米纳柯希　Meenakshi	狄奥多西一世　Theodosios I
米南德　Menander	攸摩浦斯　Eumolpos
米太亚德　Miltiades	希伦　Hellen
米隆　Myron	希罗多德　Herodotos
百兰诺斯　Nikolaos Balanos	希耶拉　Hiera
托勒密一世　Ptolemy I	希马拉多斯　Himmarados
托马斯·劳伦斯　Thomas E. Lawrence	希帕黛美雅　Hippodameia
色尼阿德斯　Xeniades	希波达莫斯　Hippodamos of Miletos
色诺格拉蒂娅　Xenokrateia	希波克列德　Hippokleides
色诺芬　Xenophon	希波吕托斯　Hippolytos
贝伦森　Bernard Berenson	何露斯　Horus
里奇韦　Brunilde Ridgway	坎普　John Camp
里德泽尔　Johann Hermann von Riedese	杜维恩　Joseph Duveen
里克沃特　Joseph Rykwert	李奥斯　Leos
里韦特　Nicholas Revett	利库尔戈斯　Lykourgos
克托妮娅　Chthonia	利西马科斯　Lysimachos
克丽奥佩脱拉　Cleopatra	吕哥弗隆　Lykophron
克丽索拉·卡达拉　Chrysoula Kardara	吕西亚斯　Lysias
克拉克　Edward Daniel Clarke	吕西克列斯　Lysikles
克甫斯　Kepheus	吕西玛刻　Lysimache
克诺普夫　Khnopff	努万达侯爵　Marquis de Nointel
克律萨俄耳　Khrysaor	法拉第　Michael Faraday
克列尼亚斯　Kleinias	门农　Memmo
克里斯提尼　Kleisthenes	庇西特拉图　Peisistratos
克里昂　Kleon	伯里克利　Perikles
克莱奥梅尼　Kleomenes	亨特　Philip Hunt
克莱登妮丝特拉　Klytaimnestra	佛提乌　Photos

弗洛伊德　Sigmund Freud	阿弗里卡纳斯　Sextus Julius Africanus
佛莱　Stephen Fry	亚拉里克　Alaric
忒提丝　Tethys	亚仕大　Aster
忒提斯　Thetis	拉马丁　Alphonse de Lamartine
忒修斯　Theseus	屈米　Bernard Tschumi
妥里托革尼亚　Tritogeneia	波奥提亚斯　Boiotos
廷达瑞俄斯　Tydareos	波科　Edward Pococke
阿刻罗俄斯　Acheloös	波吕杜克斯　Polydeukes
阿里斯提得斯　Aelius Aristides	波利克拉特斯　Polykrates
阿里斯托吉顿　Aristogeiton	波利伯孔　Polyperchon
阿里斯托芬　Aristophanes	波吕克塞娜　Polyxena
阿里阿拉特　Ariarathes	彼得斯　George Marshall Peters
阿伽门农　Agamemnon	刻勒俄斯　Keleos
阿格劳萝丝　Aglauros	刻法罗斯　Kephalos
阿格里帕　Marcus Agrippa	刻瑞丝　Keres
阿卡玛斯　Akamas	拉居得　Lakydes
阿基利斯　Achilles	果赫斯　Manolis Korres
阿克塔尤斯　Aktaios	妮科尔·帕里雄　Mlle Nicole Parichon
阿莱斯　Aleis	帕奥涅斯　Paionios
阿琉斯　Aleos	帕莱蒙　Palaimon
阿尔西比亚德斯　Alkibiades	帕拉斯　Pallas
阿尔克曼　Alkman	帕蜜罗珀　Pammerope
阿尔克西拉乌斯　Arkesilaos	帕拉洛斯　Paralos
阿密克拉斯　Amyklas	帕特洛克罗斯　Patroklos
阿那克萨哥拉　Anaxagoras	帕克　Robert Parker
阿努纳基　Anunnaki	牧神潘　Pan
阿费亚　Aphaia	佩托　Peitho
阿波罗多洛斯　Apollodoros	佩涅罗珀（奥德修斯的妻子）　Penelope
阿耳刻摩罗斯　Archemoros	佩涅罗珀·席克里安诺斯　Penelope Sikelianos
阿瑞斯　Ares	
阿诺德·劳伦斯　Arnold W. Lawrence	佩特森　Poul Pedersen
阿萨姆　Arsames	法尼亚斯　Phainias
阿斯卡尼斯　Ascanius	底比　Thebe
阿斯帕齐娅　Aspasia	芝诺　Zeno of Elea
阿斯蒂纳克斯　Astyanax	宙克丝帕　Zeuxippe
阿塔玛斯　Athamas	亚克兴　Actium
阿塔罗斯　Attalos	查尼奥蒂斯　Angelos Chaniotis
阿特纳奥斯　Athenaeus	珀瑞阿斯　Boreas
阿特拉斯　Atlas	珀罗普斯　Pelops
阿提库斯　Herodes Atticus	珀尔塞福涅　Persephone

科克雷尔　Charles Cockerell
科林斯　John Collins
科蕊　Kore
威克姆　Christopher Wickham
洛特比尼埃　G. G. Joly de Lotbinière
哈布伦　Habron
哈得斯　Hades
哈德良　Hadrian
哈莫荻奥斯　Harmodios
施里曼　Heinrich Schliemann
耶弗他　Jephthah
珂德洛斯　Kodros
柯尼希斯马克　Koenigsmark
柯比意　Le Corbusier
拜伦爵士　Lord Byron
美杜莎　Medousa
美惠三女神　the Graces
威尔逊　Nigel Wilson
俄古革斯　Ogyges
俄诺玛俄斯　Oinomaos
俄克阿诺斯　Okeanos
俄斐耳忒斯　Opheltes
俄瑞斯特斯　Orestes
俄凯丝特丝　Alkestis
俄里翁　Orion
（使徒）保罗　Saint Paul
保萨尼亚斯　Pausanias
珀里托俄斯　Peirithoös
品达　Pindar
帝米斯托克利　Themistokles
埃里安　Aelian
埃涅阿斯　Aeneas
埃斯库罗斯　Aeschylus
埃勾斯　Aigeus
埃夫罗西妮·鲍齐卡斯　Efrosyni Boutsikas
伦道夫　Bernard Randolph
纽顿　Charles Newton
夏多布里昂　Chateaubriand
恩克拉多斯　Enkelados

贡布里希　Ernst Gombrich
韦尼泽洛斯　Evangelos Venizelos
韦斯特　Martin West
库格勒　Franz Kugler
库伦　Kylon
库普塞鲁斯　Kypselos
唐陶斯　George Dontas
纳吉　Gregory Nagy
海伦　Helen
特雷厄　Jacques Tréheux
特奥多尔　Theodor Mommsen
特拉希洛斯　Thrasyllos
特里普托勒摩斯　Triptolemos
格雷果里　James Gregory
琉科忒亚　Leukothea
伦弗鲁爵士　Lord Renfrew of Kaimsthorn
马尔杜克　Marduk
马尔托尼　Niccolò da Martoni
马西斯提亚斯　Masistios
马夫罗马蒂斯　Socratis Mavrommatis
涅琉斯　Neleos
涅俄普托勒摩斯　Neoptolemos
倪克斯　Nyx
乌拉诺斯　Ouranos
乌瑞亚　Ourea
乌特纳匹什提姆　Utnapishtim
焦凯　Pierre Jouguet
索福克勒斯　Sophokles
索斯特拉特　Sostratos
泰列福斯　Telephos
泰利斯　Thales of Miletos
泰奥弗拉斯托斯　Theophrastos
修昔底德　Thucydides
强森　Boris Johnson
莫罗西尼　Francesco Morosini
莫奈西克勒斯　Mncesikles
许阿锓托斯家女神　Hyacinthian goddesses
许阿锓托斯　Hyakinthos

中外文对照及索引　451

许阿得斯 Hyades	普利斯特里 Priestley
许阿斯 Hyas	普里阿姆 Priam
许德拉 Hydra	普洛克涅 Prokne
许癸厄亚 Hygieia	普洛克丽斯 Prokris
许癸努斯 Hyginus	普罗马妮娅 Promania
许普西皮勒 Hypsipyle	普罗米修斯 Prometheus
莫克 Joel Mokyr	普罗塔格拉斯 Protagoras
喀克洛普斯 KeKrops	普罗特吉尼娅 Protogeneia
凯菲索多德斯 Kephisodotos	彭罗斯 F. C. Penrose
基蒙 Kimon	彭透斯 Pentheus
勒托 Leto	森佩尔 Gottfried Semper
莉莉斯 Lilith	黑淮斯托斯 Hephaistos
莉莉杜 Lilîtu	喜帕克斯 Hipparchos
麦尼劳斯 Menelaos	喜庇亚斯 Hippias
培林尼 Pellene	汤普森 Homer Thompson
理查德爵士 Richard Westmacott Sr.	汤恩 Ithiel Town
梭伦 Solon	博德曼 John Boardman
堤福俄斯 Typhoeus	喀克洛普斯 Kerkrops
堤丰 Typhon	莱耳忒斯 Laertes
富特文勒 Adolf Furtwängler	莱奥克拉特斯 Leokrates
乔治 Andrew George	莱奥尼达斯 Leonidas
乔治·鲁 Georges Roux	莱朋 N. Leipen
斯诺德格拉斯 Anthony Snodgrass	菲迪亚斯 Pheidias
斯佩思 Barbette Spaeth	菲莱泰罗斯 Philetairos
斯泰肯 Edward Steichen	菲罗墨拉 Philomela
斯图尔特 James Stuart	菲伊 Phye
斯忒洛珀 Sterope	菲林诺斯 Philinos
斯特西克鲁斯 Stesichoros	腓力二世 Philip II
斯特拉波 Strabo	斐洛考鲁斯 Philochoros
斯托贝乌斯 Stobaeus	凯迈坎 Sejid Abdullah Kaimmecam
斯蒂尔曼 William J. Stillman	劳伦斯·阿尔玛-塔德玛爵士 Sir Lawrence Alma-Tadema
费尔 Burkhard Fehr	
费诺德穆斯 Phanodemos	透特剌斯 Teuthras
喀戎 Chiron	提蜜丝 Themis
凯尔 Donald G. Kyle	提马克斯 Timarchos
普伦德莱思 Dr. H. J. Plenderleith	提摩克娣 Timokrite
普林尼 Pliny	提莫马库斯 Timomachos
普鲁塔克 Plutarch	冯·李比希 von Liebig
普拉克西特列斯 Praxiteles	华兹华斯 Wordsworth
普拉克熹提娅 Praxithea	奥革 Auge

奥古斯特·蒙森　August Mommsen
奥列尔　Charles Franois Olier
奥斯汀　Colin Austin
奥尔登伯格　Henry Oldenburg
奥德修斯　Odysseus
奥莱蒂娅　Oreithyia
奥托　Otto
达蒙　Damon
达那伊德斯姐妹　Danaids
达康提德斯　Drakontides of Battae
"围城者"德梅特里奥斯　Demetrios the Besieger
（参德梅特里奥斯）
詹纳　Edward Jenner
瑟勒比　Evliya Çelebi
葛罗莉亚·法拉利　Gloria Ferrari
温克尔曼　Johann Winckelmann
杰普逊　Kristian Jeppesen
路德维希一世　Ludwig I
农诺斯　Nonnos
雷蒙·邓肯　Raymond Duncan
塞莎拉　Saisara
塞勒涅　Selene
塞琉卡斯　Seleukos
塞利姆三世　Selim III
塞利努斯　Selinos　81
塞谟奈　Semnai
塞阿戈奈斯　Theagenes
塔耳塔洛斯　Tartaros
蒂娅　Thyia
蒂鲁玛莱·纳亚克　Tirumalai Nayak
维奥莱-勒-杜克　Eugène Emmanuel Viollet-le-Duc
维吉妮亚·伍尔夫　Virginia Woolf
赫柏　Hebe
赫卡忒　Hekate
赫卡同刻瑞斯　Hekatonkheires
赫克托　Hektor
赫莉刻　Helike
赫利奥多罗斯　Heliodoros

赫利俄斯　Helios
赫耳墨斯　Hermes
赫尔塞　Herse
赫西俄德　Hesiod
赫丝珀里德丝姐妹　Hesperides
赫斯提娅　Hestia
赫缇弗　Jacques-Ignace Hittorff
赫伯迪　Rudolph Heberdey
玛卡里娅　Makaria
玛尔多纽斯　Mardonios
玛丽-宝琳·格雷森　Marie-Pauline Gressin
玛丽·尼斯比特　Mary Nisbet
蒙塔古　Ralph Montagu
图坦卡门　Tutankhamen
维特鲁威　Vitruvius
汉密尔顿　W. R. Hamilton
德马拉托斯　Damaratus
德马德斯　Demades
德梅特里奥斯　Demetrios of Phaleron
德伊阿妮拉　Deianeira
德美特　Demeter
德摩福翁　Demophon
德普费尔德　Dörpfeld
德甘西　Quatremère de Quincy
欧厄尔庇得斯　Euelpides
欧迈尼斯一世　Eumenes I
欧迈尼斯二世　Eumenes II
欧波利斯　Eupolis
欧里庇得斯　Euripides
欧律斯透斯　Eurystheus
欧伯　Josiah Ober
刘易斯　G. H. Lewes
鲁希亚利　Giovanni Battista Lusieri
摩索拉斯王　King Mausolos
墨冬　Medon
墨伽拉　Megara
墨利娅　Meliae
墨利刻耳忒斯　Melikertes
墨塔涅拉　Metaneira

墨提翁第二　Metion II
墨蒂丝　Metis
迈加克利斯　Megakles
潘狄翁　Pandion
潘多拉　Pandora
潘朵洛索斯　Pandrosos
潘塔克莱斯　Pantakles
蓬托斯　Pontos
诺维乌斯　Tiberius Claudius Novius
萧勒　Andreas Scholl
赛克洛普斯　Cyclopes
谢雷　Jean Scherer
济慈　Keats
弥倪阿斯　Minyas
钟斯　Owen Jones
蕾娅　Rhea
薛西斯　Xerxes
戴维斯　Alexander Jackson Davis
戴奥吉妮娅　Diogeneia
谟奈西梅姬　Mnesimakhe
萨尔蒂　Pietro Angelo Sarti
萨提耶　Sadhyas
罗德斯　Cecil Rhodes
罗伯逊　Martin Robertson
罗伯森　Noel Robertson
罗克珊娜　Roxane
罗斯金　Ruskin
怀亚特爵士　Lord Wyatt of Weeford
苏尔维诺-因伍德　Christiane Sourvinou-Inwood
宝琳娜　Paulleina

地名

九头泉　Enneakrounos
士麦那　Smyrna
土耳科沃尼亚丘　Tourkovounia
巴里省（意大利）　Bari
厄琉息斯　Eleusis

水仙女丘　Hill of the Nymphs
比雷埃夫斯　Piraeus
比萨　Pisa
布劳伦　Brauron
卡尔顿山　Calton Hill
卡勒基迪刻　Chalkidean
卡利洛伊斯大道　Kallirois Avenue
卡利洛厄泉　Kallirrhö
卡利洛厄街　Kallirrhöe Street
卡利地亚　Kallithea
以弗所　Ephesos
古兰坟场　Medinet Ghoran
尼米亚　Nemea
尼西安平原　Nysian Plain
札金索斯岛　Zakynthos
尖顶丘　Anchesmos Hill
安菲萨　Amphissa
伊斯特摩浴场　baths of Isthmonikos
伊利索斯河　Ilissos
伊斯法罕　Isfahan
伊斯米亚　Isthmia
伊米托斯山　Mount Hymettos
伊达山　Mount Ida
西库昂　Sikyon
艾瑞丹诺斯河　Eridanos River
列斯伏斯岛　Lesbos
米哈拉科普洛斯大道　Michalakopoulou Avenue
米利都　Miletos
米特罗普洛斯广场　Mitropoleos Square
米卡勒　Mykale
色萨利　Thessaly
色雷斯　Thrace
希俄斯岛　Chios
狄庇隆门　Dipylon
克基拉岛　Kerkyra
克拉代奥斯河　Kladeos
妥里通尼斯湖　Lake Tritonis
妥里同河　river Triton
里尔　Lille

吕刻昂　Lykeion
吕卡维多斯山　Mount Lykabettos
别迦摩　Pergamon
攸俄尼索斯岛　Yeronisos
阿哈伊亚　Achaia
阿戈拉广场　Agora
阿格拉　Agra
阿格赖　Agrai
阿卡迪莫斯　Akademos
阿卡迪科　Arkadiko
阿卡纳尼亚　Akarnania
阿尔菲欧斯河　Alpheios
阿尔戈斯　Argos
阿玛里亚大道　Amalias Avenue
阿眠　Amiens
阿密克莱　Amyklai
阿普利亚　Apulia
阿达托斯丘　Ardettos Hill
阿提卡　Attica
阿哥雷欧斯山　Mount Aigaleos
阿波罗—许阿铿托斯神庙　sanctuary of Apollo-Hyakinthos
亚历山大　Alexandria
波奥提亚　Boiotia
波利科罗　Policoro
波塞冬尼亚　Poseidonia
昔兰尼　Cyrene
法尤姆绿洲　Foynm oasis
拉夫里翁　Laureion
帕纳塞斯山　Mount Parnassos
帕尼斯山　Mount Parnes
帕罗斯岛　Paros
佩迪翁平原　Pedion
佩萨罗　Resaro
奇里契亚　Cilicia
林奈　Limnai
科林斯　Corinth
科潘诺斯　Kopanos
科罗尼亚　Koroneia
科帕派斯盆地　Kopaic basin

迪迪姆　Didyma
哈马　Harma
派娄斯　Pylos
皇家康士坦丁大道　Vasileos Konstantinou Avenue
埃伊纳岛　Aegina
埃托利亚　Aitolia
埃皮达鲁斯　Epidauros
埃克塞基亚斯　Exekias
埃堤那山　Mount Aitna
格拉纳达　Granada
格拉尼库斯河　Granikos
海克力亚　Herakleia
伦蒂尼　Leontini
狼山　Lykovounia
马杜赖　Madurai
马格尼西亚　Magnesia
纳什维尔市　Nashville
纳夫帕克托斯　Naupaktos
纽卡索　Newcastle
"回廊"步道　Peripatos
特里阿斯翁平原　Thriasion Plain
特拉基斯　Trachis
特罗普　Troezen
乌普萨拉　Uppsala
凯菲索斯河　Kephisos River
基菲苏大街　Kifissou Avenue
基塞龙山脉　Kithairon Mountains
基西拉岛　Kythera
基齐库斯　Kyzikos
梅里达　Mérida
梅索吉亚平原　Mesogeia Plain
梅索吉翁大道　Mesogeion Avenue
密西亚　Mysia
勒基翁　Rhegium
提俄斯　Tios
梯林斯　Tiryns
符兹堡　Würzburg
敏娜娃神庙　Temple of Minerva
雅典—拉米亚高速公路　Athen-Lamia

National Road
博德鲁姆　Bodrum
凯罗尼亚　Chaironeia
凯库斯河　Kaikos River
凯利马马罗体育场　Kallimarmaro
凯法利尼亚岛　Kephalonia
凯拉米克斯墓园　Kerameikos cemetery
提洛岛　Delos
紫岩　Hyakinthos Pagos
彭代利孔山　Mount Pentelikon
普尼克斯丘　Pnyx Hill
斯基罗斯岛　Skyros
斯法克特里亚　Sphakteria
斯特雷菲丘　Strefi Hill
斯提克斯河　Styx
图尔街　the Turl
蛙岛　Vatrachonis
第勒尼安　Tyrrhenian（罗马人称之伊特鲁里亚，Etruscan）
奥利斯　Aulis
奥古斯都荣民市　Emerita Augusta
奥古斯都广场　Forum of Augustus
奥罗波斯　Oropos
奥托诺斯街　Othonos Street 65
塞拉托沃尼山　Mount Keratovouni
新法里龙　New Phaleron
雷根斯堡　Regensburg
塔伦特姆　Tarentum
塔尔奎尼亚　Tarquinia
温泉关　Thermopylai
蒂沃利　Tivoli
赫勒斯滂　Hellespont
蒙纳斯提拉奇广场　Monastiraki Square
维特林札　Vitrinitza
绮色佳　Ithaka
欧里梅敦河　Eurymedon River
广场丘　Kolonos Agoraios
摩利亚山　Mount Moriah
潘尼翁山　Mount Paneion

潘盖翁山　Mount Pangaion
潘菲利亚　Pamphilia
战神丘　Areopagus
卢卡尼亚　Lucania
穆尼奇亚港　Munychia harbor
诺拉　Nola
鲁蒂利亚诺　Rutigliano
锡德纳姆　Sydenham
"隐水处"喷泉　Klepsydra
缪斯庙丘　Museion Hill
迈安德河平原　the Maeander
迈锡尼水泉　Mycenaean Spring
萨拉米斯岛　Salamis
萨摩斯岛　Samos
萨第斯　Sardis
萨龙湾　Saronic Gulf
罗得岛　Rhodes
苏尼翁　Sounion

国家、城邦、民族、氏族

巴克特里亚　Baktrian
厄利斯　Elis
厄特奥布忒斯氏族　Eteoboutadai
巨人族　Gigantes
卡帕多细亚　Cappadocia
西台　Hittite
西哥德　Visigoth
艾达　Ida
米太亚德家族　Miltiades
安息　Parthian
色萨利　Thessalians
攸摩浦斯氏族　Eumolpidai
庇西特拉图家族　Peisistratids
阿卡门提斯部落　Akamantis
阿卡德　Akkadian
阿卡迪亚　Arkadian
阿尔戈斯　Argives

阿特兰提斯　Atlantis
阿塔罗斯王朝　Attalids
亚马逊　Amazons
阿尔克马埃翁家族　Alkmeonid
拉庇泰　Lapiths
佩拉斯吉　Pelasgoi
泛雅典体育场　The Panathenaic Stadium
波奥提亚人　Bototian
埃托利亚　Aetolians
马人　Centaurs
纳夫帕克托斯　Naupaktian
纳克索斯　Naxian
泰耶阿　Tegea
麦西尼亚　Messenian
菲拉伊德氏族　Philaidai
普拉提亚　Plataian
爱雅利亚王国　Aigialeia
爱奥尼亚　Ionians
奥尔霍迈诺斯　Orchomenos
赫鲁利部落　Heruli
福基斯人　Phokians

组织、机构

十将军团　strategoi
五百人议会　boule
公民大会　ekklesia
公民博物馆　Museo Civico
布林莫尔学院　Bryn Mawr College
民众法庭　heliaia
市政厅　Prytaneion
吉拉德学院　Girard College
纽曼画廊　Newman Gallery
雅典美国古典研究学院　American School of Classical Studies at Athens
盖蒂博物馆　J. Paul Getty Museum
卫城修复工作队　Acropolis Restoration Service
战神丘议事会　Areopagus Council

建筑

十二神祭坛　Altar of the Twelve Gods
水晶宫　Crystal Palace
厄瑞克透斯神庙　Erechtheion
"光荣阿耳忒弥斯"神庙　Artemis Eukleia
百尺殿　Hekatompedon
名人堂　Walhalla
吕刻昂神庙　Lykeion
伯里克利音乐厅　Odeion of Perikles
阿吉亚福丁尼教堂　Agia Photini
阿罕布拉宫　Alhambra palace
阿耳忒弥斯神庙　Artemision
"花园中阿芙罗黛蒂"神祠　Aphrodite in the Gardens
"牧人阿波罗"神祠　Apollo Nomios
"长岩下阿波罗"神祠　Apollo Hypo Makrais
佩拉吉康（防护墙）　Pelargikon
佩拉斯吉康（防护墙）　Pelasgikon
忒修斯神庙　Theseion
"致胜者护城雅典娜"神庙　Athena Polis Nikephoros
城市厄琉息斯神庙　City Eleusinion
"美特·普拉基亚奈"神庙　Meter Plakiane
泰勒斯台里昂神庙　Telesterion
"闪电神宙斯"神祠　Zeus Astrapaios
彩绘游廊　Painted Stoa
"救主变容"教堂　the Church of Transfiguration of the Savior
"胜利女神雅典娜"神庙　Athena Nike
雅典娜神庙　Athenaion
"护城雅典娜"神殿　Athena Polias
雅典圣母院　Notre Dame d'Athènes
雅典的神之母教堂　Theotokos Atheniotissa
"普拉亚雅典娜"神庙　Athena Pronaia
创校者堂　Founder's Hall

"提喀斯"祭坛　Thyechoos
"慈父阿波罗"神庙　Apollo Patroos
游行堂　Pompeion
解放者狄奥尼索斯剧场　Theater of Dionysos Eleutherios
圣亚他那修山洞礼拜堂　the chapel of Saint Athanasios
圣乔治·亚历山德里诺斯礼拜堂　the chapel of Saint George Alexandrinos
圣帕拉斯克维礼拜堂　the chapel of Saint Paraskevi
圣尼古拉教堂　the Church of Saint Nikolaos
奥林匹亚宙斯神庙　the Olympieion
赫拉神庙　Heraion
德普费尔德地基　Dörpfeld foundation
喷泉屋　fountain house
锡弗诺斯宝库　Siphnian Treasury
旧庙　Neos
旧雅典娜神庙　Archaios Neos
觥圣所　Skyphos Sanctuary

建筑术语

小神龛　naiskos
三角楣墙　pediment
三槽板　triglyph
内殿　cella
伊米托斯山大理石　Hymettian marble
米哈拉布（壁龛）　mihrab
列柱廊　peripatoi
底阶　stereobate
角落收缩　corner contraction
卷杀（或称收分曲线）　entasis
后殿　apse/*opisthodmos*
科林斯柱式　Corinthian order
柱间壁　metope
柱梁结构系统　post-and-lintel system
顶端饰　akroteria
顶阶　stylobate
蛇化　*erpismos*
斜挑檐　raking cornice
棕榈叶饰　palmettes
楣梁　architrave
鼓形柱石　stone drum
横饰带　frieze
双柱廊　dipteral
檐口　cornice

其他

女猎者　Agrotera
女厅　*gynaikon*
女像柱　karyatid
女先知　Pythia
大龙　Drako
山地派　*hyperakrioi*
山洞圣母　Panagia Spiliotissa
山门　Propylaia
日没升　acronychal rising
分家（与母城相对而言）　*apoikia*
分界性灾难　boundary catastrophe
犬儒心态者　cynic
厄琉息斯秘仪　Eleusis Mysteries
厄瑞克透斯子孙　Erechtheidai
厄里克托尼俄斯子孙　Erichthoniadai
巨人摧毁者　Gigantoleteira/Gigantoletis
巨人战争　Gigantomachy
中距离跑　*hippios*
水仙女附体　nympholepsy
五百斗者　pentakosiomedimnoi
百牲祭　hecatomb
石头运输　*lithagogia*
母城（与分家相对而言）　*metropolis*
尼俄庇特画师　Niobid Painter
半圆形贵宾席　orchestra
平原派　*pedies*

四年周期　*periodos*
四马马车竞速　*tethrippon*
皮同运动会　Pythaia
右枢星　Thuban
自由搏击　*pankration*
自私者　*idiotes*
名年执政官　eponymous archon
名祖英雄　Eponymous Heroes
地生　*gegenes*
全裸赛事　*gymnikoi agones*
成人礼　initiation rite
吉萨拉（一种七弦里拉琴）　*kithara*
守夜　*pannychis*
戎装战舞　*pyrrichos*
扛托盘者　*skaphephoros*
他连得（货币单位）　talent
男厅　*andron*
男性选美　*euandria*
伯根群组（双耳瓶）　Burgon group
考克亚节　Chalkeia
自治区　*deme*
折返跑　*diaulos*
门阀　Eupatrids
均法　*isonomia*
克莱奥弗拉德斯画师　Kleophrades Painter
努万达画师　Nointel Artist
伯罗奔尼撒战争　Peloponnesian War
佛里吉亚圆锥帽　phrygian cap
沐浴节　plynteria
杜林尸衣　Shroud of Turin
赤褐（骏马名字）　Xanthos
阿瑞福拉节　Arrephoria festival
阿瑞福拉童女　*arrephorioi*
宗教执政官　archon basileus
阿吉纽撒战役　Battle of Arginusae
坦纳格拉战役　Battle of Tanagra
波德罗米昂月　Boedromion
泛雅典节　Panathenaia
长距离跑　*dolichos*

牧神潘祭祀　Pan cult
典礼官　*teletarches*
帕德诺斯雅典娜　Athena Parthenos
拱极星座　circumpolar
军籍牌　dog tag
军训生　*ephebes*
军训生誓言　Ephebic Oath
军事执政官　polemarch
重装备步兵　hoplite
风信子　hyacinth
胞族　*phratry*
前祭　*sphagia*
持枝者　*thallophoroi*
疾足（鹰身女妖）　Aellopos
原因论　aitiology
原生　*autochthonos*
秘物　*arreta*
骨灰祭坛　ash altar
海岸派　*paraloi*
神秘惊恐　mysterium tremendum
神宴　Theoxenia
涅墨亚狮子　Nemean lion
家户　*oikos*
泰坦战争　Titanomachy
泰坦诸神　Titans
深时　deep time
枭眼者　*glaukopis*
蛇发女妖　Gorgons
偕日升　heliacal rising
许阿得斯星座　Hyades
许阿铿托斯姐妹星座　Hyakinthides
基士大（圣物箱）　*kistai*
梅迪亚斯画师　Meidias Painter
陶片放逐法　ostracism
逍遥学派　Peripatetics
捷足（骏马名字）　Podarkes
御夫座　Auriga
凯罗尼亚战役　Battle of Chaironeia
凯托斯（猪鼻尖牙海兽）　ketos
凯特格芒（神所带领者）　Kathegemon

复仇女神　Erinyes	赫卡托姆拜昂月　Hekatombaion
复兴希腊运动　Greek Revivl	制陶工　Keramei
黑淮斯托斯画师　Hephaistos Painter	厌女情结　misogyny
提篮女　*kanephoros*	图书再现　pictorial representation
劳科弗奈（阿耳忒弥斯的外号）Lou-kophryne	德拉克马（货币单位）　drachma
	摩里亚战争　Morean War
胜利女神　Nike	业余爱好者协会　Society of Dilettanti
普林斯敦画师　Princeton Painter	桥语　bridge words
普拉提亚战役　Battle of Plataia	桥骂　*gephyrismos*
普通劳工　*thetes*	宪章神话　charter myth
景屋　*skene*	独眼巨人　Cyclopean
斯多葛学派　Stoicism	激进民主　radical democracy
提米亚德斯画师　Timiades Painter	迈锡尼时代　Mycenaean
奥罗斯（一种双管芦笛）*aulos*	断指者　Akrochersites
岁差　axial precession	骑兵巡游　*anthippasia*
新艺术派　Beaux Arts	"骑士"阶级　*hippeis*
新古典主义运动　neoclassical movement	织布机吊坠　loom weight
新娘　*Numphe*	双耳长颈高水瓶　*loutrophoroi*
圣衣洗涤女　*plyntrides*	双马马车竞速　*synoris*
圣法　sacred laws	双牛者　*zeugitai*
圣岩　Sacred Rock	萨摩斯之战　Samian War
圣域　*temenos*	旧神　*theoi proteroi*
塞壬（人首鸟身女妖）siren	跃马车　*apobates*
准女祭司　Ur-priestess	篮子舞者　*kalathiskos*
葬礼演说　*epitaphios logos*	体育官　*athlothetai*
旗同（长袍）　*chiton*	鹰身女妖　harpy
齐提蒂节　Chittirai	

图片来源

◆ 书前彩色图片

彩图 1　卫城的正射影像镶嵌图 Orthophotomosaic of Acropolis, 2009. Acropolis Restoration Service, Hellenic Ministry of Education and Religious Affairs, Culture and Sports.

彩图 2　从东南方看到的雅典卫城 Acropolis, east and south slopes, east cave. Kevin T. Glowacki, 200, 5.

彩图 3　原见于蓝胡子神庙三角楣墙（百尺殿？）的石灰石蛇雕 Limestone snake from Bluebeard Temple pediment (Hekatompedon?). Athens, Acropolis Museum. © Acropolis Museum. Socratis Mavrommatis.

彩图 4　古风时代雅典卫城的假想图 Hypothetical visualization of Archaic Acropolis with Hekatompedon and Old Athena Temple. D. Tsalkanis, www.ancientathens3d.com.

彩图 5　蓝胡子怪物 Bluebeard monster, Bluebeard Temple pediment (Hekatompedon?). Athens, Acropolis Museum. © Acropolis Museum. Socratis Mavrommatis.

彩图 6　宙斯大战堤丰 Zeus battling Typhon, Chalkidean hydria, Munich, Staatliche Antikensammlung 596. Bibi Saint-Pol, 2007-02-09.

彩图 7　海克力士与妥里同摔跤 Herakles wrestling Triton, Bluebeard pediment (Hekatompedon?). Athens, Acropolis Museum. © Acropolis Museum. Socratis Mavrommatis.

彩图 8　刻有莲花图案的斜挑檐 Raking cornice with lotus flowers, Bluebeard Temple pediment (Hekatompedon?). Athens, Acropolis Museum. © Acropolis Museum. S. Mavrommatis.

彩图 9　雅典娜的诞生 Birth of Athena, east pediment, Parthenon. Nointel Artist and S. Mavrommatis. After C. Hadziaslani and S. Mavrommatis, *Promenades at the Parthenon* (2000), 132-33.

彩图 10　雅典娜与波塞冬的较劲 Contest of Athena and Poseidon, west pediment, Parthenon. Nointel Artist and S. Mavrommatis. After C. Hadziaslani and S. Mavrommatis, *Promenades at the Parthenon* (2000), I 34-35.

彩图 11　一个提篮少女带领献祭队伍走向雅典娜神庙最左边的祭坛 Sacrificial procession to altar of Athena, Attic kylix, private collection, London. Widmer 837.

彩图 12　帕特农神庙莨苕造型的顶端饰 Akanthos akroterion, Parthenon. Athens, Acropolis Museum. © Acropolis Museum. Nikos Danilidis.

彩图 13　泛雅典节的游行路线 Processional route along the Panathenaic Way. akg-images/P. Connolly.

彩图 14　菲迪亚斯的"帕德诺斯雅典娜"神像的原尺寸复制品 Replica of Athena Parthenos Statue by A. LeQuire, 1982–2002. Nashville, Tennessee, Parthenon. Metropolitan Government of Nashville/Gary Layda.

彩图 15　一个男人走近有猫头鹰站在顶端的祭坛，绵羊和公牛站在一旁等着献牲 Man approaching altar on which owl is perched, sheep and bull await sacrifice, hydria. Uppsala, Uppsala University (352), © Uppsala University.

彩图 16　《菲迪亚斯带朋友参观帕特农横饰带》 Pheidias Showing the Frieze of the Parthenon to His Friends, Sir Lawrence Alma-Tadema, 1868. Birmingham, Birmingham Museum and Art Gallery. © Birmingham Museum and Art Gallery.

◆ 内文黑白图片

3　图 1　《雅典卫城和战神丘的理想景观》Leo von Klenze, Ideal View of the Acropolis and the Areopagus in Athens, 1846. bpk, Berlin/Neue Pinakothek, Bayerische Staatgemaeldsammlungen, Munich/ Art Resource, New York.

4　图 2　巴伐利亚的"名人堂"Walhalla memorial, Regensburg, Bavaria, 1830–1842, Leo von Klenze, architect. Monika Häberlein.

5　图 3　纳什维尔帕特农神庙 Nashville Parthenon, Centennial Park, Nashville, Tenn., 1920–1931. Metropolitan Government of Nashville/Gary Layda.

22　图 4　从西面看到破晓时分的卫城 Acropolis at dawn from west. © Robert A. McCabe, 1954–1955.

24　图 5　阿提卡地图 Map of Attica. Matt Kania.

26　图 6　雅典地图 Map of Athens. Matt Kania.

35　图 7　基菲索多德斯奉献的浮雕石碑 Marble relief stele dedicated by Kephisodotos. Athens, National Archaeological Museum 1783. DAI Athens (NM 4018).

36　图 8　色诺格拉蒂娅奉献的大理石浮雕石碑正面 Marble relief stele dedicated by Xenokrateia. Athens, National Archaeological Museum 2756. DAI Athens (NM 4019).

41　图 9　从西南看到的卫城 View of the Acropolis from southwest. © Robert A.

		McCabe, 1954-1955.
42	图 10	史前的卫城 Prehistoric Acropolis. Matt Kania after John Travlos (1967).
43	图 11	从西面看到的帕特农神庙，前景是迈锡尼时代的防护墙 Parthenon with Mycenaean wall in foreground. Alison Frantz, American School of Classical Studies at Athens.
45	图 12	从西北面看见的卫城北坡及其四个山洞 Acropolis, north slope, caves A-D, from northwest. Kevin T. Glowacki, zoo, 5.
46	图 13	从北面看到的"长岩下阿波罗"山洞 Cave of Apollo Hypo Makrais, from north. Kevin T. Glowacki, 2005.
79	图 14	蓝胡子神庙立面还原图 Reconstruction drawing of façade of Bluebeard Temple (Hekatompedon?). Manolis Korres.
80	图 15	蓝胡子神庙三角楣墙 Bluebeard pediment(Hekatompedon?). Athens, Acropolis Museum. © Acropolis Museum. Socratis Mavrommatis.
84	图 16	刻画海克力士与许德拉战斗的石灰石三角楣墙 Herakles battling the Lernaean Hydra, small pediment. Athens, Acropolis Museum. © Acropolis Museum. Socratis Mavrommatis.
88	图 17	从南面看到的旧雅典娜神庙地基和厄瑞克透斯神庙 Erechtheion and foundations of Old Athena Temple. Alison Frantz, American School of Classical Studies at Athens.
89	图 18	雅典娜诛杀巨人 Athena slaying giant, Gigantomachy pediment, Old Athena Temple. Athens, Acropolis Museum. © Acropolis Museum. Nikos Danilidis.
90	图 19	"巨人战争"三角楣墙上的雅典娜 Athena from Gigantomachy pediment, Old Athena Temple. Athens, Acropolis Museum. © Acropolis Museum. Socratis Mavrommatis.
91	图 20	马车御者浮雕，疑为旧雅典娜神庙横饰带一部分 Charioteer from frieze (?), Old Athena Temple. Athens, Acropolis Museum. © Acropolis Museum. Socratis Mavrommatis.
92	图 21	公元前四八〇年的雅典卫城平面图 Plan of Athenian Acropolis in 480 B. C. Angela Schuster after John Travlos (1967).
92	图 22	公元前八世纪的青铜蛇发妖女 Bronze Gorgon akroterion. Athens, Acropolis Museum NM 13050. © Acropolis Museum. Nikos Danilidis.
95	图 23	遭公元前四八〇年波斯兵燹前的旧帕特农神庙和旧雅典娜神庙的还原图 Hypothetical visualization of Older Parthenon and Old Athena Temple in 480 B. C. D. Tsalkanis, www. ancientathens3d. com.
96	图 24	被回收再利用于雅典卫城北防护墙的鼓形柱石 Display of reused column drums, north fortification wall, Athenian Acropolis. Socratis Mavrommatis.
97	图 25	还原后的旧雅典娜神庙西厅 Hypothetical visualization of surviving opisthodomos of Old Athena Temple with Erechtheion. D. Tsalkanis,

		www.ancientathens3d.com.
115	图 26	古典时代至希腊化时代雅典卫城的还原图 Reconstruction drawing of Athenian Acropolis. Manolis Korres.
116	图 27	从西北面看见的帕特农神庙 Parthenon from northwest, 1987. Socratis Mavrommatis.
121	图 28	帕特农神庙平面蓝图 Plan of Parthenon, showing outline of Older Parthenon beneath. Manolis Korres.
122	图 29	北柱廊、小型神龛和祭坛的还原图 Reconstruction drawing of Parthenon's north peristyle with *naiskos* and altar by Manolis Korres.
124	图 30	微微弓起的帕特农神庙北基座 Curvature of *krepidoma*, north side of Parthenon. Socratis Mavrommatis.
128	图 31	帕特农神庙东北檐口的还原图 Reconstruction drawing of northeast cornice of Parthenon by Manolis Korres.
130	图 32	拉庇泰人与马人之战，见于帕特农神庙南柱间壁 Battle of Lapiths and Centaurs, south metopes, Parthenon. Nointel Artist and S. Mavrommatis. After C. Hadziaslani and S. Mavrommatis, *Promenades at the Parthenon* (2000), 136–137.
136	图 33	东三角楣墙一景 East pediment, figures K, L, M. London. British Museum. Socratis Mavrommatis.
137	图 34	从西面看到的厄瑞克透斯神庙 Erechtheion, from west, showing olive tree of Athena replanted by the American School of Classical Studies at Athens in 1952. © Robert A. McCabe, 1954–1955.
138	图 35	厄瑞克透斯神庙北门廊天花板上的天窗 Aperture in ceiling of north porch, Erechtheion. J. B. Connelly.
140	图 36	凯菲索斯河，原见于帕特农神庙西三角楣墙 Kephisos River, west pediment, Parthenon. London, British Museum. Socratis Mavrommatis.
140	图 37	凯菲索斯河，原见于帕特农神庙西三角楣墙 Kephisos River, west pediment, Parthenon. London, British Museum. Socratis Mavrommatis.
142	图 38	喀克洛普斯和潘朵洛索斯，原见于帕特农神庙西三角楣墙 Kekrops and Pandrosos, west pediment, Parthenon. Athens, Acropolis Museum. © Acropolis Museum. Socratis Mavrommatis.
165	图 39	焦凯审视一片木乃伊外壳碎块 Pierre Jouguet. *La Revue du Caire 13*, no. 130 (1950).
166	图 40	巴塔伊和妮科尔·帕里雄教授从木乃伊外壳分离出《厄瑞克透斯》的残篇 *Life*, November 15, 1963, 65. Professor André Bataille and Mlle Nicole Parichon with *Erechtheus* fragments. Copyright 1963. Time Inc. Reprinted with permission. All rights reserved. Photo: © Pierre Bouat/Ass. Pierre & Alexandra Boulat.
167	图 41	包含《厄瑞克透斯》残篇的"莎草纸 2328a" The Erechtheus papyrus. Pap. Sorbonne 2328a.

167	图 42	包含《厄瑞克透斯》残篇的"莎草纸 2328b"至"莎草纸 2328d" The Erechtheus papyrus. Pap. Sorbonne 2328b–d.
170	图 43	厄里克托尼俄斯的诞生 Birth of Erichthonios, kylix by Kodros Painter. Berlin, Antikensammlung, Staatliche Museen F2537. bpk, Berlin/ Antikensammlung, Staatliche Museen, Berlin, Germany/Art Resource, New York.
171	图 44	阿格劳萝丝和国王厄瑞克透斯 Aglauros and King Erechtheus, kylix by Kodros Painter. Berlin, Antikensammlung, Staatliche Museen F2537. bpk, Berlin/Antikensammlung, Staatliche Museen, Berlin, Germany/Art Resource, New York.
192	图 45	帕特农神庙西门廊 West portico of Parthenon, William J. Stillman, 1882. Special Collections, Schaffer Library, Union College.
194	图 46	帕特农神庙的雕刻方案：三角楣墙、柱间壁和横饰带 Parthenon's sculptural program: pediments, metopes, and frieze. After L. Schneider and C. Höcker, *Die Akropolis von Athen: Eine Kunst- und Kulturgeschichte* (2001), fig. ISO.
197	图 47	用银尖笔和墨水所绘的帕特农神庙西立面 Cyriacos of Ancona, drawing of Parthenon's west façade. Staatliche Museen(MS Ham. 254, Blatt 85r.) bpk, Berlin/Antikensammlung, Staatliche Museen, Berlin, Germany/ Art Resource, New York.
199	图 48	帕特农横饰带的次序和游行队伍的方向 Parthenon frieze, sequence and direction of procession. Angela Schuster after Robert M. Cook, 1973.
200	图 49	北横饰带 North frieze, Parthenon. Nointel Artist and S. Mavrommatis. After C. Hadziaslani and S. Mavrommatis, *Promenades at the Parthenon* (2000), I 40–4 11.
204	图 50	东横饰带（部分）Erechtheus and family prepare for sacrifice, flanked by gods, east frieze, slab 5, Parthenon. London, British Museum. Socratis Mavrommatis.
205	图 51	帕特农神庙东横饰带的中央画面 Erechtheus, Praxithea, and daughters preparing for sacrifice, east frieze, slab 5, Parthenon. London, British Museum. Socratis Mavrommatis.
206	图 52	奥林匹亚宙斯神庙东三角楣墙上的雕像 Royal family of Elis preparing for chariot race. Archaeological Museum, Olympia, Greece. Marie Mauzy/Art Resource, New York.
208	图 53	雅典卫城出土的"表彰浮雕" Honorary relief, Athena with Victory crowning her priestess. Berlin, Antikensammlung, Staatliche Museen SK 881. bpk, Berlin/Antikensammlung, Staatliche Museen, Berlin, Germany/Art Resource, New York.
209	图 54	古典时代晚期的阿提卡丧葬浮雕 Funerary relief of priest named

图片来源　465

		Simos. Athens, National Archaeological Museum 772 (photographer: Kostas Konstantopoulos). © Hellenic Ministry of Culture and Sports/ Archaeological Receipts Fund.
210	图 55	厄瑞克透斯与女儿摊开她的殓服 Erechtheus and daughter displaying funerary dress, east frieze, slab 5, Parthenon. London, British Museum. Socratis Mavrommatis.
211	图 56	在角力学校做运动的女性 Women exercising in palaistra. Bari, Museo Civico 4979. Provincia di Bari, Servizio Beni, Attivita Culturali, Biblioteca Orchestra, Sporte Turismo.
213	图 57	波吕克塞娜在阿基利斯墓冢被涅俄普托勒摩斯献祭的情景 Polyxena sacrificed by Neoptolemos at tomb of Achilles, Tyrrhenian amphora by Timiades Painter. London, British Museum 1897.0727.2. © The Trustees of the British Museum/Art Resource, New York.
216	图 58	一个侍僮把干净衣服带给卡斯托尔和波吕杜克斯兄弟 Serving boy bringing clean clothes to Kastor and Polydeukes, amphora by Exekias. Museo Gregoriano Etrusco, Vatican Museums 344, Vatican State. Scala/ Art Resource, New York.
217	图 59	两个女人在熏香一件放在挂凳上的织物 Women perfuming fabric on swinging stool, oinochoe by Meidias Illustration Credits / 481 Painter. New York, Metropolitan Museum of Art 75.2.11. Image copyright © Metropolitan Museum of Art. Image source: /Art Resource, New York.
219	图 60	新娘着装图：两个婢女为新娘展示婚衣和首饰 Bridal *kosmos* with dress and jewelry displayed before bride, pyxis by Painter of the Louvre Cent auromachy. Paris, Musée du Louvre CA 587. Erich Lessing/Art Resource, New York.
220	图 61	安朵美达为了献祭给海怪而着装 Andromeda dressed for sacrifice to sea dragon, pelike. Boston, Museum of Fine Arts 63.2663. © 2014, Museum of Fine Arts, Boston.
220	图 62	国王克甫斯监督着女儿安朵美达梳妆 King Kepheus oversees sacrifice of Andromeda, pelike. Boston, Museum of Fine Arts 63.2663. © 2014, Museum of Fine Arts, Boston.
221	图 63	帕特农神庙东横饰带里的波塞冬、阿波罗和阿耳忒弥斯。Poseidon, Apollo, and Artemis, east frieze, slab 6, Parthenon. Athens, Acropolis Museum. © Acropolis Museum. Socratis Mavrommatis.
222	图 64	帕特农神庙东横饰带。厄瑞克透斯和女儿展示织物 Erechtheus and daughter, Athena and Hephaistos, east frieze, slab 6, Parthenon. After J. Stuart and N. Revett, *The Antiquities of Athens* (1787), vol. 2, plate 24.
223	图 65	德尔斐锡弗诺斯宝库东横饰带上的神祇 Assembly of gods, east frieze, Siphnian Treasury, Delphi. Alison Frantz, American School of Classical Studies at Athens.

225	图 66	帕特农神庙的东横饰带 East frieze, slabs I-9, Parthenon. Nointel Artist and S. Mavrommatis. After C. Hadziaslani and S. Mavrommatis, *Promenades at the Parthenon* (2000), 138.
226	图 67	帕特农神庙东饰带的男性群组 Group of men, east frieze, slab 4, Parthenon. London, British Museum. Socratis Mavrommatis.
227	图 68	帕特农神庙东饰带的少女群组 Group of maidens, east frieze, slab 8, Parthenon. London, British Museum. Socratis Mavrommatis.
228	图 69	年轻人驱赶牛只前往献祭 Youths leading cattle to sacrifice, north frieze, slab 2., Parthenon. Athens, Acropolis Museum. © Acropolis Museum. Socratis Mavrommatis.
229	图 70	年轻人驱赶母羊前往献祭 Youths leading ewes to sacrifice, north frieze, slab 4, Parthenon. Athens, Acropolis Museum. © Acropolis Museum. Socratis Mavrommatis.
230	图 71	帕特农神庙北横饰带 North frieze, Parthenon, reconstruction drawing by George Marshall Peters.
230	图 72	扛托盘者的石膏模型 Tray bearer carrying honeycombs, plaster cast of north frieze, slab 5, fig. I 5, Skulpturhalle, Basel Antikensmuseum, original in Vatican Museum. J. B. Connelly.
231	图 73	扛托盘者和扛水坛者 Tray bearer and men carrying water jars, north frieze, slab 6, Parthenon. Athens, Acropolis Museum. © Acropolis Museum. Socratis Mavrommatis.
232	图 74	老者群组，其中一人给自己戴上头冠 Elders, with one crowning himself, north frieze, slab Io, Parthenon. Athens, Acropolis Museum. © Acropolis Museum. Socratis Mavrommatis.
234	图 75	帕特农神庙的南横饰带 South frieze, Parthenon. Nointel Artist and S. Mavrommatis. After C. Hadziaslani and S. Mavrommatis, *Promenades at the Parthenon* (2000), 142−43.
236	图 76	马车御者和全副武装的乘车者 Charioteer and armed rider, south frieze, slab 31, Parthenon. London, British Museum. Socratis Mavrommatis.
236	图 77	"跃马车"比赛的胜利纪念碑 Victory monument from *apobates* race, found near the City Eleusinion. Athens, Agora Excavations S399. American School of Classical Studies at Athens, Agora Excavations.
237	图 78	骑马者 Horse rider, north frieze, slab. 41, fig. 114, Parthenon. London, British Museum. Socratis Mavrommatis.
238	图 79	正在为泛雅典节游行做准备的马匹和骑者 Horse riders and preparation for procession, west frieze, Parthenon. Socratis Mavrommatis. After C. Hadziaslani and S. Mavrommatis, *Promenades at the Parthenon* (2000), I 39.
240	图 80	波塞冬和攸摩浦斯骑马前赴战场 Poseidon and Eumolpos ride into

		battle, Lucanian pelike. Policoro, Museo della Civiltà 35304. DAI Rome (68.1525).
241	图 81	雅典娜与厄瑞克透斯之女驱车前赴战场 Athena and daughter of Erechtheus ride into battle, Lucanian pelike. Policoro Museo della Civiltà 35304. DAI Rome (68.1526).
245	图 82	帕特农神庙北横饰带的裸体男性、骑马者、少年和小孩 Nude male, horse rider, adolescent, and boy, north frieze, slab 47, Parthenon. London, British Museum. Socratis Mavrommatis.
265	图 83	安德鲁斯在帕特农神庙东楣梁取木钉孔印模 Eugene Andrews taking squeeze of inscription on Parthenon's east architrave, 1895. Division of Rare and Manuscript Collections, Cornell University.
272	图 84	希腊地图 Map of Greece. Matt Kania.
275	图 85	帕奥涅斯雕刻的胜利女神像 Statue of Nike, Paionios, sanctuary of Zeus at Olympia. Alison Frantz, American School of Classical Studies at Athens.
276	图 86	胜利女神雅典娜神庙和它的墩座 Athena Nike temple and bastion, from northwest. Alison Frantz, American School of Classical Studies at Athens.
278	图 87	坐着的雅典娜 Seated Athena from Nike parapet. Athens, Acropolis Museum. © Acropolis Museum. Nikos Danilidis.
279	图 88	青铜雅典娜和卫城上的其他奉献品的还原图 Bronze Athena with other dedications on the Acropolis, reconstruction drawing by G. P. Stevens, 1936. American School of Classical Studies at Athens, Agora Excavations.
282	图 89	见于古典时代与希腊化时代纪念碑上的卫城平面图 Plan of classical Acropolis. Angela Schuster after John Travlos (1984).
285	图 90	帕特农神庙西厅和四根早期的科林斯式立柱的还原图 Western room of Parthenon with proto-Corinthian columns, reconstruction drawing by P. Pedersen, The Parthenon and the Origin of the Corinthian Capital (1989), 30.
292	图 91	涅俄普托勒摩斯神龛的位置 Shrine of Neoptolemos and Akanthos Column, sanctuary of Apollo, Delphi. Angela Schuster after M. Maass, *Das antike Delphi* (1993).
293	图 92	以许阿铿托斯/许阿得斯星座身份跳舞的厄瑞克透斯家三女儿 Daughters of Erechtheus as dancing Hyakinthides/Hyades, Akanthos Column, Delphi Museum. Constantinos Iliopoulos.
307	图 93	伊莎多拉·邓肯站在帕特农神庙的门廊内 Isadora Duncan in peristyle of Parthenon. Gelatin silver print. Edward Steichen, 1920. Courtesy of the Davison Art Center, Wesleyan University. Copy photo: R. J. Phil.

313	图 94	泛雅典节奖瓶，瓶身绘着持盾挥矛的雅典娜，正反面瓶颈分别绘有塞壬和猫头鹰 Panathenaic prize amphora of Burgon type, showing Athena, with siren on neck. London, British Museum B 130. The Trustees of the British Museum/Art Resource, New York.
313	图 95	泛雅典节奖瓶，瓶身绘着持盾挥矛的雅典娜，一只猫头鹰飞落在盾牌顶部 Athena brandishing spear and shield, accompanied by her owl, krater of Panathenaic shape by the Princeton Painter. New York, Metropolitan Museum of Art 1989.281.89. Image copyright © Metropolitan Museum of Art. Image source: Art Resource, New York.
317	图 96	精壮运动员进行"自由搏击"的情景 Pankration competition, Panathenaic prize amphora by the Kleophrades Painter. Metropolitan Museum of Art, 19L6 (16.71). Image copyright © Metropolitan Museum of Art. Image source: Art Resource, New York.
320	图 97	厄瑞克透斯神庙平面图 Plan of Erechtheion with foundations of Old Athena Temple. After H. Berve and G. Gruben, *Griechische Tempel und Heiligtümer* (1961), 182, fig. 69.
325	图 98	从雅典卫城东南方看见的厄瑞克透斯神庙女像柱柱廊 Erechtheion, karyatid porch, from southeast. © Robert A. McCabe, 1954–1955.
332	图 99	帕德诺斯雅典娜神像底座浮雕的还原图 Reconstruction drawing of base of Athena Parthenos statue by George Marshall Peters after Neida Leipen, *Athena Parthenos*, 1971, plate 6.
333	图 100	雅典娜为厄瑞克透斯的女儿加冠 Athena crowning daughter of Erechtheus, in the company of gods, calyx krater by the Niobid Painter. London, British Museum GR 1856,1213.1. © The Trustees of the British Museum/Art Resource, New York.
334	图 101	雅典娜与黑淮斯托斯为画面中央的安纳丝多拉加冠 Anesidora crowned by Athena and Hephaistos, Tarquinia Painter, London, British Museum D 4. © The Trustees of the British Museum.
336	图 102	称为"夜之后"的赤陶土浮雕 "Queen of the Night," terra cotta relief, Old Babylonian period. London, British Museum GIR 2003,0718. Io. © The Trustees of the British Museum/Art Resource, New York.
337	图 103	普洛克丽斯的死亡 Death of Prokris, column krater by Hephaistos Painter. London, British Museum GR 1772,0320.36. © The Trustees of the British Museum/Art Resource, New York.
338	图 104	雅典娜与三猫头鹰坐在神庙里 Athena seated in her sanctuary with three owls, white-ground lekythos by Athena Painter. Kansas City, Mo., Nelson-Atkins Museum of Art (34.289). © Nelson-Atkins Museum of Art.
339	图 105	持盾挥矛的拟人化的战士猫头鹰 Warrior owl, with spear, shield, and crested helmet, ca. 475–450 B. C. Paris, Musée du Louvre CA 2192. ©

RMN-Grand Palais/Art Resource, New York.

340 图106 长有手臂的"女孩猫头鹰"正在纺纱杆上纺线 Anthropomorphized owl shown spinning, terra-cotta loom weight. Bryn Mawr, Pa., Bryn Mawr College, T-182. © Bryn Mawr College Special Collections.

341 图107 雅典的"四德拉克马"银币 Athenian silver tetradrachm, ca. 454–449 B. C. American Numismatic Society, 1935.117.226. rev.

368 图108 别迦摩卫城的还原模型 Reconstruction model of fortified acropolis at Pergamon, view from west. Berlin, Antikensammlung, Staatliche Museen. bpk, Berlin/ Antikensammlung, Staatliche Museen, Berlin Germany/Art Resource, New York.

369 图109 希腊卫城的南坡 South slope of Athenian Acropolis, hypothetical 3-D visualization. D. Tsalkanis, www.ancientathens3d.com.

373 图110 阿塔罗斯二世胜利纪念碑的还原图 Reconstruction drawing of victory monument of Attalos II, set at northeast corner of the Parthenon, by Manolis Korres.

375 图111 别迦摩的宙斯大祭坛 Pergamon Altar. Berlin, Antikensammlung, Staatliche Museen. bpk, Berlin/Antikensammlung, Staatliche Museen, Berlin, Germany/Art Resource, New York.

376 图112 别迦摩祭坛平面图 Plan of Pergamon Altar showing disposition of Gigantomachy and Telephos friezes, A. Schuster after V. Kastner (1988).

377 图113 雅典娜大战一个有翼巨人 Athena (crowned by Nike) fights winged giant; Ge emerges from below, east frieze, Pergamon Altar. Berlin, Antikensammlung, Staatliche Museen. bpk, Berlin/ Antikensammlung, Staatliche Museen, Berlin, Germany/Erich Lessing/Art Resource, New York.

377 图114 宙斯作势要向三个巨人掷出雷电 Zeus battles Giants, east frieze, Pergamon Altar. Berlin, Antikensammlung, Staatliche Museen. bpk, Berlin/ Antikensammlung, Staatliche Museen, Berlin, Germany/Erich Lessing/ Art Resource, New York.

378 图115 "倪克斯"把蛇掷向天空 "Nyx" hurls orb encircled by serpent, north frieze, Pergamon Altar. Berlin, Antikensammlung, Staatliche Museen. bpk, Berlin/ Antikensammlung, Staatliche Museen, Berlin, Germany/ Erich Lessing/Art Resource, New York.

379 图116 大图：在祭坛楼梯上与宙斯之雕缠斗中的大蟒；小图：鱼怪 Serpent attacking eagle, monstrous fish (inset), Gigantomachy frieze, Pergamon Altar, Pergamon. Berlin, Antikensammlung, Staatliche Museen, Berlin, Germany. J. B. Connelly.

380 图117 疾走的雅典娜 Athena akroteria, Pergamon Altar. Berlin, Antikensammlung, Staatliche Museen. Berlin/ Antikensammlung, Staatliche Museen/Art Resource, New York.

380	图 118	从海中冒出的波塞冬 Poseidon akroteria, Pergamon Altar. Berlin, Antikensammlung, Staatliche Museen. bpk, Berlin/ Antikensammlung, Staatliche Museen/Art Resource, New York.
380	图 119	穿着海草"裙子"的妥里同 Triton akroteria, Pergamon Altar. Berlin, Antikensammlung, Staatliche Museen. bpk, Berlin/ Antikensammlung, Staatliche Museen/Art Resource, New York.
383	图 120	海克力士驻足欣赏自己儿子泰列福斯 Herakles and the infant Telephos, Telephos frieze, Pergamon Altar. Berlin, Antikensammlung, Staatliche Museen. bpk, Berlin/ Antikensammlung, Staatliche Museen/Art Resource, New York.
384	图 121	泰列福斯在密西亚受到欢迎 Telephos welcomed in Mysia, receiving arms from Auge, Telephos frieze, Pergamon Altar. Berlin, Antik ensammlung, Staatliche Museen. bpk, Berlin/ Antikensammlung, Staatliche i Museen/Art Resource, New York.
401	图 122	重建中的帕特农神庙 Parthenon during reconstruction work, from east, 1987. Socratis Mavrommatis.
402	图 123	果赫斯站在帕特农神庙的东北檐口上 Manolis Korres atop northeast cornice of Parthenon, 1986. Socratis Mavrommatis.
405	图 124	帕特农神庙在十二世纪模样的还原图 Reconstruction drawing of east end of twelfth-century; Parthenon as church with apse, by Manolis Korres.
406	图 125	洛特比尼埃拍摄的银版照片 Daguerreotype, P. G. G. Jolyde Lotbiniere, 1839, *Excursions daguerriennes* (1842). © Rheinisches Bildarchiv Köln.
407	图 126	布瓦索纳给帕特农神庙的西北角拍照 Frédéric Boissonnas photographing Parthenon, 1907. © Hellenic Culture Organisation S. A. /Depository: Museum of Photography Thessaloniki.
407	图 127	马夫罗马蒂斯为帕特农神庙拍照 Socratis Mavrommatis photographing Parthenon, 1988, by Tina Skar.
409	图 128	纽约的美国关税大楼 U. S. Custom House, New York, 1833–1842. Ithiel Town and Alexander Jackson Davis, architects. © Lawrence A. Martin/Artifice Images.
414	图 129	展示于卫城博物馆的帕特农横饰带 Parthenon frieze and plaster casts of frieze. Athens, Acropolis Museum. © Acropolis Museum.
414	图 130	展示于大英博物馆杜维恩展厅的帕特农横饰带 Parthenon frieze in Duveen Gallery. London, British Museum. Public domain, Wikimedia Commons.
418	图 131	从蒙纳斯提拉奇广场看到的卫城北面 Acropolis, view from Monastiraki Square. © Robert A. McCabe, 1954–1955.

图书在版编目(CIP)数据

帕特农之谜/(美)琼·布雷顿·康奈利著;梁永安译.—北京:商务印书馆,2022
ISBN 978-7-100-19953-7

Ⅰ.①帕…　Ⅱ.①琼…②梁…　Ⅲ.①寺庙—研究—雅典　Ⅳ.①K954.57

中国版本图书馆 CIP 数据核字(2021)第 102304 号

权利保留,侵权必究。

帕特农之谜

〔美〕琼·布雷顿·康奈利(Joan Breton Connelly)　著
梁永安　译

商 务 印 书 馆 出 版
(北京王府井大街 36 号　邮政编码 100710)
商 务 印 书 馆 发 行
北京市十月印刷有限公司印刷
ISBN 978-7-100-19953-7

2022 年 7 月第 1 版　　　　开本 710×1000　1/16
2022 年 7 月北京第 1 次印刷　印张 29½　插页 6
定价:98.00 元